항균잉크란?

코로나19 바이러스
"친환경 99.9% 항균잉크 인쇄"
전격 도입

언제 끝날지 모를 코로나19 바이러스
99.9% 항균잉크(V-CLEAN99)를 도입하여 「안 」
독자분들의 건강과 안전을 위해 노력하겠습니다.

(주)시대고시기획

Clean Zone

본 도서는 항균잉크로 인쇄하였습니다.

항균 +
99.9%
안심도서

항균잉크(V-CLEAN99)의 특징

◉ 바이러스, 박테리아, 곰팡이 등에 항균효과가 있는 산화아연을 적용

◉ 산화아연은 한국의 식약처와 미국의 FDA에서 식품첨가물로 인증받아 **강력한 항균력**을 구현하는 소재

◉ 황색포도상구균과 대장균에 대한 테스트를 완료하여 **99.9%의 강력한 항균효과** 확인

◉ 잉크 내 중금속, 잔류성 오염물질 등 **유해 물질 저감**

TEST REPORT

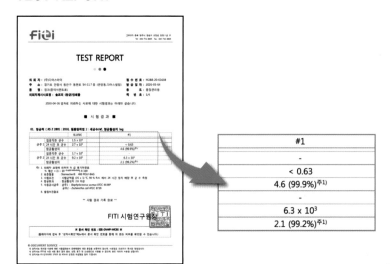

	#1
	-
	< 0.63
	4.6 (99.9%)주1)
	-
	6.3 × 10³
	2.1 (99.2%)주1)

Clean Zone

SD에듀
(주)시대고시기획

2022

시대에듀
기계설계

9급 국가직 · 지방직을 위한
기술직 공무원 합격 완벽 대비서

기출이 답이다

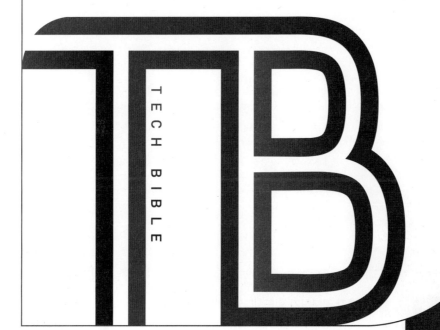

TECH BIBLE

SD에듀
(주)시대고시기획

Always with you

사람이 길에서 우연하게 만나거나 함께 살아가는 것만이 인연은 아니라고 생각합니다.
책을 펴내는 출판사와 그 책을 읽는 독자의 만남도 소중한 인연입니다.
(주)시대고시기획은 항상 독자의 마음을 헤아리기 위해 노력하고 있습니다.
늘 독자와 함께 하겠습니다.

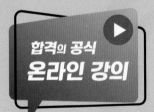

PREFACE

머리말

이 책은

공무원을 준비하는 수험생들이 시험 전 반드시 알아두어야 할 이론들과 국가직 · 지방직 기출문제들의 해설을 수록함으로써 이 한 권으로 기계설계 과목의 출제 경향을 파악할 수 있게 집필하였습니다.

기계설계에서

가장 많이 출제되는 과목 순으로 정리하면 기어, 축, 응력과 모멘트, 축이음, 베어링, 나사 및 볼트, 리벳, 스프링, 벨트, 압력용기, 키, 마찰차, 브레이크, 체인, 기계제도, 금속재료, 보(Beam) 등으로 원리를 이해하는 것보다 영역별 기본 공식을 응용해서 풀 수 있는 문제들이 주로 출제되기 때문에 영역별 기본 공식은 반드시 암기가 필요합니다.

그러므로

저자가 추천하는 학습 방법은 하루에 10분씩 A4 크기의 백지에 본인이 암기하고 있는 영역별 기본 공식을 모두 적어보는 것입니다.

위와 같은 방법이 아니더라도 공무원 시험은 반드시 자신만의 합격 전략이 필요한데 암기노트를 작성해서 매일매일 모두 숙지하고 있는지 파악하는 것은 대부분의 합격자들이 실행하는 방법입니다. 저자 역시 공무원 시험을 준비하면서 마인드맵 방식으로 암기노트를 만든 후 매일 이 암기노트의 숙지 여부를 체크한 점이 합격에 큰 도움이 되었습니다.

"나는 대한민국 공무원으로서 헌법과 법령을 준수하고 국가를 수호하며, 국민에 대한 봉사자로서의 임무를 성실히 수행할 것을 엄숙히 선서합니다."라는 공무원 선서문을 낭독하기 위해 오늘도 학원이나 도서관에서 열심히 공부하고 있을 많은 수험생들이 합격이라는 관문을 빨리 넘을 수 있기를 진심으로 기원합니다.

편저자 홍순규

⚙ 기술직 공무원의 업무

기계, 전기, 화공, 농업, 토목, 건축, 전산 등 각 분야에 대한 전문적이고 기술적인 업무를 수행

⚙ 응시자격

▶ 9급채용 응시연령 : 18세 이상(고졸자 경력경쟁임용시험은 조기 입학한 17세 해당자도 응시 가능)

▶ 국가공무원법 제33조 및 지방공무원법 제31조(결격사유), 국가공무원법 제74조 및 지방공무원법 제66조(정년)에 해당되는 자 또는 지방공무원 임용령 제65조(부정행위자 등에 대한 조치) 및 부패방지 및 국민권익위원회의 설치와 운영에 관한 법률 제82조(비위면직자 등의 취업제한) 등 관계법령에 의하여 응시자격이 정지된 자는 응시할 수 없음

국가공무원법 제33조, 지방공무원법 제31조(결격사유)

- 피성년후견인
- 파산선고를 받고 복권되지 아니한 자
- 금고 이상의 형을 선고받고 그 집행이 종료되거나 집행을 받지 아니하기로 확정된 후 5년이 지나지 아니한 자
- 금고 이상의 형을 선고받고 그 집행유예 기간이 끝난 날부터 2년이 지나지 아니한 자
- 금고 이상의 형의 선고유예를 선고받고 그 선고유예 기간 중에 있는 자
- 법원의 판결 또는 다른 법률에 따라 자격이 상실되거나 정지된 자
- 공무원으로 재직기간 중 직무와 관련하여 형법 제355조(횡령, 배임) 및 제356조(업무상의 횡령과 배임)에 규정된 죄를 범한 사람으로서 300만원 이상의 벌금형을 선고받고 그 형이 확정된 후 2년이 지나지 아니한 자
- 성폭력범죄의 처벌 등에 관한 특례법 제2조에 규정된 죄를 범한 사람으로서 100만원 이상의 벌금형을 선고받고 그 형이 확정된 후 3년이 지나지 아니한 자
- 미성년자에 대한 다음의 어느 하나에 해당하는 죄를 저질러 파면 · 해임되거나 형 또는 치료감호를 선고받아 그 형 또는 치료감호가 확정된 자(집행유예를 선고받은 후 그 집행유예 기간이 경과한 자를 포함한다)
  - 성폭력범죄의 처벌 등에 관한 특례법 제2조에 따른 성폭력범죄
  - 아동 · 청소년의 성보호에 관한 법률 제2조제2호에 따른 아동 · 청소년대상 성범죄
- 징계로 파면처분을 받은 때부터 5년이 지나지 아니한 자
- 징계로 해임처분을 받은 때부터 3년이 지나지 아니한 자

EXAM GUIDE

▶ 거주지 제한(지방직 공무원, 아래의 요건 중 하나를 충족하여야 함)

　– 매년 1월 1일 이전부터 최종시험(면접시험)일까지 계속하여 응시지역에 주민등록상 주소지 또는 국내거소신고(재외국민에 한함)가 되어 있는 자

　　📢 동 기간 중 주민등록의 말소 및 거주 불명으로 등록된 사실이 없어야 함

　　📢 재외국민(해외영주권자)의 경우 위 요건과 같고 주민등록 또는 국내거소신고 사실증명으로 거주한 사실을 증명함

　– 매년 1월 1일 이전까지 주민등록상 주소지 또는 국내거소신고(재외국민에 한함)가 응시지역으로 되어 있었던 기간을 모두 합산하여 총 3년 이상인 자

　　📢 각 시 · 도에 따라 다를 수 있음

⚙️ 시험방법

▶ 제1 · 2차 시험(병합실시) : 선택형 필기시험(과목별 20문항, 4지택일형)

　📢 서류전형 : 필기시험 합격자에 한해 서면으로 실시(응시자격, 가산점 등)

▶ 제3차 시험 : 면접시험(필기시험 합격자 중 서류전형 합격자)

⚙️ 가산점

▶ 가산점 적용대상자 및 가산점 비율표

구 분	가산비율	비 고
취업지원대상자	과목별 만점의 10% 또는 5%	· 취업지원대상자 가점과 의사상자 등 가점은 1개만 적용 · 취업지원대상자/의사상자 등 가점과 자격증 가산점은 각각 적용
의사상자 등	과목별 만점의 5% 또는 3%	
직렬별 가산대상 자격증 소지자	과목별 만점의 3~5% (1개의 자격증만 인정)	

📢 세부 사항은 변경될 수 있으니 원서접수 홈페이지를 확인하시기 바랍니다.

▶ 기술직 가산점

구 분	9급	
	기술사, 기능장, 기사, 산업기사	기능사
가산비율	5%	3%

📢 폐지된 자격증으로서 국가기술자격법령 등에 따라 그 자격이 계속 인정되는 자격증은 가산대상 자격으로 인정됨

이 책의 **구성과 특징**

01

핵심이론

필수적으로 학습해야 하는 중요한 이론들을 한눈에 이해할 수 있도록 각 단원별로 체계적으로 정리하여 수록하였습니다. 시험에 꼭 나오는 이론을 중심으로 효과적으로 공부하십시오.

○ 기술직 기계설계 ─ 필 / 수 / 확 / 인 / 문 / 제

1 응력(Stress) 일반

(1) 응력의 정의

재료나 구조물에 외력이 작용했을 때 그 외력에 대한 재료 내부의 저항력이다. '단위면적당 작용하는 힘'으로도 표현하며 이를 공칭응력이라고 부른다.

(2) 응력의 분류

종 류		특 징
기준 단면적	진응력	외력이 계속 작용할 때, 측정하는 시점에서 변화된 단면적을 기준으로, 작용하는 외력에 대한 내부의 저항력 • 진응력 $= \dfrac{\text{외력}}{\text{외력에 의해 감소된 수직 단면적}} = \dfrac{F}{A}$ [N/m²]
	공칭응력	외력에 의해 재료가 변형되기 전의 최초의 단면적을 기준으로, 작용하는 외력에 대한 내부의 저항력 • 공칭응력 $= \dfrac{\text{외력}}{\text{최초의 단면적}} = \dfrac{F}{A}$ [N/m²]
하중의 작용	인장응력	재료를 양쪽에서 잡아당기는 인장 힘에 따라 발생되는 재료 내부의 저항력
	압축응력	재료를 양쪽에서 누르는 압축 힘에 따라 발생되는 재료 내부의 저항력
	전단응력	재료의 단면에 대해 평행하게 서로 반대의 방향에서 작용하는 전단력에 대한 재료 내부의 저항력

기계재료의 표준인장시험에서 얻어지는 진변형률(e_T)을 공칭응력(σ)과 진응력(σ_T)으로 나타낸 것으로 옳은 것은?

① $e_T = \dfrac{\sigma_T}{\sigma}$

② $e_T = \dfrac{\sigma}{\sigma_T}$

③ $e_T = \ln\left(\dfrac{\sigma_T}{\sigma}\right)$

④ $e_T = \ln\left(\dfrac{\sigma}{\sigma_T}\right)$

해설

• 진변형률과 공칭응력, 진응력과의 관계
$e_T = \ln\left(\dfrac{\sigma_T}{\sigma}\right)$

• 진응력 : 변화된 단면적에 대한 하중의 비
• 진변형률 : 현재 길이에 대한 늘어난 길이의 비

답 ③

02

필수확인문제

시험 출제경향을 완벽하게 분석하여 핵심이론당 필수적으로 풀어보아야 할 문제를 선정하였습니다. 각 문제마다 핵심을 찌르는 명쾌한 해설이 수록되어 있습니다.

필 / 수 / 확 / 인 / 문 / 제 ─ TECH BIBLE

다음 설명에 해당하는 커플링은?

> 훅조인트(Hook's Joint)라고도 하며, 두 축이 같은 평면 내에 있으면서 그 중심선이 서로 30° 이내의 각도를 이루고 교차하는 경우에 사용된다. 공작기계, 자동차의 동력전달기구, 압연롤러의 전동축 등에 널리 쓰인다.

① 올덤커플링　　② 슬리브커플링
③ 플랜지커플링　④ 유니버설커플링

답 ④

그림과 같이 유니버설 조인트 2개 사이에 중간축을 삽입하여 회전을 전달하고 있다. 한쪽의 교차각 α_1과 다른 쪽의 교차각 α_2가 같을 때, 각속도비 $\left(\dfrac{\omega_1}{\omega_3}\right)$에 대한 설명으로 옳은 것은?(단, α_1과 α_2는 30° 이하이고, 그림의 모든 축은 동일 평면상에 있다)

① $\left|\dfrac{\omega_1}{\omega_3}\right| < 1$

(4) 유니버설조인트(Universal Joint, 유니버설커플링)

두 축이 같은 평면 내에 있으면서 그 중심선이 서로 30° 이내의 각도를 이루고 교차하는 경우에 사용되며 훅 조인트(Hook's Joint)라고도 불린다. 공작기계나 자동차의 동력전달기구, 압연롤러의 전동축 등에 널리 쓰인다.

TIP

고무커플링이나 기어셔커플링, 유니버설조인트는 모두 두 축에 다소 경사가 발생하여도 동력을 전달할 수 있는 축이음 요소이다.

① 유니버설커플링(조인트)의 각속도비 $\left(\dfrac{w_1}{w_2}\right)$

[조건]
교차각, α_1, α_2가 모두 30° 이하, 모든 축은 평면상에 있다.

[풀이]
유니버설커플링은 원동축과 종동축의 회전수를 일정하게 유지시키는 축이음 요소이다.

FEATURE

03

국가직 · 지방직 기출문제

과년도부터 최근까지 시행된 기출문제를 수록했습니다. 과년도 기출문제와 최근에 실시된 기출문제를 풀어보며 최신의 출제경향을 파악할 수 있습니다.

CHAPTER

15

제2편 기출문제

2021년 국가직 기계설계

01 축방향 하중과 반경방향 하중을 동시에 지지하는 베어링으로 가장 적합한 것은?

① 테이퍼 롤러 베어링
② 자동조심 볼 베어링
③ 깊은홈 볼 베어링
④ 니들 베어링

해설
① 테이퍼 롤러 베어링 : 축방향과 축에 직각방향으로 작용하는 하중을 동시에 지지할 수 있다.

축직각방향 하중 / 축방향 하중

02 기어에 발생하는 언더컷 방지법에 대한 설명으로 옳은 것만을 모두 고르면?

ㄱ. 치형수정을 한다.
ㄴ. 압력각을 증가시킨다.
ㄷ. 피니언의 잇수를 최소 잇수 이상으로 한다.
ㄹ. 이 높이를 높인다.

① ㄱ, ㄴ
② ㄷ, ㄹ
③ ㄱ, ㄴ, ㄷ
④ ㄱ, ㄴ, ㄷ, ㄹ

해설
기어의 언더컷을 방지하기 위해서는 가능한 한 이 높이를 낮추어야 한다.
언더컷 방지대책
• 압력각을 크게 한다.
• 전위기어로 제작한다.
• 이 높이를 줄여서 낮은 이로 제작한다.

CHAPTER

20

제2편 기출문제

2021년 지방직 기계설계

01 축이음에 대한 설명으로 옳지 않은 것은?

① 분할원통커플링은 고정커플링의 일종이다.
② 클러치는 운전 중에 단속이 가능한 축이음이다.
③ 플랜지커플링은 약간의 축심 어긋남과 축의 팽창 및 수축을 흡수할 수 있다.
④ 유니버설 조인트는 일반적으로 두 축이 30[°] 이하로 교차할 때 사용하는 축이음이다.

해설
플랜지커플링은 접촉면의 둘레를 볼트와 너트로 완전 밀착시키는 이음을 하기 때문에 유격이 발생하기 힘들다. 따라서 축심이 어긋나거나 축의 팽창 및 수축할 때의 변형을 흡수하는 것은 불가능하다.

03 리벳에 대한 설명으로 옳지 않은 것은?

① 리벳의 호칭지름은 리벳 자루의 끝부분에서 측정한다.
② 리벳구멍이 없는 판에 대한 리벳구멍이 있는 판의 인장강도 비를 판의 효율이라고 한다.
③ 리벳의 머리모양에 따라 둥근머리, 접시머리, 납작머리, 냄비머리, 둥근접시머리 리벳 등으로 구분한다.
④ 보일러와 같이 기밀이 필요할 때는 리벳머리 둘레와 강판의 가장자리를 정과 같은 공구로 코킹작업을 한다.

해설
KS규격[KS B 1102 : 2017]에 따르면
리벳의 호칭지름은 축지름 d로 나타내며, d는 턱 밑목 밑에서 $\frac{1}{4}$ 지점에서 측정한다.

한눈에 보는 기출문제 분석

1편 핵심이론

2편 기출문제

TECH BIBLE

한눈에 보는

기출문제 분석

국가직 9급 기계설계 : 2007~2021년
지방직 9급 기계설계 : 2009~2021년
서울시 9급 기계설계 : 2017~2019년
지방직 9급 고졸경력채용 : 2017~2019년

9급 기계설계 기출문제 종합 분석

■ 국가직, 지방직, 서울시, 고졸경쟁채용 기출문제 종합 분석

출제영역	국가직 (2007~2021년)	지방직 (2009~2021년)	서울시 (2017~2019년)	고졸경력채용 (2017~2019년)	합 계
기 어	39	32	9	7	87
축	20	22	6	3	51
베어링	17	18	9	6	50
나 사	20	19	6	3	48
응력, 모멘트, 변형률	25	11	4	3	43
벨 트	13	18	6	4	41
축이음(커플링, 클러치)	18	13	5	3	39
스프링	11	16	6	2	35
압력용기	15	14	3	3	35
리 벳	14	13	2	3	32
브레이크	9	11	7	1	28
키	12	9	3	3	27
기계제도	10	10	2	3	25
마찰차	12	4	4	4	24
용 접	11	10	1	1	23
체 인	11	3	3	1	18
볼 트	5	7	0	1	13
기계요소	7	4	0	3	14
기계재료	6	9	0	2	17
공유압	4	7	0	1	12
보(Beam)	5	0	1	1	7
단위/물리량	2	4	1	1	8
유체역학	2	1	1	1	5
재료역학	3	2	1	0	6
너 트	4	0	0	0	4
로 프	2	1	0	0	3
지그 및 고정구	2	2	0	0	4
주 조	1	0	0	0	1
합 계	300	260	80	60	700

Part 2 · 9급 국가직 기출문제 분석(2007~2021년)

출제영역	2007	2008	2009	2010	2011	2012	2013	2014	2015	2016	2017	2018	2019	2020	2021	합계
기 어	2	2	2	1	3	4	1	3	4	3	3	3	2	3	3	39
응력, 모멘트, 변형률	2	3	3	1	1	2	3	1	1	1	1	2	1	1	2	25
축	3	1	1	3	1	–	2	2	1	1	–	1	2	2	–	20
나 사	2	1	–	–	1	2	2	2	1	2	–	1	3	1	2	20
축이음 (커플링, 클러치)	1	–	4	2	1	2	1	1	3	1	1	–	–	1	–	18
베어링	1	1	–	2	1	1	1	1	1	3	2	–	1	1	1	17
키	1	1	1	1	1	2	1	–	–	1	2	1	–	–	–	12
리 벳	1	1	2	1	2	–	2	1	–	1	–	1	–	1	1	14
벨 트	1	1	1	1	1	1	–	1	1	1	1	1	–	1	1	13
압력용기	1	1	1	1	–	1	1	1	1	2	–	–	1	2	2	15
마찰차	1	1	–	–	2	1	–	1	1	–	2	1	–	2	–	12
체 인	1	1	–	1	1	1	–	1	–	1	1	1	1	–	1	11
용 접	1	1	1	–	1	–	1	–	1	1	–	1	–	1	1	11
스프링	–	1	1	1	2	–	1	1	–	1	–	1	–	1	1	11
브레이크	1	1	–	–	–	–	1	1	–	1	2	–	1	–	1	9
기계요소	–	1	–	–	–	1	1	1	–	–	–	1	2	–	–	7
기계제도	–	1	1	–	–	–	1	–	–	–	1	2	1	1	2	10
보	1	1	1	–	1	–	–	–	–	–	–	–	1	–	–	5
기계재료	–	–	1	1	–	–	–	–	1	–	–	1	1	1	–	6
볼 트	–	–	–	1	1	–	1	–	–	–	–	1	1	–	–	5
너 트	–	–	–	–	1	–	–	–	–	1	–	–	1	–	–	4
공유압	–	–	–	–	–	1	–	–	1	–	–	–	1	1	–	4
재료역학	–	–	–	–	–	–	–	1	–	–	1	–	–	–	1	3
단위/물리량	–	–	–	–	–	–	–	1	–	–	–	1	–	–	–	2
유체역학	–	–	–	–	–	–	–	–	–	–	–	–	1	–	–	2
로 프	–	–	–	–	–	–	–	–	2	–	–	–	–	–	–	2
주 조	–	–	–	–	1	–	–	–	–	–	–	–	–	–	–	1
지그 및 고정구	–	–	–	1	–	–	–	–	–	–	–	–	–	–	1	2
합 계	20	20	20	20	20	20	20	20	20	20	20	20	20	20	20	300

■ 2021년 9급 국가직 기계설계 9급 출제영역

번 호	출제분야	내 용	확 인
1	베어링	테이퍼 롤러 베어링의 정의	
2	기 어	언더컷 방지대책	
3	용 접	두께 다른 맞대기 용접에서 최대 허용하중 구하기	
4	스프링	코일 스프링에 작용한 압축력 구하기	
5	응력, 모멘트, 변형률	구멍있는 철판에 발생하는 최대 응력 구하기	
6	나 사	두 줄 나사의 자립조건 관계식	
7	기계제도	"$\phi62H9$" 해석하기	
8	기 어	기어의 종류별 특징	
9	응력, 모멘트, 변형률	상당 비틀림 모멘트와 상당 굽힘모멘트 관계식	
10	벨 트	평벨트 바로걸기와 엇걸기 관계식	
11	지그 및 고정구	치공구 중 위치결정구의 구비조건	
12	기계제도	베어링 호칭번호 해석 "6205", "6203"	
13	브레이크	단식 블록 브레이크에서 레버에 작용하는 힘 구하기	
14	압력용기	압력용기에서 최대 내부압력 구하기	
15	리 벳	리벳이음에서 전단에 파괴되지 않을 리벳 수 구하기	
16	체 인	스프로킷의 최대속도와 최소속도의 비 관계씩	
17	압력용기	압력용기에서 최대 전단응력 관계식	
18	기 어	기어열에서 출력축의 회전속도 구하기	
19	나 사	사각나사의 효율 관계식	
20	재료역학	양단 지지소의 최소 축지름 구하기	

■ 2021년 9급 국가직 기계설계 9급 출제영역별 비중

출제영역	기 어	압력용기	나 사	응력, 모멘트, 변형률	기계제도	리 벳	브레이크	재료역학	체 인	지그 및 고정구	베어링	스프링	용 접	벨 트	합 계
수	3	2	2	2	2	1	1	1	1	1	1	1	1	1	20

■ 2020년 9급 국가직 기계설계 출제영역

번 호	출제영역	내 용	확 인
1	마찰차	마찰차의 특징	
2	공유압	체크밸브의 특징	
3	기계재료	저탄소강 공칭응력-공칭변형률 선도의 응력 크기 순서	
4	기 어	맞물린 스퍼기어에서 구동기어의 이끝원 지름 구하기	
5	응력, 모멘트, 변형률	진응력, 공칭응력, 공칭변형률 사이의 관계식	
6	축	비틀림 중실축이 동력을 전달하기 위한 최소 지름 구하기	
7	나 사	나사의 풀림방지법의 종류	
8	기 어	웜과 웜휠의 회전속도비 구하기	
9	압력용기	압력용기의 최소 두께 구하기	
10	축	원판형 관성차의 운동에너지 구하기	
11	축이음	올덤 커플링의 정의	
12	스프링	병렬 및 직렬 연결 스프링의 전체 늘어난 길이 구하기	
13	용 접	필릿 용접부에 걸리는 전단응력 구하기	
14	베어링	레이디얼 볼베어링의 기본 정격 수명시간 구하기	
15	벨 트	엇걸기 벨트의 길이 구하기	
16	압력용기	관의 한쪽 끝을 볼트로 고정하면서 주어진 내부압력을 유지할 수 있는 볼트의 최소 골지름 구하기	
17	기계제도	치수 허용표기방법 해석하기 "ϕ12H6"	
18	리 벳	양쪽 덮개판 한줄 맞대기 이음에서 리벳효율 구하기	
19	마찰차	외접 마찰차의 마찰표면 마찰계수 구하기	
20	기 어	유성기어장치에서 링기어를 고정한 상태에서 암을 반시계 방향으로 돌릴 때 태양기어의 각속도와 회전방향 구하기	

■ 2020년 9급 국가직 기계설계 출제영역별 비중

출제영역	기 어	마찰차	축	압력용기	베어링	리 벳	응력, 모멘트, 변형률	기계제도	나 사	공유압	축이음	기계재료	스프링	용 접	벨 트	합 계
수	3	2	2	2	1	1	1	1	1	1	1	1	1	1	1	20

■ 2019년 9급 국가직 기계설계 출제영역

번 호	출제영역	내 용	확 인
1	나 사	세 줄 나사의 피치	
2	브레이크	브레이크 디스크를 수직으로 미는 힘	
3	베어링	오일리스 베어링의 특징	
4	축	비틀림모멘트를 받는 축의 최대 토크	
5	나 사	삼각나사를 축방향으로 미는 힘	
6	너 트	너트의 최소 높이	
7	나 사	사각나사를 조이는 힘	
8	응력, 모멘트, 변형률	악력기에 작용하는 주된 변형에너지 - 굽힘응력	
9	기 어	유성기어장치 캐리어의 출력토크	
10	기계제도	도면기호해석	
11	유체역학	유체의 유출속도	
12	공유압	밸브의 종류 - 버터플라이밸브	
13	축	축의 위험속도	
14	기 어	기어 간 중심거리	
15	기계요소	스냅링의 정의	
16	압력용기	압력용기에 작용하는 응력	
17	체 인	체인전동장치의 특징	
18	보(Beam)	균일분포하중을 받는 축(보)이 고정이면서 자유단인 형태로 바뀔 경우 최대 처짐각	
19	기계요소	유체토크컨버터의 특징	
20	기계재료	금속의 성질	

■ 2019년 9급 국가직 기계설계 출제영역별 비중

출제영역	나 사	기 어	축	기계요소	베어링	너 트	응력, 모멘트, 변형률	기계제도	유체역학	공유압	브레이크	압력용기	체 인	보	기계재료	합 계
수	3	2	2	2	1	1	1	1	1	1	1	1	1	1	1	20

■ 2018년 9급 국가직 기계설계 출제영역

번 호	출제영역	내 용	확 인
1	단 위	동력 계산식	
2	기계요소	플라이휠의 특징	
3	리 벳	리벳의 전단력	
4	응력, 모멘트, 변형률	최대 전단응력설에 따른 안전계수	
5	축	비틀림모멘트 작용 시 축지름	
6	용 접	필릿 용접 시 용접부 최소길이	
7	볼 트	아이볼트의 골지름과 바깥지름	
8	너 트	너트의 최소 높이	
9	스프링	코일 스프링의 유효감김수	
10	벨 트	벨트전동에서 베어링에 전달되는 하중과 이완측 장력과의 관계식	
11	키	키와 연결된 레버에 작용 할 수 있는 최대 힘	
12	기 어	헬리컬기어의 특징	
13	기계제도	최대 죔새	
14	마찰차	마찰차의 최소 너비 공식	
15	기 어	유성기어장치의 각속도비	
16	기 어	차동기어장치에서 차동피니언의 회전속도	
17	기계제도	중심선 표면거칠기	
18	기계재료	주철관의 용도	
19	응력, 모멘트, 변형률	양단이 고정된 강판에 온도를 가했을 때 발생하는 열응력(축방향 압축력)	
20	나 사	사각나사의 효율	

■ 2018년 9급 국가직 기계설계 출제영역별 비중

출제영역	기 어	응력, 모멘트, 변형률	기계제도	키	벨 트	나 사	너 트	축	볼 트	리 벳	기계요소	마찰차	스프링	용 접	기계재료	단위/물리량	합 계
수	3	2	2	1	1	1	1	1	1	1	1	1	1	1	1	1	20

■ 2017년 9급 국가직 기계설계 출제영역

번 호	출제영역	내 용	확 인
1	기계제도	끼워맞춤 용어설명	
2	기 어	기어의 종류 – 웜과 웜기어	
3	용 접	용접이음의 종류	
4	키	키의 종류 – 스플라인키	
5	응력, 모멘트, 변형률	푸아송의비 – 단면의 지름변화	
6	키	묻힘키의 전달토크	
7	기 어	스퍼기어 모듈의 특징	
8	벨 트	평벨트의 장력비	
9	베어링	미끄럼베어링의 직경	
10	마찰차	원통마찰차간 중심거리	
11	축이음	축이음요소의 종류 – 클러치	
12	브레이크	브레이크의 종류 – 내확 브레이크	
13	너 트	너트의 풀림방지대책	
14	기 어	스퍼기어의 특징	
15	볼 트	축하중만 받는 아이볼트의 허용하중	
16	마찰차	평마찰차와 V홈마찰차 간 전달력의 비	
17	체 인	체인의 평균속도	
18	유체역학	유체 관로의 유량	
19	브레이크	드럼브레이크의 작용력	
20	베어링	볼베어링의 회전속도	

■ 2017년 9급 국가직 기계설계 출제영역별 비중

출제영역	기 어	베어링	마찰차	브레이크	키	너 트	볼 트	기계제도	유체역학	응력, 모멘트, 변형률	축이음	벨 트	체 인	용 접	합 계
수	3	2	2	2	2	1	1	1	1	1	1	1	1	1	20

■ 2016년 9급 국가직 기계설계 출제영역

번 호	출제영역	내 용	확 인
1	나 사	나사의 호칭기호	
2	기 어	베벨기어의 바깥지름	
3	베어링	볼베어링의 정격수명식	
4	스프링	스프링 탄성변형에너지의 특징	
5	체 인	체인전동장치의 특징	
6	응력, 모멘트, 변형률	원형봉의 최대 비틀림응력(최대 전단응력)	
7	키	평행키의 최대 토크	
8	리 벳	리벳의 최소 갯수	
9	축이음	단판클러치의 접촉면압	
10	나 사	나사의 최대 전단응력	
11	베어링	베어링의 구조 – 펠트 실	
12	재료역학	봉재의 안전율	
13	축	축의 상당굽힘모멘트와 상당비틀림모멘트	
14	벨 트	벨트전동장치의 벨트길이	
15	베어링	칼라베어링의 최대 축방향하중	
16	기 어	인벌루트 기어의 특징	
17	브레이크	밴드브레이크 레버에 작용하는 힘	
18	압력용기	압력용기의 허용압력	
19	기 어	기어열 – 웜기어의 잇수	
20	압력용기	압력용기의 최대 전단응력	

■ 2016년 9급 국가직 기계설계 출제영역별 비중

출제영역	기 어	베어링	나 사	압력용기	브레이크	응력, 모멘트, 변형률	축이음	재료역학	스프링	키	축	체 인	벨 트	리 벳	합 계
수	3	3	2	2	1	1	1	1	1	1	1	1	1	1	20

■ 2015년 9급 국가직 기계설계 출제영역

번 호	출제영역	내 용	확 인
1	응력, 모멘트, 변형률	노치부의 응력집중계수를 고려한 공칭응력	
2	너 트	너트의 높이	
3	기 어	기어 치형곡선의 종류	
4	공유압	실린더형 공기스프링의 이동거리	
5	압력용기	압력용기의 기준강도	
6	나 사	나사의 종류 - 톱니나사	
7	기 어	유성기어장치의 출력토크	
8	로 프	로프의 늘어난 길이	
9	축이음	너클조인트의 너클핀 지름	
10	용 접	맞대기 용접부의 인장응력	
11	축	바흐의 축공식	
12	베어링	베어링의 종류 - 니들롤러베어링	
13	기계재료	크리프현상의 정의	
14	기 어	헬리컬기어의 특징	
15	마찰차	원통마찰차의 최소 폭	
16	벨 트	벨트전동장치의 특징	
17	축이음	다판클러치의 필요 접촉면수	
18	로 프	로프 풀리의 두 축간 거리	
19	축이음	접착이음의 특징	
20	기 어	기어 물림률의 특징	

■ 2015년 9급 국가직 기계설계 출제영역별 비중

출제 영역	기 어	축이음	로 프	베어링	너 트	응력, 모멘트, 변형률	용 접	마찰차	공유압	축	압력 용기	벨 트	나 사	기계 재료	합 계
수	4	3	2	1	1	1	1	1	1	1	1	1	1	1	20

■ 2014년 9급 국가직 기계설계 출제영역

번 호	출제영역	내 용	확 인
1	기 어	헬리컬기어의 피치원지름	
2	축	선박 프로펠러축의 특징	
3	체 인	체인전동장치의 특징	
4	용 접	양쪽 측면 필릿용접의 최대 하중	
5	스프링	외팔보형 겹판스프링이 지지할 수 있는 최대 하중	
6	축	축의 비틀림모멘트	
7	나 사	후크 나사부의 바깥지름	
8	기 어	웜기어장치에서 웜의 피치지름	
9	축이음	원판클러치의 최대 토크	
10	베어링	미끄럼베어링의 손실동력	
11	단 위	SI 기본단위 - 동력	
12	기계요소	캠선도의 종류	
13	응력, 모멘트, 변형률	봉의 탄성계수	
14	기 어	기어 간 중심거리	
15	리 벳	리벳의 최소 갯수	
16	나 사	나사의 효율 공식	
17	압력용기	압력용기의 두께	
18	브레이크	단동식 밴드브레이크의 최소 조작력	
19	벨 트	벨트의 최대 전달동력	
20	마찰차	마찰차의 최대 전달동력	

■ 2014년 9급 국가직 기계설계 출제영역별 비중

출제영역	기 어	나 사	축	브레이크	베어링	축이음	스프링	벨 트	응력, 모멘트, 변형률	리 벳	기계요소	압력용기	체 인	마찰차	용 접	단 위	합 계
수	3	2	2	1	1	1	1	1	1	1	1	1	1	1	1	1	20

■ 2013년 9급 국가직 기계설계 출제영역

번 호	출제영역	내 용	확 인
1	나 사	나사의 피치, 줄 수, 리드	
2	키	키의 전단응력	
3	리 벳	리벳이음 설계 시 고려사항	
4	기 어	기어의 언더컷 방지대책	
5	축	축의 최대 전달동력	
6	압력용기	압력용기의 인장강도 및 두께	
7	축이음	플랜지커플링의 볼트지름	
8	브레이크	블록브레이크의 특징	
9	재료역학	좌굴의 유효길이	
10	응력, 모멘트, 변형률	평판에 열응력이 발생할 때의 발생현상 해석	
11	리 벳	용접에 비교한 리벳이음의 특징	
12	기계제도	끼워맞춤의 정의	
13	스프링	양단지지형 겹판스프링의 최대 처짐	
14	응력, 모멘트, 변형률	최대 전단응력설과 전단변형률에너지설	
15	축	축의 최대 처짐	
16	베어링	미끄럼베어링과 구름베어링의 특징	
17	볼 트	압력용기 볼트 골지름의 최솟값	
18	기계요소	머시닝센터 작업 시 고정구와 핀	
19	응력, 모멘트, 변형률	상당비틀림모멘트와 상당굽힘모멘트	
20	나 사	나사에 최소 축력의 부여를 위해 필요한 힘	

■ 2013년 9급 국가직 기계설계 출제영역별 비중

출제영역	응력, 모멘트, 변형률	나 사	축	압력용기	기 어	스프링	브레이크	키	용 접	기계요소	베어링	기계제도	재료역학	축이음	리 벳	볼 트	합 계
수	3	2	2	1	1	1	1	1	1	1	1	1	1	1	1	1	20

■ 2012년 9급 국가직 기계설계 출제영역

번 호	출제영역	내 용	확 인
1	응력, 모멘트, 변형률	재료의 공칭응력과 진응력	
2	기 어	기어의 각속도비와 잇수	
3	용 접	맞대기 용접부의 목두께	
4	나 사	나사의 종류 - 볼나사	
5	키	묻힘키의 최소 폭	
6	기 어	기어 이의 간섭 방지대책	
7	기 어	기어의 잇수	
8	베어링	볼베어링의 최대 회전수	
9	축이음	단판클러치의 전달토크	
10	기 어	언더컷 방지를 위한 최소 잇수	
11	키	묻힘키에 작용하는 전단응력과 압축응력	
12	응력, 모멘트, 변형률	재료의 단면수축률	
13	나 사	나사의 리드각	
14	축이음	축이음의 종류 - 올덤커플링	
15	공유압	밸브의 종류	
16	압력용기	압력용기의 두께	
17	마찰차	원추마찰차의 원추각비	
18	벨 트	벨트의 최대 인장응력	
19	기계요소	핀의 직경	
20	체 인	체인전동장치의 특징	

■ 2012년 9급 국가직 기계설계 출제영역별 비중

출제영역	기 어	나 사	키	축이음	응력, 모멘트, 변형률	마찰차	벨 트	체 인	공유압	베어링	압력용기	용 접	기계요소	합 계
수	4	2	2	2	2	1	1	1	1	1	1	1	1	20

■ 2011년 9급 국가직 기계설계 출제영역

번 호	출제영역	내 용	확 인
1	볼 트	볼트의 전단응력	
2	키	성크키의 전단응력	
3	기 어	웜기어의 리드각 공식	
4	축이음	클러치의 종류	
5	마찰차	외접 원통마찰차 간 중심거리	
6	벨 트	벨트면의 최적경사각	
7	응력, 모멘트, 변형률	재료의 굿맨선	
8	나 사	나사의 리드각	
9	리 벳	한줄 겹치기 리벳이음에서의 리벳피치	
10	축	바하의 축공식 정의	
11	체 인	체인전동의 특징	
12	스프링	토션바의 비틀림스프링상수	
13	리 벳	한줄리벳이음에 작용하는 인장하중	
14	스프링	스프링의 특징	
15	주 조	주물의 기공불량 줄이는 방법	
16	보	집중하중의 단순지지보의 처짐	
17	베어링	볼베어링의 수명 20% 연장할 때 하중의 크기	
18	기 어	기어의 추정 잇수	
19	마찰차	원추마찰차의 회전속도[rpm]	
20	기 어	스퍼기어의 회전토크	

■ 2011년 9급 국가직 기계설계 출제영역별 비중

출제영역	기 어	스프링	마찰차	리 벳	키	볼 트	축	주 조	응력, 모멘트, 변형률	베어링	나 사	축이음	벨 트	보	체 인	합 계
수	3	2	2	2	1	1	1	1	1	1	1	1	1	1	1	20

번 호	출제영역	내 용	확 인
1	스프링	스프링의 처짐량	
2	응력, 모멘트, 변형률	최대 전단응력설에 따른 최대 하중	
3	용 접	양면 겹치기용접에서 용접선의 최소 길이	
4	키	팽행키에서 축의 회전수에 따른 키의 최소 폭	
5	축이음	유니버셜조인트의 전달토크	
6	체 인	체인전동에서 스프로킷 휠의 회전반지름	
7	기 어	전위기어의 언더컷 방지을 위한 전위계수	
8	베어링	베어링에 작용하는 평균유효하중	
9	압력용기	압력용기의 최대 내압	
10	지그 및 고정구	지그와 고정구의 특징	
11	기계재료	피로현상 및 피로수명의 특징	
12	너 트	너트 나사산의 접촉면압	
13	리 벳	1줄 겹치기 리벳이음의 리벳 피치	
14	벨 트	벨트전동장치의 전달토크	
15	축	중실축의 최대 전단응력	
16	베어링	볼베어링의 사용가능한 최대 회전속도[rpm]	
17	축이음	커플링의 특징	
18	축	축의 위험속도	
19	축	비틀림모멘트 작용 시 원형축의 최소 지름	
20	볼 트	압력용기의 최소 볼트 수	

■ 2010년 9급 국가직 기계설계 출제영역별 비중

출제영역	축	베어링	축이음	볼 트	기 어	벨 트	응력, 모멘트, 변형률	키	기계재료	너 트	리 벳	압력용기	체 인	스프링	용 접	지그 및 고정구	합 계
수	3	2	2	1	1	1	1	1	1	1	1	1	1	1	1	1	20

■ 2009년 9급 국가직 기계설계 출제영역

번 호	출제영역	내 용	확 인
1	기계재료	피로한도의 정의	
2	기계제도	위치도 공차 표시방법	
3	리 벳	겹치기 리벳이음에 작용하는 힘	
4	키	허용압축응력이 작용하는 키의 길이	
5	리 벳	리벳 시공된 강판의 효율	
6	축이음	플랜지커플링의 볼트 지름	
7	기 어	기어의 모듈, 지름피치 정의	
8	응력, 모멘트, 변형률	최대 주응력설에 의한 상당굽힘모멘트	
9	축이음	단판원판클러치의 최대 회전력	
10	기 어	언더컷 방지를 위한 최소 잇수	
11	축이음	유니버설조인트의 두 축간 속도비	
12	축	중실축과 중공축의 전달 마력 비교	
13	응력, 모멘트, 변형률	세로탄성계수, 푸아송비, 전단탄성계수사이의 관계식	
14	축이음	축이음의 종류 – 올드햄 커플링	
15	보	단순지지보에 집중하중 작용 시 최대 굽힘응력	
16	용 접	맞대기 용접부의 허용인장응력	
17	벨 트	벨트전동장치의 이완측 장력	
18	스프링	코일스프링의 유효권수와 지름과의 관계	
19	압력용기	압력용기 강판의 두께	
20	응력, 모멘트, 변형률	실린더에 작용하는 열응력의 특징	

■ 2009년 9급 국가직 기계설계 출제영역별 비중

출제영역	축이음	응력, 모멘트, 변형률	기 어	리 벳	용 접	스프링	벨 트	키	축	압력용기	보	기계재료	기계제도	합 계
수	4	3	2	2	1	1	1	1	1	1	1	1	1	20

번 호	출제영역	내 용	확 인
1	체 인	체인의 속도변동률	
2	기 어	기어의 속도비	
3	브레이크	블록브레이크에 작용하는 수직력	
4	보	균일분포하중을 받는 단순 지지보의 전단력	
5	압력용기	압력용기에 작용하는 길이방향응력의 하중과 응력	
6	키	축과 키의 재료가 동일한 허용전단응력을 가질 때 키의 최소 길이	
7	응력, 모멘트, 변형률	강관에 작용하는 열응력	
8	스프링	3개로 병렬 연결한 코일스프링의 변형량	
9	벨 트	벨트전동장치의 전달동력	
10	용 접	필릿용접부가 최대로 지탱할 수 있는 하중	
11	응력, 모멘트, 변형률	응력집중의 정의	
12	나 사	나사의 리드	
13	리 벳	강판에 있는 리벳구멍 지름	
14	베어링	베어링 호칭번호로 안지름 확인 "6203"	
15	기계제도	최대 틈새와 최대 죔새	
16	기계요소	캠기구의 특징	
17	축	축의 비틀림각	
18	기 어	기어의 특징	
19	마찰차	원통마찰차에서 마찰차를 누르는 힘	
20	응력, 모멘트, 변형률	모어원의 주응력	

■ 2008년 9급 국가직 기계설계 출제영역별 비중

출제영역	응력, 모멘트, 변형률	기 어	축	브레이크	벨트	키	용접	스프링	마찰차	베어링	리벳	나사	압력용기	체인	보	기계요소	기계제도	합계
수	3	2	1	1	1	1	1	1	1	1	1	1	1	1	1	1	1	20

■ 2007년 9급 국가직 기계설계 출제영역

번 호	출제영역	내 용	확 인
1	축	축의 피로수명	
2	브레이크	드럼 브레이크의 제동토크	
3	축	축 설계 시 고려사항	
4	나 사	나사의 특징	
5	응력, 모멘트, 변형률	열응력 – 온도변화에 따른 신축량	
6	기 어	기어의 이끝원 지름	
7	응력, 모멘트, 변형률	최대 주응력설에 따른 항복응력의 안전계수	
8	용 접	용접이음한 구형 탱크의 두께	
9	압력용기	내압용기의 두께	
10	보	외팔보에 집중하중 작용 시 처짐량	
11	나 사	나사의 리드각	
12	리 벳	양쪽 덮개 판 한줄 맞대기 이음 리벳의 전단응력	
13	기 어	기어의 지름, 지름피치	
14	베어링	볼베어링의 수명	
15	축이음	축이음의 종류 – 플랜지커플링	
16	체 인	체인의 평균속도	
17	마찰차	원추마찰차의 회전속도비	
18	벨 트	벨트전동장치의 이완측 장력	
19	축	축의 직경 변화에 따른 전달토크 비	
20	키	묻힘키와 축이 받는 토크가 같을 때, 키가 전단되는 조건 공식	

■ 2007년 9급 국가직 기계설계 출제영역별 비중

출제영역	축	기 어	응력, 모멘트, 변형률	나 사	축이음	키	용 접	벨 트	마찰차	베어링	리 벳	브레이크	압력용기	체 인	보	합 계
수	3	2	2	2	1	1	1	1	1	1	1	1	1	1	1	20

분류	2009	2010	2011	2012	2013	2014	2015	2016	2017	2018	2019	2020	2021	합계
기 어	–	4	2	5	2	3	1	2	3	2	3	2	3	32
축	3	–	3	1	2	1	3	2	3	–	2	2	–	22
나 사	–	2	1	1	2	2	1	2	3	2	1	1	1	19
베어링	2	2	1	1	1	2	2	1	1	2	1	1	1	18
벨 트	2	–	1	1	1	2	2	1	1	2	2	2	1	18
스프링	–	4	–	2	1	2	–	1	1	2	–	2	1	16
압력용기	1	1	2	1	1	–	1	1	1	1	1	2	1	14
리 벳	3	1	1	1	1	1	1	–	–	1	1	1	–	13
축이음 (커플링, 클러치)	–	2	2	–	1	1	1	2	–	1	–	–	3	13
기계제도	1	–	–	2	–	1	2	1	2	1	–	–	–	10
응력, 모멘트, 변형률	1	–	–	–	1	1	2	1	1	–	2	–	2	11
브레이크	–	–	1	1	1	1	–	1	2	1	1	2	–	11
용 접	–	1	1	1	1	1	1	–	1	–	1	1	1	10
키	1	1	–	1	1	–	1	1	–	1	–	1	1	9
기계재료	2	–	2	1	–	–	–	–	–	1	1	2	–	9
공유압	–	–	–	–	1	–	1	2	–	1	1	–	1	7
볼 트	2	–	1	–	1	1	–	1	–	–	–	1	–	7
기계요소	1	–	–	–	–	–	1	1	–	–	1	–	–	4
마찰차	–	1	1	–	1	–	–	–	–	–	–	–	1	4
체 인	–	–	–	–	1	–	–	–	–	1	1	–	–	3
단위/물리량	–	1	1	–	–	1	–	–	–	–	–	–	1	4
지그 및 고정구	–	–	–	–	–	–	–	–	–	1	1	–	–	2
재료역학	1	–	–	–	–	–	–	–	–	–	–	–	1	2
유체역학	–	–	–	1	–	–	–	–	–	–	–	–	–	1
로 프	–	–	–	–	–	–	–	–	1	–	–	–	–	1
합 계	20	20	20	20	20	20	20	20	20	20	20	20	20	260

■ 2021년 9급 지방직 기계설계 9급 출제영역

번 호	출제영역	내 용	확 인
1	축이음	축이음의 종류별 특징	
2	키	키의 전달강도 큰 순서	
3	리 벳	리벳의 특징	
4	용 접	용접이음의 특징	
5	압력용기	입력용기에서 원주방향 응력 고려 최소 벽 두께 구하기	
6	응력, 모멘트, 변형률	봉의 세로탄성계수 구하기	
7	벨 트	벨트의 최소 두께 구하기	
8	마찰차	외접 원통마찰차의 최대 전달동력 구하기	
9	축이음	단판 마찰클러치 접촉면의 최소 폭 구하기	
10	베어링	엔드저널 베어링에서 길이와 지름의 관계식	
11	기 어	외접 표준 스퍼기어의 두 축 사이 중심거리 구하기	
12	축이음	클러치의 종류별 특징	
13	기 어	전위기어 사용 목적	
14	공유압	콕 밸브의 정의	
15	단위/물리량	PS와 JOULE의 정의	
16	기 어	베어링에 작용하는 하중 구하기	
17	응력, 모멘트, 변형률	비틀림 모멘트를 받는 축의 조건 변경 시 비틀림각 관계식 비교	
18	나 사	나사의 효율 구하기	
19	재료역학	플라이휠의 반지름 구하기	
20	스프링	단판스프링의 스프링상수 구하기	

■ 2021년 9급 지방직 기계설계 9급 출제영역별 비중

출제영역	기 어	축이음	응력, 모멘트, 변형률	스프링	나 사	공유압	재료역학	벨 트	압력용기	베어링	마찰차	단위 물리량	키	리 벳	용 접	합 계
수	3	3	2	1	1	1	1	1	1	1	1	1	1	1	1	20

번 호	출제영역	내 용	확 인
1	기계재료	응력–변형률 선도에서, 후크(훅)의 법칙이 성립되는 구간	
2	브레이크	단판 브레이크에서 축방향으로 400[N]이 작용할 때의 제동토크 구하기	
3	나 사	나사의 종류별 특징(미터나사, 둥근나사, 유니파이나사, 사다리꼴 나사)	
4	리 벳	리벳 판(강판)의 효율 구하는 공식	
5	베어링	단열 레이디얼 볼 베어링의 수명시간 구하기	
6	축	중실축과 중공축이 같은 재료일 때 전달 토크비 구하기	
7	브레이크	블록 브레이크에 1,000[N]의 하중이 작용할 때 브레이크 패드가 받는 압력 구하기	
8	스프링	압축코일스프링의 최대 전단응력 구하기	
9	압력용기	압력용기의 길이방향과 원주방향 하중을 구하는 공식	
10	축	최대 유효응력(Von meses 응력)을 구하는 공식	
11	기 어	헬리컬기어의 특징	
12	볼 트	볼트에 축방향하중이 작용할 때 볼트의 바깥지름 구하기	
13	기 어	큰 기어의 회전속도가 100[rpm]일 때 작은 기어의 이끝원 지름 구하기	
14	기계재료	안전율의 정의	
15	용 접	맞대기 용접이음에서 굽힘모멘트 작용 시 목두께에서의 굽힘응력 구하기	
16	스프링	원통코일 스프링에 3[kN]의 힘이 작용할 때 변형 50[mm]가 되도록 할 때의 유효감김수 구하기	
17	벨 트	평벨트가 전달할 수 있는 최대 동력 구하기	
18	압력용기	얇은 벽을 가진 압력용기의 최대 전단응력 구하기	
19	벨 트	벨트의 두께를 고려한 종동풀리의 회전속도 구하기	
20	키	평행키의 최소 길이 구하기	

■ 2020년 9급 지방직 기계설계 출제영역별 비중

출제영역	기 어	축	기계재료	스프링	브레이크	벨 트	압력용기	베어링	볼 트	나 사	키	리 벳	용 접	합 계
수	2	2	2	2	2	2	2	1	1	1	1	1	1	20

번 호	출제영역	내 용	확 인
1	기계요소	드릴링작업의 특징	
2	지그 및 고정구	치공구의 사용목적 및 특징	
3	리 벳	한줄 겹치기 리벳이음의 파손 유형 및 대책	
4	축	축의 최소 지름	
5	축	축의 최대 전달토크	
6	용 접	용접부가 견딜 수 있는 용접구조물의 최대 중량	
7	나 사	나사의 종류 및 특징	
8	압력용기	압력용기에 작용하는 원주방향응력과 길이방향응력	
9	응력, 모멘트, 변형률	축의 변형률	
10	기계재료	재료의 피로현상에 대한 해석	
11	체 인	롤러 체인전동장치의 평균속도	
12	응력, 모멘트, 변형률	평판에 작용하는 인장응력	
13	공유압	밸브의 종류 – 안전밸브	
14	벨 트	벨트의 전달동력	
15	브레이크	밴드브레이크 레버에 작용할 최소 힘	
16	베어링	칼라베어링에 작용하는 평균 압력	
17	기 어	기어의 종류별 특징	
18	기 어	베벨기어와 스퍼기어의 회전속도 차이	
19	기 어	스퍼기어의 모듈	
20	벨 트	벨트전동장치의 엇걸기와 평행걸기 방식의 차이점	

■ 2019년 9급 지방직 기계설계 출제영역별 비중

출제 영역	기 어	축	벨 트	응력, 모멘트, 변형률	용 접	브레 이크	체 인	베어링	리 벳	나 사	압력 용기	공유압	지그 및 고정구	기계 재료	기계 요소	합 계
수	3	2	2	2	1	1	1	1	1	1	1	1	1	1	1	20

번 호	출제영역	내 용	확 인
1	리 벳	리벳 판재의 효율	
2	체 인	롤러체인의 구동 스프로킷휠의 회전속도	
3	나 사	아이볼트의 최소 골지름	
4	기계제도	치수와 공차 용어설명	
5	베어링	롤러베어링의 정격수명	
6	기계재료	S-N곡선과 내구한도의 특징	
7	나 사	나사의 특징	
8	축이음	유니버설조인트의 각속도비	
9	스프링	코일스프링의 유효감김수	
10	기 어	기어의 종류 - 베벨기어	
11	베어링	미끄럼베어링의 특징	
12	스프링	양단지지형 겹판스프링의 최대 처짐	
13	벨 트	평벨트의 최대 전달동력	
14	브레이크	브레이크의 특징	
15	키	키의 최소 폭	
16	압력용기	압력용기의 최대 허용내압	
17	공유압	공유압 - 밸브의 특징	
18	지그 및 고정구	지그의 종류 - 형판지그	
19	기 어	유성기어장치 - 캐리어의 회전속도	
20	벨 트	동력전달요소 - V벨트와 평벨트의 차이점	

■ 2018년 9급 지방직 기계설계 출제영역별 비중

출제영역	나 사	기 어	스프링	베어링	벨 트	브레이크	키	기계제도	체 인	공유압	지그 및 고정구	압력용기	축이음	리 벳	기계재료	합 계
수	2	2	2	2	2	1	1	1	1	1	1	1	1	1	1	20

■ 2017년 9급 지방직 기계설계 출제영역

번 호	출제영역	내 용	확 인
1	나 사	사다리꼴나사의 특징	
2	벨 트	벨트전동장치와 체인전동장치의 차이점	
3	나 사	사각나사의 효율 공식	
4	브레이크	캘리퍼형 원판제동장치의 최대 제동토크	
5	기계제도	기하공차의 종류 및 기호	
6	압력용기	압력용기에 걸리는 최대 응력	
7	로 프	로프의 최대 허용인장하중	
8	기 어	기어의 각속도비	
9	축	축의 최소 지름	
10	용 접	필릿용접부의 최대 굽힘응력	
11	기 어	인벌루트치형 기어의 특징	
12	베어링	구름베어링의 기본 동정격하중의 정의	
13	축	축의 위험속도	
14	축	축의 최대 허용하중	
15	기 어	헬리컬기어의 피치원에 작용하는 하중	
16	스프링	스프링지수	
17	응력, 모멘트, 변형률	열응력에 따른 발생온도	
18	나 사	나사의 기호 해석	
19	브레이크	브레이크 제동에 따른 발산 동력	
20	기계제도	동력전달장치 조립도 해석	

■ 2017년 9급 지방직 기계설계 출제영역별 비중

출제영역	나 사	기 어	축	브레이크	기계제도	응력, 모멘트, 변형률	스프링	베어링	로 프	압력용기	용 접	벨 트	합 계
수	3	3	3	2	2	1	1	1	1	1	1	1	20

■ 2016년 9급 지방직 기계설계 출제영역

번 호	출제영역	내 용	확 인
1	나 사	미터가는나사 KS기호 해석	
2	기 어	기어의 바깥지름과 이끝 높이	
3	공유압	밸브의 종류 및 정의	
4	브레이크	브레이크의 종류 – 폴 브레이크	
5	기계제도	축과 구멍의 공차역	
6	축	축이 인장응력과 전단응력을 동시에 받을 때의 최대 주응력	
7	공유압	서징현상의 정의	
8	기 어	기어열의 회전수	
9	축이음	원추클러치의 최대 전달토크	
10	키	묻힘키의 최소 높이	
11	베어링	볼베어링의 구성요소	
12	응력, 모멘트, 변형률	응력-변형률 선도의 해석	
13	나 사	두 줄 나사의 피치	
14	축	축의 위험속도	
15	벨 트	벨트전동장치의 장력과 하중과의 관계식	
16	기계요소	캠 전동장치에서 두 원 간의 중심거리	
17	스프링	스프링의 처짐량	
18	볼 트	볼트의 최소 길이	
19	축이음	단판 클러치 접촉면의 평균압력(접촉면압)	
20	압력용기	내압을 받는 강관의 최소 바깥지름	

■ 2016년 9급 지방직 기계설계 출제영역별 비중

출제 영역	나 사	기 어	축	공유압	축이음	벨 트	응력, 모멘트, 변형률	브레 이크	스프링	베어링	기계 요소	압력 용기	볼 트	키	기계 제도	합 계
수	2	2	2	2	2	1	1	1	1	1	1	1	1	1	1	20

번 호	출제영역	내 용	확 인
1	응력, 모멘트, 변형률	재료파괴의 기준강도	
2	기계제도	공차역 기호해석	
3	리 벳	2줄 겹치기 리벳이음에서 리벳의 효율	
4	축	축의 최소 지름	
5	볼 트	아이볼트의 최소 골지름	
6	축	중공축과 중실축의 굽힘모멘트와 비틀림모멘트의 비	
7	키	평행키에 전단응력 작용 시 키의 길이(L)가 축 지름(d)의 2배 일 때, 키의 폭(b)와 축지름(d)사이의 관계식	
8	축	축 설계 시 고려사항 - 위험속도	
9	벨 트	바로걸기 벨트 전동장치에 작용하는 장력들 사이의 관계	
10	기계제도	기하공차의 종류 - 직각도	
11	응력, 모멘트, 변형률	푸아송 비의 공식	
12	베어링	베어링 호칭번호 해석	
13	공유압	밸브의 종류 - 버터플라이밸브	
14	압력용기	압력용기의 축방향응력과 원주방향응력간의 비	
15	벨 트	바로걸기 벨트 전동장치의 회전수	
16	기계요소	관성차(플라이휠)의 최대 운동에너지	
17	용 접	맞대기 용접이음에서 용접부의 인장응력	
18	베어링	베어링에 작용하는 최대 하중	
19	기 어	기어의 모듈	
20	축이음	축이음의 종류 - 등속조인트	

■ 2015년 9급 지방직 기계설계 출제영역별 비중

출제영역	축	베어링	기계제도	응력, 모멘트, 변형률	벨트	키	용접	축이음	기 어	리 벳	볼 트	압력용기	공유압	기계요소	합 계
수	3	2	2	2	2	1	1	1	1	1	1	1	1	1	20

■ 2014년 9급 지방직 기계설계 출제영역

번 호	출제영역	내 용	확 인
1	기계제도	KS 부문별 기호 – 기계부분, 수송부분	
2	단 위	SI 기본단위의 종류	
3	브레이크	단식 블록브레이크의 조작력 공식 응용	
4	응력, 모멘트, 변형률	피로파손이론 쇼더버그선에 의한 응력관계식	
5	베어링	볼베어링 수명시간 125배 증가 시 베어링하중의 변화	
6	축이음	단판클러치의 안지름 최소 크기	
7	베어링	엔드저널베어링의 길이	
8	리 벳	리벳이음에 발생하는 전단력 분포	
9	나 사	사각나사의 효율	
10	용 접	필릿용접부의 최대 굽힘응력	
11	스프링	원통코일스프링의 스프링지수 공식	
12	기 어	전위기어의 사용목적	
13	벨 트	벨트전동장치의 긴장측 장력 및 이완측 장력 공식	
14	기 어	기어의 피치원지름	
15	축	비틀림모멘트만 받는 축 지름과 토크와의 관계	
16	스프링	스프링 처짐량	
17	나 사	사각나사의 자립조건	
18	기 어	기어 원주피치와 기초원지름의 관계식	
19	벨 트	벨트전동 평행걸기의 접촉각	
20	볼 트	볼트의 최소 골지름	

■ 2014년 9급 지방직 기계설계 출제영역별 비중

출제영역	기 어	벨 트	스프링	베어링	나 사	축이음	용 접	브레이크	응력, 모멘트, 변형률	리 벳	볼 트	축	단 위	기계제도	합 계
수	3	2	2	2	2	1	1	1	1	1	1	1	1	1	20

■ 2013년 9급 지방직 기계설계 출제영역

번 호	출제영역	내 용	확 인
1	응력, 모멘트, 변형률	후크의 법칙	
2	축	축의 위험속도	
3	공유압	밸브의 종류 – 체크밸브	
4	축이음	축이음의 종류 – 유니버설커플링	
5	리 벳	리벳이음에서 판의 효율과 리벳 피치	
6	용 접	겹치기용접부에 발생하는 최대 전단응력	
7	벨 트	벨트전동의 인장측 장력	
8	브레이크	단식 블록브레이크의 우회전 시 제동토크	
9	축	중공축의 내외경비에 따른 허용비틀림응력	
10	스프링	스프링 처짐량	
11	볼 트	볼트의 최소 바깥지름	
12	나 사	미터나사 KS 기호 해석	
13	나 사	삼각나사의 나사면에 발생하는 마찰력	
14	기 어	기어의 이끝원 지름	
15	압력용기	압력용기에 작용하는 응력	
16	체 인	체인의 평균속도	
17	키	평행키에 발생하는 전단응력	
18	마찰차	원통마찰차의 분당회전수	
19	베어링	볼베어링의 기본동정격하중	
20	기 어	헬리컬기어의 상당평기어 잇수	

■ 2013년 9급 지방직 기계설계 출제영역별 비중

출제영역	나 사	기 어	축	브레이크	벨 트	키	용 접	스프링	마찰차	베어링	리 벳	축이음	압력용기	체 인	응력, 모멘트, 변형률	공유압	볼 트	합 계
수	2	2	2	1	1	1	1	1	1	1	1	1	1	1	1	1	1	20

번 호	출제영역	내 용	확 인
1	기계재료	기계재료의 성질	
2	기 어	기어열의 각속도비	
3	기 어	기어 인벌루트 치형의 특징	
4	기 어	스퍼기어 종동기어의 바깥지름	
5	용 접	용접이음의 특징	
6	브레이크	원판 브레이크의 제동동력	
7	기계제도	기계설계 시 공차와 표면거칠기 고려사항	
8	기 어	기어의 물림률	
9	스프링	압축코일스프링의 처짐량	
10	나 사	나사잭 핸들의 최소 유효길이	
11	스프링	외팔보형 단판스프링의 스프링상수	
12	기계제도	기준치수의 정의	
13	베어링	베어링의 종류 – 자동조심 볼베어링	
14	유체역학	관로의 안지름	
15	키	키의 전단응력과 압축응력	
16	벨 트	벨트전동에서 벨트에 장력을 가하는 방법	
17	리 벳	양쪽 덮개판 맞대기 리벳이음에서 최소 리벳 갯수	
18	기 어	기어 언더컷의 발생 원인과 대책	
19	압력용기	압력용기의 최대 내압	
20	축	축의 최대 주응력설에 따른 상당굽힘모멘트	

■ 2012년 9급 지방직 기계설계 출제영역별 비중

출제영역	기 어	스프링	기계제도	브레이크	벨 트	키	용 접	축	베어링	리 벳	나 사	압력용기	유체역학	기계재료	합 계
수	5	2	2	1	1	1	1	1	1	1	1	1	1	1	20

번 호	출제영역	내 용	확 인
1	단 위	전동잭의 효율	
2	압력용기	압력용기의 최대 전단응력	
3	마찰차	마찰차의 특징	
4	기 어	기어에 작용하는 회전력	
5	축이음	단판클러치를 축방향으로 미는 힘	
6	베어링	스러스트 볼베어링에 가하는 예압	
7	벨 트	벨트전동장치의 벨트길이	
8	축	축의 위험속도를 고려한 지름	
9	축	축에 작용하는 응력설에 따른 해석	
10	축	축의 지름	
11	나 사	유니파이 보통나사의 피치	
12	기 어	기어의 원주피치와 중심간 거리	
13	압력용기	내압을 받는 강관의 바깥지름	
14	기계재료	합금원소의 영향	
15	축이음	플랜지이음에서 플랜지의 최소 두께	
16	브레이크	내부확장식 드럼 브레이크 슈에 작용하는 힘	
17	기계재료	피로파손 및 내구선도	
18	리 벳	1열 리벳 겹치기 이음에서 판에 생기는 인장응력	
19	용 접	필릿용접부 목두께에 작용하는 최대 전단응력 공식	
20	볼 트	볼트에 작용하는 하중	

■ 2011년 9급 지방직 기계설계 출제영역별 비중

출제영역	축	기 어	축이음	압력용기	기계재료	용 접	벨 트	마찰차	베어링	리 벳	나 사	브레이크	볼 트	단 위	합 계
수	3	2	2	2	2	1	1	1	1	1	1	1	1	1	20

■ 2010년 9급 지방직 기계설계 출제영역

번 호	출제영역	내 용	확 인
1	단 위	SI 기본단위 – 일률(동력)	
2	스프링	원통코일스프링의 스프링지수	
3	나 사	사각나사를 조일 때 필요한 토크	
4	용 접	겹치기 용접이음의 용접길이	
5	나 사	체결용 나사의 종류	
6	리 벳	리벳지름 및 피치, 전단면수의 관계	
7	기 어	기어의 잇수	
8	기 어	헬리컬기어의 중심간 거리	
9	축이음	원추클러치를 축방향으로 미는 힘 공식	
10	베어링	롤러베어링 기본 동적부하용량의 정의	
11	축이음	다판식 원판 클러치의 마찰면수	
12	키	키의 폭과 높이 간 관계식	
13	마찰차	원추마찰차에서 베어링에 작용하는 레이디얼 하중	
14	스프링	토션바의 정의	
15	기 어	두 기어간 중심거리	
16	베어링	베어링의 호칭번호 해석 "6208C2P6"	
17	압력용기	압력용기에 작용하는 응력	
18	스프링	스프링의 탄성변형에너지	
19	스프링	압축코일스프링의 소선에 작용하는 응력	
20	기 어	기어 백래시의 특징	

■ 2010년 9급 지방직 기계설계 출제영역별 비중

출제영역	기 어	스프링	나 사	축이음	베어링	키	용 접	마찰차	리 벳	압력용기	단 위	합 계
수	4	4	2	2	2	1	1	1	1	1	1	20

■ 2009년 9급 지방직 기계설계 출제영역

번 호	출제영역	내 용	확 인
1	기계재료	기계재료의 특성	
2	리 벳	한줄 겹치기 리벳의 이음강도	
3	리 벳	4줄 리벳이음의 하중 분포	
4	볼 트	볼트의 풀림방지법	
5	볼 트	볼트에 작용하는 하중	
6	기계제도	치수공차 "50 h6", "50 h5"해석	
7	응력, 모멘트, 변형률	공칭응력과 공칭변형률의 특징	
8	재료역학	안전계수의 정의	
9	압력용기	압력용기의 강판 최소 두께	
10	벨 트	벨트풀리의 접촉면이 곡면인 이유	
11	축	축의 전달토크 공식	
12	기계요소	플라이휠의 정의	
13	축	축에 발생하는 진동	
14	벨 트	평벨트와 V벨트의 특징	
15	리 벳	리벳이음과 용접이음의 특징	
16	베어링	베어링의 특징	
17	키	묻힘키에 발생하는 전단응력 공식	
18	축	축에 작용하는 상당비틀림모멘트와 상당굽힘모멘트	
19	베어링	베어링의 종류 - 테이퍼베어링	
20	기계재료	베어링메탈의 구비조건	

■ 2009년 9급 지방직 기계설계 출제영역별 비중

출제영역	리 벳	축	볼 트	베어링	벨 트	기계재료	키	응력, 모멘트, 변형률	압력용기	재료역학	기계요소	기계제도	합 계
수	3	3	2	2	2	2	1	1	1	1	1	1	20

Part 4 9급 서울시 기출문제 분석(2017~2019년)

분 류	2017	2018	2019 1회	2019 2회	합 계
기 어	2	2	2	3	9
베어링	3	3	1	2	9
브레이크	2	1	2	2	7
축	–	1	2	3	6
나 사	2	1	1	2	6
벨 트	2	3	1	–	6
스프링	1	1	2	2	6
축이음(커플링, 클러치)	1	1	–	3	5
응력, 모멘트, 변형률	3	–	1	–	4
마찰차	1	1	2	–	4
압력용기	1	1	1	–	3
키	1	–	1	1	3
체 인	–	1	1	1	3
리 벳	–	–	1	1	2
기계제도	1	1	–	–	2
용 접	–	1	–	–	1
보	–	–	1	–	1
재료역학	–	–	1	–	1
단위/물리량	–	1	–	–	1
유체역학	–	1	–	–	1
기계요소	–	–	–	–	0
기계재료	–	–	–	–	0
너 트	–	–	–	–	0
공유압	–	–	–	–	0
볼 트	–	–	–	–	0
로 프	–	–	–	–	0
주 조	–	–	–	–	0
지그 및 고정구	–	–	–	–	0
합 계	20	20	20	20	80

■ 2019년 9급 서울시 제1회 기계설계 출제영역

번 호	출제영역	내 용	확 인
1	응력, 모멘트, 변형률	경사단면에 발생하는 최대 전단응력	
2	나 사	나사의 종류 및 특징 – 톱니나사	
3	키	묻힘키에 발생하는 전단응력	
4	축	축에 발생하는 비틀림모멘트	
5	압력용기	압력용기의 최대 내압	
6	마찰차	원추마찰차의 원추각	
7	기 어	기어의 치형곡선의 종류 및 특징	
8	브레이크	밴드브레이크의 밴드에 발생하는 인장응력	
9	스프링	양단지지형겹판스프링의 지지하중에 필요한 판의 수	
10	베어링	끝저널 베어링의 최소 지름	
11	보	등분포하중을 받는 단순보의 단면에 따른 최대 처짐량	
12	브레이크	블록브레이크의 제동토크	
13	축	비틀림모멘트와 굽힘모멘트가 동시에 작용할 때의 축지름	
14	스프링	코일스프링에 처짐이 발생할 때 적합한 유효권수	
15	리 벳	리벳 단면에 발생하는 전단응력	
16	마찰차	마찰차를 최소로 누르는 힘	
17	기 어	스퍼기어의 모듈	
18	벨 트	벨트전동장치의 평행걸기와 엇걸기의 벨트길이 차이	
19	체 인	체인의 길이 구하는 공식	
20	재료역학	Von Mises 이론에 따른 안전계수	

■ 2019년 9급 서울시 제1회 기계설계 출제영역별 비중

출제영역	기 어	스프링	축	브레이크	마찰차	키	응력, 모멘트, 변형률	벨 트	베어링	리 벳	나 사	압력용기	체 인	보	재료역학	합 계
수	2	2	2	2	2	1	1	1	1	1	1	1	1	1	1	20

번호	출제영역	내용	확인
1	나사	사각나사의 푸는 힘 공식	
2	나사	사각나사의 효율 공식	
3	키	키에 발생하는 압축응력 공식	
4	리벳	양쪽 덮개판 맞대기 리벳이음에서의 리벳 필요 개수	
5	축	축의 위험속도	
6	축	축의 전단응력에 대한 해석	
7	축	중실축에 비틀림모멘트와 굽힘모멘트가 동시 작용할 때 최대 전단응력과 최대 주응력	
8	축이음	단판클러치의 접촉면압	
9	축이음	플랜지커플링의 허용전달토크	
10	축이음	원추클러치의 최대 전달토크	
11	베어링	베어링 하중	
12	베어링	스러스트 하중을 받는 칼라베어링에 최대 허용 압력을 맞추기 위해 필요한 칼라 수	
13	기어	무단변속장치의 속도비와 회전토크비 공식	
14	기어	기어의 특징	
15	기어	기어의 피치원 지름과 잇수	
16	브레이크	클러치형 원판 브레이크의 제동 동력	
17	체인	체인전동장치의 특징	
18	브레이크	밴드브레이크 레버에 가하는 힘	
19	스프링	원통 코일 스프링의 유효감김수	
20	스프링	직렬 연결 스프링상수 공식	

■ 2019년 9급 서울시 제2회 기계설계 출제영역별 비중

출제영역	축이음	기어	축	브레이크	베어링	스프링	나사	리벳	체인	키	합계
수	3	3	3	2	2	2	2	1	1	1	20

번 호	출제영역	내 용	확 인
1	축	축의 위험속도	
2	벨 트	벨트의 유효장력	
3	축이음	다판 클러치 접촉면수	
4	베어링	베어링 저널의 길이	
5	용 접	용접부 전단응력	
6	마찰차	마찰차의 축각	
7	기 어	기어의 종류 - 웜기어	
8	유체역학	관로의 흐름 유량	
9	압력용기	압력용기의 허용내부압력	
10	체 인	체인의 평균속도	
11	단 위	동력의 공식	
12	브레이크	원추브레이크의 축방향 하중	
13	기 어	헬리컬기어 축직각/치직각모듈	
14	베어링	베어링의 손실마력	
15	기계제도	최대 죔새	
16	나 사	사각나사의 효율	
17	벨 트	평벨트 길이	
18	베어링	미끄럼베어링과 구름베어링 차이점	
19	스프링	스프링의 종류 - 토션바	
20	벨 트	타이밍벨트 특징	

■ 2018년 9급 서울시 기계설계 출제영역별 비중

출제영역	벨 트	베어링	기 어	브레이크	축	축이음	스프링	마찰차	유체역학	나 사	압력용기	체 인	용 접	단 위	기계제도	합 계
수	3	3	2	1	1	1	1	1	1	1	1	1	1	1	1	20

번 호	출제영역	내 용	확 인
1	나 사	나사의 종류 – 관용나사	
2	기 어	기어 이의간섭 방지대책	
3	기계재료	내구선도 – 조더버그선 공식	
4	베어링	칼라베어링의 발열계수 공식	
5	베어링	볼베어링의 정격수명과 동등가하중과의 관계	
6	나 사	사각나사의 회전력 공식	
7	벨 트	벨트전동장치에서 긴장측 장력, 이완측 장력, 유효장력간의 관계식	
8	브레이크	브레이크 용량의 정의	
9	응력, 모멘트, 변형률	비틀림응력 관련 공식	
10	키	묻힘키의 폭 구하기	
11	압력용기	압력용기의 축방향 및 원주방향의 응력 해석	
12	마찰차	무단변속마찰차의 회전수 및 위치 구하기	
13	스프링	원통코일스프링의 스프링상수 관련 공식 해석	
14	기 어	웜과 웜휠기어의 피치원 지름	
15	축이음	원추클러치의 축방향으로 미는 힘 공식	
16	벨 트	표준 V벨트의 호칭번호 해석 "B40"	
17	응력, 모멘트, 변형률	노치가 있는 평판에 발생하는 최대 응력	
18	베어링	피벗저널베어링의 마찰손실동력	
19	응력, 모멘트, 변형률	전단변형에너지설에 따른 유효응력(Von Mises) 공식	
20	브레이크	밴드브레이크 레버에 작용하는 힘 공식	

■ 2017년 9급 서울시 기계설계 출제영역별 비중

출제영역	베어링	응력, 모멘트, 변형률	기 어	브레이크	벨 트	나 사	축이음	스프링	마찰차	키	압력용기	기계재료	합 계
수	3	3	2	2	2	2	1	1	1	1	1	1	20

Part 5

9급 고졸경력채용 기출문제 분석(2017~2019년)

분 류	2017	2018	2019	합 계
기 어	2	3	2	7
베어링	2	1	3	6
벨 트	1	2	1	4
마찰차	2	2	–	4
축	1	1	1	3
응력, 모멘트, 변형률	1	2	–	3
나 사	2	–	1	3
축이음(커플링, 클러치)	2	–	1	3
압력용기	1	1	1	3
리 벳	1	1	1	3
키	1	1	1	3
기계요소	1	1	1	3
기계제도	1	1	1	3
스프링	–	1	1	2
기계재료	–	1	1	2
용 접	–	1	–	1
체 인	1	–	–	1
브레이크	–	1	–	1
보	–	–	1	1
공유압	1	–	–	1
볼 트	–	–	1	1
단위/물리량	–	–	1	1
유체역학	–	–	1	1
재료역학	–	–	–	0
너 트	–	–	–	0
로 프	–	–	–	0
주 조	–	–	–	0
지그 및 고정구	–	–	–	0
합 계	20	20	20	60

번 호	출제영역	내 용	확 인
1	기계제도	3D 모델링의 종류 - 솔리드모델링	
2	벨 트	벨트의 이상현상 - 플래핑 현상	
3	축이음	고정 커플링의 정의	
4	기계요소	4절 링크 장치의 종류 - 크랭크 로커기구	
5	보	외팔보와 단순보에 집중하중 작용 시 처짐량	
6	키	묻힘키에 작용하는 전단응력	
7	기 어	기어 치형곡선의 특징	
8	베어링	구름 베어링 호칭 해석 "6210 C2 P6"	
9	리 벳	1줄 겹치기 리벳이음에서 리벳의 최소 피치	
10	스프링	스프링에 축적되는 에너지	
11	재료역학	원형단면의 단면2차모멘트와 단면계수	
12	기 어	기어의 종류 및 용도	
13	베어링	베어링의 특징	
14	볼 트	볼트의 최소 바깥지름	
15	단 위	자동차 바퀴의 미끄럼률	
16	유체역학	관로에 흐르는 유량	
17	나 사	나사의 종류 및 특징	
18	축	축에 작용하는 상당 굽힘 모멘트	
19	압력용기	압력용기의 최소 두께	
20	베어링	볼베어링이 받을 수 있는 최대 하중	

■ 2019년 9급 고졸경력채용 기계설계 출제영역별 비중

출제영역	베어링	기 어	축	볼 트	벨 트	키	보	스프링	유체역학	축이음	리 벳	나 사	압력용기	재료역학	단 위	기계요소	기계제도	합 계
수	3	2	1	1	1	1	1	1	1	1	1	1	1	1	1	1	1	20

번 호	출제영역	내 용	확 인
1	베어링	볼베어링과 롤러베어링의 차이점	
2	기계제도	기계제도(최대 틈새와 최대 죔새)	
3	기 어	전위기어의 사용목적	
4	기계요소	스냅링의 기능	
5	기 어	기어의 특징	
6	벨 트	평벨트와 V벨트 전동장치의 차이점	
7	브레이크	내부확장식브레이크의 제동토크	
8	기 어	기어 간 중심거리	
9	응력, 모멘트, 변형률	원형봉이 인장응력과 비틀림응력을 동시에 받을 때 최대 전단응력	
10	스프링	스프링상수	
11	마찰차	마찰차의 최대 회전토크	
12	압력용기	압력용기에 생기는 최대 응력	
13	응력, 모멘트, 변형률	강봉에 발생하는 열응력	
14	벨 트	벨트전동장치의 긴장측 장력과 유효장력	
15	용 접	필릿용접 허용용접길이	
16	마찰차	원통마찰차의 종동차 회전수	
17	리 벳	리벳의 최소 허용지름	
18	기계재료	브리넬경도 압입자국깊이	
19	축	축의 최대 토크	
20	키	키의 종류 - 경사키	

■ 2018년 9급 고졸경력채용 기계설계 출제영역별 비중

출제 영역	기 어	응력, 모멘트, 변형률	마찰차	벨 트	키	용 접	스프링	베어링	리 벳	축	압력 용기	브레 이크	기계 재료	기계 요소	기계 제도	합 계
수	3	2	2	2	1	1	1	1	1	1	1	1	1	1	1	20

■ 2017년 9급 고졸경력채용 기계설계 출제영역

번 호	출제영역	내 용	확 인
1	기계제도	KS 재료기호 해석 "SS400"	
2	나 사	나사의 피치	
3	리 벳	1줄 겹치기 리벳이음에서 판의 효율 해석	
4	나 사	나사의 종류 - 볼나사	
5	응력, 모멘트, 변형률	재료의 세로탄성계수	
6	공유압	유체밸브와 콕의 특징	
7	마찰차	원뿔마찰차의 정의	
8	축이음	클러치의 특징	
9	축	축의 전달동력	
10	키	묻힘키와 축의 재료가 동일하고, 전단력에 의해 묻힘키가 파손되지 않는 길이	
11	축이음	유니버설커플링의 정의	
12	기계요소	직접전동장치와 간접전동장치의 차이점	
13	벨 트	벨트전동장치의 특징	
14	마찰차	원통마찰차의 전달동력	
15	체 인	롤러체인의 전달동력	
16	기 어	복합기어열의 속도비	
17	기 어	기어의 종류 - 베벨기어	
18	베어링	구름베어링의 특징	
19	베어링	볼베어링의 수명	
20	압력용기	압력용기에 생기는 응력 공식	

■ 2017년 9급 고졸경력채용 기계설계 출제영역별 비중

출제영역	기 어	축이음	베어링	마찰차	나 사	키	응력, 모멘트, 변형률	공유압	축	벨 트	리 벳	압력용기	체 인	기계요소	기계제도	합 계
수	2	2	2	2	2	1	1	1	1	1	1	1	1	1	1	20

MEMO

TECH BIBLE

제 **1** 편

9급 국가직·지방직을 위한 합격 완벽 대비서

핵심이론

9급 국가직 · 지방직을 위한

합격 완벽 대비서

TECH BIBLE

기술직 **기계설계**

TECH BIBLE

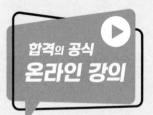

합격의 공식
온라인 강의

잠깐!

CHAPTER 01 기 어

▣ 기어 – 최근 기출문제 분석

연 도	시험명	시험 내용	메 모
2021	국가직	언더컷 방지대책	
		기어의 종류별 특징	
		기어열에서 출력축의 회전속도 구하기	
	지방직	외접 표준 스퍼기어의 두 축 사이 중심거리 구하기	
		전위기어 사용 목적	
		베어링에 작용하는 하중 구하기	
2020	국가직	맞물린 스퍼기어에서 구동기어의 이끝원 지름 구하기	
		웜과 웜휠의 회전속도비 구하기	
		유성기어장치에서 링기어를 고정한 상태에서 암을 반시계 방향으로 돌릴 때 태양기어의 각속도와 회전방향 구하기	
	지방직	헬리컬기어의 특징	
		큰 기어의 회전속도가 100[rpm]일 때 작은 기어의 이끝원 지름 구하기	
2019	국가직	유성기어장치 캐리어의 출력토크	
		기어 간 중심거리	
	지방직	기어의 종류별 특징	
		베벨기어와 스퍼기어의 회전속도 차이	
		스퍼기어의 모듈	
	서울시 1회	기어의 치형곡선의 종류 및 특징	
		스퍼기어의 모듈	
	서울시 2회	무단변속장치의 속도비와 회전토크비 공식	
		기어의 특징	
		기어의 피치원 지름과 잇수	
	고졸경채	기어 치형곡선의 특징	
		기어의 종류 및 용도	

연 도	시험명	시험 내용	메 모
2018	국가직	헬리컬기어의 특징	
		유성기어장치의 각속도비	
		차동기어장치에서 차동피니언의 회전속도	
	지방직	기어의 종류 – 베벨기어	
		유성기어장치 – 캐리어의 회전속도	
	서울시	기어의 종류 – 웜기어	
		헬리컬기어 축직각/치직각모듈	
	고졸경채	전위기어의 사용목적	
		기어의 특징	
		기어 간 중심거리	
2017	국가직	기어의 종류 – 웜과 웜기어	
		스퍼기어 모듈의 특징	
		스퍼기어의 특징	
	지방직	기어의 각속도비	
		인벌루트치형 기어의 특징	
		헬리컬기어의 피치원에 작용하는 하중	
	서울시	기어 이의간섭 방지대책	
		웜과 웜휠기어의 피치원 지름	
	고졸경채	복합기어열의 속도비	
		기어의 종류 – 베벨기어	
2016	국가직	베벨기어의 바깥지름	
		인벌루트 기어의 특징	
		기어열 – 웜기어의 잇수	
	지방직	기어의 바깥지름과 이끝 높이	
		기어열의 회전수	
2015	국가직	기어 치형곡선의 종류	
		유성기어장치의 출력토크	
		헬리컬기어의 특징	
		기어 물림률의 특징	
	지방직	기어의 모듈	
2014	국가직	헬리컬기어의 피치원지름	
		웜기어장치에서 웜의 피치원지름	
		기어 간 중심거리	
	지방직	전위기어의 사용목적	
		기어의 피치원지름	
		기어 원주피치와 기초원지름의 관계식	

연 도	시험명	시험 내용	메 모
2013	국가직	기어의 언더컷 방지대책	
	지방직	기어의 이끝원 지름	
		헬리컬기어의 상당평기어 잇수	
2012	국가직	기어의 각속도비와 잇수	
		기어 이의 간섭 방지대책	
		기어의 잇수	
		언더컷 방지를 위한 최소 잇수	
	지방직	기어열의 각속도비	
		기어 인벌루트 치형의 특징	
		스퍼기어 종동기어의 바깥지름	
		기어의 물림률	
		기어 언더컷의 발생 원인과 대책	
2011	국가직	웜기어의 리드각 공식	
		기어의 추정 잇수	
		스퍼기어의 회전토크	
	지방직	기어에 작용하는 회전력	
		기어의 원주피치와 중심간 거리	
2010	국가직	전위기어의 언더컷 방지을 위한 전위계수	
	지방직	기어의 잇수	
		헬리컬기어의 중심간 거리	
		두 기어간 중심거리	
		기어 백래시의 특징	
2009	국가직	기어의 모듈, 지름피치 정의	
		언더컷 방지를 위한 최소 잇수	
2008	국가직	기어의 속도비	
		기어의 특징	
2007	국가직	기어의 이끝원 지름	
		기어의 지름, 지름피치	

1 기어(Gear) 일반

(1) 기어의 정의

두 개의 축 간 동력 전달을 목적으로 원판의 끝 부분에 돌기부인 이(齒)를 만들어 서로 맞물려 돌아가게 한 기계요소로 미끄럼이나 에너지의 손실 없이 동력을 전달할 수 있다. 다른 말로는 치차(齒車, 이 치, 수레바퀴 차)라고도 한다.

(2) 기어전동의 특징

① 직접 동력을 전달하므로 동력 손실이 거의 없다.

② 평행하거나 평행하지 않는 축 모두 동력 전달이 가능하다.

③ 기어 이를 정밀하게 작업하지 않으면 치 면에 언더컷이 발생한다.

④ 기어 A와 기어 B가 맞물려 돌아가면, 서로에게 가해지는 동력은 같다.

⑤ 모듈(m)은 기어의 크기를 나타내는 척도로 서로 맞물려 돌아가려면 기어의 모듈은 같아야 한다.

⑥ 기어 A의 잇수가 B보다 2배 많으면 A가 한 바퀴 돌 때 B는 2배 회전하므로, 기어 B는 A보다 회전각속도가 2배이다.

⑦ 치형곡선은 2개의 기어가 모든 물림위치에서 일정한 각속도비를 가져야 한다는 필요조건이 있기 때문에 인벌루트 치형과 사이클로이드 치형은 모두 중심거리가 변해도 공통법선 방향의 속도는 같다.

2 기어의 분류

(1) 두 축이 평행할 때 사용하는 기어

외접기어	내접기어	헬리컬기어	랙과 피니언기어

(2) 두 축이 교차할 때 사용하는 기어

베벨기어	스파이럴 베벨기어	마이터기어

(3) 두 축이 나란하지도 교차하지도 않을 때 사용하는 기어

하이포이드기어	웜과 웜휠기어	나사기어	페이스기어
	웜기어 웜 휠기어		

두 축이 나란하지도 교차하지도 않을 때 사용하는 기어가
아닌 것은?

① 나사기어
② 페이스기어
③ 마이터기어
④ 하이포이드기어

해설
마이터기어는 두 축이 교차할 때 사용한다.

 ③

③ 기어의 종류별 특징

(1) 스퍼기어(Spur Gear, 평기어)

치형이 직선이고 잇줄이 축에 평행하므로 기어 제작이 상대적으로 수월해서 현
재 가장 널리 사용되는 기어로 기어의 맞물리는 형태에 따라 외접기어와 내접기
어, 랙과 피니언기어로 구분된다.

[스퍼기어의 특징]
• 소음이 크다.
• 강성이 낮다.
• 백래쉬가 크다.
• 제작단가가 적다.
• 토크 전달율이 낮다.
• 가볍고 적용범위가 넓다.

① 외접기어(External Gear)

원통의 바깥쪽에 기어 이가 만들어진 기어로 가장 일반적인 형태이다. 두 축
의 맞물리는 기어의 회전 방향은 서로 반대이다.

안심Touch

② 내접기어(Internal Gear)

원통의 안쪽에 기어 이가 만들어진 기어로, 크기가 작은 스퍼기어를 내접기어의 안쪽에서 맞물려 회전하게 함으로써 동력을 전달한다. 맞물리는 기어와 내접기어의 회전 방향이 같은 것이 특징이다.

③ 랙과 피니언기어(Rack & Pinion Gear)

평기어의 지름을 무한대로 만든 랙(래크, Rack)과 이에 맞물려 회전하는 피니언(Pinion)기어로 이루어진 기계장치이다.

[자동차 조향장치에 적용된 랙과 피니언기어]

(2) 헬리컬기어(Helical Gear)

잇줄이 축 방향과 일치하지 않고 사선으로 만들어진 기어로 맞물리는 기어의 잇줄 방향은 서로 반대이다.

일반적으로 30°의 비틀림각을 사용하는데, 임의로 변경도 가능하다. 또한 두 기어간 중심거리도 모듈이나 지름 등을 변화시킴으로써 조정할 수 있다.

[헬리컬기어의 특징]

• 제작비용이 많이 든다.
• 스퍼기어보다 효율이 적다.
• 소음이 적고 부드럽게 운전한다.
• 치직각 모듈은 축직각 모듈보다 작다.
• 이가 잇면을 따라 연속적으로 접촉하므로 이의 물림길이가 길다.
• 최소 잇수가 평기어보다 적기 때문에 잇수가 적은 기어에서 사용된다.
• 두 기어의 비틀림각의 크기가 서로 다를 경우, 축은 평행하지 않고 교차한다.
• 헬리컬기어가 서로 맞물려 돌아가려면 맞물리는 비틀림각은 서로 반대여야 한다.
• 이의 물림이 좋고 조용한 운전이 가능하나 축방향의 하중이 발생한다는 단점이 있다.
• 좌비틀림 헬리컬기어는 우비틀림 헬리컬기어와 맞물려야 하며 나선각을 크게 해야 물림률이 높아진다.
• 치직각 단면에서 피치원은 타원이 되며, 타원의 곡률 반지름 중 가장 큰 반지름을 상당스퍼기어 반지름이라고 한다.

헬리컬기어에 대한 설명으로 옳지 않은 것은?

① 치직각 모듈은 축직각 모듈보다 작다.
② 좌비틀림 헬리컬기어는 반드시 좌비틀림 헬리컬기어와 맞물려야 한다.
③ 치직각 단면에서 피치원은 타원이 되며, 타원의 곡률 반지름 중 가장 큰 반지름을 상당스퍼기어 반지름이라고 한다.
④ 헬리컬기어로 동력을 전달할 때는 일반적으로 축방향하중이 발생된다.

해설
헬리컬기어가 서로 맞물려 돌아가려면 맞물리는 비틀림각은 서로 반대여야 한다. 따라서 좌비틀림 헬리컬기어는 우비틀림 헬리컬기어와 맞물려야 한다.

답 ②

(3) 웜과 웜휠기어(웜 기어장치)

웜이 1회전하면서 그 나선의 리드만큼 웜휠을 움직이는 기어이다. 회전하는 운동축을 90°로 회전시켜서 다시 회전운동하게 만들기 때문에 두 축이 나란하지도 교차하지도 않을 때 사용한다. 큰 감속비를 얻을 수 있어서 감속기에 주로 사용되고 있다.

[웜과 웜휠기어의 각속도비, i]

$$i = \frac{N_g(\text{웜휠의 회전 각속도})}{N_w(\text{웜의 회전 각속도})} = \frac{Z_w(\text{웜의 줄수})}{Z_g(\text{웜휠의 잇수})}$$

$$= \frac{L}{\pi D_g(\text{웜휠의 피치원지름})}$$

[웜과 웜휠기어의 특징]
- 부하용량이 크다.
- 잇면의 미끄럼이 크다.
- 역회전을 방지할 수 있다.
- 감속비를 크게 할 수 있다.
- 운전 중 진동과 소음이 거의 없다.
- 진입각이 작으면 효율이 떨어진다.
- 마모가 잘되고 충격에 약한 편이다.

(4) 나사기어(Screw Gear)

서로 교차하지도, 평행하지도 않는 두 축 간에 동력을 전달할 때 사용한다.

(5) 마이터기어(Miter Gear)

잇수가 같은 한 쌍의 원추형 기어로서 직각인 두 축 간에 동력을 전달하는 베벨기어의 일종이다.

(6) 하이포이드기어(Hypoid Gear)

서로 교차하지도, 평행하지도 않는 두 축 사이의 동력 전달을 위해 사용하는 기어로, 일반 스파이럴 베벨기어에서 피니언 기어의 위치만 이동시켜 구동시키는 기어이다.

[하이포이드기어의 특징]
- 백래시가 적다.
- 운전이 부드럽다.
- 조립하기 어렵다.
- 제작단가가 높다.
- 스파이럴 베벨기어보다 효율이 적다.
- 기어의 두 축은 서로 만나지 않는다.

웜과 웜휠기어의 특징에 대한 설명으로 알맞지 않은 것은?

① 부하용량이 크다.
② 역회전을 방지할 수 있다.
③ 운전 중 진동과 소음이 크다.
④ 진입각이 작으면 효율이 떨어진다.

해설

웜과 웜휠기어의 특징
- 부하용량이 크다.
- 잇면의 미끄럼이 크다.
- 역회전을 방지할 수 있다.
- 감속비를 크게 할 수 있다.
- 운전 중 진동과 소음이 거의 없다.
- 진입각이 작으면 효율이 떨어진다.

답 ③

• 감속비는 일반적으로 $\frac{1}{3} \sim \frac{1}{15}$ 정도이다.

(7) 베벨기어(Bevel Gear)

평행하지 않은 2개의 기어 축 중심선이 일반적으로 90°의 각도로 한 점에서 만나면서 동력을 전달하는 기어이다.

[베벨기어의 종류]
• 마이터기어
• 직선 베벨기어
• 헬리컬 베벨기어
• 스파이럴 베벨기어

4 기어 조합 장치

(1) 유성기어장치(Planetary Gear System)

① 유성기어장치의 사용목적

자동차의 자동변속기나 종감속기어장치 등에 사용되는 기계요소로 기어의 회전비(기어비)를 변경하고자 할 때 사용한다. 가운데 선기어가 있으며 이 선기어와 링기어 사이에 유성기어로 연결되어 있다. 유성기어는 유성기어 캐리어를 통해 적정 간격이 유지된다. 기어 중 하나를 고정시키거나 자유공전 시킴으로써 속도비를 변경할 수 있다.

② 유성기어장치의 구조

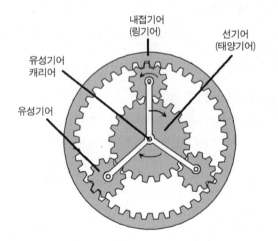

유성기어장치를 구성하고 있는 내접기어의 잇수가 60개, 태양기어의 잇수가 20개, 유성기어의 잇수가 36개이다. 태양기어를 15[N·m]로 구동시키면서 내접기어를 고정시켰을 때 유성기어 캐리어의 출력토크[N·m]는?

① 20[N·m]　　　② 40[N·m]
③ 60[N·m]　　　④ 70[N·m]

해설

속도비 $i = \dfrac{Z_2}{Z_1} = \dfrac{(60+20)}{20} = 4$

$i = \dfrac{T_{출력}}{T_{입력}}$, $4 = \dfrac{T_{출력}}{15[\text{N} \cdot \text{m}]}$

$T_{출력} = 60[\text{N} \cdot \text{m}]$

답 ③

③ 유성기어장치의 회전 특성

고정시키는 기어	구동시키는 기어(입력)	종속되어 회전하는 기어(출력)	
유성기어 캐리어	태양기어	링기어	태양기어와 반대로 감속
	링기어	태양기어	링기어와 반대로 증속
선기어	유성기어 캐리어	링기어	유성기어 캐리어 방향으로 증속
	링기어	유성기어 캐리어	링기어 방향으로 감속
링기어	태양기어	유성기어 캐리어	태양기어 방향으로 감속
	유성기어 캐리어	태양기어	유성기어 캐리어 방향으로 증속
유성기어 자전 정지	태양기어와 링기어는 직접 연결되어 1:1의 기어비로 회전한다.		
링기어, 선기어, 유성기어 캐리어 모두 고정하지 않고 구동하게 하면		중립상태가 된다.	

※ 선기어(Sun Gear, 태양기어), 링기어(내접기어), 유성기어 캐리어(캐리어)

④ 유성기어장치의 잇수(Z) 관련 식

　㉠ $Z_{C(캐리어)} = Z_{S(태양기어)} + Z_{r(링기어)}$

　㉡ $Z_{P(유성기어)} = \dfrac{Z_{r(링기어)} - Z_{S(태양기어)}}{2}$

⑤ 유성기어장치의 속도비(i)와 출력토크(T)와의 관계식

$$i = \frac{T_{출력}}{T_{입력}}$$

(2) 기어열의 속도비

① 단식기어열의 속도비(i)

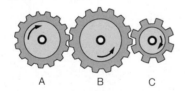

A　　B　　C

$$i = \frac{종동축의\ 회전수}{원동축의\ 회전수} = \frac{원동축의\ 잇수}{종동축의\ 잇수}$$

$$= \frac{N_B \times N_C}{N_A \times N_B} = \frac{Z_A \times Z_B}{Z_B \times Z_C}$$

$$= \frac{N_C}{N_A} = \frac{Z_A}{Z_C}$$

복합기어열에서 원동기어가 N_1으로, 출력기어가 N_4일 때, 속도비(i)는?

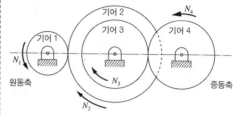

① $i = \dfrac{N_4}{N_1} = \dfrac{N_2}{N_1} \times \dfrac{N_4}{N_3} = \dfrac{z_1 \times z_3}{z_2 \times z_4} = \dfrac{D_1 \times D_3}{D_2 \times D_4}$

② $i = \dfrac{N_4}{N_1} = \dfrac{N_1}{N_2} \times \dfrac{N_3}{N_4} = \dfrac{z_1 \times z_3}{z_2 \times z_4} = \dfrac{D_1 \times D_3}{D_2 \times D_4}$

③ $i = \dfrac{N_1}{N_4} = \dfrac{N_1}{N_4} \times \dfrac{N_2}{N_3} = \dfrac{z_1 \times z_2}{z_4 \times z_3} = \dfrac{D_1 \times D_2}{D_4 \times D_3}$

④ $i = \dfrac{N_1}{N_4} = \dfrac{N_1}{N_4} \times \dfrac{N_3}{N_2} = \dfrac{z_2 \times z_4}{z_1 \times z_3} = \dfrac{D_2 \times D_4}{D_1 \times D_3}$

해설

기어비 $i = \dfrac{출력}{입력} = \dfrac{N_4}{N_1} = \dfrac{N_2}{N_1} \times \dfrac{N_4}{N_3} = \dfrac{z_1 \times z_3}{z_2 \times z_4} = \dfrac{D_1 \times D_3}{D_2 \times D_4}$

답 ①

여기서, N_A : A기어의 회전수[rpm], N_B : B기어의 회전수[rpm]

N_C : C기어의 회전수[rpm], Z_A : A기어의 잇수

Z_B : B기어의 잇수, Z_C : C기어의 잇수

② 복식기어열의 속도비(i)

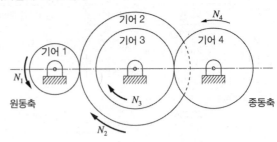

$$i = \frac{\text{종동축의 회전수}}{\text{원동축의 회전수}} = \frac{\text{원동축의 잇수}}{\text{종동축의 잇수}}$$

$$= \frac{w_{출력}}{w_{입력}} = \frac{Z_{입력,\,기어1}}{Z_{출력,\,기어2}} \times \frac{Z_{입력,\,기어3}}{Z_{출력,\,기어4}} = \frac{Z_1 \times Z_3}{Z_2 \times Z_4}$$

🔧 **TIP**

원동축과 종동축
- 원동축 : 동력원으로부터 처음 동력이 발생되어 회전하는 축
- 종동축 : 원동축으로부터 동력을 전달받아 회전하는 축

③ 베벨기어와 복식치차열의 축 A와 축 B의 회전속도[rpm] 차이

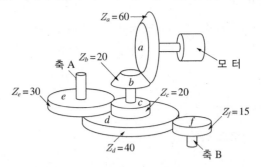

[풀이과정]

- 먼저 속도비 공식을 사용하여 축 A와 축 B 사이의 중간축의 회전수를 구한다.

$$i = \frac{n_b}{n_a} = \frac{Z_a}{Z_b}, \quad \frac{n_b}{100[\text{rpm}]} = \frac{60}{20}$$

$$n_b = 300[\text{rpm}]$$

축 A와 축 B 사이의 중간축의 회전수는 300[rpm]이다.

- 두 번째로 속도비 공식으로 축 A, B의 회전수를 차례로 구한다.

$$i = \frac{n_{축A}}{n_c} = \frac{Z_c}{Z_{e,\,축A}}, \quad \frac{n_{축A}}{300[\text{rpm}]} = \frac{20}{30}$$

$$n_{축A} = 200[\text{rpm}]$$

$$i = \frac{n_{\text{축B}}}{n_d} = \frac{Z_d}{Z_{f,\text{축B}}}, \quad \frac{n_{\text{축B}}}{300[\text{rpm}]} = \frac{40}{15}$$

$$n_{\text{축B}} = 800[\text{rpm}]$$

- 따라서, 축 A : 200[rpm], 축 B : 800[rpm]이므로 두 축은 600[rpm]의 회전속도 차이가 발생한다.

(3) 차동기어장치

① 차동기어장치의 역할

　자동차가 울퉁불퉁한 요철부분을 지나갈 때 서로 다른 좌우 바퀴의 회전수를 적절히 분배하여 구동시키는 장치로써 그림처럼 직교하는 사각구조의 베벨기어를 사용한다.

드라이브 축　드라이브 피니언기어
차동 피니언기어
링기어
측면기어(L, R)

② 차동피니언 기어의 회전속도[rpm]

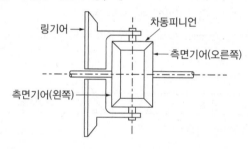

링기어
차동피니언
측면기어(오른쪽)
측면기어(왼쪽)

$$v_{\text{차동 피니언}} = v_{\text{측면기어}}$$

$$r_{\text{차동 피니언}} \times w_{\text{차동 피니언}} = r_{\text{측면기어}} \times w_{\text{측면기어}}$$

$$r_{\text{차동 피니언}} \times \frac{2\pi N_{\text{차동 피니언}}}{60} = r_{\text{측면기어}} \times \frac{2\pi N_{\text{측면기어}}}{60}$$

$$r_{\text{차동 피니언}} \times N_{\text{차동 피니언}} = r_{\text{측면기어}} \times N_{\text{측면기어}}$$

여기서 $N_{\text{측면기어}}$는 입력축 : 출력축의 속도비 언급 없으면 1:1 적용한다.

$$N_{\text{측면기어}} = N_{\text{측면기어 (입력 or 출력)}} - \left| \frac{N_{\text{측면기어 (왼쪽)}} - N_{\text{측면기어 (오른쪽)}}}{2} \right|$$

위 식을 정리한 차동피니언 기어의 회전속도 구하는 식

Ⅰ 식) $N_{\text{차동 피니언}} = \dfrac{r_{\text{측면기어}}}{r_{\text{차동 피니언}}}$

$$\times \left[N_{\text{측면기어 (입력 or 출력)}} - \left| \frac{N_{\text{측면기어 (왼쪽)}} - N_{\text{측면기어 (오른쪽)}}}{2} \right| \right] [\text{rpm}]$$

자동차가 울퉁불퉁한 요철부분을 지나갈 때 서로 달라지는 좌우 바퀴의 회전수를 적절히 분배하여 구동시키는 장치인 차동기어장치를 구성하고 있는 기어는?

① 스퍼기어　　　　② 나사기어
③ 베벨기어　　　　④ 헬리컬기어

해설
차동기어장치는 자동차가 울퉁불퉁한 요철부분을 지나갈 때 서로 달라지는 좌우 바퀴의 회전수를 적절히 분해하여 구동시키는 장치로 직교하는 사각구조의 베벨기어를 차동기어열에 적용한 장치이다.

답 ③

안심Touch

$$II 식) N_{차동 피니언} = \frac{z_{측면 기어}}{z_{차동 피니언}}$$

$$\times \left[N_{측면 기어(입력 or 출력)} - \left| \frac{N_{측면 기어(왼쪽)} - N_{측면 기어(오른쪽)}}{2} \right| \right] [rpm]$$

※ 여기서, r : 반지름, z : 잇수, w : 각속도, v : 속도

5 기어 관련 이론

(1) 전위기어(Profile Shifted Gear)

래크공구의 기준 피치선(이 두께와 홈의 길이가 같은 곳)이 기어의 기준 피치원에 접하지 않는 기어

※ 전위량 : 래크공구의 기준 피치선과 기어의 기준 피치원과의 거리

① 전위기어의 사용목적
　㉠ 언더컷 방지
　㉡ 물림률 증가
　㉢ 이의 강도 증가
　㉣ 최소 잇수 작게
　㉤ 두 기어간 중심거리의 자유로운 변화
　　※ 물림률(Contact Ratio) : 동시에 물릴 수 있는 이의 수로 물림길이를 법선피치로
　　　나눈 값

② 전위계수(x) 구하는 식

구 분	계산식
일반적인 전위계수	$x = 1 - \frac{z}{2}\sin^2\alpha$
언더컷을 방지할 수 있는 전위계수(실용적)	압력각(α)이 14.5°일 때, $x = \frac{26-z}{30}$
	압력각(α)이 20°일 때, $x = \frac{14-z}{17}$
언더컷을 방지할 수 있는 전위계수(이론적)	압력각(α)이 14.5°일 때, $x \geq 1 - \frac{Z}{32}$
	압력각(α)이 20°일 때, $x \geq 1 - \frac{Z}{17}$

※ 여기서 17과 30, 32의 수치는 각각의 압력각(α)에서 언더컷을 일으키지 않을 기어의 최소
　잇수이다.

전위기어를 사용하는 목적으로 알맞지 않은 것은?

① 언더컷을 방지하기 위해
② 물림률을 증가시키기 위해
③ 이의 강도를 증가시키기 위해
④ 최소잇수를 크게 하기 위해

해설
전위기어는 최소잇수를 작게 하기 위해 사용한다.

답 ④

전위 평기어의 잇수가 각각 $z_1 = 13$개와 $z_2 = 28$개이고, 압력각이 20°인 경우, 언더컷이 일어나지 않고 원활히 구동되도록 하는 전위계수 x_1, x_2는?

① $x_1 = 0.17$, $x_2 = 0$
② $x_1 = 0.23$, $x_2 = 0$
③ $x_1 = 0$, $x_2 = 0.19$
④ $x_1 = 0$, $x_2 = 0.34$

해설
$x_1 = \frac{17-z}{17} = \frac{17-13}{17} = 0.23$
$x_2 = $ 압력각이 20°일 때 이론적으로 잇수가 17개 이상이면 언더컷이 발생하지 않으므로 전위계수를 부여하지 않는다. 따라서 $x_2 = 0$이다.

답 ②

(2) 물림률(Contact Ratio)

동시에 물릴 수 있는 이의 수를 나타내는 용어로 물림길이를 법선피치로 나눈 값이다. 기어의 물림률이 클수록 소음은 작아진다. 물림률이 1.5인 평기어는 두 쌍의 기어 이가 물리는 길이는 1이고, 한 쌍의 기어가 물리는 길이는 0.5의 비율임을 의미한다.

[물림률을 높이는 방법]

- 잇수를 많게 한다.
- 모듈이 작은 기어를 사용한다.
- 압력각이 작은 기어를 사용한다.
- 헬리컬 기어의 나선각을 크게 한다.

(3) 카뮤의 정리

2개의 기어가 일정한 속도로 회전하기 위해서는 접촉점의 공통법선은 일정한 점을 통과해야 한다.

6　기어 이와 관련된 이상 현상

(1) 이의 간섭

① 정 의

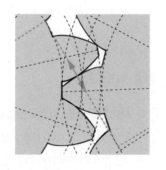

한 쌍의 기어가 맞물려 회전할 때, 한 쪽 기어의 이끝이 상대쪽 기어의 이뿌리에 부딪쳐서 회전할 수 없게 되는 간섭 현상으로 이에 대한 대책으로는 압력각(α)을 크게 해야 한다.

② 이의 간섭에 대한 원인과 대책

원 인	대 책
• 압력각이 작을 때 • 피니언의 잇수가 극히 적을 때 • 기어와 피니언의 잇수비가 매우 클 때	• 압력각을 크게 한다. • 피니언의 잇수를 최소 잇수 이상으로 한다. • 기어의 잇수를 한계잇수 이하로 한다. • 치형을 수정한다. • 기어의 이 높이를 줄인다.

(2) 기어 언더컷

　① 정 의

　　랙(Rack)커터나 호브(Hob)로 기어를 절삭할 때 이의 수가 적으면 이의 간섭이 일어나 이뿌리가 깎이는 현상으로, 언더컷이 발생하면 이의 강도가 약화된다.

　② 언더컷 방지대책

　　㉠ 압력각을 크게 한다.

　　㉡ 전위기어로 제작한다.

　　㉢ 이 높이가 낮은 이로 제작한다.

　　㉣ 피니언기어의 잇수를 최소 잇수 이상으로 한다.

　③ 언더컷의 한계잇수

압력각	이론적 한계잇수	실용적 한계잇수
14.5°	32	26
20°	17	14

압력각이 14.5°인 표준스퍼기어에서 맞물려지는 피니언 기어의 잇수를 설계할 때 언더컷을 방지하기 위한 이론적인 한계잇수는?

① 14개

② 17개

③ 26개

④ 32개

답 ④

(3) 백래시(Backlash)

서로 물린 한 쌍의 기어에서 잇면 사이의 간격으로, 백래시가 크면 정밀도가 좋지 않다.

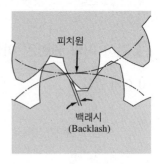

피치원

백래시
(Backlash)

7 치형곡선

(1) 사이클로이드 치형곡선(Cycloid Circle)

평면 위의 일직선상에서 원을 회전시킨다고 가정했을 때, 원의 둘레 중 임의의 한 점이 회전하면서 그리는 곡선을 기어의 치형으로 사용한 곡선이다. 피치원이 일치하지 않거나 중심거리가 다를 때는 기어가 바르게 물리지 않으며, 이뿌리가 약하다는 단점이 있으나 효율성이 좋고 소음과 마모가 적다는 장점이 있다.

이 선 중 일부가
사이클로이드 곡선이 된다.

그림과 같이 원의 한 점의 궤적 중 일부를 치형곡선으로 만든 것은?

① 인벌루트 곡선

② 인사이드 곡선

③ 하이포이드 곡선

④ 사이클로이드 곡선

해설

사이클로이드 곡선(Cycloid Circle)

평면 위의 일직선상에서 원을 회전시킨다고 가정했을 때, 원의 둘레 중 임의의 한 점이 회전하면서 그리는 곡선을 치형으로 사용한 곡선이다.

답 ④

[사이클로이드 치형곡선의 특징]

• 물림률이 비교적 크다.

• 전위절삭이 불가능하다.

• 인벌류트 치형곡선보다 응력 집중은 적다.

• 인벌류트 치형곡선보다 제작하기 더 힘들다.

• 원주피치와 구름원의 크기가 같을 때 호환성이 크다.

- 미끄럼률과 마멸이 이뿌리면과 이끝면에서 일정한 편이다.
- 중심거리가 조금 어긋나면 이론적으로 서로 물리지 않는다.
- 인벌류트보다 이뿌리가 약해서 맞물리는 힘도 더 약해 추력도 더 작다.

(2) 인벌루트 치형곡선(Involute Circle)

원기둥을 세운 후 여기에 감은 실을 풀 때, 실 중 임의의 1점이 그리는 곡선 중 일부를 기어의 치형으로 사용한 곡선이다. 이뿌리가 튼튼하며 압력각이 일정할 때 중심거리가 다소 어긋나도 속도비가 크게 변하지 않고 맞물림이 원활하다는 장점이 있으나 마모가 잘 된다는 단점이 있다.

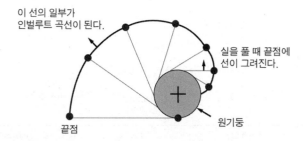

[인벌루트 치형곡선의 특징]

- 마모가 잘 된다.
- 맞물림이 원활하다.
- 이뿌리가 튼튼하다.
- 변형시킨 전위기어를 사용할 수 있다.
- 압력각이 일정할 때 맞물리는 두 기어의 중심거리가 다소 어긋나도 속도비에 영향이 적다.
- 작용선은 두 기어가 맞물려 돌아갈 때 치면의 접촉점에서 세운 공통법선으로 두 기초원의 공통접선과 일치한다.
- 평기어에서 법선피치(Normal Pitch)는 공통법선상에서 기어 이와 이 사이의 거리로 크기는 기초원의 피치와 같다.

기어의 치형은 인벌루트 곡선과 사이클로이드 곡선을 이용해서 만든다. 이 중 인벌루트 곡선의 특징으로 알맞지 않은 것은?

① 맞물림이 원활하다.
② 이뿌리가 튼튼하다.
③ 마모가 잘 되지 않는다.
④ 변형시킨 전위기어를 사용할 수 있다.

해 설
인벌루트 곡선보다 사이클로이드 곡선의 마모량이 더 적다.

답 ③

인벌루트 치형을 갖는 다음의 평기어 중 모듈이 가장 큰 것은?

① 잇수 60, 피치원지름 240[mm]
② 잇수 80, 이끝원지름 246[mm]
③ 지름 피치 12.7[1/inch]
④ 원주 피치 4.712[mm]

해설

모듈이 크면 기어의 크기도 크기 때문에 기어의 지름이 큰 것이 모듈이 크다고 볼 수 있다.

① $Z = 60$이므로, $m = \dfrac{240}{60} = 4$

  이끝원지름 $= PCD + 2m = 240 + 8 = 248[\text{mm}]$

② 이끝원지름 $= 246[\text{mm}]$

③ 지름피치$(P_d) = 25.4[\text{mm}]\dfrac{Z}{D}$

  $12.7 \times D = 25.4 \times Z$

  $D = \dfrac{25.4Z}{12.7} = 2Z[\text{mm}]$

  Z를 100개라고 가정해도 ①번 보다 작다.

④ 원주피치 $= \dfrac{\pi D}{Z} = \pi m$

  $4.712 = \pi m$

  $m = \dfrac{4.712}{\pi} = 1.46$

따라서, ①번 기어의 모듈이 가장 크다.

답 ①

지름피치(P_d)를 구하는 공식으로 알맞은 것은?

① $P_d = 25.4[\text{mm}]\dfrac{Z_1}{D_1}$

② $P_d = 25.4[\text{mm}]\dfrac{m}{D_1}$

③ $P_d = 12.4[\text{mm}]\dfrac{Z_1}{m}$

④ $P_d = 12.4[\text{mm}]\dfrac{\pi D}{Z_1}$

답 ①

8 기어의 주요계산식

(1) 스퍼기어 관련식

① 기어의 지름(피치원지름, D)

  $D = m(모듈) \times Z(잇수)$

  ※ 기어는 이끝원과 이뿌리원이 있어서 기준 지름을 피치원지름으로 하고, D로 표시한다. 따라서 기어의 지름, $D = P.C.D$(Pitch Circle Diameter)이다.

② 모듈(m) : 이의 크기를 나타내는 기준

  $m = \dfrac{D}{Z}$

③ 기어 각 부의 명칭

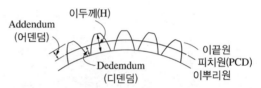

a(어덴덤)	d(디덴덤)	H(이높이)
$a = m$	$d = 1.25m$	$H = a + d$ $= m + 1.25m$ $= 2.25m$

④ 기어의 이끝원지름과 이뿌리원지름

  • 이끝원지름, $D_{out} = D + 2m$

  • 이뿌리원지름, $D_{in} = D - 2.5m$

⑤ 기초원지름(D_g)

  기어 이를 만들 때 기초가 되는 원으로 기초원이 클수록 종동 기어의 회전은 더 원활해진다.

  $D_g = D\cos\alpha$

  여기서, D : 피치원($P.C.D$), α : 압력각

⑥ 원주피치(p)

  피치원지름의 둘레를 잇수로 나눈 값이다.

  $pZ = \pi D$, $p = \dfrac{\pi D}{Z} = \pi m$

⑦ 지름피치(P_d)

  기어의 잇수(Z)를 [inch] 단위의 피치원지름(D)으로 나눈 값이다.

  [inch] 단위는 아래와 같이 [mm] 단위로 변환시킬 수 있다.

  $p_d = \dfrac{1}{m}[\text{inch}] = \dfrac{Z}{D[\text{inch}]} \times 25.4[\text{mm}]$

⑧ 두 기어간 중심거리(C)

$$C = \frac{D_1 + D_2}{2} = \frac{m(Z_1 + Z_2)}{2}\,[\mathrm{mm}]$$

⑨ 기어의 회전토크(T)

$$T = \tau \times Z_P\,[\mathrm{N \cdot mm}]$$

여기서, τ : 전단응력[N/mm²], Z_P : 극단면계수[mm³]

⑩ 기어에 걸리는 회전력(P)

$$P = f_v\,k\,m\,b\left(\frac{2Z_1 Z_2}{Z_1 + Z_2}\right)[\mathrm{N}]$$

여기서, f_v : 속도계수, k : 접촉면 응력계수[N/mm²], m : 모듈,
　　　　 b : 이의 폭[mm], Z : 잇수

(2) 헬리컬기어 관련식

① 헬리컬기어의 상당평기어 잇수(Z_e)

헬리컬기어는 평기어에 비해 나사가 사선으로 만들어졌기 때문에, 평기어에 상당하는 수치를 대입해서 계산하고자 할 때 그 상당하는 값을 구하기 위해 임의로 만들어진 용어다.

$$Z_e = \frac{Z_s}{\cos^3\beta}$$

여기서, Z_s : 기어의 잇수, β : 비틀림각[°]

② 헬리컬기어의 피치원지름

$$D_s = Z_s m_s = \frac{Z_s m_n}{\cos\beta}\,[\mathrm{mm}]$$

여기서, m_s : 축직각 모듈, m_n : 치직각 모듈, β : 비틀림각(나선각), Z_s : 기어의 잇수

③ 헬리컬기어에서 피치원에 작용하는 하중(F_n)

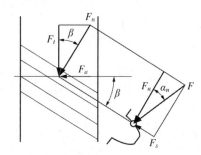

$$F_n = \frac{2T}{D_s}\,[\mathrm{N}] \quad 여기서, \; T : 회전토크[\mathrm{N \cdot mm}], \; D_s : 피치원지름[\mathrm{mm}]$$

중심거리(C)가 100[mm]인 원동기어와 종동기어의 잇수가 각각 32, 48일 때, 종동기어의 이끝원 지름[mm]은?(단, 두 기어는 모두 표준 스퍼기어이다)

① 90[mm]　　　　　② 105[mm]
③ 110[mm]　　　　　④ 125[mm]

해설

• 중심거리(C) $= \dfrac{D_1 + D_2}{2} = \dfrac{m(z_1 + z_2)}{2}$

　 $100 = \dfrac{m(32 + 48)}{2}$

　 $m = 2.5$

• 종동기어의 이끝원 지름 $= PCD + 2m$
　　　　　　　　　 $= (2.5 \times 48) + (2 \times 2.5)$
　　　　　　　　　 $= 125[\mathrm{mm}]$

답 ④

맞물린 한 쌍의 표준 스퍼기어에서 구동기어의 잇수가 52개, 종동기어의 잇수가 30이고 모듈이 3일 때 두 기어간 중심거리[mm]는?

① 123　　　　　　② 250
③ 340　　　　　　④ 420

해설

$C = \dfrac{mZ_1 + mZ_2}{2}$

　 $= \dfrac{(3 \times 52) + (3 \times 30)}{2} = \dfrac{156 + 90}{2} = 123$

답 ①

헬리컬기어의 치직각 모듈이 4이고, 잇수가 80일 때, 피치원지름(PCD)은?(단, 비틀림각 $\beta = 30°$)

① 152[mm]　　　　　② 258[mm]
③ 372[mm]　　　　　④ 410[mm]

해설

$D_{s,헬리컬\,기어} = \dfrac{mz}{\cos\beta} = \dfrac{4 \times 80}{\cos 30°} = \dfrac{320}{0.86} = 372.09[\mathrm{mm}]$

답 ③

안심Touch

④ 헬리컬기어의 중심간 거리(C)

$$C = \frac{D_{s1} + D_{s2}}{2} = \frac{\left(z_1 \dfrac{m_{n1}}{\cos\beta}\right) + \left(z_2 \dfrac{m_{n2}}{\cos\beta}\right)}{2} \, [\text{mm}]$$

여기서, D_s : 피치원지름, m_n : 치직각 모듈, β : 비틀림각[°]

⑤ 헬리컬기어의 축직각 모듈

$$m_s = \frac{D_s}{Z_s}$$ 　여기서, D_s : 피치원지름[mm], Z_s : 잇수

⑥ 헬리컬기어의 치직각 모듈

$$m_n = \cos\beta \times m_s$$ 　여기서, β : 비틀림각[°], m_s : 축직각 모듈

(3) 웜과 웜휠기어(웜기어) 관련식

※ 웜기어 관련 첨자정리

$Z_{w(worm)}$: 웜의 줄수

Z_g : 웜휠기어(웜휠)의 잇수

m_n : 웜의 치직각 모듈

m_s : 웜휠의 축직각 모듈

β : 웜-리드각, 웜휠-비틀림각

① 웜의 리드각(γ)

$$\tan\gamma = \frac{\text{웜의 리드}(L)}{\pi \times \text{웜의 피치원지름}(D_{w(worm)})}$$

② 웜과 웜휠기어의 피치원지름

• 웜휠기어의 피치원지름

$$D_g = m_s(\text{웜휠기어의 축직각 모듈}) \times Z_g(\text{웜휠기어의 잇수})$$

• 웜의 피치원지름

$$D_w = \frac{m_s(\text{웜휠기어의 축직각 모듈}) \times Z_g(\text{웜휠기어의 잇수})}{\tan\beta(\text{리드각})}$$

③ 웜휠기어의 잇수

$$Z_g = \frac{\pi D_g(\text{웜휠의 피치원지름})}{p_s(\text{웜휠의 축직각 피치})} = \frac{D_g}{m_s(\text{웜휠의 축직각 모듈})}$$

④ 웜기어의 각속도비(i)

$$i = \frac{Z_w(\text{웜의 줄수})}{Z_g(\text{웜휠기어의 잇수})} = \frac{l(\text{웜의 리드})}{\pi D_g(\text{웜휠기어의 피치원지름})}$$

⑤ 웜휠기어의 축직각 모듈(m_s)

$$m_s = \frac{D_g(\text{웜휠기어의 피치원지름})}{Z_g(\text{웜휠기어의 잇수})} = \frac{p_s(\text{웜휠기어의 축직각 피치})}{\pi}$$

웜기어 장치에서 웜의 리드각(γ)에 대한 식으로 옳은 것은?

① $\tan\gamma = \dfrac{\text{웜의 리드}}{\pi \times \text{웜의 바깥지름}}$

② $\tan\gamma = \dfrac{\text{웜의 리드}}{\pi \times \text{웜의 피치원지름}}$

③ $\tan\gamma = \dfrac{\text{웜의 피치원지름}}{\pi \times \text{웜의 리드}}$

④ $\tan\gamma = \dfrac{\text{웜의 바깥지름}}{\pi \times \text{웜의 리드}}$

해설

$$\tan\gamma = \frac{\text{웜의 리드}(L)}{\pi \times \text{웜의 피치원지름}(D_{worm})}$$

답 ②

(4) 베벨기어의 바깥지름(D_o)

$$D_o = D + 2m\cos\delta[\mathrm{mm}]$$

여기서, m : 모듈, δ : 피치원추각[°]

(5) 공통 적용

① 속도비(i)

$$i = \frac{n_2}{n_1} = \frac{w_2}{w_1} = \frac{D_1}{D_2} = \frac{Z_1}{Z_2}$$

여기서, n : 회전수[rpm], w : 각속도[rad/s], D : 지름[mm], Z : 잇수[mm]

② sin, cos, tan 각도별 수치

sin		cos		tan	
sin0°	0	cos0°	1	tan0°	0
sin10°	0.17	cos10°	0.98	tan10°	0.17
sin20°	0.34	cos20°	0.93	tan20°	0.36
sin30°	0.5	cos30°	0.86	tans30°	0.57
sin45°	0.707	cos45°	0.707	tan45°	1
sin60°	0.86	cos60°	0.5	tan60°	1.73
sin90°	1	cos90°	0	tan90°	−
sin120°	0.86	cos120°	−0.5	tan120°	−1.73
sin150°	0.5	cos150°	−0.866	tan150°	−0.57
sin180°	0	cos180°	−1	tan180°	0
sin240°	−0.866	cos240°	−0.5	tan240°	1.73

중심거리가 150[mm]이고 모듈이 2인 두 스퍼기어에서 원동기어의 잇수가 70개라면 종동기어의 속도비(i)는?

① $\frac{2}{3}$ 　　　　② $\frac{4}{5}$

③ $\frac{3}{8}$ 　　　　④ $\frac{7}{8}$

해설

중심거리(C) $= \dfrac{D_1 + D_2}{2} = \dfrac{mz_1 + mz_2}{2}$

$150 = \dfrac{(2 \times 70) + (2 \times z_2)}{2}$

$2z_2 = 300 - 140$

$z_2 = 80$

속도비(i) $= \dfrac{z_1}{z_2} = \dfrac{70}{80} = \dfrac{7}{8}$

속도비(i)를 구하는 식

$i = \dfrac{n_2}{n_1} = \dfrac{\omega_2}{\omega_1} = \dfrac{D_1}{D_2} = \dfrac{z_1}{z_2}$

답 ④

CHAPTER

02 축

■ 축 – 최근 기출문제 분석

연 도	시험명	시험 내용	메 모
2020	국가직	비틀림 중실축이 동력을 전달하기 위한 최소 지름 구하기	
		원판형 관성차의 운동에너지 구하기	
	지방직	중실축과 중공축이 같은 재료일 때 전달 토크비 구하기	
		최대 유효응력(Von meses 응력)을 구하는 공식	
2019	국가직	비틀림모멘트를 받는 중실축의 최대 토크	
		축의 위험속도	
	지방직	축의 최소 지름	
		축의 최대 토크	
	서울시 1회	축에 발생하는 비틀림모멘트	
		비틀림모멘트와 굽힘모멘트가 동시에 작용할 때의 축지름	
	서울시 2회	축의 위험속도	
		축의 전단응력에 대한 해석	
		중실축에 비틀림모멘트와 굽힘모멘트가 동시 작용할 때 최대 전단응력과 최대 주응력	
	고졸경채	축에 작용하는 상당굽힘모멘트	
2018	국가직	비틀림모멘트 작용 시 축지름	
	서울시	축의 위험속도	
	고졸경채	축의 최대 토크	
2017	지방직	축의 최소 지름	
		축의 위험속도	
		축의 최대 허용하중	
	고졸경채	축의 전달동력	
2016	국가직	축의 상당굽힘모멘트와 상당비틀림모멘트	
	지방직	축이 인장응력과 전단응력을 동시에 받을 때의 최대 주응력	
		축의 위험속도	

연 도	시험명	시험 내용	메 모
2015	국가직	바흐의 축공식	
	지방직	축의 최소 지름	
		중공축과 중실축의 굽힘모멘트와 비틀림모멘트의 비	
		축 설계 시 고려사항 – 위험속도	
2014	국가직	선반 프로펠러축의 특징	
		축의 비틀림모멘트	
	지방직	비틀림모멘트만 받는 축 지름과 토크와의 관계	
2013	국가직	축의 최대 전달동력	
		축의 최대 처짐	
	지방직	축의 위험속도	
		중공축의 내외경비에 따른 허용비틀림응력	
2012	지방직	축의 최대 주응력설에 따른 상당굽힘모멘트	
2011	국가직	바하의 축공식 정의	
	지방직	축의 위험속도를 고려한 지름	
		축에 작용하는 응력설에 따른 해석	
		축의 지름	
2010	국가직	중실축의 최대 전단응력	
		축의 위험속도	
		비틀림모멘트 작용 시 원형축의 최소 지름	
2009	국가직	중실축과 중공축의 전달 마력 비교	
	지방직	축의 전달토크 공식	
		축에 발생하는 진동	
		축에 작용하는 상당비틀림모멘트와 상당굽힘모멘트	
2008	국가직	축의 비틀림각	
2007	국가직	축의 피로수명	
		축 설계 시 고려사항	
		축의 직경 변화에 따른 전달토크 비	

※ 참고사항

> 위에서 밑줄 친 문항들은 [CHARTER 3 응력, 모멘트, 변형률]로 분류되었어야 하나, 문항에 "축"이 언급되었기에 수험생들에게 좀 더 세분화된 문항 분석을 보이고자 저자가 [CHARTER 2 축]으로 분류하였음을 참고하십시오.

축용 재료로 합금되는 원소로 가장 적합하지 않은 것은?

① Cr　　　　　　　② Ni

③ Mo　　　　　　　④ Be

해설

Be(베릴륨)은 상온에서 무르고 고온에서도 전성과 연성 및 탄성이 크기 때문에 큰 하중이나 고속회전을 하는 축 재료에는 부적합하다.

답 ④

축을 설계할 때 고려할 사항으로 알맞지 않은 것은?

① 전동축에는 굽힘응력과 전단응력이 동시에 발생한다.
② 축이 베어링에 고정되었다면 축변형의 경사각을 고려한다.
③ 기어나 벨트풀리가 장착된 전동축은 M_e와 T_e를 고려한다.
④ 재료가 동일할 때 중실축의 토크가 동일 단면적의 중공축보다 더 크다.

해설

재료가 동일하고 동일 단면적일 때 중공축의 토크가 중실축보다 더 크다.

답 ④

축의 종류별 특징으로 알맞지 않은 것은?

① 차축 : 자동차나 철도차량 등에 쓰이는 축으로 중량을 차륜에 전달한다.
② 전동축 : 주로 비틀림에 의해서 동력을 전달한다.
③ 크랭크축 : 증기기관이나 내연기관 등에서 피스톤의 왕복운동을 회전운동으로 바꾸는 역할을 한다.
④ 플렉시블축 : 축의 지름에 비해 길이가 짧은 축을 말하며 비틀림과 굽힘을 동시에 받는 축으로 공작기계의 주축 및 터빈축 등에 사용한다.

해설

스핀들 : 비틀림과 굽힘을 동시에 받는 축으로 공작기계의 주축 및 터빈축 등에 사용된다. 길이가 비교적 짧은 것이 특징이다.

답 ④

1 축(Shaft) 일반

(1) 축의 정의

베어링에 의해 지지되며 축에 장착된 기어나 벨트풀리를 통해서 회전력을 전달한다.

(2) 축을 설계할 때 고려사항

① 진동
② 열응력
③ 위험속도
④ 고유진동수
⑤ 강도 및 변형

(3) 축용 합금재료

Cr, Ni, Mo은 재료에 내식성과 강도 및 경도 향상을 위해 합금하는 축용 재료이다. 실제 현장에서는 SCM415(크롬-몰리브덴강), SNC410(니켈-크롬강) 등의 명칭으로 사용된다.

⚙ TIP

베릴륨(Be)은 상온에서 무르고, 고온에서도 전성과 연성 및 탄성이 크기 때문에 큰 하중이나 고속회전을 하는 축용 합금재료로는 부적합하다.

2 축의 종류별 특징

(1) **차축** : 자동차나 철도차량 등에 쓰이는 축으로 중량을 차륜에 전달하는 역할을 한다.

(2) **전동축** : 주로 비틀림에 의해서 동력을 전달하는 축으로 굽힘응력과 전단응력이 동시에 발생한다.

(3) **스핀들** : 비틀림과 굽힘을 동시에 받는 축으로 공작기계의 주축 및 터빈축 등에 사용된다. 길이가 비교적 짧은 것이 특징이다.

(4) 플렉시블축(유연성축) : 고정되지 않은 두 개의 서로 다른 물체 사이에 회전하는 동력을 전달하는 축이다.

(5) 크랭크축 : 증기기관이나 내연기관 등에서 피스톤의 왕복 운동을 회전 운동으로 바꾸는 축이다.

(6) 직선축 : 직선 형태로 동력을 전달하는 축이다.

3 축의 위험속도(n_c, Critical Speed)

(1) 위험속도의 정의

축의 고유 진동수와 축의 회전속도(n)가 일치했을 때 진폭이 점차 커져서 축이 위험상태에 놓이게 되어 결국 파괴에 이르게 되는 축의 회전속도이다.

(2) 위험속도의 발생원인

보통 축의 중심이 그 단면의 중심선상에 오도록 정확히 가공한다는 것은 매우 어렵기 때문에 약간의 편심을 갖게 된다. 또한 축의 자중이나 하중에 의해서도 편심이 생기는데, 편심이 된 상태에서 축이 고속회전을 하면 원심력에 의해 축에 진동이 발생한다. 이때 축이 가진 고유진동수와 축의 회전속도가 같아 졌을 때 축의 원심력이 축의 저항력을 넘어서면 결국 축이 파괴에 이르게 되고 이때의 속도가 위험속도(n_c)가 되는 것이다. 따라서 물체의 고유진동수는 고속 회전하는 기계에 매우 중요한 문제이다.

(3) 위험속도를 방지하는 방법

① 축의 일상적인 사용회전속도(축의 상용회전수)는 위험속도로부터 25[%] 이상 떨어진 상태에서 사용하도록 설계 시 고려해야 한다.

② 세로 진동은 비교적 위험성이 적으므로, 주로 휨 진동과 비틀림 진동을 고려해서 설계해야 한다.

③ 진동이 발생되면 축이 파괴될 우려가 크기 때문에 진동을 방지해야 한다.

증기기관이나 내연기관 등에서 피스톤의 왕복운동을 회전운동으로 바꾸는 기능을 하는 축(Shaft)은?

① 차 축
② 스핀들
③ 크랭크축
④ 플렉시블축

[해설]
크랭크축 : 증기기관이나 내연기관 등에서 피스톤의 왕복운동을 회전운동으로 바꾸는 기능을 하는 축

[답] ③

축의 위험속도(N_c)에 대한 설명으로 알맞지 않은 것은?

① 축의 위험속도는 축의 회전속도 및 고유진동수(f)와 관련이 크다.
② 여러 개의 회전체를 가진 축은 Dunkerley의 실험공식에 의해 구할 수 있다.
③ 축의 일상적인 사용회전속도(상용회전수)는 위험속도까지 사용하도록 설계 시 고려해야 한다.
④ 위험속도란 축의 고유진동수와 축의 회전속도(n)가 일치했을 때 진폭이 점차 커져서 축이 위험상태에 놓이게 되어 결국 파괴에 이르게 되는 축의 회전수를 말한다.

[해설]
축의 일상적인 사용회전속도(상용회전수)는 위험속도로부터 25[%] 이상 떨어진 상태에서 사용하도록 설계 시 고려해야 한다.

[답] ③

자중을 무시할 수 있는 길이 L인 원형 단면 실축(탄성계수 E)이 단순지지되어 있다. 이 축의 중앙에 하중 P인 회전체가 설치되어 있을 때, 위험속도 N[rpm]가 되는 축의 지름은?(단, g는 중력가속도이다)

① $\sqrt[4]{\dfrac{4PL^3\pi N^2}{3E30^2g}}$　　② $\sqrt[4]{\dfrac{3PL^3\pi N^2}{4E30^2g}}$

③ $\sqrt[4]{\dfrac{4PL^330^2N^2}{3E\pi^3g}}$　　④ $\sqrt[4]{\dfrac{3PL^3\pi g}{4E30^2N^2}}$

해설

위험속도 구하는 식과 단순보의 처짐량 구하는 식을 통해 구할 수 있다.

- $N_c = \dfrac{30}{\pi}\sqrt{\dfrac{g}{\delta}}$, $\sqrt{\dfrac{g}{\delta}} = \dfrac{\pi N_c}{30}$, $\dfrac{g}{\delta} = \dfrac{\pi^2 N_c^2}{30^2}$, $\delta = \dfrac{30^2 g}{\pi^2 N_c^2}$

- $\delta = \dfrac{PL^3}{48EI} = \dfrac{PL^3}{48E\dfrac{\pi d^4}{64}} = \dfrac{64PL^3}{48E\pi d^4} = \dfrac{4PL^3}{3E\pi d^4}$

정리하면 $\dfrac{30^2 g}{\pi^2 N_c^2} = \dfrac{4PL^3}{3E\pi d^4}$

$d^4 = \dfrac{4PL^3}{3E\pi} \times \dfrac{\pi^2 N_c^2}{30^2 g}$, $d = \sqrt[4]{\dfrac{4PL^3\pi N_c^2}{3E30^2 g}}$

축 중앙에 1개의 회전질량을 가진 축의 위험속도 계산식

$$N_c = \dfrac{30}{\pi}w_c = \dfrac{30}{\pi}\sqrt{\dfrac{g}{\delta}} = 300\sqrt{\dfrac{1}{\delta}}$$

단순지지보에서 집중하중 작용 시 처짐각(θ) 및 처짐량(δ) 구하는 식

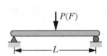

	처짐각(θ)	$\theta_{max} = \dfrac{PL^2}{16EI}$
	처짐량(δ)	$\delta_{max} = \dfrac{PL^3}{48EI}$

※ 단면 2차 모멘트(관성모멘트) $I = \dfrac{\pi d^4}{64}$

답 ①

전동축을 설계할 때 비틀림각(θ)을 [rad]에서 도($^\circ$)로 변경하기 위한 공식은?

① $\theta = \dfrac{360}{\pi} \times \dfrac{2TL}{GZ_P}$

② $\theta = \dfrac{360}{\pi} \times \dfrac{TL}{GI_P}$

③ $\theta = \dfrac{180}{\pi} \times \dfrac{TL}{GI_P}$

④ $\theta = \dfrac{180}{\pi} \times \dfrac{3TL}{GZ_P}$

답 ③

(4) 축의 위험속도 계산식

① 축 중앙에 1개의 회전질량을 가진 축(단순지지보의 중앙에 집중하중이 작용할 때)

- 자중을 고려한 축의 위험속도(N_C)

$$N_c = \dfrac{30}{\pi}w_c = \dfrac{30}{\pi}\sqrt{\dfrac{k}{m}} = \dfrac{30}{\pi}\sqrt{\dfrac{g}{\delta}} = 300\sqrt{\dfrac{1}{\delta}}\ [\text{rpm}]$$

여기서, w_c : 임계각속도, g : 중력가속도[9.8m/s^2], δ : 처짐량

② 던커레이(Dunkerley)의 여러 회전체를 가진 축의 위험속도(N_C)

$$\dfrac{1}{N_{c(\text{회전체 총합})}^2} = \dfrac{1}{N_{c1(\text{회전체1})}^2} + \dfrac{1}{N_{c2(\text{회전체2})}^2} + \dfrac{1}{N_{c3(\text{회전체3})}^2} + \cdots$$

③ 축의 위험속도의 특징

㉠ 축의 위험속도는 축의 회전속도 및 고유진동수(f)와 관련이 크다.

㉡ 고유진동수(f)는 강성(k)에 비례하고, 질량(m)에 반비례하므로 이를 기호로 나타내면 다음과 같다.

$$f \propto \sqrt{\dfrac{k}{m}}$$

㉢ 고유진동수와 위험 각속도와는 밀접하므로 $w_c = \sqrt{\dfrac{k}{m}}$ 식이 성립한다.

(5) 축의 위험각속도(w_c)

$w = \dfrac{2\pi n}{60}$ 식에 w 대신 위험각속도(w_c), 회전수 n 대신에 축의 위험 회전수(n_c)를 대입한다.

위험각속도, $w_c = \dfrac{2\pi n_c}{60}$ [rad/s]

TIP

고유진동수(f)는 단위시간당 진동수이며, 단위로는 [Hz]를 사용한다. 이는 구조물의 동적 특성을 표현한다.

$$f \propto \sqrt{\dfrac{k}{m}}$$

여기서, k : 강성, m : 질량

4 축 관련 계산식

(1) 축의 비틀림각(θ)

$$\theta = \frac{T \times L}{G \times I_P} = \frac{T \times L}{G \times \frac{\pi d^4}{32}} = \frac{32\,T \times L}{G \times \pi d^4}\,[°]$$

여기서, I_P : 극단면 2차 모멘트(극관성모멘트), $I_P = \frac{\pi d^4}{32}$

      T : 비틀림모멘트[N·mm]

      L : 축의 길이[mm]

      G : 전단탄성계수[N/mm²]

      d : 축 지름[mm]

※ [Pa](파스칼) = [N/m²]이나 계산할 때 [mm] 단위로 문제를 풀어야 하므로, 문제를 풀 때는 단위를 잘 확인한 후 계산해야 한다. 이 책은 기본적으로 [mm] 단위를 기준으로 단위를 작성하였다.

(2) 축에 작용하는 최대 굽힘모멘트($M_{\max}$)

$$M_{\max} = \sigma_{\max} \times Z$$

여기서, $\sigma_{\max}$: 최대 굽힘응력, Z : 단면계수

(3) 축에 작용하는 비틀림모멘트(T, Torque, 토크)

$$T = \tau \times Z_P\,[\text{N·mm}]$$

여기서, τ : 전단응력, Z_P : 극단면계수

🔧 **TIP**

2019년 9급 서울시 2회 기계설계 6번 중실축의 전단응력에 대한 문제를 풀기 위해서는 다음과 같은 공식을 응용한 뒤, 실제 보기의 문장처럼 해석하면 된다.

$$T = \tau_{\max} \times Z_P$$

$$T = \tau_{\max} \times \frac{\pi d^3}{16}$$

$$\tau_{\max} = \frac{16\,T}{\pi d^3}$$

∴ 전단응력은 비틀림모멘트에 비례하고 축경의 3승에 반비례한다.

중실축의 직경이 3배로 작아질 경우 전달가능한 토크는 처음과 비교해서 얼마가 되는가?

① $\dfrac{1}{3}$ ② $\dfrac{1}{6}$

③ $\dfrac{1}{18}$ ④ $\dfrac{1}{27}$

해설

$T = \tau \times Z_P$

$T = \tau \times \dfrac{\pi d^3}{16}$

이 식에서 d만을 떼어내서 응용하면

$$\dfrac{T_{\frac{d}{3}}}{T_d} = \dfrac{\left(\dfrac{d}{3}\right)^3}{d^3} = \dfrac{\dfrac{d^3}{27}}{d^3} = \dfrac{d^3}{27 d^3} = \dfrac{1}{27}$$

답 ④

중실원축에 토크(T)가 작용할 때와 굽힘응력(σ)이 작용할 때, 지름(d)은?

① T 작용 시 : $d = \sqrt{\dfrac{16T}{\pi\tau_a}}$, σ 작용 시 : $d = \sqrt{\dfrac{16M}{\pi\sigma_a}}$

② T 작용 시 : $d = \sqrt{\dfrac{16T}{\pi\tau_a}}$, σ 작용 시 : $d = \sqrt{\dfrac{32M}{\pi\sigma_a}}$

③ T 작용 시 : $d = \sqrt{\dfrac{32T}{\pi\tau_a}}$, σ 작용 시 : $d = \sqrt{\dfrac{32M}{\pi\sigma_a}}$

④ T 작용 시 : $d = \sqrt{\dfrac{16T}{\pi\tau_a}}$; σ 작용 시 : $d = \sqrt{\dfrac{16M}{\pi\sigma_a}}$

답 ②

---

(4) 축에 작용하는 최대 토크(T, 최대 비틀림모멘트)

① 중실축일 경우, $T = \tau_{\max} \times Z_P = \tau_{\max} \times \dfrac{\pi d^3}{16}$

② 중공축일 경우, $T = \tau_{\max} \times Z_P = \tau \times \dfrac{\pi\left(\dfrac{d_2^4 - d_1^4}{d_2}\right)}{16}$

여기서, $\tau_{\max}$: 최대 전단응력[N/mm^2]

d : 중실축의 지름[mm]

d_1 : 중공축의 안지름[mm]

d_2 : 중공축의 바깥지름[mm]

(5) 축에 작용하는 허용전단응력(τ_a, 허용비틀림응력)

$$\tau_a = \dfrac{T \times r}{I_P} = \dfrac{T}{Z_P} = \dfrac{16T}{\pi d^3}\,[\text{N}/\text{mm}^2]$$

여기서, T : 전달토크[N·mm], d : 축 지름[mm]

(6) 모멘트를 받는 축의 지름(d)

[단위 : mm]

작용 힘	중실축	중공축
굽힘모멘트	$d = \sqrt[3]{\dfrac{32M}{\pi\sigma_a}}$	$d_2 = \sqrt[3]{\dfrac{32M}{\pi\sigma_a(1-x^4)}}$
비틀림모멘트	$d = \sqrt[3]{\dfrac{16T}{\pi\tau_a}}$	$d_2 = \sqrt[3]{\dfrac{16T}{\pi\tau_a(1-x^4)}}$

여기서, τ_a : 허용-전단응력[N/mm^2]

T : 전달토크[N·mm]

d_2 : 중공축의 바깥지름

x : 축의 내외경비$\left[x = \dfrac{d_1\,(\text{안지름})}{d_2\,(\text{바깥지름})}\right]$

(7) 굽힘과 비틀림이 동시에 작용하는 축의 조합응력

축에 굽힘모멘트와 비틀림모멘트가 동시에 작용하면, 축에는 이들이 동시에 작용함을 고려하여 상당굽힘모멘트와 상당비틀림모멘트를 적용시켜야 한다.

상당굽힘모멘트(M_e)	$M_e = \dfrac{1}{2}(M + \sqrt{M^2 + T^2}) = \dfrac{1}{2}(M + T_e)$
상당비틀림모멘트(T_e)	$T_e = \sqrt{M^2 + T^2}$

여기서, M : 굽힘모멘트, T : 비틀림모멘트

(8) 축에 굽힘모멘트와 비틀림모멘트가 동시에 작용할 때 주응력(Principal Stress)과 전단응력

① 주응력, $\sigma_p = \dfrac{32 M_e}{\pi d^3} [\text{N/mm}^2]$

② 전단응력, $\tau = \dfrac{16 T_e}{\pi d^3} [\text{N/mm}^2]$

(9) 중공축이 정하중으로 굽힘모멘트(σ_a)만 받는 경우 바깥지름(d_2)

$$M = \sigma_a \times Z = \sigma_a \times \dfrac{\pi d_2^{\,3}(1-x^4)}{32}$$

이 식을 d_2로 정리하면,

$$d_2^{\,3} = \dfrac{32M}{\pi(1-x^4)\sigma_a}$$

$$d_2 = \sqrt[3]{\dfrac{32M}{\pi(1-x^4)\sigma_a}} \ [\text{mm}]$$

(10) 바하(Bach)의 축공식

축을 설계할 때 연강 축의 길이 1[m]당 비틀림각(θ)이 0.25° 이내가 되도록 설계하는 조건에서 축 지름을 구하는 공식으로 마력(PS)과 동력[kW] 단위로 구분한다. 이때 축의 재질은 연강이어야 한다.

① 중실축일 경우

ㄱ $d = 120\sqrt[4]{\dfrac{H_{\text{PS}}}{N}} \ [\text{mm}]$

ㄴ $d = 130\sqrt[4]{\dfrac{H_{\text{kW}}}{N}} \ [\text{mm}]$

② 중공축일 경우

ㄱ $d = 120\sqrt[4]{\dfrac{H_{\text{PS}}}{N(1-x^4)}} \ [\text{mm}]$

ㄴ $d = 130\sqrt[4]{\dfrac{H_{\text{kW}}}{N(1-x^4)}} \ [\text{mm}]$

※ $x = $ 내외경비, $\left(x = \dfrac{d_1}{d_2} \right)$

바하의 축공식을 이용해서 축의 지름을 구하려고 한다. 이에 대한 설명으로 알맞지 않은 것은?

① [PS] 단위의 동력이 중실원축에 작용할 때

지름 $d = 120\sqrt{\dfrac{H_{\text{PS}}}{N}} \ [\text{mm}]$를 적용한다.

② [kW] 단위의 동력이 중실원축에 작용할 때

지름 $d = 130\sqrt{\dfrac{H_{\text{kW}}}{N}} \ [\text{mm}]$를 적용한다.

③ [PS] 단위의 동력이 중공원축에 작용할 때

지름 $d_2 = 120\sqrt{\dfrac{H_{\text{PS}}}{N(1-x^4)}} \ [\text{mm}]$를 적용한다.

④ [kW] 단위의 동력이 중공원축에 작용할 때

지름 $d_2 = 140\sqrt{\dfrac{H_{\text{kW}}}{N(1-x^4)}} \ [\text{mm}]$를 적용한다.

해설

[kW] 단위의 동력이 중공원축에 작용할 때 지름은

$d_2 = 130\sqrt{\dfrac{H_{\text{kW}}}{N(1-x^4)}} \ [\text{mm}]$를 적용한다.

답 ④

(11) 축에 작용하는 최대 허용하중(P)

$$P = \frac{pv \times (d \times l) \times 60{,}000}{\pi d N} \,[\text{N}]$$

여기서, pv : 발열계수[N/mm^2 · m/s], d : 축 지름[mm], l : 축 길이[mm]

🔷 TIP

발열계수(pv)

$$pv = \left(\frac{P}{dl}\right) \times \left(\frac{\frac{d}{2}}{1{,}000} \times \frac{2\pi N}{60}\right) = \frac{P}{dl} \times \frac{\pi d N}{1{,}000 \times 60}$$

여기서, P : 축방향 하중[N]

N : 베어링 회전수[rpm]

(12) 중실축과 중공축 계산 시 알아야할 공식

구 분	원 형		삼각형	사각형
	중실축	중공축		
도 심	$\bar{y} = \dfrac{d}{2} = r$	$\bar{y} = \dfrac{d_2}{2}$	$\bar{x} = \dfrac{b}{3}$ $\bar{y} = \dfrac{h}{3}$	$\bar{x} = \dfrac{b}{2}$ $\bar{y} = \dfrac{h}{2}$
단면계수 $\left(Z = \dfrac{I}{e}\right)$	$Z = \dfrac{\pi d^3}{32}$	$Z = \dfrac{\pi d_2^3}{32}(1 - x^4)$ 여기서, $x = \dfrac{d_1}{d_2}$	$Z = \dfrac{bh^3}{36}$	$Z = \dfrac{bh^2}{6}$
극단면계수 $\left(Z_P = \dfrac{I_P}{e}\right)$	$Z_P = \dfrac{\pi d^3}{16}$	$Z_P = \dfrac{\pi d_2^3}{16}(1 - x^4)$		
단면 1차 모멘트 (G = 면적 × 거리)	$G_x = \displaystyle\int_A y\,dA = \bar{y}\,A$ $= \dfrac{d}{2} \times \dfrac{\pi d^2}{4} = \dfrac{\pi d^3}{8}$ $G_y = \displaystyle\int_A x\,dA = \bar{x}\,A$ $= \dfrac{d}{2} \times \dfrac{\pi d^2}{4} = \dfrac{\pi d^3}{8}$		$G_x = \bar{y}\,A$ $= \dfrac{1}{3}h \times \dfrac{bh}{2}$ $= \dfrac{bh^2}{6}$	$G_x = \bar{y}\,A$ $= bh \times \dfrac{h}{2}$ $= \dfrac{bh^2}{2}$
단면 2차 모멘트(I, 관성모멘트)	$I = \dfrac{\pi d^4}{64}$	$I = \dfrac{\pi(d_2^4 - d_1^4)}{64}$	$I_x = \dfrac{bh^3}{36}$ $I_y = \dfrac{hb^3}{36}$	$I_x = \dfrac{bh^3}{12}$ $I_y = \dfrac{hb^3}{12}$
극관성 모멘트(I_P)	$I_P = I_x + I_y = \dfrac{\pi d^4}{32}$	$I_P = \dfrac{\pi(d_2^4 - d_1^4)}{32}$		

▣ 응력, 모멘트, 변형률 – 최근 기출문제 분석

필 / 수 / 확 / 인 / 문 / 제

연 도	시험명	시험 내용	메 모
2021	국가직	구멍있는 철판에 발생하는 최대 응력 구하기	
		상당 비틀림 모멘트와 상당 굽힘모멘트 관계식	
	지방직	봉의 세로탄성계수 구하기	
		비틀림 모멘트를 받는 축의 조건 변경 시 비틀림각 관계식 비교	
2020	국가직	진응력, 공칭응력, 공칭변형률 사이의 관계식	
2019	국가직	악력기에 작용하는 주된 변형에너지 – 굽힘응력	
	지방직	평판에 작용하는 인장응력	
		원형봉에 길이방향 하중이 작용할 때 반경방향의 변형률	
	서울시 1회	경사단면에 발생하는 최대 전단응력	
2018	국가직	양단이 고정된 강판에 온도를 가했을 때 발생하는 열응력 (축방향 압축력)	
		최대 전단응력설에 따른 안전계수	
	고졸경채	원형봉이 인장응력과 비틀림응력을 동시에 받을 때 최대 전단응력	
		강봉에 발생하는 열응력	
2017	국가직	푸아송의비 – 단면의 지름 변화	
	지방직	열응력에 따른 발생온도	
	서울시	비틀림응력 관련 공식	
		노치가 있는 평판에 발생하는 최대 응력	
		전단변형에너지설에 따른 유효응력(Von Mises) 공식	
	고졸경채	재료의 세로탄성계수	
2016	국가직	원형봉의 최대 비틀림응력(최대 전단응력)	
	지방직	응력-변형률 선도의 해석	
2015	국가직	노치부의 응력집중계수를 고려한 공칭응력	
	지방직	재료파괴의 기준강도	
		푸아송 비의 공식	
2014	국가직	사각봉의 탄성계수	
	지방직	피로파손이론 쇼더버그선에 의한 응력관계식	

안심Touch

연 도	시험명	시험 내용	메 모
2013	국가직	평판에 열응력이 발생할 때의 발생현상 해석	
		최대 전단응력설과 전단변형률에너지설에 따른 전단항복강도	
		상당비틀림모멘트와 상당굽힘모멘트	
	지방직	후크의 법칙	
2012	국가직	재료의 공칭응력과 진응력	
		재료의 단면수축률	
2011	국가직	재료의 굿맨선	
2010	국가직	최대 전단응력설에 따른 최대 하중	
2009	국가직	최대 주응력설에 의한 상당굽힘모멘트	
		세로탄성계수, 푸아송비, 전단탄성계수 사이의 관계식	
		실린더에 작용하는 열응력의 특징	
	지방직	공칭응력과 공칭변형률의 특징	
2008	국가직	강관에 작용하는 열응력	
		응력집중의 정의	
		모어원의 주응력	
2007	국가직	열응력 – 온도변화에 따른 신축량	
		최대 주응력설에 따른 항복응력의 안전계수	

1 응력(Stress) 일반

(1) 응력의 정의

재료나 구조물에 외력이 작용했을 때 그 외력에 대한 재료 내부의 저항력이다. '단위면적당 작용하는 힘'으로도 표현하며 이를 공칭응력이라고 부른다.

(2) 응력의 분류

종 류		특 징
기준 단면적	진응력	외력이 계속 작용할 때, 측정하는 시점에서 변화된 단면적을 기준으로, 작용하는 외력에 대한 내부의 저항력 • 진응력 $= \dfrac{\text{외력}}{\text{외력에 의해 감소된 수직 단면적}} = \dfrac{F}{A}\,[\text{N}/\text{m}^2]$
	공칭응력	외력에 의해 재료가 변형되기 전인 최초의 단면적을 기준으로, 작용하는 외력에 대한 내부의 저항력 • 공칭응력 $= \dfrac{\text{외력}}{\text{최초의 단면적}} = \dfrac{F}{A}\,[\text{N}/\text{m}^2]$
하중의 작용 방향	인장응력	재료를 양쪽에서 잡아당기는 인장 힘에 따라 발생되는 재료 내부의 저항력
	압축응력	재료를 양쪽에서 누르는 압축 힘에 따라 발생되는 재료 내부의 저항력
	전단응력	재료의 단면에 대해 평행하게 서로 반대의 방향에서 작용하는 전단력에 대한 재료 내부의 저항력
	굽힘응력	재료에 휨을 발생시키는 외력에 대한 재료 내부의 저항력이다. 안쪽이나 바깥쪽으로 재료에 굽힘이 발생되면 안쪽에는 압축응력이, 바깥쪽에는 인장응력이 동시에 작용하는 것이 특징이다. 예 악력기 스프링의 소선에 주로 굽힘응력이 발생
	비틀림 응력	재료의 단면이 비틀리는 회전력에 대한 재료 내부의 저항력

✚ TIP

선박의 프로펠러는 회전에 의한 비틀림응력과 수압에 의한 압축, 굽힘응력을 동시에 받는다.

수차축

기계재료의 표준인장시험에서 얻어지는 진변형률(ε_T)을 공칭응력(σ)과 진응력(σ_T)으로 나타낸 것으로 옳은 것은?

① $\varepsilon_T = \dfrac{\sigma_T}{\sigma}$

② $\varepsilon_T = \dfrac{\sigma}{\sigma_T}$

③ $\varepsilon_T = \ln\left(\dfrac{\sigma_T}{\sigma}\right)$

④ $\varepsilon_T = \ln\left(\dfrac{\sigma}{\sigma_T}\right)$

해설

• 진변형률과 공칭응력, 진응력과의 관계
  $\varepsilon_T = \ln\left(\dfrac{\sigma_T}{\sigma}\right)$
• 진응력 : 변화된 단면적에 대한 하중의 비
• 진변형률 : 현재 길이에 대한 늘어난 길이의 비

 ③

(3) 열응력(Thermal Stress)

열에 의해 재료가 팽창하거나 수축하면서 발생하는 응력이다. 철과 같은 금속으로 만들어진 관의 신축량은 열팽창계수나 온도변화에 비례한다.

① 열응력 공식(σ)

$$\sigma = E\alpha(T_2 - T_1) = E\alpha\triangle T$$

여기서, E : 세로탄성계수, α : 선팽창계수, T_2 : 나중 온도, T_1 : 처음 온도

② 열응력에 의해 강관의 축에 작용하는 압축력을 구하는 공식

열응력, $\sigma = E\alpha\triangle t$ 공식을 압축력(P)을 구하는 식에 대입한다.

압축력, $P = \sigma A = (E\alpha\triangle t)A$

$$= (E\alpha\triangle t) \times \pi Dt - \pi t^2$$

$$= E\alpha(T - T_0)\pi(tD - t^2)$$

③ 열에 의한 신축량(δ)

철과 같은 금속으로 만들어진 재료의 신축량은 열팽창계수나 길이, 온도변화에 비례한다.

④ 선팽창계수 : 온도가 1℃ 변화할 때 단위 길이 당 늘어난 재료의 길이

(4) 하중(힘)의 종류

종류			특징
정하중	수직하중 (법선하중)	인장하중	단면에 수직으로 당기는 하중
		압축하중	단면에 수직으로 누르는 하중
	수평하중 (접선하중)		단면에 평행하게 작용하는 하중
동하중	반복하중		하중의 크기와 방향이 같은 일정한 하중이 반복되는 하중
	교번하중		하중의 크기와 방향이 변화하면서 인장과 압축하중이 연속 작용하는 하중
	충격하중		하중이 짧은 시간에 급격히 작용하는 하중
하중 작용점	집중하중		한 점이나 지극히 작은 범위에 집중적으로 작용하는 하중
	분포하중		넓은 범위에 균일하게 분포하여 작용하는 하중

※ 수직하중 : 단면에 수직하게 작용하는 하중

※ 정하중 : 하중의 크기와 작용방향이 일정한, 정적(Static)인 하중

※ 동하중 : 하중의 크기와 작용방향이 변하는, 동적(Dynamic)인 하중

(5) 응력-변형률 곡선($\sigma - \varepsilon$ 선도)

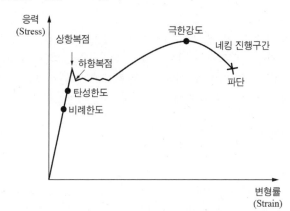

① 비례한도(Proportional Limit) : 응력과 변형률 사이에 정비례 관계가 성립하는 구간 중 응력이 최대인 점으로 후크의 법칙이 적용된다.

② 탄성한도(Elastic Limit) : 하중을 제거하면 시험편의 원래 치수로 돌아가는 구간

③ 항복점(Yield Point) : 인장 시험에서 하중이 증가하여 어느 한도에 도달하면, 하중을 제거해도 원위치로 돌아가지 않고 변형이 남게 되는 그 순간의 하중

④ 극한강도(Ultimate Strength) : 재료가 파단되기 전에 외력에 버틸 수 있는 최대의 응력

⑤ 네킹구간(Necking) : 극한 강도를 지나면서 재료의 단면이 줄어들면서 길게 늘어나는 구간

⑥ 파단점 : 재료가 파괴되는 점

⭐ TIP

항복강도는 재료파괴의 기준강도로 사용된다.
※ 재료파괴의 기준강도로 사용되는 항목
  • 항복강도
  • 피로한도
  • 크리프한도

응력-변형률 곡선에 대한 설명으로 잘못된 것은?

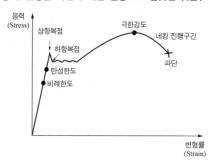

① 비례한도(Propotional Limit) : 응력과 변형률 사이에 정비례관계가 성립하는 구간 중 응력이 최대인 점으로 혹의 법칙이 적용된다.

② 탄성한도(Elastic Limit) : 하중을 제거하면 원래의 치수로 돌아가는 구간을 말한다.

③ 항복점(Yield Point) : 인장시험에서 하중이 증가하여 어느 한도에 도달하면, 하중을 제거해도 원위치로 돌아가지 않고 변형이 남게 되는 그 순간의 하중이다.

④ 극한강도(Ultimate Strength) : 재료가 파괴되는 점이다.

해설
극한강도(Ultimate Strength) : 재료가 파단되기 전에 외력에 버틸 수 있는 최대의 응력

답 ④

응력-변형률 곡선에서 혹의 법칙이 적용되는 구간은?

① 탄성한도
② 비례한도
③ 항복점
④ 극한강도

답 ②

(6) 응력집중계수(k)

① 정 의

응력집중이란 단면이 급격히 변하는 부위나 노치부를 갖는 부재에서 이들 부분에 외력이 집중되는 현상이다. 이 집중의 정도를 수치로 나타낸 것이 응력집중계수이다. 기계 부품이나 구조물에 노치부를 만들 경우, 기계나 구조물을 안전하게 사용하기 위해서는 설계할 때 응력집중계수를 고려해야 한다.

② 응력집중계수$(k) = \dfrac{\sigma_{\max}(최대\ 응력)}{\sigma_n(공칭응력)}$

③ 특 징

- 응력집중계수는 단면부의 평균응력에 대한 최대 응력의 비율이다.
- 응력집중을 완화하려면 단이 진 부분의 곡률 반지름을 크게 한다.
- 응력집중을 완화하려면 단면이 변화되는 부분을 완만하게 만든다.
- 응력집중계수는 제품의 재질은 다르더라도 형상이 같으면 그 값은 같다.
- 응력집중계수는 노치부의 존재 여부나 급격한 단면, 형상변화에 큰 영향을 받는다.
- 응력집중계수는 재료의 형상에 따라 영향을 크게 받지만, 재질에는 영향을 받지 않는다.

④ 단면의 형상별 응력분포상태

정상단면	구멍있는 단면	노치있는 단면

(7) 경사진 단면에서 발생하는 최대 전단응력($\tau_{\max}$)과 경사각($°$)

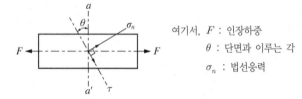

여기서, F : 인장하중

θ : 단면과 이루는 각

σ_n : 법선응력

① 최대 전단응력($\tau_{\max}$)

최대 전단응력설에 따른 공식을 이용하면,

$\tau_{\max} = \dfrac{1}{2}\sqrt{\sigma_x^2 + 4\tau^2}$ 전단응력은 없으므로 소거된다.

$= \dfrac{1}{2}\sqrt{\sigma_x^2} = \dfrac{\sigma_x}{2}$ 여기서 $\sigma_x = \dfrac{F}{A}$ 이므로 이를 대입하면,

$= \dfrac{F}{2A}$

② 최대 전단응력($\tau_{\max}$)이 발생할 때 단면과 이루는 경사각(°)

시편에서 최대 전단응력은 수직 단면을 기준으로 45°일 때 발생한다.

(8) x-y면에 작용하는 응력상태

2차원의 평면에서의 응력요소는 σ_x, σ_y, τ_{xy}가 있다.

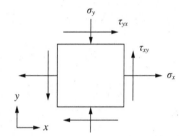

σ_x : 최대 주응력

σ_y : 최소 주응력

τ_{xy} : x평면 위에서 y방향으로 작용하는 전단응력

τ_{yx} : y평면 위에서 x방향으로 작용하는 전단응력

$\tau_{xy} = \tau_{yx}$

(9) Mohr's Circle(모어원)

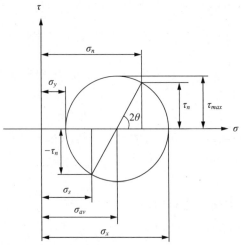

① 주응력 $\sigma_x = \dfrac{1}{2}(\sigma_x + \sigma_y) + \dfrac{1}{2}\sqrt{(\sigma_x - \sigma_y)^2 + 4\tau_{xy}^2}$

② 주응력 $\sigma_y = \dfrac{1}{2}(\sigma_x + \sigma_y) - \dfrac{1}{2}\sqrt{(\sigma_x - \sigma_y)^2 + 4\tau_{xy}^2}$

2 응력 관련 이론

(1) 주요 응력설

① 최대 주응력설

최대 인장응력이나 최대 압축응력의 크기가 항복강도보다 클 경우, 재료의 파손이 일어난다는 이론으로 취성 재료의 분리파손과 가장 일치한다.

$$\sigma_{\max} = \frac{1}{2}(\sigma_x + \sigma_y) \pm \frac{1}{2}\sqrt{(\sigma_x - \sigma_y)^2 + 4\tau_{xy}^2}$$

여기서, σ_x, σ_y = 주응력, τ_{xy} : 전단응력

🔖 TIP

최대 주응력설에 따른 안전계수
최대 주응력설로 구한 $\sigma_{\max}$ 값을 안전율의 σ_Y에 대입해서 구한다.

$$\text{안전율}(S) = \frac{\sigma_Y(\text{항복응력})}{\sigma_a(\text{허용응력})}$$

② 최대 전단응력설

최대 전단응력이 그 재료의 항복전단응력에 도달하면 재료의 파손이 일어난다는 이론으로 연성재료의 미끄럼파손과 일치한다.

$$\tau_{\max} = \frac{1}{2}\sigma_Y = \frac{1}{2}\sqrt{\sigma_x^2 + 4\tau^2}$$

여기서, σ_Y : 항복응력

주요 응력설의 종류에 속하지 않는 것은?

① 최대 주응력설
② 최대 전단응력설
③ 전단변형에너지설
④ 최대 극한응력설

답 ④

기계부품에 30[MPa], 40[MPa]의 인장응력과 전단응력이 작용하고 있다. 이 부품이 전단응력에 의해 파괴되는 응력이 100[MPa]이라면, 최대 전단응력설의 관점에서 볼 때, 받을 수 있는 최대 하중은 현재 작용하고 있는 하중의 몇 배인가?

① 1.2배　　② 2.3배
③ 3.8배　　④ 4.2배

해설

$\tau_{\max} = \dfrac{1}{2}\sqrt{\sigma_x^2 + 4\tau^2}$

$= \dfrac{1}{2}\sqrt{(30^2) + (4 \times 40^2)}$

$= \dfrac{1}{2}\sqrt{900 + 6,400}$

$= \dfrac{1}{2} \times 85.4 = 42.7[\text{MPa}]$

파괴되는 하중이 100[MPa]이므로 42.7[MPa]대비 약 2.3배가 된다.

답 ②

③ 전단변형에너지설

변형에너지는 전단변형에너지와 체적변형에너지로 구분되는데, 전단변형에너지가 인장 시 항복점에서의 변형에너지에 도달하였을 때 파손된다는 이론으로 연성재료의 파손 예측에 사용한다.

$$\tau_{\max} = \frac{1}{\sqrt{3}}\sigma_Y = 0.577\sigma_Y$$

(2) 피로파손 관련 공식

① 소더버그선(Soderberg Line)의 응력 관계식

$$\frac{\sigma_a(\text{교번응력})}{\sigma_e \text{ 또는 } S_e(\text{피로강도})} + \frac{\sigma_m(\text{평균응력})}{\sigma_y \text{ 또는 } S_y(\text{항복강도})} = 1$$

② 굿맨선(Goodman Line)

$$\frac{\sigma_a(\text{교번응력})}{\sigma_e(\text{피로강도})} + \frac{\sigma_m(\text{평균응력})}{\sigma_y(\text{극한강도})} = 1$$

③ 미국기계학회 표준선도(ASME)

$$\left(\frac{\sigma_a(\text{교번응력})}{\sigma_e \text{ 또는 } S_e(\text{피로강도})}\right)^2 + \left(\frac{\sigma_m(\text{평균응력})}{\sigma_y \text{ 또는 } S_y(\text{항복강도})}\right)^2 = 1$$

(3) 후크의 법칙

비례한도 내에서 응력과 변형률은 비례한다.

$$\sigma = E \times \varepsilon$$

(4) 진변형률과 공칭응력, 진응력과의 관계

$$\varepsilon_T(\text{진변형률}) = \ln\left(\frac{\sigma_T(\text{진응력})}{\sigma(\text{공칭응력})}\right)$$

① 진응력 : 변화된 단면적에 대한 외력의 비

$$\sigma_T = \frac{\text{외력}}{\text{외력에 따라 감소되는 수직 단면적}} = \frac{F}{A}$$

② 진변형률 : 현재 길이에 대한 늘어난 길이의 비

③ 공칭응력 : 최초의 단면적에 대한 외력의 비

$$\sigma = \frac{\text{외력}}{\text{최초의 단면적}} = \frac{F}{A}$$

피로파손 이론에서 소더버그선(Soderbergh Line) 기준에 의한 응력 관계식은?(단, σ_a는 교번응력, σ_m은 평균응력, S_e는 피로강도, S_u는 극한강도, S_f는 파괴강도, S_y는 항복강도이다)

① $\dfrac{\sigma_a}{S_u} + \dfrac{\sigma_m}{S_y} = 1$ ② $\dfrac{\sigma_a}{S_e} + \dfrac{\sigma_m}{S_y} = 1$

③ $\dfrac{\sigma_a}{S_e} + \dfrac{\sigma_m}{S_u} = 1$ ④ $\dfrac{\sigma_a}{S_u} + \dfrac{\sigma_m}{S_e} = 1$

해설

소더버그선의 응력 관계식

$$\frac{\sigma_a(\text{교번응력})}{S_e(\text{피로강도})} + \frac{\sigma_m(\text{평균응력})}{S_y(\text{항복강도})} = 1$$

답 ②

(5) 공칭응력-공칭변형률 곡선으로 알 수 있는 사항

　① 재료의 극한인장강도(UTS)

　② 재료가 파단에 이르기까지 소요되는 변형에너지

　③ 네킹(파단)이 일어나기 시작하는 변형률(불안정의 시작점)

3 기타 계산식

(1) 안전율(S)

$$S = \frac{극한강도(\sigma_u)}{허용응력(\sigma_a)}$$

> **🟢 TIP**
>
> 안전율(계수)은 반드시 수명과 관련되기 때문에 극한강도와 허용응력의 관계를 고려하여 계산한다.

(2) 최대 굽힘응력

$$\sigma_{\max} = \frac{M_{\max}}{Z} \ [\text{N/mm}^2]$$

4 모멘트(Moment)

(1) 모멘트의 정의

　물체를 회전시키려고 하는 힘

(2) 힘의 방향에 따른 모멘트의 분류

　① 굽힘모멘트(M)

　　그림에서와 같이 보에 수직하중이 작용하면 아래 방향으로 휨이 발생하고, 양쪽 끝부분에서는 안쪽으로 변형되려는 힘이 발생하는데 이 힘을 굽힘모멘트라고 한다.

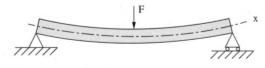

　　$M = \sigma_b(굽힘응력) \times Z(단면계수)$

② 비틀림모멘트(T, Torque)

회전을 일으키려는 힘으로 토크(Torque)라고
도 불린다.

$T = \tau(\text{전단응력}) \times Z_P(\text{극단면계수})$

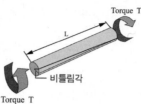

(3) 모멘트의 종류

① 단면 1차 모멘트(Q) : 도형의 도심을 구하기 위한 임의의 설정 값이다.

   $Q = \text{작용점까지의 직선거리} \times \text{면적}$

     $= Q_x + Q_y$

   ㉠ $Q_x = \displaystyle\int_A y\,dA = y_1 A_1 + y_2 A_2 \cdots = \overline{y}\,A$

     여기서, $\overline{y} = \dfrac{y_1 A_1 + y_2 A_2 \cdots}{A_1 + A_2 + \cdots}$

   ㉡ $Q_y = \displaystyle\int_A x\,dA = x_1 A_1 + x_2 A_2 \cdots = \overline{x}\,A$

     여기서, $\overline{x} = \dfrac{x_1 A_1 + x_2 A_2 \cdots}{A_1 + A_2 + \cdots}$

   ※ 시험에 나올만한 내용

     축이 도심을 통과하면 단면 1차 모멘트(Q_x, Q_y)는 항상 0이다.

② 단면 2차 모멘트(I, 관성모멘트)

   ㉠ $I_x = \displaystyle\int_A y^2\,dA = A K_x^2$

     여기서, $K_x = \sqrt{\dfrac{I_x}{A}}$ (x축에 대한 회전반경)

   ㉡ $I_y = \displaystyle\int_A x^2\,dA = A K_y^2$

     여기서, $K_y = \sqrt{\dfrac{I_y}{A}}$ (y축에 대한 회전반경)

③ 극단면 2차 모멘트($I_P(I_{Polar})$, 극관성모멘트)

   ㉠ 원점에 대한 단면 2차 모멘트

     $I_P = I_x + I_y$

   ㉡ 삼각형 단면의 극단면 2차 모멘트(I_P)

     $I_P = \dfrac{bh}{36}(h^2 + b^2)$

     여기서, b : 밑변길이, h : 높이

   ㉢ 사각형 단면의 극단면 2차 모멘트(I_P)

     $I_P = \dfrac{bh}{12}(h^2 + b^2)$

     여기서, b : 밑변길이, h : 높이

ⓔ 원형 단면의 극단면 2차 모멘트(I_P)

$$I_P = \frac{\pi d^4}{32}$$

여기서, d : 지름

④ 단면계수(Z)

도형의 도심을 지나는 축에 대한 단면 2차 모멘트(I)를 그 축의 최외각거리(e)로 나눈 값이다.

$$Z = \frac{I}{e}$$

⑤ 극단면계수(Z_P)

극단면 2차 모멘트(I_P)를 최외각거리(e)로 나눈 값이다.

$$Z_P = \frac{I_P}{e}$$

(4) 모멘트 관련식

① 최대 굽힘모멘트, $M_{\max} = \sigma_{\max} \times Z$

② 상당굽힘모멘트(M_e) 및 상당비틀림모멘트(T_e)

상당굽힘모멘트(M_e)	상당비틀림모멘트(T_e)
$M_e = \dfrac{1}{2}(M + \sqrt{M^2 + T^2})$ $= \dfrac{1}{2}(M + T_e)$	$T_e = \sqrt{M^2 + T^2}$

5 변형률(Strain)

(1) 변형률(ε)의 정의

재료가 외력에 의해 원래 길이보다 늘어나거나 줄어든 비율로 일반적인 변형률은 공칭변형률을 의미한다.

$$\varepsilon = \frac{\text{처음 길이} - \text{나중 길이}}{\text{처음 길이}} \times 100[\%]$$

지름이 20[mm], 길이가 800[mm]인 강재에 인장하중이 작용하여 길이가 806[mm]가 되었다면 변형률(ε)은?

① 0.25[%] ② 0.5[%]
③ 0.75[%] ④ 0.9[%]

해설

변형률 $\varepsilon = \dfrac{l_2 - l_1}{l_1} \times 100[\%]$

$= \dfrac{806 - 800}{800} \times 100[\%] = 0.75[\%]$

답 ③

(2) 변형률의 종류

① 인장변형률(연신율)

재료가 축 방향의 인장하중을 받으면 길이가 늘어나는데 처음 길이에 비해 늘어난 길이의 비율이다.

$$\varepsilon = \frac{\text{변형된 길이}}{\text{처음 길이}} = \frac{\Delta l}{l} \times 100[\%]$$

② 전단변형률(γ)

미소의 직사각형 단면이 전단응력을 받아 변형된 각도 값을 라디안[rad]으로 나타낸 것

$$\gamma = \frac{\Delta \lambda}{l} = \tan\theta\,[\text{rad}]$$

여기서, λ : 전단변형량, θ : 전단변형각

 TIP

라디안 : 각도 표시 단위로 $360° = 2\pi$, $180° = \pi$

$$\text{rad} = \frac{\text{원주길이}}{\text{반지름}} = \frac{l}{r} = \frac{2\pi r}{r} = 2\pi$$

③ 가로변형률(ε') = 단면수축률

$$\varepsilon' = \frac{\Delta A}{A} = \frac{A_1 - A_2}{A_1} = \frac{\frac{\pi d_1^2}{4} - \frac{\pi d_2^2}{4}}{\frac{\pi d_1^2}{4}} = \frac{d_1^2 - d_2^2}{d_1^2}$$

여기서, d_1 : 재료의 처음 지름[mm], d_2 : 재료의 나중 지름[mm]

(3) 변형량(δ) 구하기

$$\delta = \frac{PL}{AE}$$

여기서, P : 작용한 하중[N], L : 재료의 길이[mm]

A : 단면적[mm²], E : 세로탄성계수[N/mm²]

미소의 직사각형 단면이 전단응력을 받아 변형된 각도를 라디안[rad]으로 나타낸 것은?

① 종변형률   ② 횡변형률
③ 전단변형률   ④ 인장변형률

해설

전단변형률(γ) : 미소의 직사각형 단면이 전단응력을 받아 변형된 각도를 라디안[rad]으로 나타낸 것이다.

답 ③

길이가 3[m]이고, 지름이 20[m]인 원형봉에 20[kN]의 축하중을 가했을 때 2[mm]가 늘어났다면, 이 재료의 탄성계수(E)는?

① 20[GPa]   ② 40[GPa]
③ 60[GPa]   ④ 100[GPa]

해설

변형량 구하는 식 $\lambda = \frac{PL}{AE}$ 을 응용하면

탄성계수 $E = \frac{PL}{A\lambda}$

$$= \frac{(20 \times 10^3) \times 3\,[\text{m}]}{\frac{3 \times 0.02^2}{4} \times 0.002\,[\text{m}]}$$

$$= \frac{6 \times 10^4}{6 \times 10^{-7}} = 100[\text{GPa}]$$

답 ④

푸아송수와 탄성계수 사이의 관계로 알맞은 것은?(단, m = 푸아송수, G = 횡탄성계수, E = 세로탄성계수, k = 체적탄성계수)

① $mE = 2G(m+1) = 3k(m-2)$
② $mE = 3G(m+1) = 5k(m-1)$
③ $mE = 3G(m+2) = 5k(2m-1)$
④ $mE = G(3m+1) = 2k(m-1)$

답 ①

(4) 푸아송의 비(ν, Poisson's Ratio)

봉 재료가 축방향의 인장하중을 받으면 길이가 늘어나지만 단면의 직경은 줄어들게 되는데, 이처럼 축방향의 변형률에 대한 직경방향의 변형률의 비로 나타낸 것을 '푸아송의 비'라고 한다.

$$\nu = \frac{1}{m} = \frac{\varepsilon'}{\varepsilon} = \frac{가로(횡)\ 변형률}{세로(종)\ 변형률} = \frac{\dfrac{\delta}{d}}{\dfrac{\lambda}{l}} = \frac{\delta l}{d\lambda}$$

✚ TIP

푸아송의 비 공식을 응용하여 변형률(δ) 구하기

$\nu = \dfrac{\delta l}{d\lambda}$, 직경의 감소량 δ로 정리하면

$\delta = \dfrac{\nu \lambda d}{l}$, $\lambda = \dfrac{Pl}{AE} = \sigma \dfrac{l}{E}$ 대입

$\delta = \dfrac{\nu \dfrac{\sigma l}{E} d}{l} = \dfrac{\nu \sigma l d}{E\, l} = \dfrac{\nu \sigma d}{E}$

여기서, E : 세로탄성계수, 영률
　　　　λ : 종변형량
　　　　δ : 횡변형량

(5) 전단탄성계수(G, 가로탄성계수, 횡탄성계수, 강성계수)

탄성한도 내에서 전단응력과 전단변형률 사이의 관계를 수치로 나타낸 것

$$G = \frac{\tau(전단응력)}{\gamma(전단변형률(각))}$$

(6) 종탄성계수(E, 세로탄성계수)

변형률, $\delta = \dfrac{PL}{AE}$ 을 응용하면,

$$E = \frac{PL}{A\delta}\ [\text{N/mm}^2]$$

여기서, P : 작용한 하중[N], L : 재료의 길이[mm]
　　　　A : 단면적[mm^2], δ : 변형량[mm]

(7) 전단탄성계수(G), 종탄성계수(E), 체적탄성계수(K), 푸아송 수(m) 사이의 관계

$$mE = 2G(m+1) = 3K(m-2)$$

$$G = \frac{mE}{2(m+1)} = \frac{E}{2(1+\nu)}$$

여기서, ν : 푸아송의 비

6 운동량 보존법칙

(1) 정 의

두 물체가 충돌하여 운동 상태가 변화해도 충돌 전후 운동량의 합은 일정하다.

$$m_1 v_1 + m_2 v_2 = m_1 v_1' + m_2 v_2'$$

즉, 질량이 m_1, m_2인 물체가 v_1, v_2의 속도로 진행 중 충돌하여 v_1', v_2'로 변해도 운동량은 변하지 않는다는 의미이다.

(2) 반발계수(e)

충돌 전 상대속도에 대한 충돌 후 상대속도의 비율

$$e = \frac{v_2' - v_1'}{v_1 - v_2}$$

(3) 운동량과 충격량의 관계식

$$Ft(충격량) = mv(운동량)$$

여기서, F : 상자를 실제 움직이게 하는 힘, t : 상자가 움직이는 시간
　　　　m : 상자의 질량, v : 상자의 속도

안심Touch

7 라미의 정리(세 힘의 합성)

세 방향의 힘이 평형을 이루는 경우 두 벡터가 이루는 각과 나머지 한 벡터의
크기와 관련된 식이다.

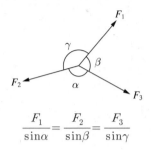

$$\frac{F_1}{\sin\alpha} = \frac{F_2}{\sin\beta} = \frac{F_3}{\sin\gamma}$$

8 레질리언스 계수(u)

탄성한도 내에서 에너지의 흡수 능력을 수치로 표현한 것

$$u = \frac{\sigma^2}{2E}$$

여기서, E : 세로탄성계수

CHAPTER 04 축이음 기계요소(커플링, 클러치)

■ 축이음 - 최근 기출문제 분석

필 / 수 / 확 / 인 / 문 / 제

연 도	시험명	시험 내용	메 모
2021	지방직	축이음의 종류별 특징	
		단판 마찰클러치 접촉면의 최소 폭 구하기	
		클러치의 종류별 특징	
2020	국가직	올덤 커플링의 정의	
2019	서울시 2회	단판클러치의 접촉면압	
		플랜지커플링의 허용전달토크	
		원추클러치의 최대 전달토크	
	고졸경채	고정 커플링의 정의	
2018	지방직	유니버설조인트의 각속도비	
	서울시	다판 클러치 접촉면수	
2017	국가직	축이음요소의 종류 - 클러치	
	서울시	원추클러치의 축방향으로 미는 힘 공식	
	고졸경채	클러치의 특징	
		유니버설커플링의 정의	
2016	국가직	단판클러치의 접촉면압	
	지방직	원추클러치의 최대 전달토크	
		단판 클러치 접촉면의 평균압력(접촉면압)	
2015	국가직	너클조인트의 너클핀 지름	
		다판클러치의 필요 접촉면수	
		접착이음의 특징	
	지방직	축이음의 종류 - 등속조인트	
2014	국가직	원판클러치의 최대 토크	
	지방직	단판클러치의 안지름 최소 크기	
2013	국가직	플랜지커플링의 볼트지름	
	지방직	축이음의 종류 - 유니버설커플링	
2012	국가직	단판클러치의 전달토크	
		축이음의 종류 - 올덤커플링	

연 도	시험명	시험 내용	메 모
2011	국가직	클러치의 종류	
	지방직	단판클러치를 축방향으로 미는 힘	
		플랜지이음에서 플랜지의 최소두께	
2010	국가직	유니버설조인트의 전달토크	
		커플링의 특징	
	지방직	원추클러치를 축방향으로 미는 힘 공식	
		다판식 원판 클러치의 마찰면수	
2009	국가직	플랜지커플링의 볼트 지름	
		단판원판클러치의 최대 회전력	
		유니버설조인트의 두 축간 속도비	
		축이음의 종류 – 올드햄 커플링	
2007	국가직	축이음의 종류 – 플랜지커플링	

1 축이음 일반

(1) 축이음의 정의

서로 떨어져 있는 원동축과 종동축을 연결시키는 기계요소로 작동 중 분리가 불가능한 커플링과, 작동 중에도 단속(끊을 斷, 이을 續)이 가능한 클러치로 분류된다.

(2) 축이음 설계 시 주의사항

① 가볍고 가격이 적당할 것

② 회전균형을 알맞도록 할 것

③ 전동에 의해 이완되지 않을 것

④ 토크 전달 시 충분한 강도를 가질 것

⑤ 양 축의 상호 간 관계위치를 고려할 것

⑥ 축의 중심과 일치하는지 여부를 고려할 것

🔖 TIP

원통형 커플링에 속하는 머프커플링, 마찰원통커플링, 셀러커플링은 모두 두 축의 중심이 일치하는 경우에 사용한다.

(3) 축이음의 분류

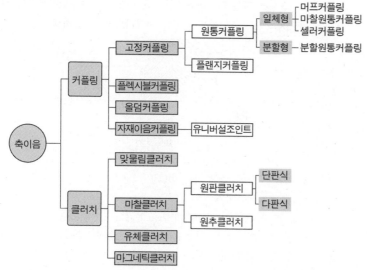

※ 고정커플링 : 두 축의 중심이 일직선상에 있으면서 축 방향으로의 이동이 없는 경우의 축이음에 사용한다.

※ 플렉시블커플링 : 두 축의 중심이 일직선상에 있지 않을 때 사용한다.

커플링(Coupling)과 클러치(Clutch)의 차이점으로 알맞은 것은?

① 커플링과 클러치는 모두 영구적인 이음이다.

② 커플링과 클러치는 모두 반영구적인 이음이다.

③ 커플링은 영구적인 이음이나 클러치는 반영구적인 이음이다.

④ 커플링은 반영구적인 이음이나 클러치는 영구적인 이음이다.

해설

커플링은 한번 연결하면 분리가 불가능한 영구적인 이음이나, 클러치는 동력을 연결했다가도 분리시키는 단속이 가능하므로 반영구적인 이음에 속한다.

답 ③

축이음 기계요소 중에서 원통커플링의 종류에 속하는 것은?

① 올덤커플링

② 머프커플링

③ 플랜지커플링

④ 유니버설커플링

답 ②

2 커플링의 종류 및 특징

원동축에서 종동축으로 동력을 전달하는 중에는 단속(끊을 斷, 이을 續)이 불가능한 영구적인 축이음

(1) 원통커플링

① 머프커플링(Muff Coupling)

주철 재질의 원통 속에 두 축을 맞대고 키(Key)로 고정한 축이음으로, 축지름과 하중이 매우 작을 때나, 두 축의 중심이 일치하는 경우에 사용한다. 단, 인장력이 작용하는 곳은 축이 빠질 우려가 있으므로 사용을 자제해야 한다.

② 마찰원통커플링(Friction Clip)

바깥둘레가 분할된 주철 재질의 원통으로 두 축의 연결단을 덮어씌운 후 연강재의 링으로 양 끝을 때려 박아 고정시키는 축이음으로 설치와 분해가 쉽고, 축을 임의 장소에 고정할 수 있어서 긴 전동축의 연결에 유용하다. 그러나 큰 토크의 전달은 불가능하며 150[mm] 이하의 축을 진동이 없는 곳에서 사용해야 하며 두 축의 중심이 일치하는 경우에 적합하다.

③ 클램프커플링(분할원통커플링)

2개로 분할된 반 원통 형태의 양쪽 끝단부에 볼트와 너트를 사용해서 결합시키는 커플링이다.

전달토크가 작을 때는 키(Key)를 삽입하지 않아도 되나, 큰 토크를 전달할 때는 반드시 키(Key)를 통해 동력을 전달하도록 해야 한다.

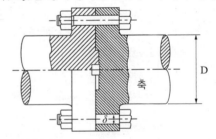

㉠ 볼트 1개가 커플링을 조이는 힘(P)

$$P = q \times A = q \times dL \, [\text{N}]$$

여기서, q : 접촉면 압력(접촉면압)[N/mm^2], d : 축 지름[mm]

L : 커플링과 축의 접촉길이[mm], A : 투영면적[mm^2]

㉡ 전체 볼트가 커플링을 조이는 힘(P, 축을 조이는 힘)

$$P = \frac{2T}{\mu \pi D} \, [\text{N}]$$

여기서, T : 전달토크[N·mm], μ : 마찰계수, D : 축 지름[mm]

ⓒ 커플링이 전달할 수 있는 토크(T, 전달토크)

$$T = \mu \pi P \times \frac{D}{2} [\text{N} \cdot \text{mm}]$$

$$= \tau_a \times Z_P [\text{N} \cdot \text{mm}], \ Z_P = \frac{\pi D^3}{16}$$

$$= 716,200 \frac{H_{\text{PS}}}{N} [\text{kgf} \cdot \text{mm}]$$

$$= 974,000 \frac{H_{\text{kW}}}{N} [\text{kgf} \cdot \text{mm}]$$

여기서, μ : 마찰계수, P : 접촉면 압력에 의해 축을 조이는 힘

D : 축의 지름

ⓓ 볼트 1개에 생기는 인장응력(σ_t)

볼트를 조일 때 볼트에는 인장응력이, 축에는 접촉면압이 생긴다.

$$F = \sigma_t \times \frac{\pi \delta^2}{4} \ \text{식을 응용하면}$$

$$\sigma_t = \frac{4F}{\pi \delta^2} [\text{N/mm}^2]$$

여기서, F : 볼트 1개에 작용하는 인장력[N]

δ : 볼트 나사산의 안지름[mm]

※ 한쪽의 볼트 수만 적용하는 이유는 파손 시 한쪽편만 먼저 파손되기 때문이다.

ⓔ 볼트의 수, Z

$$Z = \frac{\tau_s \times D^2}{\sigma_t \times \mu \times \pi \times \delta^2}$$

여기서, τ_s : 축의 비틀림응력[N/mm^2], D : 축의 지름[mm]

σ_t : 볼트의 인장응력[N/mm^2], δ : 볼트 나사산의 안지름[mm]

④ 슬리브커플링(Sleeve Coupling)

주철제의 원통 속에서 두 축을 맞대고 키(Key)로 고정하는 것으로 축지름과 동력이 아주 작을 때 사용한다. 단, 인장력이 작용하는 축에는 적용이 불가능하다.

⑤ 셀러커플링(Seller Coupling)

테이퍼슬리브커플링으로 커플링의 안쪽 면이 테이퍼 처리가 되어 있으며 두 축의 중심이 일치하는 경우 사용한다. 원뿔과 축 사이는 페더키로 연결한다.

⭐ TIP

고정커플링에 속하는 커플링(머프커플링, 마찰원통커플링, 셀러커플링 등)들은 모두 두 축이 반드시 일적선상에 있어야 하며 축방향으로 이동이 없을 때 사용한다.

대표적인 고정커플링의 일종으로 두 축 간의 축 경사나 편심을 흡수할 수 없는 축이음요소는?

① 올덤커플링
② 유체커플링
③ 플랜지커플링
④ 유니버설커플링

답 ③

플랜지커플링이 축을 죄는 힘(W)은?

① $W = \dfrac{3T}{2\mu\pi d}$

② $W = \dfrac{T}{\mu\pi(2d)}$

③ $W = \dfrac{2T}{\mu\pi d}$

④ $W = \dfrac{4T}{3\mu\pi d}$

해설

$$T = F \times \dfrac{d}{2} = \mu q\pi dl \times \dfrac{d}{2} = \mu\dfrac{W}{d\ell}\pi dl \times \dfrac{d}{2} = \dfrac{\mu\pi dW}{2}$$

이 식을 응용하면

$$W = \dfrac{2T}{\mu\pi d}$$

답 ③

(2) 플랜지커플링(Flange Coupling)

대표적인 고정커플링으로 일직선상의 두 축을 볼트나 키(Key)로 연결한 축이음이다.

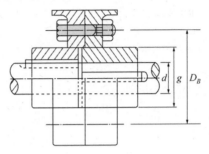

여기서, d : 축 지름[mm], g : 뿌리부 지름[mm]
　　　　D_B : 볼트구멍 중심을 지나는 피치원지름[mm]

① 플랜지커플링의 전달토크(T)

$$T = F \times \frac{D_B}{2} \times Z = PA \times \frac{D_B}{2} \times Z[\mathrm{N} \cdot \mathrm{mm}]$$

$$= \tau_B \times A \times \frac{D_B}{2} \times Z[\mathrm{N} \cdot \mathrm{mm}]$$

$$= \tau_B \times \frac{\pi\delta^2}{4} \times \frac{D_B}{2} \times Z[\mathrm{N} \cdot \mathrm{mm}]$$

$$= 716,200\frac{H_{\mathrm{PS}}}{N}[\mathrm{kgf} \cdot \mathrm{mm}]$$

$$= 974,000\frac{H_{\mathrm{kW}}}{N}[\mathrm{kgf} \cdot \mathrm{mm}]$$

여기서, τ_B : 볼트의 전단응력[N/mm²], δ : 볼트의 지름[mm]
　　　　Z : 볼트 수, D_B : 볼트 중심을 지나는 플랜지의 피치원지름[mm]

② 플랜지 뿌리부의 전단응력(τ_f)

$$\tau_f = \frac{2T}{\pi g^2 t}[\mathrm{N/mm^2}]$$

여기서, g : 뿌리부 지름, t : 뿌리부 두께

③ 플랜지커플링의 볼트지름(δ)

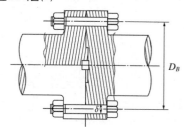

토크, $T = F \times l$(작용점까지의 직선거리) 공식을 응용한다.

$$T = (\tau \times A \times Z(볼트\ 수)) \times \frac{D_B}{2}$$

$$T = \left(\tau \times \frac{\pi \delta^2}{4} \times Z\right) \times \frac{D_B}{2}$$

위 식을 볼트의 지름, δ로 정리하면

$$\delta^2 = \frac{8T}{\tau \pi D_B Z}$$

$$\delta = \sqrt{\frac{8T}{\tau \pi D_B Z}}\ [\mathrm{mm}]$$

④ 플랜지이음의 최소 두께(t_0)

$$t_0 = \sqrt{\frac{6Pl}{\pi d \sigma}}\ [\mathrm{mm}]$$

여기서, P : 플랜지면에 수직으로 작용하는 전하중[N]

　　　　 l : 플랜지 길이[mm]

　　　　 d : 플랜지 지름[mm]

　　　　 σ : 인장강도[N/mm^2]

(3) 올덤커플링(Oldham Coupling, 올드햄커플링)

두 축이 평행하면서도 중심선의 위치가 다소 어긋나서 편심이 된 경우 각속도의 변동 없이 토크를 전달하는데 적합한 축이음 요소이다.

대표적인 관이음 방법인 플랜지를 설계할 때, 플랜지면에 수직으로 작용하는 전하중이 P이면 플랜지의 두께는 t_0이다. 동일조건에서 압력이 두 배가 된다면, 플랜지의 최소두께는 t_0의 몇 배로 설계해야 하는가?

① 1.5 　　　　　　　　　　 ② 2

③ $\sqrt{2}$ 　　　　　　　　　　 ④ 4

해설

$t_0 = \sqrt{\dfrac{6Pl}{\pi d \sigma}}$ 여기서 압력을 고려하여 2배로 설정하면

$\sqrt{P_2} = \sqrt{2P}$, 따라서 $\sqrt{2}$ 배로 설계하여야 한다.

답 ③

다음 글에 해당하는 커플링은?

> 2축이 평행하거나 약간 떨어져 있는 경우에 사용되고, 양축 끝에 끼어 있는 플랜지 사이에 90°의 키 모양의 돌출부를 양면에 가진 중간원판이 있고, 돌출부가 플랜지 홈에 끼워 맞추어 작용하도록 3개가 하나로 구성되어 있다.

① 고정커플링 　　　　　　 ② 셀러커플링

③ 유니버설커플링 　　　　 ④ 올덤커플링

해설

올덤커플링(Oldham Coupling)

두 축이 평행하면서도 중심선의 위치가 다소 어긋나서 편심이 된 경우 각속도의 변동 없이 토크를 전달하는데 적합한 축이음 요소이다. 양축 끝에 끼어 있는 플랜지 사이에 90°의 키모양의 돌출부를 양면에 가진 중간원판이 있고, 돌출부가 플랜지 홈에 끼워 맞추어 작용하도록 3개가 하나로 구성되어 있는데 윤활이 어렵고 원심력에 의해 진동이 발생하므로 고속회전에는 적합하지 않다.

답 ④

다음 설명에 해당하는 커플링은?

> 훅조인트(Hook's Joint)라고도 하며, 두 축이 같은 평면 내에 있으면서 그 중심선이 서로 30° 이내의 각도를 이루고 교차하는 경우에 사용된다. 공작기계, 자동차의 동력 전달기구, 압연롤러의 전동축 등에 널리 쓰인다.

① 올덤커플링   ② 슬리브커플링
③ 플랜지커플링   ④ 유니버설커플링

답 ④

그림과 같이 유니버설 조인트 2개 사이에 중간축을 삽입하여 회전을 전달하고 있다. 한쪽의 교차각 α_1과 다른 쪽의 교차각 α_2가 같을 때, 각속도비$\left(\left|\dfrac{\omega_1}{\omega_2}\right|\right)$에 대한 설명으로 옳은 것은?(단, α_1과 α_2는 30° 이하이고, 그림의 모든 축은 동일 평면상에 있다)

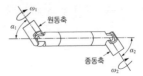

① $\left|\dfrac{\omega_1}{\omega_2}\right| < 1$

② $\left|\dfrac{\omega_1}{\omega_2}\right| = 1$

③ $\left|\dfrac{\omega_1}{\omega_2}\right| > 1$

④ 원동축의 회전각 증가에 따라 $\left|\dfrac{\omega_1}{\omega_2}\right|$은 증가했다가 감소한다.

해설
유니버설 조인트는 원동축과 종동축의 회전수를 일정하게 유지시키는 축 이음요소이므로 각속도비$\left(\dfrac{원동축}{종동축} = \dfrac{\omega_1}{\omega_2} = 1\right)$이 된다.

답 ②

(4) 유니버설조인트(Universal Joint, 유니버설커플링)

두 축이 같은 평면 내에 있으면서 그 중심선이 서로 30° 이내의 각도를 이루고 교차하는 경우에 사용되며 훅 조인트(Hook's Joint)라고도 불린다. 공작기계나 자동차의 동력전달기구, 압연롤러의 전동축 등에 널리 쓰인다.

🔧 TIP

> 고무커플링이나 기어커플링, 유니버설조인트는 모두 두 축에 다소 경사가 발생하여도 동력을 전달할 수 있는 축이음 요소이다.

① 유니버설커플링(조인트)의 각속도비$\left(\dfrac{\omega_1}{\omega_2}\right)$

[조건]
교차각, α_1, α_2가 모두 30° 이하, 모든 축은 평면상에 있다.

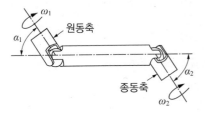

[풀이]
유니버설커플링은 원동축과 종동축의 회전수를 일정하게 유지시키는 축이음 요소이다.

따라서, 각속도비 $\left| i = \dfrac{\omega_1(원동축)}{\omega_2(종동축)} \right| = 1$이다.

② 유니버설커플링(조인트)의 속도비와 전달토크비의 관계

속도비$(i) = \dfrac{\omega_{B,종동}}{\omega_{A,원동}} = \dfrac{T_A}{T_B}$, 축이 $\dfrac{1}{4}$ 회전(90°) 시 $\cos\theta \sim \dfrac{1}{\cos\theta}$ 배로 변하므로 $\dfrac{T_A}{T_B} = \cos\theta \sim \dfrac{1}{\cos\theta}$ 식이 만들어진다.

※ 여기서, θ : 교차각[°]이다.

(5) 플렉시블커플링(Flexible Coupling)

두 축의 중심선을 일치시키기 어렵거나 고속회전, 급격한 전 달력의 변화로 진동이나 충격이 발생하는 경우에 사용하는 축 이음 요소이다. 두 축이 평행하고 거리가 아주 가까울 때, 각속 도의 변동 없이 토크를 전달하는데 가장 적합하나 윤활이 어렵고 원심력에 의한 진동발생으로 고속회전에는 적합하지 않다. 진동 완화를 위해 고무나 가죽, 스프 링을 사용한다.

(6) 너클조인트(커플링)

축의 한쪽 부분이 하나에서 ㄷ자로 분기되어 있는데, 이 부분에 다른 축의 끝부 분을 끼워맞춤한 후, 핀으로 두 축을 고정시킴으로써 자유롭게 회전할 수 있도록 연결한 축이음이다.

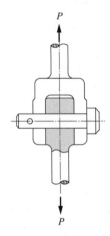

너클핀의 지름(d)

$$d = \sqrt{\frac{2P}{\pi \tau_a}} \; [\mathrm{mm}]$$

여기서, P : 작용하중[N], τ_a : 허용전단응력[N/mm²]

(7) 등속조인트

축이음 중 일직선상에 놓여 있지 않은 두 개의 축을 연 결하는 데 사용한다. 축의 1회전 동안 회전각속도의 변 동 없이 동력을 전달하며 전륜구동 자동차의 동력전달 장치로 사용한다.

축이음의 종류 중 일직선상에 놓여 있지 않은 두 개의 축 을 연결하는 데 쓰이고, 축의 1회전 동안 회전각속도의 변동없이 동력을 전달하며, 전륜구동자동차의 동력전달 장치로 사용하기에 가장 적절한 것은?

① 클로클러치(Claw Clutch)
② 올덤커플링(Oldham Coupling)
③ 등속조인트(Constant-velocity Joint)
④ 주름형커플링(Bellows Coupling)

해설

③ 등속조인트 : 축이음 중 일직선상에 놓여 있지 않은 두 개의 축을 연결하는 데 쓰이고, 축의 1회전동안 회전각속도의 변 동없이 동력을 전달하며, 전륜구동자동차의 동력전달장치 로 사용한다.

① 클로클러치 : 서로 맞물리며 돌아가는 조(Jaw)의 한쪽을 원 동축으로 다른 방향은 종동축으로 하여 동력을 전달할 수 있도록 한 클러치이다.

② 올덤커플링 : 올덤커플링(Oldham's Coupling)은 두 축이 평 행하면서도 중심선의 위치가 다소 어긋나서 편심이 된 경우 각속도의 변동없이 토크를 전달하는데 적합한 축이음용 기 계요소이다. 윤활이 어렵고 원심력에 의해 진동이 발생하므 로 고속회전에는 적합하지 않다. 머프커플링, 마찰원통커플 링, 셀러커플링은 모두 두 축의 중심이 일치하는 경우에 사 용한다.

④ 주름형커플링(Bellows Coupling) : 미소 각을 연결하고자 할 때 사용하는 주름형태의 플링이다.

답 ③

(8) 주름형 커플링(Bellows Coupling)

미소 각도를 이루고 있는 축을 연결하고자 할 때 사용하는 주름 형태의 커플링이다.

3 클러치(Clutch)

(1) 클러치의 정의

운전 중에도 축이음을 차단(단속)시킬 수 있는 동력전달장치

(2) 클러치 설계 시 유의사항

① 균형 상태가 양호해야 한다.

② 회전부분의 평형성이 좋아야 한다.

③ 단속을 원활히 할 수 있어야 한다.

④ 관성력이 작고 과열되지 않아야 한다.

⑤ 마찰열에 대하여 내열성이 좋아야 한다.

⑥ 구조가 간단하고 고장률이 적어야 한다.

(3) 클러치의 특징

① 전자클러치는 전류의 가감에 의하여 접촉마찰력의 크기를 조절할 수 있다.

② 축방향의 하중이 같을 경우 다판클러치와 단판클러치의 전달토크는 동일하다.

③ 삼각형 맞물림클러치는 사각형 맞물림클러치에 비해 작은 하중의 전달에 적합하다.

④ 축방향의 추력이 동일할 때 원추클러치가 원판클러치보다 더 큰 마찰력을 발생시킨다.

운전 중 동력을 차단할 수 있는 기계요소는?

① 용 접　　　② 리 벳

③ 커플링　　　④ 클러치

해설

운전 중 동력을 차단할 수 없는 영구적인 이음은 커플링이고, 단속이 가능한 동력전달요소는 클러치이다.

답 ④

(4) 클러치의 종류

① 맞물림클러치

축의 양 끝이 맞물릴 수 있도록 각각 1쌍의 돌기부를 만들어 맞물리는 축이음 요소로 동력 전달 중 끊었다가 다시 연결할 수 있다.

② 원판클러치

롤러와 원판장치로 구성된 것으로 롤러가 원판의 중앙과 외곽을 자유롭게 왕복 이동하면서 원판의 회전속도를 변화시키는 축이음 요소로 마찰클러치의 일종이다.

㉠ 마찰원판의 수에 따른 분류

- 마찰원판의 수가 1개 = 단판클러치
- 마찰원판의 수가 2개 이상 = 다판클러치

㉡ 단판식 원판클러치의 전달토크(T)

$$T = F \times \frac{d_m}{2} = \mu Q \times \frac{d_m}{2}$$

$$= \frac{\mu \pi b q d_m^2}{2} [\mathrm{N \cdot mm}]$$

여기서, d_m : 평균지름[mm], μ : 마찰계수, b : 접촉너비[mm]

q : 접촉면압[N/mm^2], Q : 접촉면에 수직으로 작용하는 힘[N]

$$\cdot \ T = 974,000 \times \frac{H_{\mathrm{kW}}}{N} [\mathrm{kgf \cdot mm}]$$

$$\cdot \ T = 716,200 \times \frac{H_{\mathrm{PS}}}{N} [\mathrm{kgf \cdot mm}]$$

㉢ 단판식 원판클러치의 접촉면압(q)

$$T = \frac{\mu \pi b q d_m^2}{2}$$ 이 식을 응용한다.

$$q = \frac{2T}{\mu \pi b d_m^2} = \frac{2\left(\mu Q \times \dfrac{d_m}{2}\right)}{\mu \pi b d_m^2} = \frac{Q}{\pi b d_m}$$

여기서, q : 접촉면압[N/mm^2], b : 접촉너비[mm], d_m : 평균지름[mm]

μ : 마찰계수, Q : 접촉면에 수직으로 작용하는 힘[N]

㉣ 다판식 원판클러치의 전달토크(T)

$$T = F \times \frac{d_m}{2} \times Z = \mu Q \times \frac{d_m}{2} \times Z$$

$$= \frac{\mu \pi b q d_m^2}{2} \times Z$$

여기서, b : 접촉너비[mm], d_m : 평균지름[mm], q : 접촉면압[N/mm^2]

μ : 마찰계수, Q : 접촉면에 수직으로 작용하는 힘[N], Z : 판의 수

안지름이 30[mm]이고 바깥지름이 50[mm]인 원판클러치에 0.5[N/mm^2] 균일접촉압력이 작용하고 마찰계수가 0.3일 때, 단일원판클러치가 전달할 수 있는 최대토크[N·mm]에 가장 근접한 값은?(단, $\pi = 3$으로 하고, 마찰면 중심지름은 안지름과 바깥지름의 평균지름으로 한다)

① 1,800　　② 3,600
③ 5,400　　④ 6,200

해설
원판클러치의 토크(T) 구하는 식에 대입하면

$$T = \frac{\mu \pi b p d_m^2}{2}$$

$$= \frac{0.3 \times 3 \times \left(\dfrac{50-30}{2}\right) \times 0.5 \times \left(\dfrac{50+30}{2}\right)^2}{2}$$

$$= \frac{7,200}{2} = 3,600$$

답 ②

마찰면의 바깥지름과 안지름이 각각 500[mm], 250[mm]인 단판원판클러치에서 축방향으로 밀어 붙이는 힘이 가해져 마찰면에 1[MPa]의 압력이 작용할 때 전달 가능한 최대 회전력[kN]은?(단, $\pi = 3.14$, 마찰면의 마찰계수는 0.3, 마찰면의 반경방향에 대한 압력분포는 일정하다고 가정한다)

① 23.9　　② 36.8
③ 44.2　　④ 51.3

해설
단판원판클러치의 접촉면압 $q = \dfrac{P}{\pi d_m b}$ 식을 응용하여 회전력(P)을 구하면

$$P = q \pi d_m b$$

$$= (1 \times 10^6) \times \pi \times \left(\frac{0.5 + 0.25}{2}\right) \times \left(\frac{0.5 - 0.25}{2}\right)$$

$$= 147.2 [\mathrm{kN}]$$

여기서 마찰계수 0.3을 곱하면
$0.3 \times 147.2[\mathrm{kN}] = 44.16[\mathrm{kN}]$으로 최대 회전력을 구할 수 있다.

답 ③

…

클러치(Clutch)에 대한 설명으로 옳지 않은 것은?

① 축방향의 추력이 동일할 때 원판클러치는 원추클러치보다 더 큰 마찰력을 발생시킬 수 있다.
② 전자클러치는 전류의 가감에 의하여 접촉 마찰력의 크기를 조절할 수 있다.
③ 삼각형맞물림클러치는 사각형맞물림클러치에 비해 작은 하중의 전달에 적합하다.
④ 축방향 하중이 같을 경우 다판클러치와 단판클러치의 전달토크는 동일하다.

해설
축방향의 추력이 동일할 때 원추클러치의 접촉면이 원판클러치보다 더 크기 때문에 원추클러치가 더 큰 마찰력을 발생시킬 수 있다.

답 ①

원추각(꼭지각의 1/2) α, 접촉면의 평균지름이 230[mm], 접촉너비가 50[mm], 접촉면의 허용압력이 0.02[kgf/mm²]인 원추클러치에 160[kgf]의 축방향 힘을 가할 때 전달할 수 있는 최대 토크[kgf·mm]는?(단, 접촉면의 마찰계수는 0.3, $\cos\alpha \fallingdotseq 0.95$, $\sin\alpha \fallingdotseq 0.315$로 한다)

① 5,520　　　　② 7,200
③ 9,200　　　　④ 9,800

해설
원추클러치 전달토크 $T = \mu Q \dfrac{D_m}{2}$ 식에
$Q = \dfrac{P}{\sin\alpha + \mu\cos\alpha}$ 대입하면
$T = \mu \times \dfrac{P}{\sin\alpha + \mu\cos\alpha} \times \dfrac{D_m}{2}$, P : 축방향으로 미는 힘
$T = 0.3 \times \dfrac{160[\mathrm{kgf}]}{0.315 + 0.3(0.95)} \times \dfrac{230[\mathrm{mm}]}{2}$
$\quad = 9,200[\mathrm{kgf \cdot mm}]$

답 ③

ⓜ 다판식 원판클러치의 접촉면수(Z, 접촉판수)
$$Z = \frac{2T}{\mu \pi d_m^2 b q}$$

ⓗ 원판클러치의 축방향으로 미는 힘(Q, 최대 회전력)
$$Q = q \times A \times Z = q \times (\pi d_m b) \times Z [\mathrm{N}]$$
여기서, Q : 접촉면에 수직으로 작용하는 힘[N], q : 접촉면압[N/mm²]
$\qquad d_m$: 평균지름[mm], b : 접촉너비[mm], Z : 판의 수

③ 원추클러치(Cone Clutch)
원추의 상부와 하부의 지름의 차이를 이용하여 회전속도를 조절하는 축이음 요소이다. 접촉면이 원추 형태로 되어 원판클러치에 비해 마찰 면적이 크므로 축방향 힘에 대해 더 큰 마찰력을 발생시킬 수 있다. 구동축과 종동축을 동시에 사용하는 경우 회전속도비를 더욱 크게 할 수 있다.

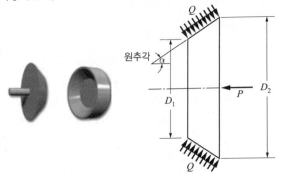

ⓐ 원추클러치의 접촉면에 수직으로 작용하는 힘(Q)
$$Q = \frac{P}{\sin\alpha + \mu\cos\alpha} [\mathrm{N}]$$
여기서, P : 축방향으로 미는 힘[N], α : 원추각[°]

ⓑ 원추클러치의 전달토크(T)
$$T = F \times \frac{d_m}{2} = \mu Q \times \frac{d_m}{2} [\mathrm{N \cdot mm}]$$
여기서, F : 클러치에 작용하는 힘[N], d_m : 평균지름[mm]
$\qquad \mu$: 마찰계수, Q : 접촉면에 수직으로 작용하는 힘[N]

ⓒ 원추클러치의 축방향으로 미는 힘(P)
클러치 전달토크(T) $= \mu Q \dfrac{d_m}{2}$ 식에 $Q = \dfrac{P}{\sin\alpha + \mu\cos\alpha}$ 를 대입하면
$$T = \mu \times \frac{P}{\sin\alpha + \mu\cos\alpha} \times \frac{d_m}{2}$$
$$P = \frac{2T}{\mu P d_m}(\sin\alpha + \mu\cos\alpha)[\mathrm{N}]$$

④ 일방향클러치

한 방향으로만 회전하며 동력을 전달하고 역방향으로는 공전하는 구조의 클러치로 자전거용 래칫휠에 적용된다.

⑤ 클로클러치

서로 맞물리며 돌아가는 조(Jaw)의 한쪽을 원동축으로, 다른 방향은 종동축으로 하여 동력을 전달할 수 있도록 한 클러치이다.

4 접착이음

(1) 접착이음의 정의

접착제(Adhesive Bonding)를 사용해서 서로 다른 구조물을 접합시키는 이음방법이다. 접착이음은 이음부의 강도가 가장 중요시되며 강도를 향상시키기 위해서는 연결 부위에 인장응력과 전단응력을 모두 감소시켜야 한다.

(2) 접착이음의 장점

① 원가가 절감된다.

② 경량화가 가능하다.

③ 다양한 형상의 접합이 가능하다.

④ 진동 및 충격의 흡수가 가능하다.

⑤ 비금속재료 및 이종재료까지 접착이 가능하다.

⑥ 다량의 동시접착이 가능해서 자동화가 가능하다.

(3) 접착이음의 단점

① 경화시간이 길다.

② 표면처리가 필요하다.

③ 접착제의 내구성이 약하다.

④ 열에 의해 저하될 가능성이 있다.

⑤ 고정 지그나 가열장치가 필요하다.

⑥ 계면파괴가 가장 빈번하게 발생한다.

⑦ 접착강도의 평가, 즉 판단하기 어렵다.

접착이음에 대한 설명으로 옳지 않은 것은?

① 비금속재료 및 이종재료까지 접착이 가능하고, 진동 및 충격의 흡수가 가능하다.

② 다량의 동시접착으로 자동화가 가능하나, 접착제의 내구성이 약하고 접착강도의 평가가 어렵다.

③ 접착이음의 파괴는 계면파괴, 응집파괴 그리고 접착체 파괴로 구분되며, 계면파괴가 가장 흔하게 발생한다.

④ 접착이음의 강도를 향상시키려면 인장응력을 증가시키고 전단응력을 감소시키면 된다.

해설

접착이음의 강도를 향상시키기 위해서는 연결 부위에 인장응력과 전단응력을 모두 감소시켜야 한다.

답 ④

(4) 접합제의 종류

① 천연접착제 : 풀, 아교 등

② 인공접착제(합성재료) : 열가소성 접착제, 열경화성 접착제

(5) 접착이음의 파괴의 종류

① 계면파괴 : 접착제의 경계면이 벗겨지면서 발생되는 파괴현상

② 응집파괴 : 접착제 자체가 파괴되거나 접착 기능을 잃게 되는 파괴현상

③ 피착제파괴 : 접착되는 물체가 파손되는 파괴현상

베어링

■ 베어링 – 최근 기출문제 분석

연 도	시험명	시험 내용	메 모
2021	국가직	테이퍼 롤러 베어링의 정의	
	지방직	엔드저널 베어링에서 길이와 지름의 관계식	
2020	국가직	레이디얼 볼베어링의 기본 정격 수명시간 구하기	
	지방직	단열 레이디얼 볼 베어링의 수명시간 구하기	
2019	국가직	오일리스 베어링의 특징	
	지방직	칼라베어링에 작용하는 평균 압력	
	서울시 1회	끝저널 베어링의 최소 지름	
	서울시 2회	베어링 하중	
		스러스트 하중을 받는 칼라베어링에 최대 허용 압력을 맞추기 위해 필요한 칼라 수	
	고졸경채	구름 베어링 호칭 해석 '6210 C2 P6'	
		베어링의 특징	
		볼베어링이 받을 수 있는 최대 하중	
2018	지방직	롤러베어링의 정격수명	
		미끄럼베어링의 특징	
	서울시	베어링 저널의 길이	
		베어링의 손실마력	
		미끄럼베어링과 구름베어링의 차이점	
	고졸경채	볼베어링과 롤러베어링의 차이점	
2017	국가직	미끄럼베어링의 직경	
		볼베어링의 회전속도	
	지방직	구름베어링의 기본 동정격하중의 정의	
	서울시	칼라베어링의 발열계수 공식	
		볼베어링의 정격수명과 동등가하중과의 관계	
		피벗저널베어링의 마찰손실동력	
	고졸경채	구름베어링의 특징	
		볼베어링의 수명	

연 도	시험명	시험 내용	메 모
2016	국가직	볼베어링의 정격수명식	
		베어링의 구조 - 펠트 실	
		칼라베어링의 최대 축방향 하중	
	지방직	볼베어링의 구성요소	
2015	국가직	베어링의 종류 - 니들롤러베어링	
	지방직	베어링 호칭번호 해석	
		베어링에 작용하는 최대 하중	
2014	국가직	미끄럼베어링의 손실동력	
	지방직	볼베어링 수명시간 125배 증가 시 베어링하중의 변화	
		엔드저널베어링의 길이	
2013	국가직	미끄럼베어링과 구름베어링의 특징	
	지방직	볼베어링의 기본 동정격하중	
2012	국가직	볼베어링의 최대 회전수	
	지방직	베어링의 종류 - 자동조심 볼베어링	
2011	국가직	볼베어링의 수명 20% 연장할 때 하중의 크기	
	지방직	스러스트 볼베어링에 가하는 예압	
2010	국가직	베어링에 작용하는 평균유효하중	
		볼베어링의 사용가능한 최대 회전속도[rpm]	
	지방직	롤러베어링 기본 동적부하용량의 정의	
		베어링의 호칭번호 해석 '6208C2P6'	
2009	지방직	베어링의 특징	
		베어링의 종류 - 테이퍼베어링	
2008	국가직	베어링 호칭번호로 안지름 확인 '6203'	
2007	국가직	볼베어링의 수명	

1 베어링(Bearing) 일반

(1) 베어링의 정의

회전하고 있는 축을 본체(하우징) 내부의 일정한 위치에 고정시키고, 축의 자중과 축에 걸리는 하중을 지지하면서 동력을 전달할 때 사용하는 기계요소이다. 베어링에 작용하는 하중의 방향에 따라 레이디얼베어링과 트러스트베어링으로 분류한다.

① Radial Force : 반경방향(축의 직각방향)의 힘이 작용하는 곳에 사용하는 Radial(레이디얼)베어링

② Thrust Force : 축방향의 힘이 작용하는 곳에 사용하는 Thrust(트러스트)베어링

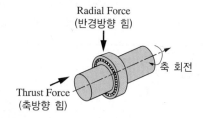

Radial Force
(반경방향 힘)

축 회전

Thrust Force
(축방향 힘)

(2) 베어링의 분류

분 류	종 류		
구름 형태에 의한 분류	롤러 베어링	볼베어링	
		롤러베어링	
	미끄럼 베어링	저널베어링	
		피벗베어링	
		싱글칼라 베어링	
		멀티칼라 베어링	칼라(Collar) / 축

베어링(Bearing)에 대한 설명으로 옳은 것은?

① 볼(Ball)베어링의 수명은 베어링에 걸리는 실제하중의 3승에 반비례한다.

② 롤러(Roller)베어링은 볼베어링에 비해 내충격성이 작다.

③ 미끄럼베어링의 재료는 피로강도와 마찰계수가 커야 한다.

④ 구름베어링에서 하중을 축 방향으로 받도록 설계한 경우 레이디얼(Radial)베어링이라 한다.

해설

볼(Ball)베어링의 수명은 베어링에 걸리는 실제하중의 3승에 반비례한다.

② 롤러(Roller)베어링은 볼베어링에 비해 접촉 면적이 더 크므로 내충격성도 더 크다.

③ 미끄럼베어링의 재료는 특히 발열에 대한 우려로 마찰계수가 작아야 한다.

④ 구름베어링에서 하중을 축 방향으로 받도록 설계한 경우 스러스트(Thrust)베어링이라 한다.

[Trust Ball Bearing]

답 ①

분 류	종 류		
힘의 작용 방향에 의한 분류	레이디얼 베어링 (반경방향)	레이디얼 볼베어링	
		레이디얼 롤러베어링	
	트러스트 베어링 (축방향)	트러스트 볼베어링	
		트러스트 롤러베어링	

구름베어링의 구성요소 중 볼의 위치를 일정하게 고정시키는 역할을 하는 것은?

① 내 륜
② 외 륜
③ 하우징
④ 리테이너

답 ④

(3) 구름베어링의 구조

① 내 륜
② 외 륜
③ 리테이너
④ 볼 또는 롤러

외륜
볼 or 롤러
리테이너
내륜

(4) 미끄럼베어링의 구조

① 윤활부
② 베어링메탈
③ 베어링하우징

윤활부
베어링메탈
베어링하우징

베어링메탈의 구비조건으로 옳지 않은 것은?

① 마찰 및 마멸이 작아야 한다.
② 축 재질보다 면압강도가 작고 연성이 낮아야 한다.
③ 열전도율이 높아야 한다.
④ 하중에 견딜 수 있도록 충분한 강도와 강성을 가져야 한다.

해설
베어링메탈은 축 재질보다 면압강도가 커야 한다.

답 ②

(5) 베어링 재료의 구비조건(미끄럼 및 구름베어링)

① 내식성이 클 것
② 피로한도가 높을 것
③ 마찰계수가 작을 것
④ 마찰과 마멸이 적을 것
⑤ 유막의 형성이 용이할 것
⑥ 축 재질보다 면압강도가 클 것
⑦ 방열을 위하여 열전도율이 클 것
⑧ 하중 및 피로에 대한 충분한 강도를 가질 것

(6) 베어링 설계 시 주의사항

① 마모가 적을 것

② 마찰저항이 작을 것

③ 강도를 충분히 유지할 것

④ 손실동력이 감소하도록 할 것

⑤ 구조가 간단하여 유지보수가 쉬울 것

(7) 베어링 윤활유의 유출 방지장치

베어링용 밀봉장치는 내부 윤활유로 사용되는 그리스나 오일의 유출을 방지하고 유해물질의 침입을 방지하는 역할을 한다.

① 베어링의 밀봉장치의 종류

구 분	종 류	특 징

접촉형 실
(Contact
Seal)
	펠트 실
	(Felt Seal)
		• 축과 하우징 사이에 사다리꼴 모양의 홈을 장착한 것
		  – Felt : 인조섬유
		  – Seal : 밀봉장치
		• 특 징
		  – 밀봉력이 우수하다.
		  – 마찰열로 인해 온도 상승, 최대 원주속도에 제한이 있다.
		  – 접촉실과 축 사이 일정한 압력이 유지되어야 한다.
		  – 정밀 베어링용으로는 거의 사용하지 않는다.

	오일 실 (Oil Seal)	• 오일용 밀봉장치로 가장 많이 사용되는 것으로 베어링 덮개 안쪽에 끼워지며 원주방향으로 스프링이 장착되어 적절한 접촉을 유지한다. • 사용온도와 허용속도에 따라 적절히 선택해서 사용해야 한다.
	고무링 (O-ring, V-ring)	주로 그리스 윤활에 사용되는 것으로 축에 고무링을 끼운 후 립(하우징과 접촉하는 부분)이 하우징의 측면에 닿을 때까지 축방향으로 끼워 놓는 구조이며 오일실의 보조용으로 사용한다.
비접촉형 실 (Noncontact Seal)	라비린스 실 (Labyrinth Seal)	• 미로형태의 밀봉장치로 생산비가 많이 드나 틈새밀봉장치보다 효과가 크다. • 조립 시 방수그리스를 채워서 습기의 침투를 막아야 한다.
	슬링거 (Slinger)	회전축에 부착된 링이 회전에 의한 원심력으로 오일의 누출을 방지하고 이물질의 침입을 막는다.
	틈새밀봉 (Gap Seal)	가장 단순한 형태로 단순형과 기름홈형으로 나뉘는데 그리스 윤활에 적합하며 주로 저속용으로 사용된다.

베어링의 윤활유 유출을 방지하기 위한 접촉형 밀봉장치는?

① 펠트 실(Felt Seal)
② 슬링거(Slinger)
③ 라비린스 실(Labyrinth Seal)
④ 오일 홈(Oil Groove)

해설

베어링용 밀봉장치는 내부윤활유로 사용되는 그리스나 오일의 유출을 방지하고 유해물질의 침입을 방지하는 역할을 하는데, 펠트 실(Felt Seal)이 접촉형 밀봉장치에 속한다.

답 ①

2 베어링의 종류별 특징

(1) 구름베어링

베어링과 저널 사이에 볼이나 롤러에 의해서 구름 접촉을 하는 베어링이다.

(2) 미끄럼베어링

베어링과 저널부가 서로 미끄럼 접촉을 하는 베어링이다. 미끄럼베어링이 축의 재료보다 단단할 경우 축에 손상을 가할 수 있으므로 강도와 강성은 커야 하나 축용 재료보다는 덜 단단한 주철이나 구리합금, 화이트메탈, 알루미늄합금, 카드뮴합금 등을 사용한다.

미끄럼베어링은 공진속도를 넘어서도 운전이 가능하기 때문에 고속에서도 가능하나, 일반적으로는 저속운전에 알맞다.

⭐ TIP

미끄럼베어링과 구름베어링의 특징

미끄럼베어링	구름베어링(볼 또는 롤러베어링)
• 가격이 싸다.	• 가격이 비싸다.
• 마찰저항이 크다.	• 마찰저항이 작다.
• 동력 손실이 크다.	• 동력 손실이 적다.
• 윤활성이 좋지 않다.	• 윤활성이 좋은 편이다.
• 진동과 소음이 작다.	• 소음이 있고 충격에 약하다.
• 비교적 큰 하중에 적용한다.	• 비교적 작은 하중에 적용한다.
• 구조가 간단하며 수리가 쉽다.	• 수명이 비교적 짧고 조립이 어렵다.
• 충격값이 구름베어링보다 크다.	• 고속 회전에 적합하며 과열이 적다.
• 비교적 낮은 회전속도에 사용한다.	• 너비를 작게 해서 소형화가 가능하다.
• 구름베어링보다 정밀도가 더 커야 한다.	• 특수강을 사용하며 정밀가공이 필요하다.
• 시동 시 뿐만 아니라 구동 중에도 구름베어링에 비해 마찰저항이 크다.	• 표준화된 규격품이 많아서 교환하기 쉽다.

※ 주의사항

일반적으로 미끄럼베어링-저속회전, 구름베어링-고속회전에 적용한다. 그러나 2015년 국가직 9급 기계일반 기출문제에서는 미끄럼-저속회전, 구름-고속회전을 오답으로 처리했다.

그 이유는 구름베어링이 고속회전은 가능하나 이는 공진속도의 영역 내에서만 가능할 뿐, 공진속도를 지나서도 운전이 가능한 미끄럼베어링이 고속회전에 더 적합하다는 것이 출제진의 의도로 보인다.

따라서 기계설계 과목에서도 베어링 문제는 꼼꼼히 읽어본 후 상황에 맞게 정답을 골라야 한다.

(3) 공기정압베어링

구름베어링과 같이 볼이나 롤러 같은 전동체를 사용하지 않고, 압축공기의 압력으로 공간을 띄워서 베어링의 역할을 한다.

미끄럼베어링에 대한 구름베어링의 특징으로 알맞지 않은 것은?

① 미끄럼베어링에 비해 구름베어링의 수명이 더 짧다.
② 미끄럼베어링에 비해 구름베어링의 소음이 더 크다.
③ 미끄럼베어링에 비해 구름베어링의 윤활성이 더 좋다.
④ 미끄럼베어링에 비해 구름베어링의 정밀도가 더 커야 한다.

 해설

미끄럼베어링의 정밀도가 구름베어링보다 더 커야 한다.

답 ④

미끄럼베어링과 구름베어링을 비교한 것으로 옳지 않은 것은?

① 미끄럼베어링은 유막형성이 늦는 경우 구름베어링에 비해 기동토크가 크다.
② 미끄럼베어링은 구름베어링에 비해 강성이 작으나, 유막에 의한 감쇠능력이 우수하다.
③ 미끄럼베어링은 표준화가 부족하여 제작 시 전문지식이 필요하다.
④ 미끄럼베어링은 공진속도 이내에서 운전하여야 하며, 저속운전에 적당하다.

 해설

미끄럼베어링은 공진속도를 넘어서도 운전이 가능하기 때문에 고속에서도 가능하나, 일반적으로는 저속운전에 알맞다.

답 ④

(4) 레이디얼베어링

축에 직각방향의 하중을 지지해 주는 베어링이다.

(5) 원통롤러베어링

중하중이 축에 가해지는 경우에 사용하는 베어링으로 충격에 강하다.

(6) 원뿔롤러베어링

회전축에 수직인 하중과 회전축방향의 하중을 동시에 받을 때 사용하는 베어링으로 주로 공작기계의 주축에 사용된다.

(7) 자동조심 롤러베어링

반지름방향의 큰 하중과 양방향의 트러스트 하중도 지지할 수 있는 베어링으로 충격에 강해서 산업용 기계에 널리 사용된다. 축심의 어긋남을 자동으로 조정할 수 있다.

(8) 자동조심 볼 베어링

내륜궤도는 두 개로 분리되어 있고, 외륜궤도는 구면으로 공용궤도이다. 설치오차를 피할 수 없는 경우나 축이 휘기 쉬운 경우 등 허용경사각이 비교적 클 때 사용한다. 또한 큰 반지름 하중과 양방향의 트러스트 하중도 지지할 수 있는 베어링으로 충격에 강해서 산업용 기계에 널리 사용된다. 축심의 어긋남을 자동으로 조정할 수 있다.

(9) 니들롤러베어링

길이에 비해 지름이 매우 작은 롤러를 사용한 것으로, 내륜과 외륜의 두께가 얇아 바깥지름이 작으며, 단위면적에 대한 강성이 커서 좁은 장소에서 비교적 큰 하중을 받는 기계장치에 사용한다. 리테이너 없이 니들롤러만으로 전동하므로 단위면적당 부하량이 크다는 특징이 있다.

(10) 테이퍼 롤러 베어링

테이퍼 형상의 롤러가 적용된 베어링으로 축방향과 축에 직각인 하중을 동시에 지지할 수 있어서 자동차나 공작기계의 베어링에 널리 사용된다.

축직각방향 하중

축방향 하중

다음 베어링 중 길이에 비하여 지름이 매우 작은 롤러를 사용한 것으로, 내·외륜의 두께가 얇아 바깥지름이 작으며, 단위면적에 대한 강성이 커 좁은 장소에서 비교적 큰 하중을 받는 기계장치에 사용되는 것은?

① 니들롤러베어링
② 원통롤러베어링
③ 테이퍼롤러베어링
④ 자동조심롤러베어링

답 ①

축방향과 축에 직각인 하중을 동시에 지지하는 베어링은?

① 레이디얼베어링
② 테이퍼베어링
③ 피봇베어링
④ 트러스트베어링

해설
테이퍼베어링은 축방향과 축에 직각인 하중을 동시에 지지할 수 있다.

답 ②

오일리스베어링의 특징으로 알맞은 것은?

① 다공질의 재료이다.
② 고속회전에 적합하다.
③ 주로 주조법에 의해 제조된다.
④ 기름의 보급이 용이한 곳에 사용된다.

해설
오일리스베어링의 특징
• 다공질의 재료이다.
• 강인성은 다소 떨어진다.
• 대부분 분말야금법으로 제조한다.
• 기름보급이 곤란한 곳에 적당하다.
• 너무 큰 하중이나 고속회전부에는 부적당하다.

답 ①

(11) 오일리스베어링

금속 분말을 가압, 소결하여 성형한 뒤 윤활유를 입자 사이의 공간에 스며들게 한 베어링으로 급유가 곤란한 곳이나 급유를 하지 않는 곳에 사용된다.

[오일리스베어링의 특징]
• 다공질의 재료이다.
• 강인성은 다소 떨어진다.
• 대부분 분말야금법으로 제조한다.
• 기름 보급이 곤란한 곳에 적당하다.
• 너무 큰 하중이나 고속회전부에는 부적당하다.

(12) 앵귤러 볼베어링

수직하중과 한 방향의 축하중을 지지할 수 있는 베어링이다.

(13) 스러스트(Thrust) 볼베어링

하중을 축 방향으로 받도록 설계한 베어링이다.

500[rpm]으로 전동축을 지지하고 있는 미끄럼베어링에서 저널의 지름 $d=6$[cm], 저널의 길이 $l=10$[cm]이고 4.8[kN]의 레이디얼하중이 작용할 때, 이 베어링의 압력은 몇 [kPa]인가?

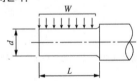

① 200   ② 400
③ 600   ④ 800

해설
최대베어링하중 $W = P \times d \times l$
$4,800[\text{N}] = P \times 0.06[\text{m}] \times 0.1[\text{m}]$
$P = \dfrac{4,800[\text{N}]}{0.006[\text{m}^2]} = 800,000[\text{N/m}^2] = 800[\text{kN/m}^2]$

답 ④

3 베어링 관련 주요 계산식

(1) 저널베어링의 최대 베어링 하중(W)

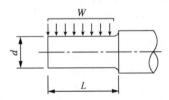

$$W = P \times d \times L$$

여기서, P : 최대 베어링 압력, d : 저널의 지름, L : 저널부의 길이

※ 저널이란 베어링에 의해 둘러싸인 축의 일부분을 말한다.

(2) 저널베어링(미끄럼베어링)에 작용하는 압력(p)

$$p = \frac{W}{d \times l}$$

여기서, W : 베어링 하중, p : 베어링 압력, $d \times l$: 축의 투영면적

(3) 미끄럼베어링의 지름(d)

$$d = \frac{W}{p \times l}[\mathrm{mm}]$$

여기서, W : 베어링 하중, p : 베어링 압력, l : 미끄럼베어링의 접촉길이(저널길이)

(4) 엔드저널베어링(끝저널베어링)의 저널길이(L)

$$L = \frac{\pi \times P \times N}{60 \times 1,000 \times pv}[\mathrm{mm}]$$

여기서, P : 베어링 하중[N], N : 회전속도[rpm], pv : 압력속도계수[N/mm²·m/s]

(5) 저널베어링에서 사용되는 페트로프의 식에서 마찰저항과 특성들 간 상관관계

① 회전수가 클수록 마찰저항은 커진다.

② 축의 반지름이 클수록 마찰저항은 커진다.

③ 베어링압력이 클수록 마찰저항은 작아진다.

④ 유체의 절대점성계수가 클수록 마찰저항은 커진다.

(6) 칼라저널베어링의 발열계수(pv)

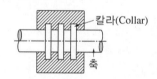

칼라(Collar)

축

$$pv = \frac{P}{\dfrac{\pi(d_2^2 - d_1^2)}{4} \times Z} \times \frac{\dfrac{d_2 + d_1}{4}}{1,000} \times \frac{2\pi N}{60}[\mathrm{N/mm^2 \cdot m/s}]$$

$$= \frac{PN}{30,000 Z(d_2 - d_1)}[\mathrm{N/mm^2 \cdot m/s}]$$

여기서, P : 축방향 하중[N], Z : 칼라수, d_2 : 칼라베어링 바깥지름[mm]

d_1 : 칼라베어링 안지름[mm], N : 베어링 회전수[rpm]

저널베어링에서 사용되는 페트로프식에서 마찰저항과의 관계에 대한 설명으로 알맞지 않은 것은?

① 회전수가 클수록 마찰저항은 커진다.

② 베어링압력이 클수록 마찰저항은 커진다.

③ 축의 반지름이 클수록 마찰저항은 커진다.

④ 유체의 절대점성계수가 클수록 마찰저항은 커진다.

해설

페트로프식에서 베어링압력(p)이 분모에 위치하므로, p가 클수록 마찰저항은 반대로 작아진다.

페트로프가 정립한 축과 베어링 사이의 마찰계수(μ)

$$\mu = \frac{\pi^2}{30} \times \eta \frac{N}{p} \times \frac{r}{\delta}$$

여기서, p : 베어링압력, δ : 유막의 두께

r : 축의 반지름, N : 축의 회전속도[rpm]

답 ②

칼라 베어링(Collar Bearing)에서 N은 회전각속도[rpm], P는 베어링에 가해지는 축방향 힘[kgf], Z는 칼라의 수, d_1은 칼라의 안지름[mm], d_2는 칼라의 바깥지름[mm]일 때, 칼라 베어링의 발열계수(pv)[kgf/mm²·m/s]는?

① $pv = \dfrac{PN}{30,000 Z(d_2 - d_1)}$

② $pv = \dfrac{PN}{60,000 Z(d_2 - d_1)}$

③ $pv = \dfrac{PN}{3,000 Z(d_2 - d_1)}$

④ $pv = \dfrac{PN}{6,000 Z(d_2 - d_1)}$

답 ①

안심Touch

지름이 250[mm]인 축이 9,000[kgf]의 스러스트 하중을 받고, 칼라 베어링의 칼라의 외경이 350[mm]이고 최대 허용압력이 0.04[kgf/mm²]라 하면 최소 몇 개의 칼라가 필요한가?(단, π=3으로 한다)

① 3개   ② 5개

③ 7개   ④ 10개

해설

베어링 압력(p)구하는 식을 응용한다.

$$p = \frac{P}{A \times z}$$

$$z = \frac{9,000}{\frac{3(350^2 - 250^2)}{4} \times 0.04}$$

$$= \frac{9,000}{1,800} = 5$$

칼라 저널 베어링의 베어링 압력(p)

$$p = \frac{P}{A \times z} = \frac{P}{\frac{\pi(d_2^2 - d_1^2)}{4} \times z}$$

여기서, d_2 : 칼라의 바깥지름

d_1 : 칼라의 안지름

z : 칼라 수

답 ②

볼베어링의 수명에 대한 설명으로 알맞은 것은?

① 반지름방향 동등가하중의 3승에 비례한다.

② 반지름방향 동등가하중의 3배에 비례한다.

③ 반지름방향 동등가하중의 3승에 반비례한다.

④ 반지름방향 동등가하중의 3배에 반비례한다.

해설

베어링 수명식을 고려하면 반지름방향 동등가하중(P)의 3승에 반비례함을 알 수 있다.

• 베어링 수명식 $L_h = 500\left(\frac{C}{P}\right)^r \times \frac{33.3}{N}$

• 하중계수

– 볼베어링의 하중계수(r)= 3

– 롤러베어링의 하중계수(r)= $\frac{10}{3}$

답 ③

---

(7) 칼라저널베어링에 작용하는 평균 베어링 압력(p)

$$p = \frac{4P}{\pi(d_2^2 - d_1^2)Z}[\text{N/mm}^2]$$

여기서, P : 축방향 하중[N], Z : 칼라수

d_2 : 칼라베어링 바깥지름[mm], d_1 : 칼라베어링 안지름[mm]

(8) 칼라저널베어링에 작용하는 축방향 하중(P)

$$P = \frac{p \times \pi(d_2^2 - d_1^2)Z}{4}[\text{N}]$$

여기서, p : 평균 베어링 압력[N/mm²], Z : 칼라수

d_2 : 칼라베어링 바깥지름[mm], d_1 : 칼라베어링 안지름[mm]

(9) 미끄럼베어링의 손실동력(H)

저널베어링, 피벗저널베어링 등 미끄럼베어링의 마찰로 인한 손실동력을 아래의 식으로 구할 수 있다.

$$H = F \times v$$

$$= \mu Q \times v[\text{N} \cdot \text{m/s}, \text{W}]$$

여기서, F : 베어링에 작용하는 힘[N], v : 베어링의 원주속도[m/s]

μ : 마찰계수, Q : 축방향으로 작용하는 하중[N]

(10) 베어링의 수명시간(L_h)

$$L_h = 500\left(\frac{C}{P}\right)^r \frac{33.3}{N} \text{ 또는 } L_h = 500f_n^r\left(\frac{C}{P_{th} \times f_w}\right)^r$$

여기서, C : 기본부하용량, P_{th} : 베어링 이론하중, f_w : 하중계수

N : 회전수, f_n : 속도계수

① 볼베어링의 하중계수(r) = 3

② 롤러베어링의 하중계수(r) = $\frac{10}{3}$

③ 볼베어링의 수명 : 반지름방향 동등가하중의 3승에 반비례한다.

(11) 구름베어링 호칭번호

형식번호	치수기호	안지름 번호	접촉각 기호	실드기호	내부 틈새기호	등급 기호
• 1 : 복렬 자동조 심형 • 2, 3 : 상동(큰 너비) • 6 : 단열 깊은 홈형 • 7 : 단열 앵귤러 콘택트형 • N : 원통롤러형	• 0, 1 : 특 별경하중 • 2 : 경하 중형 • 3 : 중간형	• 1~9 : 1~9[mm] • 00 : 10[mm] • 01 : 12[mm] • 02 : 15[mm] • 03 : 17[mm] • 04 : 20[mm] 04부터는 5 를 곱한다.	C	• Z : 한쪽 실드 • ZZ : 안 팎실드	C2 (보통급보 다 작음)	• 무기호 : 보통급 • H : 상급 • P : 정밀 등급 • SP : 초 정밀급

예 베어링 호칭번호가 '6208C2P6'인 경우

6	2	08	C2	P6
단열 홈 볼베어링	경하중형	베어링 안지름 40[mm]	틈새기호 보통급보다 작은 것	정밀도 등급 6급

(12) 베어링 호칭번호로 베어링 안지름 확인방법

① 10[mm] 미만인 경우

　호칭번호가 '628', '639'와 같이 앞에서 3자리이면, 맨 뒤 한 자리가 호칭지름 [mm]이다.

- 628 : 베어링 안지름 8[mm]
- 639 : 베어링 안지름 9[mm]

② 10[mm] 이상인 경우

　호칭번호 앞에서 3, 4번째 2개의 숫자로 안지름을 파악한다.

- 00 : 10[mm]
- 01 : 12[mm]
- 02 : 15[mm]
- 03 : 17[mm]
- 04 : 20[mm], 04 이상부터는 5를 곱한 값이 베어링 안지름 번호이다.
- 08 : (08×5) = 40[mm]
- 25 : (25×5) = 125[mm]

구름베어링의 호칭번호가 6208일 때 안지름[mm]은?

① 10[mm]　　② 15[mm]
③ 20[mm]　　④ 40[mm]

해설

베어링의 호칭번호에서 안지름은 뒤 2자리로 확인할 수 있다.
- 00 : 10[mm]
- 01 : 12[mm]
- 02 : 15[mm]
- 03 : 17[mm]
- 04 : 20[mm]
04부터는 5를 곱하므로 20[mm]
따라서 08 × 5 = 40[mm]

답 ④

구름 베어링의 호칭이 「6210 C2 P6」일 때, 이에 대한 설명으로 옳지 않은 것은?

① 「62」는 계열기호로 스러스트 볼 베어링이다.
② 「10」은 안지름 번호로 안지름이 50[mm]이다.
③ 「C2」는 틈새기호로 보통급보다 작은 것이다.
④ 「P6」은 정밀도 등급 기호로 6급이다.

해설

베어링 호칭에서 앞 두 자리 '62'는 '경하중용 단열 홈 볼베어 링'을 나타낸다.

답 ①

롤러베어링의 기본 동적부하용량이 의미하는 것은?

① 최대부하를 받고 있는 전동체와 궤도륜의 접촉부에서 전동체의 영구변형량과 궤도륜의 영구변형량의 합이 전동체 지름의 0.0001배가 되는 베어링하중의 크기

② 내륜을 고정하고 외륜을 회전시키는 조건에서 100만 회전의 정격수명이 얻을 수 있는 베어링하중의 크기

③ 최대부하를 받고 있는 전동체와 궤도륜의 접촉부에서 전동체의 영구변형량과 궤도륜의 영구변형량의 합이 전동체 지름의 0.001배가 되는 베어링하중의 크기

④ 외륜을 고정하고 내륜을 회전시키는 조건에서 100만 회전의 정격수명이 얻을 수 있는 베어링하중의 크기

해설

롤러베어링의 기본 동적부하용량(C)
외륜을 고정하고 내륜을 회전시킬 때 100만 회전의 정격수명이 얻을 수 있는 베어링하중의 크기

답 ④

호칭번호 6310인 단열 레이디얼 볼베어링에 그리스(Grease) 윤활로 30,000시간의 수명을 주고자 한다. 이 베어링의 한계속도지수가 250,000이라고 할 때, 사용 가능한 최대회전속도[rpm]는?

① 5,000   ② 4,000

③ 3,000   ④ 2,500

해설

베어링 호칭번호가 6310이므로 안지름은 50[mm]임을 알 수 있다.
베어링의 한계속도지수= dn 이므로
$250,000 = 50[\text{mm}] \times n$
$n = \dfrac{250,000}{50} = 5,000[\text{rpm}]$

답 ①

(13) 구름(롤러/볼)베어링의 기본 동정격하중(C, 동적부하용량)

외륜을 고정하고 내륜을 회전시킬 때 100만 회전의 정격수명이 얻을 수 있는 베어링 하중의 크기로써 $33\dfrac{1}{3}$[rpm]의 내륜속도에서 500시간의 수명을 얻을 수 있는 일정한 하중의 크기이다. 기본 동정격하중은 베어링의 수명시간(L_h) 공식을 응용해서 구할 수 있다.

(14) 구름(볼/롤러)베어링의 기본 정격수명(L_n, Rating Life)

같은 베어링 여러 개를 동일 조건에서 각각 운전시켰을 때 이들 중 90%가 전동체인 볼이나 롤러의 손상 없이 회전할 수 있는 신뢰도로 100만 회전(10^6)하는 것을 기준으로 정한 것이다.

$$L_n = \left(\dfrac{C}{P}\right)^r [10^6]\text{회전}$$

① 볼베어링의 하중계수(r) = 3

② 롤러베어링의 하중계수(r) = $\dfrac{10}{3}$

(15) 베어링의 한계속도지수(N_{Limit})

$$N_{Limit} = d \times n$$

여기서, d : 베어링 안지름[mm], n : 사용가능한 최대 회전속도[rpm]

(16) 베어링에 작용하는 평균유효하중(P_m)

$$P_m = \sqrt{\dfrac{(P_1^r \times t_1) + (P_2^r \times t_2)}{t_1 + t_2}} [\text{N}]$$

여기서, P_1 : 처음 작용한 힘[N], P_2 : 두 번째 작용한 힘[N], t_1 : 처음 작용한 시간[분]

t_2 : 두 번째 작용한 시간[분], r : 베어링 하중계수(볼베어링 : 3, 롤러베어링 : $\dfrac{10}{3}$)

(17) 페트로프(Petroff)가 정의한 축과 베어링 사이의 마찰계수(μ)

$$\mu = \dfrac{\pi^2}{30} \times \eta \dfrac{N}{p} \times \dfrac{r}{\delta}$$

여기서, p : 베어링 압력, δ : 유막두께, r : 축의 반지름, N : 축의 회전속도

4 베어링 예압(Preload)

(1) 예압의 설정

일반적으로 베어링은 운전상태에서 약간의 내부 틈새를 주어 사용하는데 용도에 따라서 미리 하중을 가하는 예압을 설정하여 미끄러짐을 방지한다. 그러나 예압을 최대로 설정하면 수명 저하와 이상발열, 회전토크 증대 등의 원인이 되므로 목적을 잘 고려하여 예압을 설정해야 한다.

(2) 스러스트(Thrust) 볼베어링에 예압을 가하는 목적

① 진동 및 소음을 억제하기 위해

② 고속회전 시 미끄러짐을 방지하기 위해

③ 하중을 받을 때 내부 틈새가 생기는 것을 막기 위해

④ 축의 고유진동수를 높여 고속회전에도 적용하기 위해

⑤ 축의 흔들림이 억제하여 회전정밀도와 위치결정의 정밀도 향상을 위해

(3) 스러스트(Thrust) 볼베어링의 예압 설정 시 유의사항

① 운전속도는 보통 제한속도의 20% 이하로 사용한다.

② 운전속도가 제한속도의 20%인 경우, 기본 정격하중의 $\dfrac{1}{1,000}$ 배로 예압한다.

스러스트 볼베어링에 예압(Preload)을 가하는 목적으로 알맞지 않은 것은?

① 진동 및 소음을 억제하기 위해
② 고속회전 시 미끄러짐을 방지하기 위해
③ 하중을 받을 때에도 내부틈새를 방지하기 위해
④ 축의 고유진동수를 낮춰 고속회전에도 적용하기 위해

해설

스러스트 볼베어링에 예압을 가하는 목적
• 진동 및 소음을 억제하기 위해
• 고속회전 시 미끄러짐을 방지하기 위해
• 하중을 받을 때에도 내부틈새를 방지하기 위해
• 축의 고유진동수를 높여 고속회전에도 적용하기 위해
• 축의 흔들림을 억제하여 회전정밀도와 위치결정의 정밀도 향상을 위해

답 ④

CHAPTER

06

나사, 볼트, 너트

◼ 나사 – 최근 기출문제 분석

연 도	시험명	시험 내용	메 모
2021	국가직	두 줄 나사의 자립조건 관계식	
		사각나사의 효율 관계식	
	지방직	나사의 효율 구하기	
2020	국가직	나사의 풀림방지법의 종류	
	지방직	나사의 종류별 특징(미터나사, 둥근나사, 유니파이나사, 사다리꼴 나사)	
2019	국가직	세 줄 나사의 피치	
		삼각나사를 축방향으로 미는 힘	
		사각나사를 조이는 힘	
	지방직	나사의 종류 및 특징	
	서울시 1회	나사의 종류 및 특징 – 톱니나사	
	서울시 2회	사각나사의 푸는 힘 공식	
		사각나사의 효율 공식	
	고졸경채	나사의 종류 및 특징	
2018	국가직	사각나사의 효율	
	지방직	나사의 특징	
	서울시	사각나사의 효율	
2017	지방직	사다리꼴나사의 특징	
		사각나사의 효율 공식	
		나사의 기호 해석	
	서울시	나사의 종류 – 관용나사	
		사각나사의 회전력 공식	
	고졸경채	나사의 피치	
		나사의 종류 – 볼나사	
2016	국가직	나사의 호칭기호	
		나사의 최대 전단응력	
	지방직	미터가는나사 KS기호 해석	
		두 줄 나사의 피치	
2015	국가직	나사의 종류 – 톱니나사	

연 도	시험명	시험 내용	메 모
2014	국가직	후크 나사부의 바깥지름	
		나사의 효율 공식	
	지방직	사각나사의 효율	
		사각나사의 자립조건	
2013	국가직	나사의 피치, 줄 수, 리드	
		나사에 최소 축력의 부여를 위해 필요한 힘	
	지방직	미터나사 KS 기호 해석	
		삼각나사의 나사면에 발생하는 마찰력	
2012	국가직	나사의 종류 - 볼나사	
		나사의 리드각	
	지방직	나사잭 핸들의 최소 유효길이	
2011	국가직	나사의 리드각	
	지방직	유니파이 보통나사의 피치	
2010	지방직	사각나사를 조일 때 필요한 토크	
		체결용 나사의 종류	
2008	국가직	나사의 리드	
2007	국가직	나사의 특징	
		나사의 리드각	

◼ 볼트 - 최근 기출문제 분석

연 도	시험명	시험 내용	메 모
2020	지방직	볼트에 축방향하중이 작용할 때 볼트의 바깥지름 구하기	
2019	고졸경채	볼트의 최소 바깥지름	
2018	국가직	아이볼트의 골지름과 바깥지름	
	지방직	아이볼트의 최소 골지름	
2017	국가직	축하중만 받는 아이볼트의 허용하중	
2016	지방직	볼트의 최소 길이	
2015	지방직	아이볼트의 최소 골지름	
2014	지방직	볼트의 최소 골지름	
2013	국가직	압력용기 볼트 골지름의 최솟값	
	지방직	볼트의 최소 바깥지름	
2011	국가직	볼트의 전단응력	
	지방직	볼트에 작용하는 하중	
2010	국가직	압력용기의 최소 볼트 수	
2009	지방직	볼트의 풀림방지법	
		볼트에 작용하는 하중	

■ 너트 – 최근 기출문제 분석

연 도	시험명	시험 내용	메 모
2019	국가직	너트의 최소 높이	
2018	국가직	너트의 최소 높이	
2017	국가직	너트의 풀림방지대책	
2015	국가직	너트의 높이	
2010	국가직	너트 나사산의 접촉면압	

1 나사(Screw) 일반

(1) 나사의 정의

환봉의 외면(수나사)이나 구멍의 내면(암나사)에 나선모양의 홈을 절삭한 것으로, 기계 부품 간 결합을 위해 너트와 함께 조이거나 위치조정, 체결, 동력 전달을 목적으로 사용하는 체결용 기계요소이다.

(2) 나사의 분류

① 수나사(Male Screw)와 암나사(Female Screw)

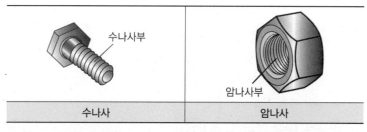

② 왼나사(LH, Left Hand Screw)와 오른나사(RH, Right Hand Screw)

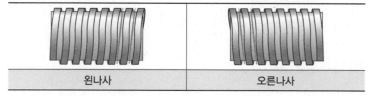

③ 1줄 나사와 2줄 나사(다줄 나사)

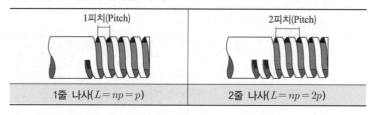

(3) 나사의 구조

① 수나사부와 암나사부

수나사부	암나사부
나사산각 유효지름 · 골지름 · 바깥지름 피치	유효지름 · 안지름 · 골지름 피치

왼나사를 표시할 때 알맞은 표시 방법은?

① L
② LH
③ R
④ RH

답 ②

② 나선곡선과 피치

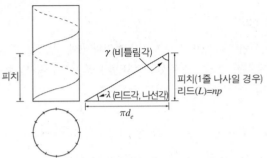

(4) 나사의 풀림방지법

① 철사를 사용하는 방법

② 와셔를 사용하는 방법

③ 분할 핀을 사용하는 방법

④ 로크너트를 사용하는 방법

⑤ 멈춤나사를 이용하는 방법

⑥ 자동 죔 너트를 사용하는 방법

(5) 나사 관련 용어

① 리드(L) : 나사를 1회전 시켰을 때 축 방향으로 이동한 거리이다.

$L = n \times p$

예 1줄 나사와 3줄 나사의 리드(L)

1줄 나사	3줄 나사
$L = np = 1 \times 1 = 1[mm]$	$L = np = 3 \times 1 = 3[mm]$

※ 특별한 언급이 없는 한 피치(p)는 1이다.

② 피치(p) : 나사산과 바로 인접한 나사산 사이의 거리 또는 골과 바로 인접한 골 사이의 거리이다.

$$p = \frac{L(나사의\ 리드)}{나사의\ 줄수}[mm]$$

③ 리드각(λ) : 나사의 바닥면과 나선(Helix)이 이루는 각도이며, '나선각'이라고도 불린다.

$\tan\lambda = \dfrac{L}{\pi d_e}$ 여기서, L : 나사의 리드[mm], d_e : 나사의 유효지름[mm]

㉠ 1줄 나사의 경우 $\tan\lambda = \dfrac{p}{\pi d_e}$ 이다.

피치가 3[mm]인 2줄 나사를 3회전시켰을 때 나간 거리는?

① 6[mm]   ② 9[mm]

③ 18[mm]   ④ 24[mm]

해설

$L = np = 2 \times 3 = 6[mm]$

3회전이므로 6[mm] × 3 = 18[mm]

답 ③

ⓛ 2줄 나사의 경우 $\tan\lambda = \dfrac{2p}{\pi d_e}$ 이다.

여기서, L : 나사의 리드, d_e : 나사의 유효지름, p : 나사의 피치

④ **비틀림각(γ)** : 나사의 축선과 나선(Helix)이 이루는 각도

리드각(λ) + 비틀림각(γ)＝90°

⑤ **나선(Helix)** : 원통의 표면에 직각 삼각형을 감았을 때, 빗변이 원통 표면에 그리는 곡선을 말하며, 나사산 곡선의 줄임말이다.

⑥ **골지름(d_1)** : 골과 골 사이의 직경으로, 수나사는 최소 지름이고 암나사는 최대 지름이다.

⑦ **바깥지름(d_2)** : 나사산의 꼭지점과 꼭지점 사이의 직경이다. 수나사의 최대 지름이다.

⑧ **호칭지름** : 수나사와 암나사의 호칭지름은 모두 수나사의 바깥지름으로 표시한다.

⑨ **유효지름(d_e)** : KS 규격에는 피치 원통의 지름, 전공 서적들에서는 서로 체결되었을 때 나사산과 나사홈의 길이가 서로 같아지는 곳의 지름으로 정의하고 있다.

삼각나사, 사각나사의 $d_e \fallingdotseq \dfrac{d_1 + d_2}{2}$

⑩ **나사산의 높이(h)** : $h = \dfrac{d_2 - d_1}{2}$

⑪ **사각나사에서 높이(h)가 주어지지 않을 경우** : $h \fallingdotseq \dfrac{p}{2}$

② 나사의 종류 및 특징

(1) 삼각나사

명 칭	그 림	용 도	특 징
미터 나사		기계조립 (체결용)	• 미터계 나사이다. • 나사산의 각도 60[°] • 나사의 지름과 피치를 [mm]로 표시한다. • 미터 가는나사가 미터 보통나사보다 체결력이 더 우수하다. • 미터 가는나사는 자립성이 우수하여 풀림 방지용으로 사용된다.
유니 파이 나사		정밀기계 조립 (체결용)	• 인치계 나사 • 나사산의 각도 60[°] • 미, 영, 캐나다 협정으로 만들어져 ABC나사라고도 한다. • 유니파이 보통나사 : UNC • 유니파이 가는나사 : UNF • 유니파이나사의 호칭기호 표시방법 **$\frac{3}{4}-10UNC$** • $\frac{3}{4}$: 바깥지름, $\frac{3}{4}$[inch]×25.4[mm] 　= 19.05[mm] • 10 : 1[inch]당 나사산 수가 10개 • UNC : 유니파이 보통나사 **$\frac{3}{8}-16UNC$** • 수나사의 호칭지름이 3/8[inch] • 1[inch]당 나사산 수가 16개 • 유니파이 보통나사
관용 나사		결합용 (체결용)	• 인치계 나사 • 나사산의 각도 55[°] • 관용평행나사 : 유체기기 등의 결합에 사용한다. • 관용테이퍼나사 : 기밀유지가 필요한 곳에 사용한다.

✪ TIP

유니파이 보통나사의 피치(p) 구하기

$$p = \frac{1}{\text{나사산 수}} \times inch[mm]$$

예 만일 1인치 당 나사산 수가 10이라면 피치는?

$$p = \frac{1}{\text{나사산 수}} \times inch = \frac{1}{10} \times 25.4[mm] = 2.54[mm]$$

(2) 사각나사

그 림	용 도	특 징
	동력 전달용 (운동용)	• 프레스 등의 동력전달용으로 사용한다. • 축방향의 큰 하중을 받는 곳에 사용한다. • 다른 나사들에 비해 가공하기 쉽고 효율도 높은 편이다. • 주요 동력전달방식은 회전운동을 직선운동으로 바꾼다.

(3) 사다리꼴나사(애크미나사)

그 림	용 도	특 징
	공작기계의 이송용 (운동용)	• 나사산의 강도가 크다. • 사각나사에 비해 제작하기 쉽다. • 인치계 사다리꼴나사(TW) : 나사산 각도 29[°] • 미터계 사다리꼴나사(Tr) : 나사산 각도 30[°]

(4) 톱니나사

그 림	용 도	특 징
	힘의 전달 (운동용)	• 한쪽 방향으로 큰 힘을 전달하는 경우 주로 사용한다. • 바이스, 프레스(압착기) 등의 이송용(운동용) 나사로 사용한다. • 하중을 받은 면의 경사가 수직에 가까운 3[°]이기 때문에 효율이 좋다.

(5) 둥근나사

그 림	용 도	특 징
	전구나 소켓 (운동용, 체결용)	• 나사산이 둥근모양이다. • 너클나사라고도 불린다. • 나사산과 골이 같은 반지름의 원호로 이은 모양이다. • 전구나 소켓의 체결용으로 주로 먼지나 모래가 많은 곳에서 사용한다.

(6) 볼나사(Ball Screw)

나사 축과 너트 사이에서 볼(Ball)이 구름 운동을 하면서 물체를 이송시키는 고효율의 나사로 백래시가 거의 없고 전달효율이 높아서 최근에 CNC 공작기계의 이송용 나사로 사용된다.

다음 나사 중 체결용으로 적절하지 않은 것은?

① 관용나사　　　　② 유니파이나사
③ 애크미나사　　　④ 미터나사

해설

애크미나사는 사다리꼴나사를 달리 부르는 말로 기계를 이송시키는 동력전달용으로 사용된다.

답 ③

나사에 대한 설명으로 옳은 것은?

① 미터 가는나사는 지름에 대한 피치의 크기가 미터 보통나사보다 커서 기밀성이 우수하다.
② 둥근나사는 수나사와 암나사 사이에 강구를 배치하여 운동 시 마찰을 최소화한다.
③ 유니파이나사는 나사산각이 55°인 인치계 삼각나사이고, 나사의 크기는 1인치당 나사산수로 한다.
④ 톱니나사는 하중의 작용방향이 일정한 경우에 사용하고 하중을 받는 반대쪽은 삼각나사 형태로 만든다.

해설

톱니나사는 하중의 작용방향이 일정한 경우에 사용하고 하중을 받는 반대쪽은 삼각나사 형태로 만든다.

[톱니나사]

① 미터 가는나사는 지름에 대한 피치의 크기가 미터 보통나사보다 작다.
② 수나사와 암나사 사이에 강구를 배치하여 운동 시 마찰을 최소화 한 것은 볼나사이다.
③ 유니파이나사(UNC)의 나사산 각도는 60°이다.

답 ④

마찰계수가 극히 작고 마멸이 적기 때문에 NC 공작기계의 이송나사, 자동차의 조향장치, 항공기 날개의 플랩 작동장치에 사용하는 나사는?

① 사각나사　　　　② 사다리꼴나사
③ 볼나사　　　　　④ 둥근나사

해설

볼나사(Ball Screw)는 나사축과 너트 사이에서 볼(Ball)이 구름운동을 하면서 물체를 이송시키는 고효율의 나사로 백래시가 없고 전달효율이 높아서 최근에 CNC 공작기계의 이송용나사로 사용된다.

볼나사(Ball Screw)의 특징
• 윤활유는 소량만으로 충분하다.
• 미끄럼나사보다 전달효율이 높다.
• 시동토크나 작동토크의 변동이 적다.
• 마찰계수가 작아서 정확한 미세이송이 가능하다.
• 미끄럼나사에 비해 내충격성과 감쇠성이 떨어진다.
• 예압에 의하여 축방향의 백래시(Backlash, 뒤틈, 치면높이)를 작게 할 수 있다.

답 ③

나사의 호칭기호에 대한 설명으로 옳지 않은 것은?

① M은 미터나사이다.
② G는 관용평행나사이다.
③ UNF는 유니파이보통나사이다.
④ Tr은 미터사다리꼴나사이다.

해설

UNF는 유니파이가는나사의 기호이다. 유니파이보통나사는 UNC이다.

답 ③

용도	특징
정밀공작기계의 이송장치 (운동용)	• 너트의 크기가 크다. • 자동체결이 곤란하다. • 윤활유는 소량만으로 충분하다. • 피치를 작게 하는데 한계가 있다. • 미끄럼나사보다 전달 효율이 높다. • 시동토크나 작동토크의 변동이 적다. • 마찰계수가 작아서 미세이송이 가능하다. • 미끄럼나사에 비해 내충격성과 감쇠성이 떨어진다. • 나사축과 너트 사이에 강재 볼을 넣어 힘을 전달한다. • 백래시를 작게 할 수 있고 높은 정밀도를 오래 유지할 수 있으며 효율이 가장 좋다. • 예압에 의하여 축방향의 백래시(Backlash, 뒤틈, 치면높이)를 작게(거의 없게) 할 수 있다.

③ 나사의 종류 및 기호

구분	나사의 종류		종류기호	표시(예)
ISO 규격에 있는 것	미터 보통나사		M	M10
	미터 가는나사			M10×1
	유니파이 보통나사		UNC	3/8-16 UNC
	유니파이 가는나사		UNF	No.8-36 UNF
	미터 사다리꼴나사		Tr	Tr10×2
	미니추어 나사		S	S0.5
	관용 테이퍼나사	테이퍼 수나사	R	R3/4
		테이퍼 암나사	Rc	Rc3/4
		평행 암나사	Rp	Rp3/4
ISO 규격에 없는 것	29° 사다리꼴나사		TW	TW18
	30° 사다리꼴나사		TM	TM20
	관용 테이퍼나사	테이퍼나사	PT	PT7
		평행 암나사	PS	PS7
특수용	전구나사		E	E10
	미싱나사		SM	SM1/4 산40
	자전거나사		BC	• 일반 : BC3/4 • 스포크 : BC2.6

4 나사 관련 이론

(1) 사각나사를 조이는 힘(회전력), P

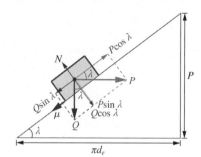

여기서, P : 접선방향으로 가하는 회전력

Q : 축방향으로 작용하는 하중

N : 수직항력,

μ : 마찰계수, $\mu = \tan\rho$

λ : 나사의 리드각

ρ : 나사의 마찰각

d_e : 유효지름

사각나사를 조이는 힘(P)을 구할 때 아래 2개의 식이 많이 사용된다.

① 1식, $P = Q\tan(\lambda + \rho)[\text{N}]$

② 2식, $P = Q\dfrac{\mu\pi d_e + p}{\pi d_e - \mu p}[\text{N}]$

[공식 유도과정]

자유물체도에서 위(+)방향의 작용 힘과 아래(−)방향의 작용 힘의 합은 0이 되어야 한다.

$P\cos\lambda - Q\sin\lambda - \mu N = 0$

$P\cos\lambda - Q\sin\lambda - \mu(P\sin\lambda + Q\cos\lambda) = 0$

$P(\cos\lambda - \mu\sin\lambda) = Q(\sin\lambda + \mu\cos\lambda)$

$P = Q\dfrac{\sin\lambda + \mu\cos\lambda}{\cos\lambda - \mu\sin\lambda}$ 분모, 분자를 $\cos\lambda$로 나누면

$P = Q\dfrac{\tan\lambda + \mu}{1 - \mu\tan\lambda}$ 이 식을 응용하여 나사를 조이는 힘 2개의 식을 유도한다.

[나사를 조이는 힘 1식]

$P = Q\dfrac{\mu + \tan\lambda}{1 - \mu\tan\lambda}$, 여기에 $\mu = \tan\rho$ 대입

$= Q\dfrac{\tan\rho + \tan\lambda}{1 - \tan\rho \times \tan\lambda}$, 수학공식 $\tan(\alpha + \beta) = \dfrac{\tan\alpha + \tan\beta}{1 - \tan\alpha \times \tan\beta}$ 를 적용하면

$= Q\tan(\lambda + \rho)[\text{N}]$

축방향 하중은 Q, 리드각은 α, 마찰각은 ρ라고 하고 자리면의 마찰은 무시한다. 사각 나사를 풀 때 필요한 회전력(P')을 표현한 식으로 가장 옳은 것은?

① $Q\tan(\rho - \alpha)$ ② $Q\sin(\rho - \alpha)$

③ $Q\tan(\alpha - \rho)$ ④ $Q\sin(\alpha - \rho)$

해설

나사를 조이는 힘 : $P = Q\tan(\alpha + \rho)$, 일반적으로 리드각은 λ로 나타낸다.

나사를 푸는 힘 : $P = Q\tan(\rho - \alpha)$

나사를 푸는 힘은 "조일 때"보다 마찰력이 반대로 작용한다. 나사를 풀 때 3개의 힘을 고려해야 한다.

㉠ 나사를 푸는 힘, P'에 대한 수평/수직방향의 분력

㉡ P'의 반대방향에서 작용하는 마찰력, $f = \mu N$

㉢ 중력에 의한 힘, Q에 대한 수평/수직방향의 분력

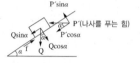

[자유물체도]

자유물체도에서 위(+)방향의 작용 힘과 아래(−)방향의 작용 힘의 합은 0이 되어야 한다.

[풀이과정]

수직방향분력 = 마찰력

$P'\sin\alpha + Q\cos\alpha = f$

$P'\sin\alpha + Q\cos\alpha = \mu N$

$P'\sin\alpha + Q\cos\alpha = \mu(Q\cos\alpha - P'\sin\alpha)$

답 ①

[나사를 조이는 힘 2식]

$P = Q\dfrac{\mu + \tan\lambda}{1 - \mu\tan\lambda}$, 여기에 $\tan\lambda = \dfrac{p}{\pi d_e}$ 를 적용하면

$= Q\dfrac{\dfrac{p}{\pi d_e} + \mu}{1 - \mu\dfrac{p}{\pi d_e}}$ 분모와 분자에 πd_e를 곱하면

$= Q\dfrac{\mu\pi d_e + p}{\pi d_e - \mu p}\,[N]$

(2) 사각나사를 푸는 힘(P')

사각나사를 푸는 힘은 '조일 때'와 반대로 마찰력이 작용한다.

$P' = Q\tan(\rho - \lambda)[\text{N}]$

$P' = Q\dfrac{p - \mu\pi d_e}{\pi d_e + \mu p}[\text{N}]$

여기서, Q : 축방향으로 작용하는 힘[N], ρ : 나사의 마찰각[°]

λ : 나사의 리드각[°], μ : 마찰계수, p : 나사의 피치[mm]

(3) 사각나사의 자립조건(Self Locking Condition)

나사를 죄는 힘을 제거해도 체결된 나사가 스스로 풀리지 않을 조건이다. 나사가 자립할 조건은 나사를 푸는 힘(P')을 기준으로 구할 수 있다.

나사를 푸는 힘 $P' = Q\tan(\rho - \lambda)$ 에서

① P'가 0보다 크면, $\rho - \lambda > 0$이므로 나사를 풀 때 힘이 든다. 따라서 나사는 풀리지 않는다.

② P'가 0이면, $\rho - \lambda = 0$이므로 나사가 풀리다가 정지한다. 따라서 나사는 풀리지 않는다.

③ P'가 0보다 작으면, $\rho - \lambda < 0$이므로 나사를 풀 때 힘이 안든다. 따라서 나사는 풀린다.

위를 종합하면 아래와 같은 나사의 자립조건 공식이 도출된다.

나사의 마찰각(ρ) ≥ 나사의 리드각(λ)

1줄 사각나사에서 마찰각을 ρ, 리드각을 λ, 마찰계수를 μ라 할 때, 나사의 자립상태를 유지하기 위한 조건은? (단, 나사가 저절로 풀리다가 어느 지점에서 정지하는 경우도 자립상태로 본다)

① $\rho \geq \lambda$　　　　② $\rho \leq \lambda$

③ $\rho \geq \mu$　　　　④ $\rho \leq \mu$

답 ①

(4) 나사의 효율(η)

① 사각나사의 효율

$$\eta = \frac{\text{마찰이 없는 경우의 회전력}}{\text{마찰이 있는 경우의 회전력}} = \frac{pQ}{2\pi T} = \frac{Ql}{2\pi Pr}$$

$$= \frac{\tan\lambda}{\tan(\lambda+\rho)}$$

여기서, p : 나사의 피치, l : 나사의 회전당 전진길이, Q : 축방향 하중, r : 유효 반지름

🔧 TIP

위 공식에서 아래와 같이 유도하는 문제가 출제되었다.

$\eta = \dfrac{\tan\lambda}{\tan(\lambda+\rho)}$ 에서

$\tan\lambda = \dfrac{p}{\pi d_2}$, $\lambda = \tan^{-1}\left(\dfrac{p}{\pi d_2}\right)$ 를 대입하면,

$$\eta = \frac{\dfrac{p}{\pi d_2}}{\tan\left(\rho+\tan^{-1}\left(\dfrac{p}{\pi d_2}\right)\right)}$$

② 삼각나사의 효율

$$\eta = \frac{\text{마찰이 없는 경우의 회전력}}{\text{마찰이 있는 경우의 회전력}} = \frac{pQ}{2\pi T} = \frac{\tan\lambda}{\tan(\lambda+\rho')}$$

(5) 삼각나사의 접촉면에 발생하는 마찰력(f)

$$f = \mu \times Q' = \mu \times \frac{Q}{\cos\dfrac{\alpha}{2}} = \mu \times \frac{Q}{\cos\dfrac{2\beta}{2}} = \frac{\mu Q}{\cos\beta}$$

(6) 삼각나사의 상당마찰계수, μ'

$$\mu' = \frac{\mu}{\cos\dfrac{\theta}{2}}, \text{ 여기서 } \theta : \text{나사산 각[°]}$$

Q의 하중을 올리기 위한 한줄 사각나사의 효율을 나타내는 식으로 옳지 않은 것은?(단, p는 피치, d_2는 유효지름, P는 접선방향의 회전력, T는 회전토크, ρ는 마찰각, λ는 리드각, 자리면 마찰은 무시한다)

① $\dfrac{pQ}{\pi d_2 P}$ 　　　② $\dfrac{pQ}{2\pi T}$

③ $\dfrac{pP}{4\pi T}$ 　　　④ $\dfrac{p}{\pi d_2 \tan(\rho+\lambda)}$

해설

사각나사의 효율

$$\eta = \frac{\text{마찰이 없는 경우의 회전력}}{\text{마찰이 있는 경우의 회전력}} = \frac{pQ}{2\pi T} = \frac{\tan\lambda}{\tan(\lambda+\rho)}$$

답 ③

(7) 사각나사를 조이는 토크(T)

①식, $T = P \times \dfrac{d_e}{2}$

②식, $T = Q\tan(\lambda + \rho) \times \dfrac{d_e}{2}$

③식, $T = Q\dfrac{\mu \pi d_e + p}{\pi d_e - \mu p} \times \dfrac{d_e}{2}$

여기서, P : 접선방향으로 가하는 회전력(나사의 회전력), Q : 축방향으로 작용하는 하중
μ : 마찰계수, $\mu = \tan\rho$, λ : 나사의 리드각, ρ : 나사의 마찰각, d_e : 유효지름

(8) 삼각나사를 조이는 토크(T)

①식, $T = P \times \dfrac{d_e}{2}$

②식, $T = Q\tan(\lambda + \rho') \times \dfrac{d_e}{2}$

③식, $T = Q\dfrac{\mu' \pi d_e + p}{\pi d_e - \mu' p} \times \dfrac{d_e}{2}$

여기서, 상당마찰각, $\rho' = \dfrac{\mu}{\cos\dfrac{\alpha(\text{나사산 각도}, °)}{2}}$

나사의 회전력, $P = Q\tan(\lambda + \rho')$
μ' : 상당마찰계수

그림과 같이 피치 2[mm], 유효지름 10[mm], 나사면 마찰계수 0.3인 삼각나사를 죄기 위한 토크가 100[N · mm]일 때, 나사의 축방향으로 미는 힘 Q[N]에 가장 가까운 값은?(단, $\pi = 3.0$으로 하고, 계산에 필요한 삼각함수는 주어진 값을 적용한다)

$\sin30° = 0.5$, $\cos30° = 0.9$, $\tan30° = 0.6$	
$\sin60° = 0.9$, $\cos60° = 0.5$, $\tan60° = 1.7$	

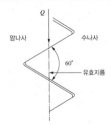

① 21 ② 27
③ 49 ④ 66

해설

삼각나사의 경우 상당마찰계수를 토크 구하는 식에 대입해야 한다.

• 상당마찰계수, $\mu' = \dfrac{\mu}{\cos\dfrac{\theta}{2}} = \dfrac{0.3}{\cos30°} = \dfrac{0.3}{0.9} = \dfrac{1}{3}$

• $T = Q\dfrac{\mu' \pi d_e + p}{\pi d_e - \mu' p} \times \dfrac{d_e}{2}$

$100[\text{N} \cdot \text{mm}]$

$= Q\dfrac{\left(\dfrac{1}{3} \times 3 \times 10[\text{mm}]\right) + 2[\text{mm}]}{(3 \times 10[\text{mm}]) - \left(\dfrac{1}{3} \times 2[\text{mm}]\right)} \times \dfrac{10[\text{mm}]}{2}$

$100[\text{N} \cdot \text{mm}] \fallingdotseq Q\dfrac{12[\text{mm}]}{29.3[\text{mm}]} \times 5[\text{mm}]$

$100[\text{N} \cdot \text{mm}] \fallingdotseq Q2.05$

$Q \fallingdotseq 48.8 \fallingdotseq 49$

답 ③

(9) 삼각나사를 축방향으로 미는 힘(Q)

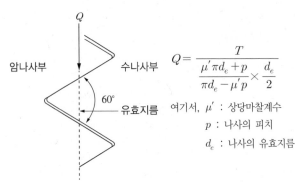

$Q = \dfrac{T}{\dfrac{\mu' \pi d_e + p}{\pi d_e - \mu' p} \times \dfrac{d_e}{2}}$

여기서, μ' : 상당마찰계수
p : 나사의 피치
d_e : 나사의 유효지름

(10) 훅(Hook) 나사부의 안지름과 바깥지름

① 안지름(d_1, 골지름)

$$d_1 = \sqrt{\frac{4Q}{\pi \sigma_a}} \,[\mathrm{mm}]$$

여기서, σ_a : 허용인장응력[N/mm^2]

Q : 축방향으로 작용하는 힘[N]

② 바깥지름, d_2

$$d_2 = \frac{d_1(\text{골지름})}{0.8}[\mathrm{mm}]$$

(11) 나사잭 핸들의 최소 유효길이(l)

$$T = Fl$$

$$F \times l = Q\frac{\mu\pi d_e + p}{\pi d_e - \mu p} \times \frac{d_e}{2}$$

$$l = Q\frac{\mu\pi d_e + p}{\pi d_e - \mu p} \times \frac{d_e}{2} \times \frac{1}{F}[\mathrm{mm}]$$

5 볼트(Bolt)

(1) 볼트의 종류 및 특징

종류 및 형상		특 징
스테이볼트		두 장의 판 사이 간격을 유지하면서 체결할 때 사용하는 볼트
아이볼트		나사의 머리 부분을 고리 형태로 만들어 이 고리에 로프나 체인, 훅 등을 걸어 무거운 물건을 들어 올릴 때 사용한다.
나비볼트		볼트를 쉽게 조일 수 있도록 머리 부분을 날개 모양으로 만든 볼트
기초볼트		콘크리트 바닥 위에 기계구조물을 고정시킬 때 사용한다.
육각볼트		일반 체결용으로 가장 많이 사용한다.
육각 구멍붙이 볼트		볼트의 머리부에 둥근머리 육각구멍의 홈을 판 것으로, 볼트의 머리부가 밖으로 돌출되지 않는 곳에 사용한다.

볼트(Bolt)의 종류별 사용목적으로 알맞지 않은 것은?

① 탭볼트 : 양쪽에 너트를 죌 수 있도록 수나사가 만들어진 볼트이다.

② 스테이볼트 : 두 장의 판 사이 간격을 유지하면서 체결할 때 사용한다.

③ 기초볼트 : 콘크리트 바닥 위에 기계구조물을 고정시킬 때 사용한다.

④ 스터드볼트 : 양쪽 끝이 모두 수나사로 되어 있는 볼트로 한쪽 끝은 암나사가 난 부분에 반영구적인 박음작업을 하고, 다른 쪽 끝은 너트를 끼워 조이는 볼트이다.

[해설]
• 탭볼트 : 너트로 죄기 힘든 부분에 암나사를 낸 후 머리가 있는 볼트로 죄어 체결한다.
• 더블너트볼트(양너트볼트) : 양쪽에 너트를 죌 수 있도록 수나사가 만들어진 볼트이다.

답 ①

종류 및 형상		특 징
접시머리 볼트		볼트의 머리부가 접시 모양인 것으로, 머리부가 외부에 노출되지 않는 곳에 사용한다.
스터드볼트		양쪽 끝이 모두 수나사로 되어 있는 볼트로 한쪽 끝은 암나사가 난 부분에 반영구적인 박음작업을 하고, 다른 쪽 끝은 너트를 끼워 조이는 볼트
관통볼트		구멍에 볼트를 넣고 반대쪽에 너트로 죄는 일반적인 형태의 볼트
탭볼트		너트로 죄기 힘든 부분에 암나사를 낸 후, 머리가 있는 볼트로 죄어 체결하는 볼트
더블 너트 볼트 (양 너트볼트)		양쪽에 너트를 죌 수 있도록 수나사로 만들어진 볼트

(2) 볼트와 너트 구조

볼트   너트

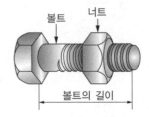

볼트의 길이

(3) 볼트와 너트에 작용하는 힘

공구로 볼트 머리를 조일 때 비틀림하중이 가장 크게 작용하며, 체결 후 연결된 두 물체가 움직이면서 볼트머리와 나사를 밀어내면서 인장하중도 작용한다.

인장하중

비틀림하중 (체결시)

(4) 볼트 고정 시 풀림방지법

볼트는 너트와의 결합을 통해 물체를 고정시킨다. 따라서 91쪽에 나오는 너트의 풀림방지법을 참고하면 볼트와 너트의 풀림방지법을 알 수 있다.

두 물체의 체결용으로 사용되고 있는 볼트가 받고 있는 하중으로 옳은 것은?

① 인장하중, 굽힘하중
② 인장하중, 비틀림하중
③ 비틀림하중, 압축하중
④ 압축하중, 굽힘하중

답 ②

---

(5) 볼트로 체결된 제품에서 볼트가 받는 편심하중 해석

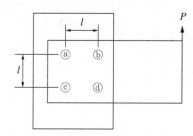

① ⓐ와 ⓒ의 전단응력의 크기는 같다.

② ⓑ와 ⓓ의 전단응력의 크기는 같다.

(6) 볼트 관련식

① 축하중을 받을 때 볼트의 지름(d)

볼트가 축방향의 하중(Q)만 받고 있을 때 허용하중을 구한다면, 지름이 가장 작은 골지름(d)을 적용한다.

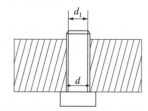

[공식유도과정]

$$\sigma_a = \frac{Q}{A} = \frac{Q}{\frac{\pi d(수나사의\ 골지름)^2}{4}} = \frac{4Q}{\pi d(수나사의\ 골지름)^2}$$

이 식을 정리하면 아래와 같다.

골지름(안지름)	바깥지름(호칭지름)
$d_1 = \sqrt{\dfrac{4Q}{\pi \sigma_a}}$	$d = \sqrt{\dfrac{2Q}{\sigma_a}}$

※ 안전율(S)을 고려하려면 S를 분자에 곱해주면 된다.

따라서 안전율을 고려한 공식은 $d_1 = \sqrt{\dfrac{4QS}{\pi \sigma_a}}$ 이다.

② 볼트에 작용하는 허용하중(Q)

$$\sigma_a = \frac{Q}{A} = \frac{Q(허용하중)}{\frac{\pi d(수나사의\ 골지름)^2}{4}} = \frac{4Q}{\pi d^2}$$ 이 식을 응용하면

$$Q = \frac{\sigma_a \pi d^2}{4}[\text{N}]$$

수직방향으로 2,000[kgf]의 하중이 작용하는 나사잭을 설계할 때, 나사잭볼트의 바깥지름은?(단, $\sigma_a = 5$[kgf/mm²], $\pi = 3$, 골지름은 바깥지름의 0.8배이다)

① 12.4[mm] ② 21.6[mm]

③ 28.7[mm] ④ 35.9[mm]

해설

골지름 $d_1 = \sqrt{\dfrac{4Q}{\pi \sigma_a}} = \sqrt{\dfrac{4 \times 2,000[\text{kgf}]}{3 \times 5[\text{kgf/mm}^2]}} = 23[\text{mm}]$

바깥지름 × 0.8 = 골지름

바깥지름 = $\dfrac{23}{0.8} = 28.75[\text{mm}]$

답 ③

무게 $W = 1,000$[N]의 물체가 볼트에 매달려 있고, 볼트의 허용인장응력이 10[MPa]일 때, 필요한 볼트의 최소골지름 d_1[mm]은?

① $\sqrt{\dfrac{200}{\pi}}$ ② $\sqrt{\dfrac{400}{\pi}}$

③ $\sqrt{\dfrac{600}{\pi}}$ ④ $\sqrt{\dfrac{800}{\pi}}$

해설

$d_1 = \sqrt{\dfrac{4Q}{\pi \sigma_a}} = \sqrt{\dfrac{4 \times 1,000}{\pi \times 10 \times 10^6 \times 10^{-6}}}$

$= \sqrt{\dfrac{4,000}{10\pi}} = \sqrt{\dfrac{400}{\pi}}$

축하중을 받을 때 볼트의 지름(d)을 구하는 식

골지름(안지름)	바깥지름(호칭지름)
$d_1 = \sqrt{\dfrac{4Q}{\pi \sigma_a}}$	$d = \sqrt{\dfrac{2Q}{\sigma_a}}$

답 ②

③ 볼트에 작용하는 힘(F)

$F = P \times A$

여기서, P : 볼트에 작용하는 압력[N/mm^2]

　　　　A : 볼트의 단면적[mm^2]

④ 볼트에 작용하는 토크(T)

$T = F \times \dfrac{d}{2} \times N$(볼트개수)

⑤ 압력을 받는 용기에 필요한 최소 필요 볼트 수(N)

$\sigma_a = \dfrac{F}{A} = \dfrac{F}{\dfrac{\pi d^2}{4} \times N}$ 이 식을 응용하면,

$N = \dfrac{F}{\dfrac{\pi d^2}{4} \times \sigma_a}$

여기서, σ_a : 허용응력[N/mm^2], d : 볼트지름[mm]

　　　　F : 작용하중[N], N : 볼트 수

6 너트(Nut)

(1) 너트의 종류 및 특징

종류 및 형상		특 징
캡너트		유체의 누설방지나 조립되는 볼트가 보이지 않도록 하여 외관을 좋게 만드는 너트
아이너트		물체를 들어 올릴 때 한쪽 끝에 핀이나 걸이로 걸 수 있도록 둥근 고리가 달린 너트
나비너트		손으로 쉽게 돌릴 수 있도록 나비 모양의 손잡이가 만들어진 너트
플랜지너트		• 가운데 구멍이 있으며, 구멍 안쪽에 나사산이 파여 있는 너트 • 너트의 한쪽 면에 플랜지가 부착되어 있으며 플랜지 면에는 돌기 부분이 만들어져 있어서 풀림 방지의 기능도 있다.

(2) 볼트와 결합한 너트의 풀림방지법

① 스프링와셔를 이용한다.

② 나사의 피치를 작게 한다.

③ 톱니붙이와셔를 이용한다.

④ 로크너트(Lock Nut)를 이용한다.

(3) 너트의 높이

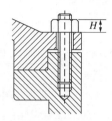

① 일반적인 너트의 높이, H

$$H = n \times p$$

여기서, n : 나사산 수, p : 나사의 피치

② 재질에 따른 너트의 높이, H

볼트의 재질	너트의 재질	너트의 높이(H)
강	강	$H \fallingdotseq d$
강	청 동	$H \fallingdotseq 1.25d$
강	주 철	$H \fallingdotseq 1.5d$

※ d : 나사의 바깥지름

(4) 너트 나사산의 접촉면압, q

$$q = \frac{Q}{A \times n} = \frac{Q}{\dfrac{\pi(d_2^{\,2} - d_1^{\,2})}{4} \times n} = \frac{Q}{\pi d_e n h}$$

여기서, Q : 축하중, A : 작용면적, n : 나사의 줄 수, d_1 : 수나사의 안지름,

d_2 : 수나사의 바깥지름, $d_e\left(\fallingdotseq \dfrac{d_2 + d_1}{2}\right)$: 유효지름, $h\left(= \dfrac{d_2 - d_1}{2}\right)$: 나사산 높이

⭐ TIP

허용접촉면 압력을 낮추려면 나사의 유효지름(d_e)을 증가시켜야 한다.

기계장치를 볼트로 고정시킬 경우 풀림방지의 방법으로 적절하지 않은 것은?

① 스프링와셔를 이용한다.
② 나사의 피치를 크게 한다.
③ Lock Nut를 이용한다.
④ 톱니붙이와셔를 이용한다.

해설
볼트로 고정시킬 때 결합되는 부위에 만들어지는 나사의 피치는 가능한 작게 한다.

답 ②

볼트의 재질이 같을 경우, 너트의 재질에 따라 안전을 위해 그 높이(H)를 달리해야 하는데, 주철재질의 너트일 경우 적절한 높이(H)와 볼트지름(d)의 관계는?

① $H \fallingdotseq d$
② $H \fallingdotseq 1.25d$
③ $H \fallingdotseq 1.5d$
④ $H \fallingdotseq 2d$

답 ③

CHAPTER 07 리 벳

■ 리벳 – 최근 기출문제 분석

연 도	시험명	시험 내용	메 모
2021	국가직	리벳이음에서 전단에 파괴되지 않을 리벳 수 구하기	
	지방직	리벳의 특징	
2020	국가직	양쪽 덮개판 한줄 맞대기 이음에서 리벳효율 구하기	
	지방직	리벳 판(강판)의 효율 구하는 공식	
2019	지방직	한줄 겹치기 리벳이음의 파손 유형 및 대책	
	서울시 1회	리벳 단면에 발생하는 전단응력	
	서울시 2회	양쪽 덮개판 맞대기 리벳이음에서의 리벳 필요 개수	
	고졸경채	1줄 겹치기 리벳이음에서 리벳의 최소 피치	
2018	국가직	리벳의 전단력	
	지방직	리벳 판재의 효율	
	고졸경채	리벳의 최소 허용지름	
2017	고졸경채	1줄 겹치기 리벳이음에서 판의 효율 해석	
2016	국가직	리벳의 최소 갯수	
2015	지방직	2줄 겹치기 리벳이음에서 리벳의 효율	
2014	국가직	리벳의 최소 갯수	
	지방직	리벳이음에 발생하는 전단력 분포	
2013	국가직	리벳이음 설계 시 고려사항	
		용접에 비교한 리벳이음의 특징	
	지방직	리벳이음에서 판의 효율과 리벳 피치	
2012	지방직	양쪽 덮개판 맞대기 리벳이음에서 최소 리벳 갯수	
2011	국가직	한줄 겹치기 리벳이음에서의 리벳피치	
		한줄 리벳이음에 작용하는 인장하중	
	지방직	1열 리벳 겹치기 이음에서 판에 생기는 인장응력	
2010	국가직	1줄 겹치기 리벳이음의 리벳 피치	
	지방직	리벳지름 및 피치, 전단면수의 관계	

연 도	시험명	시험 내용	메 모
2009	국가직	겹치기 리벳이음에 작용하는 힘	
		리벳 시공된 강판의 효율	
	지방직	한줄 겹치기 리벳의 이음강도	
		4줄 리벳이음의 하중 분포	
		리벳이음과 용접이음의 특징	
2008	국가직	강판에 있는 리벳구멍 지름	
2007	국가직	양쪽 덮개 판 한줄 맞대기 이음 리벳의 전단응력	

1 리벳(Rivet) 일반

(1) 리벳의 정의

판재나 형강을 영구적으로 이음을 할 때 사용되는 결합용 기계요소로 구조가 간단하고 잔류변형이 없어서 기밀을 요하는 압력용기나 보일러, 항공기, 교량 등의 이음에 주로 사용된다. 간단한 리벳작업은 망치로도 가능하나, 큰 강도를 요하는 곳을 리벳이음 하기 위해서는 리벳팅 장비가 필요하다.

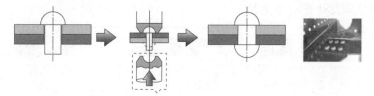

(2) 리벳의 특징

① 열응력에 의한 잔류응력이 생기지 않는다.

② 경합금과 같이 용접이 곤란한 재료의 결합에 적합하다.

③ 리벳이음의 구조물은 영구 결합으로 분해가 되지 않는다.

④ 구조물 등에 사용할 때 현장조립의 경우 용접작업보다 용이하다.

(3) 리벳 용어

① 겹치기 리벳이음(Lap Joint)

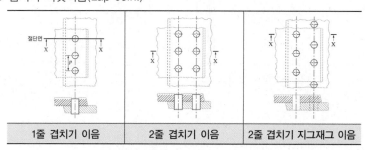

1줄 겹치기 이음	2줄 겹치기 이음	2줄 겹치기 지그재그 이음

② 맞대기 리벳이음(Butt Rivet Joint)

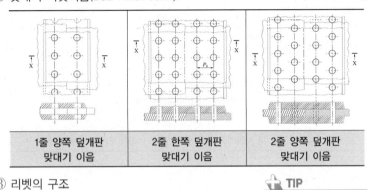

1줄 양쪽 덮개판 맞대기 이음	2줄 한쪽 덮개판 맞대기 이음	2줄 양쪽 덮개판 맞대기 이음

③ 리벳의 구조

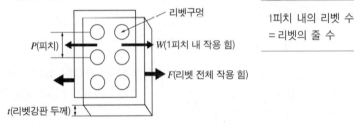

➕ TIP

1피치 내의 리벳 수
= 리벳의 줄 수

양쪽 덮개판 2줄 지그재그 리벳이음을 나타낸 것은?

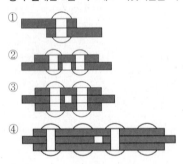

해설
① 1줄 겹치기 이음
② 한쪽 덮개판 1줄 이음
③ 양쪽 덮개판 1줄 이음

답 ④

---

(4) 리벳의 종류 및 형상

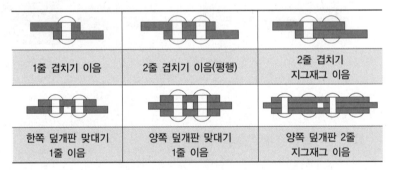

1줄 겹치기 이음	2줄 겹치기 이음(평행)	2줄 겹치기 지그재그 이음
한쪽 덮개판 맞대기 1줄 이음	양쪽 덮개판 맞대기 1줄 이음	양쪽 덮개판 2줄 지그재그 이음

(5) 리벳이음에 걸리는 힘 분석

① 편심하중을 받는 겹치기 리벳이음에서 가장 큰 힘이 걸리는 부분

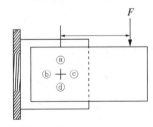

• 가장 큰 힘이 걸리는 부분 : ⓒ

② 4줄 리벳이음에서 가장 큰 힘이 걸리는 부분

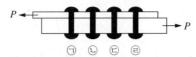

• 가장 큰 힘이 걸리는 부분 : ㉠

외력이 작용할 때 얇은 판에 직접적인 힘이 가해지며, 외력에 가장 가깝게
작용하는 ㉠에 가장 큰 힘이 작용한다.

(6) 리벳이음 설계 시 고려사항

① 리벳의 전단강도

② 판재의 압축강도

③ 판재의 인장강도

2 리벳작업 후 밀폐를 위한 연계작업

(1) 코킹(Caulking)

물이나 가스 저장용 탱크를 리벳팅한 후 기밀(기체 밀폐)
과 수밀(물 밀폐)을 유지하기 위해 날 끝이 뭉뚝한 정(코
킹용 정)을 사용하여 리벳머리와 판의 이음부의 가장자
리를 때려 박음으로써 틈새를 없애는 작업이다.

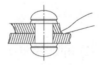

(2) 플러링(Fullering)

기밀을 더 좋게 하기 위해 강판과 같은 두께의 플러링 공구
로 재료의 옆 부분을 때려 붙이는 작업을 말한다.

리벳작업에서 코킹과 플러링을 하는 목적은?

① 기밀이나 수밀을 위해

② 전단력에 의한 파손 방지를 위해

③ 인장력에 의한 파손 방지를 위해

④ 강판에 리벳을 고정시킬 구멍을 뚫기 위해

답 ①

3 리벳작업의 특징

(1) 한줄 겹치기 리벳이음의 파손 현상의 방지대책

① 리벳이 전단에 의해 파손되는 경우, 리벳지름을 더 크게 한다.

② 판재 끝이 리벳에 의해 갈라지는 경우, 리벳 구멍과 판재 끝 사이의 여유를
더 크게 한다.

③ 리벳 구멍 부분에서 판재가 압축 파손되는 경우, 판재를 더 두껍게 한다.

④ 리벳 구멍 사이에서 판재가 절단되는 경우, 리벳 피치를 늘려서 외력에 대응
할 면적을 늘려야 한다.

(2) 리벳과 용접이음의 기밀성 정도

용접이음 > 리벳이음

용접은 각각 분리된 상태의 접합 부위를 용융시켜 하나로 결합시키는 영구이음으로 리벳보다 기밀성과 유밀성이 좋다. 또한 리벳은 기계적으로 분리되지 못하는 때려 박음식 이음이므로 기밀성을 유지하기 위해서는 코킹과 플러링 작업을 추가로 해야 한다. 따라서 용접이 리벳이음보다 기밀성이 더 좋다.

4 리벳 관련 계산 문제

(1) 리벳에 작용하는 힘(하중)

① 1피치 내 작용 힘(하중), W

$$W = \tau \times \frac{\pi d^2}{4} \times n$$ 여기서, d : 리벳지름, n : $1p$ 내 리벳 수

② 리벳에 작용하는 전체 힘(하중), F

$$F = \tau \times \frac{\pi d^2}{4} \times n$$ 여기서, d : 리벳지름, n : 전체의 리벳 수

(2) 리벳이음의 최소 개수(Z)

리벳에 작용하는 전체 힘(F) 공식을 응용한다.

$$F = \tau \times \frac{\pi d^2}{4} \times n \text{이므로,}$$

$$n = \frac{F \times 4}{\tau \times \pi d^2}$$ 여기서, d : 리벳지름, n : 전체의 리벳 수

지름이 30[mm]이고 허용전단응력이 80[MPa]인 리벳을 이용하여 두 강판을 1줄 겹치기 이음으로 연결하고자 한다. 연결된 두 강판에 100[kN]의 인장하중이 작용한다면 요구되는 리벳의 최소개수는?(단, 판 사이의 마찰력을 무시하고, 전단력에 의한 파손만을 고려한다)

① 2   ② 4
③ 6   ④ 8

해설

작용하중 $F = \tau \times \frac{\pi d^2}{4} \times n$

$n = \dfrac{F \times 4}{\tau \times \pi d^2}$

$= \dfrac{100 \times 10^3 [\text{N}] \times 4}{80 \times 10^6 \times 10^{-6} [\text{N}/\text{mm}^2] \times (\pi \times 30^2 [\text{mm}^2])}$

$= \dfrac{400,000}{226,194.6} = 1.76$, 따라서 최소 2개

답 ①

(3) 겹치기 이음에서 리벳에 작용하는 인장응력

한줄 겹치기 이음에서는 외력에 의해 리벳 구멍 사이가 절단되기 쉽다. 이것은 구멍 사이의 단면 부분이 외력에 견디지 못해 파손됨을 의미하므로 응력 계산 시 이 부분이 외력에 대응하는 단면적이 되어야 한다. 따라서 이 부분의 단면적 A는 $(p-d)t$로 계산이 가능하다.

• 인장응력(σ) 구하는 식

$$\sigma = \frac{P}{A} = \frac{P}{(p-d)t} [\text{N}/\text{mm}^2]$$

여기서, A : 리벳의 단면[mm], d : 리벳지름[mm], F : 작용 힘[N]

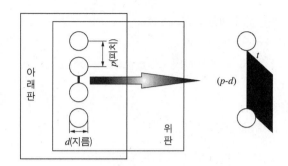

(4) 리벳지름(d)과 리벳피치(p)와의 관계

① 리벳의 지름(d)

$$\tau \times \frac{\pi d^2}{4} \times n = \sigma_c \times d \times t \times n \text{에서}$$

$$d = \frac{4\sigma_c t}{\pi \tau} [\text{mm}]$$

② 리벳의 피치(p)

$$\tau \times \frac{\pi d^2}{4} \times n = \sigma_t \times (p - d_{\text{강판구멍}})t \text{에서}$$

$$p = d_{\text{강판구멍}} + \frac{\pi d^2 n}{4\sigma_t t} [\text{mm}]$$

여기서, t : 판재의 두께[mm], n : 리벳이음한 줄 수

τ : 리벳의 전단응력(전단강도), σ_t : 리벳의 인장응력(인장강도)

d : 리벳의 지름[mm]

(5) 리벳 1개에 작용하는 전단응력(τ)

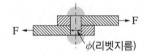

ϕ(리벳지름)

$$\tau = \frac{F}{A} = \frac{F}{\frac{\pi d^2}{4}} = \frac{4F}{\pi d^2} [\text{N/mm}^2]$$

여기서, A : 리벳의 단면[mm], d : 리벳지름[mm], F : 작용 힘[N]

(6) 1피치 내 리벳 강판의 절단

① 인장응력에 의한 파괴

$$W = \sigma_t(p - d)t$$

여기서, d : $1p$ 내 강판의 구멍지름, t : 강판의 두께

두께가 4[mm]인 두 개의 판재를 한줄 겹치기 이음하려고 한다. 리벳의 지름이 8[mm]라면 리벳의 피치(p)는 얼마로 하여야 하는가?(단, 리벳의 전단강도는 판재의 인장강도의 절반이며, $\pi = 3$으로 계산한다)

① 10.4[mm] ② 13.9[mm]

③ 18.3[mm] ④ 21.6[mm]

해설

$$p = d + \frac{n\pi d^2 \tau}{4t\sigma_t} = 8 + \frac{1 \times 3 \times 8^2 \times \frac{\sigma_t}{2}}{4 \times 4 \times \sigma_t}$$

$$= 8 + \frac{96}{16} = 14[\text{mm}]$$

답 ②

강판의 효율이 60[%]인 리벳이음에서 피치가 25[mm]라면 리벳구멍의 지름[mm]은?

① 5[mm]　　　　　② 10[mm]
③ 15[mm]　　　　　④ 20[mm]

해설

$\eta = 1 - \dfrac{d}{p}$

$\dfrac{d}{p} = 1 - \eta$

$d = p(1-\eta) = 25(1-0.6) = 10[\mathrm{mm}]$

답 ②

두께가 14[mm]인 두 개의 판을 2줄 겹치기 리벳이음을 한 구조물에서 리벳지름이 10[mm], 리벳피치는 30[mm]인 경우, 리벳이음의 효율 중에서 리벳효율[%]은?(단, $\tau_a = 0.8\sigma_a$, $\pi = 3$으로 계산한다)

① 14[%]　　　　　② 22.5[%]
③ 28.5[%]　　　　④ 39[%]

해설

리벳의 효율

$\eta = \dfrac{\pi d^2 \tau n}{4pt\sigma_t} \times 100[\%]$

$= \dfrac{3 \times 10^2 \times 0.8 \times 2}{4 \times 30 \times 14 \times 1} \times 100[\%] = 28.5[\%]$

답 ③

리벳이음에서 강판의 효율(η)을 구하고자 할 때 사용하는 식은?

① $\eta = \dfrac{구멍이\ 있을\ 때의\ 인장력}{구멍이\ 없을\ 때의\ 인장력}$

② $\eta = \dfrac{구멍이\ 없을\ 때의\ 인장력}{구멍이\ 있을\ 때의\ 인장력}$

③ $\eta = \dfrac{구멍이\ 없을\ 때의\ 전단력}{구멍이\ 있을\ 때의\ 인장력}$

④ $\eta = \dfrac{구멍이\ 있을\ 때의\ 압축력}{구멍이\ 없을\ 때의\ 전단력}$

해설

리벳이음에서 강판의 효율(η)

$\eta = \dfrac{구멍이\ 있을\ 때의\ 인장력}{구멍이\ 없을\ 때의\ 인장력} = 1 - \dfrac{d}{p}$

여기서 d = 리벳지름, p = 리벳의 피치

답 ①

② 압축응력에 의한 파괴

$W = \sigma_c \times d \times t \times n$

여기서, d : $1p$ 내 리벳지름, t : 강판의 두께, n : $1p$ 내 리벳 수

(7) 리벳 효율(η)

① 리벳 강판(판재)의 효율(η_t)

$\eta = \dfrac{1피치\ 내\ 구멍이\ 있을\ 때의\ 인장력}{1피치\ 내\ 구멍이\ 없을\ 때의\ 인장력}$

$= \dfrac{\sigma_t(p-d)t}{\sigma_t pt} = 1 - \dfrac{d}{p}$

여기서, d = 리벳지름, p = 리벳의 피치

② 리벳의 효율(η_s)

$\eta_s = \dfrac{1피치\ 내\ 리벳이\ 있는\ 경우\ 전단강도}{1피치\ 내\ 리벳이\ 있는\ 경우\ 인장강도}$

$= \dfrac{\tau \dfrac{\pi d^2}{4} n}{\sigma_t pt} = \dfrac{\pi d^2 \tau n}{4pt\sigma_t}$

③ 설계 시 리벳이음의 효율 적용

강판의 효율(η_t)과 리벳의 효율(η_s) 중 재료의 강도를 고려하여, 두 개의 효율 중에서 작은 값을 적용한다.

(8) 리벳이음한 압력용기의 강판 두께(t)

내압을 받는 얇은 원통에서 원주 방향으로 절단되려는 응력이 가장 크므로

$\sigma_{\max} = \dfrac{PD}{2t} \leqq \sigma_a$에서

$t \geqq \dfrac{PD}{2\sigma_a \eta} + C[\mathrm{mm}]$

여기서, C : 부식여유, D : 원통 안지름, P : 사용압력, η : 리벳이음 효율

TIP

내압용기의 하중방향에 따른 응력

축방향 절단 시 단면적(A)	원주방향 절단 시 단면적(A)
$A = \pi dt$	$A = 2tL$　길이 L　두께 t
$\sigma = \dfrac{PD}{4t}$	$\sigma = \dfrac{PD}{2t}$

(9) 리벳에 작용하는 전단력의 크기[N]와 방향

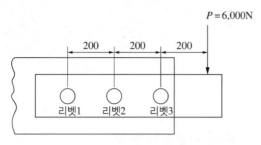

[해석]

① 리벳의 개별 전단력, $Ps = \dfrac{P}{n} = \dfrac{6,000[\text{N}]}{3} = 2,000[\text{N}]$

　　따라서 3개의 리벳에는 각각 ↓방향으로 2,000[N]이 작용한다.

② 리벳 2를 기준으로 좌측과 우측의 모멘트 평형식을 구한다.

　　리벳 1과 리벳 3에는 작용 힘 P에 의해 위로 들리는 반력(R)이 작용하므로,

　　$R \times 200 = 6,000[\text{N}] \times 400 - R \times 200$

　　$400R = 6,000[\text{N}] \times 400$

　　$R = 6,000[\text{N}]$이다.

③ 리벳 1과 리벳 3에는 ↑방향의 반력 6,000[N]이 작용하고,

　　리벳 1에는 ①에서 구한 분산하중, ↓방향 2,000[N]도 작용한다.

④ 따라서 리벳 1에는 ↑6,000[N] + ↓2,000[N] = ↑4,000[N]이 작용한다.

(10) 두 판재가 양쪽 덮개판 1줄 맞대기 이음일 때, 리벳에 작용하는 전단응력(τ)

$$\tau = \frac{W}{1.8An} = \frac{W}{1.8\left(\dfrac{\pi d^2}{4}\right) \times n}$$

여기서, d : 리벳의 지름[mm], n : 리벳 수, W : 리벳에 작용하는 하중

(11) 두 판재가 양쪽 덮개판 1줄 맞대기 이음일 때, 리벳의 개수(n)

$$n = \frac{W}{1.8A\tau} = \frac{W}{1.8\left(\dfrac{\pi d^2}{4}\right) \times \tau}$$

140[kN]의 인장력을 받는 양쪽 덮개판 맞대기 이음에서 리벳의 허용전단응력이 70[N/mm²], 리벳의 지름이 20[mm]일 때 요구되는 리벳의 최소 개수는?

① 4　　　　　　　　② 5

③ 6　　　　　　　　④ 7

해설

$\tau = \dfrac{W}{1.8AZ} = \dfrac{W}{1.8\left(\dfrac{\pi d^2}{4}\right) \times Z}$

$70[\text{N/mm}^2] = \dfrac{140 \times 10^3[\text{N}]}{1.8\left(\dfrac{\pi \times 20^2}{4}\right) \times Z}$

$Z = \dfrac{140 \times 10^3[\text{N}]}{1.8\left(\dfrac{\pi \times (20)^2[\text{mm}^2]}{4}\right) \times 70[\text{N/mm}^2]}$

$= \dfrac{140,000[\text{N}]}{39,584[\text{N}]} = 3.53$

따라서 리벳의 개수는 4개이다.

답 ①

CHAPTER 08 스프링

■ 스프링 – 최근 기출문제 분석

연 도	시험명	시험 내용	메 모
2021	국가직	코일 스프링에 작용한 압축력 구하기	
	지방직	단판스프링의 스프링상수 구하기	
2020	국가직	병렬 및 직렬 연결 스프링의 전체 늘어난 길이 구하기	
	지방직	압축코일스프링의 최대 전단응력 구하기	
		원통코일 스프링에 3[kN]의 힘이 작용할 때 변형 50[mm]가 되도록 할 때의 유효감김수 구하기	
2019	서울시 1회	양단지지형 겹판스프링의 지지하중에 필요한 판의 수	
		코일스프링에 처짐이 발생할 때 적합한 유효권수	
	서울시 2회	원통 코일스프링의 유효감김수	
		직렬 연결 스프링상수 공식	
	고졸경채	스프링에 축적되는 에너지	
2018	국가직	코일스프링의 유효감김수	
	지방직	코일스프링의 유효감김수	
		양단지지형 겹판스프링의 최대 처짐	
	서울시	스프링의 종류 – 토션바	
	고졸경채	스프링상수	
2017	지방직	스프링지수	
	서울시	원통 코일스프링의 스프링상수 관련 공식 해석	
2016	국가직	스프링 탄성변형에너지의 특징	
	지방직	스프링의 처짐량	
2014	국가직	외팔보형 겹판스프링이 지지할 수 있는 최대 하중	
	지방직	원통 코일스프링의 스프링지수 공식	
		스프링 처짐량	
2013	국가직	양단지지형 겹판스프링의 최대 처짐	
	지방직	스프링 처짐량	
2012	지방직	압축 코일스프링의 처짐량	
		외팔보형 단판스프링의 스프링상수	

연 도	시험명	시험 내용	메 모
2011	국가직	토션바의 비틀림 스프링상수	
		스프링의 특징	
2010	국가직	스프링의 처짐량	
	지방직	원통 코일스프링의 스프링지수	
		토션바의 정의	
		스프링의 탄성변형에너지	
		압축 코일스프링의 소선에 작용하는 응력	
2009	국가직	코일스프링의 유효권수와 지름과의 관계	
2008	국가직	3개로 병렬 연결한 코일스프링의 변형량	

압축코일스프링이 축방향 하중을 받을 때 소선에 가장 큰 영향을 주는 응력은?

① 압축응력　　　② 인장응력
③ 전단응력　　　④ 굽힘응력

[해][설]
압축코일스프링이 축방향의 하중을 받으면 스프링이 압축되면서 전단응력과 비틀림응력이 동시에 발생한다.

[답] ③

1 스프링(Spring) 일반

(1) 스프링의 정의

재료의 탄성을 이용하여 충격과 진동을 완화하는 기계요소

(2) 스프링의 역할

① 충격 완화

② 진동 흡수

③ 힘의 축적

④ 운동과 압력의 억제

⑤ 에너지를 저장하여 동력원으로 사용

2 스프링의 종류

(1) 코일스프링(원통코일스프링, Coiled Spring)

코일스프링은 가해지는 하중의 방향에 따라 압축코일스프링과 인장코일스프링으로 나뉘며, 스프링의 형상에 따라서는 원통코일스프링과 원주코일스프링으로 분류된다. 일반적으로 코일스프링이라 함은 원통코일스프링을 말하는데, 이 코일스프링은 제작이 상대적으로 쉬우므로 하중이나 진동, 충격 완화를 위해 널리 사용된다.

① 압축코일스프링(Compressive Spring)

코일의 중심선 방향으로 압축 하중을 받는 스프링으로 자동차의 현가장치나 자전거 안장 등에 적용되어 충격과 진동 완화용으로 사용한다.

압축코일스프링이 축방향의 하중을 받으면 스프링이 압축되면서 전단응력과 비틀림 응력이 동시에 발생한다.

(평균직경) D

② 인장코일스프링(Extension Spring)

코일의 중심선방향으로 인장하중을 받는 스프링으로 재봉틀의 실 걸이나 자전거 앞 브레이크의 스프링으로 사용된다.

③ 코일스프링의 스프링상수(k) 공식을 분석하는 기출문제

    ㉠ 코일스프링의 권선수(n)가 분모에 있으므로 권선수가 크면 스프링상수(k)는 작아지므로 반비례 관계가 성립한다.

    ㉡ 소선의 탄성계수(G)가 분자에 있으므로 탄성계수가 크면 스프링상수(k)가 커지므로 비례 관계가 성립한다.

    ㉢ 소선의 지름(d)의 4제곱 d^4이 분자에 있으므로 d^4이 크면 스프링상수(k)가 커지므로 비례 관계가 성립한다.

    ㉣ 코일스프링 평균지름(D)의 세제곱에 반비례한다.

④ 코일스프링 관련식

    ㉠ 코일스프링의 스프링상수(k)

$$k = \frac{P}{\delta} = \frac{P}{\frac{8nPD^3}{Gd^4}} = \frac{Gd^4 \times P}{8nPD^3} = \frac{Gd^4}{8nD^3}[\text{N/mm}]$$

    ※ 하중(P), $P = k\delta[\text{N}]$

    ㉡ 여러 개의 스프링 조합 시 총 스프링상수(k)

병렬연결 시	$k = k_1 + k_2$	
직렬연결 시	$k = \dfrac{1}{\dfrac{1}{k_1} + \dfrac{1}{k_2}}$	

    ㉢ 코일스프링의 최대 처짐량($\delta_{\max}$)

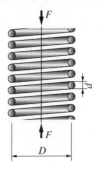

$$\delta_{\max} = \frac{8nPD^3}{Gd^4}$$

여기서, δ = 코일스프링의 처짐량[mm]

         n = 유효감김수(유효권수)

         P = 하중이나 작용힘[N]

         D = 코일스프링의 평균지름[mm]

         d = 소선의 직경(소재지름)[mm]

         G = 가로(전단)탄성계수[N/mm^2]

스프링상수가 250[N/cm]인 압축코일스프링에 1,500 [N]의 압축력이 가해질 때 변형량(δ)은?

① 2[cm]   ② 4[cm]

③ 6[cm]   ④ 8[cm]

해설

스프링상수 $k = \dfrac{P}{\delta}$

$250[\text{N/cm}] = \dfrac{1,500[\text{N}]}{\delta}$

$\delta = \dfrac{1,500[\text{N}]}{250[\text{N/cm}]} = 6[\text{cm}]$

답 ③

그림과 같이 스프링이 연결된 물체에 1,200[N]이 작용할 경우, 이 물체의 처짐량(δ)은?(단, $k_1 = 100[\text{N/mm}]$, $k_2 = 200[\text{N/mm}]$, $k_3 = 400[\text{N/mm}]$, $k_4 = 300[\text{N/mm}]$)

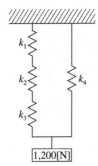

① 1.78[mm]   ② 2.12[mm]

③ 3.36[mm]   ④ 5.13[mm]

해설

• 직렬연결된 스프링상수(k)

$\dfrac{1}{k} = \dfrac{1}{k_1} + \dfrac{1}{k_2} + \dfrac{1}{k_3} = \dfrac{1}{100} + \dfrac{1}{200} + \dfrac{1}{400}$

$= \dfrac{4}{400} + \dfrac{2}{400} + \dfrac{1}{400} = \dfrac{7}{400}$

$\therefore \ k = 57.1[\text{N/mm}]$

• 병렬연결된 스프링상수(k_{tot})

$k_{tot} = k + k_4 = 57.1 + 300 = 357.1[\text{N/mm}]$

스프링상수 구하는 식에 적용하면

$k = \dfrac{P}{\delta}, \ \delta = \dfrac{P}{k_{tot}} = \dfrac{1,200[\text{N}]}{357[\text{N/mm}]} = 3.36[\text{mm}]$

답 ③

ㄹ 코일스프링의 최대 전단응력(τ)

$T = P \times \dfrac{D}{2}$ 에 $T = \tau \times Z_p$ 를 대입하고

$\tau \times Z_p = \dfrac{PD}{2}$ 에 $Z_p = \dfrac{\pi d^3}{16}$ 을 대입하면

$\tau \times \dfrac{\pi d^3}{16} = \dfrac{PD}{2}$ 에서

$\tau = \dfrac{PD}{2} \times \dfrac{16}{\pi d^3} = \dfrac{8PD}{\pi d^3}$　여기서, D : 평균직경, d : 소선의 직경

＋ TIP

왈(Kwale)의 응력수정계수(K)가 주어질 경우 스프링에 작용하는 최대 전단응력
($\tau_{\max}$)

$\tau_{\max} = \dfrac{16PRK}{\pi d^3} = \dfrac{8PDK}{\pi d^3} \leqq \sigma_a$

여기서, K : 왈(Kwale)의 응력수정계수, $K = \dfrac{4C-1}{4C-4} + \dfrac{0.615}{C}$

　　　　C : 스프링지수

ㅁ 스프링지수(C) $= \dfrac{D}{d} = \dfrac{\text{코일의 평균지름}}{\text{소선의 지름}}$

ㅂ 스프링에 저장된 탄성변형에너지(U)

$U = \dfrac{1}{2} P \delta = \dfrac{1}{2} k \delta^2 [\text{N} \cdot \text{mm}]$

$= \dfrac{1}{2} P \dfrac{PL}{AE}$　σ식 유도를 위해 분자와 분모에 A를 곱한다.

$= \dfrac{P^2 AL}{2A^2 E}$

$= \dfrac{\sigma^2 AL}{2E}$

여기서, P : 스프링에 작용하는 힘(하중)[N]

　　　　δ : 코일스프링의 처짐량[mm]

　　　　k : 스프링상수

ㅅ 코일스프링의 유효권수(n, 유효감김수)

$n = \dfrac{G d^4 \delta_{\max}}{8PD^3}$

여기서, G = 가로(전단)탄성계수[kgf/mm^2]

　　　　$\delta_{\max}$ = 코일스프링의 최대 처짐량[mm]

　　　　d = 소선의 직경(소재지름)[mm]

　　　　P = 스프링에 작용하는 힘(하중)[kgf]

　　　　D = 코일스프링의 평균지름[mm]

원통코일스프링 전체의 평균지름이 D, 소선의 지름이 d
일 때, 스프링지수를 나타내는 식은?

① $\dfrac{d}{D}$　　　　② $\dfrac{D}{d}$

③ $\dfrac{d}{D+d}$　　　④ $\dfrac{D}{D+d}$

해설

스프링지수(C) $= \dfrac{D}{d}$

D : 평균지름, d : 소선의 지름

답 ②

(2) 비틀림코일스프링(Torsion Coil Spring)

코일의 중심선 주위에 비틀림을 받는 스프링으로 인장 코일스프링과 비슷한 용도로 사용한다.

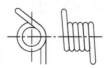

(3) 양단지지형 겹판스프링(Multi-leaf, End-supported Spring)

중앙에 여러 개의 판으로 되어 있고 단순지지된 양단은 1개의 판으로 구성된 스프링으로 최근 철도차량이나 화물자동차의 현가장치로 많이 사용되고 있다. 판 사이의 마찰은 스프링 진동 시 감쇠력으로 작용하며 모단이 파단되면 사용이 불가능한 단점이 있고 길이가 짧을수록 곡률이 작은 판을 사용한다.

도면에 스프링을 나타낼 때는 원칙적으로 상용하중 상태에서 그려야 하기 때문에 겹판스프링은 항상 휘어진 상태로 표시해야 한다.

① 양단지지형 겹판스프링의 최대 처짐($\delta_{\max}$)

$$\delta_{\max} = \frac{3Pl^3}{8nbh^3E}[\text{mm}]$$

여기서, P : 스프링에 작용하는 힘(하중)[kgf], l : 스팬 길이[mm]

n : 판의 수, b : 판의 폭[mm], h : 판의 두께[mm], E : 세로탄성계수

② 양단지지형 판스프링에 발생하는 응력(σ)

양단지지형 단일판스프링	양단지지형 겹판스프링
$\sigma = \frac{3}{2}\frac{Pl}{bh^2}[\text{kgf/mm}^2]$	$\sigma = \frac{3}{2}\frac{Pl}{nbh^2}[\text{kgf/mm}^2]$

여기서, n : 판의 수

그림과 같은 양단지지형 겹판스프링의 최대 처짐량($\delta_{\max}$)은?

① $\delta_{\max} = \dfrac{3Pl^3}{8nbh^3E}$ ② $\delta_{\max} = \dfrac{4Pl^3}{bh^3E}$

③ $\delta_{\max} = \dfrac{6Pl^3}{bh^4E}$ ④ $\delta_{\max} = \dfrac{3Pl^3}{4nbh^3E}$

해설
- 양단지지형 겹판스프링의 최대 처짐($\delta_{\max}$) 구하는 식

$$\delta_{\max} = \frac{3Pl^3}{8nbh^3E}$$

- 외팔보형 단판스프링에서 자유단의 최대 처짐($\delta_{\max}$) 구하는 식

$$\delta_{\max} = \frac{4Pl^3}{bh^3E}$$

답 ①

판의 폭이 60[mm]이고, 두께가 10[mm], 스팬이 600[mm]인 양단 지지형 겹판스프링이 있다. 중앙집중하중 1,200[kgf]를 지지하려면 몇 장의 판이 필요한가?(단, 재료의 허용응력은 30[kgf/mm²]이며 판 사이의 마찰 및 죔폭은 고려하지 않는다)

① 3장 ② 4장
③ 5장 ④ 6장

해설
겹판스프링의 응력(σ) 구하는 식을 이용한다.

$$\sigma = \frac{3}{2} \times \frac{Pl}{nbh^2}$$

$$30[\text{kgf/mm}^2] = \frac{3}{2} \times \frac{1,200[\text{kgf}] \times 600[\text{mm}]}{n \times 60[\text{mm}] \times (10[\text{mm}])^2}$$

$$n = \frac{3}{2} \times \frac{1,200[\text{kgf}] \times 600[\text{mm}]}{30[\text{kgf/mm}^2] \times 60[\text{mm}] \times (10[\text{mm}])^2} = 6$$

답 ④

외팔보형 단판스프링의 높이와 폭을 두 배로 변경하였을
때 스프링상수는 변경 전 값의 몇 배가 되는가?

① 2배　　　　　　② 4배
③ 8배　　　　　　④ 16배

해설

다음 식에서 스프링상수(k)를 고려해서 정리하면

$\delta_{max} = \dfrac{4Pl^3}{bh^3 E}$

$k = \dfrac{P}{\delta_{max}} = \dfrac{bh^3 E}{4l^3}$ 이 식에서 $h \rightarrow 2h$ 로, $b \rightarrow 2b$ 로 대입

해서 풀면

$bh^3 : 2b(2h)^3$

$bh^3 : 2b8h^3$

$bh^3 : 16bh^3$

따라서 변경 전의 값보다 16배가 크게 된다.

답 ④

(4) 외팔보형 판스프링

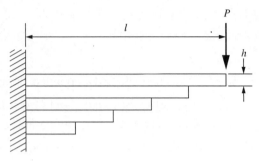

① 외팔보형 단판스프링에서 자유단의 최대 처짐(δ_{max})

$$\delta_{max} = K\dfrac{4Pl^3}{bh^3 E} = \dfrac{4Pl^3}{bh^3 E}$$

단, 판스프링의 단면 폭이 일정한 경우로 보고 $K=1$을 적용함

② 외팔보형 겹판스프링에 작용하는 하중(P)

$$P = \dfrac{2}{3}\dfrac{\sigma nbh^2}{l}[\text{kgf}]$$

③ 외팔보형 겹판스프링의 고정단에 작용하는 응력(σ)

$$\sigma = \dfrac{6Pl}{nbh^2}[\text{kgf/mm}^2]$$

(5) 장구형 코일스프링

스프링의 모양이 장구형으로 감긴 스프링이다.

(6) 원뿔형 코일스프링

스프링의 모양이 원뿔형으로 감긴 코일스프링이다.

(7) 벌루트스프링(Volute Spring)

직사각형 단면의 평강을 코일 중심선에 평행하게 감아 원뿔 형태로 감아서 만든 스프링이다. 스프링의 모양이 고둥같이 보인다고 하여 Volute(고둥, 소용돌이) 스프링이라 한다.

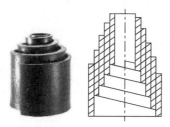

(8) 스파이럴스프링(Spiral Spring)

단면의 크기가 일정한 밴드를 감아서 중심선이 평면상에서 소용돌이 모양으로 만든 스프링으로 한정된 공간에서 비교적 큰 에너지를 저장할 수 있어서 태엽스 프링으로 사용한다.

(9) 원판스프링(Diaphragm Spring)

축방향의 하중을 받는 곳에 사용 하는 스프링으로 직렬과 병렬 스 프링의 스프링상수가 각각 다르

다. 또한 원판의 양쪽 끝에 물건을 꽂을 수도 있어서 메모용지 등을 꽂아 놓는 용도로도 사용한다.

(10) 토션바(Torsion Bar)

단위 중량당 에너지 흡수율이 크고 경량이 며 구조가 간단한 기계요소로 긴 봉의 한쪽 끝을 고정하고 다른 쪽 끝을 비트는데, 그때 의 비틀림 변위를 이용하는 스프링의 일종 으로 큰 에너지의 축적이 가능하다.

다음 중에서 단위중량당 에너지 흡수율이 크고, 경량이 며, 구조가 간단한 기계요소는?

① 토션바(Torsion Bar)
② 판스프링(Leaf Spring)
③ 코일스프링(Coil Spring)
④ 고무스프링(Rubber Spring)

답 ①

- 토션바의 비틀림 스프링상수(k)

$$k = \frac{T}{\theta} = \frac{G\pi d^4}{32L}$$

여기서, G : 전단탄성계수[kgf/mm^2], θ : 비틀림각[°]
d : 봉의 지름[mm], L : 토션바의 길이[mm]

(11) 쇽업소버(Shock Absorber)

축 방향의 하중 작용 시 피스톤이 이동하면서 작은 구멍의 오리 피스로 기름이 빠져나가며 진동을 감쇠시키는 완충장치이다.

(12) 고무완충기

고무를 사용하여 충격을 흡수하고 완화한다.

(13) 링스프링 완충기

스프링을 포개어 압축된 스프링으로 큰 에너지를 흡수한다.

스프링에 대한 설명으로 옳지 않은 것은?

① 접시스프링은 선형스프링이다.
② 스프링지수는 소선의 지름에 대한 코일유효지름의 비이다.
③ 압축코일스프링의 주된 응력은 전단응력이다.
④ 비틀림코일스프링의 주된 응력은 굽힘응력이다.

해설
선형스프링이란 코일스프링과 같이 와이어(Wire)로 형상을 만든 스프링을 말하는 것으로, 원판의 형상으로 만들어진 접시스프링과는 거리가 멀다.
접시스프링 : 안쪽에 구멍이 뚫려 있어서 접시모양의 원판모양인 스프링

 답 ①

(14) 고무스프링(Rubber Spring)

고무는 성형성이 좋아서 다양한 형상이나 크기의 고무스프링 제작이 가능하므로 용도가 무한하다.

[고무 스프링의 특징]

- 방진 및 방음효과가 우수하다.
- 인장하중에 대한 방진효과는 취약하다.
- 저온에서는 방진 등의 역할에 충실하지 못하다.
- 형상을 자유롭게 제작할 수 있어서 다양한 용도로 사용이 가능하다.
- 하나의 고무로 여러 방향에서 오는 하중에 대한 방진이나 감쇠가 가능하다.
- 영하인 -10℃ 이하에서는 탄성이 작아지기 때문에 저온 저장고와 같은 저온 환경의 방진장치에는 사용되지 않는다. 보통 0~60℃의 범위에서 사용하는 것이 좋다.

(15) 접시스프링

안쪽에 구멍이 뚫려 있어서 접시모양의 원판모양인 스프링

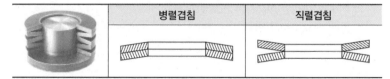

	병렬겹침	직렬겹침

(16) 선형 스프링

스프링력과 길이의 변화가 선형인 함수를 갖는 스프링으로 코일스프링과 같이
와이어로 만든 스프링이다.

(17) 공기스프링

고무용기에 공기를 주입하여 팽창시켜서 연결된 구조물
의 완충에 사용하는 스프링이다.

① 공기스프링의 특징

　㉠ 구조가 복잡하다.

　㉡ 제작비가 비싸다.

　㉢ 측면방향으로는 강성이 없다.

　㉣ 하중과 변형이 비선형적으로 변한다.

　㉤ 공기량으로 압력을 조절함으로써 스프링계수의 크기를 조절할 수 있다.

② 공기스프링의 이동거리(L) 구하기

아래 보일의 법칙 공식에서 L을 정리해서 구할 수 있다.

$$P_1 V_1 = P_2 V_2$$

$$P_1 \times \left(\frac{\pi d_1^2}{4} \times L_1\right) = P_2 \times \left(\frac{\pi d_2^2}{4} \times L_2\right)$$

실린더형 공기스프링이 있다. 실린더의 지름이 30[mm],
길이는 200[mm]이고, 0.3[MPa]로 압축된 공기가 채워져
있다. 실린더가 압축되는 방향으로 하중 500[N]이 작용하
여 평형을 이룰 때, 실린더의 이동거리[mm]는?(단, 압축
된 공기는 이상기체이며, 온도는 일정한 것으로 가정하고,
$\pi = 3$으로 한다)

① 79　　　　　　　　② 81

③ 119　　　　　　　④ 121

해설

공기스프링의 이동거리는 보일의 법칙을 통해 구할 수 있다.

$$P_1 V_1 = P_2 V_2$$

$$(0.3 \times 10^6) \times \left(\frac{\pi d^2}{4} \times l\right)$$

$$= \frac{500}{\frac{\pi \times 30^2}{4}} \times \left(\frac{\pi \times 30^2}{4}(200 - l_2)\right)$$

$$(0.3 \times 10^6 \times 10^{-6}[\text{N/mm}^2]) \times \left(\frac{3 \times 30^2}{4} \times 200\right)$$

$$= \frac{500}{\frac{3 \times 30^2}{4}} \times \frac{3 \times 30^2}{4}(200 - l_2)$$

$$40,500 = 0.74 \times 675(200 - l_2)$$

$$81.08 = (200 - l_2)$$

∴ 실린더 이동거리 $l_2 = 200 - 81.08 = 118.92 ≒ 119$

답 ③

CHAPTER 09 벨트

■ 벨트 - 최근 기출문제 분석

연 도	시험명	시험 내용	메 모
2021	국가직	평벨트 바로걸기와 엇걸기 관계식	
	지방직	벨트의 최소 두께 구하기	
2020	국가직	엇걸기 벨트의 길이 구하기	
	지방직	평벨트가 전달할 수 있는 최대 동력 구하기	
		벨트의 두께를 고려한 종동풀리의 회전속도 구하기	
2019	지방직	벨트의 전달동력	
		벨트전동장치의 엇걸기와 평행걸기 방식의 차이점	
	서울시 1회	벨트전동장치의 평행걸기와 엇걸기의 벨트 길이 차이	
	고졸경채	벨트의 이상현상 - 플래핑 현상	
2018	국가직	벨트전동에서 베어링에 전달되는 하중과 이완측 장력과의 관계식	
	지방직	평벨트의 최대 전달동력	
		동력전달요소 - V벨트와 평벨트의 차이점	
	서울시	벨트의 유효장력	
		평벨트 길이	
		타이밍벨트 특징	
	고졸경채	평벨트와 V벨트 전동장치의 차이점	
		벨트전동장치의 긴장측 장력과 유효장력	
2017	국가직	평벨트의 장력비	
	지방직	벨트전동장치와 체인전동장치의 차이점	
	서울시	벨트전동장치에서 긴장측 장력, 이완측 장력, 유효장력간의 관계식	
		표준V벨트의 호칭번호 해석 'B40'	
	고졸경채	벨트전동장치의 특징	
2016	국가직	벨트전동장치의 벨트 길이	
	지방직	벨트전동장치의 장력과 하중과의 관계식	

연 도	시험명	시험 내용	메 모
2015	국가직	벨트전동장치의 특징	
	지방직	바로걸기 벨트 전동장치에 작용하는 장력들 사이의 관계	
		바로걸기 벨트 전동장치의 회전수	
2014	국가직	벨트의 최대 전달동력	
	지방직	벨트전동장치의 긴장측 장력 및 이완측 장력 공식	
		벨트전동 평행걸기의 접촉각	
2013	지방직	벨트전동의 인장측 장력	
2012	국가직	벨트의 최대 인장응력	
	지방직	벨트전동에서 벨트에 장력을 가하는 방법	
2011	국가직	벨트면의 최적 경사각	
	지방직	벨트전동장치의 벨트 길이	
2010	국가직	벨트전동장치의 전달토크	
2009	국가직	벨트전동장치의 이완측 장력	
	지방직	벨트풀리의 접촉면이 곡면인 이유	
		평벨트와 V벨트의 특징	
2008	국가직	벨트전동장치의 전달동력	
2007	국가직	벨트전동장치의 이완측 장력	

벨트전동장치의 특징으로 알맞지 않은 것은?

① V벨트는 바로걸기만 가능하다.

② 평벨트에 비해 V벨트의 마찰력이 더 크다.

③ 평벨트는 바로걸기와 엇걸기가 모두 가능하다.

④ 바로걸기방식은 원동풀리와 종동풀리의 회전방향이 반대이다.

해설

바로걸기 시 원동과 종동풀리의 회전방향은 같다.

답 ④

1 벨트(Belt)전동 일반

(1) 벨트전동장치의 정의

원동축과 종동축에 장착된 벨트풀리에 평벨트나 V벨트를 감아서 이 벨트를 동력 매체로 하여 원동축에서 동력을 전달받아 종동축으로 힘을 전달하는 감아걸기 전동장치이다.

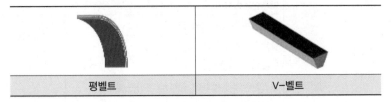

평벨트	V-벨트

(2) 평벨트와 V-벨트전동장치의 동력전달방식

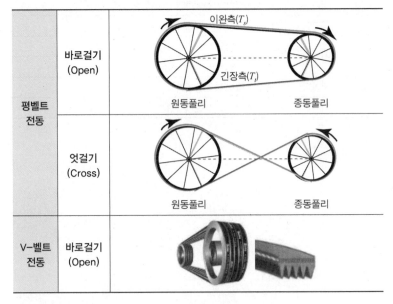

🔧 TIP

평벨트전동장치에서 바로걸기로 벨트를 거는 경우 긴장측(T_t)을 아래쪽으로 하는 것이 좋다.

(3) V-벨트전동장치의 특징

① 운전이 정숙하다.

② 고속운전이 가능하다.

③ 미끄럼이 적고 속도비가 크다.

④ 베어링에 작용하는 하중이 비교적 적다.

⑤ 벨트의 벗겨짐 없이 동력전달이 가능하다.

⑥ 바로걸기 방식으로만 동력전달이 가능하다.

⑦ 이음매가 없으므로 전체가 균일한 강도를 갖는다.

⑧ 비교적 적은 장력으로 큰 동력의 전달이 가능하다.

(4) 벨트전동에서 벨트에 장력을 가하는 방법

① 탄성변형에 의한 방법

② 벨트 자중에 의한 방법

③ 텐셔너를 사용하는 방법

④ 스냅풀리를 사용하는 방법

(5) 벨트풀리의 접촉면을 곡면으로 하는 이유

① 안전장치의 역할

② 벨트의 벗겨짐 방지

2 벨트의 종류별 특징

(1) 평벨트

벨트의 단면이 직사각형으로 벨트의 안쪽면과 바깥쪽면이 균일하므로 잘 굽혀져서 작은 풀리나 고속전동에 주로 사용한다. 평벨트로는 바로걸기와 엇걸기가 모두 가능하다.

(2) V-벨트

벨트의 단면이 V형상인 벨트로 벨트풀리에 거는 방식은 바로걸기만 가능하다. 쐐기작용에 의해 평벨트보다 마찰력이 더 크므로 전달효율이 더 좋다.

(3) 타이밍벨트

미끄럼을 방지하기 위하여 벨트 안쪽의 접촉면에 치형(이)을 붙여 맞물림에 의해 동력을 전달하는 벨트로 정확한 속도비가 필요한 경우에 사용한다.

벨트전동에서 벨트에 장력을 가하는 방법으로 알맞지 않은 것은?

① 탄성변형에 의한 방법

② 텐셔너를 사용하는 방법

③ 걸기방식을 변경하는 방법

④ 스냅풀리를 사용하는 방법

해설
벨트전동에서 벨트 자중에 의한 방법에 의해 장력을 가할 수 있으나 걸기방식으로는 불가능하다.

답 ③

안심Touch

(4) 링크벨트 : 링크를 연결시켜 벨트로 사용한다. 벨트 길이를 쉽게 조절할 수 있다는 장점이 있다.

(5) 레이스벨트 : 레이스(Lace) 무늬가 새겨진 천 소재의 벨트이다.

 TIP

크라운풀리
벨트전동에서 벨트와 풀리의 접촉면인 림의 중앙을 곡면으로 하면 벨트의 벗겨짐을 방지하므로 일종의 안전장치 역할을 한다.

축간 거리가 아주 긴 벨트 전동 장치가 고속 회전할 때, 벨트가 파닥 소리를 내며 전동되는 현상은?

① 벨트 미끄러짐
② 크리핑(Creeping) 현상
③ 벨트 이탈 현상
④ 플래핑(Flapping) 현상

해설
플래핑 현상은 벨트풀리의 중심 축간 거리가 길고 벨트가 고속으로 회전할 때, 벨트에서 파닥이는 소리와 함께 파도치는 것처럼 보이는 이상 현상이다.

답 ④

---

3 벨트전동장치의 이상 현상

이상 현상	내 용
플래핑 (Flapping)	벨트풀리의 중심 축간 거리가 길고 벨트가 고속으로 회전할 때, 벨트에서 파닥이는 소리와 함께 파도치는 것처럼 보이는 이상 현상
클리핑 (Creeping)	클리프란 천천히 움직인다는 용어로 벨트가 벨트풀리 사이를 회전할 때 이완측에 근접한 부분에서 인장력이 감소하면 변형량도 줄게 되면서 벨트가 천천히 움직이는 이상 현상
벨트 미끄러짐	긴장측과 이완측 간 장력비가 약 20배 이상으로 매우 크거나, 초기 장력이 너무 작은 경우, 벨트가 벨트풀리 위를 미끄러지면서 긁히는 소리가 나며 열이 발생되는 이상 현상
벨트 이탈	벨트가 너무 헐거워져서 장력을 잃고 벨트풀리 밖으로 이탈하는 이상 현상

4 V-벨트의 호칭순서

예 'B40'인 경우

B	40
벨트의 단면 형상	유효 길이[inch]

5 벨트 관련 식

(1) 벨트 전체 길이(L)

① 바로걸기 : $L = 2C + \dfrac{\pi(D_1+D_2)}{2} + \dfrac{(D_2-D_1)^2}{4C}$

② 엇걸기 : $L = 2C + \dfrac{\pi(D_1+D_2)}{2} + \dfrac{(D_2+D_1)^2}{4C}$

(2) 벨트의 접촉각(θ)

① 바로걸기

$\theta_1 = 180 - 2\sin^{-1}\left(\dfrac{D_2-D_1}{2C}\right)$

$\theta_2 = 180 + 2\sin^{-1}\left(\dfrac{D_2-D_1}{2C}\right)$

② 엇걸기

$\theta = 180 + 2\sin^{-1}\left(\dfrac{D_2+D_1}{2C}\right)$

(3) 벨트장력

① 장력비($e^{\mu\theta}$) – 아이텔바인(Eytelvein)식

$e^{\mu\theta} = \dfrac{T_t(\text{긴장측 장력})}{T_s(\text{이완측 장력})}$

여기서, e = 2.718

② 유효장력, $P_e = T_t - T_s$

③ 긴장측 장력, $T_t = \dfrac{P_e e^{\mu\theta}}{e^{\mu\theta}-1}$ (여기서, $P_e = T_e$)

④ 이완측 장력, $T_s = \dfrac{P_e}{e^{\mu\theta}-1}$

⑤ 부가장력(벨트의 원심력), $\dfrac{wv^2}{g}$ (여기서, w : 단위 길이당 벨트의 무게[kg/m])

오픈 타입으로 감겨 있는 감아걸기 전동장치의 총벨트길이를 구할 때 사용하는 식은?

① $L = 2C + \dfrac{\pi(D_1+D_2)}{2} + \dfrac{(D_2-D_1)^2}{4C}$

② $L = 2C + \dfrac{\pi(D_1+D_2)}{4} + \dfrac{(D_2-D_1)^2}{4C}$

③ $L = 2C + \dfrac{\pi(D_1+D_2)}{2} - \dfrac{(D_2-D_1)^2}{4C}$

④ $L = 2C + \dfrac{\pi(D_1+D_2)}{2} + \dfrac{(D_2+D_1)^2}{4C}$

답 ①

Cross Type으로 감겨 있는 감아걸기 전동장치의 접촉중심각(θ)을 구하려고 할 때 사용하는 식은?

① $\theta = 180° + 2\sin^{-1}\dfrac{D_2-D_1}{2C}$

② $\theta = 180° + 2\sin^{-1}\dfrac{D_2+D_1}{2C}$

③ $\theta = 180° - 2\sin^{-1}\dfrac{D_2+D_1}{2C}$

④ $\theta = 180° - 2\sin^{-1}\dfrac{D_2-D_1}{2C}$

답 ②

벨트 전동장치에서 긴장측 장력(T_t)이 10[kg]이고 이완측 장력(T_s)이 7[kg]이라고 했을 경우 유효장력(P_e)은 얼마인가?

① 1[kg] ② 2[kg]
③ 3[kg] ④ 5[kg]

해설
$P_e = T_t - T_s = 10 - 7 = 3[kg]$

답 ③

회전하고 있는 평행걸기(바로걸기) 평벨트 전동장치의 장력비는 k이다. 긴장측 장력을 T_t, 이완측 장력을 T_s, 유효장력을 T_e라 할 때, $\dfrac{T_t+T_s}{T_e}$ 를 나타낸 것으로 옳은 것은?(단, 벨트속도로 인한 원심력은 무시한다)

① $\dfrac{k-1}{k+1}$ ② $\dfrac{k+1}{k-1}$

③ $\dfrac{1+k}{1-k}$ ④ $\dfrac{1-k}{1+k}$

해설

이 문제를 쉽게 풀어나가기 위해서는 보기들을 역산하여 $\dfrac{T_t+T_s}{T_e}$ 식이 나오는지 찾아보면 된다.

②번 보기에 다음 관련 식들을 대입하여 역산해 보면

$$\frac{k+1}{k-1}=\frac{\dfrac{T_t}{T_s}+1}{\dfrac{T_t}{T_s}-1}=\frac{\dfrac{T_t+T_s}{T_s}}{\dfrac{T_t-T_s}{T_s}}=\frac{T_s(T_t+T_s)}{T_s(T_t-T_s)}=\frac{T_t+T_s}{T_e}$$

따라서 정답은 ②번이 된다.

• 유효장력 $P_e=T_t-T_s$

• 장력비 $e^{\mu\theta}=\dfrac{T_t}{T_s}$, 여기서는 장력비를 k로 정의한다.

답 ②

(4) 벨트에 작용하는 인장응력(σ)

$$\sigma=\frac{F}{A}=\frac{T_t}{tb\eta}[\mathrm{N/mm^2}]$$

여기서, σ : 벨트의 인장응력[N/mm²], T_t : 긴장측 장력[N]

        b : 벨트의 너비[mm], t : 벨트의 두께[mm], η : 이음효율

(5) 벨트의 두께(t)

$$t=\frac{T_t}{\sigma b\eta}[\mathrm{mm}]$$

여기서, σ : 벨트의 인장응력[N/mm²], T_t : 긴장측 장력[N]

        b : 벨트의 너비[mm], η : 이음효율

(6) 벨트의 전달동력(H)

[PS]	[kW]
$H=\dfrac{P_e[\mathrm{kgf}]\times v[\mathrm{m/s}]}{75}[\mathrm{PS}]$	$H=\dfrac{P_e[\mathrm{kgf}]\times v[\mathrm{m/s}]}{102}[\mathrm{kW}]$
$H=\dfrac{T_t[N]}{735.5}\left(\dfrac{e^{\mu\theta}-1}{e^{\mu\theta}}\right)\times v[\mathrm{PS}]$	$H=\dfrac{T_t[N]}{1,000}\left(\dfrac{e^{\mu\theta}-1}{e^{\mu\theta}}\right)\times v[\mathrm{kW}]$
$H=\dfrac{T_t[\mathrm{kgf}]}{75}\left(\dfrac{e^{\mu\theta}-1}{e^{\mu\theta}}\right)\times v[\mathrm{PS}]$	$H=\dfrac{T_t[\mathrm{kgf}]}{102}\left(\dfrac{e^{\mu\theta}-1}{e^{\mu\theta}}\right)\times v[\mathrm{kW}]$

여기서, v(원주속도)$=\dfrac{\pi\times d[\mathrm{mm}]\times n[\mathrm{rpm}]}{60\times1,000}[\mathrm{m/s}]$

(7) 벨트의 전달토크(T)

$$T=P_e\times\frac{d}{2}$$

$$=(T_t-T_s)\times\frac{d}{2}[\mathrm{N\cdot mm}]$$

여기서, P_e : 유효장력[N], T_t : 긴장측 장력[N]

        T_s : 이완측 장력[N], d : 풀리의 지름[mm]

(8) 벨트전동 시 작용하는 합성력(F, 베어링에 작용하는 하중)

합성력은 T_t와 T_s간 작용하는 합성력으로 구할 수 있다.

$$P = \sqrt{T_t{}^2 + T_s{}^2 + 2T_t T_s \cos(180° - \theta)}$$

$$= \sqrt{T_t{}^2 + T_s{}^2 + 2T_t T_s \times -\cos\theta}$$

$$= \sqrt{T_t{}^2 + T_s{}^2 - 2T_t T_s \cos\theta} \quad (e^{\mu\theta} = \frac{T_t}{T_s} \text{이므로, } T_t = e^{\mu\theta} T_s \text{ 대입})$$

$$= \sqrt{(e^{\mu\theta} T_s)^2 + T_s{}^2 - 2(e^{\mu\theta} T_s) T_s \cos\theta}$$

$$= T_s \sqrt{e^{2\mu\theta} + 1 - 2e^{\mu\theta} \cos\theta}$$

여기서, T_t : 긴장측 장력[N], T_s : 이완측 장력[N], θ : 벨트의 접촉각[°]

(9) 접착제로 벨트를 이을 때, 접착면의 최적 경사각[°]

최적 경사각(θ)

$$\tan\theta = \frac{\tau}{\sigma_n}, \quad \theta = \tan^{-1}\frac{\tau}{\sigma_n}[°]$$

여기서, τ : 전단응력(전단강도)[N/mm²], σ : 인장응력(인장강도)[N/mm²]

다음 그림과 같이 접착제를 사용하여 벨트를 잇고자 한다. 접착제의 전단강도가 인장강도보다 73.2[%] 더 크다고 할 때 접착면의 최적경사각은?(단, $\sqrt{3} = 1.732$이다)

① 0°　　　　　　　② 30°

③ 45°　　　　　　④ 60°

해설

최적경사각(θ)를 구하려면

$$\tan\theta = \frac{\tau}{\sigma_n}$$

$$\theta = \tan^{-1}\frac{\tau}{\sigma_n} = \tan^{-1} \times \frac{\sigma_n \times 1.732}{\sigma_n} = \tan^{-1}\sqrt{3} = 60°$$

답 ④

압력용기(내압용기), 공유압, 유체역학

■ 압력용기 – 최근 기출문제 분석

연 도	시험명	시험 내용	메 모
2021	국가직	압력용기에서 최대 내부압력 구하기	
		압력용기에서 최대 전단응력 관계식	
	지방직	입력용기에서 원주방향 응력 고려 최소 벽 두께 구하기	
2020	국가직	압력용기의 최소 두께 구하기	
		관의 한쪽 끝을 볼트로 고정하면서 주어진 내부압력을 유지할 수 있는 볼트의 최소 골지름 구하기	
	지방직	압력용기의 길이방향과 원주방향 하중을 구하는 공식	
		얇은 벽을 가진 압력 용기의 최대 전단응력 구하기	
2019	국가직	압력용기에 작용하는 응력	
	지방직	압력용기에 작용하는 원주방향 응력과 길이방향 응력	
	서울시 1회	압력용기의 최대 내압	
	고졸경채	압력용기의 최소 두께	
2018	지방직	압력용기의 최대 허용내압	
	서울시	압력용기의 허용내부압력	
	고졸경채	압력용기에 생기는 최대 응력	
2017	지방직	압력용기에 걸리는 최대 응력	
	서울시	압력용기의 축방향 및 원주방향의 응력 해석	
	고졸경채	압력용기에 생기는 응력 공식	
2016	국가직	압력용기의 허용압력	
		압력용기의 최대 전단응력	
	지방직	내압을 받는 강관의 최소 바깥지름	
2015	국가직	압력용기의 기준강도	
	지방직	압력용기의 축방향 응력과 원주방향 응력간의 비	
2014	국가직	압력용기의 두께	
2013	국가직	압력용기의 인장강도 및 두께	
	지방직	압력용기에 작용하는 응력	

연 도	시험명	시험 내용	메 모
2012	국가직	압력용기의 두께	
	지방직	압력용기의 최대 내압	
2011	지방직	압력용기의 최대 전단응력	
		내압을 받는 강관의 바깥지름	
2010	국가직	압력용기의 최대 내압	
	지방직	압력용기에 작용하는 응력	
2009	국가직	압력용기 강판의 두께	
	지방직	압력용기의 강판 최소 두께	
2008	국가직	압력용기에 작용하는 길이방향 응력의 하중과 응력	
2007	국가직	내압용기의 두께	

▣ 공유압 – 최근 기출문제 분석

연 도	시험명	시험 내용	메 모
2021	지방직	콕 밸브의 정의	
2020	국가직	체크밸브의 특징	
2019	국가직	밸브의 종류 – 버터플라이밸브	
	지방직	밸브의 종류 – 안전밸브	
2018	지방직	공유압 – 밸브의 특징	
2017	고졸경채	유체밸브와 콕의 특징	
2016	지방직	밸브의 종류 및 정의	
		서징현상의 정의	
2015	국가직	실린더형 공기스프링의 이동거리	
	지방직	밸브의 종류 – 버터플라이밸브	
2013	지방직	밸브의 종류 – 체크밸브	
2012	국가직	밸브의 종류	

▣ 유체역학 – 최근 기출문제 분석

연 도	시험명	시험 내용	메 모
2019	국가직	유체의 유출속도	
	고졸경채	관로에 흐르는 유량	
2018	서울시	관로의 흐름 유량	
2017	국가직	유체 관로의 유량	
2012	지방직	관로의 안지름	

압력용기에서 원주방향의 응력은 축방향(길이방향)의 응력의 몇 배가 되는가?

① 2배
② 4배
③ 6배
④ 8배

해설

$$\frac{\text{원주방향 응력}}{\text{축방향 응력}} = \frac{\dfrac{PD}{2t}}{\dfrac{PD}{4t}} = \frac{4PDt}{2PDt} = 2$$

답 ①

1 압력용기(내압용기, Pressure Vessel)

(1) 압력용기의 정의

가스용 봄베나 보일러용 탱크로 사용되는 압력용기(고압용기)로 내압과 외압이 항상 동시에 작용하며 절단 시에는 응력의 작용방향에 따라 원주방향 절단과 축방향 절단으로 나뉜다.

(2) 절단방향에 따른 단면적 계산

축방향 절단 시 단면적(A)	원주방향 절단 시 단면적(A)
$A = \pi dt$	$A = 2tL$　길이 L　두께 t

(3) 내압용기의 하중(힘)방향에 따른 인장응력(인장강도)

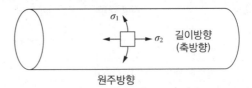

원주방향

원주방향 인장응력	축(길이)방향 인장응력
$\sigma_1 = \dfrac{PD}{2t}\,[\text{N/mm}^2]$	$\sigma_2 = \dfrac{PD}{4t}\,[\text{N/mm}^2]$

※ 여기서, P : 압력용기에 작용하는 압력[MPa, N/mm²]
　　　　　 D : 압력용기의 안지름[mm]
　　　　　 t : 압력용기의 두께[mm]

※ 축방향의 응력은 원주방향의 응력보다 $\dfrac{1}{2}$ 배 작다.

① 원주방향의 인장응력(인장강도)

[조건] P : 14[kgf/mm²], D : 18[mm], t : 0.6[mm]일 경우

$$\sigma_t = \frac{PD}{2t} = \frac{14[\text{kgf/mm}^2] \times 18[\text{mm}]}{2 \times 0.6[\text{mm}]} = 210[\text{kgf/mm}^2]$$

② 축방향의 인장응력(인장강도)

[조건] P : 14[kgf/mm²], D : 18[mm], t : 0.6[mm]일 경우

$$\sigma_t = \frac{PD}{4t} = \frac{14[\text{kgf/mm}^2] \times 18[\text{mm}]}{4 \times 0.6[\text{mm}]} = 105[\text{kgf/mm}^2]$$

TIP

압력용기에 생기는 최대 응력

압력용기는 원주방향의 응력이 축방향의 응력보다 2배 더 크므로, 최대 응력은 원주방향의 응력을 적용한다.

$$\sigma_{\max} = \frac{PD}{2t}$$

(4) 내압을 받는 파이프(Pipe) – 유체이송장치

유체(액체 or 기체)의 수송을 목적으로 하는 것으로 작업 유체의 압력이 높을수록 두께(t)를 크게 한다.

단, 열교환용으로 사용되는 튜브(Tube)와는 구별되며 제작에 사용되는 재질 자체가 다르다.

① 내압을 받는 파이프의 두께(압력용기, 리벳이음 내압용기)

파이프는 내압을 받는 얇은 원통이음과 같은 조건으로 취급하며 원주방향으로 작용하는 인장응력 공식을 활용해서 도출한다. 압력용기나 리벳이음용 내압용기 모두 아래 식을 적용한다.

$\sigma_{\max} = \dfrac{PD}{2t} \leqq \sigma_a$ 식을 응용하면

$t = \dfrac{PD}{2\sigma_a}$ 여기서, 효율(η)과 부식계수(C)가 주어지면

$$t = \frac{PD}{2\sigma_a \eta} + C \, [\mathrm{mm}]$$

안전율 고려 시,

$$t = \frac{PDS}{2\sigma_a \eta} + C$$

여기서, P : 압력용기에 작용하는 압력[MPa, N/mm²]

　　　　D : 압력용기의 안지름[mm]

　　　　σ_a : 허용인장응력[N/mm²]

　　　　η : 리벳이음의 효율

　　　　C : 부식계수(부식 여유량)

TIP

안전율 $S = \dfrac{\sigma_u \ \text{or} \ \sigma_Y (\text{극한강도})}{\sigma_a (\text{허용응력})}$

얇은 원통형 압력용기의 최대내압이 0.4[kgf/mm²]이며 인장강도는 10[kgf/mm²], 안지름이 200[mm]일 때, 이 압력용기의 두께 t[mm]는?(단, 안전율 = 3, 부식여유 = 1.5[mm], 이음효율 = 100[%]로 한다)

① 10[mm]　　　　　② 13.5[mm]

③ 15[mm]　　　　　④ 19.5[mm]

해설
압력용기의 두께

$t \geqq \dfrac{PDS}{2\sigma_a \eta} + C$

$t \geqq \dfrac{0.4 \times 200 \times 3}{2 \times 10 \times 1} + 1.5$

$t \geqq \dfrac{240}{20} + 1.5$

$t \geqq 13.5[\mathrm{mm}]$

답 ②

안심Touch

유량 3[m³/s], 유속 4[m/s]인 액체 수송관의 안지름[m]은?(단, $\pi = 3$으로 계산한다)

① 0.5   ② 0.75
③ 1.0   ④ 1.25

해설

$d = \sqrt{\dfrac{4Q}{\pi v_m}} = \sqrt{\dfrac{4 \times 3[\mathrm{m^3/s}]}{3 \times 4[\mathrm{m/s}]}} = 1[\mathrm{m}]$

답 ③

② 파이프의 안지름(d)

유량, $Q = A v_m = \dfrac{\pi d^2}{4} \times v_m$ 식을 응용하면

$d = \sqrt{\dfrac{4Q}{\pi v_m}}\,[\mathrm{mm}]$

여기서, v_m : 평균유속[mm/s], A : 파이프의 단면적[mm²]

(5) 압력용기의 최대 허용내압(P)

$P = \dfrac{2\sigma_a \eta (t - C)}{D}\,[\mathrm{N/mm^2}]$

여기서, σ_a : 허용인장응력[N/mm²], η : 리벳이음의 효율

t : 압력용기의 두께[mm], C : 부식여유, D : 압력용기의 지름[mm]

(6) 내압용기의 전단력($\tau_{\max}$)

2축 응력 상태에서 벽두께(t)가 너무 얇아서 무시할 수 있는 경우, 내압용기에서 원주방향의 응력은 무시하므로 $\sigma = \dfrac{PD}{4t}$ 의 내부응력만 작용하는 것으로 간주한다.

$\tau_{\max} = \dfrac{\sigma}{2} = \dfrac{\frac{PD}{4t}}{2} = \dfrac{PD}{8t}\,[\mathrm{N/mm^2}]$

여기서, P : 압력용기에 작용하는 압력[MPa, N/mm²]

D : 압력용기의 안지름[mm]

t : 압력용기의 두께[mm]

(7) 압력용기의 기준강도(극한강도)

안전율, $S = \dfrac{극한강도(\sigma_u)}{허용응력(\sigma_a)}$ 를 응용하면,

기준강도(극한강도), $\sigma_u = S \times \sigma_a$

2 유체역학

(1) 유체의 정의

유체는 기체와 액체를 합한 것으로 공유압(공압과 유압) 기기에서 압력에너지를 전달하는 역할을 한다.

(2) 유압(油壓)과 공압(空壓, 기압)의 응답속도

유압장치에 사용되는 유체는 비압축성 액체다. 액체를 실린더나 관로 내에서 일정한 부피만큼 밀어내면 그 즉시 동일한 부피만큼 끝 부분이 다른 곳으로 이동하므로 응답속도가 빠르다. 반면에 공압장치는 압축성 유체인 기체를 사용한다. 일정한 부피만큼 밀어내어도 상당한 부피의 압축이 이루어진 후에서야 응답이 이루어지므로 반응속도는 유압보다 떨어진다. 따라서 유압이 공압에 비해 반응속도(응답속도)가 빠른 것이다.

액체 > 기체

 TIP

용어설명
- 유체 : 기체나 액체를 하나의 용어로써 부르는 말
- 압축성 유체 : 기체는 외부 압력을 받으면 그 부피가 줄어든다. 이를 압축성 유체라 한다.
- 비압축성 유체 : 액체는 외부 압력을 받으면 그 부피가 거의 줄어들지 않는다. 이를 비압축성 유체라 한다.

---

(3) 유체의 측정기기

① 유량 측정기기
  ㉠ 노 즐
  ㉡ 오리피스
  ㉢ 벤투리미터
  ㉣ 위어(개수로의 유량측정)
  ※ 유량 : 1s 동안 관로를 따라 흐른 유체의 총 양으로 단위는 [m³/s]를 사용한다.

② 압력 측정기기
  ㉠ 피에조미터
  ㉡ 마노미터(액주계)
  ㉢ 부르동관 압력계(탄성식)

③ 유속 측정기기

　㉠ 피토관

　㉡ 피토정압관

　㉢ 시차 액주계

　㉣ 열선 속도계

　㉤ 초음파 유속계

　㉥ 입자영상 유속계

　㉦ 레이저도플러 유속계

④ 비중량 측정법

　㉠ 비중병을 이용한 측정

$$\gamma = \frac{(\text{액체와 비중병 무게}) - \text{비중병 무게}}{\text{액체의 부피}}$$

　㉡ 비중계를 이용한 측정

　　수은을 가는 유리관의 하단부에 채운 후 물속에 뒤집어서 수면과 만나는 높이의 눈금을 측정

　㉢ U자관을 이용한 측정

　　U자 형태의 Tube 내부에 채워진 유체의 높이를 통해 측정

　㉣ 아르키메데스 이론을 이용한 비중량 측정

$$\gamma = \frac{\text{대기 중 무게} - \text{액체 속에서의 무게}}{\text{물체의 체적}}$$

🔹 TIP

비중량(γ) : 단위 체적당 무게

$$\gamma = \frac{W(\text{중량})}{V(\text{부피})} = \frac{mg}{V} = \rho g$$

(4) 관련이론

① 파스칼의 원리

밀폐된 용기 속에 있는 액체에 압력을 가하면 그 액체가 접하고 있는 모든 방향으로 같은 크기의 힘인 '압력'이 전달되며, 그 압력은 벽에 수직으로 작용한다.

※ 파스칼의 원리는 유압잭의 원리로도 사용된다.

[파스칼의 원리 표현식]

$P_1 = P_2$

$P_1 = \dfrac{F_1}{A_1} = \dfrac{F_1}{\dfrac{\pi D_1^{\,2}}{4}} = P_2$

$\dfrac{4F_1}{\pi D_1^{\,2}} = \dfrac{4F_2}{\pi D_2^{\,2}}$

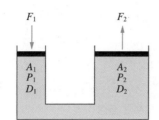

② 점성계수(μ) : 유체 유동에 대한 저항력의 척도로 점도라고도 한다.

$\mu = \left[\dfrac{\text{N} \cdot \text{s}}{\text{m}^2}\right] = \left[\dfrac{(\text{kg} \cdot \text{m/s}^2) \cdot \text{s}}{\text{m}^2}\right] = \left[\dfrac{\text{kg} \cdot \text{m} \cdot \text{s}}{\text{m}^2 \cdot \text{s}^2}\right] = \left[\dfrac{\text{kg}}{\text{m} \cdot \text{s}}\right]$

[점성계수의 MLT차원]

MLT차원은 질량(M), 길이(L), 시간(T)의 순서로 표시되므로

$M = [\text{kg}]$, $L^{-1} = \left[\dfrac{1}{\text{m}}\right]$, $T^{-1} = \left[\dfrac{1}{\text{s}}\right]$ 이므로,

표시는 $ML^{-1}T^{-1}$이 된다.

③ 펌프의 이론동력(L)

$L = pQ$

여기서, Q : 유량, p(유체의 압력)$= rH$, $r = \rho g$

∴ $L = \rho g H Q = 1,000 \times 9.8HQ = 9,800QH[\text{W}] = 9.8QH[\text{kW}]$

④ 유체의 유출속도(v_2)

관로에서의 유출속도를 구하는 식은 연속방정식을 통해 도출할 수 있다.

$A_1 v_1 = A_2 v_2$

$v_2 = \dfrac{A_1}{A_2} v_1 = \dfrac{\dfrac{\pi D_1^{\,2}}{4}}{\dfrac{\pi D_2^{\,2}}{4}} v_1 = \dfrac{D_1^{\,2}}{D_2^{\,2}} v_1 [\text{m/s}]$

여기서, A_1 : 입구 단면적[m²], A_2 : 출구 단면적[m²], v_1 : 입구의 유체속도[m/s]

v_2 : 출구의 유체속도[m/s], D_1 : 입구측 관로의 지름[m],

D_2 : 출구측 관로의 지름[m]

⑤ 체적유량(Q)

단위 시간동안 수로나 관의 단면적을 통과하는 유체의 총 양

$Q = A \times v[\text{m}^3/\text{s}]$

여기서, A : 단면적[m²], v : 유동속도[m/s]

펌프의 이론동력(L)을 구하고자 할 때 적절하지 않은 식은?

① $\rho r Q$

② rHQ

③ $\rho g H Q$

④ $9,800QH$

해설

펌프의 이론동력(L) 구하는 식

$L = pQ$, 여기서 p : 유체의 압력, Q : 유량

$= rHQ(p = rH$를 대입)

$= \rho gHQ(r = \rho g)$

$= 1,000 \times 9.8HQ$

$= 9,800QH[\text{W}]$

$= 9.8QH[\text{kW}]$

답 ①

안심Touch

이음매 없는 강관에서 내부압력은 0.3[MPa], 유량이 0.3[m³/sec], 평균유속이 10[m/sec]일 때 강관의 최소 바깥지름[mm]은?(단, 강관의 허용응력은 6[MPa], 부식여유는 2[mm], 이음효율은 100[%], $\pi = 3$으로 한다)

① 207
② 214
③ 217
④ 234

해설

강관의 두께

$t = \dfrac{PD}{2\sigma_a\eta} + C$

$= \dfrac{0.3[\text{MPa}] \times D}{2 \times 6[\text{MPa}] \times 1} + 0.002[\text{m}]$, D에 0.2 대입

$= \dfrac{0.3[\text{MPa}] \times 0.2}{2 \times 6[\text{MPa}] \times 1} + 0.002[\text{m}] = 0.007[\text{m}] = 7[\text{mm}]$

∴ 강관의 최소바깥지름 = 강관의 지름(D) + $2t$
$= 200[\text{mm}] + (2 \times 7[\text{mm}])$
$= 214[\text{mm}]$

※ 위 식에서 지름 D를 구하기 위해 유량(Q)식을 사용한다.

강관의 지름(D) 구하는 식

$Q = A \times v$(유속)

$0.3[\text{m}^3/\text{s}] = \dfrac{\pi D^2}{4} \times 10[\text{m/s}]$

$D^2 = \dfrac{0.3 \times 4}{3 \times 10} = 0.04[\text{m}^2]$

$D = 0.2[\text{m}] = 200[\text{mm}]$

리벳이음용 내압용기의 두께(t)

$t = \dfrac{PD}{2\sigma_a\eta} + C$, 안전율 고려 시 $t = \dfrac{PDS}{2\sigma_a\eta} + C$ (부식여유)

 답 ②

유체를 한 방향으로만 흘러가게 함으로써 역류 방지를 목적으로 사용하는 밸브는?

① 스톱밸브
② 체크밸브
③ 게이트밸브
④ 버터플라이밸브

해설

체크밸브는 유체를 한 방향으로만 흘러가게 함으로써 역류 방지를 목적으로 사용하는 밸브이다.
① 스톱밸브 : 밸브 디스크가 밸브대에 의하여 밸브시트에 직각 방향으로 작동한다.
③ 게이트밸브 : 부분적으로 개폐될 때 유체의 흐름에 와류가 생겨 내부에 먼지가 쌓이기 쉽다.
④ 버터플라이밸브 : 밸브의 몸통 안에서 밸브대를 축으로 하여 원판 모양의 밸브디스크가 회전하면서 관을 개폐하여 관로의 열림각도가 변화하여 유량이 조절된다.

 답 ②

---

⑥ 유체가 흐르는 관로의 안지름(d)

유량, $Q = Av = \dfrac{\pi d^2}{4} \times v$

안지름, $d = \sqrt{\dfrac{4Q}{\pi v}}$ [m]

여기서, Q : 유량[m²/s], v_m : 평균유속[m/s], A : 파이프의 단면적[m²]

⑦ 모세관 현상

물속에 모세관을 세로로 넣으면 관 내부의 액체 표면이 외부 액체의 표면보다 높거나 낮아지는 현상이다. 물 분자와 유리벽 사이의 접착력이 액체의 응집력보다 더 클 때 발생한다.

모세관(Capillary Tube) : 毛(가벼울, 줄기 모), 細(가늘 세), 직경이 작은 관

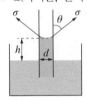

[액면으로부터의 모세관 높이]

$h = \dfrac{4\sigma\cos\theta}{\gamma d}$

여기서, γ : 물의 비중량, σ : 표면장력, θ : 모세관 현상에 의해 올라간 각도,
d : 모세관 지름

3 공유압

(1) 밸브의 종류

① 버터플라이밸브

밸브의 몸통 안에서 밸브대를 축으로 하여 원판 모양의 밸브디스크가 회전하면서 관을 개폐하여 관로의 열림각도를 변화시켜 유량을 조절하는 밸브로 주로 지름이 큰 관로에 사용된다.

② 체크밸브

유체가 한쪽 방향으로만 흐르고 반대쪽으로는 흐르지 못하도록 할 때 사용하는 밸브로 기호로는 다음과 같이 2가지로 표시한다.

③ 스톱밸브

관로의 내부나 용기에 설치하여 유동하는 유체의 유량이나 압력 등을 제어하는 기계장치로 밸브디스크가 밸브대에 의하여 밸브시트에 직각방향으로 작동하는 구조이다. 제작비가 저렴해서 유체 흐름의 차단장치로 널리 사용된다.

[스톱밸브의 종류]
㉠ 앵글밸브
㉡ 니들밸브
㉢ 글로브밸브
㉣ 슬루스밸브

④ 게이트밸브

부분적으로 개폐될 때 유체의 흐름에 와류가 생겨 내부에 먼지가 쌓이기 쉽다.

⑤ 글로브밸브

일반적으로 공모양의 밸브 몸통을 가지며, 입구와 출구의 중심선이 일직선 위에 있고 유체의 흐름이 S자 모양으로 되는 밸브이다.

⑥ 안전밸브

압력용기나 보일러에 설치되어 실제 사용압력이 설계된 규정압력보다 높아졌을 때, 밸브가 열리면서 사용 압력을 조절하는 장치이다.

안전밸브(스프링식)	안전밸브(추식)

⑦ 유량제어밸브

유압 회로 내에서 단면적의 변화를 통해서 유체가 흐르는 양을 제어하는 밸브

[유량제어밸브에 적용되는 회로의 종류]
㉠ 미터인 회로
　• 엑추에이터(실린더)의 공급 측 관로에 유량제어밸브를 설치하여 릴리프밸브의 설정 압력으로 유량을 제어함으로써 속도를 제어하는 회로
　• 유량제어밸브를 통해 제어되는 압력은 7~10[Pa] 정도이다.

유량제어밸브에 적용되는 회로에 속하지 않는 것은?

① 미터인회로
② 미터아웃회로
③ 블리드오프회로
④ 카운터밸런스회로

해 설
유량제어밸브에 적용되는 회로
① 미터인회로 : 액추에이터(실린더)의 공급측 관로에 설치하여 유량을 제어함으로써 속도를 제어하는 회로
② 미터아웃회로 : 액추에이터(실린더)의 출구측 관로에 설치하여 유량을 제어함으로써 속도를 제어하는 회로
③ 블리드오프회로 : 액추에이터(실린더)의 공급측 관로에 설치된 바이패스 관로의 흐름을 제어함으로써 속도를 제어하는 회로

답 ④

ⓛ 미터아웃 회로
- 엑추에이터(실린더)의 출구 측 관로에 유량제어밸브를 설치하여 릴리프 밸브의 설정 압력으로 유량을 제어함으로써 속도를 제어하는 회로
- 회로 내부의 전체 압력이 높은 편이어서 효율은 낮은 편이다.

ⓒ 블리드오프 회로
- 엑추에이터(실린더)의 공급 측 관로에 설치된 바이패스 관로의 흐름을 제어함으로써 속도를 제어하는 회로
- 효율이 좋고 열손실이 작지만 정밀 제어가 잘 안 되는 단점이 있다.

⑧ 플러그밸브

콕으로도 불리는 플러그 밸브는 원통이나 원뿔에 구멍을 뚫고 축의 주위를 90° 회전함에 따라 유체의 흐름을 개폐하는 밸브

⑨ 리듀싱밸브

감압밸브로 유체의 압력을 감소시키기 위한 밸브로 급속귀환장치가 부착된 공작기계에서 고압펌프와 귀환 시 사용 할 저압의 대용량 펌프를 병행해서 사용할 경우 동력 절감을 위해 사용하는 밸브

⑩ 코크밸브

유로에서 유체의 흐름을 급속히 개폐시키는 밸브로 주로 90°의 회전으로 작동한다.

유체의 흐름을 조절하는 밸브와 콕에 대한 설명으로 옳지 않은 것은?

① 원판형 밸브판을 회전시켜 관로의 개폐를 가감하는 밸브는 나비형 밸브이다.
② 증기, 가스 등의 유체가 규정한도에 도달하면 자동적으로 밸브가 열리면서 유체를 밖으로 배출하는 밸브는 안전 밸브이다.
③ 밸브 시트가 유체 흐름에 직각으로 미끄러져 유로를 개폐하며, 고압·고속으로 유량이 많고 자주 개폐하지 않는 곳에 사용하는 밸브는 슬루스 밸브이다.
④ 원통 또는 원뿔형 플러그를 90° 회전시켜 유체의 흐름을 조절하는 밸브는 정지 밸브이다.

[해설]
콕으로도 불리는 플러그 밸브는 원통이나 원뿔에 구멍을 뚫고 축의 주위를 90° 회전함에 따라 유체의 흐름을 개폐하는 밸브이다.

답 ④

---

(2) 유압펌프

유압회로에서 사용되는 펌프이다.

① 펌프의 이론동력(L)

$L = pQ$

여기서, Q : 유량, p(유체의 압력)$= rH$, $r = \rho g$

$\therefore L = \rho g H Q$

② 일반 펌프동력

$L_P = \dfrac{pQ}{102\eta}[\text{kW}]$

$L_P = \dfrac{pQ}{75\eta}[\text{PS}]$

여기서, Q : 토출량

(3) 유압모터

유압 에너지를 기계적 에너지로 변화시켜서 회전운동을 발생시키는 유압기기로 구동방식에 따라 기어 모터, 베인 모터, 피스톤 모터로 분류한다.

[유압모터의 특징]

① 토크 관성비가 커서 응답성이 좋다.

② 소형 경량이지만 큰 토크와 동력을 발생시킨다.

③ 공급 유량을 제어하여 회전속도를 제어할 수 있다.

④ 유압펌프의 흡입구에 유체를 공급하면 유압모터가 된다.

⑤ 공급 유체의 압력을 제어함으로써 출력토크의 조절이 가능하다.

⑥ 공급 유체의 입구 및 출력 포트 외에 드레인 포트가 존재하여 배출된 작동 유체가 다시 탱크로 되돌아간다.

(4) 공유압장치의 이상 현상

① 수격현상

관내를 흐르는 유체의 유속이 급격하게 바뀌면, 유체의 운동에너지가 압력에 너지로 변하면서 관내 압력이 비정상적으로 상승하여 배관이나 펌프에 손상을 주는 현상이다.

㉠ 수격현상의 발생원인

- 밸브를 급하게 개폐할 경우
- 정전 등으로 갑자기 펌프가 정지할 경우
- 펌프의 정상 운전 시 유체의 압력 변동이 있는 경우

㉡ 수격현상의 방지대책

- 관의 직경을 크게 하여 유속을 낮춘다.
- 펌프 토출구에 서지탱크나 수격방지기를 설치한다.
- 유량조절밸브를 펌프의 토출구 직후에 설치하여 유량을 제어 한다.
- 펌프의 회전축에 플라이휠을 설치하여 펌프의 급격한 속도 변화를 방지한다.

② 채터링 : 릴리프밸브 등으로 밸브시트를 두들기면서 비교적 높은 음을 발생시키는 자력진동 현상의 일종이다.

③ 압력강하 : 유체의 흐름에 따른 유체압력의 감소

④ 서지압력 : 과도하게 상승하는 압력의 최댓값

⑤ 정격압력 : 연속해서 사용할 수 있는 최고 압력

(5) 공기스프링의 이동거리(L)

공기스프링은 내부의 실린더에 기체가 공급되거나 제거되면서 피스톤에 연결된 로드가 이동한다. 여기서 이동거리는 부피와 압력과 관련된 '보일의 법칙'을 응용해서 구할 수 있다.

- 보일의 법칙 : 이상기체의 온도가 일정할 때, 부피는 압력에 반비례한다.

$$P_1 V_1 = P_2 V_2 = 일정(const)$$

- 위 식을 응용하여. 이동거리 L을 구한다.

$$P_1 V_1 = P_2 V_2 = 일정(const)$$

$$P_1 (A_1 \times L_1) = P_2 (A_2 \times L_2),\ 이동\ 전후\ 실린더\ 단면적\ A는\ 같다.$$

$$P_1 \times L_1 = P_2 \times L_2 에서$$

$$L_1 = \frac{P_2 \times L_2}{P_1} [\mathrm{mm}],\quad L_2 = \frac{P_1 \times L_1}{P_2} [\mathrm{mm}]$$

$$\therefore\ 공기스프링의\ 이동거리,\ L = L_2 - L_1$$

여기서, P_1 : 처음 압력[N/mm^2], P_2 : 나중 압력[N/mm^2]

$\qquad$ L_1 : 실린더 처음 위치[mm], L_2 : 실린더 나중 위치[mm]

용 접

■ 최근 기출문제 분석

필 / 수 / 확 / 인 / 문 / 제

연 도	시험명	시험 내용	메 모
2021	국가직	두께 다른 맞대기 용접에서 최대 허용하중 구하기	
	지방직	용접이음의 특징	
2020	국가직	필릿 용접부에 걸리는 전단응력 구하기	
	지방직	맞대기 용접이음에서 굽힘모멘트 작용 시 목두께에서의 굽힘응력 구하기	
2019	지방직	용접부가 견딜 수 있는 용접구조물의 최대 중량	
2018	국가직	필릿용접 시 용접부 최소 길이	
	서울시	용접부 전단응력	
	고졸경채	필릿용접 허용용접길이	
2017	국가직	용접이음의 종류	
	지방직	필릿용접부의 최대 굽힘응력	
2015	국가직	맞대기 용접부의 인장응력	
	지방직	맞대기 용접이음에서 용접부의 인장응력	
2014	국가직	양쪽 측면 필릿용접의 최대 하중	
	지방직	필릿용접부의 최대 굽힘응력	
2013	지방직	겹치기 용접부에 발생하는 최대 전단응력	
2012	국가직	맞대기 용접부의 목두께	
	지방직	용접이음의 특징	
2011	지방직	필릿용접부의 목두께에 작용하는 최대 전단응력 공식	
2010	국가직	양면 겹치기 용접에서 용접선의 최소 길이	
	지방직	겹치기 용접이음의 용접길이	
2009	국가직	맞대기 용접부의 허용인장응력	
2008	국가직	필릿용접부가 최대로 지탱할 수 있는 하중	
2007	국가직	용접이음한 구형 탱크의 두께	

안심Touch

용접법 중 융접법에 속하지 않는 것은?

① 스터드용접
② 초음파용접
③ 산소-아세틸렌용접
④ 일렉트로슬래그용접

해설
초음파용접은 압접에 속한다.

답 ②

1 용접(Welding) 일반

(1) 용접의 정의

용접이란 2개의 서로 다른 물체를 접합하고자 할 때 사용하는 기술이다. 용접은 접합 부위를 용융시켜 여기에 용가재인 용접봉을 넣어 접합하거나(융접), 접합 부위를 녹기 직전까지 가열하여 압력을 통해 접합(압접)하고, 모재를 녹이지 않고 모재보다 용융점이 낮은 금속(납)을 녹여 접합부에 넣어 표면장력(원자간 확산침투)으로 접합시키는 방법(납땜)의 3가지로 분류한다.

(2) 용접의 분류

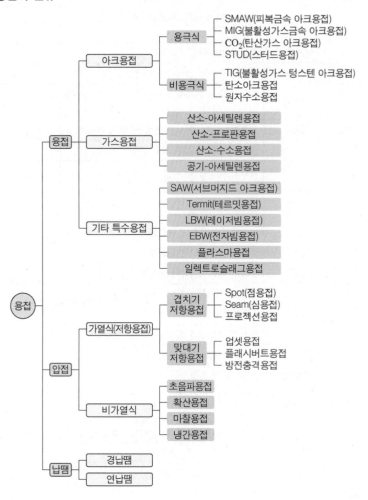

(3) 용접과 타 접합법의 차이점

구 분	종 류	장점 및 단점
야금적 접합법	용접이음(융접, 압접, 납땜)	• 결합부에 틈새가 발생하지 않아서 이음효율이 좋다. • 영구적인 결합법으로 한번 결합 시 분리가 불가능하다.
기계적 접합법	리벳이음, 볼트이음, 나사이음, 핀, 키, 접어잇기 등	• 결합부에 틈새가 발생하여 이음효율이 좋지 않다. • 일시적 결합법으로 잘못 결합 시 수정이 가능하다.
화학적 접합법	본드와 같은 화학물질에 의한 접합	• 간단하게 결합이 가능하다. • 이음강도가 크지 않다.

※ 야금 : 광석에서 금속을 추출하고 용융 후 정련하여 사용목적에 알맞은 형상으로 제조하는 기술

(4) 용접의 장점 및 단점

용접의 장점	용접의 단점
• 이음효율이 높다. • 재료가 절약된다. • 제작비가 적게 든다. • 이음 구조가 간단하다. • 유지와 보수가 용이하다. • 재료의 두께 제한이 없다. • 이종재료도 접합이 가능하다. • 제품의 성능과 수명이 향상된다. • 유밀성, 기밀성, 수밀성이 우수하다. • 작업 공정이 줄고, 자동화가 용이하다.	• 취성이 생기기 쉽다. • 균열이 발생하기 쉽다. • 용접부의 결함 판단이 어렵다. • 용융 부위 금속의 재질이 변한다. • 저온에서 쉽게 약해질 우려가 있다. • 용접 모재의 재질에 따라 영향을 크게 받는다. • 용접 기술자(용접사)의 기량에 따라 품질이 다르다. • 용접 후 변형 및 수축에 따라 잔류응력이 발생한다.

용접의 장점과 단점으로 알맞지 않은 것은?

① 이음효율이 높고 제작비가 적게 든다.
② 유지와 보수가 용이하며 재료의 두께 제한이 없다.
③ 용접부의 결함을 판단하기 힘들고 저온에서 약해질 우려가 크다.
④ 용접사의 기량이나 용접 모재의 재질에 따라 영향을 받지 않는다.

해설
용접은 용접기술자(용접사)의 기량이나 모재의 재질에 따라 품질이 달라진다.

답 ④

용접이음으로 만든 지름이 1[m]인 구형탱크(Ball Tank)에 내압이 4.5[MPa]이 되도록 가스를 주입하려고 한다. 허용인장응력이 100[MPa]이면 두께[mm]를 최소한 얼마로 하면 적당한가?(단, 이음효율은 90[%]이고 부식여유 C는 1[mm]로 한다)

① 12.3 ② 13.5
③ 26.0 ④ 51.0

해설

$$t = \frac{PD}{4\sigma_a \eta} + C$$
$$= \frac{4.5[\text{MPa}] \times 1}{4 \times 100[\text{MPa}] \times 0.9} + 0.001$$
$$= 0.0135[\text{m}] = 13.5[\text{mm}]$$

용접이음한 내압용기의 두께(t) 구하는 식

$$t = \frac{PD}{4\sigma_a \eta} + C(\text{부식여유})$$

답 ②

(5) 용접 자세(Welding Position)

자 세	KS규격	모재와 용접봉 위치	ISO	AWS
아래보기	F (Flat Position)	바닥면	PA	1G
수 평	H (Horizontal Position)		PC	2G
수 직	V (Vertical Position)		PF	3G
위보기	OH (Overhead Position)		PE	4G

※ 위보기 용접은 용접사가 위를 보면서 작업하기 때문에 아래보기 용접보다 용접효율이 떨어진다.

2 용접 관련 계산식

(1) 용접이음한 내압용기의 두께(t)

$$t = \frac{PD}{4\sigma_a \eta} + C\,[\text{mm}]$$

여기서, P : 용기의 내부압력[MPa, N/mm^2], D : 용기의 지름[mm]

σ_a : 허용인장응력[N/mm^2], η : 용접효율, C : 부식여유[mm]

(2) 필릿용접부의 목두께(a)

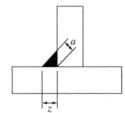

$$a = z\cos 45° = z\sin 45°$$
$$\therefore a = \frac{z}{\sqrt{2}}\,[\text{mm}]$$

여기서, a : 목두께[mm], z : 목길이[mm]

(3) 맞대기 용접부의 허용인장응력(σ_a)

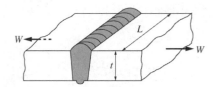

$$\sigma_a = \frac{W}{A} = \frac{W}{t \times L \times \eta} [\mathrm{N/mm^2}]$$

여기서, W : 작용 힘, t : 판재 두께[mm], L : 용접길이[mm], η : 용접효율

(4) 맞대기 용접부에 가할 수 있는 인장하중(W, 힘)

인장응력, $\sigma_t = \dfrac{W(F)}{A} = \dfrac{W(F)}{t \times L}$ 식을 응용하면

$$\sigma_t = \frac{W}{t \times L} [\mathrm{N/mm^2}]$$

$$W = \sigma_t \times t \times L [\mathrm{N}]$$

여기서, t : 용접부 두께[mm], L : 용접부 길이[mm], W : 작용 힘[N]

 TIP

두께가 서로 다른 모재를 맞대기 용접할 경우 응력 계산 시에는 두 모재 중 작은 두께를 계산식에 적용해야 더 안전한 설계가 가능하다. 따라서 다음 용접물의 경우 t_1을 적용한다.

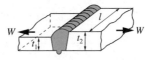

(5) 맞대기 용접부에 발생하는 굽힘응력(σ_b)

$$\sigma_b = \frac{M(모멘트)}{Z(단면계수)} = \frac{M}{\frac{L \times t^2}{6}} = \frac{6M}{L \times t^2} [\mathrm{N/mm^2}]$$

(6) 겹치기 용접부에 발생하는 최대 전단응력($\tau_{\max}$)

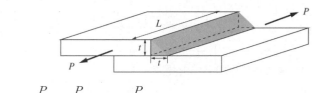

$$\tau_{\max} = \frac{P}{A} = \frac{P}{a \times L} = \frac{P}{t\cos 45° \times L}$$

$$= \frac{P}{t \frac{1}{\sqrt{2}} L} = \frac{\sqrt{2} P}{tL} [\mathrm{N/mm^2}]$$

다음 그림과 같이 8[ton]의 힘을 맞대기용접한 강판에 작용시킬 때, 용접부에 발생하는 인장응력[kgf/mm²]은?

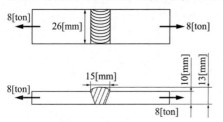

① $\sigma = 30.76 [\mathrm{kgf/mm^2}]$
② $\sigma = 35.24 [\mathrm{kgf/mm^2}]$
③ $\sigma = 42.64 [\mathrm{kgf/mm^2}]$
④ $\sigma = 55.46 [\mathrm{kgf/mm^2}]$

해설

$$\sigma = \frac{P}{A}$$
$$= \frac{8,000[\mathrm{kgf}]}{10[\mathrm{mm}] \times 26[\mathrm{mm}]}$$
$$= \frac{8,000[\mathrm{kgf}]}{260[\mathrm{mm^2}]} = 30.76[\mathrm{kgf/mm^2}]$$

답 ①

다음 그림과 같이 맞대기용접한 재료에 인장하중 W, 강판의 두께 h일 때, 용접길이(l)는?(단, $W=$ [N], h, l, t는 모두 [mm] 단위를 사용하며 상하의 목두께는 각각 t_1, t_2이며, $\sigma_t=$ [N/mm²] 이다)

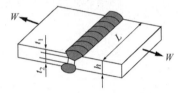

① $l = \dfrac{W}{(t_1+t_2)h}$ ② $l = \dfrac{W}{(t_1+t_2)\sigma_t}$

③ $l = \dfrac{W}{(t_1+t_2)\sigma_t h}$ ④ $l = \dfrac{2W}{(h-t_2)\sigma_t}$

해설

$\sigma_t = \dfrac{F}{A} = \dfrac{W}{(t_1+t_2)l}$ 이 식을 응용하면

$l = \dfrac{W}{(t_1+t_2)\sigma_t}$

답 ②

(7) 용접선의 용접길이(L)

① 맞대기 용접에서 용접선의 용접길이(L)

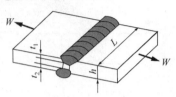

$\sigma = \dfrac{W}{A} = \dfrac{W}{(t_1+t_2)L}$ 이 식을 응용하면

$L = \dfrac{W}{(t_1+t_2)\sigma}$ [mm]

여기서, W : 용접재료에 작용하는 인장하중[N], h : 강판의 두께[mm]

t_1 : 상부 목두께[mm], t_2 : 하부 목두께[mm], L : 용접부 길이[mm]

② 겹치기 용접에서 용접선의 용접길이(L)

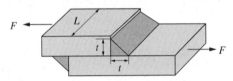

$\sigma = \dfrac{F}{A} = \dfrac{F}{aL \times n} = \dfrac{F}{(t\cos 45° \times L) \times n}$

$L = \dfrac{F}{t\cos 45° \times n \times \sigma}$ [mm]

여기서, F : 용접재료에 작용하는 인장하중[N], h : 강판의 두께[mm]

t_1 : 상부 목두께[mm], t_2 : 하부 목두께[mm]

L : 용접부 길이[mm], n : 용접부 수

(8) 필릿용접(측면용접) 시 발생응력(σ)

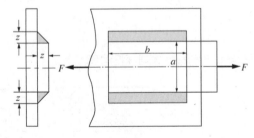

① 한쪽 필릿용접(측면용접) 시 인장응력

$\sigma = \dfrac{F}{A} = \dfrac{F}{(Z\cos 45° \times b)}$ [N/mm²]

② 양쪽 필릿용접(측면용접) 시 인장응력

$$\sigma = \frac{F}{A} = \frac{F}{2(Z\cos 45° \times b)}[\text{N}/\text{mm}^2]$$

③ 여러면 필릿용접(측면용접) 시 인장응력

$$\sigma = \frac{F}{A} = \frac{F}{n(Z\cos 45° \times l)}[\text{N}/\text{mm}^2]$$

여기서, n : 필릿용접부 수, l : 용접길이[mm]

(9) 필릿용접부가 최대로 지탱 가능한 힘(W, 최대 중량)

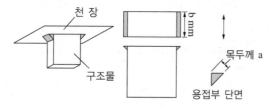

허용응력(σ_a)을 구하는 공식에서 도출할 수 있다.

$$\sigma_a = \frac{W(\text{최대 중량})}{A(\text{작용 단면적})}[\text{N}/\text{mm}^2]$$

$$\sigma_a = \frac{W}{(a[\text{mm}] \times b[\text{mm}]) \times n(\text{용접부 수})}$$

$$\therefore \ W = \sigma_a \times a \times b \times n[\text{N}]$$

(10) 원형축의 필릿용접부의 목두께에 작용하는 최대 전단응력($\tau_{\max}$)과 굽힘응력 (σ_b)

※ 여기서, d : 축지름, a : 목두께

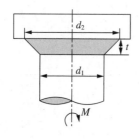

① 최대 전단응력($\tau_{\max}$)

토크, $T = \tau \times Z_p$식을 응용한다.

$$T = \tau_{\max} \times \frac{I_P}{e_{\max}}$$

$$T = \tau_{\max} \times \frac{\dfrac{\pi((d+2a)^4 - d^4)}{32}}{\dfrac{d+2a}{2}}$$

$$\tau_{\max} = T \times \frac{32(d+2a)}{2 \times \pi((d+2a)^4 - d^4)}$$

$$\tau_{\max} = \frac{16\,T(d+2a)}{\pi((d+2a)^4 - d^4)}$$

② 굽힘응력(σ_b)

$$\sigma_b = \frac{M}{Z}, \quad Z = \frac{I}{y_{\max}} = \frac{\dfrac{\pi(d_2^4 - d_1^4)}{64}}{\dfrac{d_2}{2}}$$

$$= \frac{2\pi(d_2^4 - d_1^4)}{64d_2} = \frac{\pi(d_2^4 - d_1^4)}{32d_2}$$

$$\sigma_b = \frac{M}{\dfrac{\pi(d_2^4 - d_1^4)}{32d_2}} = \frac{32Md_2}{\pi(d_2^4 - d_1^4)} = \frac{32M(d_1 + \sqrt{2}\,t)}{\pi((d_1 + \sqrt{2}\,t)^4 - d_1^4)}$$

➕TIP

용접부의 목두께(a) 공식으로 d_2를 구하는 방법

$a = t\cos45° = t\sin45°$

$a = \dfrac{t}{\sqrt{2}}$ 이므로,

$d_2 = d_1 + 2 \times \dfrac{t}{\sqrt{2}}$

$\therefore\ d_2 = d_1 + \sqrt{2}\,t$

지름 D인 원통을 판재 위에 놓고 접합 부위의 둘레를 용접크기 f로 필릿용접한 후, 굽힘모멘트 M을 작용시켰을 때 용접부위에 발생하는 최대 굽힘응력의 크기는?

① $\dfrac{32M(D + \sqrt{2}\,f)}{\pi((D + \sqrt{2}\,f)^4 - D^4)}$

② $\dfrac{64M(D + \sqrt{2}\,f)}{\pi((D + \sqrt{2}\,f)^4 - D^4)}$

③ $\dfrac{64M(D + 2f)}{\pi((D + 2f)^4 - D^4)}$

④ $\dfrac{32M(D + 2f)}{\pi((D + 2f)^4 - D^4)}$

해설

용접부의 목두께 구하는 식

$a = f\cos45° = f\sin45°$

$a = \dfrac{f}{\sqrt{2}}$ 이므로,

$d_2 = d_1 + 2 \times \dfrac{f}{\sqrt{2}}$

따라서 $d_2 = d_1 + \sqrt{2}\,f$

굽힘응력(σ_b) $= \dfrac{M}{Z}$

$$Z = \frac{I}{y_{\max}} = \frac{\dfrac{\pi(d_2^4 - d_1^4)}{64}}{\dfrac{d_2}{2}}$$

$$= \frac{2\pi(d_2^4 - d_1^4)}{64d_2} = \frac{\pi(d_2^4 - d_1^4)}{32d_2}$$

$$\sigma_b = \frac{M}{\dfrac{\pi(d_2^4 - d_1^4)}{32d_2}} = \frac{32Md_2}{\pi(d_2^4 - d_1^4)}$$

$$= \frac{32M(d_1 + \sqrt{2}\,f)}{\pi((d_1 + \sqrt{2}\,f)^4 - d_1^4)}$$

답 ①

(11) 정사각형 단면보의 필릿용접부에 발생하는 굽힘응력(σ_b)

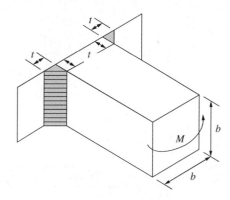

$$\sigma_b = \frac{\sqrt{2}\,t+b}{(\sqrt{2}\,t+b)^3 - b^3}\,\frac{6M}{b}$$

(12) 하중방향에 따른 필릿용접의 종류

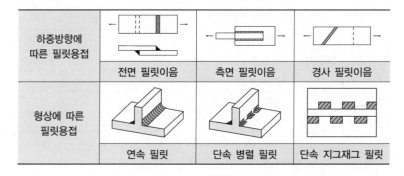

하중방향에 따른 필릿용접			
	전면 필릿이음	측면 필릿이음	경사 필릿이음
형상에 따른 필릿용접			
	연속 필릿	단속 병렬 필릿	단속 지그재그 필릿

그림과 같이 필릿용접된 정사각 단면의 보에 굽힘모멘트 M이 작용할 때, 용접 목단면에 대한 최대 굽힘응력은?

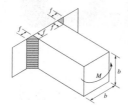

① $\dfrac{6M}{fb^2}$

② $\dfrac{6M}{\sqrt{2}\,fb^2}$

③ $\dfrac{f+b}{(f+b)^3 - b^3}\,\dfrac{6M}{b}$

④ $\dfrac{\sqrt{2}\,f+b}{(\sqrt{2}\,f+b)^3 - b^3}\,\dfrac{6M}{b}$

해설
양쪽 이음한 목단면에 대한 굽힘응력을 구하는 식
$$\sigma_b = \frac{M_b \times y_{max}}{I_{yy}}$$
이 식을 이용하면 ④번이 도출된다.

답 ④

CHAPTER

12 키

■ 최근 기출문제 분석

연 도	시험명	시험 내용	메 모
2021	국가직	키의 전달강도 큰 순서	
2020	지방직	평행키의 최소 길이 구하기	
2019	서울시 1회	묻힘키에 발생하는 전단응력	
	서울시 2회	키에 발생하는 압축응력 공식	
	고졸경채	묻힘키에 작용하는 전단응력	
2018	국가직	키와 연결된 레버에 작용할 수 있는 최대 힘	
	지방직	키의 최소 폭	
	고졸경채	키의 종류 – 경사키	
2017	국가직	키의 종류 – 스플라인키	
		묻힘키의 전달토크	
	서울시	묻힘키의 폭 구하기	
	고졸경채	묻힘키와 축의 재료가 동일하고, 전단력에 의해 묻힘키가 파손되지 않는 길이	
2016	국가직	평행키의 최대 토크	
	지방직	묻힘키의 최소 높이	
2015	지방직	평행키에 전단응력 작용 시 키의 길이(L)가 축지름(d)의 2배 일 때, 키의 폭(b)과 축지름(d) 사이의 관계식	
2013	국가직	키의 전단응력	
	지방직	평행키에 발생하는 전단응력	
2012	국가직	묻힘키의 최소 폭	
		묻힘키에 작용하는 전단응력과 압축응력	
	지방직	묻힘키의 폭이 높이의 $\dfrac{1}{2}$ 일 때, 키에 작용하는 전단응력과 압축응력의 비$\left(\dfrac{\tau}{\sigma}\right)$	
2011	국가직	성크키의 전단응력	
2010	국가직	팽행키에서 축의 회전수에 따른 키의 최소 폭	
	지방직	키의 폭과 높이 간 관계식	
2009	국가직	허용압축응력이 작용하는 키의 길이	
	지방직	묻힘키에 발생하는 전단응력 공식	

연 도	시험명	시험 내용	메 모
2008	국가직	축과 키의 재료가 동일한 허용전단응력을 가질 때 키의 최소 길이	
2007	국가직	묻힘키와 축이 받는 토크가 같을 때, 키가 전단되는 조건 공식	

※ 평행키는 묻힘키의 한 종류로 시험에서는 평행키와 묻힘키가 병행해서 출제되고 있다.

1 키(Key) 일반

(1) 키의 정의

서로 다른 기계요소들을 연결해서 동력을 전달할 수
있도록 해주는 결합용 기계요소

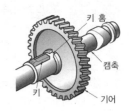

키의 전달강도가 큰 순서부터 나열된 것은?

① 성크키(묻힘키) > 접선키 > 경사키 > 반달키 > 평키(납
  작키) > 안장키(새들키)
② 성크키(묻힘키) > 경사키 > 반달키 > 접선키 > 평키(납
  작키) > 안장키(새들키)
③ 접선키 > 성크키(묻힘키) > 경사키 > 반달키 > 평키(납
  작키) > 안장키(새들키)
④ 접선키 > 성크키(묻힘키) > 경사키 > 반달키 > 안장키
  (새들키) > 평키(납작키)

해설
키의 전달 강도가 큰 순서
세레이션 > 스플라인 > 접선키 > 성크키(묻힘키) > 경사키
> 반달키 > 평키(납작키) > 안장키(새들키)

답 ③

(2) 키의 전달강도가 큰 순서

세레이션 > 스플라인 > 접선키 > 성크키(묻힘키) > 경사키 > 반달키 > 평키
(납작키) > 안장키(새들키)

2 키의 종류 및 특징

(1) 안장키(새들키, Saddle Key)

축에는 키 홈을 가공하지 않고 보스에만 키 홈을 파서 끼운 뒤, 축과 키 사이의
마찰에 의해 회전력을 전달하는 키로 작은 동력의 전달에 적당하다.

(2) 평키(납작키, Flat Key)

축에 키의 폭만큼 평평하게 가공한 키로 안장키보다는 큰 힘을
전달한다. 축의 강도를 저하시키지 않으며 $\frac{1}{100}$ 기울기를 주로
적용한다.

(3) 반달키(Woodruff Key)

반달모양의 키로 키와 키 홈을 가공하
기 쉽고 보스의 키 홈과의 접촉이 자동
으로 조정되는 장점이 있으나 키 홈이

깊어 축의 강도가 약한 단점도 있다. 그러나 일반적으로 60[mm] 이하의 작은
축과 테이퍼 축에 사용될 때 키가 자동으로 축과 보스 사이에서 자리를 잡을
수 있다는 장점이 있다.

(4) 묻힘키(성크키, Sunk Key)

가장 널리 쓰이는 키(Key)로 축과 보스 양쪽에 모두 키 홈을 파서 동력을 전달하는 키이다.

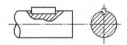

[묻힘키의 종류]

① 평행키(Parallel Key) : 묻힘키의 일종으로 키의 상·하면이 평행이다.

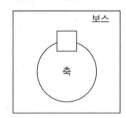

② 경사키(Taper Key) : 묻힘키에서 키가 $\frac{1}{100}$의 기울기를 갖는 키이다.

(5) 접선키(Tangential Key)

전달토크가 큰 축에 주로 사용되며 회전 방향이 양쪽 방향일 때 일반적으로 중심각이 120°가 되도록 한 쌍을 설치하여 사용하는 키다. 중심각을 90°로 배치한 것은 케네디키라고 불린다.

(6) 스플라인키(Spline Key)

축의 둘레에 원주방향으로 여러 개의 키 홈을 깎아 만든 것으로 세레이션키 다음으로 큰 동력(토크)을 전달할 수 있다. 내구성이 크고 축과 보스와의 중심축을 정확히 맞출 수 있어서 축방향으로 자유로운 미끄럼운동이 가능하여 자동차 변속기의 축용 재료로 많이 사용된다.

(7) 세레이션(Serration Key)

축과 보스에 작은 삼각형의 이를 만들어서 동력을 전달하는 키로, 키(Key) 중에서 가장 큰 힘을 전달한다.

묻힘키(Sunk Key)에 관한 설명으로 틀린 것은?

① 기울기가 없는 평행 성크키도 있다.
② 머리 달린 경사키도 성크키의 일종이다.
③ 축과 보스의 양쪽에 모두 키 홈을 파서 토크를 전달시킨다.
④ 대개 윗면에 1/5 정도의 기울기를 가지고 있는 수가 많다.

해설

성크키로도 불리는 묻힘키는 $\frac{1}{100}$ 기울기를 가진 경사키와 평행키가 있다.

답 ④

키(Key)의 특징에 대한 설명으로 알맞지 않은 것은?

① 경사키 : 묻힘키에서 키가 $\frac{1}{100}$의 기울기를 가진 키이다.
② 미끄럼키 : 회전력을 전달하면서 동시에 보스를 축방향으로 이동시킬 수 있다.
③ 스플라인 : 축과 보스에 작은 삼각형의 이를 만들어 조립시킨 키로, 키 중에서 가장 큰 힘을 전달한다.
④ 접선키 : 전달토크가 큰 축에 주로 사용되며 회전방향이 양쪽방향일 때 일반적으로 중심각이 120°가 되도록 한 쌍을 설치하여 사용하는 키이다.

해설

축과 보스에 작은 삼각형의 이를 만들어 조립시킨 키는 세레이션키이다.

스플라인(Spline Key)

축의 둘레에 원주방향으로 여러 개의 키 홈을 깎아 만든 것으로 세레이션키 다음으로 큰 동력(토크)을 전달할 수 있다. 내구성이 크고 축과 보스와의 중심축을 정확히 맞출 수 있어서 축방향으로 자유로운 미끄럼운동이 가능하므로 자동차 변속기의 축용 재료로 많이 사용된다.

답 ③

(8) 미끄럼키(페더키(Feather Key), 안내키, Sliding Key)

회전력을 전달하면서 동시에 보스를 축 방향으로 이동시킬 수 있다. 키를 작은 나사로 고정하며 기울기가 없고 평행하다. 페더키, 안내키라고도 불린다.

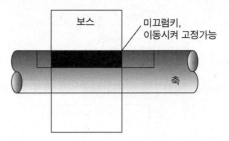

(9) 원뿔키(Cone Key)

축과 보스 사이에 2~3곳을 축방향으로 쪼갠 원뿔을 때려 박아 축과 보스가 헐거움 없이 고정할 수 있도록 한 키로 마찰에 의하여 회전력을 전달하며 축에서 임의의 위치에 보스를 고정한다.

(10) 둥근키(Round Key)

둥근 환봉형태의 키로 동력을 전달한다.

3 키 관련 계산식

(1) 묻힘키에 작용하는 전단응력(τ)

$$\tau = \frac{F \text{ or } W}{A} = \frac{F \text{ or } W}{b \times l} [\text{N/mm}^2]$$

여기서, F : 키에 작용하는 힘[N], W : 키에 작용하는 하중[N]
　　　　b : 키의 폭[mm], l : 키의 길이[mm]

(2) 전단 및 압축응력을 고려한 묻힘키의 길이(l)

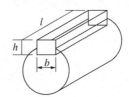

① 전단응력을 고려한 묻힘키의 길이(l)

$$\tau_a = \frac{W}{bl} = \frac{2T}{bdl}$$

$$l = \frac{2T}{bd\tau_a}[\mathrm{mm}]$$

여기서, W : 키에 작용하는 하중[N], T : 키에 전달하는 토크[N·mm]

$\quad\quad\quad b$: 키의 폭[mm], d : 축지름[mm]

$\quad\quad\quad l$: 키의 길이[mm], τ_a : 허용전단응력[N/mm²]

② 압축응력을 고려한 묻힘키의 길이(l)

$$\sigma_c = \frac{2W}{hl} = \frac{4T}{hdl}$$

$$l = \frac{4T}{hd\sigma_c}[\mathrm{mm}]$$

여기서, W : 키에 작용하는 하중[N], T : 키에 전달하는 토크[N·mm]

$\quad\quad\quad h$: 키의 높이[mm], d : 축지름[mm]

$\quad\quad\quad l$: 키의 길이[mm], σ_c : 허용압축응력[N/mm²]

(3) 묻힘키가 파손되지 않을 길이

① 묻힘키와 축의 재료가 동일하고, 주어지는 토크나 허용전단응력이 같을 때, 키가 파손되지 않는 최소 길이(유효길이), l

$$l = \frac{\pi d^2}{8b} \quad$$ 여기서, d : 축지름[mm], b : 키의 폭[mm]

② 묻힘키가 전단하중만 받을 때 파손되지 않을 키의 최소 길이(유효길이), l

$$l = 1.5d \quad$$ 여기서, d : 축지름[mm]

(4) 묻힘키의 최소 높이(h)

$$h = \frac{4T}{\sigma_c dl} = \frac{4(\tau \times Z_P)}{\sigma_c dl}[\mathrm{mm}] \quad$$ 여기서, Z_P : 극단면계수

※ 극단면계수, Z_P

구 분	원 형	
	중실축	중공축
극단면계수 $\left(Z_P = \dfrac{I_P}{e}\right)$	$Z_P = \dfrac{\pi d^3}{16}$	$Z_P = \dfrac{\pi d_2^3}{16}(1-x^4)$ 여기서, $x = \dfrac{d_1}{d_2}$

묻힘키(Sunk Key)가 파손되지 않는 길이(l) 구하는 식과 전단하중만 받을 때 파손되지 않을 키의 길이(L)를 모두 알맞게 나타낸 것은?

① $l = \dfrac{\pi d^2}{4b}$, $L = 1.5d$

② $l = \dfrac{\pi d^2}{8b}$, $L = 1.5d$

③ $l = \dfrac{3\pi d^2}{16b}$, $L = 2d$

④ $l = \dfrac{\pi d^3}{16b}$, $L = 2d$

답 ②

축과 묻힘키의 재료가 동일한 허용전단응력을 갖는다고 한다. 축의 지름은 50[mm]이며, 묻힘키의 폭은 15[mm] 이라면 파손되지 않을 키의 최소길이[mm]는?

① 30.3[mm]　　　② 54.2[mm]

③ 65.4[mm]　　　④ 86.8[mm]

해설

키의 최소길이

$$l = \frac{\pi d^2}{8b} = \frac{\pi \times (50[\mathrm{mm}])^2}{8 \times 15[\mathrm{mm}]} = \frac{7,853}{120} = 65.4[\mathrm{mm}]$$

답 ③

지름이 50[mm]인 연강축으로 400[rpm]으로 80[kW]의 동력을 전달가능한 묻힘키의 길이[mm]는 대략 얼마 이상으로 해야 하는가?(단, 키의 폭과 높이 $b \times h = $ 15[mm]×10[mm], 전단 저항만을 고려하고, $\tau_a = 50$ [MPa], 중력가속도(g) = 10[m/s²]으로 계산한다)

① 54[mm]　　　② 103[mm]

③ 206[mm]　　　④ 284[mm]

해설

$$T = 974,000 \times \frac{H_{\mathrm{kW}}}{N}[\mathrm{kgf \cdot mm}]$$

$$= 974,000 \times \frac{80}{400} = 194,800[\mathrm{kgf \cdot mm}]$$

$1[\mathrm{kgf}] = 10[\mathrm{N}]$ 이므로

$194,800 \times 10 = 1,948[\mathrm{kN \cdot mm}]$

키의 길이

$$l = \frac{2T}{bd\tau_a}$$

$$= \frac{2 \times 1,948 \times 10^3}{15 \times 50 \times 50 \times 10^6 \times 10^{-6}([\mathrm{mm}] 단위환산용)}$$

$$= \frac{3,896,000[\mathrm{mm}]}{37,500} = 103.8[\mathrm{mm}]$$

답 ②

지름이 $d = 20$[mm]인 회전축에 $b = 5$[mm], $h = 7$[mm], 길이 = 90[mm]인 평행키가 고정되어 있을 때, 압축응력만으로 전달할 수 있는 최대토크[N·mm]는?(단, 키의 허용압축응력은 4[MPa]이다)

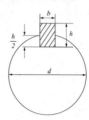

① 6,300
② 12,600
③ 18,900
④ 25,200

해설

키의 압축응력 $\sigma_c = \dfrac{4T}{hdl}$

$T = \dfrac{\sigma_c \times h \times d \times l}{4}$

$= \dfrac{4 \times 10^6 \times 10^{-6} \times 7 \times 20 \times 90}{4}$

$= 12,600$[N·mm]

답 ②

(5) 키의 전달토크(T)

① 키의 압축응력을 고려할 때 전달토크

$\sigma_c = \dfrac{4T}{hdl}$ 에서,

$T = \dfrac{\sigma_c \times h \times d \times l}{4}$[N·mm]

② 키의 전단응력을 고려할 때 전달토크

$\tau = \dfrac{2T}{bld}$ 에서,

$T = \dfrac{\tau \times b \times l \times d}{2}$[N·mm]

③ 마력을 고려한 전달토크 일반식

$T = F \times \dfrac{d}{2} = PA \times \dfrac{d}{2}$[N·mm]   여기서, d : 축지름[mm], N : 회전수[rpm]

$= 716,200 \dfrac{H_{PS}}{N}$[kgf·mm]

$= 974,000 \dfrac{H_{kW}}{N}$[kgf·mm]

(6) 묻힘키의 폭(b)

키의 전단응력 공식을 응용한다.

$\tau = \dfrac{W}{bl} = \dfrac{2T}{bdl}$

① 토크, T값이 문제에 주어졌을 때의 공식

$\tau = \dfrac{W}{bl} = \dfrac{2T}{bdl}$ 에서

$\therefore b = \dfrac{2T}{dl\tau}$[mm]

② 회전수, N[rpm]이 문제에 주어졌을 때의 공식

$T = \dfrac{H}{w} = \dfrac{H}{\dfrac{2\pi N}{60}} = \dfrac{60H}{2\pi N}$ 을 대입한다.

$\therefore b = \dfrac{2T}{dl\tau} = \dfrac{2 \times \dfrac{60H}{2\pi N}}{dl\tau} = \dfrac{60H}{\pi Ndl\tau}$[mm]

마찰차

필 / 수 / 확 / 인 / 문 / 제

▣ 최근 기출문제 분석

연 도	시험명	시험 내용	메 모
2021	지방직	외접 원통마찰차의 최대 전달동력 구하기	
2020	국가직	마찰차의 특징	
		외접 마찰차의 마찰표면 마찰계수 구하기	
2019	서울시 1회	원추마찰차의 원추각	
		마찰차를 최소로 누르는 힘	
2018	국가직	마찰차의 최소 너비 식	
	서울시 1회	마찰차의 축각	
	고졸경채	마찰차의 최대 회전토크	
		원통마찰차의 종동차 회전수	
2017	국가직	원통마찰차간 중심거리	
		평마찰차와 V홈마찰차 간 전달력의 비	
	고졸경채	원뿔마찰차의 정의	
		원통마찰차의 전달동력	
2016	서울시	무단변속마찰차의 회전수 및 위치 구하기	
2015	국가직	원통마찰차의 최소 폭	
2014	국가직	마찰차의 최대 전달동력	
2013	지방직	원통마찰차의 분당회전수	
2012	국가직	원추마찰차의 원추각비	
2011	국가직	외접 원통마찰차 간 중심거리	
		원추마찰차의 회전속도[rpm]	
	지방직	마찰차의 특징	
2010	지방직	원추마찰차에서 베어링에 작용하는 레이디얼 하중	
2008	국가직	원통마찰차에서 마찰차를 누르는 힘	
2007	국가직	원추마찰차의 회전속도비	

마찰차에 대한 설명으로 알맞지 않은 것은?

① 과부하로 인한 원동축의 손상을 막을 수 있다.
② 회전운동의 확실한 전동이 요구되는 곳에는 적당하다.
③ 두 마찰차의 상대적 미끄러짐을 완전히 제거할 수는 없다.
④ 운전 중 접촉을 분리하지 않고도 속도비를 변화시키는 곳에 주로 사용된다.

해설
마찰전동장치는 두 마찰차의 상대적 미끄러짐을 완전히 제거할 수는 없으므로 확실한 전동이 요구되는 곳에는 부적당하다.

 답 ②

마찰차에 특징으로 알맞지 않은 것은?

① 마찰차는 원통, 홈, 원추, 무단변속마찰차로 분류할 수 있다.
② 마찰계수를 크게 하기 위해서 원동차보다 종동차에 연질의 재료를 사용한다.
③ 원동차의 표면에 목재나, 고무, 가죽, 특수 섬유질 등을 라이닝하여 사용한다.
④ 마찰차는 전달하는 힘이 그다지 크지 않으면서 속도비가 중요하지 않는 경우에 사용한다.

해설
마찰차로 동력전달 시에는 동력이 처음 발생된 원동차에 종동차보다 연질의 재료를 적용하여 마찰계수를 크게 하여 동력효율을 향상시킨다.

 답 ②

1 마찰차(Friction Wheel) 일반

(1) 마찰차의 정의

마찰차는 중심간 거리가 비교적 짧은 두 축 사이에 마찰이 큰 바퀴를 설치하고, 이 두 바퀴에 힘을 가해 접촉면에 생기는 마찰력으로 동력을 원동축에서 종동축에 전달하는 직접 전동장치의 일종이다.

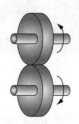

(2) 마찰차로 동력전달 시 특징

① 과부하로 인한 원동축의 손상을 막을 수 있다.
② 회전운동의 확실한 전동이 요구되는 곳에는 부적당하다.
③ 속도비가 일정하게 유지되지 않아도 되는 곳에 적당하다.
④ 두 마찰차의 상대적 미끄러짐을 완전히 제거할 수는 없다.
⑤ 운전 중 접촉을 분리하지 않고도 속도비를 변화시키는 곳에 주로 사용된다.
⑥ 보통 원동차 표면에 목재, 고무, 가죽, 특수 섬유질 등을 라이닝해서 마찰력을 높임으로써 동력효율을 향상시킨다.

(3) 마찰차의 분류

구 분	마찰차의 종류		
평행한 두 축의 동력전달	원통마찰차	평마찰차	내접 평마찰차
			외접 평마찰차
		V홈 마찰차	
평행하지 않은 축의 동력전달	원추마찰차 (원뿔마찰차)		
	무단변속마찰차	구면마찰차	
		크라운마찰차	세탁기의 원리
		에반스마찰차	
		원판마찰차	자전거발전의 원리

2 마찰차의 종류 및 특징

(1) 원통마찰차

평행한 두 축 사이에 외접이나 내접하면서 동력을 전달하는 원통형의 바퀴이다.

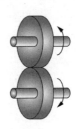

① 마찰차 간 중심거리(C)

$$C = \frac{D_1 + D_2}{2}$$ 　여기서, D_1 : 원동차의 지름[mm], D_2 : 종동차의 지름[mm]

② 마찰차의 각속도비(i)

$$i = \frac{n_2}{n_1} = \frac{D_1}{D_2}$$

여기서, n_1 : 원동차의 회전수[rpm], D_1 : 원동차의 지름[mm]

n_2 : 종동차의 회전수[rpm], D_2 : 종동차의 지름[mm]

③ 마찰차의 최대 전달력(F, 마찰력)

$F = \mu P$ 　여기서, μ : 마찰계수, P : 밀어붙이는 힘(접촉력)

④ 마찰차를 밀어붙이는 힘, P

동력, H을 고려할 때 공식

$$P = \frac{H}{\mu v}[\text{N}]$$

⑤ 마찰차의 전달동력(H)

㉠ $$H = \frac{F \times v}{75} = \frac{\mu P \times v}{75}[\text{PS}]$$

㉡ $$H = \frac{F \times v}{102} = \frac{\mu P \times v}{102}[\text{kW}]$$

여기서, F : 마찰차의 최대 전달력[kgf], P : 마찰차를 밀어붙이는 힘[kgf]

v : 마찰차의 원주속도[m/s]

⑥ 마찰차의 회전속도(v)

$$v = \frac{\pi d n}{1,000 \times 60}[\text{m/s}]$$

⑦ 마찰차의 접촉면압력, σ_f

$$\sigma_f = \frac{\text{작용압력}, P}{\text{접촉길이(폭)}, b}[\text{N/mm}]$$

마찰차에서 원동차의 지름이 500[mm], 종동차의 지름이 250[mm]일 때, 두 축간 중심거리와 원동차에 대한 종동차의 각속도비(i)를 알맞게 구한 것은?

① 중심거리(C) : 350[mm], 각속도비(i) : 1
② 중심거리(C) : 350[mm], 각속도비(i) : 2
③ 중심거리(C) : 375[mm], 각속도비(i) : 2
④ 중심거리(C) : 375[mm], 각속도비(i) : 4

해설

중심거리 $C = \dfrac{D_1 + D_2}{2} = \dfrac{500 + 250}{2} = 375[\text{mm}]$

각속도비 $i = \dfrac{n_2}{n_1} = \dfrac{D_1}{D_2} = \dfrac{500}{250} = 2$

답 ③

⑧ 원통마찰차의 최소 폭(너비), b

㉠ 1식

$$b = \frac{P}{q} = \frac{\dfrac{75H_{PS}}{\mu v}}{q} \, [\text{mm}]$$

여기서, P : 마찰차를 밀어붙이는 힘[kgf], q : 허용수직힘[kgf/mm]

μ : 마찰계수, H_{PS} : 전달마력[PS], v : 마찰차의 원주속도[m/s]

㉡ 2식

$$H = \frac{Tw}{75} \, [PS]$$

$$H = \left(F \times \frac{D \times 10^{-3}[\text{mm}]}{2} \times \frac{1}{75} \right) \times \frac{2\pi N}{60}$$

$$H = \left(\mu q b \times \frac{D}{2} \times \frac{1}{75} \right) \times \frac{2\pi N}{60}$$

$$b = \frac{2 \times 75 \times 60H}{\mu q 2\pi DN \times 10^{-3}} = \frac{75 \times 60H}{\mu q \pi DN \times 10^{-3}} = \frac{4{,}500{,}000H}{\mu q \pi DN}$$

$$= \frac{4.5 \times 10^{6} H}{\mu q \pi DN}$$

여기서, q : 허용수직힘(허용선접촉압력)[kgf/mm^2], μ : 마찰계수

H : 전달동력[PS], D : 원동마찰차의 지름[mm], N : 마찰차의 회전수[rpm]

(2) 원추마찰차(원뿔마찰차)

동일한 평면 내에서 교차하며 회전하는 두 축 사이에 동력을 전달하는 동력전달장치이다.

α : 원뿔각
θ : 교차하는 각도

① 원추마찰차의 회전속도비(i)

$$i = \frac{w_2}{w_1} = \frac{n_2}{n_1} = \frac{\sin\alpha_1}{\sin\alpha_2}$$

여기서, w_1 : 원동차의 각속도, w_2 : 종동차의 각속도, n_1 : 원동차의 회전수[rpm]

n_2 : 종동차의 회전수[rpm], α_1 : 원동차의 원추각[°], α_2 : 종동차의 원추각[°]

② 원동차의 원추각(α_1)

$$\tan\alpha_1 = \frac{\sin\theta}{\cos\theta + \dfrac{1}{i}} = \frac{\sin\theta}{\cos\theta + \dfrac{N_1}{N_2}}$$

여기서, 두 축이 이루는 축각, $\theta = \alpha_1 + \alpha_2$

외접하는 원추마찰차에서 원동차의 원추각이 40°이고 종동차의 원추각이 50°일 때, 원동차에 대한 종동차의 회전속도비(i)는?(단, 원추각은 꼭지각의 전반이다)

① 0.47　　　　　② 0.76

③ 0.83　　　　　④ 0.97

해설

원추마찰차의 속도비 $i = \dfrac{w_b}{w_a} = \dfrac{n_b}{n_a} = \dfrac{\sin_a}{\sin_b}$

$i = \dfrac{\sin_a}{\sin_b} = \dfrac{\sin 40°}{\sin 50°} = \dfrac{0.642}{0.766} = 0.838$

답 ③

③ 종동차의 원추각(α_2)

$$\tan\alpha_2 = \frac{\sin\theta}{\cos\theta + i} = \frac{\sin\theta}{\cos\theta + \dfrac{N_2}{N_1}}$$

여기서, 두 축이 이루는 축각, $\theta = \alpha_1 + \alpha_2$

④ 접촉면의 너비(b)

$$b \geq \frac{Q(\text{두 마찰차 사이의 마찰면 중심을 누르는 수직력})}{P(\text{단위 길이당 허용되는 수직 힘})}$$

⑤ 축각이 90[°]인 원추마찰차의 베어링에 작용하는 축방향 Thrust하중(P)

Thrust하중, $P = Q\sin\alpha$

⑥ 축각이 90[°]인 원추마찰차의 베어링에 작용하는 Radial하중(P)

Radial하중, $P = Q\cos\alpha$, 여기서, $Q = \dfrac{P}{\sin\alpha}$ 를 대입하면

Radial하중, $P = Q\cos\alpha = P\dfrac{\cos\alpha}{\sin\alpha} = P\dfrac{\cos 45°}{\sin 45°}$

(3) 홈붙이마찰차

원통 표면에 V자 모양의 홈을 파서 마찰면적을 늘려 회전 전달력을 크게 한 동력전달장치이다. 원통마찰차에 비해 반지름방향으로 하중을 증가시키지 않으면서 접촉면적을 넓혀 전달동력을 크게 개선한 마찰 차이다. 그러나 소음이 크고 마멸이 잘 된다는 단점이 있다.

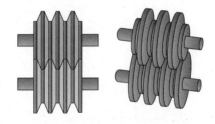

동일 평면 내에서 원동차와 종동차가 교차하여 동력을 전달하는 외접 원추마찰차에서 회전속도비가 $i = \dfrac{\omega_2}{\omega_1}$ 으로 정의될 때, 두 축이 이루는 축각이 $\delta_s = \delta_1 + \delta_2$ 인 경우 옳은 것을 〈보기〉에서 모두 고른 것은?

구 분	평균지름 [mm]	각속도 [rad/s]	원추각 [deg., 꼭지각의 $\frac{1}{2}$]
원동차	D_1	ω_1	δ_1
종동차	D_2	ω_2	δ_2

〈보기〉

ㄱ. 원동차의 원추각 $\tan\delta_1 = \dfrac{\sin\delta_s}{\cos\delta_s + \dfrac{1}{i}}$ 이다.

ㄴ. 회전속도비 $i = \dfrac{D_1}{D_2} = \dfrac{\sin\delta_1}{\sin\delta_2}$ 이다.

ㄷ. $\delta_s = \delta_1 + \delta_2 = 90°$ 일 경우 회전속도비
$i = \tan\delta_1 = \dfrac{1}{\tan\delta_2}$ 이다.

① ㄱ, ㄴ　　　　　　② ㄱ, ㄷ
③ ㄴ, ㄷ　　　　　　④ ㄱ, ㄴ, ㄷ

해설

〈보기〉의 전 항이 옳다.

• 원동차의 원추각 $\tan\delta_1 = \dfrac{\sin\delta_s}{\cos\delta_s + \dfrac{N_1}{N_2}} = \dfrac{\sin\delta_s}{\cos\delta_s + \dfrac{1}{i}}$

• 원추마찰차에서 속도비(i)는 다음과 같다.
$i = \dfrac{\omega_2}{\omega_1} = \dfrac{D_1}{D_2} = \dfrac{\sin\delta_1}{\sin\delta_2}$

• 축각이 90°인 경우는 다음과 같다.
$i = \dfrac{\omega_2}{\omega_1} = \dfrac{n_2}{n_1} = \tan\delta_1 = \dfrac{1}{\tan\delta_2}$

답 ④

그림과 같은 무단변속 마찰차에서 원동차 A와 종동차 B
의 회전수가 각각 1,200[rpm], 800[rpm]이 되기 위한
원동차 A의 위치 x는?(단, 원동차와 종동차의 접촉부에
서 미끄러짐이 없다고 가정하며, $D_A = 400$[mm]이다)

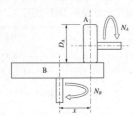

① 280[mm]　　　　② 300[mm]
③ 320[mm]　　　　④ 350[mm]

해설

$\dfrac{N_2}{N_1} = \dfrac{D_1}{D_2}$ 식을 응용하면 $\dfrac{800[\mathrm{rpm}]}{1,200[\mathrm{rpm}]} = \dfrac{400[\mathrm{mm}]}{D_2}$

$D_2 = 400[\mathrm{mm}] \times \dfrac{1,200[\mathrm{rpm}]}{800[\mathrm{rpm}]} = 600[\mathrm{mm}]$

따라서, B의 지름이 600[mm]이므로 그 절반인 300[mm]에 위
치해야 한다.

※ 속도비 $i = \dfrac{N_2}{N_1} = \dfrac{D_1}{D_2} = \dfrac{z_1}{z_2}$

답 ②

(4) 무단변속마찰차 – 원판마찰차

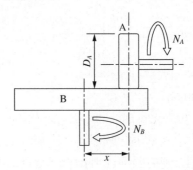

① 원판마찰차의 회전속도비(i)

$$i = \frac{T_B}{T_A} = \frac{N_B}{N_A} = \frac{D_A}{D_B} = \frac{x}{R_2}$$

② 원판 B에서 특정 조건을 만족하기 위한 원판 A의 중심점, 거리(x) 구하기

- 원판마찰차의 회전속도비(i) 공식에서 아래 식을 응용한다.

  $$i = \frac{N_B}{N_A} = \frac{D_A}{D_B}$$

- x를 구하기 위해 원판 B의 지름, D_B[mm]를 구한다.

- 원판 B의 지름, D_B[mm]의 $\dfrac{1}{2}$ 지점이 원판 A의 중심점이다.

14 브레이크

■ 최근 기출문제 분석

연 도	시험명	시험 내용	메 모
2021	국가직	단식 블록 브레이크에서 레버에 작용하는 힘 구하기	
2020	지방직	단판 브레이크에서 축방향으로 400[N]이 작용할 때의 제동토크 구하기	
		블록 브레이크에 1,000[N]의 하중이 작용할 때 브레이크 패드가 받는 압력 구하기	
2019	국가직	브레이크 디스크를 수직으로 미는 힘	
	지방직	밴드 브레이크 레버에 작용할 최소 힘	
	서울시 1회	밴드 브레이크의 밴드에 발생하는 인장응력	
		블록 브레이크의 제동토크	
	서울시 2회	클러치형 원판 브레이크의 제동 동력	
		밴드 브레이크 레버에 가하는 힘	
2018	지방직	브레이크의 특징	
	서울시	원추 브레이크의 축방향 하중	
	고졸경채	내부 확장식 브레이크의 제동 토크	
2017	국가직	브레이크의 종류 – 내확 브레이크	
		드럼 브레이크 레버에 가해야 할 힘	
	지방직	캘리퍼형 원판 제동장치의 최대 제동 토크	
		브레이크 제동에 따른 발산 동력	
	서울시	브레이크 용량의 정의	
		밴드 브레이크 레버에 작용하는 힘 공식	
2016	국가직	밴드 브레이크 레버에 작용하는 힘	
	지방직	브레이크의 종류 – 폴 브레이크	
2014	국가직	단동식 밴드 브레이크의 최소 조작력	
	지방직	단식 블록 브레이크의 조작력 공식 응용	
2013	국가직	블록 브레이크의 특징	
	지방직	단식 블록 브레이크의 우회전 시 제동 토크	
2012	지방직	원판 브레이크의 제동 동력	
2011	지방직	내부 확장식 드럼 브레이크 슈에 작용하는 힘	
2008	국가직	블록 브레이크에 작용하는 수직력	
2007	국가직	드럼 브레이크의 제동 토크	

안심Touch

브레이크를 분류할 때 자동하중 브레이크에 속하지 않는 것은?

① 원추 브레이크   ② 나사 브레이크
③ 코일 브레이크   ④ 원심 브레이크

해설
원추 브레이크는 축압식 브레이크에 속한다.

답 ①

1 브레이크(Brake) 일반

(1) 브레이크의 정의

움직이는 기계장치의 속도를 줄이거나 정지시키는 제동장치로 마찰력을 이용하여 운동에너지를 열에너지로 변환시킨다.

(2) 브레이크의 분류

분 류	세분류
축압식 브레이크	디스크 브레이크 (원판 브레이크)
	원추 브레이크
	공기 브레이크
전자 브레이크	
원주 브레이크	블록 브레이크
	밴드 브레이크
자동하중 브레이크	웜 브레이크
	캠 브레이크
	나사 브레이크
	코일 브레이크
	체인 브레이크
	원심 브레이크

(3) 브레이크 재료별 마찰계수(μ)

종 류	마찰계수(μ)
섬 유	0.05 ~ 0.1
주 철	0.1 ~ 0.2
청동, 황동	0.1 ~ 0.2
강철밴드	0.15 ~ 0.2
목 재	0.15 ~ 0.25
가 죽	0.23 ~ 0.3
석면직물	0.35 ~ 0.6

브레이크는 재질에 따라 그 마찰계수(μ)가 달라지는데, 마찰계수(μ)가 가장 큰 재료는?

① 섬 유   ② 주 철
③ 목 재   ④ 가 죽

답 ④

(4) 블록 브레이크의 특징

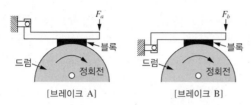

[브레이크 A]　　　　　[브레이크 B]

① 드럼을 정지시키기 위한 힘의 크기 : $F_a > F_b$

② 브레이크 A는 역회전 시 자동 정지된다.

2 브레이크의 종류별 특징

(1) 블록 브레이크

마찰 브레이크의 일종으로 브레이크 드럼에 브레이크 블록을 밀어 넣어 제동시키는 장치이다.

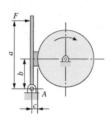

(2) 밴드 브레이크

브레이크 드럼의 바깥 둘레에 강철밴드를 감고 밴드의 끝이 연결된 레버를 잡아당겨 밴드와 브레이크 드럼 사이에 마찰력을 발생시켜서 제동력을 얻는 장치이다.

[밴드 브레이크의 종류]

단동식	차동식	합동식

브레이크의 종류별 특징으로 알맞지 않은 것은?

① 블록 브레이크 : 마찰 브레이크의 일종으로 브레이크 드럼에 브레이크 블록을 밀어 넣어 제동시킨다.

② 밴드 브레이크 : 브레이크 드럼의 바깥 둘레에 강철 밴드를 감고 밴드의 끝이 연결된 레버를 잡아당겨 밴드와 브레이크 드럼 사이에 마찰력을 발생시켜서 제동시킨다.

③ 원판 브레이크 : 압축식 브레이크의 일종으로, 바퀴와 함께 회전하는 디스크를 양쪽에서 압착시켜 제동력을 얻어 제동시킨다.

④ 드럼 브레이크 : 바퀴와 함께 회전하는 브레이크 드럼의 바깥쪽에 마찰재로 패드(슈)를 밀착시켜 제동시킨다.

해설

드럼 브레이크 : 바퀴와 함께 회전하는 브레이크 드럼의 안쪽에 마찰재인 초승달 모양의 브레이크 패드(슈)를 밀착시켜 제동시키는 장치이다.

답 ④

(3) 원판 브레이크(디스크 브레이크, 캘리퍼형 원판 브레이크)

압축식 브레이크의 일종으로, 바퀴와 함께 회전하는 디스크를 양쪽에서 압착시켜 제동력을 얻어 회전을 멈추는 장치이다. 브레이크의 마찰면인 원판의 수에 따라 1개 – 단판 브레이크, 2개 이상 – 다판 브레이크로 분류된다.

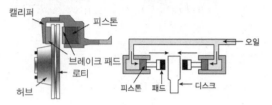

(4) 드럼 브레이크

바퀴와 함께 회전하는 브레이크 드럼의 안쪽에 마찰재인 초승달 모양의 브레이크 패드(슈)를 밀착시켜 제동시키는 장치이다.

(5) 폴(Pawl) 브레이크

폴과 래칫 휠로 구성된다. 한 방향으로만 회전이 가능하고 역회전은 불가능한 브레이크 장치로 회전축의 역전방지기구로 사용된다. 시계의 태엽이나 기중기, 안전장비 등에 사용된다.

(6) 기타 브레이크

자동하중 브레이크	원추 브레이크	전자 브레이크

회전운동을 하는 브레이크 드럼의 안쪽 면에 설치되어 있는 두 개의 브레이크 슈가 바깥쪽으로 확장하면서 드럼에 접촉되어 제동하는 브레이크는?

① 내확 브레이크(Expansion Brake)
② 밴드 브레이크(Band Brake)
③ 블록 브레이크(Block Brake)
④ 원판 브레이크(Disk Brake)

해설

① 내확 브레이크(내부 확장형 브레이크) : 2개의 브레이크 슈가 드럼의 안쪽에서 바깥쪽으로 확장하여 브레이크 드럼에 접촉되면서 제동시키는 장치로 회전하는 브레이크 드럼의 안쪽 면에 설치된다.
② 밴드 브레이크 : 브레이크 드럼의 바깥 둘레에 강철 밴드를 감고 밴드의 끝이 연결된 레버를 잡아당겨 밴드와 브레이크 드럼 사이에 마찰력을 발생시켜서 제동력을 얻는 장치이다.
③ 블록 브레이크 : 마찰 브레이크의 일종으로 브레이크 드럼에 브레이크 블록을 밀어 넣어 제동시키는 장치이다.
④ 원판 브레이크(디스크 브레이크) : 압축식 브레이크의 일종으로, 바퀴와 함께 회전하는 디스크를 양쪽에서 압착시켜 제동력을 얻어 회전을 멈추는 장치이다. 브레이크의 마찰면인 원판의 수에 따라 1개–단판 브레이크, 2개 이상–다판 브레이크로 분류된다.

답 ①

(7) 발산동력

브레이크가 작동할 때 속도를 잃은 운동에너지가 브레이크의 열로써 발산하는 것을 동력으로 나타낸 것이다.

$$발산동력 = 운동에너지\left(\frac{mv^2}{2}\right) \div 브레이크를\ 밟은\ 시간(s)$$

3 브레이크의 종류별 관련 식

(1) 블록 브레이크

① 단식 블록 브레이크의 블록을 밀어붙이는 힘(F)

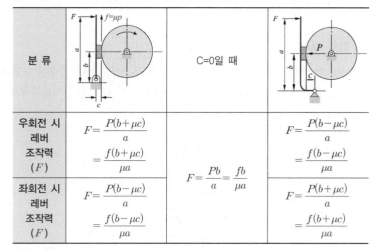

분류		C=0일 때	
우회전 시 레버 조작력 (F)	$F = \dfrac{P(b+\mu c)}{a}$ $= \dfrac{f(b+\mu c)}{\mu a}$	$F = \dfrac{Pb}{a} = \dfrac{fb}{\mu a}$	$F = \dfrac{P(b-\mu c)}{a}$ $= \dfrac{f(b-\mu c)}{\mu a}$
좌회전 시 레버 조작력 (F)	$F = \dfrac{P(b-\mu c)}{a}$ $= \dfrac{f(b-\mu c)}{\mu a}$		$F = \dfrac{P(b+\mu c)}{a}$ $= \dfrac{f(b+\mu c)}{\mu a}$

여기서, f : 제동력(마찰력)

P : 블록을 드럼에 밀어붙이는 힘[N]으로 시험에서는 $P = Q$로 표시하기도 한다.

② 블록 브레이크의 제동 토크(T)

$$T = f \times \frac{D}{2} \times N = \mu P \times \frac{D}{2} \times N [\text{N} \cdot \text{mm}]$$

여기서, P : 브레이크 드럼에 밀어붙이는 힘[N]

N : 브레이크 블록 수

D : 드럼의 지름[mm]

그림과 같은 두 가지 형태의 블록 브레이크에 대한 설명으로 옳은 것은?

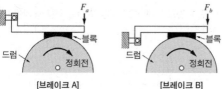

[브레이크 A]　　　　[브레이크 B]

① 드럼을 정지시키기 위한 힘의 크기는 $F_a > F_b$이고, 브레이크 A는 역회전 시 자동정지 될 수 있도록 설계할 수 있다.

② 드럼을 정지시키기 위한 힘의 크기는 $F_a > F_b$이고, 브레이크 B는 역회전 시 자동정지 될 수 있도록 설계할 수 있다.

③ 드럼을 정지시키기 위한 힘의 크기는 $F_a < F_b$이고, 브레이크 A는 역회전 시 자동정지 될 수 있도록 설계할 수 있다.

④ 드럼을 정지시키기 위한 힘의 크기는 $F_a < F_b$이고, 브레이크 B는 역회전 시 자동정지 될 수 있도록 설계할 수 있다.

해설

드럼 브레이크 B는 힘의 작용점이 핀으로 지지한 점보다 뒤에 있으므로 역회전 시 자동정지 시킬 수 없다. 또한 드럼 브레이크를 정지시키는 힘의 크기는 $F_a > F_b$이다.

답 ①

③ 블록 브레이크가 드럼에 밀어붙이는 힘(수직력), P

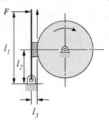

Ⅰ식	Ⅱ식
$FL_1 - PL_2 - \mu PL_3 = 0$ $FL_1 = P(L_2 + \mu L_3)$ $P = \dfrac{FL_1}{L_2 + \mu L_3}[\text{N}]$	$T = F \times \dfrac{D}{2} = \mu P \dfrac{D}{2}$ 에서 수직력(P)을 도출하면 $P = \dfrac{2T}{\mu D}[\text{N}]$

다음 중 밴드 브레이크의 제동력(f)을 구할 때 사용하는 식은?

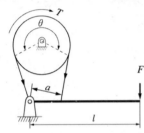

① $f = \dfrac{2T}{D}$

② $f = \dfrac{3T}{D}$

③ $f = \dfrac{2T}{3D}$

④ $f = \dfrac{4T}{5D}$

달 ①

(2) 밴드 브레이크

핸드 브레이크의 일종으로 회전하는 드럼이나 바퀴의 허브 주위를 단단하게 조이는 유연한 금속 밴드나 케이블과 같은 마찰제로 감은 뒤 잡아당겨서 회전체를 정지시키는 브레이크이다.

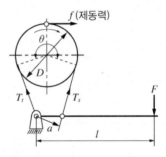

① 밴드 브레이크의 제동력(f)

$$f = T_t - T_s = \frac{2T}{D}$$

② 밴드 브레이크의 긴장측 장력(T_t)

$$T_t = f \frac{e^{\mu\theta}}{e^{\mu\theta} - 1}$$

③ 밴드 브레이크의 이완측 장력(T_s)

$$T_s = f \frac{1}{e^{\mu\theta} - 1}$$

④ 밴드 브레이크의 장력비($e^{\mu\theta}$)

$$e^{\mu\theta} = \frac{T_t}{T_s}$$

⑤ 밴드 브레이크의 동력(H)

$$H = \frac{fv}{1,000} = \frac{\mu Pv}{1,000} = \frac{\mu pAv}{1,000}\,[\text{kW}]$$

여기서, A : 밴드와 드럼 사이의 접촉면적, p : 압력, P : 마찰되는 힘

⑥ 단동식 밴드 브레이크의 레버에 가하는 힘(조작력), F

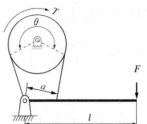

여기서, θ : 접촉각, μ : 마찰계수

우회전 시 조작력	좌회전 시 조작력
$F = f\dfrac{a}{l} \times \dfrac{1}{e^{\mu\theta}-1}\,[\text{N}]$	$F = f\dfrac{a}{l} \times \dfrac{e^{\mu\theta}}{e^{\mu\theta}-1}\,[\text{N}]$

⑦ 차동식 밴드 브레이크의 조작력, F

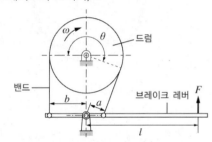

여기서, F : 브레이크 조작력, l : 브레이크 레버의 길이, θ : 접촉각
　　　 w : 각속도, a : 이완측 장력(T_s)이 작용하는 고정점의 길이
　　　 b : 긴장측 장력(T_t)이 작용하는 고정점의 길이

단, 조건은 $b = 2a$이다.

$$Fl = T_t b - T_s a = T_t 2a - T_s a$$

$$F = \frac{a(2T_t - T_s)}{l}$$

여기서, 긴장측 장력, $T_t = P_e \times \dfrac{e^{\mu\theta}}{e^{\mu\theta}-1}$, 이완측 장력, $T_s = P_e \times \dfrac{1}{e^{\mu\theta}-1}$

$$F = \frac{a\left(P_e \times \dfrac{2e^{\mu\theta}}{e^{\mu\theta}-1} - P_e \times \dfrac{1}{e^{\mu\theta}-1}\right)}{l}$$

$$F = \frac{aP_e\left(\dfrac{2e^{\mu\theta}-1}{e^{\mu\theta}-1}\right)}{l} = \frac{aP_e(2e^{\mu\theta}-1)}{l(e^{\mu\theta}-1)}$$

단동식 밴드 브레이크에서 바퀴의 회전 방향에 따른 조작력(F)을 구하는 식은?

　　　우회전 시 조작력　　　　　좌회전 시 조작력

① $F = f\dfrac{a}{l} \times \dfrac{e^{\mu\theta}}{e^{\mu\theta}-1}[\text{N}]$　　$F = f\dfrac{a}{l} \times \dfrac{e^{\mu\theta}}{e^{\mu\theta}-1}[\text{N}]$

② $F = f\dfrac{a}{l} \times \dfrac{1}{e^{\mu\theta}-1}[\text{N}]$　　$F = f\dfrac{a}{l} \times \dfrac{e^{\mu\theta}}{e^{\mu\theta}-1}[\text{N}]$

③ $F = f \times \dfrac{e^{\mu\theta}}{e^{\mu\theta}-1}[\text{N}]$　　$F = f\dfrac{a}{l} \times \dfrac{1}{e^{\mu\theta}-1}[\text{N}]$

④ $F = f \times \dfrac{1}{e^{\mu\theta}-1}[\text{N}]$　　$F = f\dfrac{a}{l} \times \dfrac{1}{e^{\mu\theta}-1}[\text{N}]$

답 ②

⑧ 밴드 브레이크 밴드에 작용하는 인장응력

$$\sigma = \frac{F}{A} = \frac{긴장측\ 장력}{t \times b}[\text{N/mm}^2]$$

여기서, t : 밴드 두께[mm], b : 밴드 폭[mm]

(3) 드럼 브레이크(내부 확장식 브레이크, 내확 브레이크)

브레이크 슈(초승달 모양의 브레이크 패드)를 드럼의 안쪽에서 바깥쪽으로 확장하여 브레이크 드럼에 접촉되면서 바퀴를 제동시키는 장치이다. 드럼 브레이크에서 회전방향으로 작동하는 슈에는 제동 시 발생하는 마찰력 때문에 드럼과 함께 회전하려는 '자기 배력 작용'이 발생되어 더 큰 힘으로 슈가 드럼을 밀어붙인다.

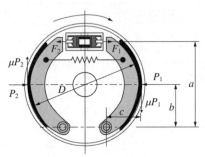

① 슈가 드럼에 접촉하는 제동력(f)

전체 제동력(f)을 구하려면 f_1, f_2를 더해야 한다.

$$f_1 = \mu P_1 = \frac{\mu F_1 a}{b - \mu c}[\text{N}], \quad f_2 = \mu P_2 = \frac{\mu F_2 a}{b + \mu c}[\text{N}]$$

$$f_1 + f_2 = \mu(P_1 + P_2) = \frac{\mu F_1 a}{b - \mu c} + \frac{\mu F_2 a}{b + \mu c}$$

② 드럼 브레이크 슈에 작용하는 힘, F

$$F = \frac{2T}{\left(\dfrac{a}{b - \mu c} + \dfrac{a}{b + \mu c}\right)\mu D}[\text{N}]$$

③ 드럼 브레이크의 제동 토크(T)

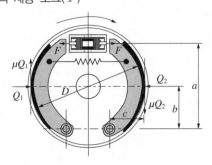

내부 확장식 브레이크의 제동력(Q)을 구할 때 적용하는 공식은?

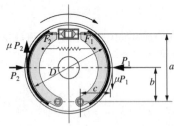

① $\dfrac{\mu F_1 a}{b - \mu c} - \dfrac{\mu F_2 a}{b + \mu c}$ ② $\dfrac{\mu F_1 a}{b - \mu c} + \dfrac{\mu F_2 a}{b + \mu c}$

③ $\dfrac{\mu F_1 b}{a - \mu c} + \dfrac{\mu F_2 b}{a + \mu c}$ ④ $\dfrac{\mu F_1 b}{a - \mu c} - \dfrac{\mu F_2 b}{a + \mu c}$

해설

슈가 드럼에 접촉하는 제동력(Q)을 구하려면 Q_1, Q_2를 더해야 한다.

$$Q_1 = \mu P_1 = \frac{\mu F_1 a}{b - \mu c}[\text{N}]$$

$$Q_2 = \mu P_2 = \frac{\mu F_2 a}{b + \mu c}[\text{N}]$$

$$\therefore \ Q_1 + Q_2 = \mu(P_1 + P_2) = \frac{\mu F_1 a}{b - \mu c} + \frac{\mu F_2 a}{b + \mu c}$$

답 ②

㉠ 우회전 시

$$T = (f_1 + f_2)\frac{D}{2} = \mu(P_1 + P_2)\frac{D}{2}$$

$$= \frac{\mu D}{2}\left(\frac{F_1 a}{b - \mu c} + \frac{F_2 a}{b + \mu c}\right)$$

㉡ 좌회전 시

$$T = (f_1 + f_2)\frac{D}{2} = \mu(P_1 + P_2)\frac{D}{2}$$

$$= \frac{\mu D}{2}\left(\frac{F_1 a}{b + \mu c} + \frac{F_2 a}{b - \mu c}\right)$$

여기서, T : 토크, f : 제동력($f = \mu Q$), D : 드럼의 지름

Q : 브레이크 블록에 수직으로 미는 힘, μ : 마찰계수

④ 제동 유압(q)

$$q = \frac{4F}{\pi d^2}[\text{N/mm}^2]$$

여기서, d = 실린더 안지름[mm]

⑤ 드럼 브레이크의 용량(Q, Capacity)

$$Q = \mu p v = \frac{H(P, \text{제동동력})}{A(\text{마찰면적})}$$

여기서, μ : 마찰계수, p 또는 q : 단위 면적당 작용하는 압력

v : 브레이크 드럼의 원주속도, H : 제동 동력, A : 마찰면적

※ 브레이크의 성능은 마찰계수와 단위 면적당 작용 압력, 그리고 브레이크 드럼의 원주속도 가 클수록 더 향상된다.

(4) 디스크 브레이크(원판 브레이크)

① 캘리퍼형 디스크 브레이크 패드 하나가 수직으로 미는 힘(Q)

$$Q = \frac{T}{2\mu r}[\text{N}]$$

여기서, T : 전달토크[N·mm], μ : 마찰계수, r : 디스크 반지름[mm]

② 클러치형 디스크 브레이크(원판 브레이크)의 제동 토크(T)

$$T = f \times \frac{D}{2} \times N = \mu Q \times \frac{D}{2} \times N$$

$$= \mu Q r N[\text{N·mm}]$$

여기서, Q : 브레이크 드럼에 밀어붙이는 힘[N], N : 브레이크 블록 수

그림과 같은 내부 확장식 브레이크에서 브레이크 슈를 미는 힘은 좌우가 F로 같다. 드럼이 우회전하는 경우 제동 토크는?(단, 마찰계수는 μ이다)

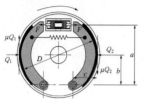

① $\dfrac{DF}{4}\left(\dfrac{\mu a}{b + \mu c} - \dfrac{\mu a}{b - \mu c}\right)$

② $\dfrac{DF}{4}\left(\dfrac{\mu a}{b + \mu c} + \dfrac{\mu a}{b - \mu c}\right)$

③ $\dfrac{DF}{2}\left(\dfrac{\mu a}{b + \mu c} - \dfrac{\mu a}{b - \mu c}\right)$

④ $\dfrac{DF}{2}\left(\dfrac{\mu a}{b + \mu c} + \dfrac{\mu a}{b - \mu c}\right)$

해설

내확 브레이크가 우회전 시 제동토크

$$T = (Q_1 + Q_2)\frac{D}{2} = \mu(P_1 + P_2)\frac{D}{2}$$

$$= \frac{\mu D}{2}\left(\frac{F_1 a}{b - \mu c} + \frac{F_2 a}{b + \mu c}\right)$$

$$= \frac{DF}{2}\left(\frac{\mu a}{b - \mu c} + \frac{\mu a}{b + \mu c}\right)$$

$$= \frac{DF}{2}\left(\frac{\mu a}{b + \mu c} + \frac{\mu a}{b - \mu c}\right)$$

답 ④

③ 브레이크의 제동 동력(제동일)

[PS]	[kW]
• $H = \dfrac{T \times N}{716,2}[\text{PS}]$ • $H = \dfrac{P[\text{kgf}] \times v[\text{m/s}]}{75}[\text{PS}]$	• $H = \dfrac{T \times N}{974}[\text{kW}]$ • $H = \dfrac{P[\text{kgf}] \times v[\text{m/s}]}{102}[\text{kW}]$

- 동력(Power) : 단위 시간당 일
- $1[\text{PS}] = 75[\text{kgf} \cdot \text{m/s}]$
- $1[\text{kW}] = 102[\text{kgf} \cdot \text{m/s}]$
- N : 회전속도(회전각속도)[rpm]

④ 원판 브레이크의 제동력(F)

$$F = \mu \times Q \times z\,[\text{kgf}]$$

여기서, μ : 마찰계수, Q : 축방향으로 밀어붙이는 힘[kgf], z : 판의 수

(5) 원추 브레이크

① 원추 브레이크의 제동력(F)

$$F = \mu Q = \frac{\mu}{\sin\alpha}P[\text{kgf}]$$

여기서, P : 축방향으로 가할 하중[kgf], α : 원추 반각[°], μ : 마찰계수,
$\qquad Q$: 마찰면에 수직하게 작용하는 힘

※ 최근 출제문제에서 Q의 단위가 [kgf]로 출제되었음

② 원추브레이크를 축방향으로 가해야 할 힘(Q)

$$Q = \frac{7,162}{\dfrac{\mu}{\sin\alpha} \times \dfrac{D_m}{2}}[\text{kgf}]$$

여기서, Q : 축방향으로 가할 하중[kgf], α : 원추 반각[°]
$\qquad \mu$: 마찰계수, D_m : 평균지름[mm]

체인 및 로프

■ 체인 – 최근 기출문제 분석

연 도	시험명	시험 내용	메 모
2021	국가직	스프로킷의 최대속도와 최소속도의 비 관계식	
2019	국가직	체인전동장치의 특징	
	지방직	롤러 체인전동장치의 평균속도	
	서울시 1회	체인의 길이 구하는 공식	
	서울시 2회	체인전동장치의 특징	
2018	지방직	롤러 체인의 구동 스프로킷 휠의 회전속도	
	서울시	체인의 평균속도	
2017	국가직	체인의 평균속도	
	고졸경채	롤러 체인의 전달동력	
2016	국가직	체인전동장치의 특징	
2014	국가직	체인전동장치의 특징	
2013	지방직	체인의 평균속도	
2012	국가직	체인전동장치의 특징	
2011	국가직	체인전동의 특징	
2010	국가직	체인전동에서 스프로킷 휠의 회전반지름	
2008	국가직	체인의 속도변동률	
2007	국가직	체인의 평균속도	

■ 로프 – 최근 기출문제 분석

연 도	시험명	시험 내용	메 모
2017	지방직	로프의 최대 허용인장하중	
2015	국가직	로프의 늘어난 길이	
		로프 풀리의 두 축간 거리	

안심Touch

체인전동장치의 특징으로 알맞지 않은 것은?

① 유지 및 보수가 쉽다.
② 접촉각은 90° 이상이 좋다.
③ 축간거리가 긴 경우 고속전동이 알맞다.
④ 초기 장력이 필요 없어서 베어링 마멸이 작다.

해설
체인전동장치는 고속회전에 적합하지 않은 동력전달장치이다.

답 ③

1 체인(Chain) 일반

(1) 체인전동장치의 정의

체인을 원동축과 종동축의 스프로킷에 걸어 동력을 전달하는 기계장치이다.

체 인	스프로킷	체인전동장치

(2) 체인전동장치의 특징

① 유지 및 보수가 쉽다.

② 접촉각은 90[°] 이상이 좋다.

③ 체인의 길이를 조절하기 쉽다.

④ 내열이나 내유, 내습성이 크다.

⑤ 진동이나 소음이 일어나기 쉽다.

⑥ 축간 거리가 긴 경우 고속전동이 어렵다.

⑦ 여러 개의 축을 동시에 작동시킬 수 있다.

⑧ 마멸이 일어나도 전동효율의 저하가 적다.

⑨ 큰 동력전달이 가능하며 전동효율이 90% 이상이다.

⑩ 체인의 탄성으로 어느 정도의 충격을 흡수할 수 있다.

⑪ 고속회전에 부적당하며 저속회전으로 큰 힘을 전달하는데 적당하다.

⑫ 전달효율이 크고 미끄럼(슬립)이 없이 일정한 속도비를 얻을 수 있다.

⑬ 초기 장력이 필요 없고 베어링 마멸이 적으며 정지 시 장력이 작용하지 않는다.

⑭ 사일런트(Silent) 체인은 정숙하고 원활한 운전과 고속회전이 필요할 때 사용된다.

(3) 두 개의 스프로킷이 수평으로 설치되었을 때의 현상

① 이완측 체인에서 처짐이 부족한 경우 빠른 마모가 진행된다.

② 체인의 피치가 작으면 낮은 부하와 고속에 적합하다.

③ 긴장측은 위쪽에 위치하고, 이완측은 아래쪽에 위치한다.

④ 두 축간 길이가 긴 경우 체인의 안쪽에 아이들러를 설치한다. 단, 양방향 회전이더라도 한쪽에만 설치한다.

※ 아이들러 : 두 축간 길이가 긴 경우 중간에 설치하는 기구

(4) 체인의 회전반지름(R)

각속도가 일정한 경우 회전반지름 변동에 따른 체인의 최대 속도에 대한 최소 속도의 비는 최대 회전반지름에 대한 최소 회전반지름의 비와 같다.

[각속도가 일정할 때 회전반지름 변동에 따른 체인의 최대 속도 및 최소 속도의 비]

①식, $\dfrac{\text{체인의 최소 속도}(v_{\min})}{\text{체인의 최대 속도}(v_{\max})}=\dfrac{\text{최소 회전반지름}(R_{\min})}{\text{최대 회전반지름}(R_{\max})}$

②식, $\dfrac{R_{\min}}{R_{\max}}=\cos\dfrac{\alpha}{2}=\cos\left(\dfrac{1}{2}\times\dfrac{2\pi}{Z}\right)=\cos\dfrac{\pi}{Z}$

(5) 체인의 속도변동률(λ)

스프로킷 휠의 잇수나 스프로킷 휠의 피치원지름을 크게 하거나, 피치(p)를 작게 하면 속도변동률이 감소된다. 속도변동률이 크면 장력의 변동, 소음, 진동이 커지면서 마멸의 원인이 된다.

①식, $\lambda=\dfrac{v_{\max}-v_{\min}}{v_{\max}}=1-\dfrac{v_{\min}}{v_{\max}}=1-\cos\dfrac{\pi}{2}\fallingdotseq\dfrac{\pi^2}{2Z^2}$

②식, $\lambda=\dfrac{p^2}{2D_P^2}$

2 체인 관련 계산식

(1) 체인의 전체 길이(L)

①식, $L=p(\text{피치})\times L_n(\text{링크 수})$

②식, $L=2C+\dfrac{(Z_1+Z_2)p}{2}+\dfrac{(Z_2-Z_1)^2p^2}{4C\pi^2}$

③식, $L=\left[\dfrac{2C}{p}+\dfrac{Z_1+Z_2}{2}+\dfrac{0.0257p}{C}(Z_1-Z_2)^2\right]p$

이 공식은 2019년 서울시 기계설계 9급 기출의 표현식이다.

여기서 Z_1, Z_2 : 스프로킷 휠의 잇수, C : 축간 거리, p : 체인의 피치

체인전동에서 스프로킷 휠(Sprocket Wheel)의 회전반지름에 관한 설명으로 옳은 것은?

① 스프로킷 휠의 회전반지름은 체인 1개의 회전을 주기로 계속 변동한다. 이때 최대 회전반지름에 대한 최소 회전반지름의 비는 $1-\cos\left(\dfrac{\pi}{Z}\right)$이다. 여기서 Z는 스프로킷 휠의 잇수이다.

② 회전반지름 변화와 관련된 속도변동률[%]은 $100\times\cos\left(\dfrac{\pi}{Z}\right)$이다.

③ 각속도가 일정한 경우 회전반지름 변동에 따른 체인의 최대 속도에 대한 최소 속도의 비는 최대 회전반지름에 대한 최소 회전반지름의 비와 같다.

④ 체인의 평균속도[m/s]는 $\dfrac{NpZ}{6,000}$이다. 여기서 N은 스프로킷의 회전수[rpm], p는 체인의 피치[mm], Z는 스프로킷의 잇수이다.

[해설]

각속도가 일정하면 회전반지름 변동에 따라

$\dfrac{\text{체인의 최소 속도}(v_{\min})}{\text{체인의 최대 속도}(v_{\max})}=\dfrac{\text{최소 회전반지름}(R_{\min})}{\text{최대 회전반지름}(R_{\max})}$ 이므로

③번은 옳은 표현이다.

① $\dfrac{R_{\min}}{R_{\max}}=\cos\dfrac{\alpha}{2}=\cos\left(\dfrac{1}{2}\times\dfrac{2\pi}{Z}\right)=\cos\dfrac{\pi}{Z}$

② 속도변동률

$=\dfrac{v_{\max}-v_{\min}}{v_{\max}}\times100[\%]=1-\dfrac{v_{\min}}{v_{\max}}=1-\cos\dfrac{\alpha}{2}$

④ 체인의 평균속도 $v=\dfrac{pzN}{60\times1,000}$

[답] ③

스프로킷 휠의 잇수 Z_1, Z_2, 축간거리 C, 체인의 피치 p일 때 롤러 체인의 길이를 구하는 식으로 가장 옳은 것은?

① $\left[\dfrac{Z_1+Z_2}{2}+\dfrac{2C}{p}+\dfrac{0.0257p}{C}(Z_1-Z_2)^2\right]p$

② $\left[\dfrac{Z_1+Z_2}{2}+\dfrac{p}{2C}+\dfrac{0.0257p}{C}(Z_1-Z_2)^2\right]p$

③ $\left[\dfrac{Z_1+Z_2}{2}+\dfrac{2C}{p}+\dfrac{0.0257p}{C}(Z_1-Z_2)^2\right]$

④ $\left[\dfrac{Z_1+Z_2}{2}+\dfrac{p}{2C}+\dfrac{0.0257p}{C}(Z_1-Z_2)^2\right]$

[해설]

롤러 체인의 길이,

$L=\left[\dfrac{Z_1+Z_2}{2}+\dfrac{2C}{p}+\dfrac{0.0257p}{C}(Z_1-Z_2)^2\right]p$

[답] ①

롤러 체인 전동 장치에서 스프로킷 휠(Sprocket Wheel)의 피치원 지름을 D[cm], 스프로킷 휠의 회전속도를 n[rpm], 스프로킷 휠의 잇수를 Z개, 체인의 피치를 p[cm]라고 할 때, 체인의 평균속도를 구하는 식은?

① $\dfrac{pZn}{100 \times 60}$　　　② $\dfrac{100 \times 60}{pZn}$

③ $\dfrac{100 \times 60p}{Zn}$　　　④ $\dfrac{100pZn}{60}$

해설

체인의 속도 구하는 식

$v = \dfrac{pzn}{100 \times 60[\mathrm{s}]}[\mathrm{cm/s}] = \dfrac{pzn}{1,000 \times 60[\mathrm{s}]}[\mathrm{m/s}]$

답 ①

(2) 체인의 링크 수(L_n)

$$L_n = \frac{2C}{p} + \frac{Z_1 + Z_2}{2} + \frac{(Z_2 - Z_1)^2 p}{4C\pi^2}$$

※ 주의사항

링크 수는 짝수로 올림 해야 한다. 만일 홀수로 할 경우 반드시 Offset Link를 사용해야 한다.

(3) 체인의 속도(v)

$$v = \frac{pZN}{60 \times 1,000}[\mathrm{m/s}]$$

여기서, p : 체인의 피치[mm], Z : 스프로킷의 잇수

N : 스프로킷 휠의 회전속도[rpm]

(4) 스프로킷 휠의 회전속도[rpm]

체인의 속도를 구하는 공식을 응용한다.

$v = \dfrac{pZN}{1,000 \times 60}$ 를 응용하면,

$$N = \frac{60,000[\mathrm{s}] \times v[\mathrm{m/s}]}{p[\mathrm{mm}] \times Z}[\mathrm{rpm}]$$

(5) 속도비(i)

$$i = \frac{N_2}{N_1} = \frac{D_1}{D_2} = \frac{Z_1}{Z_2}$$

(6) 체인의 전달동력(H)

$$H = \frac{F[\mathrm{kgf}] \times v[\mathrm{m/s}]}{102} \times \left(\frac{e(발열계수)}{k(사용계수)}\right)[\mathrm{kW}]$$

$$H = \frac{F[\mathrm{kgf}] \times v[\mathrm{m/s}]}{75} \times \left(\frac{e(발열계수)}{k(사용계수)}\right)[\mathrm{PS}]$$

단, 괄호 안의 수치는 주어지면 적용한다.

(7) 체인 1개가 스프로킷 휠의 중심에 대해 이루는 각(α)

$$\alpha = \frac{2\pi}{Z}[\mathrm{rad}]$$

3 로프(Rope)

(1) 로프전동장치의 정의

로프를 홈이 있는 풀리(Pully)에 감아서 원동축의 회전력을 종동축으로 전달하는 장치이다.

(2) 로프전동의 특징

① 장거리의 동력전달이 가능하다.

② 정확한 속도비의 전동이 불확실하다.

③ 전동경로가 직선이 아닌 경우에도 사용이 가능하다.

④ 벨트전동에 비해 미끄럼이 적어 큰 동력의 전달이 가능하다.

(3) 로프의 재질

① 강선(Steel Wire)

② 면(Cotton)

③ 마(Hemp)

4 로프 관련 계산식

(1) 로프에 작용하는 인장응력(σ_t)

$$\sigma_t = \frac{P}{An} = \frac{P}{\frac{\pi d^2}{4} n}$$

여기서, P : 로프에 작용하는 인장력
　　　　d : 소선의 지름, n : 소선의 수

(2) 로프의 장력(T)

$$T = \frac{ws^2}{2h} + wh$$

여기서, T : 장력, w : 단위 길이당 중량, s : 중심간 거리의 $\frac{1}{2}$, h : 처짐량

로프전동의 특징으로 알맞지 않은 것은?

① 장거리의 동력전달이 가능하다.

② 정확한 속도비의 전동이 가능하다.

③ 전동경로가 직선이 아닌 경우에도 사용이 가능하다.

④ 벨트전동에 비해 미끄럼이 적어 큰 동력의 전달이 가능하다.

해설

로프를 이용한 동력전달장치는 미끄럼이 발생하므로 정확한 속도비의 전동이 불가능하다.

답 ②

안심Touch

(3) 로프 풀리의 두 축간 거리(중심간 거리)(l=2s)

로프의 장력을 구하는 식을 이용하면,

$$s^2 = (T - wh) \times \frac{2h}{w}$$

$$s = \sqrt{(T - wh) \times \frac{2h}{w}}$$

$$2s(l_{\text{로프 중심간거리}}) = 2\sqrt{(T - wh) \times \frac{2h}{w}}$$

로프의 전체길이(L)를 구하려면 어떤 식을 적용해야 하는가?

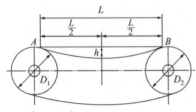

① $L = \dfrac{\pi(D_1 + D_2)}{2} + L_{AB}$

② $L = \dfrac{\pi(D_1 + D_2)}{4} + L_{AB}$

③ $L = \dfrac{\pi(D_1 + D_2)}{4} + 2L_{AB}$

④ $L = \dfrac{3\pi(D_1 + D_2)}{8} + L_{AB}$

답 ①

원동축과 종동축 사이에 로프(Rope)가 걸려 있을 때, 접촉점 사이의 로프길이(L_{AB})는?(단, l : 축간 거리로 한다)

① $L_{AB} = 2l\left(1 + \dfrac{1h^3}{3l^2}\right)$

② $L_{AB} = l\left(2 + \dfrac{2h^2}{3l^2}\right)$

③ $L_{AB} = l\left(1 + \dfrac{5h^2}{3l^2}\right)$

④ $L_{AB} = l\left(1 + \dfrac{8h^2}{3l^2}\right)$

답 ④

(4) 로프의 전체 길이(L)

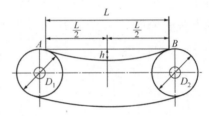

$$L = \frac{\pi(D_1 + D_2)}{2} + L_{AB}$$

(5) 접촉점 사이의 로프 길이(L_{AB})

$$L_{AB} = l\left(1 + \frac{8h^2}{3l^2}\right)$$

여기서, l : 축간 거리

(6) 로프의 최대 늘어난 길이(x)

위치에너지 공식을 이용해서 늘어난 길이, x를 구한다.

위치에너지 = 끝단 튕겨서 늘어난 길이 + 운동에너지

$$mgh = mgx + \frac{1}{2}kx^2$$

여기서, k : 스프링상수[N/m]

기계제도

■ 기계제도-최근 기출문제 분석

연 도	시험명	시험 내용	메 모
2021	국가직	"$\phi62H9$" 해석하기	
		베어링 호칭번호 해석 "6205", "6203"	
2020	지방직	치수 허용표기방법 해석하기 "$\phi12H6$"	
2019	국가직	도면기호 해석	
	고졸경채	3D 모델링의 종류 – 솔리드 모델링	
2018	국가직	최대 죔새	
		중심선 표면거칠기	
	지방직	치수와 공차 용어설명	
	서울시	최대 죔새	
	고졸경채	최대 틈새와 최대 죔새	
2017	국가직	끼워맞춤 용어설명	
	지방직	기하공차의 종류 및 기호	
		동력전달장치 조립도 해석	
	고졸경채	KS 재료기호 해석 "SS400"	
2016	지방직	축과 구멍의 공차역	
2015	지방직	공차역 기호 해석	
		기하공차의 종류 – 직각도	
2014	지방직	KS 부문별 기호 – 기계부분, 수송부분	
2013	국가직	끼워맞춤의 정의	
2012	지방직	기계설계 시 공차와 표면거칠기 고려사항	
		기준치수의 정의	
2009	국가직	위치도 공차 표시방법	
	지방직	치수공차 "50h6", "50h5" 해석	
2008	국가직	최대 틈새와 최대 죔새	

1 기계제도 일반

(1) 기계제도의 목적

제도의 목적은 설계자의 제작 의도를 기계도면에 반영하여 제품 제작 기술자에게 말을 대신하여 전달하는 제작도로써, 이는 제도 표준에 근거하여 제품 제작에 필요한 모든 사항을 담고 있어야 한다. 그러나 설계자 임의의 창의성을 기록하면 제작자가 설계자의 의도를 정확히 이해하기 어렵기 때문에 KS규격 외에 창의적인 사항을 기록해서는 안 된다.

(2) 도면의 종류별 크기 및 윤곽치수[mm]

크기의 호칭			A0	A1	A2	A3	A4
a × b(세로×가로)			841×1,189	594×841	420×594	297×420	210×297
도면 윤곽	c(최소)		20	20	10	10	10
	d (최소)	철하지 않을 때	20	20	10	10	10
		철할 때	25	25	25	25	25

※ A0의 넓이 = 1[m²]

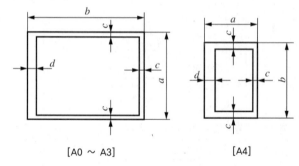

[A0 ~ A3]   [A4]

① 도면을 철할 때 윤곽선은 왼쪽과 오른쪽이 용지 가장자리에서 띄는 간격이 다르다.

② 제도용지의 세로와 가로의 비는 $1 : \sqrt{2}$ 이며, 복사한 도면은 A4용지로 접어서 보관한다.

도면용지의 가로 : 세로의 비율은?

① $1 : \sqrt{2}$

② $2 : \sqrt{2}$

③ $\sqrt{2} : 1$

④ $2\sqrt{2} : 1$

 해설

제도용지의 세로와 가로의 비는 $1 : \sqrt{2}$ 이며, 복사한 도면은 A4용지로 접어서 보관한다.

답 ③

(3) 한국산업규격(KS)의 부문별 분류기호

분류기호	분 야	분류기호	분 야
KS A	기 본	KS L	요 업
KS B	기 계	KS M	화 학
KS C	전기, 전자	KS P	의 료
KS D	금 속	KS Q	품질경영
KS E	광 산	KS R	수송기계
KS F	건 설	KS S	서비스
KS G	일용품	KS T	물 류
KS H	식 품	KS V	조 선
KS I	환 경	KS W	항공우주
KS J	생 물	KS X	정 보
KS K	섬 유		

(4) 국가별 산업표준기호

국 가		기 호
한 국	KS	Korea Industrial Standards
미 국	ANSI	American National Standards Institutes
영 국	BS	British Standards
독 일	DIN	Deutsches Institut Fur Normung
일 본	JIS	Japanese Industrial Standards
프랑스	NF	Norme Francaise
스위스	SNV	Schweizerische Normen Vereinigung

(5) 제1각법과 제3각법

제1각법	제3각법
저면도 / 우측면도 정면도 좌측면도 배면도 / 평면도	평면도 / 좌측면도 정면도 우측면도 배면도 / 저면도

(6) 두 종류 이상의 선이 중복되는 경우 선의 우선순위

숫자나 문자 > 외형선 > 숨은선 > 절단선 > 중심선 > 무게 중심선 > 치수 보조선

금속과 품질경영에 관한 KS규격으로 알맞은 것은?

① 금속 - KS A, 품질경영 - KS Q
② 금속 - KS B, 품질경영 - KS R
③ 금속 - KS D, 품질경영 - KS R
④ 금속 - KS D, 품질경영 - KS Q

답 ④

독일의 산업표준으로 알맞은 것은?

① NF
② DIN
③ SNV
④ ANSI

답 ②

1각법과 3각법을 비교할 때 그 위치가 항상 같은 것은?

① 정면도와 평면도
② 정면도와 배면도
③ 저면도와 평면도
④ 저면도와 배면도

답 ②

도면에서 다음에 열거한 선이 같은 장소에 중복되었다면 결국 한 선으로만 표시되어야 하는데 어느 선으로 표시하여야 하는가?

치수보조선, 외형선, 중심선, 문자

① 문 자 ② 중심선
③ 외형선 ④ 치수보조선

해설
두 종류 이상의 선이 중복되는 경우 선의 우선순위
숫자나 문자 > 외형선 > 숨은선 > 절단선 > 중심선 > 무게중심선 > 치수보조선

답 ①

척도에 대한 설명으로 알맞지 않은 것은?

① 1 : 1은 현척을 말한다.

② 2 : 1은 배척을 말한다.

③ 1 : 4는 축척을 말한다.

④ NS는 물체를 5배로 확대시킨 것이다.

해설

NS는 비례척이 아닌 경우에 표시한다.

답 ④

구멍의 공차역은 $30^{+0.025}_{+0.00}$ 이고, 축의 공차역은 $30^{+0.011}_{-0.005}$ 일 때, 이 축과 구멍의 결합에 대한 설명으로 옳은 것은?

① 최대 죔새는 0.011이다.

② 최대 틈새는 0.014이다.

③ 최소 틈새는 0.014이다.

④ 억지 끼워맞춤이다.

해설

최대 죔새 = 축의 최대 허용치수 - 구멍의 최소 허용치수

최대 죔새 = 30.011 - 30 = 0.011

② 최대 틈새 = 30.025 - 29.995 = 0.03

③ 최소 틈새 = 30 - 30.011 = 0.011(-)

④ 구멍의 최솟값보다 축의 최솟값이 더 작으므로 헐거움 끼워맞춤도 적용된다.

답 ①

(7) 제도 시 선 굵기의 비율

아주 굵은 선 : 굵은 선 : 가는 선 = 4 : 2 : 1

(8) 척도 표시 방법

A : B = 도면에서의 크기 : 물체의 실제 크기

예 축적 - 1 : 2, 현척 - 1 : 1, 배척 - 2 : 1

종 류	의 미
축 척	실물보다 작게 축소해서 그리는 것으로 1 : 2, 1 : 20의 형태로 표시
배 척	실물보다 크게 확대해서 그리는 것으로 2 : 1, 20 : 1의 형태로 표시
현 척	실물과 동일한 크기로 1 : 1의 형태로 표시

(9) 공차용어

① 치수공차(공차) : 최대 허용한계치수 - 최소 허용한계치수

② 기준치수 : 위 치수 및 아래 치수 허용차를 적용할 때 기준이 되는 치수 최대 허용한계치수 - 위 치수 허용차

③ 위 치수 허용차 : 최대 허용한계치수 - 기준치수

④ 아래 치수 허용차 : 최소 허용한계치수 - 기준치수

⑤ 허용한계치수 : 허용할 수 있는 최대 및 최소의 허용치수로 최대 허용한계치수와 최소 허용한계치수로 나눈다.

⑥ 실치수 : 실제로 측정한 치수로 [mm] 단위를 사용한다.

⑦ 틈새 : 구멍의 치수가 축의 치수보다 클 때, 구멍과 축간 치수 차

⑧ 죔새 : 구멍의 치수가 축의 치수보다 작을 때 조립 전 구멍과 축과의 치수 차

⑨ 틈새와 죔새값 구하는 공식

최소 틈새	구멍의 최소 허용치수 - 축의 최대 허용치수
최대 틈새	구멍의 최대 허용치수 - 축의 최소 허용치수
최소 죔새	축의 최소 허용치수 - 구멍의 최대 허용치수
최대 죔새	축의 최대 허용치수 - 구멍의 최소 허용치수

⑩ 실효치수(VS ; Virtual Size)

부품 간 결합 시 가장 극한으로 빡빡한 상태의 결합 치수

㉠ 축의 실효치수 = 축의 MMC 치수 + 형상공차 수치

㉡ 구멍의 실효치수 = 구멍의 MMC 치수 - 형상공차 수치

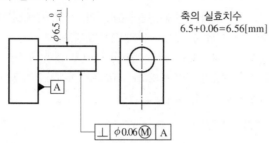

예 축의 실효치수 구하기

축의 실효치수
6.5+0.06=6.56[mm]

(10) 끼워맞춤 상태

틈 새	중 간	죔 새
틈새 틈새	틈새나 죔새가 없다.	죔새 죔새
축의 치수 < 구멍의 치수	축의 치수 = 구멍의 치수	축의 치수 > 구멍의 치수
헐거운 끼워맞춤	중간 끼워맞춤	억지 끼워맞춤

(11) 구멍 기준식 축의 끼워맞춤 기호

헐거운 끼워맞춤	중간 끼워맞춤	억지 끼워맞춤
b, c, d, e, f, g, h	js, k, m, n	p, r, s, t, u, x

(12) 끼워맞춤 공차(끼워맞춤 치수공차) 해석

① '50 h6'

ㄱ 50 : 기준치수인 50[mm]를 나타낸다.

ㄴ h : 소문자(h)는 축 기준으로 끼워맞춤하는 것을 의미하며, h는 또한 헐거움 끼워맞춤을 나타내는 기호이다.

ㄷ 6 : 공차값으로 h 다음에 나오는 수치가 클수록 공차는 더 크다.

예 'h6 > h5'이다.

② '50 H6'

ㄱ H : 대문자(H)는 구멍 기준으로 끼워맞춤하는 것을 의미한다.

치수공차가 50 h6과 50 h5로 주어졌을 때 이에 대한 설명으로 옳은 것은?

① 구멍기준치수 50[mm]에서 h6공차가 h5공차보다 더 크다.

② 구멍기준치수 50[mm]에서 h5공차가 h6공차보다 더 크다.

③ 축기준치수 50[mm]에서 h5공차가 h6공차보다 더 크다.

④ 축기준치수 50[mm]에서 h6공차가 h5공차보다 더 크다.

해 설

• 숫자 50은 기준치수인 50[mm]를 나타내며, 소문자는 축기준으로 끼워맞춤 한다는 것을 의미한다.

• h : 헐거움끼워맞춤을 나타내는 기호이다.

• 공차값 : h 다음에 나오는 수치가 클수록 더 크게 되므로 h6 > h5'이다.

따라서 정답은 ④번이다.

답 ④

축과 구멍의 공차역(Tolerance Zone)에 대한 설명으로 옳지 않은 것은?

① a~h 공차역에서 축의 아래치수허용차는 위치수허용차에 정밀도치수공차(IT)를 뺀 값이다.
② A~H 공차역에서 구멍의 위치수허용차는 아래치수허용차에 정밀도치수공차(IT)를 더한 값이다.
③ k~zc 공차역에서 축의 위치수허용차는 기초치수허용차가 되며 그 값은 음수(−)이다.
④ M~ZC 공차역에서 구멍의 위치수허용차는 기초치수허용차가 되며 그 값은 음수(−)이다.

해설
k~zc 공차역에서 축의 아래치수허용차(ei)가 기초치수허용차가 되며 그 값은 양수(+)이다. 축에서 a~h의 공차역일 때 위치수허용차(es)가 기초치수허용차가 되며 그 값은 음수(−)이다.
① a~h 공차역에서 축의 아래치수허용차(ei) = 위치수허용차(es) − IT
② A~H 공차역에서 구멍의 위치수허용차(ES) = 아래치수허용차(EI) + IT
④ M~ZC 공차역에서 구멍의 위치수허용차(ES)가 기초치수허용차가 되며 그 값은 음수(−)이다.

답 ③

(13) 구멍과 축의 공차역 기호 및 의미

• 공차역 : 기하공차에 의해 규제되는 형체가, '모양, 자세, 위치, 흔들림 공차'의 기준에서 벗어날 수 있는 공차의 허용 영역
• 위 치수 허용차 : ES ; Ecart Superieur(윗치수의 공차), 프랑스어
• 아래 치수 허용차 : EI ; Ecart Inferieur(아래치수의 공차), 프랑스어

① a~h공차역에서 EI = ES − IT
② A~H공차역에서 ES = EI + IT
③ k~zc 공차역에서 EI가 기초치수허용차가 되며 그 값은 양수(+)이다.
④ M~ZC공차역에서 ES가 기초치수허용차가 되며 그 값은 음수(−)이다.

구멍(대문자)		축(소문자)	
공차역	크 기	공차역	크 기
A		a	
B		b	
C		c	
CD	구멍크기 커짐 (허용차 +)	cd	축의 크기 작아짐 (허용차 −)
D		d	
EF		ef	
F		f	
FG		fg	
G		g	
H	기준치수	h	기준치수
J		j	
JS		js	
K		k	
M		m	
N		n	
P		p	
R		r	
S		s	
T	구멍크기 작아짐 (허용차 −)	t	축의 크기 커짐 (허용차 +)
U		u	
V		v	
X		x	
Y		y	
Z		z	
ZA		za	
ZB		zb	
ZC		zc	

(14) 구멍의 중심위치 표시

① 직교좌표에서 치수공차로 규제

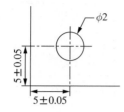

② 기하공차방식으로 위치도공차 표시

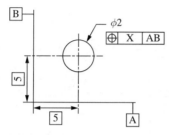

[중심위치의 공차값 계산]

먼저, ①번 그림의 좌표값에서 공차값이 0.005[mm]임을 확인한다.

지시선의 끝점과 접한 원의 중심점은 데이텀 A와 B로부터 5[mm] 떨어진 위치여야 하고 공차값은 아래와 같이 삼각함수 공식을 이용해서 구한다.

- max : $\sqrt{5.05^2 + 5.05^2} = 7.141$
- min : $\sqrt{4.95^2 + 4.95^2} = 7$

※ 공차값 = 7.141−7=0.1410이므로 ϕ0.14가 된다.

※ 위치도공차 : 구멍이나 홈의 중심 위치의 정밀도를 규제하기 위해 기입하는 기하공차

2 기계제도 기호

(1) 치수 보조 기호의 종류

기 호	구 분	기 호	구 분
ϕ	지 름	p	피 치
Sϕ	구의 지름	⌒50	호의길이
R	반지름	$\underline{50}$	비례척도가 아닌 치수
SR	구의 반지름	50	이론적으로 정확한 치수
□	정사각형	(50)	참고 치수
C	45° 모따기	~~50~~	치수의 취소(수정 시 사용)
t	두 께		

구의 반지름을 나타내는 치수보조기호는?

① ϕ
② Sϕ
③ SR
④ C

답 ③

단독형체로 사용되는 공차의 종류가 아닌 것은?

① 평면도
② 원통도
③ 진원도
④ 경사도

[해설]

데이텀 없이 단독으로 사용되는 공차는 모양공차이며 그 종류에 경사도는 포함되지 않는다. 경사도는 관련 형체로써 자세공차에 속한다.

[답] ④

(2) 기하공차 종류 및 기호

형 체		공차의 종류	기 호
단독형체	모양 공차	진직도	——
		평면도	▱
		진원도	◯
		원통도	⌭
		선의 윤곽도	⌒
		면의 윤곽도	⌓
관련형체	자세 공차	평행도	//
		직각도	⊥
		경사도	∠
	위치 공차	위치도	⊕
		동축도(동심도)	◎
		대칭도	≡
	흔들림 공차	원주 흔들림	↗
		온 흔들림	↗↗

다음 가공방법의 약호를 나타낸 것 중 틀린 것은?

① 선반가공(L)
② 보링가공(B)
③ 리머가공(FR)
④ 호닝가공(GB)

[해설]

호닝가공은 'GH'를 사용한다.

[답] ④

(3) 가공 방법의 기호

기 호	가공방법	기 호	가공방법
L	선 반	FS	스크레이핑
B	보 링	G	연 삭
BR	브로칭	GH	호 닝
CD	다이캐스팅	GS	평면 연삭
D	드 릴	M	밀 링
FB	브러싱	P	플레이닝
FF	줄 다듬질	PS	절단(전단)
FL	래 핑	SH	기계적 강화
FR	리머다듬질		

(4) 금속재료별 KS 표시기호

① 일반 구조용 압연강재 : SS400의 경우

㉠ S : Steel(강-재질)

㉡ S : 일반 구조용 압연재(general Structural purposes)

㉢ 400 : 최저 인장강도(400[N/mm²])

② 기계 구조용 탄소강재 : SM45C의 경우

㉠ S : Steel(강-재질)

㉡ M : 기계 구조용(Machine structural use)

㉢ 45C : 평균 탄소함유량(0.42~0.48[%]) - KS D 3752

③ 탄소강 단강품 : SF390A

㉠ SF : carbon Steel Forgings for general use

㉡ 390 : 최저 인장강도(390[N/mm²])

㉢ A : 어닐링, 노멀라이징 또는 노멀라이징 템퍼링을 한 단강품

④ 회주철품 : GC300

㉠ GC : Gray Cast iron(회주철)

㉡ 300 : 최저 인장강도(300[N/mm²])

⑤ 합금공구강(냉간금형) : STD11

⑥ 탄소강 주강품 : SC360

3 도면해석

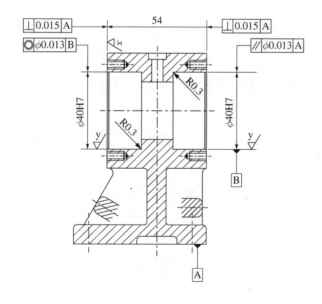

KS규격에 따른 재료기호로 알맞지 않은 것은?

① SM45C에서 45는 평균 탄소함유량이다.

② SS400에서 400은 최대 인장강도이다.

③ GC300에서 GC는 회주철(Gray Cast)을 의미한다.

④ STD11은 합금공구강을 나타내는 기호이며, 냉간금형용으로 사용된다.

해설

일반 구조용 압연강재(SS400의 경우)

S : 재질 - 강(Steel)

S : 일반 구조용 압연재(general Structural purposes)

400 : 최저 인장강도(400[N/mm²])

답 ②

그림에서 ㉠~㉣로 표시된 도면기호에 대한 설명으로 옳지 않은 것은?

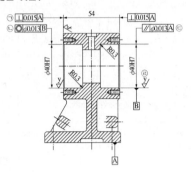

① ㉠ - 직각도 공차이며, 지시선의 화살표로 나타내는 면은 데이텀 A에 수직하고 0.015[mm]만큼 떨어진 두 개의 가상 평행 평면 사이에 있어야 한다.

② ㉡ - 동축도 공차이며, 지시선의 화살표로 나타낸 구멍의 중심축은 데이텀 B의 중심축을 기준으로 하는 지름 0.013[mm]인 원통 안에 있어야 한다.

③ ㉢ - 평행도 공차이며, 지시선의 화살표로 나타내는 지름 40[mm] 구멍의 중심축은 데이텀 A와 B에 평행한 지름 0.013[mm]의 원통 내에 있어야 한다.

④ ㉣ - 표면 거칠기 기호이며, 선반이나 밀링 등에 의한 가공흔적이 남아 있지 않은 상급 다듬질 면이어야 한다.

해설

㉢에서 기하공차는 기준점인 데이텀이 A와 B에 평행한 것이 아니라 A에만 평행하라고 표시되어 있다.

$$\parallel \mid \phi 0.013 \mid A$$

기준 데이텀은 A 하나이다.

답 ③

---

① $\perp \mid 0.015 \mid A$: 데이텀 A를 기준으로 화살표 끝부분이 지시한 면은 직각도 공차 범위 0.015[mm] 이내이어야 한다.

② ϕ40H7 : 지름이 40[mm]인 구멍에 끼워맞춤 할 때의 공차등급 H7을 적용한다.

③ A : 데이텀(Datum)으로 기하학적 형상을 측정할 기준면을 설정하는 것으로 사각형 안에 영문자 A, B, C와 같이 임의로 설정하여 표시한다. 지시선 끝부분 삼각형이 부착된 평면이 곧 '데이텀'으로 이 면이 측정 기준면이 된다.

④ 보강대(리브) : 구조물에서 갈빗대 모양의 뼈대를 말하는 용어로 평면도에 그 두께 및 형상을 표시하기 위해 단면의 형상을 회전시켜 빈 공간에 아래 원 부분과 같이 표시한다.

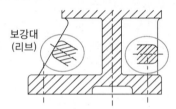

⑤ R0.3 : 베어링 구석부 반지름 0.3[mm]

⑥ 표면거칠기 기호

- $\overset{w}{\vee}$: 거칠게 절삭가공한 면으로 접촉되지 않는 제품의 표면에 주로 적용한다.

- $\overset{x}{\vee}$: 절삭가공한 면으로 제품들이 서로 접촉되어 고정된 부분에 주로 적용한다.

- $\overset{y}{\vee}$: 절삭가공한 면으로 제품들이 서로 접촉되어 회전하거나 상대운동을 하는 부분에 주로 적용한다.

- $\overset{z}{\vee}$: 거울면과 같이 매끈하게 절삭가공한 면으로 열처리와 같은 특수가공 처리가 필요한 부분에 주로 적용한다.

⑦ 본체에 나사가 끼워지는 자리 부분의 도시(도면에 표시)

4 표면거칠기

(1) 산술 평균 거칠기(R_a, 중심선 평균 거칠기)

기준길이(L)의 표면 거칠기 곡선에서 기준인 중심선을 기준으로 모든 굴곡부분을 더한 후 기준길이로 나눈 것을 마이크로미터[μm]로 나타낸 값

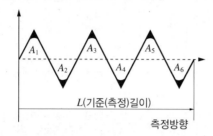

$$R_a = \frac{A(굴곡부분의\ 전체\ 넓이,\ A_1 + A_2 \cdots + A_6)}{L(기준길이)}$$

(2) 최대 높이 거칠기(R_y)

기준길이(L) 중 가장 높은 산봉우리(R_P)와 가장 낮은 골 바닥선(R_V) 사이의 길이를 마이크로미터[μm]로 나타낸 값

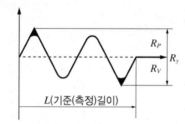

$$R_y = R_P + R_V$$

(3) 10점 평균 거칠기(R_Z)

기준길이(L) 중 가장 높은 산봉우리에서부터 5번째 산봉우리까지의 높이들의 평균 합에 대한 절댓값과, 가장 낮은 골 바닥에서 5번째 골 바닥의 높이들의 평균 합에 대한 절댓값의 합계를 마이크로미터[μm]로 나타낸 값

공작물의 표면거칠기가 다음과 같은 삼각파형으로 측정되었을 때, 해당 공작물의 중심선 평균거칠기(R_a)[μm]는?(단, $d = 8$[μm]이며 $l = 80$[μm]이다)

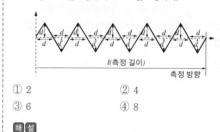

① 2   ② 4
③ 6   ④ 8

해설

중심선 평균거칠기, $R_a = \dfrac{전체\ 넓이}{기준길이} = \dfrac{\frac{8^2}{2} \times 10}{80} = 4$

답 ②

3D 모델링 방법 중 솔리드 모델(Solid Model)을 설명한 내용으로 옳지 않은 것은?

① 논리연산을 활용하여 복잡한 형상을 표현할 수 있다.
② 중량, 관성 모멘트 등 물성 값을 계산할 수 있다.
③ 설계 단계에서 부품 사이의 간섭 검사에 활용될 수 있다.
④ 와이어 프레임 모델과 비교하여 형상 구현에 필요한 데이터량이 적다.

해설
3D 모델링 방법에는 솔리드 모델링, 서피스 모델링, 와이어 프레임 모델링 이 3가지가 있다.
와이어 프레임 모델링은 선(Wire)으로만 형상을 표현하므로 입체로 표시하는 솔리드 모델링에 비해 필요한 데이터량이 더 적다.

답 ④

5 3차원 CAD의 모델링의 종류

종 류	형 상	특 징
와이어프레임 모델링 (Wire Frame Modeling)	선에 의한 그림	• 작업이 쉽다. • 처리 속도가 빠르다. • 데이터 구성이 간단하다. • 은선의 제거가 불가능하다. • 단면도 작성이 불가능하다. • 3차원 물체의 가장자리 능선을 표시한다. • 질량 등 물리적 성질의 계산이 불가능하다. • 내부 정보가 없어 해석용 모델로 사용할 수 없다.
서피스 모델링 (Surface Modeling)	면에 의한 그림	• 은선의 제거가 가능하다. • 단면도 작성이 가능하다. • NC 가공 정보를 얻을 수 있다. • 복잡한 형상의 표현이 가능하다. • 물리적 성질을 계산하기가 곤란하다.
솔리드 모델링 (Solid Modeling)	3차원 물체의 그림	• 은선의 제거가 가능하다. • 단면도 작성이 가능하다. • 곡면기반 모델이라고도 한다. • 부품 간 간섭 체크가 용이하다. • 복잡한 형상의 표현이 가능하다. • 데이터의 처리가 많아 용량이 커진다. • 이동이나 회전을 통해 형상 파악이 가능하다. • 여러 개의 곡면으로 물체의 바깥 모양을 표현한다. • 와이어프레임 모델에 면의 정보를 부가한 형상이다. • 질량, 중량, 관성모멘트 등 물성값의 계산이 가능하다. • 형상만이 아닌 물체의 다양한 성질을 좀 더 정확하게 표현하기 위해 고안된 방법이다

■ 최근 기출문제 분석

연 도	시험명	시험 내용	메 모
2020	국가직	저탄소강 공칭응력–공칭변형률 선도의 응력 크기 순서	
	지방직	응력–변형률 선도에서, 후크(훅)의 법칙이 성립되는 구간	
		안전율의 정의	
2019	국가직	금속의 성질	
	지방직	재료의 피로현상에 대한 해석	
2018	국가직	주철관의 용도	
	지방직	S–N곡선과 내구한도의 특징	
	고졸경채	브리넬경도 압입자국깊이	
2017	서울시	내구선도 – 조더버그선 공식	
2015	국가직	크리프현상의 정의	
2012	지방직	기계재료의 성질	
2011	지방직	합금원소의 영향	
		피로파손 및 내구선도	
2010	국가직	피로현상 및 피로수명의 특징	
2009	국가직	피로한도의 정의	
	지방직	기계재료의 특성	
		베어링메탈의 구비조건	

금속에 대한 일반적인 설명으로 알맞지 않은 것은?

① 소성변형이 가능하다.
② 전기 및 열의 양도체이다.
③ 금속 특유의 광택을 갖는다.
④ 모든 금속은 상온에서 고체상태이며 결정체이다.

해설

금속의 일종인 수은(Hg)은 상온(약 24[℃])에서 액체상태이다.

답 ④

1 기계재료 일반

(1) 금속의 일반적인 특성

① 비중이 크다.

② 전기 및 열의 양도체이다.

③ 금속 특유의 광택을 갖는다.

④ 상온에서 고체이며 결정체이다(단, Hg 제외).

⑤ 연성과 전성이 우수하며 소성변형이 가능하다.

(2) 기계재료의 분류

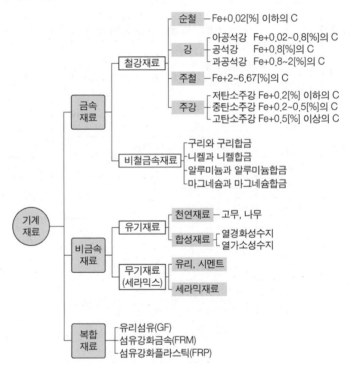

(3) 금속의 용융점[℃]

금 속	W	Fe	Ni	Cu	Au	Ag	Al	Mg	Zn	Hg
용융점	3,410	1,538	1,453	1,083	1,063	960	660	650	420	-38.4

(4) 경금속과 중금속의 비중(S)

경금속			
Mg	Be	Al	Ti
1.7	1.8	2.7	4.5

중금속												
Sn	V	Cr	Mn	Fe	Ni	Cu	Mo	Ag	Pb	W	Au	Pt	Ir
5.8	6.1	7.1	7.4	7.8	8.9	8.9	10.2	10.4	11.3	19.1	19.3	21.4	22

※ 경금속과 중금속을 구분하는 비중의 경계 : 4.5

(5) 열 및 전기전도율이 높은 순서

Ag > Cu > Au > Al > Mg > Zn > Ni > Fe > Pb > Sb

※ 열전도율이 높을수록 고유저항은 작아진다.

(6) 연성이 큰 금속재료 순서

Au(금) > Ag(은) > Al(알루미늄) > Cu(구리) > Pt(백금) > Pb(납) > Zn(아연) > Fe(철) > Ni(니켈)

(7) 선팽창계수가 큰 순서

Pb(납) > Mg(마그네슘) > Al(알루미늄) > Cu(구리) > Fe(철) > Cr(크롬)

※ 선팽창계수 : 온도가 1[℃] 변화할 때 단위 길이당 늘어난 재료의 길이

(8) 자성체의 종류

종 류	특 성	원 소
강자성체	자기장이 사라져도 자화가 남아 있는 물질	Fe(철), Co(코발트), Ni(니켈), 페라이트(α고용체)
상자성체	자기장이 제거되면 자화하지 않는 물질	Al(알루미늄), Sn(주석), Pt(백금), Ir(이리듐), Cr(크롬), Mo(몰리브덴)
반자성체	자기장에 의해 반대 방향으로 자화되는 물질	금(Au), 은(Ag), 구리(Cu), 아연(Zn), 유리, Bi(비스무트), 안티몬(Sb)

금속에 대한 설명으로 틀린 것은?

① 리튬(Li)은 물보다 가볍다.
② 고체상태에서 결정구조를 가진다.
③ 텅스텐(W)은 이리듐(Ir)보다 비중이 크다.
④ 일반적으로 용융점이 높은 금속은 비중도 큰 편이다.

[해설]
이리듐의 비중은 22로 텅스텐(19.1)보다 더 크다.

[답] ③

자기장이 사라져도 자화가 계속 남아 있는 금속은?

① Fe　　　　② Al
③ Cu　　　　④ Sb

[해설]
강자성체인 금속이 자기장이 사라져도 자화가 계속 남아 있게 되는데, 이 강자성체에 속하는 금속은 Fe이다.

[답] ①

조밀육방격자의 구조이며 비중이 1.7로 실용금속 중에서 가장 가벼운 금속은?

① Cu　　　　　② Al
③ Ni　　　　　④ Mg

해설

마그네슘(Mg)의 성질
• 절삭성이 우수하다.
• 용융점은 650[℃]이다.
• 조밀육방격자 구조이다.
• 고온에서 발화하기 쉽다.
• Al에 비해 약 35[%] 가볍다.
• 알칼리성에는 거의 부식되지 않는다.
• 구상흑연주철 제조 시 첨가제로 사용된다.
• 비중이 1.74로 실용금속 중 가장 가볍다.
• 열전도율과 전기전도율은 Cu, Al보다 낮다.
• 비강도가 우수하여 항공기나 자동차 부품으로 사용된다.
• 대기 중에는 내식성이 양호하나 산이나 염류(바닷물)에는 침식되기 쉽다.

답 ④

(9) 금속의 결정구조

종 류	성 질	원 소	단위격자	배위수	원자충진율
체심입방격자(BCC ; Body Centered Cubic)	• 강도가 크다. • 용융점이 높다. • 전성과 연성이 작다.	W, Cr, Mo, V, Na, K	2개	8	68[%]
면심입방격자(FCC ; Face Centered Cubic)	• 전기전도도가 크다. • 가공성이 우수하다. • 장신구로 사용된다. • 전성과 연성이 크다. • 연한 성질의 재료이다.	Al, Ag, Au, Cu, Ni, Pb, Pt, Ca	4개	12	74[%]
조밀육방격자(HCP ; Hexagonal Close Packed lattice)	• 전성과 연성이 작다. • 가공성이 좋지 않다.	Mg, Zn, Ti, Be, Hg, Zr, Cd, Ce	2개	12	74[%]

※ 결정구조 : 3차원 공간에서 규칙적으로 배열된 원자의 집합체

(10) 결정립의 크기변화에 따른 금속의 성질변화

① 결정립이 작아지면 강도와 경도는 커진다.

② 용융금속이 급랭되면 결정립의 크기가 작아진다.

③ 금속이 응고되면 일반적으로 다결정체를 형성한다.

④ 용융금속에 함유된 불순물은 주로 결정립 경계에 축적된다.

⑤ 결정립이 커질수록 외력에 대한 보호막의 역할을 하는 결정립계의 길이가 줄어들기 때문에 강도와 경도는 감소한다.

2 기계재료의 성질

(1) 기계재료가 일반적으로 갖추어야 할 성질

① 가공특성 - 절삭성, 용접성, 주조성, 성형성

② 경제성 - 목적 대비 적절한 가격과 재료 공급의 용이성

③ 물리화학적 특성 - 내식성, 내열성, 내마모성

④ 열처리성

TIP

기계재료가 기구학적 특성을 갖출 필요는 없다.

(2) 재료의 성질의 종류

① **탄성** : 외력에 의해 변형된 물체가 외력을 제거하면 다시 원래의 상태로 되돌아가려는 성질을 말한다.

② **소성** : 물체에 변형을 준 뒤 외력을 제거해도 원래의 상태로 되돌아오지 않고 영구적으로 변형되는 성질로 가소성이라고도 한다.

③ **전성** : 넓게 펴지는 성질로 가단성으로도 불린다. 전성이 크면 큰 외력에도 쉽게 부러지지 않아서 단조가공의 난이도를 나타내는 척도로 사용된다.

④ **연성** : 탄성한도 이상의 외력이 가해졌을 때 파괴되지 않고 잘 늘어나는 성질을 말한다.

⑤ **취성** : 물체가 외력에 견디지 못하고 파괴되는 성질로 인성에 반대되는 성질이다. 취성재료는 연성이 거의 없으므로 항복점이 아닌 탄성한도를 고려해서 다뤄야 한다.

　㉠ 적열취성(赤 붉을 적, 熱 더울 열, 철이 빨갛게 달궈진 상태)
　　S(황)의 함유량이 많은 탄소강이 900[℃] 부근에서 적열(赤熱)상태가 되었을 때 파괴되는 성질로 철에 S의 함유량이 많으면 황화철이 되면서 결정립계 부근의 S이 망상으로 분포되면서 결정립계가 파괴된다. 적열취성을 방지하려면 Mn(망간)을 합금하여 S을 MnS로 석출시키면 된다. 이 적열취성은 높은 온도에서 발생하므로 고온취성으로도 불린다.

　㉡ 청열취성(靑 푸를 청, 熱 더울 열, 철이 산화되어 푸른빛으로 달궈져 보이는 상태)
　　탄소강이 200~300[℃]에서 인장강도와 경도값이 상온일 때보다 커지는 반면, 연신율이나 성형성은 오히려 작아져서 취성이 커지는 현상이다. 이 온도범위(200~300[℃])에서는 철의 표면에 푸른 산화피막이 형성되기 때문에 청열취성이라고 불린다. 따라서 탄소강은 200~300[℃]에서는 가공을 피해야 한다.

　㉢ 저온취성 : 탄소강이 천이온도에 도달하면 충격치가 급격히 감소되면서 취성이 커지는 현상

　㉣ 상온취성 : P(인)의 함유량이 많은 탄소강이 상온(약 24[℃])에서 충격치가 떨어지면서 취성이 커지는 현상

⑥ **인성** : 재료가 파괴되기(파괴강도) 전까지 에너지를 흡수할 수 있는 능력

⑦ **강도** : 외력에 대한 재료단면의 저항력

⑧ **경도** : 재료표면의 단단한 정도

지름이 20[mm], 길이가 800[mm]인 강재에 인장하중이 작용하여 길이가 806[mm]가 되었다면 변형률(ε)은?

① 0.25[%] 　　　　　 ② 0.5[%]
③ 0.75[%] 　　　　　 ④ 0.9[%]

해설

변형률 $\varepsilon = \dfrac{l_2 - l_1}{l_1} \times 100[\%]$

$\quad = \dfrac{806 - 800}{800} \times 100[\%] = 0.75[\%]$

답 ③

⑨ 연신율(ε) : 재료에 외력이 가해졌을 때 처음길이에 비해 나중에 늘어난 길이의 비율

$$\varepsilon = \frac{\text{나중길이} - \text{처음길이}}{\text{처음길이}} = \frac{l_1 - l_0}{l_0} \times 100[\%]$$

⑩ 가단성 : 단조가공 동안 재료가 파괴되지 않고 변형되는 금속의 성질이다. 단조가공의 난이도를 나타내는 척도로써 전성의 다른 말로도 사용되는데 합금보다는 순금속의 가단성이 더 크다.

⑪ 피로수명 : 반복하중을 받는 재료가 파괴될 때까지 반복적으로 재료에 가한 수치나 시간

⑫ 크리프한도 : 고온에서 재료에 일정 크기의 하중(정하중)을 작용시키면 시간이 경과함에 따라 변형이 증가하는 최대 한도

[크리프속도의 특징]

• 일정한 크리프속도에서 한계응력을 구한다.
• 고온이나 고하중일 때 크리프속도가 증가하여 파단이 빨리된다.
• 천이 크리프 동안에는 시간의 경과에 따라 크리프속도는 감소한다.
• 일정온도에서 하중의 크기가 클수록 속도가 증가하며 파단에 이르는 시간이 짧아진다.

⑬ 잔류응력 : 변형 후 외력을 제거해도 재료의 내부나 표면에 남아 있는 응력이다. 물체의 온도변화에 의해서 발생할 수 있는데 추가적으로 소성변형을 해 주거나 재결정온도 전까지 온도를 올려 줌으로써 감소시킬 수 있다. 또한 표면에 남아 있는 인장잔류응력은 피로수명과 파괴강도를 저하시킨다.

⑭ 재결정온도 : 1시간 안에 95[%] 이상 새로운 재결정이 형성되는 온도이다. 금속이 재결정되면 불순물이 제거되어 더 순수한 결정을 얻어낼 수 있는데, 이 재결정은 금속의 순도나 조성, 소성변형 정도, 가열시간에 큰 영향을 받는다.

(3) 주철(Cast Iron)

① 정 의

순철에 2~6.67[%]의 탄소를 합금한 재료로 탄소 함유량이 많아서 단조작업이 곤란하므로 주조용 재료로 사용되는 철강 재료이다.

② 제조방법

용광로에 철광석, 석회석, 코크스를 장입한 후 1,200[℃]의 열풍을 불어 넣어 주면 쇳물이 나오는데 이 쇳물의 평균 탄소 함유량은 4.5[%]이다.

③ 특 징

　㉠ 주조성이 우수하다.

　㉡ 기계 가공성이 좋다.

　㉢ 압축 강도가 크고 경도가 높다.

　㉣ 가격이 저렴해서 널리 사용된다.

　㉤ 고온에서 기계적 성질이 떨어진다.

　㉥ 주철 중의 Si는 공정점을 저탄소강 영역으로 이동시킨다.

　㉦ 용융점이 낮고 주조성이 좋아서 복잡한 형상을 쉽게 제작할 수 있다.

　㉧ 주철 중 탄소의 흑연화를 위해서는 탄소와 규소의 함량이 중요하다.

　㉨ 주철을 파면상으로 분류하면 회주철, 백주철, 반주철로 구분할 수 있다.

　㉩ 강에 비해 탄소의 함유량이 많기 때문에 취성과 경도가 커지나 강도는 작아진다.

④ 주철관의 활용

　내식성, 내압성, 경제성이 우수하여 가스압송관, 광산용 양수관 등에 가장 많이 사용한다.

(4) 주 강

① 정 의

주철에 비해 C(탄소)의 함유량을 줄인 용강(용융된 강)을 주형에 주입해서 만든 주조용 강 재료이다. 주철에 비해 기계적 성질이 좋고 용접에 의한 보수작업이 용이하며 단조품에 비해 가공공정이 적으면서 대형 제품을 만들 수 있는 장점이 있다. 형상이 크거나 복잡해서 단조품으로 만들기 곤란하거나 주철로는 강도가 부족한 경우 사용한다. 그러나 주조 조직이 거칠고 응고 시 수축률도 크며 취성이 있어서 주조 후에는 완전풀림을 통해 조직을 미세화하고 주조응력을 제거해야 한다는 단점이 있다.

② 특 징

　㉠ 주철로서는 강도가 부족한 곳에 사용된다.

　㉡ 일반적인 주강의 탄소 함량은 0.1~0.6[%] 정도이다.

　㉢ 함유된 C(탄소)의 양이 많기 때문에 완전풀림을 실시해야 한다.

　㉣ 기포나 기공 등이 생기기 쉬우므로 제강작업 시 다량의 탈산제가 필요하다.

합금강에서 합금원소의 영향으로 옳지 않은 것은?

① 몰리브덴(Mo)은 고온에서 강도나 경도의 저하가 적으며, 담금질성을 증가시킨다.
② 텅스텐(W)은 탈산 및 탈질 작용이 강하며, 결정립을 미세화한다.
③ 크롬(Cr)은 내마모성과 내식성을 증가시키며, 4[%] 이상 함유될 경우 단조성이 떨어진다.
④ 니켈(Ni)은 저온에서 내충격성을 향상시킨다.

 해설
알루미늄(Al)은 탈산(산소제거)과 탈질(질소제거), 결정립을 미세화시키는 역할을 한다. 텅스텐(W)은 재료의 강도와 경도를 향상시킬 때 합금시키는 원소이다.

답 ②

---

(5) 합금강

① 합금강의 정의

탄소강 본래의 성질을 더 뚜렷하게 개선하거나 새로운 특성을 갖게 하기 위해 보통 탄소강에 합금 원소를 첨가하여 만든 강

② 합금강을 만드는 목적

㉠ 높은 강도와 연성을 유지하기 위해
㉡ 내식성과 내열성, 내산화성을 개선하기 위해
㉢ 고온과 저온에서의 기계적 성질을 개선하기 위해
㉣ 내마멸성 및 피로 특성 등 특수한 성질을 개선하기 위해
㉤ 강을 경화시킬 수 있는 깊이를 증가시켜 기계적 성질을 개선하기 위해

③ 합금원소의 영향

종 류	합금에 따른 영향
탄소(C)	• 경도를 증가시킨다. • 인성과 연성을 감소시킨다. • 일정 함유량까지 강도를 증가시킨다. • 함유량이 많아질수록 취성(메짐)이 강해진다.
규소(Si)	• 유동성을 증가시킨다. • 용접성과 가공성을 저하시킨다. • 인장강도, 탄성한계, 경도를 상승시킨다. • 결정립의 조대화로 충격값과 인성, 연신율을 저하시킨다.
망간(Mn)	• 주철의 흑연화를 방지한다. • 고온에서 결정립 성장을 억제한다. • 주조성과 담금질 효과를 향상시킨다. • 탄소강에 함유된 S(황)을 MnS로 석출시켜 적열취성을 방지한다.
인(P)	• 상온취성의 원인이 된다. • 결정입자를 조대화시킨다. • 편석이나 균열의 원인이 된다.
황(S)	• 절삭성을 양호하게 한다. • 편석과 적열취성의 원인이 된다. • 철을 여리게 하며 알칼리성에 약하다.
수소(H_2)	• 백점, 헤어크랙의 원인이 된다.
몰리브덴(Mo)	• 내식성을 증가시킨다. • 뜨임취성을 방지한다. • 담금질 깊이를 깊게 한다.
크롬(Cr)	• 강도와 경도를 증가시킨다. • 탄화물을 만들기 쉽게 한다. • 내식성, 내열성, 내마모성을 증가시킨다.
납(Pb)	• 절삭성을 크게 하여 쾌삭강의 재료가 된다.
코발트(Co)	• 고온에서 내식성, 내산화성, 내마모성, 기계적 성질이 뛰어나다.
Cu(구리)	• 고온 취성의 원인이 된다. • 압연 시 균열의 원인이 된다.
니켈(Ni)	• 내식성 및 내산성을 증가시킨다.

종 류	합금에 따른 영향
티타늄(Ti)	• 부식에 대한 저항이 매우 크다. • 가볍고 강력해서 항공기용 재료로 사용된다.
알루미늄(Al)	• 탈산(산소 제거) 및 탈질(질소 제거) • 결정립의 미세화
텅스텐(W)	• 재료의 강도와 경도를 향상

※ 편석 : 내부 조성이 균일하지 못하고 편중된 상태의 고체덩어리

3 Fe-C 평형상태도 및 금속조직

(1) Fe-C 평형상태도

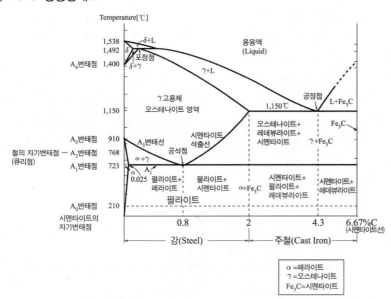

```
α =페라이트
γ =오스테나이트
Fe₃C=시멘타이트
```

① 변태 : 철이 온도 변화에 따라 원자 배열이 바뀌면서 내부의 결정구조나 자기적 성질이 변화되는 현상

② 변태점 : 변태가 일어나는 온도

　㉠ A_0변태점(210[℃]) : 시멘타이트의 자기변태점

　㉡ A_1변태점(723[℃]) : 철의 동소변태점(공석변태점)

　㉢ A_2변태점(768[℃]) : 철의 자기변태점

　㉣ A_3변태점(910[℃]) : 철의 동소변태점, 체심입방격자(BCC)→면심입방격자(FCC)

　㉤ A_4변태점(1,410[℃]) : 철의 동소변태점, 면심입방격자(FCC)→체심입방격자(BCC)

Fe-C상태도에서 각각의 변태점에 대한 설명으로 알맞지 않은 것은?

① 철의 공석변태점은 723[℃]이다.

② 철의 자기변태점은 768[℃]이다.

③ 시멘타이트의 자기변태점은 210[℃]이다.

④ 철은 1,410[℃]에서 원자배열이 BCC → FCC로 변한다.

해 설

변태점은 변태가 일어나는 온도로 각각의 온도점은 다음과 같다.

• A_0변태점(210[℃]) : 시멘타이트의 자기변태점

• A_1변태점(723[℃]) : 철의 동소변태점(=공석변태점)

• A_2변태점(768[℃]) : 철의 자기변태점

• A_3변태점(910[℃]) : 철의 동소변태점, 체심입방격자(BCC) → 면심입방격자(FCC)

• A_4변태점(1,410[℃]) : 철의 동소변태점, 면심입방격자(FCC) → 체심입방격자(BCC)

답 ④

금속조직 중 경도가 작은 순서로 알맞게 나열한 것은?

① 페라이트<소르바이트<오스테나이트<펄라이트<베
이나이트<트루스타이트<마텐자이트<시멘타이트
② 페라이트<오스테나이트<펄라이트<소르바이트<베
이나이트<트루스타이트<마텐자이트<시멘타이트
③ 오스테나이트<펄라이트<페라이트<소르바이트<베
이나이트<트루스타이트<마텐자이트<시멘타이트
④ 펄라이트<소르바이트<베이나이트<트루스타이트
<마텐자이트<시멘타이트<페라이트<오스테나이트

해설

강의 열처리 조직의 경도가 작은 순서

페라이트 < 오스테나이트 < 펄라이트 < 소르바이트 < 베이
나이트 < 트루스타이트 < 마텐자이트 < 시멘타이트

 ②

(2) 금속조직의 종류 및 특징

① 페라이트(Ferrite) : α철

체심입방격자인 α철이 723[℃]에서 최대 0.02[%]의 탄소를 고용하는데, 이때의 고용체가 페라이트이다.

전연성이 크며 자성체이다.

② 펄라이트(Pearlite)

α철(페라이트)+Fe_3C(시멘타이트)의 층상구조 조직으로 질기고 강한 성질을 갖는 금속조직이다.

③ 시멘타이트(Cementite)

순철에 6.67[%]의 탄소(C)가 합금된 금속조직으로 경도가 매우 크나 취성도 크다. 재료 기호는 Fe_3C로 표시한다.

④ 마텐자이트(Martensite)

강을 오스테나이트 영역의 온도까지 가열한 후 급랭시켜 얻는 금속조직으로 강도가 경도가 크다.

⑤ 베이나이트(Bainite)

공석강을 오스테나이트 영역까지 가열한 후 250~550[℃]의 온도 범위에서 일정시간 동안 항온을 유지하는 '항온열처리' 조작을 통해서 얻을 수 있는 금속조직이다. 펄라이트와 마텐자이트의 중간 조직으로 냉각 온도에 따라 분류된다.

[항온열처리 온도에 따른 분류]

• 250~350[℃] : 하부 베이나이트
• 350~550[℃] : 상부 베이나이트

⑥ 오스테나이트(Austenite) : γ철

강을 A_1변태점 이상으로 가열했을 때 얻어지는 조직으로 비자성체이며 전기저항이 크고 질기고 강한 성질을 갖는다.

(3) 금속조직의 경도

페라이트 < 오스테나이트 < 펄라이트 < 소르바이트 < 베이나이트 < 트루스타이트 < 마텐자이트 < 시멘타이트

※ 강의 열처리 조직 중 Fe에 C(탄소)가 6.67[%] 함유된 시멘타이트 조직의 경도가 가장 높다.

(4) Fe-C계 평형상태도에서의 3개 불변반응

종 류	반응온도	탄소 함유량	반응내용	생성조직
공석 반응	723[℃]	0.8[%]	γ고용체 $\leftrightarrow$ α고용체+Fe$_3$C	펄라이트 조직
공정 반응	1,147[℃]	4.3[%]	융체(L) $\leftrightarrow$ γ고용체+Fe$_3$C	레데뷰라이트 조직
포정 반응	1,494[℃] (1,500[℃])	0.18[%]	δ고용체+융체(L) $\leftrightarrow$ γ고용체	오스테나이트 조직

(5) 재료의 피로현상에 따른 특징

① 피로강도는 재료의 성질, 표면조건, 부식 등에 영향을 받는다.

② 엔진, 터빈, 축, 프로펠러 등의 기계부품 설계에 반복하중의 영향을 고려한다.

③ 가해지는 반복하중의 크기가 클수록 파괴가 일어날 때까지의 반복횟수는 줄어든다.

④ 정하중이 작용할 때의 항복응력보다 낮은 응력에서 반복횟수가 많으면 파괴되는 현상이다.

④ 재료시험

(1) 재료시험의 분류

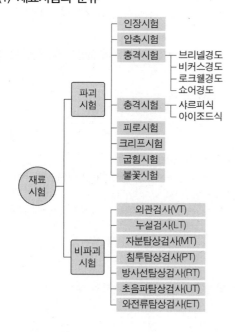

볼트를 결합할 때 너트를 2회전시키면 축방향으로 8[mm], 나사산은 4산이 나아간다. 이 볼트와 너트에 적용된 나사의 피치[mm], 줄 수, 리드[mm]로 옳은 것은?

① 4, 1, 8　　　　　② 4, 2, 8
③ 2, 2, 4　　　　　④ 2, 1, 4

해설
• 피치(p) : 나사산과 바로 인접한 나사산 사이의 거리 또는 골과 바로 인접한 골 사이의 거리
1회전 기준 $L = np$에서 $4 = 2p$ ∴ $p = 2$[mm]
• 줄 수 : 2회전에서 4개의 나사산이 이동했으므로 이 나사는 2줄나사이다. ∴ $n = 2$
1줄 나사와 2줄 나사(다줄나사)

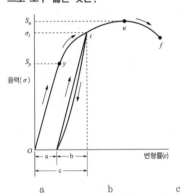

1줄 나사($L= np = p$)	2줄 나사($L= np = 2p$)

• 리드(L) : 나사를 1회전시켰을 때 축방향으로 이동한 거리, $L = n \times p$
1회전 기준 $L = np = 2 \times 2 = 4$[mm]

답 ③

그림과 같은 응력 – 변형률 선도에서 a, b, c에 대한 설명으로 모두 옳은 것은?

	a	b	c
①	탄성변형률	소성변형률	전체변형률
②	소성변형률	항복변형률	영구변형률
③	소성변형률	탄성변형률	전체변형률
④	탄성변형률	소성변형률	영구변형률

해설
a : 항복점(y)을 벗어나서 i지점까지 응력이 작용된 a구간은 소성변형구간이다.
b : b의 그래프에서 하중을 제거하면 다시 원점으로 되돌아오기 때문에 이 구간은 탄성변형률영역으로 볼 수 있다.
c : O점에서 i점까지 하중을 가했다가 제거해도 재료 전체가 변형이 되기 때문에 이 구간은 전체변형률구간이다.

답 ③

---

(2) 인장시험

① 인장시험의 목적

항복점, 연신율, 단면수축률, 변형률, 종탄성계수를 알 수 있다.

② 응력–변형률 곡선($\sigma - \varepsilon$선도) : 인장시험에 의해 도출되는 실험치

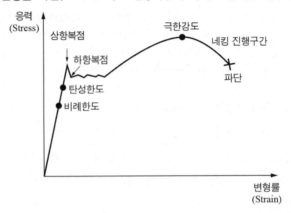

○ 비례한도(Proportional Limit) : 응력과 변형률 사이에 정비례 관계가 성립하는 구간 중 응력이 최대인 점으로 후크의 법칙이 적용된다.

○ 탄성한도(Elastic Limit) : 하중을 제거하면 시험편의 원래 치수로 돌아가는 구간

○ 항복점(Yield Point) : 인장시험에서 하중이 증가하여 어느 한도에 도달하면, 하중을 제거해도 원위치로 돌아가지 않고 변형이 남게 되는 그 순간의 하중

○ 극한강도(Ultimate Strength) : 재료가 파단되기 전에 외력에 버틸 수 있는 최대의 응력

○ 네킹구간(Necking) : 극한 강도를 지나면서 재료의 단면이 줄어들면서 길게 늘어나는 구간

○ 파단점 : 재료가 파괴되는 점

🔧 TIP

공업재료의 기계적 성질
• 동일소재의 경우 피로한도는 항복강도보다 작다.
• 인장시험을 통해 도출된 응력-변형률 곡선의 기계적 성질(탄성계수, 항복강도, 인장강도, 피로한도)의 단위는 모두 Pa[N/m^2]이다.
※ 하지만 9급 기계설계 시험에서는 MPa[N/mm^2]형태로 계산하도록 출제되고 있다.

---

(3) 압축시험

재료의 단면적에 수직 방향의 외력이 작용할 때, 그 저항의 크기를 측정하기 위한 시험이다.

(4) 충격시험

충격력에 대한 재료의 충격 저항인 인성과 취성을 측정하기 위한 시험이다.

① 샤르피식 충격시험법

시험편을 40[mm] 떨어진 2개의 지지대위에서 가로 방향으로 지지하고, 노치부를 지지대 사이의 중앙에 일치시킨 후 노치부 뒷면을 해머로 1회만 충격을 주어 시험편을 파단시킬 때 소비된 흡수 에너지(E)와 충격값(U)을 구하는 시험방법

② 아이조드식 충격시험법

시험편을 세로방향으로 고정시키는 방법으로 한쪽 끝을 노치부에 고정하고 반대쪽 끝을 노치부에서 22[mm] 떨어뜨린 후 노치부와 같은쪽 면을 해머로 1회의 충격으로 시험편을 파단시킬 때 그 충격값을 구하는 시험법

(5) 경도시험

재료의 표면경도를 측정하기 위한 시험으로 강구나 다이아몬드와 같은 압입자에 일정한 하중을 가한 후 시험편에 나타난 자국을 측정하여 경도값을 구한다.

종 류	시험원리	압입자
브리넬 경도 (H_B)	압입자인 강구에 일정량의 하중을 걸어 시험편의 표면에 압입한 후, 압입자국의 표면적 크기와 하중의 비로 경도를 측정한다. $$H_B = \frac{P}{A} = \frac{P}{\pi D h} = \frac{2P}{\pi D(D - \sqrt{D^2 - d^2})}$$ 여기서, D : 강구 지름, d : 압입 자국의 지름, 　　　　h : 압입 자국의 깊이, 　　　　A : 압입 자국의 표면적	강 구
비커스 경도 (H_V)	압입자에 1~120[kg]의 하중을 걸어 자국의 대각선 길이로 경도를 측정한다. 하중을 가하는 시간은 캠의 회전속도로 조절한다. $$H_V = \frac{P(하중)}{A(압입\ 자국의\ 표면적)}$$	136[°]인 다이아몬드 피라미드 압입자
로크웰 경도 (H_{RB}, H_{RC})	압입자에 하중을 걸어 압입자국(홈)의 깊이를 측정하여 경도를 측정한다. • 예비하중 : 10[kg] • 시험하중 : B스케일 – 100[kg], 　　　　　　　C스케일 – 150[kg] • $H_{RB} = 130 - 500h$ • $H_{RC} = 100 - 500h$ 여기서, h : 압입자국의 깊이	• B스케일 : 강구 • C스케일 : 120[°] 다이아몬드(콘)
쇼어 경도 (H_S)	추를 일정한 높이(h_0)에서 낙하시켜, 이 추의 반발 높이(h)를 측정해서 경도를 측정한다. $$H_S = \frac{10,000}{65} \times \frac{h(해머의\ 반발\ 높이)}{h_0(해머\ 낙하\ 높이)}$$	다이아몬드 추

재료를 파괴하면서 시험할 때 샤르피식 시험기로 사용하는 시험방법은?

① 경도시험　　　　　　② 충격시험
③ 굽힘시험　　　　　　④ 피로시험

 해설

충격시험은 시험편에 V형 또는 U형의 노치부를 만들고 이 시편에 충격을 주어 충격량을 계산하는 방식의 시험법으로써, 시험방식의 차이에 따라 샤르피식과 아이조드식으로 나뉜다.

답 ②

경도시험 중 136°의 다이아몬드 피라미드 압입자를 사용하는 것은?

① 브리넬 경도　　　　② 비커스 경도
③ 로크웰 경도　　　　④ 쇼어 경도

해설

① 브리넬 경도 : 강구
③ 로크웰 경도 : B스케일 – 강구,
　　　　　　　　 C스케일 – 120° 다이아몬드(콘)
④ 쇼어 경도 : 다이아몬드 추

답 ②

비파괴검사법의 종류와 그 용어가 알맞게 연결되지 않는 것은?

① 방사선투과시험 – RT
② 초음파탐상검사 – VT
③ 침투탐상검사 – PT
④ 자분탐상검사 – MT

해 설
• 초음파탐상검사 : UT, Ultrasonic Test
• 육안검사(=외관검사) : VT, Visual Test

답 ②

비파괴시험법 중 도체에 전류가 흐르면 도체 주위에는 자기장이 형성되며, 반대로 변화하는 자기장 내에서는 도체에 전류가 유도된다. 표면에 흐르는 전류의 형태를 파악하여 검사하는 방법은?

① 방사선투과시험(RT, Radiography Test)
② 초음파탐상검사(UT, Ultrasonic Test)
③ 와전류탐상검사(ET, Eddy Current Test)
④ 자분탐상검사(MT, Magnetic Test)

답 ③

(6) 비파괴시험법

① 비파괴시험법의 분류

내부결함	표면결함
• 방사선투과시험(RT) • 초음파탐상시험(UT)	• 외관검사(VT) • 누설검사(LT) • 침투탐상검사(PT) • 자분탐상검사(MT) • 와전류탐상시험(ET)

② 비파괴검사의 종류 및 검사방법

㉠ 방사선투과시험(RT ; Radiography Test)
용접부 뒷면에 필름을 놓고 용접물 표면에서 X선이나 γ선을 방사하여 용접부를 통과시키면, 금속 내부에 구멍이 있을 경우 그만큼 투과되는 두께가 얇아져서 필름에 방사선의 투과량이 많아지게 되므로 다른 곳보다 검게 됨을 확인함으로써 불량을 검출하는 방법이다.

㉡ 초음파탐상검사(UT ; Ultrasonic Test)
사람이 들을 수 없는 매우 높은 주파수의 초음파를 사용하여 검사 대상물의 형상과 물리적 특성을 검사하는 방법이다. 4~5[MHz] 정도의 초음파가 경계면, 결함표면 등에서 반사하여 되돌아오는 성질을 이용하는 방법으로 반사파의 시간과 크기를 스크린으로 관찰하여 결함의 유무, 크기, 종류 등을 검사하는 방법이다.

㉢ 와전류탐상검사(ET ; Eddy Current Test)
도체에 전류가 흐르면 도체 주위에는 자기장이 형성되며, 반대로 변화하는 자기장 내에서는 도체에 전류가 유도된다. 표면에 흐르는 전류의 형태를 파악하여 검사하는 방법이다. 결함의 크기나 두께, 재질의 변화를 동시에 검사할 수 있으며 결함지시가 모니터에 전기적 신호로 나타나므로 기록보존과 재생이 용이하다. 또한 표면부 결함의 탐상감도가 우수하며 고온에서의 검사 및 얇고 가는 소재와 구멍의 내부 등을 검사할 수 있다. 그러나 재료 내부의 결함은 찾을 수 없는 단점이 있다.

㉣ 육안검사(VT ; Visual Test, 외관검사)
용접부의 표면이 좋고 나쁨을 육안으로 검사하는 것으로 가장 많이 사용하며 간편하고 경제적인 검사 방법이다.

㉤ 자분탐상검사(MT ; Magnetic Test)
철강재료 등 강자성체를 자기장에 놓았을 때 시험편 표면이나 표면 근처에 균열이나 비금속 개재물과 같은 결함이 있으면 결함 부분에는 자속이 통하기 어려워 공간으로 누설되어 누설 자속이 생긴다. 이 누설자속을 자분(자성분말)이나 검사코일을 사용하여 결함의 존재를 검출하는 방법이다.

ⓗ 침투탐상검사(PT ; Penetrant Test)

검사하려는 대상물의 표면에 침투력이 강한 형광성 침투액을 도포 또는
분무하거나 표면 전체를 침투액 속에 침적시켜 표면의 흠집 속에 침투액
이 스며들게 한 다음 이를 백색분말의 현상액을 뿌려서 침투액을 표면으
로부터 빨아내서 결함을 검출하는 방법이다. 침투액이 형광물질이면 형광
침투탐상시험이라고 불린다.

ⓢ 누설검사(LT ; Leaking Test)

탱크나 용기 속에 유체를 넣고 압력을 가하여 새는 부분을 검출함으로써
구조물의 기밀성, 수밀성을 검사하는 방법이다.

(7) 연성파괴시험

① 정 의

연성파괴는 취성파괴처럼 갑작스럽게 재료가 끊어지는 것이 아니라 소성변
형을 수반하면서 서서히 끊어지므로 균열도 매우 천천히 진행된다. 이 연성
재료가 파단되는 그 순간에는 파단 조각이 많지 않을 정도로 큰 변형이 순식
간에 이루어지므로 취성파괴보다 더 큰 변형에너지가 필요하다.

② 연성(Ductile)파괴의 특징

ⓐ 균열이 천천히 진행된다.

ⓑ 취성파괴에 비해 덜 위험하다.

ⓒ 컵-원뿔 모양의 파괴형상이 나온다.

ⓓ 파괴 전 어느 정도의 네킹이 일어난다.

ⓔ 취성파괴보다 큰 변형에너지가 필요하다.

ⓕ 균열 주위에 소성변형이 상당히 일어난 후에 갑작스럽게 파괴된다.

ⓖ 파단되는 순간은 파단 조각이 많지 않을 정도로 큰 변형이 순식간에 일어
난다.

(8) 비틀림시험

비틀어지는 외력에 저항하는 힘의 크기를 측정하기 위한 시험이다.

(9) 피로시험(Fatigue Test)

재료의 강도시험으로 재료에 인장-압축응력을 반복해서 가했을 때 재료가 파괴
되는 시점의 반복수를 구해서 S(Stress)-N(Number)곡선에 응력(S)과 반복횟수
(N)와의 상관관계를 나타내서 피로한도를 측정하는 시험이다. S-N곡선은
Stress(응력)를 세로축에, N(반복횟수)을 가로축에 표시한 그래프이다.

피로파손 및 내구선도에 대한 설명으로 옳지 않은 것은?

① S-N곡선(피로한도 곡선)이 가로축과 평행하게 되는 시작점에서의 양진응력의 크기, 즉 응력진폭을 피로한도라고 한다.

② 모든 금속재료는 $N = 10^6 \sim 10^7$ 정도에서 명백한 피로한도를 보이며, 이 피로한도보다 낮은 응력진폭에서는 피로파괴되지 않는 것으로 간주하여 설계한다.

③ 변동응력이 작용하는 경우에는, 가로축을 평균응력(σ_m), 세로축을 응력진폭으로 하는 내구선도를 작성하고 작용응력이 안전영역 이내에 있도록 설계하여야 한다.

④ 소더버그(Soderbergh)선도는 내구선도의 세로축 절편을 피로한도, 가로축 절편을 항복강도로 하는 두 점을 직선으로 연결한 내구선도를 말한다.

[해설]
강과 같은 금속재료는 굽힘에 의한 피로한도가 명백히 나타나는 반면에, 비금속재료는 $10^6 \sim 10^7$회의 굽힘에서도 피로한도가 명백히 나타나지 않으므로 ②번은 잘못된 표현이다.

[답] ②

피로파손이론에서 소더버그선(Soderbergh Line) 기준에 의한 응력관계식은?(단, σ_a는 교번응력, σ_m은 평균응력, S_e는 피로강도, S_u는 극한강도, S_f는 파괴강도, S_y는 항복강도이다)

① $\dfrac{\sigma_a}{S_u} + \dfrac{\sigma_m}{S_y} = 1$　　② $\dfrac{\sigma_a}{S_e} + \dfrac{\sigma_m}{S_y} = 1$

③ $\dfrac{\sigma_a}{S_e} + \dfrac{\sigma_m}{S_u} = 1$　　④ $\dfrac{\sigma_a}{S_u} + \dfrac{\sigma_m}{S_e} = 1$

[해설]
소더버그선의 응력관계식
$$\dfrac{\sigma_a(\text{교번응력})}{S_e(\text{피로강도})} + \dfrac{\sigma_m(\text{평균응력})}{S_y(\text{항복강도})} = 1$$

[답] ②

(10) 피로한도(내구한도)

응력이 어느 한계값 이하에서 수많은 횟수가 반복되더라도 피로파괴가 일어나지 않는 재료의 응력한계값으로 $S-N$곡선에서 가로축과 평행하게 되는 시작점에서의 양진응력의 크기(응력의 진폭)이다. 철강과 같이 체심입방구조(BCC)를 갖는 금속은 일반적으로 명확한 내구한도를 갖는다. 실제 부품 설계를 할 때는 하중의 종류, 표면효과, 사용온도 등을 고려한 수정 내구한도를 사용한다.

※ 피로파괴 : 정하중 작용 시 항복응력보다 낮은 응력에서도 반복횟수가 많으면 파괴되는 현상이다.

① 피로파손 및 내구한도(내구선도)의 특징

　㉠ 변동응력이 작용하는 경우, 가로축을 평균응력으로, 세로축을 응력진폭으로 하는 내구선도를 작성하고, 작용응력이 안전영역 이내에 있도록 설계해야 한다.

　㉡ 강과 같은 금속재료는 굽힘에 의한 피로한도가 명백히 나타나는 반면에, 비금속재료는 $10^6 \sim 10^7$회의 굽힘에서도 피로한도가 명백히 나타나지 않는다.

② 소더버그선(Soderberg Line)의 피로파손 응력

소더버그선도는 내구선도의 세로축 절편을 피로한도로, 가로축 절편을 항복강도로 하는 두 점을 직선으로 연결한 내구선도이다.

$$\dfrac{\sigma_a(\text{교번응력})}{\sigma_e \text{ 또는 } S_e(\text{피로강도})} + \dfrac{\sigma_m(\text{평균응력})}{\sigma_y \text{ 또는 } S_y(\text{항복강도})} = 1$$

③ 기계설계 시 재료의 피로(Fatigue)에 대해 고려할 점

　㉠ 피로강도는 재료의 성질, 표면조건, 부식 등에 영향을 받는다.

　㉡ 가해지는 반복하중의 크기가 클수록 파괴가 일어날 때까지의 반복횟수는 줄어든다.

　㉢ 엔진, 터빈, 축, 프로펠러 등의 부품 설계에 반복하중의 영향을 고려해야 한다.

(11) S-N곡선(Stress versus Number of cycles curve)

S-N곡선은 Stress(응력)을 세로축에, N(반복횟수)을 가로축에 표시한 그래프이다.

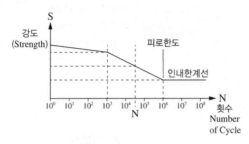

[S-N곡선(Stress versus Number of cycles curve)을 통한 내구한도 분석]

① 체심입방격자(BCC)의 금속은 일반적으로 명확한 내구한도를 갖는다.

② 실제 부품인 기계요소가 받는 피로현상은 하중의 종류와 크기, 사용온도, 노치효과, 표면효과, 치수효과 등을 고려한 수정치를 사용한다.

(12) 크리프(Creep)시험

고온에서 재료에 일정 크기의 하중(정하중)을 작용시키면 시간이 경과함에 따라 변형이 증가하는 현상을 시험하여 온도에 따른 재료의 특성인 크리프 한계를 결정하거나 예측하기 위한 시험법이다. 보일러용 파이프나 증기 터빈의 날개와 같이 장시간 고온에서 하중을 받는 기계 구조물의 파괴를 방지하기 위해 실시한다. 단위로는 $[kg/mm^2]$을 사용한다.

(13) 광탄성시험

광탄성시험은 피측정물에 하중을 가해서 재료의 내부와 표면의 응력을 측정하여 응력의 분포상태를 파악하는 파괴시험법이다.

고온에서 재료에 일정 크기의 하중(정하중)을 작용시키면 시간이 경과함에 따라 변형이 증가하는 현상을 시험하여 온도에 따른 재료의 특성인 크리프한계를 결정하거나 예측하기 위한 시험법은?

① 피로시험
② 크리프시험
③ 광탄성시험
④ 비틀림시험

답 ②

재료시험항목과 시험방법의 관계로 옳지 않은 것은?

① 충격시험 : 샤르피(Charpy)시험
② 크리프시험 : 표면거칠기시험
③ 연성파괴시험 : 인장시험
④ 경도시험 : 로크웰 경도시험

해 설

크리프시험은 재료의 고온특성을 실험하는 것으로 표면거칠기 시험과는 거리가 멀다.

답 ②

5 열처리

(1) 열처리의 분류

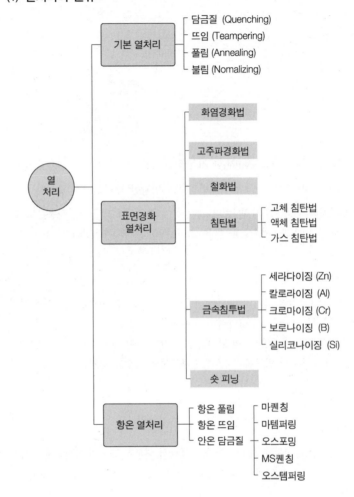

열처리의 방법 중 강을 경화시킬 목적으로 실시하는 열처리는?

① 담금질   ② 뜨 임
③ 불 림   ④ 풀 림

해설

담금질(Quenching) : 탄소강을 경화시킬 목적으로 오스테나이트의 영역까지 가열한 후 급랭시켜 재료의 강도와 경도를 증가시킨다.

② 뜨임(Tempering) : 담금질한 강을 A_1변태점(723[℃]) 이하로 가열 후 서랭하는 것으로 담금질로 경화된 재료에 인성을 부여하고 내부응력을 제거한다.

③ 불림(Normalizing) : 담금질한 정도가 심하거나 결정입자가 조대해진 강을 표준화 조직으로 만들기 위하여 A_3점(968[℃])이나 A_{cm}(시멘타이트)점 이상의 온도로 가열한 후 공랭시킨다.

④ 풀림(Annealing) : 재질을 연하고 균일화시킬 목적으로 실시하는 열처리법으로 완전풀림은 A_3변태점(968[℃]) 이상의 온도로, 연화풀림은 약 650[℃]의 온도로 가열한 후 서랭한다.

답 ①

(2) 기본 열처리

① 담금질(Quenching, 퀜칭)

재료를 강하게 만들기 위하여 변태점 이상의 온도인 오스테나이트 영역까지 가열한 후 물이나 기름 같은 냉각제 속에 집어넣어 급랭시킴으로써 강도와 경도가 큰 마텐자이트 조직을 만들기 위한 열처리 조작이다.

② 뜨임(Tempering, 템퍼링)

잔류 응력에 의한 불안정한 조직을 A_1변태점 이하의 온도로 재가열하여 원자들을 좀 더 안정적인 위치로 이동시킴으로써 잔류응력을 제거하고 인성을 증가시키기 위한 열처리법이다.

③ 풀림(Annealing, 어닐링)

강 속에 있는 내부 응력을 제거하고 재료를 연하게 만들기 위해 A_1변태점 이상의 온도로 가열한 후 가열로(Furnace)나 공기 중에서 서랭함으로써 강의 성질을 개선하기 위한 열처리법이다.

④ 불림(Normalizing, 노멀라이징)

주조나 소성가공에 의해 거칠고 불균일한 조직을 표준화 조직으로 만드는 열처리법으로 A_3변태점보다 30~50[℃] 높게 가열한 후 공랭시킴으로써 만들수 있다.

(3) 금속을 가열한 후 냉각하는 방법에 따른 금속조직

① 노냉 – 펄라이트

② 공랭 – 소르바이트

③ 유냉 – 트루스타이트

④ 수냉 – 마텐자이트

(4) 표면경화 열처리

① 표면경화 열처리의 종류

종 류		열처리 재료
화염경화법		산소-아세틸렌불꽃
고주파경화법		고주파 유도전류
질화법		암모니아가스
침탄법	고체침탄법	목탄, 코크스, 골탄
	액체침탄법	KCN(시안화칼륨), NaCN(시안화나트륨)
	가스침탄법	메탄, 에탄, 프로판
금속침투법	세라다이징	Zn
	칼로라이징	Al
	크로마이징	Cr
	실리코나이징	Si
	보로나이징	B(붕소)

금속침투법의 일종인 보로나이징에 침투시키는 원소는?
① Zn
② Al
③ B
④ Br
답 ③

② 질화법

암모니아(NH_3)가스 분위기(영역) 안에 재료를 넣고 500[℃]에서 50 ~ 100시간을 가열하면 재료 표면에 Al, Cr, Mo원소와 함께 질소가 확산되면서 강재료의 표면이 단단해지는 표면경화법이다. 내연기관의 실린더 내벽이나 고압용 터빈날개를 표면경화 처리 할 때 주로 사용된다.

③ 침탄법

순철에 0.2[%] 이하의 C가 합금된 저탄소강을 목탄과 같은 침탄제 속에 완전히 파묻은 상태로 약 900~950[℃]로 가열하여 재료의 표면에 C(탄소)를 침입시켜 고탄소강으로 만든 후 급랭시킴으로써 표면을 경화시키는 열처리법이다. 기어나 피스톤 핀을 표면경화 할 때 주로 사용된다.

[침탄법 vs 질화법의 차이점]

특 성	침탄법	질화법
경 도	질화법보다 낮다.	침탄법보다 높다.
수정여부	침탄 후 수정가능	불 가
처리시간	짧다.	길다.
열처리	침탄 후 열처리 필요	불필요
변 형	변형이 크다.	변형이 작다.
취 성	질화층보다 여리지 않다.	질화층부가 여리다.
경화층	질화법에 비해 깊다.	침탄법에 비해 얇다.
가열온도	질화법보다 높다.	낮다.

④ 금속침투법

종 류	침투원소
세라다이징	Zn
칼로라이징	Al
크로마이징	Cr
실리코나이징	Si
보로나이징	B(붕소)

⑤ 고주파경화법

고주파 유도전류로 강(Steel)의 표면층을 급속 가열한 후 급랭시키는 방법으로 가열시간이 짧고, 피가열물에 대한 영향을 최소로 억제하며 표면을 경화시키는 표면경화법이다. 고주파는 소형제품이나 깊이가 얕은 담금질 층을 얻고자 할 때, 저주파는 대형제품이나 깊은 담금질 층을 얻고자 할 때 사용한다.

[고주파경화법의 특징]

• 작업비가 싸다.
• 직접 가열하므로 열효율이 높다.
• 열처리 후 연삭과정을 생략할 수 있다.
• 조작이 간단하여 열처리 시간이 단축된다.
• 불량이 적어서 변형을 수정할 필요가 없다.
• 급열이나 급랭으로 인해 재료가 변형될 수 있다.
• 경화층이 이탈되거나 담금질 균열이 생기기 쉽다.
• 가열 시간이 짧아서 산화되거나 탈탄의 우려가 적다.
• 마텐자이트 생성으로 체적이 변화하여 내부응력이 발생한다.
• 부분 담금질이 가능하므로 필요한 깊이만큼 균일하게 경화시킬 수 있다.

침탄법과 질화법의 차이점으로 알맞은 것은?

① 침탄법의 처리시간은 질화법보다 더 짧다.
② 침탄법의 가열온도는 질화법보다 더 낮다.
③ 질화처리한 재료는 침탄처리한 재료보다 변형이 크다.
④ 질화처리한 재료는 수정이 가능하나 침탄처리한 재료는 불가능하다.

답 ①

⑥ 숏 피닝(Shot Peening)

강이나 주철제의 작은 강구(볼)를 금속 표면에 고속으로 분사하여 표면층을 냉간가공에 의한 가공경화 효과로 경화시키면서 압축잔류응력을 부여하여 금속 부품의 피로수명을 향상시키는 표면경화법이다.

⑦ 샌드블라스트

분사가공의 일종으로 직경이 작은 구를 압축공기로 분사시키거나, 중력으로 낙하시켜 소재의 표면에 연마작업이나 녹 제거 등의 가공을 하는 방법이다.

⑧ 피닝효과

액체 호닝에서 표면을 두드려 압축함으로써 재료의 피로한도를 높이는 방법이다.

기계요소가 받는 피로(Fatigue)현상과 관련한 설명으로 옳지 않은 것은?

① 피로시험을 통하여 얻은 S-N 곡선에서 무수히 많은 반복응력을 주었을 때 피로파괴가 일어나지 않는 한 계응력값을 피로한도(Fatigue Limit)라고 한다.

② 정적하중과 동적하중이 동시에 작용하는 경우 가로 축을 평균응력, 세로축을 응력진폭으로 나타낼 때, 피로 파손되는 한계를 내구선도로 나타낼 수 있으며, 여기에는 거버(Gerber)선도, 굿맨(Goodman)선도, 소더버그(Soderbergh)선도 등이 있다.

③ 실제 부품의 설계 시 노치효과, 치수효과, 표면효과 등을 고려하여 내구선도를 수정하여 사용하여야 한다.

④ 기계요소의 피로수명을 강화시키려면 숏피닝(Shot Peening), 표면압연(Surface Rolling) 등의 방법으로 표면에 인장잔류응력을 주면 된다.

[해][설]

숏피닝은 강이나 주철제의 작은 강구(볼)를 금속표면에 고속으로 분사하여 표면층을 냉간가공에 의한 가공경화효과로 경화시키면서 압축잔류응력을 부여하여 금속부품의 피로수명을 향상시키는 표면경화법으로 인장잔류응력은 아니다.

기계요소가 받는 피로현상(Fatigue)

피로시험을 통해 얻은 S-N 곡선에서 무수히 많은 반복응력을 주었을 대 피로파괴가 일어나지 않는 한계응력값을 피로한도라고 한다. 실제 부품의 설계 시 노치효과, 치수효과, 표면효과 등을 고려하여 내구선도를 수정하여 사용하여야 한다.

[답] ④

CHAPTER 18

보, 재료역학

■ 보(Beam) – 최근 기출문제 분석

연 도	시험명	시험 내용	메 모
2019	국가직	균일분포하중을 받는 축이 고정이면서 자유단인 보(Beam)형태로 바뀔 경우의 최대 처짐각	
	서울시 1회	등분포하중을 받는 단순보의 단면에 따른 최대 처짐량	
	고졸경채	외팔보와 단순보에 집중하중 작용 시 처짐량	
2011	국가직	단순지지보에 집중하중 작용 시 처짐	
2009	국가직	단순지지보에 집중하중 작용 시 최대 굽힘응력	
2008	국가직	균일분포하중을 받는 단순지지보의 전단력	
2007	국가직	외팔보에 집중하중 작용 시 처짐량	

■ 재료역학 – 최근 기출문제 분석

연 도	시험명	시험 내용	메 모
2021	국가직	양단 지지소의 최소 축지름 구하기	
	지방직	플라이휠의 반지름 구하기	
2019	서울시 1회	Von Mises 이론에 따른 안전계수	
	고졸경채	원형단면의 단면 2차 모멘트와 단면계수	
2016	국가직	봉재의 안전율	
2013	국가직	좌굴의 유효길이	
2009	지방직	안전계수의 정의	

1 보(Beam)

(1) 보의 정의

축에 직각 방향의 힘을 받아 주로 휨에 의하여 하중을 지탱하는 구조물

(2) 보의 종류

단순보(단순지지보)	내닫이보	연속보(다중지지보)
외팔보	고정보(양단고정보)	고정지지보

(3) 힘의 방향에 따른 힘 계산 시 부호적용

힘의 종류	+방향	−방향
전단력	좌측을 밀어올림	우측을 밀어올림
굽힘모멘트	위로 오목함	위로 볼록함

(4) 보의 최대 처짐량(δ), 최대 처짐각(θ) 및 최대 모멘트(M)

보에 작용하는 힘의 종류	외팔보 집중하중	외팔보 분포하중	단순보 집중하중	단순보 분포하중	고정보 집중하중	고정보 분포하중
$M_{\max}$	PL	$\dfrac{wL^2}{2}$	$\dfrac{PL}{4}$	$\dfrac{wL^2}{8}$	$\dfrac{PL}{8}$	$\dfrac{wL^2}{12}$
$\delta_{\max}$	$\dfrac{PL^3}{3EI}$	$\dfrac{wL^4}{8EI}$	$\dfrac{PL^3}{48EI}$	$\dfrac{5wL^4}{384EI}$	$\dfrac{PL^3}{192EI}$	$\dfrac{wL^4}{384EI}$
$\theta_{\max}$	$\dfrac{PL^2}{2EI}$	$\dfrac{wL^3}{6EI}$	$\dfrac{PL^2}{16EI}$	$\dfrac{wL^3}{24EI}$	$\dfrac{PL^2}{64EI}$	$\dfrac{wL^3}{125EI}$

다음과 같은 외팔보에서 $a=b$일 때 최대 처짐량은 얼마인가?

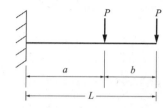

① $\delta_{total} = \dfrac{23PL^3}{24EI}$ ② $\delta_{total} = \dfrac{17PL^2}{48EI}$

③ $\delta_{total} = \dfrac{21PL^3}{48EI}$ ④ $\delta_{total} = \dfrac{47PL^3}{96EI}$

해설

• 중앙점의 처짐량 $\delta = \dfrac{5PL^3}{48EI}$

• 자유단(끝지점)의 처짐량 $\delta = \dfrac{PL^3}{3EI}$

최대 처짐량은 이 두 개의 처짐량들을 더하면 되므로

$\delta_{total} = \dfrac{5PL^3}{48EI} + \dfrac{PL^3}{3EI} = \dfrac{5PL^3 + 16PL^3}{48EI} = \dfrac{21PL^3}{48EI}$

답 ③

그림과 같이 재료, 형상, 크기가 동일한 두 보에 같은 크기의 하중이 가해질 때, 각각의 최대 처짐 위치에서 외팔보는 단순보 보다 몇 배 더 처지는가?(단, 보의 자중은 무시한다)

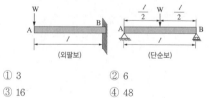

① 3   ② 6
③ 16   ④ 48

해설

문제에서 하중을 W로 표시했지만, P로 정리하면

• 외팔보가 집중하중을 받을 때 처짐량 : $\dfrac{PL^3}{3EI}$

• 단순보가 집중하중을 받을 때 처짐량 : $\dfrac{PL^3}{48EI}$

이를 정리하면, $\dfrac{외팔보}{단순보} = \dfrac{\dfrac{PL^3}{3EI}}{\dfrac{PL^3}{48EI}} = \dfrac{48}{3} = 16$

∴ 외팔보의 처짐량은 단순보보다 16배 더 처진다.

답 ③

균일분포하중을 받는 축에서 양단의 경계조건이 단순지지일 경우 최대 처짐각이 1도였다면, 경계조건이 고정/자유지지로 바뀔 경우 최대 처짐각은?

① 1도   ② 2도
③ 3도   ④ 4도

해설

- 균일분포하중을 받는 단순지지보의 최대 처짐각 :

$$\theta_{\max} = \frac{wl^3}{24EI}$$

- 균일분포하중을 받는 외팔보(고정이면서 자유단)의 최대 처짐각 $\theta_{\max} = \frac{wl^3}{6EI}$

※ 따라서, $\frac{wl^3}{24EI} : 1° = \frac{wl^3}{6EI} : x$

$$\frac{wl^3}{6EI}° = \frac{wl^3}{24EI}x$$ 양변에 $\frac{6EI}{wl^3}$ 을 곱하면

$$1° = \frac{1}{4}x$$

$$x = 4°$$

답 ④

예 단순지지보에 집중하중이 작용 시 처짐각(θ)이나 처짐량(δ) 구하는 식

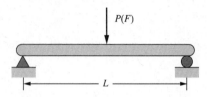

처짐각(θ)	처짐량(δ)
$\theta_{\max} = \dfrac{PL^2}{16EI}$	$\delta_{\max} = \dfrac{PL^3}{48EI}$

🐾 **TIP**

단순지지보의 중앙에 집중하중을 받을 경우 처짐각이나 처짐량은 모두 단면 2차 모멘트(I)에 반비례한다.

(5) 보 관련 계산식

① 최대 굽힘응력($\sigma_{\max}$) 및 최대 굽힘모멘트($M_{\max}$)

- $\sigma_{\max} = \dfrac{M_{\max}}{Z}[\text{N/mm}^2]$

- $M_{\max} = \sigma_{\max} \times Z$(단면계수)를 활용해서 구하면 된다.

㉠ 외팔보에 집중하중이 작용할 경우

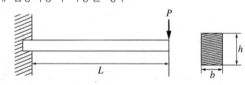

- 최대 굽힘응력

$$\sigma_{\max} = \frac{6PL}{bh^2}$$

- 최대 굽힘모멘트

$$M_{\max} = P \times L$$

㉡ 외팔보에 분포하중이 작용할 경우

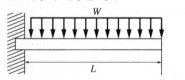

- 최대 굽힘응력

$$\sigma_{\max} = \frac{3wL^2}{bh^2}$$

• 최대 굽힘모멘트

$$M_{\max} = \frac{wL^2}{2}$$

ⓒ 단순보에 집중하중이 작용할 경우

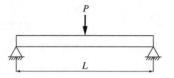

• 최대 굽힘응력

$$\sigma_{\max} = \frac{6PL}{4bh^2}$$

• 최대 굽힘모멘트

$$M_{\max} = \frac{P \times L}{4}$$

ⓔ 사각형 단면의 양단 고정보에 힘이 중앙점에 작용할 경우

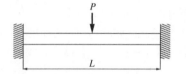

• 최대 굽힘응력

$$\sigma_{\max} = \frac{PL}{8} \times \frac{6}{bh^2} = \frac{6PL}{8bh^2}$$

• 최대 굽힘모멘트

$$M = \frac{PL}{8}$$

➕ TIP

$\sigma_{\max}$ **구하는 식 유도**

$M_{\max} = \sigma_{\max} \times Z$

$= \sigma_{\max} \times \dfrac{bh^2}{6}$ 식을 응용하면

$\sigma_{\max} = M \times \dfrac{6}{bh^2}$

길이가 100[mm]인 축의 중앙에 10[N]의 집중하중이 중심축에 수직으로 작용하고, 동시에 150[N·mm]의 비틀림 모멘트가 작용할 때, 축 중앙에서의 상당 굽힘모멘트[N·mm]는?(단, 축의 양쪽 끝은 단순 지지되어 있다)

① $25\sqrt{34}$ ② $25\sqrt{409}$
③ $125 + 25\sqrt{34}$ ④ $500 + 50\sqrt{409}$

해설
중심축에 작용하는 굽힘모멘트, M

$M = \dfrac{PL}{4} = \dfrac{10[\text{N}] \times 100[\text{mm}]}{4} = 250[\text{N} \cdot \text{mm}]$

위 값을 아래 상당 굽힘모멘트 공식에 대입한다.
상당 굽힘모멘트(M_e)

$M_e = \dfrac{1}{2}(M + \sqrt{M^2 + T^2})$

$\quad = \dfrac{1}{2}(250 + \sqrt{250^2 + 150^2})$

$\quad = \dfrac{1}{2}(250 + \sqrt{85,000})$

$\quad = \dfrac{1}{2}(250 + 50\sqrt{34})$

$\quad = 125 + 25\sqrt{34}$

답 ③

다음 그림과 같이 단순보에 20[N]과 40[N]의 힘이 작용
하고 있다. 반력 R_A, R_B는?

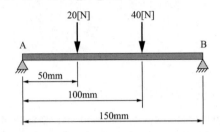

① $R_A = 25.5[N]$, $R_B = 34.5[N]$

② $R_A = 33.3[N]$, $R_B = 26.7[N]$

③ $R_A = 26.7[N]$, $R_B = 33.3[N]$

④ $R_A = 34.5[N]$, $R_B = 25.5[N]$

해설

$R_B \times 150[\mathrm{mm}] = 20[N] \times 50[\mathrm{mm}] + 40[N] \times 100[\mathrm{mm}]$

$R_B = \dfrac{5,000[\mathrm{N \cdot mm}]}{150[\mathrm{mm}]} = 33.3[N]$

따라서 $R_A = 60[N] - 33.3[N] = 26.7[N]$

답 ③

② 보에 작용하는 반력(R_A, R_B)

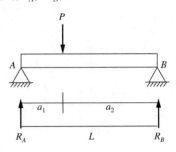

$P - R_A - R_B = 0$,

B점을 모멘트(회전력)의 기준점으로 하면

$R_A \times L - P \times a_2 + R_B \times 0 = 0$

$R_A = \dfrac{P \times a_2}{L}$, $R_B = \dfrac{P \times a_1}{L}$

③ 단순보에 균일분포하중이 작용할 때 전단력[N]

반력을 통해서 전단력을 순차적으로 구한다.

Q 다음 그림과 같은 단순보에 균일분포하중 w가 500[N/m]가 작용하고 있
다. A지점에서부터 $x = 1.2[\mathrm{m}]$ 떨어진 지점에서의 전단력[N]은?

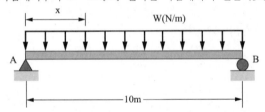

A A지점 반력, $R_A = \dfrac{wl}{2} = \dfrac{500[\mathrm{N/m}] \times 10[\mathrm{m}]}{2} = 2,500[N]$

전단력, $F = R_A - wx = 2,500[N] - (500[\mathrm{N/m}] \times 1.2[\mathrm{m}])$
$= 1,900[N]$

④ 단면계수(Z)

	사각형	중실축	중공축
단면형상	![b, h 사각형]	![d 원]	![d_1, d_2 중공원] 내외경비 $x = \dfrac{d_1}{d_2}$
단면계수 (Z)	$Z_x = \dfrac{bh^2}{6}$, $Z_y = \dfrac{hb^2}{6}$	$Z_x = Z_y = \dfrac{\pi d^3}{32}$	$Z_x = Z_y = \dfrac{\pi d_2^3}{32}(1-x^4)$
극단면계수 (Z_P)	–	$Z_p = \dfrac{\pi d^3}{16}$	$Z_p = \dfrac{\pi d_2^3}{16}(1-x^4)$

2 재료역학

(1) 좌굴(Buckling)

① 좌굴의 정의

좌굴(挫 꺾일 좌, 굽을 굴 屈, 기둥이 휘는 현상) : 단면적에 비해 길이가 긴 물체가 축방향으로 압축력을 받을 때 이 압축력에 의해 가로 방향으로 처짐이 발생하는 현상

② 좌굴 관련 용어

㉠ 세장비(λ)

기둥의 길이 l과 최소 회전반지름 k와의 비로써 좌굴을 알아보기 위해 사용되며 세장비가 크면 좌굴이 쉽게 발생한다. 세장비의 크기에 따라 단주와 장주로 구분된다.

$$\lambda = \frac{l(기둥길이)}{k(최소\ 회전반경)} = \frac{l}{\sqrt{\dfrac{I}{A}}}$$

여기서, A : 기둥의 단면적, I : 관성모멘트(단면 2차 모멘트)

㉡ 기둥

축 방향으로 압축력을 받는 부재로 수직으로 서 있으며 그 상태에서 작용하는 하중을 받는 것이 보통이다. 수평이나 경사지더라도 축 방향으로 압축력을 받고 있다면 기둥으로 판단하며 압축부재라고도 불린다.

㉢ 단주

단면에 비해 길이가 비교적 짧은 기둥으로 축 방향으로 압축력이 작용하면 휘어짐 없이 압축되어 깨지면서 파괴된다. 장주에 비하면 훨씬 큰 하중을 버틸 수 있으며 세장비가 30 이하이다.

㉣ 장주

단면에 비해 길이가 긴 기둥으로 축 방향의 압축력을 받으면 크게 휘어지면서 파괴에 이르는 것으로 세장비가 100 이상이다.

③ 좌굴의 유효길이(ℓ_e)

$$\ell_e = \frac{\ell}{\sqrt{n}}$$

기둥에 좌굴이 발생할 경우, 좌굴의 유효길이가 가장 작은 경우는?

① 양단고정방식
② 양단회전방식
③ 1단고정, 타단회전방식
④ 1단고정, 타단자유방식

해설

좌굴의 유효길이$\left(l_e = \dfrac{l}{\sqrt{n}}\right)$를 구하는 식을 보면 분모가 클수록 유효길이가 작기 때문에 상수값(n)이 가장 큰 양단고정방식의 유효길이가 가장 작다.

답 ①

④ 기둥의 지지방법에 따른 상수값(n)

기둥 지지방법		상수값(n)
1단 고정, 타단 자유 (고정-자유)		$\dfrac{1}{4}$
양단 회전 (핀-핀)		1
1단 고정, 타탄 회전 (고정-핀)		2
양단 고정 (고정-고정)		4

지름이 d인, 속이 찬 원형단면을 갖는 부재에서 그 중심을 지나는 단면 2차 모멘트 I와 단면계수 Z를 옳게 짝지은 것은?

	I	Z
①	$\dfrac{\pi}{8}d^4$	$\dfrac{\pi}{4}d^3$
②	$\dfrac{\pi}{16}d^4$	$\dfrac{\pi}{12}d^3$
③	$\dfrac{\pi}{32}d^4$	$\dfrac{\pi}{16}d^3$
④	$\dfrac{\pi}{64}d^4$	$\dfrac{\pi}{32}d^3$

해설

원형인 중실축의 단면 2차 모멘트,

$$I_x = I_y = \frac{\pi d^4}{64}$$

원형인 중실축의 단면계수,

$$Z = \frac{I}{e} = \frac{\dfrac{\pi d^4}{64}}{\dfrac{d}{2}} = \frac{\pi d^3}{32}$$

답 ④

(2) 평면도형의 성질

구 분	원 형		삼각형	사각형
	중실축	중공축		
도 심	$\overline{y} = \dfrac{d}{2} = r$	$\overline{y} = \dfrac{d_2}{2}$	$\overline{x} = \dfrac{b}{3}$ $\overline{y} = \dfrac{h}{3}$	$\overline{x} = \dfrac{b}{2}$ $\overline{y} = \dfrac{h}{2}$
단면계수 $\left(Z = \dfrac{I}{e}\right)$	$Z = \dfrac{\pi d^3}{32}$	$Z = \dfrac{\pi d_2^3}{32}(1-x^4)$ 여기서, $x = \dfrac{d_1}{d_2}$	$Z = \dfrac{bh^3}{36}$	$Z = \dfrac{bh^2}{6}$
극단면계수 $\left(Z_P = \dfrac{I_P}{e}\right)$	$Z_P = \dfrac{\pi d^3}{16}$	$Z_P = \dfrac{\pi d_2^3}{16}(1-x^4)$	–	–
단면 1차 모멘트 (G = 면적 × 거리)	$\begin{aligned} G_x &= \int_A y\, dA \\ &= \overline{y}A \\ &= \frac{d}{2} \times \frac{\pi d^2}{4} \\ &= \frac{\pi d^3}{8} \end{aligned}$	$\begin{aligned} G_y &= \int_A x\, dA \\ &= \overline{x}A \\ &= \frac{d}{2} \times \frac{\pi d^2}{4} \\ &= \frac{\pi d^3}{8} \end{aligned}$	$\begin{aligned} G_x &= \overline{y}A \\ &= \frac{1}{3}h \times \frac{bh}{2} \\ &= \frac{bh^2}{6} \end{aligned}$	$\begin{aligned} G_x &= \overline{y}A \\ &= bh \times \frac{h}{2} \\ &= \frac{bh^2}{2} \end{aligned}$

구 분	원 형		삼각형	사각형
	중실축	중공축		
단면 2차 모멘트 (관성모멘트) (I)	$I = \dfrac{\pi d^4}{64}$	$I = \dfrac{\pi(d_2^4 - d_1^4)}{64}$	$I_x = \dfrac{bh^3}{36}$ $I_y = \dfrac{hb^3}{36}$	$I_x = \dfrac{bh^3}{12}$ $I_y = \dfrac{hb^3}{12}$
극관성 모멘트 (I_P)	$I_P = I_x + I_y$ $= \dfrac{\pi d^4}{32}$	$I_P = \dfrac{\pi(d_2^4 - d_1^4)}{32}$		

※ 도심(Centroid) : 도형의 중심으로 직교 좌표축을 기준으로 단면 1차 모멘트가 '0'인 지점

(3) 안전율(Safety Ratio)

외부의 하중에 견딜 수 있는 정도를 수치로 나타낸 것으로 기호는 S를 사용한다.

- $S = \dfrac{\text{극한강도}(\sigma_u)}{\text{허용응력}(\sigma_a)} = \dfrac{\text{인장강도}}{\text{허용응력}}$

- 연강재의 안전하중 값
  - 정하중 : 3
  - 동하중(일반) : 5
  - 동하중(주기적) : 8
  - 충격 하중 : 12

(4) Von Mises(폰 미제스)이론

① Von Mises(폰 미제스)의 최대 비틀림에너지

Von Mises 응력의 최댓값이 물체에 작용하여 항복응력에 도달했을 때 그 물체는 파괴하기 시작하며, 물체 내부에 축적된 비틀림에너지가 파괴에 큰 영향을 미친다는 이론이다.

② Von Mises(폰 미제스)이론에 따른 안전계수

$$\text{안전계수, } S = \frac{\text{항복응력}}{\text{VonMises 응력}}$$

$$= \frac{\text{항복응력}}{\sqrt{\dfrac{1}{2}[(\sigma_1 - \sigma_2)^2 + (\sigma_2 - \sigma_3)^2 + (\sigma_3 - \sigma_1)^2]} \, [\text{MPa}]}$$

여기서, σ_1, σ_2, σ_3은 모두 주응력이다.

안전계수(Factor of Safety)에 대한 설명으로 옳지 않은 것은?

① 재료의 기준강도와 허용응력의 비를 나타낸다.
② 가해지는 하중과 응력의 종류 및 성질을 고려한다.
③ 정확한 응력계산이 요구된다.
④ 수명은 고려하지 않는다.

해설
안전계수는 반드시 수명을 고려하기 때문에 극한강도와 허용응력의 관계를 고려하여 계산한다.

답 ④

안심Touch

주 조

■ 주조 – 최근 기출문제 분석

연 도	시험명	시험 내용	메 모
2011	국가직	주물의 기공불량 줄이는 방법	

1 주조(Casting) 일반

(1) 주조의 정의

인류가 오래전부터 사용한 제조기술로 고체상태의 금속을 용해해서 액체로 만든 후 이것을 원하는 모양으로 만든 주형 안으로 주입한 후, 응고시켜 제품을 완성시키는 작업으로 다른 제조 방법들보다 성형성이 우수해서 복잡한 형상의 제품을 쉽게 제작할 수 있다.

(2) 주조의 분류

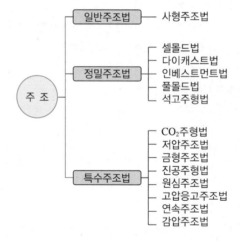

(3) 주조의 특징

① 사용가능한 재료의 범위가 넓다.

② 다른 제조 기술보다 상대적으로 작업공정이 쉽다.

③ 만들어지는 제품의 수를 임의대로 조절이 가능하다.

④ 한 개의 원형으로 여러 개의 제품을 생산할 수 있다.

⑤ 복잡한 형상의 제품을 상대적으로 쉽게 제작할 수 있다.

(4) 주조의 단점

① 주물의 표면이 깨끗하지 못하다.

② 원형 제작 시 시간과 비용이 많이 든다.

③ 용탕이 응고할 때 수축이 일어나서 정밀도가 떨어진다.

④ 용탕을 주형에 주입할 때 주의가 필요하며 안전사고의 위험이 있다.

(5) 주조 작업의 공정 순서

주조 방안 결정 → 원형제작 → 주형 제작 → 용해 → 주입 → 후처리 → 제품검사

(6) 주물의 기공 결함(불량)을 줄이기 위한 방법

① 주형 내의 수분을 제거한다.

② 주형의 통기성을 향상시킨다.

③ 용탕의 주입 온도를 적당히 한다.

④ 압탕구(송탕구, Feeder)를 붙여 용탕에 압력을 준다.

주조의 특징으로 알맞지 않은 것은?

① 주물의 표면이 깨끗하다.

② 원형 제작 시 시간과 비용이 많이 든다.

③ 용탕이 응고할 때 수축이 일어나서 정밀도가 떨어진다.

④ 용탕을 주형에 주입할 때 주의가 필요하며 안전사고의 위험이 있다.

해설
주조로 만들어진 주물은 절삭가공 등에 의해 만들어진 제품보다 표면이 깨끗하지 못한 단점이 있다.

답 ①

주조작업의 공정 순서로 알맞은 것은?

① 주조 방안 결정 → 원형제작 → 주형제작 → 용해 → 주입 → 후처리 → 제품검사

② 주조 방안 결정 → 주형제작 → 원형제작 → 용해 → 주입 → 후처리 → 제품검사

③ 주조 방안 결정 → 원형제작 → 주형제작 → 용해 → 후처리 → 주입 → 제품검사

④ 주조 방안 결정 → 주형제작 → 원형제작 → 용해 → 후처리 →주입 → 제품검사

해설
주조작업의 공정 순서
주조 방안 결정 → 원형제작 → 주형제작 → 용해 → 주입 → 후처리 → 제품검사

답 ①

탕구계 중 탕도에서 용탕이 주형 안으로 들어가는 부분
은?

① 탕 도
② 탕 구
③ 라이저
④ 게이트

해설

게이트(주입구)는 탕도에서 용탕이 주형 안으로 들어가는 부분
으로 주입 시 용탕이 주형에 부딪쳐 역류가 일어나지 않으면서
주형 안에 있는 가스가 잘 빠져나가도록 하고 주형의 구석까지
잘 채워지도록 설계한다.

답 ④

2 탕구계의 구조

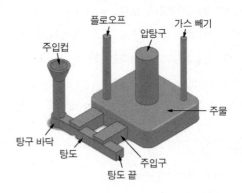

(1) 게이트(주입구)

탕도에서 용탕이 주형 안으로 들어가는 부분. 주입 시 용탕이 주형에 부딪쳐 역
류가 일어나지 않으면서 주형 안에 있는 가스가 잘 빠져나가도록 하고 주형의
구석까지 잘 채워지도록 설계한다.

(2) 탕 구

주입컵을 통과한 용탕이 수직으로 자유 낙하하여 흐르는 첫 번째 통로이다. 탕구
는 보통 수직으로 마련된 유도로로써 탕도에 연결되어 있다. 탕구에서 용탕이
수직으로 낙하할 때 튀어 오르거나 소용돌이 현상을 최소화 할 수 있는 모양과
크기로 만들어져야 한다.

(3) 탕도(Runner)

용탕이 탕구로부터 주형 입구인 주입구까지 용탕을 보내는 수평부분으로 용탕을
주입구(Gate)에 알맞게 분배하며, 용탕에 섞인 불순물이나 슬래그를 최종적으로
걸러주어 깨끗한 용탕이 주입구를 통해 주형 안으로 충전되도록 한다.

(4) 라이저(압탕구)

응고 중 용탕의 수축으로 인해 용탕이 부족한 곳을 보충하기 위한 용탕의 추가
저장소이다. 용탕에 압력을 가한다는 압탕과 높이 솟아 올라있다는 Riser를 명
칭으로 사용하는 주조의 구성요소이다.

③ 주조의 종류

(1) 사형주조법(Sand Casting)

① 사형주조법의 정의

모래를 사용해서 탕구계를 포함하는 주물 모형을 만든 후 이 내부에 용탕을 주입하고 냉각시키면 금속이 응고된 후 모래주형을 깨뜨려 주물을 꺼내는 주조법이다. 공작기계의 받침대나 실린더 헤드, 엔진블록, 펌프의 하우징을 만들 때 사용하는 주조법으로 현재 가장 많이 사용되고 있다.

② 사형주조법의 특징

㉠ 소모성 주형을 사용한다.

㉡ 모형으로 공동부를 만든다.

㉢ 모래 입자의 크기가 크면 통기도도 높아진다.

㉣ 용탕의 점도가 온도에 민감할수록 유동성은 낮아진다.

※ 주물사의 구비 조건
  • 통기성이 좋아야 한다.
  • 열에 의한 화학적 변화가 일어나지 않아야 한다.
  • 열전도도가 낮아서 용탕이 빨리 응고되지 않아야 한다.
  • 제품 분리 시 파손 방지를 위해 주물표면과의 접착력(접합력)이 좋으면 안 된다.

(2) 인베스트먼트주조법

① 인베스트먼트주조법의 정의

제품과 동일한 형상의 모형을 왁스(양초)나 파라핀(합성수지)으로 만든 후 그 주변을 슬러리 상태의 내화 재료로 도포한 다음 가열하여 주형을 경화시키면서 내부의 모형을 용융시켜 빼냄으로써 주형을 완성하는 주조법이다. 다른 말로는 로스트 왁스법, 주물의 치수 정밀도가 좋기 때문에 정밀 주조법으로도 불린다.

② 인베스트먼트주조법의 특징

㉠ 패턴을 내열재로 코팅한다.

㉡ 생산성이 낮고 제조 원가가 비싸다.

㉢ 사형주조법에 비해 인건비가 많이 든다.

㉣ 복잡하고 세밀한 제품을 주조할 수 있다.

㉤ 제작공정이 복잡하며 고비용의 주조법이다.

㉥ 주물의 표면이 깨끗하고 치수 정밀도가 높다.

㉦ 패턴(주형)은 왁스, 파라핀과 같이 열을 가하면 녹는 재료로 만든다.

주물사의 구비조건으로 알맞지 않은 것은?

① 통기성이 좋아야 한다.
② 주물표면과의 접착력이 좋아야 한다.
③ 열에 의한 화학적 변화가 없어야 한다.
④ 열전도도가 낮아 용탕이 빨리 식지 않아야 한다.

해설
주물사는 제품 분리 시 파손 방지를 위해 주물표면과의 접착력(접합력)이 좋으면 안 된다.

답 ②

제품과 동일한 형상의 모형을 왁스(양초)나 파라핀(합성수지)으로 만든 후 그 주변을 슬러리 상태의 내화 재료로 도포한 다음 가열하여 주형을 경화시키면서 내부의 모형을 용융시켜 빼냄으로써 주형을 완성하는 주조법은?

① 원심주조법
② 다이캐스트법
③ 인베스트주조법
④ 석고주형주조법

답 ③

다이캐스트주조법의 특징으로 알맞지 않은 것은?

① 충진시간이 매우 길다.
② 비철금속의 주조에 적용한다.
③ 냉각속도가 빨라서 생산속도가 빠르다.
④ 일반 주물에 비해 치수가 정밀하지만 장치비용이 비싸다.

 설
다이캐스트주조법은 고속으로 충진할 수 있어서 금형 안으로의 충진시간이 매우 짧다.

답 ①

고속으로 회전하는 사형이나 금형주형에 용탕을 주입한 후 약 300~3,000[rpm]으로 회전시킴으로써 중공의 주물을 만드는 주조법은?

① 원심주조법
② 석고주형주조법
③ 다이캐스트주조법
④ 인베스트먼트주조법

답 ①

(3) 다이캐스트주조법

① 다이캐스트주조법의 정의

용융금속을 금형 다이에 고속으로 충진하여 압입하는 주조법으로 주형을 영구적으로 사용할 수 있다. 충진 시간이 매우 짧아서 생산 속도가 빠르므로 대량 생산에 적합하다. 용융금속을 강한 압력으로 금형에 주입하고 가압하여 주물을 얻기 때문에 주물조직이 치밀하며 강도가 큰 특징이 있다. 치수 정밀도가 높아서 마무리 공정수를 줄일 수 있다. 다이캐스트주조법은 주로 비철금속의 주조에 사용된다.

② 다이캐스트주조법의 특징

㉠ 영구주형을 사용한다.
㉡ 비철금속의 주조에 적용한다.
㉢ 고온 챔버식과 저온 챔버식으로 나뉜다.
㉣ 냉각속도가 빨라서 생산속도가 빠르다.
㉤ 용융금속이 응고될 때까지 압력을 가한다.
㉥ 기계용량의 표시는 가압유지 체결력과 관련이 있다.
㉦ 고속으로 충진할 수 있으며 충진시간이 매우 짧다.
㉧ 제품의 형상에 따라 금형의 크기와 구조에 한계가 있다.
㉨ 일반 주물에 비해 치수가 정밀하지만 장치비용이 비싸다.
㉩ 가압되므로 기공이 적고 주물조직이 치밀하며 강도가 크다.
㉪ 정밀도가 높은 표면을 얻을 수 있어 후가공 작업이 줄어든다.
㉫ 주형재료보다 용융점이 낮은 금속재료를 사용하여 주형이 녹아내리는 것을 방지한다.

(4) 셸몰드법

금속 모형을 약 250~300[℃]로 가열한 후, 모형 위에 박리제인 규소수지를 바른다. 그리고 150~200[mesh] 정도의 SiO_2와 열경화성 합성수지를 배합한 주형재에 잠기게 하여 주형을 제작하는 주조법

(5) 원심주조법

고속으로 회전하는 사형이나 금형주형에 용탕(쇳물)을 주입한 후 대략 300~3,000[rpm]으로 회전시키면, 용탕에 원심력이 작용해서 주형의 내벽에 용탕이 압착된 상태에서 응고시켜 주물을 얻는 주조법으로 관이나 중공의 주물인 주철관, 주강관, 라이너, 포신을 제작할 때 사용한다.

(6) 석고주형주조법

알루미늄 합금이나 열경화성 플라스틱으로 만든 모형 위에 석고를 붓는데, 이 석고가 굳으면 모형을 제거해서 남은 습기를 건조시킨다. 건조된 주형은 120℃에서 약 15시간 정도 예열 후 용탕을 주입하는데, 석고 주형의 통기성이 매우 불량하므로 가급적 진공상태에서 이루어져야 한다. 표면 정밀도가 좋고 서냉으로 인해 뒤틀림이 적으며 기계적 성질이 좋으나 비용이 많이 드는 단점이 있다.

CHAPTER 20

기타 기계요소, 지그 및 고정구, 단위

▣ 기계요소 – 최근 기출문제 분석

연 도	시험명	시험 내용	메 모
2019	국가직	스냅링의 정의	
		유체토크컨버터의 특징	
	지방직	드릴링작업의 특징	
	고졸경채	4절 링크 장치의 종류 – 크랭크 로커기구	
2018	국가직	플라이휠의 특징	
	고졸경채	스냅링의 기능	
2017	고졸경채	직접 전동장치와 간접 전동장치의 차이점	
2016	지방직	캠 전동장치에서 두 원 간의 중심거리	
2015	지방직	관성차(플라이휠)의 최대 운동에너지	
2014	국가직	캠선도의 종류	
2013	국가직	머시닝센터 작업 시 고정구와 핀	
2012	국가직	핀의 직경	
2009	지방직	플라이휠의 정의	
2008	국가직	캠기구의 특징	

▣ 지그 및 고정구 – 최근 기출문제 분석

연 도	시험명	시험 내용	메 모
2021	국가직	치공구 중 위치결정구의 구비조건	
2019	지방직	치공구의 사용목적 및 특징	
2018	지방직	지그의 종류 – 형판지그	
2010	국가직	지그와 고정구의 특징	

◾ 단위 – 최근 기출문제 분석

연 도	시험명	시험 내용	메 모
2021	지방직	PS와 JOULE의 정의	
2019	고졸경채	자동차 바퀴의 미끄럼률	
2018	국가직	동력 계산식	
2018	서울시	동력의 공식	
2014	국가직	SI 기본단위 – 동력	
2014	지방직	SI 기본단위의 종류	
2011	지방직	전동잭의 효율	
2010	지방직	SI 기본단위 – 일률(동력)	

1 동력전달용 기계요소

(1) 유체토크컨버터

① 유체토크컨버터의 역할

펌프 역할을 하는 임펠러와 터빈 그리고 스테이터(안내깃)로 구성된 토크변환용 유체기기로 주로 자동차용 자동변속기에 장착된다.

② 유체토크컨버터의 작동원리

엔진과 같은 회전수로 회전하는 임펠러(펌프)를 빠져나온 유체가 터빈의 깃을 쳐서 터빈 러너를 회전시키는데 터빈을 돌리고 나온 작동유체는 안내깃인 스테이터로 유입된 후 다시 펌프로 흘러들어간다.

③ 유체토크컨버터의 구성요소

ㄱ 펌프 임펠러 : 크랭크축에 직결되어 회전하며, 유체에 힘을 주어 터빈을 회전시킨다.

ㄴ 터빈 러너 : 펌프 임펠러에서 발생시키는 유체의 흐름과 동일한 방향으로 회전하며, 중심부에 있는 회전축을 통해 변속기 입력축과 연결된다.

ㄷ 스테이터 : 펌프 임펠러와 터빈 러너 사이에 설치되며 유체의 흐름 방향을 일정하게 유지하고 힘을 전달한다.

(2) 플라이휠

① 플라이휠의 역할

에너지를 축적해서 회전을 원활하게 만들기 위해 추가로 장착하는 쇳덩이다. 주로 자동차 크랭크축에 적용된 것으로 유명하다. 자동차에서 연소실의 폭발이 크랭크축이 회전할 때마다 일어나지 않으므로, 회전할 때 발생하는 불규칙한 맥동을 막으면서 엔진의 회전을 원활하도록 만들어 주는 장치이다.

플라이휠

크랭크축

② 플라이휠의 특징

ㄱ 내연기관, 왕복펌프, 공기압축기 등에 흔히 사용된다.

ㄴ 구동토크가 많이 발생하면 운동에너지를 흡수하여 각속도 증가량이 둔화된다.

ㄷ 축적된 운동에너지를 전단기나 프레스 등의 작업에너지로 사용가능하며, 그 출력은 극관성모멘트의 크기에 따라 결정된다.

ㄹ 4행정 기관에서 직렬로 연결된 실린더 수가 많아지면 에너지가 일정하게 공급될 확률이 더 크기 때문에 변동계수도 더 작아진다.

전동모터의 동력을 최소화하기 위해 기계장치에 장착하는 것은?

① 기 어   ② 마찰차
③ 플라이휠   ④ 타이밍벨트

해설

전동모터의 동력용량을 최소화하려면, 회전체에 플라이휠을 추가로 장착하여 관성에 의한 회전이 이루어지도록 하면 된다.

답 ③

③ 전동모터에서 플라이휠의 활용

전동모터의 동력 용량을 최소화하려면, 회전체에 플라이휠을 추가로 장착하여 관성에 의한 회전이 이루어지도록 하면 된다.

플라이휠(Fly Wheel)

(3) 캠기구(Cam System)

불규칙한 모양을 가지고 구동 링크의 역할을 하는 캠이 회전하면서 거의 모든 형태의 종동절의 상하 운동을 발생시킬 수 있는 간단한 운동변환장치

① 캠기구의 구조 : 원동캠과 종동절로 구성된다.

종동절

원동캠

② 캠의 압력각

캠과 종동절의 공통 법선이 종동절의 운동 경로와 이루는 각으로 압력각은 작을수록 좋으며 30°를 넘지 않도록 해야 한다.

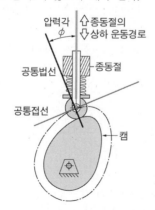

압력각 φ · 종동절의 상하 운동경로

공통법선 · 종동절

공통접선 · 캠

③ 캠의 압력각을 줄이는 법 : 기초원의 직경을 증가시키거나 종동절의 상승량을 감소시킨다.

다음 기계요소 중 회전운동을 직선운동으로 변환시킬 수 있는 것은?

① 캠과 캠기구
② 체인과 스프로킷 휠
③ 래칫 휠과 폴
④ 웜과 웜기어

답 ①

캠선도에 해당하지 않는 것은?

① 변위선도
② 속도선도
③ 가속도선도
④ 운동량선도

해설
캠선도에 운동량선도는 포함되지 않는다.

답 ④

그림은 두 개의 원을 이용하여 만든 판캠으로, B축의 행정거리가 15[mm]일 때 큰 원과 작은 원간의 중심거리 X[mm]는?

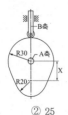

① 30   ② 25
③ 20   ④ 15

해설
이 문제는 공식에 대입하기보다, 캠기구의 구동원리만 이해하면 풀 수 있는 문제이다. 상단에 위치한 구동축의 상하 이동거리가 15[mm]이므로 이는 아래 원의 반지름 R20보다 작다. 그러므로 위쪽으로 5[mm]이동해야 하므로 X=30[mm]−5[mm]=25[mm]가 된다.

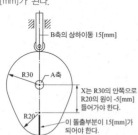

답 ②

④ 캠 선도의 종류
ㄱ 변위선도
ㄴ 속도선도
ㄷ 가속도선도

⑤ 캠기구의 구동원리에 따른 계산

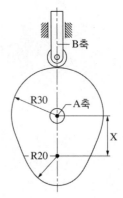

ㄱ B축의 행정거리, L
[캠의 상단 원의 반지름+행정거리(L)] = [캠의 하단 원의 반지름 + 두 원의 중심간 거리(X)]
L = [캠의 하단 원의 반지름 + 두 원의 중심간 거리(X)] − [캠의 상단 원의 반지름]
예 만일 두 원의 중심간 거리가 25[mm]라고 가정하고, 위 그림의 수치를 대입하면
L = (20[mm]+25[mm])−(30[mm]) = 15[mm]

ㄴ 캠을 이루는 두 원의 중심간 거리, X
두 원의 중심간 거리(X) = [캠의 상단 원의 반지름+행정거리(L)] − [캠의 하단 원의 반지름]
예 만일 B축이 15[mm]를 이동한다고 가정하고, 위 그림의 수치를 대입하면
X = (30[mm]+15[mm])−(20[mm]) = 25[mm]

(4) 크랭크-로커기구

크랭크의 회전운동으로 로커는 그 길이에 따라 회전운동을 하거나 자동차 와이퍼와 같이 반복운동을 한다.

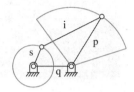

[크랭크-로커기구]

(5) 동력전달장치의 특징

① 직접 전동장치 : 기어, 마찰차

② 간접 전동장치 : 벨트, 체인, 로프

③ 로프는 두 축 사이의 거리가 길 때 사용하므로 간접 전동장치이다.

④ 기어는 정확한 속도비로 회전운동을 하지만 마찰차는 미끄럼에 의해 불가능하다.

2 위치결정용 기계요소

(1) 핀(Pin)

분해나 조립하는 부품의 위치결정이나 부품의 고정, 볼트와 너트의 풀림방지 등을 위해서 사용하는 기계요소

① 핀의 종류 및 특징

  ㉠ 평행핀 : 리머가공 된 구멍 안에 끼워져서 주로 위치 결정 용으로 사용한다.

  ㉡ 테이퍼핀 : 키의 대용이나 부품 고정용으로 사용하는 핀으로 테이퍼핀을 때려 박으면 단단하게 구멍에 들어가서 잘 빠지지 않는다. 테이퍼핀의 테이퍼 값은 $\frac{1}{50}$ 이다.

  ※ 테이퍼핀의 호칭지름 = 두께가 가는 쪽의 지름

  ㉢ 분할핀 : 핀 전체가 두 갈래로 되어 있어서 핀이 쉽게 빠져나오지 못하도록 하는 형상으로 너트의 풀림방지용으로 주로 사용된다.

4절 링크장치(Four Bar Linkage)에서 완전한 회전운동을 하는 링크는?

① 레버(Lever)

② 로커(Rocker)

③ 크랭크(Crank)

④ 커넥팅 로드(Connecting Rod)

해설

4절 링크장치에서도 완전한 회전운동을 하는 링크는 크랭크이다.

답 ③

그림과 같이 5[kN]의 물체를 지탱하고 있는 유압크레인에서 핀의 허용면압이 25[MPa]이고 폭경비가 2일 때, 핀의 직경[mm]은?

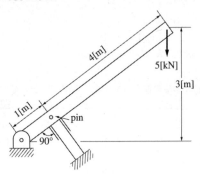

① 20
② 25
③ 30
④ 40

해설

- 핀에 작용하는 힘(F)는 비례식으로 풀어낼 수 있다.

$$4[\text{m}] \times 5[\text{kN}] = 1[\text{m}] \times F$$

$$F = 20[\text{kN}]$$

- 폭경비$\left(\dfrac{l}{d}\right) = 2$

$F = Pdl$ 여기서 $l = 2d$이므로

$$F = P \times d \times 2d$$

$$F = P \times 2d^2$$

$$d^2 = \frac{F}{2P}$$

$$d = \sqrt{\frac{F}{2P}}$$

∴ 핀의 지름(d) $= \sqrt{\dfrac{F}{2P}} = \sqrt{\dfrac{20,000}{2 \times 25}} = 20[\text{mm}]$

답 ①

다음은 직육면체 형상의 공작물 A를 머시닝센터의 테이블 위에 정확한 위치와 자세로 고정하기 위한 고정구(Fixture) 맞춤핀(Pin) B의 배치를 나타낸 것으로, 위에서 본 그림이다. 맞춤핀 B의 배치로 가장 적합한 것은?

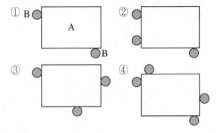

해설

밀링커터의 우회전 커팅작업과 밀링테이블의 이송방향을 고려하면 가장 적합한 맞춤핀의 배치는 ②번이다.

답 ②

② 너클핀 : 한쪽 포크(Fork)에 아이(Eye)부분을 연결할 때 구멍에 수직으로 평행핀을 끼워서 두 부분이 상대적으로 각운동을 할 수 있도록 할 때 사용한다.

② 밀링 작업 시 핀의 배치 방법

밀링커터의 우회전 커팅작업과 밀링테이블의 이송방향을 고려하면 가장 적합한 맞춤핀의 배치는 아래와 같이 한다.

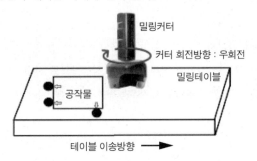

③ 핀(Pin) 관련 계산식

㉠ 핀에 작용하는 허용전단응력(τ_a)

$$\tau_a = \frac{Q}{A \times 2} \quad \text{핀은 절단될 때, 위와 아래에 절단면이 생김}$$

$$= \frac{Q}{\dfrac{\pi d^2}{4} \times 2} = \frac{2Q}{\pi d^2}[\text{N/mm}^2]$$

여기서, Q : 축방향 하중[N], d : 핀 지름[mm]

㉡ 너클핀의 지름(d)

$$d = \sqrt{\frac{2P}{\pi \tau_a}}[\text{mm}]$$

여기서, P : 작용하중[N], τ_a : 허용전단응력[N/mm^2]

㉢ 핀의 폭경비

$$\frac{l}{d} = \frac{\text{길이}}{\text{지름}}$$

(2) 스냅링

축의 외면이나 구멍의 내면에 조립되는 부품을 축방향으로 고정하거나 정 위에서의 이탈을 방지하고자 할 때 사용하는 기계요소로 고정링, 멈춤링으로도 불린다. 스냅링은 핀이나 키와 같은 동력 전달을 목적으로 하는 것이 아닌 위치 고정용임을 유념해야 한다.

[스냅링, Snap Ring]

3 지그(Zig) 및 고정구(Fixture)

지그와 고정구를 사용하면 소품종의 제품을 대량으로 생산하기에 효율적이므로 제조원가를 절감할 수 있다. 다품종을 소량으로 생산하려면 그만큼 많은 종류의 지그나 고정구를 만들어야 하므로 제조원가는 반대로 커진다.

지그나 고정구를 사용하면 얻을 수 있는 효과로 알맞지 않은 것은?

① 생산성 증가
② 제조원가 절감
③ 제조시간 단축
④ 다품종 소량생산

답 ④

(1) 지그(Zig)의 종류

① **형판 지그** : 별도 고정 장치가 없어도 위치 결정 핀으로 작업 위치를 잡을 수 있다. 과거 CAD도입 전 손으로 제도할 시기에, 각종 형상을 그리거나 지울 때 도면 위에 대고 그리는 '템플릿 자'를 생각하면 정밀도는 낮을 수 있으나 빠른 작업속도를 생각할 수 있다. 따라서 설명은 Template Zig를 나타낸 것이다.

② **평판지그** : 위치 결정구와 클램프로 공작물을 고정시킨다.

③ **박스지그** : 상자의 형태로 회전시킬 수 있어서 공작물을 고정시킨 후 회전시키면서 여러 면을 가공할 수 있다. 작업 속도가 빠르고, 주로 볼트를 사용해 공작물을 고정시킨다.

④ **앵글판 지그** : 평판 지그에 각도를 변형시켜 만든 지그로 평판 지그와 같이 위치 결정구와 클램프로 공작물을 고정시킨다.

다음 설명에 해당하는 지그는?

- 고정 장치가 없어 별도의 핀으로 위치를 잡아 준다.
- 일감의 특정한 부분의 모양에 맞추어 작업할 수 있도록 만들어진다.
- 부시를 사용하지 않을 때에는 지그판 전체를 열처리하여 경화시킨 후 사용한다.
- 정밀도 향상보다는 빠른 작업속도와 노동력 절감을 위하여 사용되므로 비교적 제작비용이 적게 든다.

① 형판 지그(Template Jig)
② 평판 지그(Plate Jig)
③ 박스 지그(Box Jig)
④ 앵글판 지그(Angle Plate Jig)

해설

형판 지그는 별도의 고정 장치가 없어도 위치 결정핀으로 작업 위치를 잡을 수 있다. 과거 CAD 도입 전 손으로 제도할 시기에, 각종 형상을 그리거나 지울 때 도면 위에 대고 그리는 "템플릿 자"를 생각하면 정밀도는 낮을 수 있으나 빠른 작업속도를 생각할 수 있다. 따라서 설명은 Template Jig를 나타낸 것이다.
② 평판지그 : 위치 결정구와 클램프로 공작물을 고정시킨다.
③ 박스지그 : 상자의 형태로 회전시킬 수 있어서 공작물을 고정시킨 후 회전시키면서 여러 면을 가공할 수 있어서 작업 속도가 빠르다. 주로 볼트를 사용해 공작물을 고정시킨다.
④ 앵글판 지그 : 평판 지그에 각도를 변형시켜 만든 지그로 평판 지그와 같이 위치 결정구와 클램프로 공작물을 고정시킨다.

답 ①

(2) 고정구(Fixture)의 종류

공작물의 위치 고정을 목적으로 하는 고정구는 공작물의 형상과 그 목적에 따라 다양한 종류가 있으나 주로 평평한 플레이트와 각도를 가진 앵글 플레이트가 많이 사용된다.

① 플레이트 고정구(Plate Fixture)

가장 많이 사용되는 일반적인 형태로 평평한 판에 구멍이 뚫려 있는 부분으로 공작물 직·간접적으로 고정시킨다.

공작물

고정구

② 앵글 플레이트 고정구(Angle Plate Fixture)

일판 플레이트 고정구에 각도를 주어 공작물을 고정시키는 장치다. 고정된 공작물에 2차 가공을 위해서는 지지부를 강하게 만들 필요가 있다. 고정 각도를 가진 것과 유동적으로 각도를 조정할 수 있는 것으로 구분된다.

③ 스핀 인덱스 고정구(Spin Index Fixture)

일정한 간격으로 공작물을 회전시키면서 가공하고자 할 때, 공작물을 고정시키는 고정구이다.

4　기계공작용 기계요소

(1) 드릴링 가공

① 드릴링 가공의 정의

드릴링 머신의 테이블 위의 고정된 바이스에 공작물을 고정시킨 후 척에 드릴을 장착한 다음 회전시키면서 이송 레버로 드릴을 상하로 이송하며 공작물에 구멍을 가공하는 방법이다. 드릴링 머신에 장착하는 공구를 드릴 대신 리머나 보링 바, 탭 등을 장착하면 리밍이나 보링, 태핑 등 구멍을 응용한 다양한 가공이 가능해서 활용도가 높다.

② 드릴링 가공의 종류

종 류	그 림	방 법	종 류	그 림	방 법
드릴링		드릴로 구멍을 뚫는 작업	카운터 싱킹		접시머리나사의 머리가 완전히 묻힐 수 있도록 원뿔 자리를 만드는 작업
리 밍		드릴로 뚫은 구멍의 정밀도 향상을 위하여 리머 공구로 구멍의 내면을 다듬는 작업	스폿 페이싱		볼트나 너트의 머리가 체결되는 바닥 표면을 평평하게 만드는 작업
보 링		보링바이트로 이미 뚫린 구멍을 필요한 치수로 정밀하게 넓히는 작업	카운터 보링		고정 볼트의 머리 부분이 완전히 묻히도록 원형으로 구멍을 뚫는 작업
태 핑		탭 공구로 구멍에 암나사를 만드는 작업			–

(2) 치공구(治工具) : 다스릴 치, 장인 공, 갖출 구

치공구는 지그(Zig)와 고정구(Fixture)를 함께 부르는 용어로 제품을 가공하여 검사하고, 조립할 때 사용하는 보조 장치로 모든 보기에 대한 이점을 갖는다.

[치공구의 사용목적]

• 생산 능률을 향상시킬 수 있다.

• 가공 시 불량률을 줄일 수 있다.

• 비 숙련자도 쉽게 작업할 수 있도록 한다.

• 제품 검사에 소요되는 시간을 줄일 수 있다.

치공구를 사용하여 얻을 수 있는 이득으로 옳은 것만을 모두 고르면?

> ㄱ. 제품 검사에 소요되는 시간을 줄일 수 있다.
> ㄴ. 숙련되지 않은 작업자도 비교적 쉽게 작업할 수 있다.
> ㄷ. 가공에 따른 불량을 줄이고 생산 능률을 향상시킬 수 있다.

① ㄱ, ㄴ　　　　② ㄱ, ㄷ
③ ㄴ, ㄷ　　　　④ ㄱ, ㄴ, ㄷ

답 ④

(3) 클램프

공작물을 고정하는 데 쓰이는 보조 도구

(4) 바이스

물림 장치인 조(Jaw)가 공작물을 고정할 수 있도록 만든 보조 도구

(5) 안내 부시

드릴링 작업에 쓰이는 안내 부시는 드릴이 정확한 위치에 작업할 수 있도록 공구의 이송을 가이드하는 역할을 한다. 단, 공작물을 고정하지는 않는다.

5 자동차의 슬립률(Slip Ratio, 미끄럼률)

$$슬립률 = \frac{자동차\ 속도 - 바퀴의\ 원주속도}{자동차\ 속도} \times 100\,[\%]$$

6 단위(Units)

(1) 국제단위계(SI)의 종류

길 이	질 량	시 간	온 도	전 류	물질량	광 도
[m]	[kg]	[s]	[K]	[A]	[mol]	[cd]

(2) 기본 단위의 종류

① 일[J] : 1[N]의 물체를 1[m] 움직였을 때 일의 양으로 단위는 [J = N·m]이다.

② 동력[H, P] : 단위시간당 행한 일로써 일률이라고도 한다. SI 단위는 [W](와트)이며 1[W]=1[J/s]로도 나타낸다. SI 단위인 와트[W]보다 일률 단위인 마력[PS]도 많이 사용되는데, 영국마력[HP]보다 미터마력[PS]이 널리 사용된다.

토크와 각속도로 구하는 식	회전력과 접선속도로 구하는 식
$H = T \times w$ $= Fr \times \dfrac{2\pi N}{60} = \dfrac{Fr\,2\pi N}{60}$ $= \dfrac{\pi r F N}{30}[\text{W}]$	$H = \dfrac{P[\text{kgf}] \times v[\text{m/s}]}{75}[\text{PS}]$ $H = \dfrac{P[\text{kgf}] \times v[\text{m/s}]}{102}[\text{kW}]$

국제단위계(SI)의 종류에 속하지 않는 것은?

① 길이 – [m]
② 질량 – [kg]
③ 온도 – [℃]
④ 광도 – [cd]

답 ③

③ 동력의 효율(η)

$H = \dfrac{Fv}{\eta}$, 동력 구하는 식을 응용하면

$\eta = \dfrac{Fv}{H} \times 100 [\%]$

$\quad = \dfrac{100N \times \dfrac{s}{t}}{15[\mathrm{J/s}]} \times 100 [\%]$

④ 동력의 단위 : 와트[W]

$[\mathrm{W}] = [\mathrm{J/s}]$

$\quad = [\mathrm{N \cdot m/s}]$, 여기서 $1[\mathrm{N}] = 1[\mathrm{kg \cdot m/s^2}]$

$\quad = [\mathrm{kg \cdot m^2/s^3}] = [\mathrm{kg \cdot m^2 s^{-3}}]$

⑤ 마력 단위와 중력 단위의 관계

㉠ $1[\mathrm{PS}] = 75[\mathrm{kgf \cdot m/s}]$, $H = \dfrac{P[\mathrm{kgf}] \times v[\mathrm{m/s}]}{75}[\mathrm{PS}]$

㉡ $1[\mathrm{kW}] = 102[\mathrm{kgf \cdot m/s}]$, $H = \dfrac{P[\mathrm{kgf}] \times v[\mathrm{m/s}]}{102}[\mathrm{kW}]$

⑥ $1[\mathrm{kgf}] = 1[\mathrm{kg}] \times \left(9.8[\mathrm{m/s^2}] \times \dfrac{1[\mathrm{N}]}{1[\mathrm{kg \times m/s^2}]}\right) = 9.8[\mathrm{N}]$

(3) SI 기본단위의 유도식

① 응력 : $[\mathrm{m^{-1} \cdot kg \cdot s^{-2}}]$

② 에너지 : $[\mathrm{m^2 \cdot kg \cdot s^{-2}}]$

③ 힘 : $[\mathrm{m \cdot kg \cdot s^{-2}}]$

④ 일량 : $[\mathrm{m^2 \cdot kg \cdot s^{-2}}]$

⑤ 동력(일률) : $[\mathrm{m^2 \cdot kg \cdot s^{-3}}]$

SI 기본단위인 길이는 [m], 질량은 [kg], 시간은 [s]로 물리량을 표시할 때, 다음 중 옳지 않은 것은?

① 동력 : $[\mathrm{m^3 \, kg \, s^{-3}}]$

② 응력 : $[\mathrm{m^{-1} \, kg \, s^{-2}}]$

③ 에너지 : $[\mathrm{m^2 \, kg \, s^{-2}}]$

④ 힘 : $[\mathrm{m \, kg \, s^{-2}}]$

해설

동력 P의 단위$[\mathrm{W}] = \left[\dfrac{\mathrm{J}}{\mathrm{s}}\right] = \left[\dfrac{\mathrm{N \cdot m}}{\mathrm{s}}\right] = \left[\dfrac{\mathrm{kg \cdot m^2/s^2}}{\mathrm{s}}\right]$

$\quad = \left[\dfrac{\mathrm{m^2 \cdot kg}}{\mathrm{s^3}}\right]$

따라서 SI 단위로 표시하면 $[\mathrm{m^2 \, kg \, s^{-3}}]$이 된다.
국제단위계(SI)의 종류

길이	질량	시간	온도	전류	물질량	광도
[m]	[kg]	[sec]	[K]	[A]	[mol]	[cd]

답 ①

MEMO

제 **2** 편

9급 국가직 · 지방직을 위한 합격 완벽 대비서

기출문제

9급 국가직 · 지방직을 위한

합격 완벽 대비서

TECH BIBLE

기술직 **기계설계**

합격의 공식
온라인 강의

잠깐!

혼자 공부하기 힘드시다면 방법이 있습니다.
시대에듀의 동영상강의를 이용하시면 됩니다.
www.sdedu.co.kr → 회원가입(로그인) → 강의 살펴보기

TECH BIBLE

제 **1** 장

9급 국가직 · 지방직을 위한 합격 완벽 대비서

국가직 기출문제

9급 국가직 · 지방직을 위한

합격 완벽 대비서

TECH BIBLE

기술직 **기계설계**

TECH BIBLE

01 2단의 단이 진 축의 직경이 d와 $D(D > d)$이고, 연결부의 필렛 반경은 r이다. 축의 피로수명을 증가시킬 수 있는 조합은?

① r의 증가, D/d 비의 증가
② r의 감소, D/d 비의 증가
③ r의 증가, D/d 비의 감소
④ r의 감소, D/d 비의 감소

해설

축의 피로수명을 증가시키기 위해서는 필렛반경(r)을 증가시키고 $\dfrac{D}{d}$ 의 비를 감소시켜야 한다.

02 브레이크 드럼의 지름이 200[mm], 브레이크에 작용하는 반경방향 수직력이 100[N]일 때 브레이크 드럼에 작용하는 제동 토크[N · mm]는?(단, 마찰계수 μ=0.3으로 한다)

① 2,000
② 3,000
③ 4,500
④ 6,000

해설

$$\text{토크 } T = F \times \frac{D}{2}$$
$$= \mu P \times \frac{D}{2}$$
$$= 0.3 \times 100[\text{N}] \times \frac{200[\text{mm}]}{2}$$
$$= 3,000[\text{N} \cdot \text{mm}]$$

03 축(Shaft)을 설계할 때 고려할 사항으로 옳지 않은 것은?

① 전동축의 경우는 굽힘응력과 비틀림에 의한 전단응력이 같이 발생한다.
② 동일 재료의 경우 중공축은 동일 단면적을 갖는 중실축에 비해 전달할 수 있는 토크가 작다.
③ 축이 베어링으로 고정되었을 때는 축변형의 경사각도 고려하여 설계하여야 한다.
④ 기어 또는 벨트 풀리를 고정하여 사용하는 전동축은 상당굽힘모멘트와 상당비틀림모멘트를 이용하여 안전 여부를 판단한다.

해설

동일 재료, 동일 단면적의 경우 중공축의 전달토크가 중실축의 전달토크보다 더 크다.

04 다음 중 나사에 대해 설명한 것으로 옳지 않은 것은?

① M4×0.5는 호칭지름이 4[mm]이고, 피치가 0.5[mm]인 미터가는나사이다.
② 나사를 1회전 했을 때에 축 방향으로 이동하는 거리를 리드(Lead)라고 한다.
③ 암나사의 호칭지름은 결합되는 수나사의 바깥지름으로 나타낸다.
④ UNC $\dfrac{7}{8} - 9$는 유니파이 보통나사이며, 피치는 9[mm]이다.

해설

9는 피치가 아니라 1[inch]당 나사산 수를 의미한다.
• UNC : 유니파이 보통나사
• $\dfrac{7}{8}$: 바깥지름, $\dfrac{7}{8}$[inch] $\times 25.4$[mm] $= 22.225$[mm]
• 9 : 1[inch]당 나사산 수

05 고정되어 있지 않은 관에 온도변화가 있을 때 신축량에 대한 설명 중에서 옳은 것은?

① 신축량은 관의 열팽창계수에 비례하고 길이와 온도변화에 반비례한다.

② 신축량은 관의 열팽창계수, 길이, 온도변화에 반비례한다.

③ 신축량은 관의 길이와 온도변화에 비례하고 열팽창계수에 반비례한다.

④ 신축량은 관의 열팽창계수, 길이, 온도변화에 비례한다.

해설

철과 같은 금속으로 만들어진 관의 신축량은 열팽창계수나 길이, 온도변화에 비례한다.

06 중심거리가 70[mm]이고, 피니언 잇수가 24, 기어 잇수가 46인 표준스퍼기어가 맞물려 있다. 잇수 46인 기어의 이끝원 지름[mm]은?

① 45　　　　　　② 48

③ 92　　　　　　④ 96

해설

중심거리$(C) = \dfrac{D_1 + D_2}{2} = \dfrac{m(z_1 + z_2)}{2}$

$70 = \dfrac{m(24 + 46)}{2}$

$m = 2$

∴ 이끝원 지름 $= PCD + 2m = (2 \times 46) + (2 \times 2) = 96[\text{mm}]$

07 볼트의 항복응력은 100[MPa]이다. 이 볼트에 허용 설계하중이 작용할 때, 축방향의 인장응력 30[MPa]과 비틀림에 의한 전단응력 20[MPa]이 동시에 발생되었다. 최대 주응력설을 적용하여 항복응력에 대한 안전계수를 구하면?

① 2.5　　　　　　② 3.0

③ 3.5　　　　　　④ 4.0

해설

$\sigma_{\max} = \dfrac{1}{2}(\sigma_x + \sigma_y) + \dfrac{1}{2}\sqrt{(\sigma_x + \sigma_y)^2 + 4\tau_{xy}^2}$ 에서

σ_x 방향만 고려하면

$\sigma_{\max} = \dfrac{1}{2}(30) + \dfrac{1}{2}\sqrt{(30)^2 + (4 \times 20^2)}$

$= 15 + \dfrac{1}{2}\sqrt{2,500} = 40[\text{MPa}]$

안전율$(S) = \dfrac{\sigma_Y \text{ 또는 } \sigma_u}{\sigma_a} = \dfrac{100[\text{MPa}]}{40[\text{MPa}]} = 2.5$

최대 주응력설

최대 인장응력이나 최대 압축응력의 크기가 항복강도보다 클 경우, 재료의 파손이 일어난다는 이론으로 취성 재료의 분리파손과 가장 일치한다.

$\sigma_{\max} = \dfrac{1}{2}(\sigma_x + \sigma_y) + \dfrac{1}{2}\sqrt{(\sigma_x + \sigma_y)^2 + 4\tau_{xy}^2}$

08 두께가 같은 두 판재를 맞대기용접하였을 경우 인장하중 $P = 48[\text{kN}]$에 대한 인장응력이 6[MPa]이었을 때 이 판재의 두께[cm]는?(단, 용접길이 L은 32[cm]이다)

① 15　　　　　　② 25

③ 1.5　　　　　　④ 2.5

해설

$\sigma = \dfrac{P}{A} = \dfrac{P}{t \times l}$

$6 \times 10^6 [\text{N/m}^2] = \dfrac{48 \times 10^3 [\text{N}]}{t \times 0.32[\text{m}]}$

$t = \dfrac{48 \times 10^3}{6 \times 10^6 \times 0.32} = 0.025[\text{m}] = 2.5[\text{cm}]$

09 용접이음으로 만든 지름이 1[m]인 구형 탱크(Ball T-ank)에 내압이 4.5[MPa]이 되도록 가스를 주입하려고 한다. 허용인장응력이 100[MPa]이면 두께[mm]를 최소한 얼마로 하면 적당한가?(단, 이음 효율은 90[%]이고 부식여유 C는 1[mm]로 한다)

① 12.3 ② 13.5
③ 26.0 ④ 51.0

해설

$$t = \frac{PD}{4\sigma_a \eta} + C$$

$$= \frac{4.5[\text{MPa}] \times 1}{4 \times 100[\text{MPa}] \times 0.9} + 0.001$$

$$= 0.0135[\text{m}]$$

$$= 13.5[\text{mm}]$$

용접이음한 내압용기의 두께(t) 구하는 식

$$t = \frac{PD}{4\sigma_a \eta} + C(\text{부식여유})$$

10 다음과 같은 판스프링에 하중 P가 작용할 때 처짐량은 1이다. 단면의 높이 h가 두 배가 되었을 때 스프링상수는 얼마가 되겠는가?

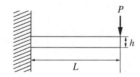

① $\frac{1}{8}P$ ② $8P$
③ $\frac{1}{2}P$ ④ $2P$

해설

스프링상수 $k = \frac{P}{\delta}$ 에서 처짐량은 외팔보의 처짐량(δ)을 대입한다.

외팔보의 처짐량 $\delta = \frac{PL^3}{3EI} = \frac{PL^3}{3E\frac{bh^3}{12}} = \frac{4PL^3}{Ebh^3}$

$k = \frac{P}{\delta} = \frac{P}{\frac{4PL^3}{Ebh^3}} = \frac{PEbh^3}{4PL^3} = \frac{Ebh^3}{4L^3}$

$\delta = 1$일 때 $k = P$이므로, 위 식에서
h가 2배가 되면 $2^3 = 8$배의 k가 되므로 $8P$가 된다.

11 두 줄 나사에서 피치 p, 유효지름 d, 나선각(리드각)을 α라 하면 $\tan\alpha$의 값은?

① $\frac{p}{2\pi d}$ ② $\frac{p}{3\pi d}$
③ $\frac{p}{\pi d}$ ④ $\frac{2p}{\pi d}$

해설

• 1줄 나사의 경우 $\tan\lambda = \frac{p}{\pi d_e}$ 이다.

• 2줄 나사인 경우에는 $\tan\lambda = \frac{2p}{\pi d_e}$ 가 된다.

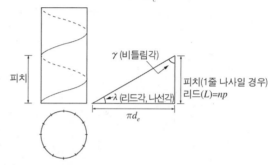

12 두 판재가 양쪽 덮개판 한 줄 맞대기 이음으로 리벳 결합되어 있다. 리벳 한 개에 작용하는 전단하중을 W, 리벳의 지름을 d라고 할 때, 설계 시 리벳에 작용하는 전단응력 중 가장 적당한 것은?

① $\frac{W}{\frac{\pi}{4}d^2}$ ② $\frac{W}{2\left(\frac{\pi}{4}d^2\right)}$
③ $\frac{W}{1.8\left(\frac{\pi}{4}d^2\right)}$ ④ $\frac{W}{2(1.8)\left(\frac{\pi}{4}d^2\right)}$

해설

두 판재가 양쪽 덮개판 1줄 맞대기 이음일 경우 리벳에 작용하는 전단응력

$$\tau = \frac{W}{1.8A} = \frac{W}{1.8\left(\frac{\pi d^2}{4}\right)}$$

13 잇수가 동일한 4개의 평기어(Spur Gear)가 있다. 이들의 이의 크기는 다음과 같다. 다음 중 지름이 가장 큰 기어는?(단, m은 모듈, P_d는 지름피치이다)

① $m = 5$ ② $P_d = 4$

③ $m = 6$ ④ $P_d = 7$

해설

지름피치$(P_d) = 25.4[\text{mm}]\dfrac{Z_1}{D_z}$ 식으로 계산해 보면 ②번의 지름이

가장 크다.

② $P_d = 4$, $4 = 25.4\dfrac{Z}{D}$

$\quad D = \dfrac{25.4Z}{4} = 6.35Z$

① $D = 5Z$

③ $D = 6Z$

④ $P_d = 7$, $7 = 25.4\dfrac{Z}{D}$

$\quad D = \dfrac{25.4Z}{7} = 3.625Z$

14 하중 P에서 수명이 L인 볼베어링에 두 배의 하중 $2P$가 작용할 때 수명은?

① $2^3 L$ ② $2^{-3} L$

③ $2^{\frac{10}{3}} L$ ④ $2^{-\frac{10}{3}} L$

해설

베어링 수명 계산식

$L_h = 500\left(\dfrac{C}{P}\right)^r \dfrac{33.3}{N}$ 에서 하중 부분만 고려하여 $2P$를 대입하면

$\left(\dfrac{1}{P}\right)^3 : \left(\dfrac{1}{2P}\right)^3 = \dfrac{1}{P^3} : \dfrac{1}{8P^3}$ 이 된다. 따라서 베어링 수명은 기존보

다 $\dfrac{1}{8}$ 배, 즉 $2^{-3}L$이 된다.

15 다음에 제시한 축이음 방법 중에서 두 축 간의 축경사나 편심을 흡수할 수 없는 축이음 방법은?

① 고무커플링
② 기어커플링
③ 유니버설조인트
④ 플랜지커플링

해설

플랜지커플링은 대표적인 고정커플링의 일종이므로 두 축 간의 축경사나 편심을 흡수할 수 없다. 반면에 고무커플링이나 기어커플링, 유니버설 조인트는 모두 두 축에 다소 경사가 발생하여도 동력을 전달할 수 있는 축이음 요소이다.

16 잇수가 30인 스프로킷 휠이 500[rpm]으로 회전하고 있다. 체인의 피치가 25[mm]일 때 체인의 평균속도 [m/s]는?

① 6.25   ② 6.35

③ 6.45   ④ 6.55

해설

원주피치$(p) = \dfrac{\pi d}{z}$, 이 식을 응용하면 $\pi d = pz$이다. 이 값을 속도

구하는 식에 적용하면 다음과 같다.

$v = \dfrac{\pi dn}{1,000}[\text{m/min}] = \dfrac{pzn}{1,000 \times 60}$

$\quad = \dfrac{25 \times 30 \times 500}{60,000} = 6.25[\text{m/s}]$

17 외접하는 원추 마찰차에서 원동차의 원추각은 30°, 종동차의 원추각은 60°이다(원추각은 꼭지각의 절반에 해당하는 각이다). 원동차에 대한 종동차의 회전속도비는?

① $\dfrac{\sin 60°}{\sin 30°}$ 　　② $\tan 30°$

③ $\cos 60°$ 　　④ $\sin 60°$

해설

원추마찰차의 속도비 $i = \dfrac{w_b}{w_a} = \dfrac{n_b}{n_a} = \dfrac{\sin_a}{\sin_b}$ 이다.

$i = \dfrac{\sin_a}{\sin_b} = \dfrac{\sin 30°}{\sin 60°} = 0.577$

② $\tan 30° = 0.577$

① $\dfrac{\sin 60°}{\sin 30°} = 1.732$

③ $\cos 60° = 0.5$

④ $\sin 60° = 0.866$

18 6[m/s]의 속도로 6[kW]를 전달하는 벨트 전동장치에서 긴장측의 장력이 2,000[N]일 때 이완측에 대한 긴장측의 장력비는?

① 1.5 　　② 1.6

③ 1.8 　　④ 2.0

해설

$H_{kW} = \dfrac{P_e \times v}{1,000}$

$6 = \dfrac{P_e \times 6}{1,000}$

$P_e = \dfrac{6,000}{6} = 1,000[N]$

유효장력$(P_e) = T_t - T_s$ 에 대입하면

$1,000 = 2,000 - T_s$

$T_s = 2,000 - 1,000 = 1,000[N]$

∴ 장력비$(e^{\mu\theta}) = \dfrac{T_t}{T_s} = \dfrac{2,000[N]}{1,000[N]} = 2$

19 직경 d를 갖는 중실축에 비해 동일 재질의 직경 $\dfrac{d}{2}$인 중실축이 전달할 수 있는 토크비 $\left(T_{\frac{d}{2}} / T_d\right)$는?

① $\dfrac{1}{2}$ 　　② $\dfrac{1}{4}$

③ $\dfrac{1}{8}$ 　　④ $\dfrac{1}{16}$

해설

$T = \tau \times Z_P = \tau \times \dfrac{\pi d^3}{16}$ 이 식에서 d만을 떼어내서 응용하면

$\dfrac{T_{\frac{d}{2}}}{T_d} = \dfrac{\left(\dfrac{d}{2}\right)^3}{d^3} = \dfrac{\dfrac{d^3}{8}}{d^3} = \dfrac{d^3}{8d^3} = \dfrac{1}{8}$

20 묻힘키가 받을 수 있는 토크와 축이 받을 수 있는 토크가 같다면, 축과 보스 경계면에서 키가 전단되는 경우 축지름 d, 키의 유효길이 l, 폭 b 사이의 관계식은?(단, 축과 키 재료는 동일하다)

① $l = \dfrac{\pi d^2}{32b}$ 　　② $l = \dfrac{\pi d^2}{16b}$

③ $l = \dfrac{\pi d^2}{12b}$ 　　④ $l = \dfrac{\pi d^2}{8b}$

해설

묻힘키가 파손되지 않는 길이(l) 구하는 식

$l = \dfrac{\pi d^2}{8b}$

01 롤러체인전동에서 체인과 맞물려 있는 스프로킷 휠(잇수 : Z)의 회전반지름은 체인회전에 따라 주기적으로 변동한다. 각속도가 일정할 때 이러한 회전반지름의 변동으로 인한 체인의 속도변동률 $(v_{\max} - v_{\min})/v_{\max}$ 은?(단, 여기서 $v_{\max}$와 $v_{\min}$은 각각 체인의 최대, 최소 속도이다)

① $1 - \sin \dfrac{2\pi}{Z}$　　　　② $1 - \cos \dfrac{2\pi}{Z}$

③ $1 - \sin \dfrac{\pi}{Z}$　　　　④ $1 - \cos \dfrac{\pi}{Z}$

해설

- 속도변동률 $= \dfrac{v_{\max} - v_{\min}}{v_{\max}} = 1 - \dfrac{v_{\min}}{v_{\max}} = 1 - \cos \dfrac{\alpha}{2}$

- $\dfrac{v_{\min}}{v_{\max}} = \cos \dfrac{\alpha}{2} = \cos\left(\dfrac{1}{2} \times \dfrac{2\pi}{Z}\right) = \cos \dfrac{\pi}{Z}$

- 체인 1개가 스프로킷 휠의 중심에 대해 이루는 각$(\alpha) = \dfrac{2\pi}{Z}[\text{rad}]$

02 모듈 4, 중심거리 200[mm]인 한 쌍의 스퍼기어에서 구동기어의 잇수가 40개일 때 구동기어에 대한 피동기어의 속도비는?

① $\dfrac{1}{2}$　　　　② 3

③ $\dfrac{2}{3}$　　　　④ $\dfrac{3}{2}$

해설

중심거리$(C) = \dfrac{D_1 + D_2}{2} = \dfrac{mz_1 + mz_2}{2}$

$200 = \dfrac{(4 \times 40) + (4 \times z_2)}{2}$

$4z_2 = 400 - 160$

$z_2 = 60$

∴ 속도비$(i) = \dfrac{z_1}{z_2} = \dfrac{40}{60} = \dfrac{2}{3}$

03 드럼의 지름이 700[mm]인 단식 블록 브레이크의 드럼 축에 140[N·m]의 토크가 작용하고 있을 때, 제동을 위해 필요한 블록과 드럼 사이의 수직력의 크기[kN]는?(단, 마찰계수는 0.1이다)

① 1　　　　② 2

③ 3　　　　④ 4

해설

$T = F \times \dfrac{D}{2} = \mu P \dfrac{D}{2}$에서 수직력$(P)$를 도출하면

$P = \dfrac{2T}{\mu D} = \dfrac{2 \times 140[\text{N·m}]}{0.1 \times 0.7[\text{m}]} = 4{,}000[\text{N}] = 4[\text{kN}]$

04 그림과 같은 단순지지보 AB 위에 균일분포하중 $\omega = 200[\text{N/m}]$가 작용하고 있을 때 A단에서 $x = 1.5[\text{m}]$ 지점에서의 전단력의 크기[N]는?

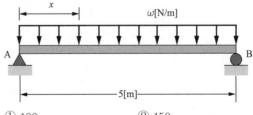

① 100　　　　② 150

③ 200　　　　④ 250

해설

A지점 반력 $R_A = \dfrac{wl}{2} = \dfrac{200[\text{N/m}] \times 5[\text{m}]}{2} = 500[\text{N}]$

전단력$(F) = R_A - wx$

$= 500[\text{N}] - (200[\text{N/m}] \times 1.5[\text{m}])$

$= 200[\text{N}]$

05 외경 110[mm], 두께 5[mm]인 강관에 내압 40[MPa]이 작용한다. 강관을 얇은 두께로 가정할 때, 길이(축)방향 하중[kN]과 길이(축)방향 응력[MPa]은?

① 20π, 100
② 40π, 400
③ 80π, 200
④ 100π, 200

해설

$$\sigma = \frac{F}{A}$$

하중 $F = \sigma A = (40 \times 10^3 [\text{kN}]) \times \dfrac{\pi \times 0.1 [\text{m}^2]}{4} = 100\pi [\text{kN}]$

축방향 응력 $\sigma = \dfrac{PD}{4t} = \dfrac{40 [\text{MPa}] \times 0.1 [\text{m}]}{4 \times 0.005 [\text{m}]} = 200 [\text{MPa}]$

내압용기의 하중방향에 따른 응력

원주방향 응력	축방향 응력
$\sigma = \dfrac{PD}{2t}$	$\sigma = \dfrac{PD}{4t}$

06 축과 키의 재료가 동일한 허용전단응력을 가진다고 할 때, 축의 지름이 40[mm]이고 묻힘키(Sunk Key)의 폭이 10[mm]라면 필요한 키의 최소길이[mm]는?

① 50
② 56
③ 63
④ 70

해설

최소길이 $l = \dfrac{\pi d^2}{8b} = \dfrac{\pi \times (40)^2 [\text{mm}^2]}{8 \times 10 [\text{mm}]} = 62.83 \fallingdotseq 63$

07 바깥지름 150[mm], 두께 5[mm], 길이 10[m]인 양 끝단이 구속된 강관의 온도를 20[℃]에서 320[℃]까지 상승시켰을 때 길이(축)방향으로 발생하는 응력의 크기는?(단, 재료의 영의 계수(Young's Modulus) E = 200[GPa], 열팽창계수(선팽창계수)는 112×10^{-7}[1/℃]이다)

① 692[GPa]
② 863[MPa]
③ 573[GPa]
④ 672[MPa]

해설

열응력 $\sigma = E\alpha \triangle t$
$$= (200 \times 10^9) \times (112 \times 10^{-7}) \times (320 - 20)$$
$$= 200 \times 112 \times 10^2 \times 300 = 6,720,000 \times 10^2 [\text{Pa}]$$
$$= 672 \times 10^6 [\text{Pa}] = 672 [\text{MPa}]$$

08 스프링상수가 100[N/cm]인 압축코일스프링을 3등분하여 만들어진 3개의 스프링을 병렬로 연결하여 1,800[N]의 압축력을 가한다면 스프링의 변형량[cm]은?

① 2
② 3
③ 6
④ 1.8

해설

1개의 스프링이 3등분 되어 병렬연결된 상태이므로 이때의 스프링상수(k)를 구하면

$k = 100 + 100 + 100 = 300 [\text{N/cm}]$ 이다. 이 스프링이 병렬로 다시 3개 있으므로

$3k = 3 \times 300 [\text{N/cm}] = 900 [\text{N/cm}]$

스프링상수 $k = \dfrac{P}{\delta}$ 에서 $900 [\text{N/cm}] = \dfrac{1,800 [\text{N}]}{\delta}$

$\delta = \dfrac{1,800 [\text{N}]}{900 [\text{N/cm}]} = 2 [\text{cm}]$

※ 문제를 잘 읽고 풀지 않으면 ③번으로 체크하기 쉽다.

09 벨트의 폭과 두께가 각각 100[mm], 5[mm]인 평벨트 전동에서 벨트속도가 8[m/s]일 때 전달동력[kW]은? (단, 벨트의 허용인장응력은 2.5[MPa]이며, $e^{\mu\theta}=3$으로 하고 원심력은 무시한다)

① 6.7 　　　　② 19.6
③ 4.9 　　　　④ 14.7

해설

$\sigma = \dfrac{F}{A} = \dfrac{T_t(긴장측\ 장력)}{b \times h}$ 에서

$T_t = \sigma \times b \times h = 2.5 \times 10^6\,[\mathrm{N/m^2}] \times 0.1[\mathrm{m}] \times 0.005[\mathrm{m}]$
$\qquad = 1{,}250\mathrm{N}$

동력 $H_{\mathrm{kW}} = \dfrac{T_t}{1{,}000}\left(\dfrac{e^{\mu\theta}-1}{e^{\mu\theta}}\right)v$

$\qquad = \dfrac{1{,}250[\mathrm{N}]}{1{,}000} \times \left(\dfrac{3-1}{3}\right) \times 8[\mathrm{m/s}]$

$\qquad = 1.25 \times \dfrac{16}{3}$

$\qquad = 6.66 \fallingdotseq 6.7$

---

10 그림과 같이 폭 100[mm], 두께 12[mm]의 강판의 측면을 용접치수 12[mm], 용접길이 120[mm]로 필릿용접하였다. 용접부의 허용전단응력을 50[MPa]이라 할 때 최대로 지탱할 수 있는 하중 P[kN]는?

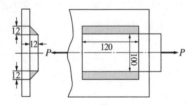

① 101.8 　　　　② 141.4
③ 50.9 　　　　④ 70.7

해설

$\sigma = \dfrac{F}{A} = \dfrac{F}{2(t\cos45° \times l)}$

$50 \times 10^6 = \dfrac{F}{2(0.012\cos45° \times 0.12)}$

$F = 50 \times 10^6 \times 2(0.012\cos45° \times 0.12) = 101{,}823[\mathrm{N}]$
$\qquad = 101.8[\mathrm{kN}]$

---

11 어떤 부품에 힘이 가해졌을 때 균일한 단면형상을 갖는 부분보다 키 홈, 구멍, 단(Step), 또는 노치(Notch) 등과 같이 단면형상이 급격히 변화하는 부분에서 쉽게 파손되는 이유를 가장 잘 설명하는 것은?

① 응력집중 　　　　② 좌굴현상
③ 피로파괴 　　　　④ 잔류응력

해설

어떤 형상의 단면이라도 그 형상에 홈이나 노치부가 존재한다면 그 부분에 응력이 집중되어 파손에 이른다. 따라서 정답은 응력집중이다.

---

12 나사의 피치가 4[mm]인 2줄 나사를 1.5회전시켰을 때 축 방향의 이동거리[mm]는?

① 8 　　　　② 12
③ 16 　　　　④ 20

해설

$L = np = 2 \times 4 = 8[\mathrm{mm}]$
1.5회전이므로 8[mm] × 1.5 = 12[mm]
리드(L) : 나사를 1회전시켰을 때 축 방향으로 이동한 거리,
$L = n \times p$
예 1줄 나사와 3줄 나사의 리드(L)

1줄 나사	3줄 나사
$L = np = 1 \times 1 = 1[\mathrm{mm}]$	$L = np = 3 \times 1 = 3[\mathrm{mm}]$

※ 특별한 언급이 없는 한 피치(p)는 1이다.

13 강판의 효율이 75[%]인 리벳이음에서 피치가 20[mm]이면 리벳구멍의 지름[mm]은?

① 4 　　　　　　　② 5
③ 6 　　　　　　　④ 7

해설

$$\eta = 1 - \frac{d}{p}$$

$$0.75 = 1 - \frac{d}{20}$$

$$\frac{d}{20} = 0.25$$

$$d = 5$$

리벳이음에서 강판의 효율(η) 구하는 식

$$\eta = \frac{구멍이\ 있을\ 때의\ 인장력}{구멍이\ 없을\ 때의\ 인장력} = 1 - \frac{d}{p}$$

여기서, d=리벳지름, p=리벳의 피치

14 구름베어링의 호칭번호가 6203이라면 베어링의 안지름[mm]은?

① 3 　　　　　　　② 15
③ 17 　　　　　　　④ 20

해설

베어링 호칭번호가 6203인 경우
• 6 : 단열홈 베어링
• 2 : 경하중형
• 03 : 베어링 안지름번호 – 17[mm]
베어링 호칭번호

형식 번호	1 : 복렬 자동조심형 2, 3 : 상동(큰너비) 6 : 단열 깊은홈형 7 : 단열앵귤러콘택트형 N : 원통 롤러형	접촉각 기호	C
		실드기호	Z : 한쪽실드 ZZ : 안팎실드
치수 기호	0, 1 : 특별경하중 2 : 경하중형 3 : 중간형	내부틈새 기호	C2
안지름 번호	1~9 : 1~9[mm] 00 : 10[mm] 01 : 12[mm] 02 : 15[mm] 03 : 17[mm] 04 : 20[mm] 04부터 5를 곱한다.	등급기호	무기호 : 보통급 H : 상급 P : 정밀등급 SP : 초정밀급

15 기준치수에 대한 구멍의 공차가 $\phi160^{+0.04}_{0}$[mm], 축의 공차가 $\phi160^{+0.03}_{-0.08}$[mm]일 때 최대 틈새[mm]와 최대 죔새[mm]는?

	최대 틈새	최대 죔새
①	0.07	0.03
②	0.07	0.04
③	0.12	0.03
④	0.12	0.04

해설

• 최대 틈새 = 최대 구멍지름 – 최소 축지름
　　　　　= 160.04 – 159.92 = 0.12
• 최대 죔새 = 최소 구멍지름 – 최대 축지름
　　　　　= 160 – 160.03 = –0.03
따라서 차이값은 0.03

16 다음 기계요소 중 회전운동을 직선운동으로 변환시킬 수 있는 것은?

① 캠과 캠기구
② 체인과 스프로킷 휠
③ 래칫휠과 폴
④ 웜과 웜기어

해설

• 캠기구의 정의
불규칙한 모양을 가지고 구동링크의 역할을 하는 캠이 회전하면서 거의 모든 형태의 종동절의 상·하의 직선운동으로 변환시킬 수 있는 간단한 운동변환 장치로 구조는 원통캠과 종동절로 구성된다.

원동캠 / 종동절

• 웜과 웜휠기어 : 회전운동을 운동축을 90°로 회전시켜 회전운동시킨다.

웜기어 / 웜 휠기어

17 단면이 원형인 중실축(Solid Shaft)의 길이와 지름을 각각 2배로 하면, 같은 크기의 비틀림모멘트에 대한 비틀림각도는 원래 축의 몇 배가 되는가?

① $\frac{1}{2}$ 배   ② $\frac{1}{8}$ 배

③ 2배   ④ 8배

해설

$\theta = \frac{TL}{GI_P} = \frac{TL}{G\frac{\pi d^4}{32}}$ 여기서 $\frac{L}{d^4}$ 만을 고려하면

$\frac{L}{d^4}$ 에서 길이와 지름을 2배로 하면 $\frac{2}{2^4} = \frac{2}{16} = \frac{1}{8}$ 배

18 기어에 관한 용어와 조건을 설명한 것으로 옳지 않은 것은?

① 피치원은 기어의 중심에서 피치점까지의 거리를 반지름으로 하는 원이다.
② 모듈(Module)은 피치원지름을 잇수로 나눈 값으로 표시한다.
③ 물림률은 물림길이를 법선피치로 나눈 값으로, 1보다 작아야 항상 한 쌍의 이가 작용선상에 물리게 된다.
④ 압력각은 맞물린 두 기어의 피치원의 공통접선과 작용선이 이루는 각이다.

해설

물림률(Contact Ratio)
동시에 물릴 수 있는 이의 수로 물림길이를 법선피치로 나눈 값이다. 기어의 물림률이 클수록 소음은 작아지므로 ③번은 틀린 표현이다.
물림률을 높이는 방법
• 잇수를 많게 한다.
• 모듈이 작은 기어를 사용한다.
• 압력각이 작은 기어를 사용한다.
• 헬리컬기어의 나선각을 크게 한다.

19 원주속도 2[m/s]로 5[kW]를 전달하는 원통 마찰차에서 마찰차를 누르는 힘[kN]은?(단, 마찰계수는 0.25이다)

① 8   ② 10

③ 12   ④ 14

해설
마찰차의 동력(H) $= \mu P v$

$P = \frac{H}{\mu v} = \frac{5,000[\text{N} \cdot \text{m/s}]}{0.25 \times 2[\text{m/s}]} = 10,000[\text{N}] = 10[\text{kN}]$

20 평면응력 상태에서 $\sigma_x = 10$[kPa], $\sigma_y = 2$[kPa], $\tau_{xy} = 3$[kPa]로 측정되었다면, 모어 원(Mohr's Circle)상의 주응력의 크기[kPa]는?

① 9, 1   ② 9, 3

③ 11, 1   ④ 11, 3

해설
• 주응력 $\sigma_1 = \frac{1}{2}(\sigma_x + \sigma_y) + \frac{1}{2}\sqrt{(\sigma_x - \sigma_y)^2 + 4\tau_{xy}^2}$

$= \frac{1}{2}(10 + 2) + \frac{1}{2}\sqrt{(10-2)^2 + (4 \times 3^2)}$

$= 6 + \frac{1}{2} \times 10 = 11$

• 주응력 $\sigma_2 = \frac{1}{2}(\sigma_x + \sigma_y) - \frac{1}{2}\sqrt{(\sigma_x - \sigma_y)^2 + 4\tau_{xy}^2}$

$= \frac{1}{2}(10 + 2) - \frac{1}{2}\sqrt{(10-2)^2 + (4 \times 3^2)}$

$= 6 - \frac{1}{2} \times 10 = 1$

2009년 국가직 기계설계

01 금속재료는 반복하중을 받으면 정적하중을 받는 경우보다 낮은 하중으로 파괴된다. 하지만 반복하중에 의해 발생되는 반복응력이 어느 한도 이하일 경우에는 피로에 의한 파괴는 일어나지 않는다. 이 경우 측정된 편진응력의 최대값이 의미하는 것은?

① 극한강도
② 피로한도
③ 탄성한도
④ 크리프한도

해설
② 피로한도 : 재료가 반복하중을 받으면 정적하중을 받는 경우보다 낮은 하중으로 파괴된다. 하지만 반복하중에 의해 발생되는 반복응력이 어느 한도 이하일 경우에는 피로에 의한 파괴는 일어나지 않는다.
① 극한강도(Ultimate Strength) : 재료가 파단되기 전에 외력에 버틸 수 있는 최대의 응력
③ 탄성한도(Elastic Limit) : 하중을 제거하면 원래의 치수로 돌아가는 구간을 말한다.
④ 크리프한도(Creep Limit) : 고온에서 재료에 일정 크기의 하중(정하중)을 작용시키면 시간이 경과함에 따라 변형이 증가하는 최대한도

02 다음 그림 (가)는 직교좌표에서 어떤 구멍의 중심위치를 치수공차로 규제한 것이고 그림 (나)는 같은 내용을 기하공차 방식으로 위치도공차를 사용하여 규제한 것이다. 그림 (나)에서 'X'표시한 부분에 기재해야 하는 내용은?

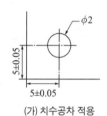

(가) 치수공차 적용

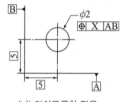

(나) 위치도공차 적용

① $\phi 0.05$
② $\phi 0.07$
③ $\phi 0.10$
④ $\phi 0.14$

해설
위치도공차는 구멍이나 홈의 중심 위치의 정밀도를 규제하기 위해 기입하는 기하공차로 지시선의 끝점과 접한 원의 중심점은 데이텀 A와 B로부터 5[mm] 떨어진 위치여야 하고 공차값은 다음과 같이 삼각함수 공식을 이용해서 구한다.
• max : $\sqrt{5.05^2 + 5.05^2} = 7.141$
• min : $\sqrt{4.95^2 + 4.95^2} = 7$
공차값= 7.141 − 7 = 0.141이므로 $\phi 0.14$가 된다.

03 다음 그림과 같이 편심하중을 받는 겹치기 리벳이음에서 가장 큰 힘이 걸리는 리벳은?(단, 도면에 기입된 치수의 단위는 [mm])

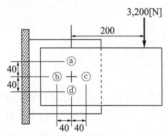

① 리벳 ⓐ
② 리벳 ⓑ
③ 리벳 ⓒ
④ 리벳 ⓓ

해설

토크(T)= F(작용힘)×l(작용점까지의 직선거리)이다. ⓐ와 ⓓ는 작용 힘이 ⓒ에서 작용하며 ⓑ는 작용힘이 ⓐ와 ⓓ에서 걸리므로 결국 ⓒ점에서 작용힘이 가장 크게 걸린다.

04 회전수 600[rpm]으로 20[kW]의 동력을 전달하는 지름 50[mm]의 회전축에 묻힘키(폭과 높이가 각각 8[mm])가 설치되어 있다. 키 재료의 허용압축응력이 25[MPa]일 때, 키의 길이[mm]는?(단, 키의 묻힘깊이는 키높이의 $\frac{1}{2}$로 하고 안전율은 1로 한다)

① 32
② 48
③ 64
④ 128

해설

토크 $T = 974,000 \times \dfrac{H_{kW}}{N}$

$\qquad = 974,000 \times \dfrac{20}{600} = 32,466.6 [\mathrm{kgf \cdot mm}]$

$\qquad = 318,172.7 [\mathrm{N \cdot mm}]$

압축 응력 작용 시 키의 길이 구하는 식에 대입하면

$l = \dfrac{4T}{hd\sigma_c} = \dfrac{4 \times 318,172.7 [\mathrm{N \cdot mm}]}{8[\mathrm{mm}] \times 50[\mathrm{mm}] \times 25 \times 10^6 [\mathrm{N/m^2}] \times 10^{-6}}$

$\quad = 127.3 [\mathrm{mm}] \fallingdotseq 128 [\mathrm{mm}]$

묻힘키의 길이(l)구하기

• 전단응력 고려 시 $\tau = \dfrac{W}{bl} = \dfrac{2T}{bdl}$, $l = \dfrac{2T}{bd\tau}$

• 압축응력 고려 시 $\sigma_c = \dfrac{2W}{hl} = \dfrac{4T}{hdl}$, $l = \dfrac{4T}{hd\sigma_c}$

05 리벳이음 시공을 하지 않은 강판을 무지강판이라 한다. 단위피치폭 무지강판의 인장강도를 A라 하고 리벳이음 시공을 한 강판에서 단위피치폭 강판의 인장강도를 B라 할 때 $\frac{B}{A} \times 100[\%]$를 강판의 효율로 정의한다. 2줄 맞대기 리벳이음에서 리벳의 피치가 100[mm], 리벳지름이 20[mm], 판두께가 10[mm]일 때 강판의 효율[%]은?

① 60
② 70
③ 80
④ 90

해설

$\eta = 1 - \dfrac{d}{p} = 1 - \dfrac{20}{100} = 0.8 \times 100[\%] = 80[\%]$

리벳이음에서 강판의 효율(η) 구하는 식

$\eta = \dfrac{\text{구멍이 있을 때의 인장력}}{\text{구멍이 없을 때의 인장력}} = 1 - \dfrac{d}{p}$

여기서 d=리벳지름, p=리벳의 피치

06 다음 그림은 두 축 사이에 동력을 전달하기 위한 플랜지(Flange)커플링의 개략도이다. 전달토크가 T, 볼트의 개수가 N, 볼트의 중심 간 거리(볼트 중심을 지나는 원의 지름)가 D, 허용전단응력이 τ_a일 때 볼트의 지름 δ는?(단, 플랜지 면(面)의 마찰은 무시한다)

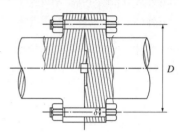

① $\sqrt{\dfrac{32T}{\pi\tau_a DN}}$ ② $\sqrt{\dfrac{16T}{\pi\tau_a DN}}$

③ $\sqrt{\dfrac{8T}{\pi\tau_a DN}}$ ④ $\sqrt{\dfrac{4T}{\pi\tau_a DN}}$

해설

$T = F \times \dfrac{D}{2} \times N$(볼트개수)

$\quad = \tau_a \times A \times \dfrac{D}{2} \times N$

$\quad = \tau_a \times \dfrac{\pi d^2}{4} \times \dfrac{D}{2} \times N$

$d^2 = \dfrac{8T}{\pi\tau_a DN}$

$d = \sqrt{\dfrac{8T}{\pi\tau_a DN}}$

여기서 d를 δ로 표시했으므로 정답은 ③번

07 기어의 ㉠ 모듈과 ㉡ 지름피치에 대한 설명 중 옳은 것은?

① ㉠ : 피치원의 지름[mm]을 잇수로 나눈 값
　㉡ : 잇수를 피치원의 지름[inch]으로 나눈 값

② ㉠ : 피치원의 지름[inch]을 잇수로 나눈 값
　㉡ : 잇수를 피치원의 지름[mm]으로 나눈 값

③ ㉠ : 잇수를 피치원의 지름[mm]으로 나눈 값
　㉡ : 피치원의 지름[inch]을 잇수로 나눈 값

④ ㉠ : 잇수를 피치원의 지름[inch]으로 나눈 값
　㉡ : 피치원의 지름[mm]을 잇수로 나눈 값

해설
- 모듈(m) : 피치원의 지름[mm]을 잇수로 나눈 값이다.

  $m = \dfrac{PCD(D)}{z}$

- 지름피치(p_d) : 잇수를 피치원의 지름[inch]으로 나눈 값이다.

  $p_d = 25.4[\text{mm}]\dfrac{z_1}{D_1}$

08 어떤 축이 40[N·mm]의 비틀림모멘트와 30[N·mm]의 굽힘모멘트를 동시에 받고 있을 때, 최대주응력설에 의한 상당굽힘모멘트[N·mm]는?

① 30   ② 40

③ 50   ④ 60

해설

상당굽힘모멘트(M_e) $= \dfrac{1}{2}(M + \sqrt{M^2 + T^2})$

$\qquad\qquad\qquad\quad = \dfrac{1}{2}(30 + \sqrt{30^2 + 40^2})$

$\qquad\qquad\qquad\quad = \dfrac{1}{2}(30 + 50) = 40[\text{N·mm}]$

상당굽힘모멘트(M_e) 및 상당비틀림모멘트(T_e) 구하는 식

상당굽힘모멘트(M_e)	상당비틀림모멘트(T_e)
$M_e = \dfrac{1}{2}(M + \sqrt{M^2 + T^2})$	$T_e = \sqrt{M^2 + T^2}$

09

마찰면의 바깥지름과 안지름이 각각 500[mm], 250[mm]인 단판원판클러치에서 축방향으로 밀어 붙이는 힘이 가해져 마찰면에 1[MPa]의 압력이 작용할 때 전달 가능한 최대 회전력[kN]은?(단, $\pi = 3.14$, 마찰면의 마찰계수는 0.3, 마찰면의 반경방향에 대한 압력분포는 일정하다고 가정한다)

① 23.9 ② 36.8
③ 44.2 ④ 51.3

해설

단판원판클러치의 접촉면압 $q = \dfrac{P}{\pi d_m b}$ 식을 응용하여 회전력(P)을 구하면

$P = q\pi d_m b = (1 \times 10^6) \times \pi \times \left(\dfrac{0.5 + 0.25}{2}\right) \times \left(\dfrac{0.5 - 0.25}{2}\right)$
$= 147.2[kN]$

여기서 마찰계수 0.3을 곱하면
$0.3 \times 147.2[kN] = 44.16[kN]$으로 최대 회전력을 구할 수 있다.

11

유니버설조인트에서 두 축간 속도비 $\dfrac{\omega_B}{\omega_A}$는 축이 90°회전할 때 마다 어떻게 변화하는가?(단, 두 축의 교차각을 α라 한다)

① $\sin\alpha$에서 $\tan\alpha$ 사이를 변화한다.
② $\cos\alpha$에서 $\sin\alpha$ 사이를 변화한다.
③ $\cos\alpha$에서 $\dfrac{1}{\cos\alpha}$ 사이를 변화한다.
④ $\sin\alpha$에서 $\dfrac{1}{\sin\alpha}$ 사이를 변화한다.

해설

유니버설조인트의 경우 속도비(i)$= \dfrac{\omega_B}{\omega_A}$는 $\cos\alpha \Leftrightarrow \dfrac{1}{\cos\alpha}$을 90°회전시마다 반복해서 변화한다.

10

압력각이 20°인 표준 스퍼기어에서 랙(Rack)과 맞물리는 피니언(Pinion)의 잇수를 설계할 때 언더컷을 방지하기 위한 이론적인 최소잇수는?(단, sin20° = 0.34, cos20° = 0.94, tan20° = 0.36로 한다)

① 18 ② 24
③ 32 ④ 48

해설

$z \geq \dfrac{2}{\sin^2\alpha}$에서 $z \geq \dfrac{2}{\sin^2 20°} = \dfrac{2}{0.34^2} = 17.3$

따라서 언더컷을 일어나지 않게 하려면 이론적 한계잇수보다 많으면서 계산과 근접한 수치인 18을 잇수로 해야 한다.

언더컷의 한계잇수

압력각	이론적 한계잇수	실용적 한계잇수
14.5°	32	26
20°	17	14

12

지름이 d인 중실축(Solid Shaft)과 바깥지름이 d_0, 안지름이 d_1인 중공축(Hollow Shaft)이 같은 마력을 전달할 수 있다고 가정할 때 d, d_0, d_1에 관한 관계식 중 옳은 것은?

① $d_0 = d\sqrt[3]{\dfrac{1}{1 - \left(\dfrac{d_1}{d_0}\right)^4}}$ ② $d_0 = d\sqrt[3]{1 - \left(\dfrac{d_1}{d_0}\right)^4}$

③ $d_0 = d\sqrt[4]{1 - \left(\dfrac{d_1}{d_0}\right)^3}$ ④ $d_0 = d\sqrt[4]{\dfrac{1}{1 - \left(\dfrac{d_1}{d_0}\right)^3}}$

해설

$T_A = T_B = \tau \times Z_P$에서 Z_P가 같으므로

$\dfrac{\pi d^3}{16} = \dfrac{\pi d_0^3(1 - x^4)}{16}$, $x = $내외경비$= \dfrac{d_1}{d_0}$

d만을 고려하면

$d^3 = d_0^3(1 - x^4)$

$d_0^3 = d^3 \times \dfrac{1}{(1 - x^4)}$

$d_0 = d\sqrt[3]{\dfrac{1}{1 - \left(\dfrac{d_1}{d_0}\right)^4}}$

13 등방성(Isotropic) 재료에서 횡(세로)탄성계수(Young's Modulus)를 바르게 표현한 식은?(단, G는 전단탄성계수, ν는 푸아송의 비)

① $2G(1-\nu)$ ② $2G(1+\nu)$
③ $G(1+\nu)$ ④ $G(1-\nu)$

해설
$mE = 2G(m+1) = 3k(m-1)$ 에서
세로탄성계수(E)를 $mE = 2G(m+1)$ 에서 도출하면
$$E = \frac{2G(m+1)}{m}$$
$$E = 2G + 2G\frac{1}{m}$$
$$E = 2G(1+\nu)$$

14 두 축이 서로 평행하고 중심선의 위치가 서로 약간 어긋났을 경우, 각속도의 변화 없이 회전동력을 전달시키려고 할 때 사용되는 커플링(Coupling)은?

① 머프(Muff)커플링
② 올드햄(Old Ham)커플링
③ 유니버설(Universal)커플링
④ 셀러(Seller)커플링

해설
올덤커플링(올드햄커플링)
두 축이 평행하거나 약간 떨어져 있는 경우에 사용되고, 양축 끝에 끼어 있는 플랜지 사이에 90°의 키 모양의 돌출부를 양면에 가진 중간 원판이 있고, 돌출부가 플랜지 홈에 끼워 맞추어 작용하도록 3개가 하나로 구성되어 있다.

15 그림과 같이 길이 100[mm]인 단순지지보의 중앙에 100[N]의 집중하중이 작용할 때 보에 발생하는 최대 굽힘응력[N/mm²]은?(단, 보의 단면은 가로(밑변) 6[mm], 세로(높이) 10[mm]인 사각단면이다)

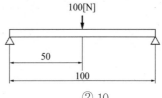

① 6   ② 10
③ 25   ④ 100

해설
$$M_{max} = \sigma_{max} \times Z$$

최대 굽힘응력 $\sigma_{max} = \dfrac{M_{max}}{Z} = \dfrac{\dfrac{Pl}{4}}{\dfrac{bh^2}{6}} = \dfrac{6Pl}{4bh^2} = \dfrac{3Pl}{2bh^2}$

$$= \frac{3 \times 100 \times 100}{2 \times 6 \times 10^2} = 25[\text{N/mm}^2]$$

16 용접 길이(L)가 200[mm], 판 두께(t)가 5[mm]인 판을 맞대기 용접하여 그림과 같이 비드(Bead)가 형성되었다. 이 맞대기 용접부에 가할 수 있는 최대 인장하중 W[N]은?(단, 용접부의 허용인장응력은 20[N/mm²]이며 안전율은 1로 한다)

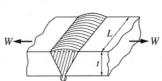

① 5,000   ② 10,000
③ 15,000   ④ 20,000

해설
인장응력 $\sigma = \dfrac{W}{A} = \dfrac{W}{t \times L}$

$$20[\text{N/mm}^2] = \frac{W}{5[\text{mm}] \times 200[\text{mm}]}$$

$\therefore F = 20,000[\text{N}]$

17 벨트의 선속도가 10[m/s]인 상태로 10마력을 전달하는 벨트전동장치에서 이완측의 장력 T_s[N]은?(단, 벨트의 회전으로 인한 원심력 효과는 무시하며 긴장측의 장력(T_t)은 이완측 장력(T_s)의 두 배이다. 즉 $T_t = 2T_s$)

① 735　　　　　　　　② 980

③ 1,470　　　　　　　④ 1,715

해설

$$H_{PS} = \frac{P_e \times v}{735} = \frac{(T_t - T_s)v}{735}$$

$$10 = \frac{(2T_s - T_s) \times 10[\text{m/s}]}{735}$$

$$T_s = \frac{7,350}{10} = 735[\text{N}]$$

18 지름이 d인 소선(황동선)을 감아 제작한 평균지름이 D인 코일스프링이 있다. 이 코일스프링의 유효권수(소선이 감긴 수)를 동일하게 하여 지름이 d인 소선(황동선)으로 스프링의 평균지름이 $2D$가 되도록 제작한 것을 '코일스프링 갑'이라 한다. 마찬가지로 유효권수를 변경시키지 않고 지름이 $2d$인 소선(황동선)으로 평균지름이 D가 되도록 제작한 것을 '코일스프링 을'이라 한다. 여기서 '갑'과 '을'의 스프링상수(k)에 대한 설명 중 옳은 것은?

① '을'과 '갑'이 동일하다.　② '을'이 '갑'의 8배

③ '을'이 '갑'의 64배　　　④ '을'이 '갑'의 128배

해설

스프링상수 $k = \frac{P}{\delta} = \frac{Gd^4}{8nD^3}$, 여기서 $\frac{d^4}{D^3}$만을 고려하면

• 갑 : $k = \frac{d^4}{(2D)^3} = \frac{d^4}{8D^3}$

• 을 : $k = \frac{(2d)^4}{D^3} = \frac{16d^4}{D^3}$

따라서 다음 계산에 따라 을 값의 128배이다.

$$\frac{\text{을}}{\text{갑}} = \frac{\frac{16d^4}{D^3}}{\frac{d^4}{8D^3}} = \frac{128D^3 d^4}{D^3 d^4} = 128$$

원통코일스프링의 스프링상수(k)

$$k = \frac{P}{\delta} = \frac{P}{\frac{8nPD^3}{Gd^4}} = \frac{Gd^4 \cdot P}{8nPD^3} = \frac{Gd^4}{8nD^3}$$

19 내경 2,000[mm]의 원통형 용기에 최고 압력이 1.47[MPa]인 가스를 저장하고자 한다. 이 압력용기 제작에 사용될 강판의 두께[mm]로 가장 적합한 것은?(단, 강판의 인장강도는 490[N/mm^2], 안전율은 5, 리벳이음의 효율은 70[%], 부식에 대한 여유량은 1[mm]로 한다)

① 10　　　　　　　　② 15

③ 20　　　　　　　　④ 25

해설

$t = \frac{PD}{2\sigma_a \eta} + C$에서

$S = \frac{\sigma_u}{\sigma_a}$, $5 = \frac{490}{\sigma_a}$, $\sigma_a = 98[\text{N/mm}^2]$을 대입한다.

$$t = \frac{1.47 \times 10^6 [\text{N/m}^2] \times 10^{-6} \times 2,000[\text{mm}]}{2 \times 98[\text{N/mm}^2] \times 0.7} + 1[\text{mm}]$$

$$= 22.42[\text{mm}]$$

따라서 ④ 25[mm]가 가장 적합하다.

• 안전율 $S = \dfrac{\sigma_u \text{ 또는 } \sigma_Y (\text{극한강도})}{\sigma_a (\text{허용응력})}$

• 리벳이음용 내압용기의 두께 $t = \dfrac{PD}{2\sigma_a \eta} + C$

20 초기 응력이 없고, 길이방향으로 늘어나지 않도록 구속된 중실축(Solid Shaft) 형상의 금속제 실린더가 있다. 이 실린더의 온도가 균일하게 상승하였을 때 발생하는 응력에 대한 설명 중 옳지 않은 것은?

① 응력의 크기는 재료의 열팽창계수에 비례한다.

② 응력의 크기는 온도변화량에 비례한다.

③ 응력의 크기는 재료의 세로탄성계수에 비례한다.

④ 응력의 크기는 실린더 축방향 길이에 비례한다.

해설

실린더는 길이방향으로 늘어나지 못하도록 구속되어 있으므로 축방향의 길이는 증가하지 않지만 내부응력이 커지므로 ④번은 틀린 표현이다.

2010년 국가직 기계설계

01 그림과 같은 스프링장치에 질량 W의 물체를 매달 때, 물체의 처짐량[mm]은?(단, $k_1 = k_2 = 100$[N/mm], $k_3 = 50$[N/mm], $W = 200$[kg]이다)

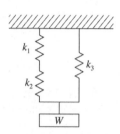

① 39.2

② 16.3

③ 60.5

④ 19.6

해설

직렬연결된 스프링상수(k)

$$\frac{1}{k} = \frac{1}{k_1} + \frac{1}{k_2} = \frac{1}{100} + \frac{1}{100} = \frac{1}{50}$$

$k = 50$[N/mm]

병렬연결된 스프링상수(k_{tot})

$k_{tot} = k + k_3 = 50 + 50 = 100$[N/mm]

스프링상수 구하는 식에 적용하면

$k = \dfrac{P}{\delta}$, $\delta = \dfrac{P}{k} = \dfrac{200[\text{kgf}] \times 9.8}{100} = 19.6$[mm]

02 어떤 하중이 작용되고 있는 기계장치의 부품이 인장응력 60[MPa], 전단응력 40[MPa]을 받고 있다. 이 부품의 소재가 전단응력에 의해 파괴되는 응력이 120[MPa]이면, 최대 전단응력설의 관점에서 볼 때, 받을 수 있는 최대 하중은 작용되고 있는 하중의 몇 배인가?

① 2.4

② 3.0

③ 3.6

④ 4.2

해설

$$\tau_{\max} = \frac{1}{2}\sqrt{\sigma_x^2 + 4\tau^2}$$

$$= \frac{1}{2}\sqrt{(60^2) + (4 \times 40^2)}$$

$$= \frac{1}{2}\sqrt{3,600 + 6,400}$$

$$= \frac{1}{2} \times 100 = 50[\text{MPa}]$$

파괴되는 하중이 120[MPa]이므로 50[MPa]대비 2.4배가 된다.

최대 전단응력설

최대 전단응력이 그 재료의 항복전단응력에 도달하면 재료의 파손이 일어난다는 이론이다. 연성재료의 미끄럼 파손과 일치한다.

$$\tau_{\max} = \frac{1}{2}\sqrt{\sigma_x^2 + 4\tau^2}$$

03 다음 그림은 겹치기용접에 의한 양면이음을 나타낸다. 작용하중 $F = 50,000[N]$, 용접선의 허용인장응력 $50[N/mm^2]$, $t = 10[mm]$일 때, 필요한 용접선의 최소 길이 $l[mm]$은?

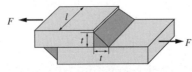

① 100   ② 71

③ 50   ④ 36

해설

$$\sigma = \frac{F}{A} = \frac{F}{2al} = \frac{F}{2 \times t \cos 45° \times l}$$

$$\sigma = \frac{50,000[N]}{2 \times t \cos 45° \times l}$$

$$l = \frac{50,000[N]}{2 \times 10 \cos 45° \times 50} = 70.71[mm] \fallingdotseq 71[mm]$$

04 평행키(Parallel Key)가 설치되어 있는 축의 운전조건을 변경하여 축의 회전수를 4배로 하려고 할 때, 같은 동력을 전달하기 위한 최소 키 폭은 현재 키 폭의 몇 배인가? (단, 키 폭을 제외한 키의 다른 형상 치수는 동일하다)

① 2   ② 0.5

③ 4   ④ 0.25

해설

키의 전단응력 구하는 식을 응용하면

$$\tau = \frac{W}{bl} = \frac{2T}{bdl}, \ b = \frac{2T}{dl\tau}$$

회전수(N)을 대입하기 위해

$$H = T\omega, \ T = \frac{H}{\omega} = \frac{H}{\frac{2\pi N}{60}} = \frac{60H}{2\pi N}$$을 대입하면

일반식 $b = \frac{2T}{dl\tau} = \frac{2\frac{60H}{2\pi N}}{dl\tau}$

회전수 $4N$을 대입한 식과의 비를 계산하면

$$\frac{4N식 \ b}{일반식 \ b} = \frac{\frac{2\frac{60H}{2\pi(4N)}}{dl\tau}}{\frac{2\frac{60H}{2\pi N}}{dl\tau}} = \frac{\frac{1}{4}}{1}$$

따라서 회전수를 4배로 하면 키의 폭은 처음의 $\frac{1}{4}$ 배가 된다.

05 교차각 30°인 유니버설(Universal)커플링 원동축(구동축)의 회전수는 1,000[rpm], 전달 토크는 20[N·m]일 때, 종동축 전달 토크[N·m]의 범위로 옳은 것은?(단, cos30° = 0.866, sin30° = 0.5, tan30° = 0.577로 한다)

① 15.3~20.4

② 17.3~23.1

③ 11.5~34.7

④ 10.0~40.0

해설

속도비(i) $= \frac{w_{B, 종동}}{w_{A, 원동}} = \frac{T_A}{T_B}$

축이 $\frac{1}{4}$ 회전 시 $\cos\theta \sim \frac{1}{\cos\theta}$ 배로 변하므로

$$\frac{T_A}{T_B} = \cos\theta \sim \frac{1}{\cos\theta}$$ 식이 만들어진다.

종동축의 전달토크(T)를 구해야 하므로

case 1. $T_B = T_A \times \cos 30° = 20[N·m] \times 0.866 = 17.32[N·m]$

case 2. $T_B = T_A \times \frac{1}{\cos 30°} = \frac{20[N·m]}{0.866} = 23.09[N·m]$

따라서 범위는 17.3 ~ 23.10다.

06 체인전동에서 스프로킷 휠(Sprocket Wheel)의 회전반지름에 관한 설명으로 옳은 것은?

① 스프로킷 휠의 회전반지름은 체인 1개의 회전을 주기로 계속 변동한다. 이때 최대 회전반지름에 대한 최소 회전반지름의 비는 $1-\cos\left(\dfrac{\pi}{Z}\right)$이다. 여기서 Z는 스프로킷 휠의 잇수이다.

② 회전반지름 변화와 관련된 속도변동률[%]은 $100 \times \cos\left(\dfrac{\pi}{Z}\right)$이다.

③ 각속도가 일정한 경우 회전반지름 변동에 따른 체인의 최대 속도에 대한 최소 속도의 비는 최대 회전반지름에 대한 최소 회전반지름의 비와 같다.

④ 체인의 평균속도[m/s]는 $\dfrac{NpZ}{6,000}$이다. 여기서 N은 스프로킷의 회전수[rpm], p는 체인의 피치[mm], Z는 스프로킷의 잇수이다.

해설

각속도가 일정하면 회전반지름 변동에 따라

$\dfrac{\text{체인의 최소 속도}(v_{\min})}{\text{체인의 최대 속도}(v_{\max})} = \dfrac{\text{최소 회전반지름}(R_{\min})}{\text{최대 회전반지름}(R_{\max})}$ 이므로 ③번은 옳은 표현이다.

① $\dfrac{R_{\min}}{R_{\max}} = \cos\dfrac{\alpha}{2} = \cos\left(\dfrac{1}{2} \times \dfrac{2\pi}{Z}\right) = \cos\dfrac{\pi}{Z}$

② 속도변동률 $= \dfrac{v_{\max}-v_{\min}}{v_{\max}} \times 100[\%] = 1 - \dfrac{v_{\min}}{v_{\max}}$

$= 1 - \cos\dfrac{\alpha}{2}$

④ 체인의 평균속도 $v = \dfrac{pzN}{60 \times 1,000}$

07 잇수가 각각 $Z_1 = 11$, $Z_2 = 27$이고, 압력각이 $20°$인 전위평기어에서 언더컷(Under Cut)이 일어나지 않도록 하는 전위계수 x_1, x_2는?

	x_1	x_2
①	0.353	0
②	0.353	0.156
③	0.656	0
④	0.656	0.156

해설

- $x_1 = \dfrac{17-z}{17} = \dfrac{17-11}{17} = 0.3529 ≒ 0.353$

- $x_2 = $ 압력각이 $20°$일 때 이론적으로 잇수가 17개 이상이면 언더컷이 발생하지 않으므로 전위계수를 부여하지 않는다. 따라서 $x_2 = 0$

전위계수(x) 구하는 식

구 분	계산식
일반적인 전위계수	$x = 1 - \dfrac{z}{2}\sin^2\alpha$
언더컷을 방지할 수 있는 전위계수(실용적)	압력각($14.5°$) $x = \dfrac{26-z}{30}$
	압력각($20°$) $x = \dfrac{14-z}{17}$
언더컷을 방지할 수 있는 전위계수(이론적)	압력각($20°$) $x = \dfrac{17-z}{17}$

08 일정속도로 회전하는 레이디얼 볼베어링(Radial Ball Bearing)에 처음 1분동안 100[N]의 힘이, 다음 1분동안 200[N]의 힘이 반복해서 작용한다고 할 때, 이 베어링에 작용하는 평균유효하중[N]은?

① $\dfrac{100+200}{2}$

② $\sqrt{100^2+200^2}$

③ $\sqrt{\dfrac{100^2+200^2}{2}}$

④ $\sqrt[3]{\dfrac{100^3+200^3}{2}}$

해설

베어링의 평균하중

$$P_m = \sqrt[r]{\dfrac{(P_1^r \times t_1) + (P_2^r \times t_2)}{t_1+t_2}} = \sqrt[3]{\dfrac{(100^3 \times 1) + (200^3 \times 1)}{2}}$$

여기서, r : 베어링의 하중계수(볼베어링 $= 3$, 롤러베어링 $= \dfrac{10}{3}$)

09 안지름 600[mm], 강판 두께 10[mm]인 원통형 압력용기의 강판 인장강도를 300[MPa]이라 할 때, 작용시킬 수 있는 최대 내압[N/mm²]은?(단, 안전율은 6, 부식여유는 1[mm], 리벳이음효율은 100[%]로 한다)

① 1.0   ② 1.5

③ 2.0   ④ 2.5

해설

$t = \dfrac{PD}{2\sigma_a \eta} + C$ 에서

$10[\text{mm}] = \dfrac{P \times 600[\text{mm}]}{2 \times 50 \times 10^6 [\text{N/m}^2] \times 10^{-6} \times 1} + 1[\text{mm}]$

$P = 9 \times \dfrac{100}{600} = \dfrac{900}{600} = 1.5 [\text{N/mm}^2]$

안전율 $S = \dfrac{\sigma_u \text{ 또는 } \sigma_Y \text{ (극한강도)}}{\sigma_a \text{ (허용응력)}}$ 에서

$S = \dfrac{\sigma_u}{\sigma_a}$, $6 = \dfrac{300}{\sigma_a}$, $\sigma_a = 50[\text{MPa}]$

리벳이음용 내압용기의 두께(t) 구하는 식

$t = \dfrac{PD}{2\sigma_a \eta} + C$

10 지그(Jig)와 고정구를 사용할 경우의 이점으로 옳지 않은 것은?

① 공작기계를 최대한으로 활용할 수 있어 작업의 효율을 증대시킨다.

② 작업의 정밀도를 향상시켜 불량률 감소와 더불어 제품의 호환성이 증대된다.

③ 다종소량의 제품가공에 효율적으로 사용되며, 제조원가를 절감시킬 수 있다.

④ 숙련된 기술이 필요한 특수작업을 감소시키며, 전반적으로 작업이 단순화된다.

해설

지그와 고정구를 사용하면 소품종의 제품을 대량으로 생산하기에 효율적이므로 제조원가를 절감할 수 있다. 다품종을 소량으로 생산하려면 그만큼 많은 종류의 지그나 고정구를 만들어야 하므로 제조원가는 반대로 커진다.

11 기계요소가 받는 피로(Fatigue)현상과 관련한 설명으로 옳지 않은 것은?

① 피로시험을 통하여 얻은 S-N 곡선에서 무수히 많은 반복응력을 주었을 때 피로파괴가 일어나지 않는 한계응력값을 피로한도(Fatigue Limit)라고 한다.

② 정적하중과 동적하중이 동시에 작용하는 경우 가로축을 평균응력, 세로축을 응력진폭으로 나타낼 때, 피로파손되는 한계를 내구선도로 나타낼 수 있으며, 여기에는 거버(Gerber)선도, 굿맨(Goodman)선도, 조더버그(Soderberg)선도 등이 있다.

③ 실제 부품의 설계 시 노치효과, 치수효과, 표면효과 등을 고려하여 내구선도를 수정하여 사용하여야 한다.

④ 기계요소의 피로수명을 강화시키려면 숏피닝(Shot Peening), 표면압연(Surface Rolling) 등의 방법으로 표면에 인장잔류응력을 주면 된다.

해설

숏피닝은 강이나 주철제의 작은 강구(볼)를 금속표면에 고속으로 분사하여 표면층을 냉간가공에 의한 가공경화효과로 경화시키면서 압축잔류응력을 부여하여 금속부품의 피로수명을 향상시키는 표면경화법으로 인장잔류응력은 아니다.

기계요소가 받는 피로현상(Fatigue)

피로시험을 통해 얻은 S-N 곡선에서 무수히 많은 반복응력을 주었을 때 피로파괴가 일어나지 않는 한계응력값을 피로한도라고 한다. 실제 부품의 설계 시 노치효과, 치수효과, 표면효과 등을 고려하여 내구선도를 수정하여 사용하여야 한다.

12 나사산 수, 나사 유효지름, 나사산의 높이, 나사 줄 수를 설계변수로 하여 설계된 너트로 어떤 물체를 체결하고자 할 때, 너트나사의 접촉면 압력이 너무 크다. 해결책으로 가장 옳은 것은?(단, 너트의 높이는 일정값으로 제한되어 있으며, 각 항에서 주어진 설계인자와 그에 종속된 변수 외에는 변하지 않는다고 가정한다)

① 나사산 수를 감소시킨다.
② 나사 유효지름을 증가시킨다.
③ 나사산의 높이를 줄인다.
④ 나사 줄 수를 증가시킨다.

해설
허용접촉면 압력이 너무 큰 것이 문제이므로 이를 낮추어 주기 위해서는 너트의 허용접촉면 압력 $q = \dfrac{Q}{\pi d_e hz}$ 을 고려하면 된다. 따라서 허용접촉면 압력을 낮추려면 나사의 유효지름(d_e)를 증가시켜야 한다.

13 두께 5[mm]인 강판을 지름 10[mm]인 리벳을 사용하여 1줄 겹치기이음으로 결합하려고 할 때 결합효율을 최적으로 할 수 있는 리벳의 피치[mm]는?(단, 강판의 허용인장응력은 60[MPa]이고 리벳의 허용전단응력은 80[MPa]이다)

① 11   ② 21
③ 31   ④ 41

해설
$$p = 10 + \frac{n\pi d^2}{4t\sigma_t}$$
$$= 10[\text{mm}] + \frac{1 \times 80 \times \pi \times 10^2}{4 \times 5 \times 60}$$
$$= 10[\text{mm}] + 20.94[\text{mm}] = 30.94[\text{mm}]$$
리벳의 피치 구하는 식
$$p = d + \frac{n\pi d^2}{4t\sigma_t}$$

14 평벨트 전동장치에서 긴장측(팽팽한 측)의 벨트장력이 250[N]이고, 접촉각과 마찰계수에 의한 장력비는 5이다. 풀리(Pulley) 지름이 200[mm]일 때, 전달토크[N·m]는?

① 20   ② 200
③ 2,000   ④ 20,000

해설
$$T = P_e \times \frac{D}{2} = (T_t - T_s) \times \frac{0.2[\text{m}]}{2}$$
여기서 장력비 $e^{\mu\theta} = \dfrac{T_t}{T_s}$, $5 = \dfrac{250}{T_s}$, $T_s = 50$를 대입하면
$$T = (250 - 50) \times 0.1 = 20[\text{N} \cdot \text{m}]$$
아이텔바인(Eytelvein)식
$$\frac{T_t(\text{긴장측 장력})}{T_s(\text{이완측 장력})} = e^{\mu\theta} \text{ 여기서 } e = 2.718$$

15 비틀림모멘트 T와 이것의 두 배 크기의 굽힘 모멘트 $M(=2T)$을 동시에 받고 있는 중실축(Solid Shaft)에 발생하는 최대 전단응력은 비틀림모멘트 T만 받고 있을 때 발생하는 최대 전단응력의 몇 배인가?

① $\sqrt{2}$ ② $\sqrt{3}$
③ 2   ④ $\sqrt{5}$

해설
굽힘과 비틀림을 동시에 받는다면 상당비틀림모멘트 식에 대입하면 된다.
$$T_e = \sqrt{M^2 + T^2} = \sqrt{(2T)^2 + T^2} = \sqrt{5}\,T \text{이다.}$$
따라서 비틀림모멘트만 받을 때보다 $\sqrt{5}$ 배 더 크다.
상당굽힘모멘트(M_e) 및 상당비틀림모멘트(T_e) 구하는 식

상당굽힘모멘트(M_e)	상당비틀림모멘트(T_e)
$M_e = \dfrac{1}{2}(M + \sqrt{M^2 + T^2})$	$T_e = \sqrt{M^2 + T^2}$

16 호칭번호 6310인 단열 레이디얼 볼베어링에 그리스 (Grease) 윤활로 30,000시간의 수명을 주고자 한다. 이 베어링의 한계속도지수가 250,000이라고 할 때, 사용 가능한 최대 회전속도[rpm]는?

① 5,000　　　　　　② 4,000

③ 3,000　　　　　　④ 2,500

해설

베어링 호칭번호가 6310이므로 안지름은 50[mm]임을 알 수 있다.
베어링의 한계속도지수 $= dn$ 이므로

$250,000 = 50[\text{mm}] \times n$

$n = \dfrac{250,000}{50} = 5,000[\text{rpm}]$

17 커플링(Coupling)에 대한 설명으로 옳지 않은 것은?

① 올덤(Oldham)커플링은 두 축이 평행하고, 두 축 사이의 거리가 가까울 때 사용한다.

② 고정커플링은 두 축의 중심이 일직선상에 있고, 축방향 이동이 없는 경우에 사용한다.

③ 원통형커플링은 플랜지커플링의 한 종류로 일체형과 분할형이 있다.

④ 원통형커플링 중 반겹치기커플링은 주로 축방향 인장력이 작용할 경우에 사용한다.

해설

원통커플링과 플랜지커플링은 다른 종류로 고정커플링에 속하는 축이음 요소이다.

축이음의 종류

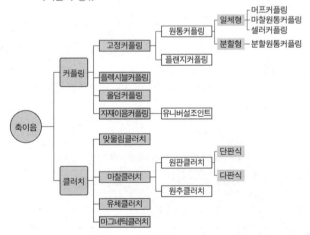

18 양단베어링이 지지하는 축의 중간지점에 회전체가 있는 동력 전달 시스템에서 축의 최대 처짐이 0.02[mm]일 때, 모터의 상용운전속도[rpm]로 가장 적절하지 않은 것은?(단, 회전체 이외의 무게는 무시한다)

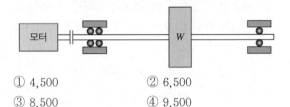

① 4,500　　　　　　② 6,500

③ 8,500　　　　　　④ 9,500

해설

위험속도 구하는 식과 단순보의 처짐량 구하는 식을 통해 구할 수 있다.

축의 위험속도 $N_c = \dfrac{30}{\pi} \sqrt{\dfrac{g}{\delta}}$

$\therefore \dfrac{30}{\pi} \sqrt{\dfrac{9.8}{0.02 \times 10^{-3}}} = 6,684[\text{rpm}]$

축은 일반적으로 위험속도에서 25[%] 벗어나게 하여 회전시키므로 6,684×0.25 = 1,671[rpm]를 벗어나게 해야 한다.
따라서 5,013~8,355[rpm]의 범위에 있으면 위험하므로 ②번이 부적절하다.

19 토션바(Torsion Bar)는 원형봉 한쪽 끝은 고정하고 다른 쪽 끝에 비틀림모멘트 T를 작용하도록 하는 기계요소이다. 허용전단응력을 τ, 안전계수(Safety Factor)를 2라 할 때, 이 원형봉의 최소 지름을 나타내는 식은?

① $\sqrt[3]{\dfrac{8T}{\pi\tau}}$　　　　　　② $\sqrt[3]{\dfrac{16T}{\pi\tau}}$

③ $\sqrt[3]{\dfrac{32T}{\pi\tau}}$　　　　　　④ $\sqrt[3]{\dfrac{64T}{\pi\tau}}$

해설

토크 $T = \tau \times Z_P$

$T = \tau \times \dfrac{\pi d^3}{16} \times \dfrac{1}{S}$ (안전율 고려 시)

$d^3 = \dfrac{16T}{\pi\tau} \times 2 = \dfrac{32T}{\pi\tau}$

$d = \sqrt[3]{\dfrac{32T}{\pi\tau}}$

20 내부에 압력에 의해 16,900[N]의 하중을 받는 압력용기 뚜껑을 볼트로 체결하려고 한다. 볼트의 인장강도는 420[N/mm^2]이고, 안전계수는 5로 할 때, 필요한 볼트의 최소 수는?(단, 볼트지름은 13[mm]이고, 굽힘에 의한 응력은 없다)

① 2

② 3

③ 4

④ 5

해설

허용응력 $\sigma_a = \dfrac{\sigma_u}{s} = \dfrac{420[\text{N/mm}^2]}{5} = 84[\text{N/mm}^2]$

$\sigma_a = \dfrac{F}{A} = \dfrac{F}{\dfrac{\pi d^2}{4} \times z}$ 에서

$z = \dfrac{16,900}{\dfrac{\pi \times 13^2}{4} \times 84} = \dfrac{16,900}{11,149.5} = 1.51$ 이므로

볼트의 최소 개수는 2개다.

01 다음 그림과 같이 4개의 볼트(ⓐ, ⓑ, ⓒ, ⓓ)로 체결된 브래킷(Bracket)이 편심하중 P를 받고 있을 때 각 볼트가 받는 전단응력의 관계로 옳은 것은?

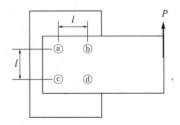

① ⓐ와 ⓑ의 전단응력의 크기가 같다.
② ⓑ와 ⓒ의 전단응력의 크기가 같다.
③ ⓒ와 ⓓ의 전단응력의 크기가 같다.
④ ⓑ와 ⓓ의 전단응력의 크기가 같다.

해설

하중 P가 볼트에는 회전력인 회전토크를 일으키므로 전단응력이 발생한다.
$T = F$(작용 힘, 여기서는 P)×l(작용점까지의 직선거리)
따라서 작용힘인 P의 선상에서 ⓑ와 ⓓ의 길이가 같으므로 전단응력의 크기도 같다.

02 토크 T를 받고 있는 성크키(Sunk Key)에 생기는 전단응력을 τ, 압축응력을 σ_c라 할 때 키의 높이 h와 폭 b의 관계로 옳은 것은?(단, $\dfrac{\tau}{\sigma_c} = \dfrac{1}{3}$ 이다)

① $h = b$
② $h = \dfrac{2}{3}b$
③ $h = \dfrac{b}{2}$
④ $h = \dfrac{b}{3}$

해설

$\dfrac{\tau}{\sigma_c} = \dfrac{1}{3}$, $\sigma_c = 3\tau$

$\dfrac{4T}{hld} = 3\dfrac{2T}{bld}$, h와 b만을 고려하면

$\dfrac{4}{h} = \dfrac{6}{b}$

$h = 4 \times \dfrac{b}{6} = \dfrac{2}{3}b$

묻힘키의 길이(l) 구하기

• 전단응력 고려 시 : $\tau = \dfrac{W}{bl} = \dfrac{2T}{bdl}$, $l = \dfrac{2T}{bd\tau}$

• 압축응력 고려 시 : $\sigma_c = \dfrac{2W}{hl} = \dfrac{4T}{hdl}$, $l = \dfrac{4T}{hd\sigma_c}$

03 웜기어 장치에서 웜의 리드각(γ)에 대한 식으로 옳은 것은?

① $\tan\gamma = \dfrac{웜의\ 리드}{\pi \times 웜의\ 바깥지름}$

② $\tan\gamma = \dfrac{웜의\ 리드}{\pi \times 웜의\ 피치원지름}$

③ $\tan\gamma = \dfrac{웜의\ 피치원지름}{\pi \times 웜의\ 리드}$

④ $\tan\gamma = \dfrac{웜의\ 바깥지름}{\pi \times 웜의\ 리드}$

해설

웜의 리드각$(\tan\gamma) = \dfrac{웜의\ 리드(L)}{\pi \times 웜의\ 피치원지름(D_{worm})}$

04 클러치(Clutch)에 대한 설명으로 옳지 않은 것은?

① 축방향의 추력이 동일할 때 원판클러치는 원추클러치보다 더 큰 마찰력을 발생시킬 수 있다.
② 전자클러치는 전류의 가감에 의하여 접촉 마찰력의 크기를 조절할 수 있다.
③ 삼각형맞물림클러치는 사각형맞물림클러치에 비해 작은 하중의 전달에 적합하다.
④ 축방향 하중이 같을 경우 다판클러치와 단판클러치의 전달토크는 동일하다.

해설

축방향의 추력이 동일할 때 원추클러치의 접촉면이 원판클러치보다 더 크기 때문에 원추클러치가 더 큰 마찰력을 발생시킬 수 있다.
클러치의 특징
• 전자클러치는 전류의 가감에 의하여 접촉 마찰력의 크기를 조절할 수 있다.
• 삼각형맞물림클러치는 사각형맞물림클러치에 비해 작은 하중의 전달에 적합하다.
• 축방향 하중이 같을 경우 다판클러치와 단판클러치의 전달토크는 동일하다.
• 축방향의 추력이 동일할 때 원추클러치가 원판클러치보다 더 큰 마찰력을 발생시킨다.

05 원통마찰차에서 회전속도가 N_A이고 직경이 D_A인 원동차가 회전속도 N_B이고 직경이 D_B인 종동차와 외접하고 있을 때 중심거리는?

① $\dfrac{D_A}{2}\left(1 + \dfrac{N_A}{N_B}\right)$

② $\dfrac{D_B}{2}\left(1 + \dfrac{N_A}{N_B}\right)$

③ $\dfrac{D_A}{2}\left(1 - \dfrac{N_A}{N_B}\right)$

④ $\dfrac{D_B}{2}\left(1 - \dfrac{N_A}{N_B}\right)$

해설

$\dfrac{n_B}{n_A} = \dfrac{D_A}{D_B}$

$D_B = \dfrac{n_A}{n_B} \times D_A$ 여기서 중심거리(C) 구하는 식에 대입하면

$C = \dfrac{D_A + D_B}{2} = \dfrac{D_A + \dfrac{n_A}{n_B} \times D_A}{2} = \dfrac{D_A}{2}\left(1 + \dfrac{n_A}{n_B}\right)$

속도비 $i = \dfrac{n_2}{n_1} = \dfrac{D_1}{D_2} = \dfrac{z_1}{z_2}$

06 다음 그림과 같이 접착제를 사용하여 벨트를 잇고자 한다. 접착제의 전단강도가 인장강도보다 73.2[%] 더 크다고 할 때 접착면의 최적경사각은?(단, $\sqrt{3} = 1.732$이다)

① 0°　　　　　　② 30°
③ 45°　　　　　　④ 60°

해설

최적경사각(θ)를 구하려면

$\tan\theta = \dfrac{\tau}{\sigma_n}$

$\theta = \tan^{-1}\dfrac{\tau}{\sigma_n} = \tan^{-1} \times \dfrac{\sigma_n \times 1.732}{\sigma_n} = \tan^{-1}\sqrt{3} = 60°$

07 피로한도 280[MPa], 항복강도 450[MPa], 극한강도가 560[MPa]인 재료의 굿맨선(Goodman Line)을 나타내는 식은?(단, σ_a는 응력진폭, σ_m은 평균응력으로 단위는 [MPa]이다)

① $\dfrac{\sigma_a}{280} + \dfrac{\sigma_m}{560} = 1$

② $\dfrac{\sigma_a}{280} + \dfrac{\sigma_m}{450} = 1$

③ $\dfrac{\sigma_a}{280} + \left(\dfrac{\sigma_m}{560}\right)^2 = 1$

④ $\left(\dfrac{\sigma_a}{280}\right)^2 + \left(\dfrac{\sigma_m}{450}\right)^2 = 1$

해설

$\dfrac{\sigma_a\,(허용한도)}{280} + \dfrac{\sigma_m\,(평균응력)}{560} = 1$

Goodman Line 구하는 식

$\dfrac{\sigma_a\,(허용한도)}{\sigma_e\,(피로한도)} + \dfrac{\sigma_m\,(평균응력)}{\sigma_u\,(극한강도)} = 1$

08 바깥지름이 50[mm]이고 골지름이 44[mm]인 한줄 사각나사를 2.5회전시키면 25[mm] 전진한다고 한다. 나사의 리드각을 α라고 할 때 $\tan\alpha$의 값은?

① 0.034　　　　② 0.051

③ 0.068　　　　④ 0.082

해설

$\tan\lambda = \dfrac{p}{\pi d_e}$

여기서 평균지름$(d_e) = \dfrac{d_1 + d_2}{2} = \dfrac{44 + 50}{2} = 47[\text{mm}]$

피치$(p) = \dfrac{L}{n} = \dfrac{25}{2.5} = 10[\text{mm}]$

$\therefore \tan\lambda = \dfrac{p}{\pi d_e} = \dfrac{10}{\pi \times 47} = 0.0677 ≒ 0.068$

09 두께가 3[mm]인 두 판재를 한줄 겹치기로 리벳이음 할 때 리벳의 지름이 6[mm]라면 필요한 피치[mm]는? (단, 리벳의 전단강도는 판재의 인장강도의 0.5배이고, $\pi = 3.14$이다)

① 16.71　　　　② 10.71

③ 18.00　　　　④ 12.00

해설

$p = 6 + \dfrac{n\pi \pi d^2}{4t\sigma_t}$

$= 6[\text{mm}] + \dfrac{1 \times 0.5\sigma_t \times 3.14 \times 6^2}{4 \times 3 \times \sigma_t}$

$= 6[\text{mm}] + 4.71[\text{mm}]$

$= 10.71[\text{mm}]$

리벳의 피치 구하는 식

$p = d + \dfrac{n\pi \pi d^2}{4t\sigma_t}$

10 바하(Bach)의 축공식에 대한 설명으로 옳은 것은?(단, N은 회전수[rpm], H_{PS}는 전달 마력[PS]이다)

① 축의 강도설계에서 축길이 1[m]에 대하여 비틀림각이 0.25° 이내가 되는 조건에서 축지름을 구한다.

② 축의 강성설계에서 축길이 1[m]에 대하여 비틀림각이 0.25° 이내가 되는 조건에서 축지름을 구한다.

③ 축지름 $d = 12\sqrt[3]{\dfrac{H_{PS}}{N}}\,[\text{cm}]$이다.

④ 축지름 $d = 12\sqrt[4]{\dfrac{H_{PS}}{N}}\,[\text{mm}]$이다.

해설

• 바하의 축공식
　축의 강성설계에서 축의 길이 1[m]당 비틀림각(θ)이 0.25° 이내가 되는 조건에서 축지름을 구하는 공식으로 마력[PS]과 동력[kW]단위로 구분한다.

• 중실축일 경우
　－ $d = 120\sqrt[4]{\dfrac{H_{PS}}{N}}\,[\text{mm}]$

　－ $d = 130\sqrt[4]{\dfrac{H_{kW}}{N}}\,[\text{mm}]$

• 강성(Stiffness) : 재료가 변형에 저항하는 정도로 단위길이당 힘으로 나타낸다.

• 강도(Strength) : 재료가 파괴될 때 저항하는 정도로 단위면적당 힘의 크기로 나타낸다.

11 체인전동의 특성에 대한 설명으로 옳지 않은 것은?

① 체인의 탄성으로 어느 정도 충격하중을 흡수할 수 있다.
② 초기 장력이 필요없어 정지 시 장력이 작용하지 않는다.
③ 체인의 길이조절과 다축전동이 쉽다.
④ 미끄럼이 있어 일정한 속도비를 얻기 어렵다.

해설
체인전동은 미끄럼 없이 일정한 속도비를 얻을 수 있는 동력 전달 장치이다.
체인전동의 특징
• 큰 동력전달이 가능하다.
• 진동과 소음이 발생하기 쉽다.
• 체인의 길이조절과 다축전동이 쉽다.
• 축간거리가 긴 겨우 고속전동이 어렵다.
• 미끄럼 없이 일정한 속도비를 얻을 수 있다.
• 초기 장력이 필요없어 정지 시 장력이 작용하지 않는다.
• 체인의 탄성으로 어느 정도의 충격하중을 흡수할 수 있다.

12 중실(Solid) 토션 바에서 토크가 일정할 때 지름과 길이가 각각 2배가 된다면 비틀림스프링상수는 몇 배가 되는가?

① 2
② 4
③ 8
④ 16

해설
일반적인 스프링상수 $k = \dfrac{P}{\delta}$ 이지만 비틀림스프링상수 $k = \dfrac{T}{\theta}$ 이다.

$$k = \frac{T}{\theta} = \frac{G\pi d^4}{32l}$$

여기서 d와 l을 각각 2배로 늘렸으므로 $\dfrac{(2d)^4}{2l} = \dfrac{16d^4}{2l} = \dfrac{8d^4}{l}$ 이다.
따라서 처음보다 8배가 된다.

13 한줄리벳이음에서 리벳구멍 사이의 강판이 절단되었다면 한 피치 구간에서 판에 작용한 인장하중 W는?(단, d는 리벳구멍, p는 피치, t는 강판의 두께, σ_t는 인장응력이다)

① $W = 2(p-d)t\sigma_t$
② $W = (p+d)t\sigma_t$
③ $W = (p-d)t\sigma_t$
④ $W = 2(p+d)t\sigma_t$

해설
리벳이음에서 인장응력(σ)을 구하는 식을 응용해서 리벳이음의 강도(P) 혹은 인장하중(W)을 구하면
$$\sigma = \frac{P \text{ 또는 } W}{(p-d)t}, \quad W = (p-d)t\sigma$$
리벳이음의 응력 구하는 식

인장응력(σ)	압축응력(σ_c)
$\sigma = \dfrac{P}{(p-d)t}$	$\sigma_c = \dfrac{P}{dt}$

여기서 t : 두께, p : 피치, d : 리벳의 직경

14 스프링에 대한 설명으로 옳지 않은 것은?

① 접시스프링은 선형스프링이다.
② 스프링지수는 소선의 지름에 대한 코일유효지름의 비이다.
③ 압축코일스프링의 주된 응력은 전단응력이다.
④ 비틀림코일스프링의 주된 응력은 굽힘응력이다.

해설
선형스프링이란 코일스프링과 같이 Wire로 형상을 만든 스프링을 말하는 것으로, 원판의 형상으로 만들어진 접시스프링과는 거리가 멀다.
접시스프링 : 안쪽에 구멍이 뚫려 있어서 접시모양의 원판모양인 스프링

	병렬겹침	
	직렬겹침	

15 주물의 기공결함을 줄이기 위한 대책으로 옳지 않은 것은?

① 용탕의 주입온도를 최대한 높인다.
② 송탕구(Feeder)를 붙여 용탕에 압력을 준다.
③ 주형의 통기성을 향상시킨다.
④ 주형 내의 수분을 제거한다.

해설
주물의 기공 결함을 줄이기 위해서는 용탕의 주입온도를 적당히 해야 한다.
주물의 기공결함을 줄이기 위한 방법
• 주형 내의 수분을 제거한다.
• 주형의 통기성을 향상시킨다.
• 송탕구를 붙여 용탕에 압력을 준다.
• 용탕의 주입온도를 적당히 한다.

16 중앙에 집중하중을 받는 단순지지보의 처짐에 대한 설명으로 옳지 않은 것은?

① 하중의 크기에 비례한다.
② 영 계수에 반비례한다.
③ 단면 2차 모멘트에 비례한다.
④ 보의 길이의 3제곱에 비례한다.

해설
단순지지보의 중앙에 집중하중을 받을 경우 처짐각이나 처짐량은 모두 단면 2차 모멘트(I)에 반비례한다.
단순지지보에서 집중하중 작용 시 처짐각(θ) 및 처짐량(δ) 구하는 식

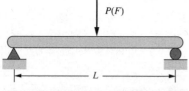

처짐각(θ)	처짐량(δ)
$\theta_{\max} = \dfrac{PL^2}{16EI}$	$\delta_{\max} = \dfrac{PL^3}{48EI}$

17 레이디얼(Radial)하중 P를 받고 있는 볼베어링의 수명을 20[%] 연장하고자 할 때 해당 하중의 크기는?

① $1.2^{\frac{1}{3}} P$
② $1.2^{-\frac{1}{3}} P$
③ $0.8^{\frac{1}{3}} P$
④ $0.8^{-\frac{1}{3}} P$

해설
$L_h = 500\left(\dfrac{C}{P}\right)^r \dfrac{33.3}{N}$ 에서

수명계수 L_h와 하중 P만을 고려하면

$L_h = \left(\dfrac{1}{P}\right)^3$ 이며, $L_h = \dfrac{1}{P^3}$, $P^3 = \dfrac{1}{L_h}$

$P = \dfrac{1}{L_h^{\frac{1}{3}}}$ 여기서 수명을 20[%] 향상시키므로

하중의 크기는 $1.2^{-\frac{1}{3}} P$가 된다.
베어링의 수명시간(L_h) 구하는 식

$L_h = 500\left(\dfrac{C}{P}\right)^r \dfrac{33.3}{N}$ 또는 $L_h = 500 f_n^3 \left(\dfrac{C}{P_{th} \times f_w}\right)^3$

여기서 C : 기본부하용량
　　　P_{th} : 베어링 이론하중
　　　f_w : 하중계수
　　　N : 회전수
　　　f_n : 속도계수
　　　f_h : 수명계수
• 볼베어링의 하중계수(r) = 3
• 롤러베어링의 하중계수(r) = $\dfrac{10}{3}$

18 스퍼기어의 치수를 측정하였더니 바깥지름은 대략 250 [mm], 이끝원의 원주피치는 약 15.7[mm]였다. 보통이라 가정할 때 이 기어의 추정잇수(Z)와 모듈(m)은?(단, $\pi = 3.14$다)

	Z	m
①	46	5
②	46	6
③	50	5
④	50	6

해설

원주피치(P_0) $= \dfrac{\pi D}{Z} = \pi m$ 식에서

- $Z = \dfrac{\pi D}{P_0} = \dfrac{3.14 \times 250}{15.7} = 50$개
- 모듈(m) $P_0 = \pi m$

  $15.7 = 3.14m$

  $m = \dfrac{15.7}{3.14} = 5$

19 외접하는 원추 마찰차에서 축각이 75°, 원동차의 원추각이 30°이고 1,000[rpm]으로 회전한다고 할 때 종동차의 회전속도[rpm]는?

① $\dfrac{1,000}{\sqrt{2}}$ ② $1,000\sqrt{2}$

③ 500 ④ $2,000$

해설

원추마찰차의 속도비 $i = \dfrac{w_b}{w_a} = \dfrac{n_b}{n_a} = \dfrac{\sin_a}{\sin_b}$ 이다.

$\dfrac{n_b}{n_a} = \dfrac{\sin_a}{\sin_b}$

$n_b = n_a \times \dfrac{\sin 30°}{\sin 45°}$, 축각이 75°이므로 $a + b = 75°$가 되어야 한다.

$n_b = 1,000 \times \dfrac{\sin 30°}{\sin 45°} = \dfrac{1,000}{\sqrt{2}}$ [rpm]

20 전동효율이 0.98인 한 쌍의 스퍼기어에서 구동기어의 피치원 지름이 180[mm], 피동기어의 피치원 지름이 90[mm]일 때 구동기어의 회전토크(T_1)에 대한 피동기어의 회전토크(T_2)의 비$\left(\dfrac{T_2}{T_1}\right)$는?

① $0.98 \times \dfrac{90}{180}$

② $0.98 \times \dfrac{180}{90}$

③ $0.98 \times \left(\dfrac{90}{180}\right)^2$

④ $0.98 \times \left(\dfrac{180}{90}\right)^2$

해설

토크 $T = F \times \dfrac{D}{2}$

여기에 효율(η)을 고려하면 $T = F \times \dfrac{D}{2} \times \eta$가 된다.

$\dfrac{T_2}{T_1} = \dfrac{\tau Z_{P,2}}{\tau Z_{P,1}}$, 중복부분을 제거하면 $\dfrac{D_2}{D_1}$ 이므로

$\dfrac{90}{180} \times \eta = \dfrac{90}{180} \times 0.98$이 답이다.

안심Touch

2012년 국가직 기계설계

01 기계재료의 표준인장시험에서 얻어지는 진변형률(ε_T)을 공칭응력(σ)과 진응력(σ_T)으로 나타낸 것으로 옳은 것은?

① $\varepsilon_T = \dfrac{\sigma_T}{\sigma}$ ② $\varepsilon_T = \dfrac{\sigma}{\sigma_T}$

③ $\varepsilon_T = \ln\left(\dfrac{\sigma_T}{\sigma}\right)$ ④ $\varepsilon_T = \ln\left(\dfrac{\sigma}{\sigma_T}\right)$

해설

• 진변형률과 공칭응력, 진응력과의 관계

$\varepsilon_T = \ln\left(\dfrac{\sigma_T}{\sigma}\right)$

• 진응력 : 변화된 단면적에 대한 하중의 비
• 진변형률 : 현재 길이에 대한 늘어난 길이의 비

02 모듈이 4[mm], 중심거리가 150[mm]인 외접 스퍼기어에서 회전각속도비가 0.5일 때, 구동기어의 잇수 z_1과 피동기어의 잇수 z_2를 곱한 값은?

① 800 ② 1,250

③ 1,700 ④ 2,150

해설

$i = \dfrac{z_1}{z_2} = 0.5, \ z_1 = 0.5z_2$

$C = \dfrac{D_1 + D_2}{2} = \dfrac{m(z_1 + z_2)}{2}$

$150 = \dfrac{4(0.5z_2 + z_2)}{2}$

$300 = 2z_2 + 4z_2$

$z_2 = 50, \ z_1 = 0.5z_2 = 0.5 \times 50 = 25$

∴ $z_1 \times z_2 = 25 \times 50 = 1,250$

속도비(i) 구하는 식

$i = \dfrac{n_2}{n_1} = \dfrac{w_2}{w_1} = \dfrac{D_1}{D_2} = \dfrac{z_1}{z_2}$

03 허용인장응력이 100[N/mm²], 두께가 10[mm]인 강판을 용접길이 150[mm], 용접효율을 80[%]로 맞대기 이음을 하고자 한다. 용접부의 허용응력이 80[N/mm²]일 때, 목두께[mm]는?

① 10
② 12
③ 15
④ 16

해설

$\sigma = \dfrac{P}{A} = \dfrac{P}{tl}$ 효율을 고려하면 분모에 효율을 곱한다.

$\sigma = \dfrac{P}{tl\eta}$

$P = \sigma tl\eta$

$= 100[\text{N/mm}^2] \times 10[\text{mm}] \times 150[\text{mm}] \times 0.8 = 120,000[\text{N}]$

용접부의 허용응력(σ_a) $= \dfrac{P}{A} = \dfrac{P}{al}$ 에서

목두께(a) $= \dfrac{P}{\sigma_a l} = \dfrac{120,000[\text{N}]}{80[\text{N/mm}^2] \times 150[\text{mm}]} = 10[\text{mm}]$

1 ③ 2 ② 3 ① **정답**

04 마찰계수가 극히 작고 마멸이 적기 때문에 NC 공작기계의 이송나사, 자동차의 조향장치, 항공기 날개의 플랩 작동장치에 사용하는 나사는?

① 사각나사　　　　　② 사다리꼴나사
③ 볼나사　　　　　　④ 둥근나사

해설

볼나사(Ball Screw)는 나사축과 너트 사이에서 볼(Ball)이 구름운동을 하면서 물체를 이송시키는 고효율의 나사로 백래시가 없고 전달효율이 높아서 최근에 CNC 공작기계의 이송용나사로 사용된다.

볼나사(Ball Screw)의 특징
• 윤활유는 소량만으로 충분하다.
• 미끄럼나사보다 전달효율이 높다.
• 시동토크나 작동토크의 변동이 적다.
• 마찰계수가 작아서 정확한 미세이송이 가능하다.
• 미끄럼나사에 비해 내충격성과 감쇠성이 떨어진다.
• 예압에 의하여 축방향의 백래시(Backlash, 뒤틈, 치면높이)를 작게 할 수 있다.

06 기어 이의 간섭이 발생하지 않도록 하기 위한 방법으로 옳지 않은 것은?

① 기어와 피니언의 잇수비를 크게 한다.
② 피니언의 잇수를 최소치수 이상으로 한다.
③ 기어의 잇수를 한계치수 이하로 한다.
④ 압력각을 크게 한다.

해설

이의 간섭이란 한 쌍의 기어가 맞물려 회전할 때, 한 쪽 기어의 이끝이 상대쪽 기어의 이뿌리에 부딪쳐서 회전할 수 없게 되는 간섭현상으로 이에 대한 대책으로는 기어와 피니언의 잇수비를 적절하게 해야 한다.

이의 간섭에 대한 원인과 대책

원 인	대 책
• 압력각이 작을 때 • 피니언의 잇수가 극히 적을 때 • 기어와 피니언의 잇수비가 매우 클 때	• 압력각을 크게 한다. • 피니언의 잇수를 최소치수 이상으로 한다. • 기어의 잇수를 한계치수 이하로 한다. • 치형을 수정한다. • 기어의 이 높이를 줄인다.

05 묻힘키(Sunk Key)와 축에 동일토크가 부가되고, 축과 키의 재료가 같다. 축지름이 20[mm], 묻힘키의 길이가 50[mm]일 때, 필요한 키의 최소폭[mm]은?

① 1　　　　　　　　② 2
③ 3　　　　　　　　④ 4

해설

묻힘키가 파손되지 않는 길이(l) 구하는 식을 응용하면

$l = \dfrac{\pi d^2}{8b}$ 에서

$b = \dfrac{\pi d^2}{8l} = \dfrac{\pi \times 20^2}{8 \times 50} = \dfrac{400\pi}{400} = 3.1415[mm]$ 이므로

최소폭(b)는 이 수치보다 큰 4[mm]로 해야 한다.

07 외접하는 두 개의 기어가 맞물려 있고, 중심거리가 150[mm], 하나의 기어 잇수가 80인 두 기어의 모듈이 3일 때, 나머지 기어의 잇수는?

① 20　　　　　　　② 40
③ 80　　　　　　　④ 120

해설

$C = \dfrac{m(Z_1 + Z_2)}{2}$

$150 = \dfrac{3(Z_1 + Z_2)}{2}$

$(Z_1 + Z_2) = 100$

하나의 잇수가 80이므로, 나머지 하나는 20이다.

08 볼베어링에 걸리는 하중이 500[N], 베어링의 동정격하중이 1,500[N]일 때, 베어링을 10,000시간 이상 사용하기 위한 최대 회전수[rpm]는?

① 30   ② 45

③ 300   ④ 450

해설

$$L_h = 500 \left(\frac{C}{P} \right)^r \frac{33.3}{N}$$

$$10,000 = 500 \times \left(\frac{1,500}{500} \right)^3 \times \frac{33.3}{N}$$

$$N = 500 \times 27 \times \frac{33.3}{10,000} = 44.95 \fallingdotseq 45[\text{rpm}]$$

베어링의 수명시간(L_h) 구하는 식

$$L_h = 500 \left(\frac{C}{P} \right)^r \frac{33.3}{N} \ \ \text{또는} \ \ L_h = 500 f_n^3 \left(\frac{C}{P_{th} \times f_w} \right)^3$$

여기서 C : 기본부하용량, P_{th} : 베어링 이론하중
        f_w : 하중계수, N : 회전수
        f_n : 속도계수, f_h : 수명계수
• 볼베어링의 하중계수(r) = 3
• 롤러베어링의 하중계수(r) = $\frac{10}{3}$
※ 볼베어링의 수명 : 반지름방향 동등가하중의 3승에 반비례한다.

09 마찰면의 바깥지름이 300[mm], 안지름이 220[mm]인 단판클러치에서 축방향으로 밀어붙이는 힘이 1[kN], 마찰계수가 0.3일 때, 전달할 수 있는 토크[N·m]는?(단, 균일한 마모상태로 가정한다)

① 24   ② 39

③ 78   ④ 96

해설

토크 $T = F \times \dfrac{D_m}{2}$

$$= \mu P \times \frac{\dfrac{D_1 + D_2}{2}}{2}$$

$$= 0.3 \times 1,000[\text{N}] \times \frac{\dfrac{0.22[\text{m}] + 0.3[\text{m}]}{2}}{2}$$

$$= 0.3 \times 1,000[\text{N}] \times 0.13[\text{m}]$$

$$= 39[\text{N} \cdot \text{m}]$$

10 평기어를 설계할 때, 언더컷을 방지하기 위한 최소잇수는 압력각에 따라 다르다. 표준치를 갖는 피니언과 맞물리는 기어가 랙일 때, 압력각(p)에 따른 피니언의 이론적 최소 잇수(N)는?(단, sin20° = 0.34, cos20° = 0.94, tan20° = 0.36, sin25° = 0.42, cos25° = 0.91, tan25° = 0.47이다)

① p = 20°일 때 N = 18, p = 25°일 때 N = 12
② p = 20°일 때 N = 12, p = 25°일 때 N = 18
③ p = 20°일 때 N = 18, p = 25°일 때 N = 22
④ p = 20°일 때 N = 22, p = 25°일 때 N = 18

해설

• p = 20°인 경우

$$Z \geq \frac{2}{\sin^2 \alpha}$$

$$\geq \frac{2}{(\sin 20)^2}$$

$$\geq \frac{2}{0.34^2} = \frac{2}{0.1156} = 17.3$$

$$\geq 17.3 \ \text{이므로 최소 잇수는 18개다.}$$

• p = 25°인 경우

$$Z \geq \frac{2}{\sin^2 \alpha}$$

$$\geq \frac{2}{(\sin 25)^2}$$

$$\geq \frac{2}{0.42^2} = \frac{2}{0.1764} = 11.4$$

$$\geq 11.4 \ \text{이므로 최소 잇수는 12개다.}$$

언더컷을 일으키지 않는 한계잇수(Z) 구하는 식

$$Z \geq \frac{2}{\sin^2 \alpha}$$

11 키의 높이가 h, 폭이 b, 길이가 l인 묻힘키(Sunk Key)에서 높이와 폭을 같게 하였을 때, 키에 작용하는 힘(P)에 의하여 키에 발생하는 전단응력(τ)과 압축응력(σ)의 비$\left(\dfrac{\sigma}{\tau}\right)$는?

① 0.25   ② 0.50
③ 1.00   ④ 2.00

해설

$$\frac{\sigma}{\tau} = \frac{\dfrac{4T}{hld}}{\dfrac{2T}{bld}} = \frac{4Tbld}{2Thld} = \frac{4b}{2h} \quad 여기서 \ h=b이므로$$

$$\frac{\sigma}{\tau} = \frac{2}{1}$$

묻힘키의 길이(l) 구하기

- 전단응력 고려 시 $\tau = \dfrac{W}{bl} = \dfrac{2T}{bdl}$, $l = \dfrac{2T}{bd\tau}$

- 압축응력 고려 시 $\sigma_c = \dfrac{2W}{hl} = \dfrac{4T}{hdl}$, $l = \dfrac{4T}{hd\sigma_c}$

12 지름이 20[mm], 길이가 7[cm]인 시편이 시험 후 지름이 10[mm], 길이가 8[cm]가 되었을 때, 단면수축률은?

① 0.55   ② 0.65
③ 0.75   ④ 0.85

해설

$$단면수축률 = \frac{\Delta A}{A} = \frac{A_1 - A_2}{A_1} = \frac{\dfrac{\pi d_1^2}{4} - \dfrac{\pi d_2^2}{4}}{\dfrac{\pi d_1^2}{4}}$$

$$= \frac{d_1^2 - d_2^2}{d_1^2} = \frac{20^2 - 10^2}{20^2} = \frac{400 - 100}{400} = 0.75$$

13 2줄 나사의 리드각(α)을 계산하는 공식은?(단, d는 나사의 바깥지름, d_1은 나사의 골지름, p는 나사의 피치이다)

① $\alpha = \tan^{-1}\left(\dfrac{2p}{\pi(d+d_1)}\right)$

② $\alpha = \tan^{-1}\left(\dfrac{4p}{\pi(d+d_1)}\right)$

③ $\alpha = \tan^{-1}\left(\dfrac{2p}{\pi(d-d_1)}\right)$

④ $\alpha = \tan^{-1}\left(\dfrac{4p}{\pi(d-d_1)}\right)$

해설

리드각은 주로 λ로 표기하나 일부책에서 α로 표기하기도 한다.

$$\tan\lambda = \frac{L}{\pi d_e} = \frac{np}{\pi d_e} , \ 2줄 \ 나사이므로 \ \frac{2p}{\pi d_e}$$

여기서 $d_e = \dfrac{d+d_1}{2}$이므로

$$\tan\lambda = \frac{2p}{\pi d_e} = \frac{2p}{\pi \dfrac{d+d_1}{2}} = \frac{4p}{\pi(d+d_1)}$$

$$\therefore \lambda = \tan^{-1}\frac{4p}{\pi(d+d_1)}$$

14 다음 글에 해당하는 커플링은?

> 2축이 평행하거나 약간 떨어져 있는 경우에 사용되고, 양축 끝에 끼어 있는 플랜지 사이에 90°의 키 모양의 돌출부를 양면에 가진 중간원판이 있고, 돌출부가 플랜지 홈에 끼워 맞추어 작용하도록 3개가 하나로 구성되어 있다.

① 고정커플링   ② 셀러커플링
③ 유니버설커플링   ④ 올덤커플링

해설

올덤커플링(Oldham Coupling)
두 축이 평행하면서도 중심선의 위치가 다소 어긋나서 편심이 된 경우 각속도의 변동 없이 토크를 전달하는데 적합한 축이음 요소이다. 양축 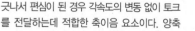 끝에 끼어 있는 플랜지 사이에 90°의 키모양의 돌출부를 양면에 가진 중간원판이 있고, 돌출부가 플랜지 홈에 끼워 맞추어 작용하도록 3개가 하나로 구성되어 있는데 윤활이 어렵고 원심력에 의해 진동이 발생하므로 고속회전에는 적합하지 않다.

15 밸브에 대한 설명으로 옳지 않은 것은?

① 스톱밸브(Stop Valve)는 밸브디스크가 밸브대에 의하여 밸브시트에 직각방향으로 작동한다.

② 버터플라이밸브(Butterfly Valve)는 밸브의 몸통 안에서 밸브대를 축으로 하여 원판모양의 밸브디스크가 회전하면서 관을 개폐하여 관로의 열림각도가 변화하여 유량이 조절된다.

③ 게이트밸브(Gate Valve)는 부분적으로 개폐될 때 유체의 흐름에 와류가 생겨 내부에 먼지가 쌓이기 쉽다.

④ 체크밸브(Check Valve)는 유체를 두 방향으로 흘러가게 하고, 역류를 방지할 목적으로는 적합하지 않다.

해설

④ 체크밸브는 유체를 한 방향으로만 흘러가게 함으로써 역류 방지를 목적으로 사용하는 밸브이다.

① 스톱밸브 : 밸브디스크가 밸브대에 의하여 밸브시트에 직각방향으로 작동한다.

② 버터플라이밸브 : 밸브의 몸통 안에서 밸브대를 축으로 하여 원판모양의 밸브 디스크가 회전하면서 관을 개폐하여 관로의 열림각도가 변화하여 유량이 조절된다.

③ 게이트밸브 : 부분적으로 개폐될 때 유체의 흐름에 와류가 생겨 내부에 먼지가 쌓이기 쉽다.

16 주철제 원통형 압력용기의 설계에서 원통의 안지름이 16[mm], 내압이 5[MPa], 안전율이 2, 허용인장응력이 40[MPa]일 때, 용기의 두께[mm]는?(단, 이음매가 없는 경우로 효율은 1로 간주하고, 부식효과는 무시한다)

① 1   ② 2

③ 3   ④ 4

해설

$t = \dfrac{PD}{2\sigma_a \eta} + C$ 에서 부식여유(C)는 무시하므로

$t = \dfrac{5[\text{MPa}] \times 16[\text{mm}]}{2 \times 40[\text{MPa}] \times 1} = 1[\text{mm}]$

리벳이음용 내압용기의 두께(t) 구하는 식

$t = \dfrac{PD}{2\sigma_a \eta} + C$

17 축각이 120°인 원추마찰차의 바깥지름 D_1이 300[mm]일 때 원추각을 δ_1, 바깥지름 D_2가 150[mm]일 때 원추각을 δ_2라 할 때, 원추마찰차의 원추각비$\left(\dfrac{\delta_1}{\delta_2}\right)$는?

① $\dfrac{1}{3}$ ② $\dfrac{1}{2}$

③ 2   ④ 3

해설

접촉각 $\theta = \alpha + \beta = 120°$라고 하면

$\tan\beta = \dfrac{\sin\theta}{\cos\theta + i(\text{속도비})}$, 속도비 $i = \dfrac{D_1}{D_2}$을 대입하면

$\tan\beta = \dfrac{\sin 120°}{\cos 120° + \dfrac{300}{150}}$

$\tan\beta = \dfrac{0.866}{-0.5 + 2} = \dfrac{0.866}{1.5} = 0.577$

$\tan 30° = 0.577$임을 암기하면 바로 알 수 있다.

따라서 $\beta = 30°$이므로, $\alpha = 90°$가 된다.

여기서 원추각비$= \dfrac{\alpha}{\beta} = \dfrac{90°}{30°} = 3$이다.

18 저속으로 운전되는 벨트의 두께가 2[mm], 폭이 20[mm] 인 벨트전동장치에서 유효장력이 400[N], 풀리의 접촉 각과 마찰계수 곱의 지수값 $e^{\mu\theta}=3$일 때, 최대인장응력 [MPa]은?

① 5   ② 10
③ 15   ④ 20

해설

인장응력 $\sigma = \dfrac{F}{A} = \dfrac{T_t}{bh}$, 여기서 T_t를 구하면

$e^{\mu\theta} = 3 = \dfrac{T_t}{T_s}$, $T_t = 3T_s$

유효장력 $P_e = T_t - T_s$, 위 식을 대입하면

$P_e = 3T_s - T_s$

$400 = 2T_s$

$200 = T_s$

$T_s = 200$이므로 $T_t = 600$

따라서 $\sigma = \dfrac{F}{A} = \dfrac{T_t}{bh}$

$\qquad = \dfrac{600[\text{N}]}{0.02[\text{m}] \times 0.002[\text{m}]} = \dfrac{600[\text{N}]}{4 \times 10^{-5}[\text{m}^2]}$

$\qquad = 150 \times 10^5 [\text{Pa}] = 15[\text{MPa}]$

아이텔바인(Eytelvein)식

$\dfrac{T_t(긴장측\ 장력)}{T_s(이완측\ 장력)} = e^{\mu\theta}$ 여기서 $e = 2.718$

19 그림과 같이 5[kN]의 물체를 지탱하고 있는 유압크레인 에서 핀의 허용면압이 25[MPa]이고 폭경비가 2일 때, 핀의 직경[mm]은?

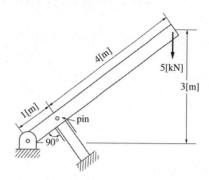

① 20   ② 25
③ 30   ④ 40

해설

- 핀에 작용하는 힘(F)는 비례식으로 풀어낼 수 있다.

  $4[\text{m}] \times 5[\text{kN}] = 1[\text{m}] \times F$

  $F = 20[\text{kN}]$

- 폭경비$\left(\dfrac{l}{d}\right) = 2$

  $F = Pdl$, 여기서 $l = 2d$이므로

  $F = P \times d \times 2d$

  $F = P \times 2d^2$

  $d^2 = \dfrac{F}{2P}$

  $d = \sqrt{\dfrac{F}{2P}}$

∴ 핀의 지름(d) $= \sqrt{\dfrac{F}{2P}} = \sqrt{\dfrac{20,000}{2 \times 25}} = \sqrt{\dfrac{20,000}{2 \times 25}} = 20[\text{mm}]$

20 주로 축간거리가 짧고, 기어전동이 불가능한 경우에 사용되는 체인전동에 대한 설명으로 옳지 않은 것은?

① 전달효율이 크고 슬립이 없는 일정한 속도비를 얻을 수 있다.

② 체인의 탄성으로 어느 정도 충격하중을 흡수할 수 있다.

③ 고속회전에 적당하고, 진동 및 소음 발생이 적다.

④ 내열, 내유, 내습성이 크며, 유지 및 수리가 쉽다.

해설

체인전동장치는 고속회전에 적합하지 않으며 진동이나 소음이 일어나기 쉽다.

체인전동장치의 특징

• 유지 및 보수가 쉽다.

• 접촉각은 90° 이상이 좋다.

• 고속회전에 적합하지 않다.

• 체인의 길이를 조절하기 쉽다.

• 내열이나 내유, 내습성이 크다.

• 진동이나 소음이 일어나기 쉽다.

• 여러 개의 축을 동시에 작동시킬 수 있다.

• 마멸이 일어나도 전동효율의 저하가 적다.

• 초기 장력이 필요 없어서 베어링 마멸도 적다.

• 큰 동력전달이 가능하며 진동효율이 90[%] 이상이다.

• 체인의 탄성으로 어느 정도의 충격을 흡수할 수 있다.

• 전달효율이 크고 슬립이 없는 일정한 속도비를 얻을 수 있다.

01 볼트를 결합할 때 너트를 2회전시키면 축방향으로 8[mm], 나사산은 4산이 나아간다. 이 볼트와 너트에 적용된 나사의 피치[mm], 줄 수, 리드[mm]로 옳은 것은?

① 4, 1, 8
② 4, 2, 8
③ 2, 2, 4
④ 2, 1, 4

해설

• 피치(p) : 나사산과 바로 인접한 나사산 사이의 거리 또는 골과 바로 인접한 골 사이의 거리
1회전 기준 $L = np$에서 $4 = 2p$ ∴ $p = 2[\text{mm}]$
• 줄 수 : 2회전에서 4개의 나사산이 이동했으므로 이 나사는 2줄나사이다. ∴ $n = 2$
1줄 나사와 2줄 나사(다줄나사)

1줄 나사($L = np = p$)	2줄 나사($L = np = 2p$)
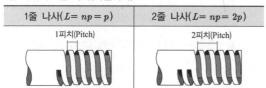	
1피치(Pitch)	2피치(Pitch)

• 리드(L) : 나사를 1회전시켰을 때 축방향으로 이동한 거리, $L = n \times p$
1회전 기준 $L = np = 2 \times 2 = 4[\text{mm}]$

02 축의 지름을 d[mm], 평행키의 폭 b[mm], 높이 h[mm], 길이 l[mm], 축의 회전모멘트를 T[N·m]라 할 때, 키에 작용하는 전단응력 τ를 나타낸 것으로 옳은 것은?

① $\dfrac{2T}{bld}$
② $\dfrac{4T}{dhl}$
③ $\dfrac{bld}{2T}$
④ $\dfrac{dhl}{4T}$

해설

전단응력(τ) $= \dfrac{W}{bl} = \dfrac{2T}{bld}$

03 그림과 같이 하중 P가 작용하는 판재를 리벳이음으로 설계할 때, 고려해야 할 사항으로 관계가 가장 적은 것은?

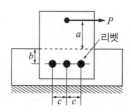

① 리벳의 전단강도
② 리벳의 인장강도
③ 판재의 압축강도
④ 판재의 인장강도

해설

하중 P에 의하여 리벳에는 전단응력과 압축응력이 작용하며, 판재에는 인장응력이 작용하나, 리벳에 인장응력은 작용하지 않는다.

04 랙 공구나 호브로 기어를 창성할 때, 간섭이 일어나 기어의 이뿌리가 가늘어지게 되는 언더컷(Undercut)을 방지하기 위한 방법으로 옳지 않은 것은?

① 전위기어로 제작한다.
② 압력각을 감소시킨다.
③ 피니언(작은기어)의 잇수를 최소 잇수 이상으로 선택한다.
④ 이(Tooth) 높이를 줄여서 낮은 이로 제작한다.

해설

기어의 언더컷을 방지하기 위해서는 압력각을 크게 해야 한다.
언더컷 방지대책
• 압력각을 크게 한다.
• 전위기어로 제작한다.
• 이 높이를 줄여서 낮은 이로 제작한다.
• 피니언기어의 잇수를 최소 잇수 이상으로 한다.

05 마이크로모터의 축을 지름 1.0[mm]의 연강제 중실축으로 제작하려고 한다. 모터회전수를 150,000[rpm]으로 할 때, 최대 전달동력[W]으로 가장 가까운 값은?(단, 축재료의 허용전단응력은 40[MPa]로 한다)

① 62,000

② 62

③ 123,000

④ 123

해설

$$T = \tau \times Z_P = \tau \times \frac{\pi d^3}{16} = 40 \times 10^6 [\text{N/m}^2] \times 10^{-6} \times \frac{\pi \times 1 [\text{mm}^3]}{16}$$
$$= 7.85 [\text{N} \cdot \text{mm}]$$
$$H = T \times w = 7.85 [\text{N} \cdot \text{mm}] \times \frac{2 \times \pi \times 150,000}{60 [\text{s}]}$$
$$= 123,307 [\text{N} \cdot \text{mm/s}] = 123.3 [\text{N} \cdot \text{m/s}] = 123.3 [\text{J/s}]$$
$$= 123.3 [\text{W}]$$

06 최대내압 0.2[kgf/mm²]가 작용하는 얇은 원통형 압력용기를 설계하고자 한다. 다음 재료 중 설계조건을 만족시키지 못하는 것은?(단, 압력용기의 안지름은 200[mm], 안전율은 5, 부식여유는 1.0[mm], 이음효율은 100[%]으로 한다)

① 인장강도 8[kgf/mm²], 두께 14[mm]인 재료

② 인장강도 12[kgf/mm²], 두께 9[mm]인 재료

③ 인장강도 10[kgf/mm²], 두께 12[mm]인 재료

④ 인장강도 15[kgf/mm²], 두께 8[mm]인 재료

해설

$$t \geq \frac{PDS}{2\sigma_a \eta} + C$$
$$t \geq \frac{0.2 \times 200 \times 5}{2 \times \sigma_a \times 1} + 1$$
$$t \geq \frac{100}{\sigma_a} + 1$$

② 인장강도 12[kgf/mm²], 두께 9[mm]인 경우

$$9 \geq \frac{100}{12} + 1 = 9.33$$ 이므로 성립이 안 된다.

① 인장강도 8[kgf/mm²], 두께 14[mm]인 경우

$$14 \geq \frac{100}{8} + 1 = 13.5$$ 이므로 성립된다.

③ 인장강도 10[kgf/mm²], 두께 12[mm]인 경우

$$12 \geq \frac{100}{10} + 1 = 11$$ 이므로 성립된다.

④ 인장강도 15[kgf/mm²], 두께 8[mm]인 경우

$$8 \geq \frac{100}{15} + 1 = 7.6$$ 이므로 성립된다.

리벳이음용 내압용기의 두께(t) 구하는 식

$$t = \frac{PD}{2\sigma_a \eta} + C$$, 안전율 고려 시 $t = \frac{PDS}{2\sigma_a \eta} + C$

07 회전수 200[rpm], 출력 40[kW]의 모터를 4개의 볼트를 사용하는 플랜지커플링으로 연결하였다. 플랜지마찰면의 마찰은 없고, 동력을 지름 d[mm]의 볼트에 의해서만 전달할 때, d^2[mm²]을 나타내는 값은?(단, 플랜지볼트 구멍 중심을 지나는 피치원의 지름은 200[mm]이고, 볼트의 허용전단응력은 2[kgf/mm²], 허용인장응력은 4[kgf/mm²]이다)

① $\dfrac{358}{\pi}$

② $\dfrac{487}{\pi}$

③ $\dfrac{716}{\pi}$

④ $\dfrac{974}{\pi}$

해설

토크 구하는 식을 응용한다.

$T = \tau_B \times A \times \dfrac{D_B}{2} \times Z\,[\text{N} \cdot \text{mm}]$

$\quad = \tau_B \times \dfrac{\pi \delta^2}{4} \times \dfrac{D_B}{2} \times Z$

여기서, τ_B : 볼트의 전단응력[N/mm²]

$\quad\quad\quad \delta$: 볼트의 지름[mm](문제에서 d로 표현)

$\quad\quad\quad Z$: 볼트 수

$\quad\quad\quad D_B$: 볼트 중심을 지나는 플랜지의 피치원지름[mm]

$\delta^2 = \dfrac{T \times 8}{\tau_B \times \pi \times D_B \times Z}$

$\delta^2 = \dfrac{974,000 \times \dfrac{40}{200} \times 8}{2\pi \times 200 \times 4}$

$\delta^2 = \dfrac{1,558,400}{1,600\pi} = \dfrac{974}{\pi}\,[\text{mm}^2]$

08 그림과 같은 두 가지 형태의 블록 브레이크에 대한 설명으로 옳은 것은?

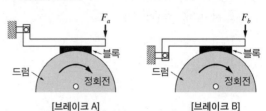

[브레이크 A]　　　[브레이크 B]

① 드럼을 정지시키기 위한 힘의 크기는 $F_a > F_b$이고, 브레이크 A는 역회전 시 자동정지될 수 있도록 설계할 수 있다.

② 드럼을 정지시키기 위한 힘의 크기는 $F_a > F_b$이고, 브레이크 B는 역회전 시 자동정지될 수 있도록 설계할 수 있다.

③ 드럼을 정지시키기 위한 힘의 크기는 $F_a < F_b$이고, 브레이크 A는 역회전 시 자동정지될 수 있도록 설계할 수 있다.

④ 드럼을 정지시키기 위한 힘의 크기는 $F_a < F_b$이고, 브레이크 B는 역회전 시 자동정지될 수 있도록 설계할 수 있다.

해설

드럼 브레이크 B는 힘의 작용점이 핀으로 지지한 점보다 뒤에 있으므로 역회전 시 자동정지시킬 수 없다. 또한 드럼 브레이크를 정지시키는 힘의 크기는 $F_a > F_b$이다.

09 양단 지지된 기둥에서 좌굴 판단을 위한 임계하중 계산에는 유효길이가 필요하다. 다음 중 유효길이가 가장 큰 지지조건 조합은?

① 고정 – 핀
② 핀 – 핀
③ 고정 – 자유
④ 고정 – 고정

해설

좌굴의 유효길이 $\left(\ell_e = \dfrac{\ell}{\sqrt{n}}\right)$를 구하는 식을 보면 분모가 작을수록

유효길이가 크기 때문에 1단고정, 타단자유(고정-자유) 지지방식의 상수값이 가장 작으므로 정답은 ③번이다.

기둥의 지지방법에 따른 상수값(n)

기둥 지지방법	상수값(n)
1단고정, 타단자유(고정-자유)	$\dfrac{1}{4}$
양단회전(핀-핀)	1
1단고정, 타탄회전(고정-핀)	2
양단고정(고정-고정)	4

10 그림과 같이 사각 알루미늄 평판에 지름 D인 원형 관통구멍이 2개 뚫려 있으며, 이 두 구멍의 중심거리가 L이다. 주변온도가 상승하여 평판 전체의 온도가 고르게 상승할 경우, D와 L의 치수변화로 옳은 것은?(단, 평판에 기하학적인 구속조건은 없는 것으로 가정한다)

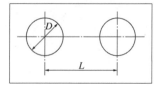

① D는 증가, L도 증가
② D는 증가, L은 감소
③ D는 감소, L은 증가
④ D는 감소, L도 감소

해설

알루미늄은 선팽창계수가 비교적 큰 금속이므로 구멍의 지름(D)과 그 중심간 거리(L)가 모두 증가한다.

선팽창계수 : 온도가 1[℃] 변화할 때 단위길이당 늘어난 재료의 길이

11 용접에 비해 리벳이음이 갖는 특징으로 옳지 않은 것은?

① 판의 재질이 용접만큼 문제되지 않는다.
② 시공 후 검사가 용접보다 쉽고, 이음이 기계적 결합이다.
③ 잔류응력이 존재하지 않기 때문에 용접과 달리 소재의 비틀림 문제가 없다.
④ 코킹(Caulking)과 플러링(Fullering) 같은 작업을 하기 때문에 용접보다 기밀성이 좋다.

해설

용접은 각각 분리된 상태의 접합 부위를 용융시켜 하나로 결합시키는 영구이음으로 리벳보다 기밀성이 좋다. 그러나 리벳은 기계적으로 분리되지 못하는 때려박음식이음이므로 기밀성을 유지하기 위해서는 코킹과 플러링 작업을 해야 한다. 따라서 용접이 리벳이음보다 기밀성이 더 좋다.

12 끼워맞춤에 대한 설명으로 옳은 것은?

① 축기준끼워맞춤은 구멍의 공차역을 H(H5 ~ H10)로 정하고 구멍에 끼워맞출 축의 공차역에 따라 죔새나 틈새가 생기게 하는 것이다.
② 구멍기준끼워맞춤은 구멍에 끼워맞출 축의 공차역을 정하는 방식이며, 구멍의 위치수 허용차가 0이다.
③ 축기준끼워맞춤방식에서 ϕ30H7/h6은 헐거운끼워맞춤이다.
④ 일반적으로 구멍보다 축의 가공이 쉬워 축기준끼워맞춤을 많이 사용하고, 구멍보다 축의 정밀도를 높게 한다.

해설

① 축기준끼워맞춤에서 구멍의 공차역은 H등급만 존재하는 것이 아니라 억지끼워맞춤, 중간끼워맞춤, 헐거움끼워맞춤에 따라 알파벳 기호와 그 영역이 더 넓게 되어 있다.
② 구멍기준끼워맞춤이라고 구멍의 위치수 허용차는 0이 아니다.
④ 일반적으로 축보다 구멍의 가공이 더 쉬우므로 구멍의 정밀도를 더 높게 한다.

13 폭이 균일한 사각단면을 갖는 양단지지형 겹판스프링에서 판의 수와 판의 두께가 각각 2배가 되면, 중앙부분의 최대 처짐은 몇 배가 되는가?

① $\dfrac{1}{2}$

② $\dfrac{1}{4}$

③ $\dfrac{1}{8}$

④ $\dfrac{1}{16}$

해설

양단지지형 겹판스프링의 최대 처짐 구하는 식에서 n과 h만을 고려하면

$\delta_{\max} = \dfrac{3Pl^3}{8nbh^3E} = \dfrac{1}{bh^3}$ 여기서 2배씩 대입하면

$\delta_{\max} = \dfrac{1}{2 \times 2^3} = \dfrac{1}{16}$

• 양단지지형 겹판스프링의 최대 처짐($\delta_{\max}$) 구하는 식

$\delta_{\max} = \dfrac{3Pl^3}{8nbh^3E}$

• 외팔보형 단판스프링에서 자유단의 최대 처짐($\delta_{\max}$) 구하는 식

$\delta_{\max} = \dfrac{4Pl^3}{bh^3E}$

• 양단지지형 겹판스프링(Multi-leaf, End-supported Spring)
중앙에 여러 개의 판으로 되어 있고 단순 지지된 양단은 1개의 판으로 구성된 스프링으로 최근 철도차량이나 화물자동차의 현가장치로 많이 사용되고 있다. 판 사이의 마찰은 스프링진동 시 감쇠력으로 작용하며 모단이 파단되면 사용이 불가능한 단점이 있고 길이가 짧을수록 곡률이 작은 판을 사용한다.

14 2차원 순수전단 조건에서 인장항복강도가 σ_Y인 소재에 대해 최대 전단응력설과 전단변형률에너지설을 적용할 때, 각각의 전단항복강도로 옳은 것은?

① $0.5\sigma_Y$, $0.577\sigma_Y$

② $0.5\sigma_Y$, $0.677\sigma_Y$

③ $1.0\sigma_Y$, $0.5\sigma_Y$

④ $1.0\sigma_Y$, $1.0\sigma_Y$

해설

주요 응력설

• 최대 주응력설
최대 인장응력이나 최대 압축응력의 크기가 항복강도보다 클 경우, 재료의 파손이 일어난다는 이론으로 취성재료의 분리파손과 가장 일치한다.

• 최대 전단응력설
최대 전단응력이 그 재료의 항복전단응력에 도달하면 재료의 파손이 일어난다는 이론으로 연성재료의 미끄럼파손과 일치한다.

$\tau_{\max} = \dfrac{1}{2}\sigma_Y = \dfrac{1}{2}\sqrt{\sigma_x^2 + 4\tau^2}$

• 전단변형에너지설
변형에너지는 전단변형에너지와 체적변형에너지로 구분되는데, 전단변형에너지가 인장 시 항복점에서의 변형에너지에 도달하였을 때의 파손된다는 이론으로 연성재료의 파손 예측에 사용한다.

$\tau_{\max} = \dfrac{1}{\sqrt{3}}\sigma_Y = 0.577\sigma_Y$

안심Touch

15 모터가 무게 $W = 96$[kgf]인 물체를 축의 중앙에 위치한 풀리(Pulley)와 로프로 들어 올리고 있다. 축의 지름, 길이, 탄성계수가 각각 d[mm], L[mm], E[kgf/mm^2]일 때, 이 축의 최대 처짐을 구하는 식으로 옳은 것은? (단, 축의 양단은 단순지지이며, 풀리와 로프의 자중 및 모든 동적 영향은 무시한다)

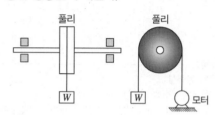

① $\dfrac{256L^3}{\pi Ed^4}$ ② $\dfrac{128L^3}{\pi Ed^4}$

③ $\dfrac{128L^3}{\pi Ed^3}$ ④ $\dfrac{64L^3}{\pi Ed^3}$

해설

$\delta_{\max} = \dfrac{PL^3}{48EI}$, 여기서 풀리에 하중 W와 모터 연결줄이 2개이므로

$= \dfrac{(2W)L^3}{48EI}$

$= \dfrac{(2 \times 96) \times L^3}{48E\frac{\pi d^4}{64}} = \dfrac{192L^3}{\frac{48E\pi d^4}{64}} = \dfrac{12,288L^3}{48E\pi d^4} = \dfrac{256L^3}{E\pi d^4}$

16 미끄럼베어링과 구름베어링을 비교한 것으로 옳지 않은 것은?

① 미끄럼베어링은 유막형성이 늦는 경우 구름베어링에 비해 기동토크가 크다.

② 미끄럼베어링은 구름베어링에 비해 강성이 작으나, 유막에 의한 감쇠능력이 우수하다.

③ 미끄럼베어링은 표준화가 부족하여 제작 시 전문지식이 필요하다.

④ 미끄럼베어링은 공진속도 이내에서 운전하여야 하며, 저속운전에 적당하다.

해설

미끄럼베어링은 공진속도를 넘어서도 운전이 가능하기 때문에 고속에서도 가능하나, 일반적으로는 저속운전에 알맞다.

17 그림과 같이 강철제 압력용기 뚜껑이 등간격으로 배열된 12개의 관통볼트에 의해 체결되어 있다. 용기 내압이 4.8[MPa]일 때, 다음 중 용기의 체결을 유지할 수 있는 볼트 골지름[mm]의 최솟값은?(단, 볼트의 허용인장응력은 80[MPa]이다)

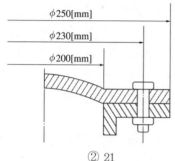

① 25   ② 21

③ 17   ④ 13

해설

$\sigma = \dfrac{F}{A}$, 볼트가 12개이므로

$\sigma = \dfrac{P \times A_{압력용기}}{A_{볼트} \times 12} = \dfrac{P \times \frac{\pi d^2_{압력용기}}{4}}{\frac{\pi d^2_{볼트}}{4} \times 12}$

$80 \times 10^6 \,[\text{N/m}^2] = \dfrac{4.8 \times 10^6 \,[\text{N/m}^2] \times \frac{\pi \times 0.2^2}{4}}{\frac{\pi d^2_{볼트}}{4} \times 12}$

$\dfrac{\pi d^2_{볼트}}{4} \times 12 = \dfrac{4.8 \times \frac{\pi \times 0.2^2}{4}}{80}$

$d^2_{볼트} = 0.0002 \,[\text{m}^2]$

$d_{볼트} = 0.0141 \,[\text{m}] = 14.1 \,[\text{mm}]$

따라서 볼트의 최소 골지름은 14.1보다 최소로 큰 수인 17이 정답이다.

18 다음은 직육면체 형상의 공작물 A를 머시닝센터의 테이블 위에 정확한 위치와 자세로 고정하기 위한 고정구(Fixture) 맞춤핀(Pin) B의 배치를 나타낸 것으로, 위에서 본 그림이다. 맞춤핀 B의 배치로 가장 적합한 것은?

①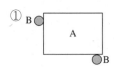

②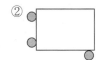

③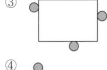

④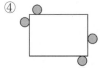

해설
밀링커터의 우회전 커팅작업과 밀링테이블의 이송방향을 고려하면 가장 적합한 맞춤핀의 배치는 ②번이다.

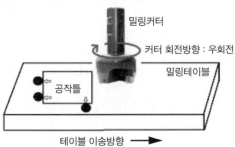

19 비틀림모멘트 $2\sqrt{3} \times 10^4$[N·m]과 굽힘모멘트 2×10^4[N·m]을 동시에 받는 축의 상당비틀림모멘트(T_e)와 상당굽힘모멘트(M_e)의 비($T_e : M_e$)는?

① 5 : 3 ② 3 : 2
③ 4 : 3 ④ 5 : 4

해설
$M_e : T_e$
$= \sqrt{M^2 + T^2} : \frac{1}{2}(M + \sqrt{M^2 + T^2})$
$= \sqrt{(2 \times 10^4)^2 + (2\sqrt{3} \times 10^4)^2}$
$\qquad : \frac{1}{2}((2 \times 10^4) + \sqrt{(2 \times 10^4)^2 + (2\sqrt{3} \times 10^4)^2})$
$= \sqrt{(4 \times 10^8) + (12 \times 10^8)}$
$\qquad : \frac{1}{2}(2 \times 10^4 + \sqrt{(4 \times 10^8) + (12 \times 10^8)})$
$= \sqrt{16 \times 10^8} : \frac{1}{2}(2 \times 10^4 + \sqrt{16 \times 10^8})$
$= 4 \times 10^4 : \frac{1}{2}(2 \times 10^4 + (4 \times 10^4))$
$= 4 \times 10^4 : \frac{1}{2}(6 \times 10^4) = 4 : 3$

상당굽힘모멘트(M_e) 및 상당비틀림모멘트(T_e) 구하는 식

상당굽힘모멘트(M_e)	상당비틀림모멘트(T_e)
$M_e = \frac{1}{2}(M + \sqrt{M^2 + T^2})$	$T_e = \sqrt{M^2 + T^2}$

20 그림과 같이 나사를 이용하여 질량 $M = 10$[kg]인 물체를 체결하는 기구가 있다. 나사는 바깥지름 20[mm], 유효지름 18[mm], 피치 3.14[mm]인 사각나사이다. 물체가 떨어지지 않도록 하는 최소 축력 Q를 발생시키기 위해 필요한 힘 P[N]로 가장 가까운 값은?(단, 나사면의 마찰계수는 0.1, 물체와 기구와의 마찰계수는 0.2이다)

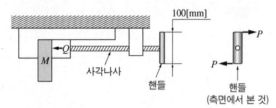

① 0.346

② 3.46

③ 0.692

④ 6.92

해설

$T = F$(작용 힘)$\times l$(작용점까지의 직선거리)

$$F \times l = Q\left(\frac{p + \mu\pi d_e}{\pi d_e - \mu p}\right) \times \frac{d_e}{2}$$

축력 Q를 구하면

$$F = \mu Q, \quad Q = \frac{10[\text{N}] \times 9.8}{0.2 \times 2(\text{양쪽마찰})} = 245[\text{N}]$$

$$F \times 100 = 245\left(\frac{3.14 + (0.1\pi \times 18)}{18\pi - (0.1 \times 3.14)}\right) \times \frac{18}{2}$$

$$F \times 100 = 344.8$$

$$F = 3.44$$

01 치직각 모듈이 10[mm], 나선각이 60°, 잇수가 100인 헬리컬기어의 피치원지름[mm]은?

① 1,000

② 2,000

③ 1,000 $\sqrt{3}$

④ 2,000 $\sqrt{3}$

해설

$$D_s = Z_s m_s = Z_s \frac{m_n}{\cos\beta}$$

$$= 100 \times \frac{10}{\cos 60°} = 100 \times \frac{10}{\frac{1}{2}} = 2,000[mm]$$

※ $\cos 60° = \frac{1}{2}$

헬리컬기어의 피치원지름 구하는 식

$$D_s = Z_s m_s = Z_s \frac{m_n}{\cos\beta}$$

여기서 m_s =축직각 모듈, β =나선각, Z_s =잇수

02 다음 중 비틀림, 굽힘, 인장 또는 압축을 동시에 받는 축은?

① 선박의 프로펠러축

② 수차의 축

③ 철도 차량의 차축

④ 공작기계의 스핀들

해설

선박의 프로펠러는 회전에 의한 비틀림응력과 수압에 의한 압축, 굽힘응력을 동시에 받는다.

수차축

03 체인전동의 특징을 기술한 것으로 옳지 않은 것은?

① 충격흡수가 힘들어 큰 동력을 전달하기 어렵다.

② 미끄럼 없이 일정한 속도비를 얻을 수 있다.

③ 축간거리가 긴 경우 고속전동이 어렵다.

④ 진동과 소음이 발생하기 쉽다.

해설

체인전동은 체인의 탄성으로 어느 정도의 충격은 흡수가 가능하며 큰 동력을 전달할 수 있다.

체인전동의 특징

• 큰 동력전달이 가능하다.

• 진동과 소음이 발생하기 쉽다.

• 체인의 길이조절과 다축전동이 쉽다.

• 축간거리가 긴 겨우 고속전동이 어렵다.

• 미끄럼 없이 일정한 속도비를 얻을 수 있다.

• 초기 장력이 필요가 없어 정지 시 장력이 작용하지 않는다.

• 체인의 탄성으로 어느 정도의 충격하중을 흡수할 수 있다.

04 그림과 같은 양쪽 측면 필릿용접에서 용접사이즈가 5[mm]이고 허용전단응력이 100[MPa]일 때, 최대 하중[kN]은?(단, cos45°=0.7로 한다)

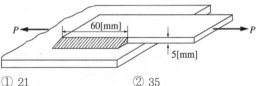

① 21

② 35

③ 42

④ 60

해설

$\tau = \frac{P}{A}$ 에서

$$P = \tau \times A = \tau \times 2al = \tau \times 2(t\cos 45°)l$$

$$= 100 \times 10^6 \times 2(0.005[m] \times 0.7) \times 0.06[m]$$

$$= 42,000[N] = 42[kN]$$

05 그림과 같이 판의 수가 n, 두께가 h, 길이가 l이고 폭이 일정한 외팔보형 겹판스프링에 최대 하중 P가 작용하고 있다. 판의 수, 두께, 길이가 각각 $2n$, $2h$, $2l$로 변경될 때 스프링이 지지할 수 있는 최대 하중은?

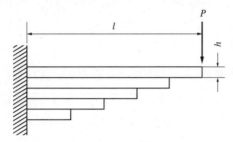

① $1P$ ② $2P$
③ $4P$ ④ $8P$

해설
겹판스프링의 응력 구하는 식을 응용하면
$\sigma = \dfrac{3}{2}\dfrac{Pl}{nbh^2}$ 에서

$P_1 = \dfrac{2}{3}\dfrac{\sigma nbh^2}{l}$ 와 $P_2 = \dfrac{2}{3}\dfrac{\sigma 2nb(2h)^2}{2l}$ 를 비교하면

$\dfrac{P_2}{P_1} = \dfrac{\dfrac{2}{3}\dfrac{\sigma 2nb(2h)^2}{2l}}{\dfrac{2}{3}\dfrac{\sigma nbh^2}{l}} = \dfrac{4}{1}$

06 300[rpm]으로 회전하는 축이 10π[J/s]동력을 전달할 때, 축에 작용하는 비틀림모멘트[N·m]는?

① π ② 10π
③ 1 ④ 10

해설
$H = T\omega$

$T = \dfrac{H}{\dfrac{2\pi n}{60}} = \dfrac{60H}{2\pi n} = \dfrac{60 \times 10\pi}{2\pi \times 300} = 1[\text{N}\cdot\text{m}]$

07 1,000[kgf]의 물체가 허용인장응력이 10[kgf/mm²] 훅 2개로 지지될 때, 훅 나사부의 바깥지름[mm]은?(단, 안지름은 바깥지름의 0.8배이다)

① 4 ② 6
③ 8 ④ 10

해설
훅 2개로 지지되므로 단면적이 2배가 되며, 응력을 구하는 식을 응용하면

골지름 $d_1 = \sqrt{\dfrac{2Q}{\pi\sigma_a}} = \sqrt{\dfrac{2\times 1,000}{\pi \times 10}} = 7.978[\text{mm}]$

이때 바깥지름 $\times 0.8 = $ 골지름

$\therefore$ 바깥지름 $= \dfrac{7.978}{0.8} = 9.97 ≒ 10[\text{mm}]$

08 웜기어의 축직각 모듈이 4[mm], 웜과 웜기어의 중심거리가 150[mm], 그리고 2줄 웜으로 구성된 웜기어 장치에서 1,800[rpm] 회전속도를 60[rpm]으로 감속시키고자 할 때, 웜의 피치지름[mm]은?

① 30 ② 40
③ 50 ④ 60

해설
• $\dfrac{N_{\text{웜 휠}}}{N_{\text{웜 기어}}} = \dfrac{z_{\text{웜 기어}}}{z_{\text{웜 휠}}}$ 에서

$\dfrac{60}{1,800} = \dfrac{2\text{줄}}{z_{\text{웜 휠}}}$

$60 \times z_{\text{웜 휠}} = 3,600$

$z_{\text{웜 휠}} = 60$

• $D_{\text{웜 휠}} = m Z_{\text{웜 휠}}$ 에서
$D_{\text{웜 휠}} = 4 \times 60 = 240[\text{mm}]$

• 중심거리$(C) = \dfrac{D_{\text{웜 기어}} + D_{\text{웜 휠}}}{2}$ 에서

$150 = \dfrac{D_{\text{웜 기어}} + 240}{2}$

$\therefore D_{\text{웜 기어}} = 300 - 240 = 60[\text{mm}]$

09 안지름이 30[mm]이고 바깥지름이 50[mm]인 원판클러치에 0.5[N/mm²] 균일접촉압력이 작용하고 마찰계수가 0.3일 때, 단일원판클러치가 전달할 수 있는 최대토크[N·mm]에 가장 근접한 값은?(단, π = 3으로 하고, 마찰면 중심지름은 안지름과 바깥지름의 평균지름으로 한다)

① 1,800 　　　　② 3,600

③ 5,400 　　　　④ 6,200

해설

원판클러치의 토크(T) 구하는 식에 대입하면

$T = \dfrac{\mu\pi b p d_m^2}{2}$

$= \dfrac{0.3\times3\times\left(\dfrac{50-30}{2}\right)\times0.5\times\left(\dfrac{50+30}{2}\right)^2}{2}$

$= \dfrac{7,200}{2} = 3,600$

10 1,200[rpm]으로 회전하고 5[kN]의 반지름방향 하중이 작용하는 축을 미끄럼베어링이 지지하고 있다. 축의 지름이 100[mm], 저널길이가 50[mm], 마찰계수가 0.01일 때, 미끄럼베어링의 손실동력(W)은?(단, π = 3으로 한다)

① 150 　　　　② 300

③ 450 　　　　④ 600

해설

$H = F\times v = \mu Q\times v$

$= 0.01\times5,000\times\dfrac{3\times100\times1,200}{1,000\times60}$

$= 300[\text{N}\cdot\text{m/s}] = 300[\text{J/s}] = 300[\text{W}]$

11 SI 기본단위인 길이는 [m], 질량은 [kg], 시간은 [s]로 물리량을 표시할 때, 다음 중 옳지 않은 것은?

① 동력 : $[\text{m}^3\,\text{kg}\,\text{s}^{-3}]$

② 응력 : $[\text{m}^{-1}\,\text{kg}\,\text{s}^{-2}]$

③ 에너지 : $[\text{m}^2\,\text{kg}\,\text{s}^{-2}]$

④ 힘 : $[\text{m}\,\text{kg}\,\text{s}^{-2}]$

해설

동력 P의 단위 $[\text{W}] = \left[\dfrac{\text{J}}{\text{s}}\right] = \left[\dfrac{\text{N}\cdot\text{m}}{\text{s}}\right] = \left[\dfrac{\text{kg}\cdot\text{m}^2/\text{s}^2}{\text{s}}\right]$

$= \left[\dfrac{\text{m}^2\cdot\text{kg}}{\text{s}^3}\right]$

따라서 SI 단위로 표시하면 $[\text{m}^2\,\text{kg}\,\text{s}^{-3}]$ 이 된다.

국제단위계(SI)의 종류

길이	질량	시간	온도	전류	물질량	광도
[m]	[kg]	[sec]	[K]	[A]	[mol]	[cd]

12 캠선도에 해당하지 않는 것은?

① 변위선도 　　　　② 속도선도

③ 가속도선도 　　　　④ 운동량선도

해설

캠선도에 운동량선도는 포함되지 않는다.

캠선도의 종류

• 변위선도

• 속도선도

• 가속도선도

13 길이가 1.0[m]이고 단면이 20[mm]×40[mm]인 사각 봉에 축방향 힘 16[kgf]이 작용할 때 1.0[mm] 늘어났다. 봉의 탄성계수[MPa]는?(단, 중력가속도 $g = 10$ [m/s^2]으로 한다)

① 20　　　　　　　② 200
③ 40　　　　　　　④ 400

해설

변형량 구하는 식 $\delta = \dfrac{PL}{AE}$ 에서 탄성계수(E)로 정리하면

$$E = \frac{PL}{A\delta} = \frac{16[\text{kgf}] \times 10[\text{m/s}^2] \times 1[\text{m}]}{0.02[\text{m}] \times 0.04[\text{m}] \times 0.001[\text{m}]}$$

$$= \frac{160}{(2 \times 10^{-2}) \times (4 \times 10^{-2}) \times (1 \times 10^{-3})}$$

$$= \frac{160}{8 \times 10^{-7}} = 20 \times 10^7 = 200[\text{MPa}]$$

변형량(δ) 구하기

$$\delta = \frac{PL}{AE}$$

여기서 P : 작용한 하중[N], L : 재료의 길이[mm]
　　　　A : 단면적[mm^2], E : 세로탄성계수[N/mm^2]

14 맞물린 한 쌍의 표준스퍼기어에서 구동기어의 잇수는 60, 피동기어의 잇수는 36, 모듈은 3일 때 두 기어의 중심거리[mm]는?

① 32　　　　　　　② 48
③ 96　　　　　　　④ 144

해설

$$C = \frac{mZ_1 + mZ_2}{2} = \frac{(3 \times 60) + (3 \times 36)}{2} = \frac{180 + 108}{2} = 144$$

두 개의 기어간 중심거리(C)

$$C = \frac{D_1 + D_2}{2} = \frac{mZ_1 + mZ_2}{2}$$

15 그림과 같은 1줄 겹치기 리벳이음에서 리벳의 지름이 5[mm]이고 허용전단응력이 4[kgf/mm^2]일 때, 750[kgf]의 하중 P를 지지하기 위한 리벳의 최소 개수는?(단, π= 3으로 한다)

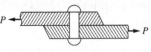

① 4　　　　　　　② 6
③ 8　　　　　　　④ 10

해설

$\tau = \dfrac{P}{A \times \text{리벳의 개수}(n)}$ 에서 허용전단응력(τ_a) 이하여야 하므로

$$\tau_a \geq \frac{P}{\dfrac{\pi d^2}{4} \times n}$$

$$4 \geq \frac{750}{\dfrac{\pi \times 5^2}{4} \times n}$$

$$n \geq \frac{750}{\dfrac{\pi \times 5^2}{4} \times 4}$$

$$n \geq 9.54$$

따라서 리벳의 개수는 최소 10개 이상되어야 한다.

16 나사의 회전력이 P, 축방향하중이 Q, 유효반지름이 r, 회전당 전진길이가 l일 때, 나사의 효율은?

① $\dfrac{Ql}{2\pi rP}$　　　　　② $\dfrac{2\pi rP}{Ql}$
③ $\dfrac{Ql}{\pi rP}$　　　　　④ $\dfrac{\pi rP}{Ql}$

해설

사각나사의 효율을 구하는 식에서
토크(T)$= Pr$, 피치(p)$= l$로 대입하면

$$\eta = \frac{Ql}{2\pi Pr}$$

사각나사의 효율 구하는 식

$$\eta = \frac{\text{마찰이 없는 경우의 회전력}}{\text{마찰이 있는 경우의 회전력}} = \frac{pQ}{2\pi T} = \frac{\tan\lambda}{\tan(\lambda + \rho)}$$

17 내압력 0.9[N/mm²]를 받는 보일러 설계에서 안지름이 3[m], 안전계수가 5, 이음효율이 50[%], 부식여유가 1.0[mm], 강판의 인장강도가 500[N/mm²]일 때, 보일러 동체의 두께[mm]는?

① 26   ② 28

③ 30   ④ 32

해설

$S = \dfrac{\sigma_u}{\sigma_a}$, $\sigma_a = \dfrac{500}{5} = 100[\text{N/mm}^2]$

$t = \dfrac{PD}{2\sigma_a \eta} + C$ 식에 대입하면

$t = \dfrac{0.9[\text{N/mm}^2] \times 3,000[\text{mm}]}{2 \times 100[\text{N/mm}^2] \times 0.5} + 1[\text{mm}] = 28[\text{mm}]$

리벳이음용 내압용기의 두께(t) 구하는 식

$t = \dfrac{PD}{2\sigma_a \eta} + C$

18 그림과 같이 지름이 500[mm], $a = 50$[mm], $l = 1,000$ [mm], 마찰계수 μ, 접촉각 θ인 브레이크 드럼에 30 [kgf · m]의 토크가 작용하고 있다. 이 드럼을 멈추게 하기 위한 최소 조작력[kgf]는?(단, $e^{\mu\theta} = 4$로 한다)

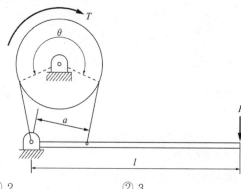

① 2   ② 3

③ 4   ④ 5

해설

드럼이 우회전할 때

$0 = -Fl + T_s a$

$F = \dfrac{T_s \times a}{l}$

여기서 $T_s = \dfrac{f}{e^{\mu\theta} - 1}$ 이므로

$F = \dfrac{f \times a}{l(e^{\mu\theta} - 1)}$

여기에 $T = f \times \dfrac{D}{2}$, $f = \dfrac{2 \times 30,000}{500} = 120$을 대입하면

$F = \dfrac{120 \times 50}{1,000(4-1)} = \dfrac{6,000}{3,000} = 2$

19 벨트의 속도가 v[m/s], 긴장측 장력이 T_t[kgf], 이완측 장력이 T_s[kgf], $\dfrac{T_t}{T_s}=4$일 때, 최대 전달동력[PS]는? (단, 원심력은 무시한다)

① $\dfrac{T_t v}{136}$

② $\dfrac{T_t v}{125}$

③ $\dfrac{T_t v}{100}$

④ $\dfrac{T_t v}{75}$

해설

$e^{\mu\theta}=\dfrac{T_t(\text{긴장측 장력})}{T_s(\text{이완측 장력})}=4$이므로

$T_t=4T_s,\ T_s=\dfrac{1}{4}T_t$

유효장력$(P_e)=T_t-T_s=4T_s-T_s=3T_s$

$H=\dfrac{P_e v}{75}=\dfrac{3T_s\times v}{75}=\dfrac{T_s\times v}{25}=\dfrac{\frac{1}{4}T_t\times v}{25}=\dfrac{T_t\times v}{100}$

20 회전속도가 200[rpm], 접촉력이 200[kgf], 마찰계수가 0.3, 지름이 750[mm]인 마찰차의 최대 전달동력[PS]은?(단, $\pi=3$으로 한다)

① 2.0

② 4.0

③ 6.0

④ 8.0

해설

최대 전달력$(F)=\mu P=0.3\times200[\text{kgf}]=60[\text{kgf}]$

회전속도$(v)=\dfrac{\pi dn}{1,000}=\dfrac{3\times750[\text{mm}]\times200[\text{rev/min}]}{1,000\times60[\text{s}]}=7.5$

$\therefore$ 전달동력$(H)=\dfrac{F\times v}{75}=\dfrac{60\times7.5}{75}=6$

마찰차의 최대 전달력(F)

$F=\mu P$

여기서 μ : 마찰계수, P : 밀어붙이는 힘(접촉력)

01 응력집중계수가 1.5인 노치가 있는 기계부품이 인장하중을 받고 있으며, 노치 부분에 걸리는 응력이 30[MPa]이다. 이때의 공칭응력[MPa]은?

① 20

② 45

③ 0.05

④ 67.5

해설

$$k = \frac{\sigma_{max}}{\sigma_n}, \quad 1.5 = \frac{30 \times 10^6 [\text{Pa}]}{\sigma_n}$$

$$\sigma_n = \frac{30 \times 10^6 [\text{Pa}]}{1.5} = 20 \times 10^6 [\text{Pa}] = 20 [\text{MPa}]$$

응력집중계수(k)

$\frac{\sigma_{max} (최대응력)}{\sigma_n (공칭응력)}$

02 볼트의 호칭지름이 30[mm]일 때, 보통높이너트의 높이[mm]로 가장 적합한 것은?(단, 볼트와 너트는 동일한 강재질이다)

① 15

② 27

③ 35

④ 60

해설

볼트와 나사의 재질이 모두 강(Steel)일 경우, 너트의 높이(H)는 수나사의 바깥지름과 같게 한다. 따라서 호칭지름이 30[mm]이므로 보기중에서 ②번이 가장 정답에 가깝다.

재질에 따른 너트의 높이(H)

볼트의 재질	너트의 재질	너트의 높이(H)
강	강	$H ≒ d$
강	청 동	$H ≒ 1.25d$
강	주 철	$H ≒ 1.5d$

※ d : 나사의 바깥지름

03 원통 위에 감은 실을 풀 때, 실 위의 한 점이 그리는 궤적을 곡선으로 한 기어 치형의 특징으로 옳지 않은 것은?

① 변형시킨 전위기어를 사용할 수 있다.

② 맞물리는 두 기어의 중심거리가 다소 틀려도 속도비에는 영향이 없다.

③ 미끄럼률 및 마멸이 균일하며 운동이 원활하다.

④ 제작상의 오차 및 조립상의 오차가 다소 있더라도 사용에 큰 영향을 미치지 않는다.

해설

치형 곡선 중 인벌루트 곡선은 마모가 잘 된다는 단점이 있다. 마모가 적은 것은 사이클로이드 곡선이다.

• 인벌루트 곡선의 특징
  – 마모가 잘된다.
  – 맞물림이 원활하다.
  – 이뿌리가 튼튼하다.
  – 변형시킨 전위기어를 사용할 수 있다.
  – 압력각이 일정할 때 맞물리는 두 기어의 중심거리가 다소 어긋나도 속도비에 영향이 적다.

• 인벌루트 곡선
  원기둥을 세운 후 여기에 감은 실을 풀 때, 실 중 임의 1점이 그리는 곡선 중 일부를 치형으로 사용한 곡선이다. 이뿌리가 튼튼하며 압력각이 일정할 때 중심거리가 다소 어긋나도 속도비가 크게 변하지 않고 맞물림이 원활하다는 장점이 있으나 마모가 잘 된다는 단점이 있다.

• 사이클로이드 곡선
  평면 위의 일직선상에서 원을 회전시킨다고 가정했을 때, 원의 둘레 중 임의의 한 점이 회전하면서 그리는 곡선을 치형으로 사용한 곡선이다. 피치원이 일치하지 않거나 중심거리가 다를 때는 기어가 바르게 물리지 않으며, 이뿌리가 약하다는 단점이 있으나 효율성이 좋고 소음과 마모가 적다는 장점이 있다.

04 실린더형 공기스프링이 있다. 실린더의 지름이 30[mm], 길이는 200[mm]이고, 0.3[MPa]로 압축된 공기가 채워져 있다. 실린더가 압축되는 방향으로 하중 500[N]이 작용하여 평형을 이룰 때, 실린더의 이동거리[mm]는?(단, 압축된 공기는 이상기체이며, 온도는 일정한 것으로 가정하고, $\pi = 3$으로 한다)

① 79   ② 81
③ 119   ④ 121

해설
공기스프링의 이동거리는 보일의 법칙을 통해 구할 수 있다.
$P_1 V_1 = P_2 V_2$

$$(0.3 \times 10^6) \times \left(\frac{\pi d^2}{4} \times l\right) = \frac{500}{\frac{\pi \times 30^2}{4}} \times \left(\frac{\pi \times 30^2}{4}(200 - l_2)\right)$$

$$(0.3 \times 10^6 \times 10^{-6}[\text{N/mm}^2]) \times \left(\frac{3 \times 30^2}{4} \times 200\right)$$

$$= \frac{500}{\frac{3 \times 30^2}{4}} \times \frac{3 \times 30^2}{4}(200 - l_2)$$

$$40,500 = 0.74 \times 675(200 - l_2)$$

$$81.08 = (200 - l_2)$$

$\therefore$ 실린더 이동거리 $l_2 = 200 - 81.08 = 118.92 \fallingdotseq 119$

05 적절한 재료로 안전율 3을 적용하여 안지름이 600[mm], 공급유체의 내압이 4[N/mm²]인 원통용기를 설계한 결과, 용기의 두께가 8[mm]로 되었다. 이 재료의 기준강도[N/mm²]는?

① 75   ② 150
③ 225   ④ 450

해설
원주방향의 응력이 축방향의 응력보다 더 크다. 따라서 원통의 압력용기를 설계할 때는 원주방향의 응력을 기준으로 설계해야 한다.
원주방향의 인장응력

$$\sigma_t = \frac{PD}{2t} = \frac{4[\text{N/mm}^2] \times 600[\text{mm}]}{2 \times 8[\text{mm}]} = 150[\text{N/mm}^2]$$

$$S = \frac{\text{극한강도}(\sigma_u)}{\text{허용응력}(\sigma_a)}, \quad 3 = \frac{\sigma_u(\text{극한강도} = \text{기준강도})}{150[\text{N/mm}^2]}$$

$\therefore \sigma_u(\text{극한강도} = \text{기준강도}) = 450[\text{N/mm}^2]$

06 다음 글에서 설명하고 있는 운동용 나사는?

> 축 하중의 방향이 한쪽으로만 작용되는 경우에 사용하는 것으로 하중을 받는 면의 경사가 수직에 가까운 3°이기 때문에 효율이 좋다. 바이스나 프레스 등의 이송 나사로 사용한다.

① 톱니나사
② 둥근나사
③ 사각나사
④ 사다리꼴나사

해설
① 톱니나사 : 축 하중의 방향이 한쪽으로만 작용되는 경우에 사용하는 것으로 하중을 받은 면의 경사가 수직에 가까운 3°이기 때문에 효율이 좋다. 바이스나 프레스 등의 이송에 사용하는 운동용 나사이다.
② 둥근나사 : 나사산이 둥근 모양으로 너클나사라고도 불리며 전구나 소켓용 나사로 사용된다. 나사산과 골이 같은 반지름의 원호로 이은 모양으로 먼지나 모래가 많은 곳에서 사용한다.
③ 사각나사 : 프레스 등의 동력전달용으로 사용되는 나사로 축방향의 큰 하중을 받는 곳에 사용한다.
④ 사다리꼴나사 : 애크미나사라고도 불리며 공작기계의 이송에 사용하는 운동용 나사이다.

07 내접기어의 잇수가 72개, 태양기어의 잇수가 18개, 유성기어의 잇수가 27개인 유성기어장치에서, 내접기어를 고정하고 태양기어를 구동으로 하고, 캐리어를 종동으로 한다. 입력토크가 10[N · m]일 때, 출력토크[N · m]는?(단, 동력전달 시 손실이 없다고 가정한다)

① 2 ② 15

③ 40 ④ 50

해설

내접기어(링기어)를 고정하고 태양기어를 구동시키면 유성기어캐리어가 반대방향으로 감속한다.

속도비 $i = \dfrac{Z_2}{Z_1} = \dfrac{(72+18)}{18} = 5$

$i = \dfrac{T_{출력}}{T_{입력}}$, $5 = \dfrac{T_{출력}}{10[N \cdot m]}$

$T_{출력} = 50[N \cdot m]$

유성기어장치의 회전 특성

고정시키는 기어	구동시키는 기어(입력)	종속되어 회전하는 기어(출력)	
유성기어 캐리어	태양기어	링기어	태양기어와 반대로 감속
	링기어	태양기어	링기어와 반대로 증속
선기어	유성기어 캐리어	링기어	유성기어 캐리어 방향으로 증속
	링기어	유성기어 캐리어	링기어 방향으로 감속
링기어	태양기어	유성기어 캐리어	태양기어 방향으로 감속
	유성기어 캐리어	태양기어	유성기어 캐리어 방향으로 증속
유성기어 자전정지	태양기어와 링기어는 직접 연결되어 1 : 1의 기어비로 회전한다.		
링기어, 선기어, 유성기어 캐리어 모두 고정하지 않고 구동하게 하면	중립상태		

※ 선기어(Sun Gear, 태양기어), 링기어(내접기어), 유성기어 캐리어(캐리어)

08 번지점프에서 점프대는 로프길이보다 충분히 높이 설치되어 있다. 로프길이가 100[m]이고, 사람이 점프대에 한쪽 끝이 고정된 로프의 끝을 발목에 매고 점프대에서 뛰어내릴 때, 로프의 최대 늘어난 길이[m]의 근삿값으로 가장 적합한 것은?(단, 로프의 스프링상수 k = 1,000[N/m]이고, 사람의 무게는 1,000[N]이며, 로프의 무게는 무시한다)

① 1 ② 15

③ 20 ④ 25

해설

위치에너지 = 끝단에서 튕겨서 늘어난 길이 + 운동에너지

$mgh = mgx + \dfrac{1}{2}kx^2$, x = 늘어난 길이

여기서 로프 무게를 무시했으므로, 중력가속도도 무시하고 구하면

$1,000 \times 100 = (1,000 \times x) + \left(\dfrac{1}{2} \times 1,000 \times x^2\right)$

$100,000 = 1,000x + 500x^2$

$x^2 + 2x - 200 = 0$

$x ≒ 13.176$

따라서 13.176에서 가장 근삿값인 15가 정답이다.

09 그림과 같이 하중 500[kgf]이 너클조인트의 양단에 가해지고 있다. 이때 전단하중을 고려하여 설계할 경우, 너클핀의 지름[mm]은?(단, 허용전단응력은 5[kgf/mm²]이다)

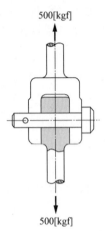

500[kgf]

500[kgf]

① $\sqrt{\dfrac{200}{\pi}}$ ② $\sqrt{\dfrac{125}{\pi}}$

③ $\sqrt{\dfrac{400}{\pi}}$ ④ $\sqrt{\dfrac{250}{\pi}}$

해설
너클핀 지름(d)을 구하는 식에 대입하면
$$d = \sqrt{\frac{2Q}{\pi \tau_a}} = \sqrt{\frac{2 \times 500}{\pi \times 5}} = \sqrt{\frac{1,000}{5\pi}} = \sqrt{\frac{200}{\pi}}$$

11 바흐(Bach)의 축공식에 대한 설명으로 옳은 것은?

① 연강축의 최대처짐각이 0.001[rad] 이하가 되도록 설계한다.
② 연강축의 길이가 축지름의 20배일 때 비틀림으로 변형된 각도가 1° 이내가 되도록 설계한다.
③ 연강축의 최대처짐량은 축길이의 0.00033배 이내이어야 한다.
④ 연강축의 길이 1[m]당, 비틀림으로 변형된 각도가 0.25° 이내가 되도록 설계한다.

해설
바흐의 축공식
연강축의 길이 1[m]당, 비틀림으로 변형된 각도가 0.25° 이내가 되도록 설계한다.

10 다음 그림과 같이 4.5[ton]의 인장력을 맞대기용접한 판에 작용시킬 때, 용접부에 발생하는 인장응력[kgf/mm²]은?

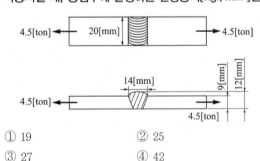

① 19 ② 25
③ 27 ④ 42

해설
$$\sigma = \frac{P}{A} = \frac{4,500[\text{kgf}]}{9[\text{mm}] \times 20[\text{mm}]} = 25[\text{kgf/mm}^2]$$

12 다음 베어링 중 길이에 비하여 지름이 매우 작은 롤러를 사용한 것으로, 내·외륜의 두께가 얇아 바깥지름이 작으며, 단위면적에 대한 강성이 커 좁은 장소에서 비교적 큰 하중을 받는 기계장치에 사용되는 것은?

① 니들롤러베어링
② 원통롤러베어링
③ 테이퍼롤러베어링
④ 자동조심롤러베어링

해설
니들롤러베어링
길이에 비해 지름이 매우 작은 롤러를 사용한 것으로, 내륜과 외륜의 두께가 얇아 바깥지름이 작으며, 단위면적에 대한 강성이 커서 좁은 장소에서 비교적 큰 하중을 받는 기계장치에 사용한다.

13 크리프현상에 대한 설명으로 옳지 않은 것은?

① 천이(Transient) 크리프 동안에는 시간이 경과함에 따라 크리프속도는 감소한다.

② 일정한 온도에서 하중의 크기가 클수록 크리프속도가 증가하여 파단에 이르는 시간이 짧아진다.

③ 고온, 고하중의 경우 크리프속도가 증가하여 빨리 파단이 발생된다.

④ 크리프속도가 최대가 될 때 크리프한계응력이 발생한다.

해설
일정한 크리프속도에서 한계응력을 구하므로 ④번이 틀린 표현이다.
크리프속도
• 일정한 크리프속도에서 한계응력을 구한다.
• 고온이나 고하중일 때 크리프속도가 증가하여 파단이 빨리된다.
• 천이 크리프 동안에는 시간의 경과에 따라 크리프속도는 감소한다.
• 일정온도에서 하중의 크기가 클수록 속도가 증가하며 파단에 이르는 시간이 짧아진다.

14 헬리컬기어에 대한 설명으로 옳지 않은 것은?

① 치직각 모듈은 축직각 모듈보다 작다.

② 좌비틀림 헬리컬기어는 반드시 좌비틀림 헬리컬기어와 맞물려야 한다.

③ 치직각 단면에서 피치원은 타원이 되며, 타원의 곡률반지름 중 가장 큰 반지름을 상당스퍼기어 반지름이라고 한다.

④ 헬리컬기어로 동력을 전달할 때는 일반적으로 축방향 하중이 발생된다.

해설
헬리컬기어가 서로 맞물려 돌아가려면 맞물리는 비틀림각은 서로 반대여야 한다. 따라서 좌비틀림 헬리컬기어는 우비틀림 헬리컬기어와 맞물려야 한다.
헬리컬기어의 특징
• 치직각 모듈은 축직각 모듈보다 작다.
• 치직각 단면에서 피치원은 타원이 되며, 타원의 곡률반지름 중 가장 큰 반지름을 상당스퍼기어 반지름이라고 한다.
• 헬리컬기어로 동력전달 시 일반적으로 축방향하중이 발생된다.
• 헬리컬기어가 서로 맞물려 돌아가려면 맞물리는 비틀림각은 서로 반대여야 한다.

15 원통마찰차의 원동차지름이 300[mm], 회전수 600[rpm], 단위길이[mm]당 허용수직힘이 2.5[kgf/mm]일 때, 최대전달동력 9[PS]를 전달하기 위해 필요한 바퀴의 최소폭[mm]은?(단, 원동차의 표면재료는 목재, 종동차는 주철재이며, 마찰계수는 0.15, $\pi = 3$으로 한다)

① 100

② 150

③ 200

④ 300

해설

$$b = \frac{Q}{q} = \frac{\dfrac{75H_{PS}}{\mu v}}{2.5}$$

$$= \frac{\dfrac{75H_{PS}}{0.15 \times \dfrac{\pi dn}{1,000}}}{2.5} = \frac{\dfrac{75 \times 9}{0.15 \times \dfrac{3 \times 300 \times 600}{60 \times 1,000}}}{2.5} = \frac{\dfrac{675}{1.35}}{2.5}$$

$$= 200[\text{mm}]$$

16 동력전달을 위한 평벨트전동장치에 대한 설명으로 옳지 않은 것은?

① 직물벨트는 가죽벨트보다 가볍고 인장강도는 크나 유연성이 좋지 않아 전동능력이 떨어진다.
② 바로걸기에서 벨트를 수평으로 걸어서 전동하는 경우 긴장측을 위쪽으로 하는 것이 좋다.
③ 운전 중에 벨트가 풀리에서 벗겨지지 않도록 풀리의 표면은 가운데를 약간 높게 한다.
④ 벨트 전동장치에서는 속도비를 일정하게 유지하기 곤란하다.

해설
평벨트전동장치에서 바로걸기로 벨트를 거는 경우 긴장측(T_t)을 아래쪽으로 하는 것이 좋다.
평벨트와 V-벨트전동장치의 동력전달방식

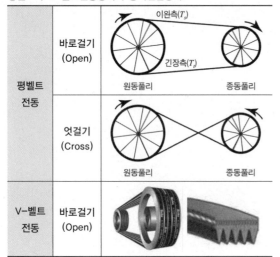

평벨트 전동	바로걸기 (Open)	이완측(T_s) 긴장측(T_t) 원동풀리 종동풀리
	엇걸기 (Cross)	원동풀리 종동풀리
V-벨트 전동	바로걸기 (Open)	

17 다판클러치에서 접촉면의 안지름이 100[mm], 바깥지름이 300[mm]이고, 접촉면압이 0.01[kgf/mm^2]일 경우, 50,000[kgf·mm] 이상의 토크를 전달하기 위해 필요한 접촉면수가 최소 몇 개인가?(단, 마찰계수는 0.2이며, 제동효율은 고려하지 않고, $\pi = 3$으로 한다)

① 1　　　　② 3
③ 5　　　　④ 7

해설
다판식 원판클러치의 접촉면 수(Z) 구하는 식
$$Z = \frac{2T}{\mu\pi D_m^2 bq}$$
$$= \frac{2\times 50,000}{0.2\times 3\times\left(\frac{100+300}{2}\right)^2\times\left(\frac{300-100}{2}\right)\times 0.01}$$
$$= \frac{100,000}{24,000} = 4.17$$
따라서 최소 5개가 필요하다.

18 로프의 인장력 1,000[kgf]이 걸려 있는 상태에서 최대 처짐량을 5[cm] 정도로 유지하기 위한 로프풀리의 두 축 사이의 거리[m]의 근사치로 가장 적당한 것은?(단, 로프의 단위길이당 무게는 1[kgf/m]이다)

① 10　　　　② 15
③ 20　　　　④ 30

해설
$$T = \frac{ws^2}{2h} + wh$$
$$1,000 = \frac{1\times s^2}{2\times 0.05} + (1\times 0.05)$$
$$1,000 - 0.05 = \frac{s^2}{0.1}$$
$$99.995 = s^2$$
$$9.9 = s\left(\text{축간 거리의 } \frac{1}{2}\right)$$
$$\therefore 2s = 19.8 ≒ 20$$
로프의 장력 구하는 식
$$T = \frac{ws^2}{2h} + wh$$
여기서 T : 장력, w : 단위길이당 중량
　　　s : 중심간 거리의 $\frac{1}{2}$, h : 처짐량

19 접착이음에 대한 설명으로 옳지 않은 것은?

① 비금속재료 및 이종재료까지 접착이 가능하고, 진동 및 충격의 흡수가 가능하다.
② 다량의 동시접착으로 자동화가 가능하나, 접착제의 내구성이 약하고 접착강도의 평가가 어렵다.
③ 접착이음의 파괴는 계면파괴, 응집파괴 그리고 접착체 파괴로 구분되며, 계면파괴가 가장 흔하게 발생한다.
④ 접착이음의 강도를 향상시키려면 인장응력을 증가시키고 전단응력을 감소시키면 된다.

해설
접착이음의 강도를 향상시키기 위해서는 연결 부위에 인장응력과 전단응력을 모두 감소시켜야 한다.

20 물림률이 1.5인 평기어에 대한 설명으로 옳은 것은?

① 물림률이 1.5인 평기어는 물림길이에서 두 쌍의 기어이가 물리는 길이는 1의 비율이고 한 쌍의 기어이가 물리는 길이는 0.5의 비율이다.
② 물림률이 1.5인 평기어는 물림길이에서 두 쌍의 기어이가 물리는 길이는 0.5의 비율이고 한 쌍의 기어이가 물리는 길이는 1의 비율이다.
③ 물림률이 1.5인 평기어는 항상 한 쌍의 기어이가 물려서 회전한다.
④ 물림률이 1.5인 평기어는 항상 두 쌍의 기어이가 물려서 회전한다.

해설
물림률이 1.5인 평기어는 두 쌍의 기어이가 물리는 길이는 1의 비율을 의미하고, 한 쌍의 기어이가 물리는 길이는 0.5의 비율을 의미한다.
물림률(Contact Ratio)
동시에 물릴 수 있는 이의 수로 물림길이를 법선피치로 나눈 값이다.

2016년 국가직 기계설계

01 나사의 호칭기호에 대한 설명으로 옳지 않은 것은?

① M은 미터나사이다.

② G는 관용평행나사이다.

③ UNF는 유니파이보통나사이다.

④ Tr은 미터사다리꼴나사이다.

해설

UNF는 유니파이가는나사의 기호이다. 유니파이보통나사는 UNC 이다.

나사의 종류 및 기호

구 분	나사의 종류		종류기호
ISO규격에 있는 것	미터보통나사		M
	미터가는나사		M×피치
	유니파이보통나사		UNC
	유니파이가는나사		UNF
	미터사다리꼴나사		Tr
	미니추어나사		S
	관용평행나사		G
	관용테이퍼나사	테이퍼수나사	R
		테이퍼암나사	Rc
		평행암나사	Rp
ISO규격에 없는 것	30° 사다리꼴나사		TM
	관용평행나사		PF
	관용테이퍼나사	테이퍼나사	PT
		평행암나사	PS
특수용	전구나사		E
	미싱나사		SM
	자전거나사		BK

02 베벨기어의 모듈이 4[mm], 피치원추각이 60°, 잇수가 40일 때 베벨기어의 대단부 바깥지름[mm]은?(단, 이끝높이와 모듈은 같다고 가정한다)

① 164

② 168

③ 172

④ 174

해설

$D_o = D + 2h\cos\delta$, $\delta =$ 피치원추각

$\quad = mz + (2 \times h\cos 60°)$

$\quad = (4 \times 40) + \left(2 \times 4 \times \dfrac{1}{2}\right)$

$\quad = 160 + 4 = 164[\text{mm}]$

베벨기어의 바깥지름(=이끝원 지름, D_o)

$D_o = D + 2h\cos\delta$

sin, cos, tan 각도별 수치

sin		cos		tan	
sin0°	0	cos0°	1	tan0°	0
sin10°	0.17	cos10°	0.98	tan10°	0.17
sin20°	0.34	cos20°	0.93	tan20°	0.36
sin30°	0.5	cos30°	0.86	tans30°	0.57
sin45°	0.707	cos45°	0.707	tan45°	1
sin60°	0.86	cos60°	0.5	tan60°	1.73
sin90°	1	cos90°	0	tan90°	−
sin120°	0.86	cos120°	−0.5	tan120°	−1.73
sin150°	0.5	cos150°	−0.866	tan150°	−0.57
sin180°	0	cos180°	−1	tan180°	0
sin240°	−0.866	cos240°	−0.5	tan240°	1.73

03 볼베어링의 처음 정격수명이 L_n인 경우, 동일 조건에서 베어링의 하중을 2배로 증가시킬 때 정격수명은?

① $\frac{1}{3}L_n$　　　　② $\frac{1}{4}L_n$

③ $\frac{1}{6}L_n$　　　　④ $\frac{1}{8}L_n$

해설

베어링의 기본정격수명(L_n, Lating life)이란 같은 베어링 여러 개를 동일 조건에서 각각 운전시켰을 때 이들 중 90[%]가 전동체인 구름이나 롤러의 손상 없이 회전할 수 있는 신뢰도로 100만 회전(10^6)하는 것을 기준으로 정한 것이다.

• 정격수명 $L_n = \left(\dfrac{C}{P}\right)^3 10^6$ 회전

• 하중(P) 2배 정격수명 $L_n = \left(\dfrac{C}{2P}\right)^3 = \dfrac{1}{8}\left(\dfrac{C}{P}\right)^3$

∴ 기본정격수명 : 하중 2배수명 $= L_n : \dfrac{1}{8}L_n$

베어링의 기본정격수명(L_n)

$L_n = \left(\dfrac{C}{P}\right)^3 10^6$ 회전

• 볼베어링의 하중계수(r) $= 3$

• 롤러베어링의 하중계수(r) $= \dfrac{10}{3}$

04 스프링의 탄성변형에너지에 대한 설명으로 옳지 않은 것은?

① 하중이 커질수록 탄성변형에너지는 커진다.
② 변형량이 커질수록 탄성변형에너지는 커진다.
③ 비틀림각이 커질수록 탄성변형에너지는 작아진다.
④ 토크가 커질수록 탄성변형에너지는 커진다.

해설

토션바의 탄성에너지(U) 공식을 응용하면 비틀림각(θ)이 커질수록 탄성에너지(탄성변형에너지)도 커지는 것을 알 수 있다.
토션바의 탄성에너지(U)

$U = \dfrac{1}{2}T\theta = \dfrac{1}{2}T \times \dfrac{32TL}{G\pi d^4}$

여기서 G : 재료의 가로탄성계수
　　　 L : 토션바의 길이

05 스프로킷과 롤러 체인을 이용하여 구성된 동력전달장치의 총 전달동력을 증가시키기 위한 방법으로 옳지 않은 것은?

① 잇수가 더 많은 스프로킷을 사용한다.
② 더 큰 피치를 가지는 체인을 사용한다.
③ 지름이 더 작은 스프로킷을 사용한다.
④ 스프로킷의 회전수를 증가시킨다.

해설

체인전동장치로 전달동력을 크게 하려면 스프로킷의 피치를 크게 해야 하는데, 피치를 크게 하면 스프로킷의 지름도 더 커지게 된다. 따라서 ③번은 틀린 표현으로 지름이 더 큰 스프로킷을 사용한다가 맞는 표현이다.

06 한 쪽이 고정된 지름 10[mm]의 중실 원형봉에 토크 T가 작용할 때 최대 비틀림응력은 τ이다. 동일한 토크 T에서 원형봉의 지름이 11[mm]로 되었을 때 원형봉에 발생하는 최대 비틀림응력에 가장 가까운 것은?(단, $\dfrac{1}{1.1} = 0.9$로 계산한다)

① 0.66　　　　② 0.73

③ 0.81　　　　④ 0.90

해설

토크 $T = \tau \times Z_P$

$\tau = \dfrac{T}{Z_P} = \dfrac{T}{\dfrac{\pi d^3}{16}} = \dfrac{16T}{\pi d^3}$

위 식에서 지름 τ_1 : 10[mm], τ_2 : 11[mm]을 비례식으로 풀면

$\tau_1 : \tau_2 = \dfrac{16T}{\pi d_1^3} : \dfrac{16T}{\pi d_2^3} = \dfrac{1}{d_1^3} : \dfrac{1}{d_2^3}$

$\dfrac{\tau_2}{d_1^3} = \dfrac{\tau_1}{d_2^3}$

$\tau_2 = \dfrac{d_1^3}{d_2^3}\tau_1$

$\tau_2 = \left(\dfrac{10}{11}\right)^3 \tau_1 = (0.9)^3 \tau_1 = 0.729\tau_1$

안심Touch

07 지름이 $d = 20$[mm]인 회전축에 $b = 5$[mm], $h = 7$[mm], 길이 $= 90$[mm]인 평행키가 고정되어 있을 때, 압축응력만으로 전달할 수 있는 최대 토크[N·mm]는?(단, 키의 허용압축응력은 4[MPa]이다)

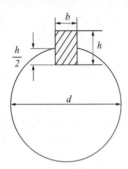

① 6,300
② 12,600
③ 18,900
④ 25,200

해설

키의 압축응력 $\sigma_c = \dfrac{4T}{hdl}$

$T = \dfrac{\sigma_c \times h \times d \times l}{4}$

$\quad = \dfrac{4 \times 10^6 \times 10^{-6} \times 7 \times 20 \times 90}{4}$

$\quad = 12,600$[N·mm]

묻힘키의 길이(l) 구하는 식

• 전단응력 고려 시 $\tau = \dfrac{W}{bl} = \dfrac{2T}{bdl}$, $l = \dfrac{2T}{bd\tau}$

• 압축응력 고려 시 $\sigma_c = \dfrac{2W}{hl} = \dfrac{4T}{hdl}$, $l = \dfrac{4T}{hd\sigma_c}$

08 지름이 30[mm]이고 허용전단응력이 80[MPa]인 리벳을 이용하여 두 강판을 1줄 겹치기 이음으로 연결하고자 한다. 연결된 두 강판에 100[kN]의 인장하중이 작용한다면 요구되는 리벳의 최소 개수는?(단, 판 사이의 마찰력을 무시하고, 전단력에 의한 파손만을 고려한다)

① 2
② 4
③ 6
④ 8

해설

작용하중 $F = \tau \times \dfrac{\pi d^2}{4} \times n$

$n = \dfrac{F \times 4}{\tau \times \pi d^2}$

$\quad = \dfrac{100 \times 10^3 [\text{N}] \times 4}{80 \times 10^6 \times 10^{-6} [\text{N/mm}^2] \times (\pi \times 30^2 [\text{mm}^2])}$

$\quad = \dfrac{400,000}{226,194.6} = 1.76$, 따라서 최소 2개

리벳에 작용하는 전체 힘(하중)

$F = \tau \times \dfrac{\pi d^2}{4} \times n$ 여기서 d : 리벳지름, n : 전체의 리벳수

09 접촉면의 안지름과 바깥지름이 각각 20[mm], 40[mm]이고, 마찰계수가 μ인 단판클러치로 450[N·mm]의 토크를 전달시키는 데 필요한 접촉면압[MPa]은?(단, 힘은 균일압력조건, 토크는 균일마모조건으로 가정한다)

① $\dfrac{1}{2\pi\mu}$

② $\dfrac{1}{4\pi\mu}$

③ $\dfrac{1}{5\pi\mu}$

④ $\dfrac{1}{10\pi\mu}$

해설

- 클러치의 전달토크 $T = F \times \dfrac{D_m}{2}$

$$450[\text{N·mm}] = \mu Q \times \frac{(20[\text{mm}] + 40[\text{mm}])/2}{2}$$

$$Q = \frac{450[\text{N·mm}]}{15[\text{mm}] \times \mu} = \frac{30[\text{N}]}{\mu}$$

- 접촉면압 $p = \dfrac{Q}{\pi(r_o^2 - r_i^2)} = \dfrac{30[\text{N}]/\mu}{\pi((0.02[\text{m}])^2 - (0.01[\text{m}])^2)}$

$$= \frac{3 \times 10[\text{N}]}{\mu\pi(3 \times 10^{-4}[\text{m}^2])}$$

$$= \frac{1}{\mu\pi \times 10^{-5}}[\text{N/m}^2]$$

$$= \frac{1[\text{N}]}{\mu\pi \times 10^{-5} \times 10^{6}}[\text{MN/m}^2]$$

$$= \frac{1}{10\mu\pi}[\text{MPa}]$$

단판 클러치의 접촉면압(p)

$$p = \frac{Q}{\pi(r_o^2 - r_i^2)}$$

10 골지름이 d_1인 수나사에 축방향 인장하중 W와 비틀림 모멘트 $T = \dfrac{3}{32}Wd_1$이 복합적으로 작용한다. 이때 나사부에 생기는 최대 전단응력은?

① $\dfrac{7W}{2\pi d_1^2}$

② $\dfrac{6W}{2\pi d_1^2}$

③ $\dfrac{5W}{2\pi d_1^2}$

④ $\dfrac{4W}{2\pi d_1^2}$

해설

수나사에 인장응력(σ)과 비틀림모멘트(T)가 동시에 작용할 때의 $T = \dfrac{3Wd_1}{32}$이다. 이 문제에서는 최대 전단응력을 구해야 하므로 비틀림모멘트(T)식을 적용한 $\tau_{\max}$에서 $\sigma_{\max}$를 빼 주면 된다.

$$T = \tau_{\max} \times Z_P$$

$$\tau_{\max} = \frac{T}{Z_P} = \frac{\dfrac{3Wd_1}{32}}{\dfrac{\pi d_1^3}{16}} = \frac{3W}{2\pi d_1^2}$$

$$\sigma_{\max} = \frac{F}{A} = \frac{W}{\dfrac{\pi d_1^2}{4}} = \frac{4W}{\pi d_1^2}$$

$$\therefore \tau_{\max} - \sigma_{\max} = \frac{3W}{2\pi d_1^2} - \frac{4W}{\pi d_1^2} = \frac{3W}{2\pi d_1^2} - \frac{8W}{2\pi d_1^2} = -\frac{5W}{2\pi d_1^2}$$

11 베어링의 윤활유 유출을 방지하기 위한 접촉형 밀봉장치는?

① 펠트 실(Felt Seal)
② 슬링거(Slinger)
③ 라비린스 실(Labyrinth Seal)
④ 오일 홈(Oil Groove)

해설

베어링용 밀봉장치는 내부윤활유로 사용되는 그리스나 오일의 유출을 방지하고 유해물질의 침입을 방지하는 역할을 하는데, 펠트 실(Felt Seal)이 접촉형 밀봉장치에 속한다.

구름베어링의 밀봉장치

구 분	종 류	특 징
접촉형 실 (Contact Seal)	펠트 실 (Felt Seal)	• 축과 하우징 사이에 사다리꼴 모양의 홈을 장착한 것이다. • 밀봉력이 우수하다. • 마찰열로 인해 온도상승, 최대원주속도에 제한이 있다. • 접촉실과 축 사이 일정한 압력이 유지되어야 한다. • 정밀베어링용으로는 거의 사용하지 않는다.
	오일 실 (Oil Seal)	• 오일용 밀봉장치로 가장 많이 사용되는 것으로 베어링덮개 안쪽에 끼워지며 원주방향으로 스프링이 장착되어 적절한 접촉을 유지한다. • 사용온도와 허용속도에 따라 적절히 선택해서 사용해야 한다.
	고무링 (O-ring, V-ring)	주로 그리스 윤활에 사용되는 것으로 축에 고무링을 끼운 후 립(하우징과 접촉하는 부분)이 하우징의 측면에 닿을 때까지 축방향으로 끼워놓는 구조이며 오일실의 보조용으로 사용한다.
비접촉형 실 (Noncontact Seal)	라비린스 실 (Labyrinth Seal)	• 미로형태의 밀봉장치로 생산비가 많이 드나 틈새밀봉장치보다 효과가 크다. • 조립 시 방수 그리스를 채워서 습기의 침투를 막아야 한다.
	슬링거 (Slinger)	회전축에 부착된 링이 회전에 의한 원심력으로 오일의 누출을 방지하고 이물질의 침입을 막는다.
	틈새밀봉 (Gap Seal)	가장 단순한 형태로 단순형과 기름홈형으로 나뉘는데 그리스 윤활에 적합하며 주로 저속용으로 사용된다.

12 단면적이 1,000[mm²]인 봉에 1,000[N]의 추를 달았더니 이 봉에 발생한 응력이 설계허용인장응력에 도달하였다. 이 봉재의 항복점 1,000[N/cm²]가 기준강도이면 안전율은?

① 5
② 10
③ 15
④ 20

해설

$$S = \frac{\text{극한강도}(\sigma_u)}{\text{허용응력}(\sigma_a)}$$

$$= \frac{1,000[\text{N/cm}^2]}{\dfrac{1,000[\text{N}]}{1,000[\text{mm}^2]}}$$

$$= \frac{1,000 \times 10^4[\text{N/m}^2]}{\dfrac{1,000[\text{N}]}{1,000 \times 10^{-6}[\text{m}^2]}}$$

$$= \frac{1,000 \times 10^4}{10^6} = 10$$

안전율

$$S = \frac{\text{극한강도}(\sigma_u)}{\text{허용응력}(\sigma_a)}$$

13 굽힘모멘트 $M = 8[\text{kN} \cdot \text{m}]$, 비틀림모멘트 $T = 6[\text{kN} \cdot \text{m}]$를 동시에 받고 있는 원형단면축의 상당굽힘모멘트 M_e [kN · m]와 상당비틀림모멘트 T_e[kN · m]는?

① $M_e = 9$, $T_e = 10$
② $M_e = 10$, $T_e = 9$
③ $M_e = 18$, $T_e = 20$
④ $M_e = 20$, $T_e = 18$

해설

• 상당굽힘모멘트(M_e)

$$M_e = \frac{1}{2}(M + \sqrt{M^2 + T^2}) = \frac{1}{2}(8 + \sqrt{8^2 + 6^2})$$

$$= \frac{1}{2}(8 + 10) = 9[\text{kN} \cdot \text{m}]$$

• 상당비틀림모멘트(T_e)

$$T_e = \sqrt{M^2 + T^2} = \sqrt{8^2 + 6^2} = 10[\text{kN} \cdot \text{m}] \text{ 이다.}$$

상당굽힘모멘트(M_e) 및 상당비틀림모멘트(T_e) 구하는 식

상당굽힘모멘트(M_e)	상당비틀림모멘트(T_e)
$M_e = \dfrac{1}{2}(M + \sqrt{M^2 + T^2})$	$T_e = \sqrt{M^2 + T^2}$

14 풀리 피치원의 큰쪽 지름이 D_2, 작은쪽 지름이 D_1, 두 축 간의 중심거리가 C인 평벨트로 동력을 전달할 때, 평행걸기(바로걸기)의 벨트길이에 비하여 엇걸기(십자걸기)의 벨트길이 증가는?(단, 벨트길이 근사계산은 $\sin\phi = \phi$, $\cos\phi = 1 - \dfrac{1}{2}\phi^2$을 이용한다)

① $\dfrac{D_1 D_2}{C}$

② $\dfrac{2D_1 D_2}{C}$

③ $\dfrac{C}{D_1 D_2}$

④ $\dfrac{2C}{D_1 D_2}$

해설

엇걸기의 벨트길이가 바로걸기보다 더 길기 때문에 엇걸기에서 바로걸기의 벨트길이를 빼 준다.

$$\left(2C + \frac{\pi(D_1 + D_2)}{2} + \frac{(D_2 + D_1)^2}{4C}\right)$$
$$- \left(2C + \frac{\pi(D_1 + D_2)}{2} + \frac{(D_2 - D_1)^2}{4C}\right)$$
$$= \frac{(D_2 + D_1)^2 - (D_2 - D_1)^2}{4C}$$
$$= \frac{(D_2^2 + 2D_1 D_2 + D_1^2) - (D_2^2 - 2D_1 D_2 + D_1^2)}{4C}$$
$$= \frac{2D_1 D_2 + 2D_1 D_2}{4C} = \frac{D_1 D_2}{C}$$

벨트길이 구하는 식

• 바로걸기 : $L = 2C + \dfrac{\pi(D_1 + D_2)}{2} + \dfrac{(D_2 - D_1)^2}{4C}$

• 엇걸기 : $L = 2C + \dfrac{\pi(D_1 + D_2)}{2} + \dfrac{(D_2 + D_1)^2}{4C}$

15 안지름이 150[mm], 바깥지름이 200[mm], 칼라수가 2개인 칼라베어링이 견딜 수 있는 최대 축방향하중[N]은?(단, 평균베어링압력=0.06[MPa], π=3으로 한다)

① 1,155

② 1,575

③ 2,310

④ 3,150

해설

$$p = \frac{P}{Az} = \frac{4P}{\pi(d_2^2 - d_1^2)z}$$

$$P = \frac{p \times \pi(d_2^2 - d_1^2)z}{4}$$

$$= \frac{0.06 \times 10^6 \times 10^{-6}[\text{N/mm}^2] \times \pi(200^2 - 150^2) \times 2}{4}$$

$$= \frac{0.06[\text{N/mm}^2] \times (3 \times 17{,}500[\text{mm}^2]) \times 2}{4}$$

$$= 1{,}575[\text{N}]$$

칼라저널베어링의 베어링압력(p)

$$p = \frac{4P}{\pi(d_2^2 - d_1^2)z}$$

16 인벌루트기어의 작용선에 대한 설명으로 옳지 않은 것은?

① 두 기어가 맞물려 회전할 때 접촉점에서 힘이 전달되는 방향을 나타낸다.

② 두 기어가 맞물려 회전할 때 접촉점이 이동하는 궤적이 된다.

③ 두 기어 기초원의 공통접선이 된다.

④ 두 기어가 맞물려 회전할 때 치면의 접촉점에서 세운 공통접선이다.

해설

인벌루트기어의 작용선은 두 기어가 맞물려 돌아갈 때 치면의 접촉점에서 세운 공통법선으로 두 기초원의 공통접선과 일치한다.

17 밴드 브레이크에서 드럼이 그림과 같이 우회전할 때 레버에 작용하는 힘 F는?(단, T_t와 T_s는 장력, μ는 마찰계수, θ는 접촉각, f는 제동력이며, 원심력의 영향은 무시하고, 브레이크 작동의 기구학적 조건은 만족한다)

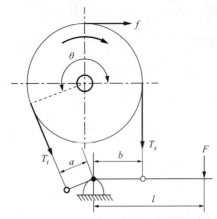

① $\dfrac{fb}{l(e^{\mu\theta}-1)}$

② $\dfrac{f(a-be^{\mu\theta})}{l(e^{\mu\theta}-1)}$

③ $\dfrac{fae^{\mu\theta}}{l(e^{\mu\theta}-1)}$

④ $\dfrac{f(b-ae^{\mu\theta})}{l(e^{\mu\theta}-1)}$

해설
그림은 차동식 밴드 브레이크이다. 평형방정식을 통해 조작력(F)을 유도해 보면

$-lF+bT_s-aT_t=0$

$F=\dfrac{bT_s-aT_t}{l}$, $T_t=T_s e^{\mu\theta}$

$F=\dfrac{bT_s-aT_s e^{\mu\theta}}{l}$

$F=\dfrac{T_s(b-ae^{\mu\theta})}{l}$, $T_s=f\dfrac{1}{e^{\mu\theta}-1}$

$F=\dfrac{f(b-ae^{\mu\theta})}{l(e^{\mu\theta}-1)}$

18 내경 1[m], 두께 1[cm]의 강판으로 원통형 압력용기를 만들 경우 허용할 수 있는 압력[kPa]은?(단, 강판의 허용응력은 70[MPa], 이음효율은 70[%], 압력은 게이지압력, 응력은 얇은벽응력으로 가정한다)

① 98

② 196

③ 980

④ 1,960

해설
내압을 받는 얇은 원동에서 원주방향의 절단응력이 가장 크다. 허용압력 P를 구하려면 다음 식을 응용하면 된다.

$\sigma_{\max}=\dfrac{PD}{2t}\leq\sigma_a$

$1\times10^{-2}[\text{m}]\geq\dfrac{P\times1[\text{m}]}{2\times70\times10^6[\text{N/m}]\times0.7}$

$P=\dfrac{10^{-2}\times(2\times70\times10^6[\text{N/m}]\times0.7)}{1[\text{m}]}$

$\quad=980,000[\text{N/m}]=980[\text{kPa}]$

내압을 받는 용기의 강판 두께(t)

$\sigma_{\max}=\dfrac{PD}{2t}\leq\sigma_a$

$t\geq\dfrac{PD}{2\sigma_a\eta}+C$

여기서 C : 부식여유, D : 원통안지름, P : 사용압력,
$\qquad\eta$: 리벳이음 효율

19 그림과 같은 기어열에서 모터의 회전수는 9,600[rpm]이고 기어 d의 회전수는 100[rpm]일 때, 웜기어의 잇수는?(단, 웜은 1줄 나사이고, Z_a, Z_b, Z_c, Z_d는 각 스퍼기어의 잇수이다)

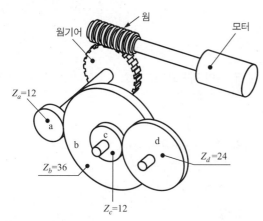

① 14

② 16

③ 18

④ 20

해설

속도비(i)식을 이용하여 기어의 회전수를 구할 수 있다.

$\dfrac{N_d}{N_c} = \dfrac{Z_c}{Z_d}$, $\dfrac{100}{N_c} = \dfrac{12}{24}$, $N_c = 200[\mathrm{rpm}]$

$\dfrac{N_b}{N_a} = \dfrac{Z_a}{Z_b}$, $\dfrac{200}{N_a} = \dfrac{12}{36}$, $N_a = 600[\mathrm{rpm}]$

$\dfrac{N_g}{N_w} = \dfrac{l}{\pi D_g}$, $\dfrac{600}{9,600} = \dfrac{1}{\pi D_g}$, $D_g = \dfrac{9,600}{600\pi} = 5.09$

$\pi D_g = p Z_g$, $Z_g = $ 웜휠기어의 잇수

$Z_g = \dfrac{\pi D_g}{p} = \dfrac{\pi \times 5.09}{1} = 16$

20 안지름 d와 얇은 벽두께 t를 가진 압력용기를 설계하고자 한다. 압력용기 내의 압력(게이지압력)이 p이고 θZ 평면응력으로 가정할 때, 면내 최대 전단응력은?(단, $d \gg t$, 반경방향응력은 무시한다)

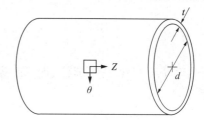

① $\dfrac{pd}{8t}$

② $\dfrac{pd}{4t}$

③ $\dfrac{pt}{8d}$

④ $\dfrac{pt}{4d}$

해설

2축 응력상태에서 벽두께(t)가 너무 얇아서 무시할 수 있는 경우, 내압용기에서 원주방향의 응력은 무시하므로 $\sigma = \dfrac{PD}{4t}$의 내부응력만 작용하는 것으로 간주한다.

$\tau_{\max} = \dfrac{\sigma}{2} = \dfrac{\dfrac{PD}{4t}}{2} = \dfrac{PD}{8t}$

내압용기의 전단력($\tau_{\max}$)

$\tau_{\max} = \dfrac{PD}{8t}$

절단방향에 따른 단면적 계산

축방향 절단 시 단면적(A)	원주방향 절단 시 단면적(A)
$A = \pi dt$	$A = 2tL$ 길이 L 두께 t

2017년 국가직 기계설계

01 구멍과 축의 끼워맞춤에 대한 설명으로 옳지 않은 것은?

① 틈새는 구멍의 치수가 축의 치수보다 클 때 구멍과 축의 치수차를 말한다.

② 헐거운 끼워맞춤은 항상 틈새가 있는 끼워맞춤으로서 구멍의 최소 치수가 축의 최대 치수보다 작다.

③ 억지 끼워맞춤은 항상 죔새가 생기는 끼워맞춤을 말한다.

④ 중간 끼워맞춤은 구멍과 축의 허용한계 치수에 따라 틈새가 생길 수도 있고, 죔새가 생길 수도 있는 끼워맞춤이다.

해설
헐거운 끼워맞춤은 구멍의 최소 치수가 축의 최대 치수보다 커서 그 사이에 항상 틈새가 존재한다.

02 두 축이 평행하지도 않고 교차하지도 않는 경우에 사용하는 기어는?

① 랙과 피니언(Rack and Pinion)

② 스퍼기어(Spur Gear)

③ 베벨기어(Bevel Gear)

④ 웜과 웜기어(Worm Gear)

해설
두 축이 평행하지도 만나(교차)지도 않을 때 사용하는 기어는 웜과 웜휠기어이다.

기어의 종류

종 류	스퍼기어		내접기어
두 축이 평행한 기어			
	헬리컬기어		랙과 피니언기어
			피니언 기어 랙 기어
두 축이 교차하는 기어	베벨기어	스파이럴 베벨기어	마이터기어
두 축이 나란하지도 교차하지도 않는 기어	하이포이드기어		웜과 웜휠기어
			웜기어 웜휠기어
	나사기어		페이스기어

03 모재의 상대적 위치에 따라 분류된 용접이음의 종류가 아닌 것은?

① 맞대기 용접이음
② 덮개판 용접이음
③ T형 용접이음
④ 지그재그형 용접이음

해설

지그재그형 용접이음은 형상에 따른 필릿 용접이음의 분류에 속한다. 모재의 상대위치에 따른 분류에는 맞대기, 덮개판, T형, 변두리, 모서리, 십자형, 플레어 용접 등이 있다.

필릿 용접의 종류

하중 방향에 따른 필릿 용접	전면 필릿이음	
	측면 필릿이음	
	경사 필릿이음	
형상에 따른 필릿 용접	연속 필릿	
	단속 병렬 필릿	
	단속 지그재그 필릿	

04 축의 원주 상에 여러 개의 키 홈을 파고 여기에 맞는 보스(Boss)를 끼워 회전력을 전달할 수 있도록 한 기계요소는?

① 접선키(Tangential Key)
② 반달키(Woodruff Key)
③ 둥근키(Round Key)
④ 스플라인(Spline)

해설

스플라인키는 축의 둘레에 원주방향으로 여러 개의 키 홈을 깎아 만든 것으로 큰 동력(토크)을 전달할 수 있는 키로 세레이션키 다음으로 큰 힘을 전달할 수 있다. 내구성이 크고 축과 보스와의 중심축을 정확하게 맞출 수 있어 축방향으로 자유로운 미끄럼 운동이 가능하여 자동차 변속기의 축용 재료로 많이 사용된다.

05 푸아송비(Poisson's Ratio)가 0.2, 지름이 20[mm], 길이가 200[mm]인 둥근 봉에 인장하중이 작용하여 길이가 0.2[mm] 늘어났다. 길이가 늘어난 후 단면의 지름[mm]은?

① 19.92
② 19.996
③ 20.02
④ 20.004

해설

푸아송의 비 $\nu = \dfrac{\text{가로(횡) 변형률}}{\text{세로(종) 변형률}} = \dfrac{\dfrac{\delta[\text{mm}]}{20[\text{mm}]}}{\dfrac{0.2[\text{mm}]}{200[\text{mm}]}} = \dfrac{200\delta}{4}$

$0.2 = \dfrac{200\delta}{4}$, $200\delta = 0.8$, 변형량 $\delta = 0.004$

따라서 둥근 봉의 길이가 늘어났다면 지름은 줄어든다. 그러므로 처음 지름 20[mm]에서 변형량 0.004[mm]를 빼면 나중 지름은 19.996[mm]가 된다.

푸아송의 비(ν)

탄성 재료의 양 끝에 힘을 가하여 신장시키거나 수축시켰을 때, 축에 수직인 방향으로 일그러진 크기를 축방향의 일그러진 크기로 나눈 값이다.

06 지름이 30[mm]인 회전축에 평행키(묻힘키)가 고정되어 있다. 허용전단응력이 50[N/mm²]인 평행키의 치수가 b(폭)$\times h$(높이)$\times l$(길이)=10[mm]$\times$8[mm]$\times$50[mm]일 때 전달할 수 있는 토크[N·mm]는?(단, 키의 전단응력만을 고려한다)

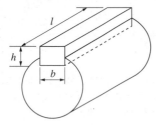

① 375,000   ② 450,000

③ 575,000   ④ 720,000

해설

키의 전단응력 구하는 식을 응용하면

$\tau = \dfrac{W}{bl} = \dfrac{2T}{bdl}$

$50[\text{N/mm}^2] = \dfrac{2T}{10[\text{mm}] \times 30[\text{mm}] \times 50[\text{mm}]}$

토크 $T = \dfrac{750,000[\text{N·mm}]}{2} = 375,000[\text{N·mm}]$

묻힘키의 길이(l) 구하기

• 전단응력 고려 시 $\tau = \dfrac{W}{bl} = \dfrac{2T}{bdl}$, $l = \dfrac{2T}{bd\tau}$

• 압축응력 고려 시 $\sigma_c = \dfrac{2W}{hl} = \dfrac{4T}{hdl}$, $l = \dfrac{4T}{hd\sigma_c}$

07 스퍼기어(Spur Gear)의 모듈에 대한 설명으로 옳지 않은 것은?

① 모듈이 같은 경우 피치원 지름과 잇수는 비례한다.
② 모듈은 이끝원의 지름을 잇수로 나눈 값이다.
③ 피치원 지름이 같은 경우 잇수와 모듈은 반비례한다.
④ 피치원 지름이 같은 경우 모듈이 커질수록 이의 크기는 커진다.

해설

스퍼기어의 모듈(m)은 피치원 지름을 잇수로 나눈 값이다.

08 5[m/s]의 속도로 움직이면서 0.1[kW]의 동력을 전달하는 평벨트 장치가 있다. 긴장측 장력이 40[N]일 경우 장력비 $e^{\mu\theta}$의 값은?(단, 원심력의 영향은 무시한다)

① 1   ② 2

③ 3   ④ 4

해설

• $H_{kw} = \dfrac{P_e \times v}{1,000}$ 에서 $0.1 = \dfrac{P_e \times 5}{1,000}$

$P_e = \dfrac{100}{5} = 20[\text{N}]$

• 유효장력 $P_e = T_t - T_s$

$20[\text{N}] = 40[\text{N}] - T_s$

$T_s = 20[\text{N}]$

∴ 장력비 $e^{\mu\theta} = \dfrac{T_t}{T_s} = \dfrac{40[\text{N}]}{20[\text{N}]} = 2$

09 길이가 10[mm]인 미끄럼 베어링이 반경방향으로 3,200[N]의 하중을 받고 있다. 이 미끄럼 베어링의 직경[mm]은?(단, 베어링의 허용압력은 20[N/mm²]이다)

① 12   ② 16

③ 20   ④ 32

해설

베어링의 압력(P)은 베어링에 작용하는 하중(W)을 압력이 작용하는 축 단면의 투영면적($d \times l$)으로 나눈 것과 같다.

베어링 하중 W, 평균압력 P라 하면 $P = \dfrac{W}{d \times l}$

이 식을 정리하면

베어링 지름 $d = \dfrac{W}{P \times l} = \dfrac{3,200[\text{N}]}{20[\text{N/mm}^2] \times 10[\text{mm}]} = 16[\text{mm}]$

10 원동차의 지름과 회전속도가 400[mm], 300[rpm]이고 종동차의 회전속도가 200[rpm]으로 외접하는 원통마찰차에서, 두 마찰차 축 중심 사이의 거리[mm]는?

① 100   ② 400

③ 500   ④ 600

해설

원동차의 지름을 D_1, 종동차의 지름을 D_2라고 하면 마찰차의 중심거리(C)는 다음 식으로 구할 수 있다.

$$C = \frac{D_1 + D_2}{2}$$

속도비(i) 일반식을 응용하여 D_2를 구하면

$$\frac{n_2}{n_1} = \frac{D_1}{D_2}$$

$$D_2 = \frac{n_1}{n_2} \times D_1 = \frac{300[\mathrm{rpm}]}{200[\mathrm{rpm}]} \times 400[\mathrm{mm}] = 600[\mathrm{mm}]$$

∴ 중심간 거리 $C = \dfrac{D_1 + D_2}{2} = \dfrac{400[\mathrm{mm}] + 600[\mathrm{mm}]}{2}$
$$= 500[\mathrm{mm}]$$

속도비(i) 일반식

$$i = \frac{n_2}{n_1} = \frac{w_2}{w_1} = \frac{D_1}{D_2} = \frac{z_1}{z_2}$$

11 원동축에서 종동축으로 동력을 전달할 경우, 두 축 사이에 설치하여 원동축을 정지시키지 않으면서 동력을 끊고 연결할 수 있는 기계요소는?

① 체인(Chain)

② 베어링(Bearing)

③ 클러치(Clutch)

④ 타이밍 벨트(Timing Belt)

해설

③ 클러치 : 운전 중에도 축이음을 차단(단속)시킬 수 있는 동력전달 장치
※ 단속(斷續) : 끊을 단, 이을 속
① 체인 : 체인전동장치에서 원동축과 종동축의 스프로킷에 걸어 동력을 전달하는 기계요소
② 베어링 : 회전하고 있는 축을 본체(하우징) 내부의 일정한 위치에 고정시키고, 축의 자중과 축에 걸리는 하중을 지지하면서 동력을 전달할 때 사용하는 기계요소
④ 타이밍 벨트 : 미끄럼을 방지하기 위하여 벨트 안쪽의 접촉면에 치형(이)을 붙여 맞물림에 의해 동력을 전달하는 벨트로 정확한 속도비가 필요한 경우에 사용

12 회전운동을 하는 브레이크 드럼의 안쪽 면에 설치되어 있는 두 개의 브레이크 슈가 바깥쪽으로 확장하면서 드럼에 접촉되어 제동하는 브레이크는?

① 내확 브레이크(Expansion Brake)

② 밴드 브레이크(Band Brake)

③ 블록 브레이크(Block Brake)

④ 원판 브레이크(Disk Brake)

해설

① 내확 브레이크(내부 확장형 브레이크) : 2개의 브레이크 슈가 드럼의 안쪽에서 바깥쪽으로 확장하여 브레이크 드럼에 접촉되면서 제동시키는 장치로 회전하는 브레이크 드럼의 안쪽 면에 설치된다.
② 밴드 브레이크 : 브레이크 드럼의 바깥 둘레에 강철 밴드를 감고 밴드의 끝이 연결된 레버를 잡아당겨 밴드와 브레이크 드럼 사이에 마찰력을 발생시켜서 제동력을 얻는 장치이다.
③ 블록 브레이크 : 마찰 브레이크의 일종으로 브레이크 드럼에 브레이크 블록을 밀어 넣어 제동시키는 장치이다.
④ 원판 브레이크(디스크 브레이크) : 압착식 브레이크의 일종으로, 바퀴와 함께 회전하는 디스크를 양쪽에서 압착시켜 제동력을 얻어 회전을 멈추는 장치이다. 브레이크의 마찰 면인 원판의 수에 따라 1개-단판 브레이크, 2개 이상-다판 브레이크로 분류된다.

13 너트의 풀림 방지 대책이 아닌 것은?

① 스프링와셔(Spring Washer)를 이용하는 방법

② 로크너트(Lock Nut)를 이용하는 방법

③ 부싱(Bushing)을 이용하는 방법

④ 멈춤나사(Set Screw)를 이용하는 방법

해설

부싱은 진동 방지와 관련이 있고 너트의 풀림 방지 대책으로는 사용되지 않는다.
나사와 너트의 풀림 방지법
• 철사를 사용하는 방법
• 와셔를 사용하는 방법
• 분할핀을 사용하는 방법
• 로크너트를 사용하는 방법
• 멈춤나사를 이용하는 방법
• 자동죔너트를 사용하는 방법

안심Touch

14 원동기어 잇수가 40개, 종동기어 잇수가 60개이고, 압력각이 30°, 모듈이 2이고 외접하는 한 쌍의 스퍼기어(Spur Gear)에 대한 설명으로 옳지 않은 것은?(단, 두 기어의 치형곡선은 인벌류트 치형이다)

① 원동기어의 피치원 지름은 80[mm]이다.
② 두 기어의 중심거리는 100[mm]이다.
③ 두 기어의 법선피치는 3π이다.
④ 종동기어의 원주피치는 2π이다.

해설
스퍼기어의 법선피치(p_n) 구하는 식에 원동기어를 적용시키면

$$p_n = \frac{\pi D_b (기초원\ 지름)}{Z(잇수)} = \frac{\pi \times (mz - 2m)}{40} = \frac{\pi \times (80 - 4)}{40}$$
$$= 1.9\pi 이다.$$

15 그림과 같은 아이볼트(Eye Bolt)가 축 하중(Axial Load)만을 받고 있다. 나사산의 골지름은 8.0[mm], 유효지름은 9.0[mm], 바깥지름은 10.0[mm]라고 가정한다. 이 아이볼트의 허용인장응력이 120[MPa]이라고 한다면 허용하중[N]에 가장 가까운 값은?(단, π = 3.14로 한다)

① 6,000 ② 7,500
③ 8,900 ④ 9,400

해설
아이볼트가 축방향의 하중만 받고 있을 때 허용하중을 구한다면, 지름이 가장 작은 골지름을 적용한다.

$$\sigma_a = \frac{Q}{A} = \frac{Q(축방향\ 하중)}{\frac{\pi d^2(수나사의\ 골지름)}{4}} = \frac{4Q}{\pi d^2} \ 이\ 식을\ 응용하면,$$

$$Q = \frac{\sigma_a \pi d^2}{4} = \frac{120 \times 10^6 [\text{Pa}] \times 3.14 \times (0.008[\text{m}])^2}{4} = 6,028.8[\text{N}]$$

따라서 정답은 ①번이 가깝다.

16 평마찰차와 홈의 각도가 30°인 V홈 마찰차의 마찰계수는 0.1이다. 원동차와 종동차가 서로 밀치는 힘이 평마찰차의 경우와 V홈 마찰차의 경우가 같을 때, 평마찰차 전달력을 F_a라고 하고 V홈 마찰차 전달력을 F_b라고 하면 $\frac{F_b}{F_a}$에 가장 가까운 값은?(단, sin15° = 0.26, cos15° = 0.97, sin30° = 0.50, cos30° = 0.87로 한다)

① 1.0
② 1.1
③ 1.7
④ 2.8

해설
$$\frac{V홈\ 마찰자\ 전달력\ F_b}{평마찰차\ 전달력\ F_a} = \frac{1}{\sin 15° + 0.1\cos 15°}$$
$$= \frac{1}{0.26 + (0.1 \times 0.97)}$$
$$= 2.801$$

17 롤러 체인 전동 장치에서 스프로킷 휠(Sprocket Wheel)의 피치원 지름을 D[cm], 스프로킷 휠의 회전속도를 n[rpm], 스프로킷 휠의 잇수를 Z개, 체인의 피치를 p[cm]라고 할 때, 체인의 평균속도를 구하는 식은?

① $\dfrac{pZn}{100 \times 60}$

② $\dfrac{100 \times 60}{pZn}$

③ $\dfrac{100 \times 60p}{Zn}$

④ $\dfrac{100pZn}{60}$

해설
체인의 속도 구하는 식
$$v = \frac{pzn}{100 \times 60[\text{s}]} [\text{cm/s}] = \frac{pzn}{1,000 \times 60[\text{s}]} [\text{m/s}]$$

18 관(Pipe)에 흐르는 유체의 평균속도가 8[m/s]이고 유량은 1.5[m³/s]일 때 관(Pipe)의 안지름[m]은?(단, π =3으로 한다)

① 0.2   ② 0.3

③ 0.5   ④ 1.0

해설

강관의 지름(D) 구하는 식

$Q = A \times v$(유속)

$1.5[\text{m}^3/\text{s}] = \dfrac{\pi D^2}{4} \times 8[\text{m/s}]$

$D^2 = \dfrac{1.5[\text{m}^3/\text{s}]}{3 \times 2[\text{m/s}]} = 0.25[\text{m}^2]$

$\therefore D = 0.5[\text{m}]$

19 그림과 같이 200[kN·mm]의 토크가 작용하여 브레이크 드럼이 시계방향으로 회전하는 경우, 드럼을 정지시키기 위해 브레이크 레버에 가해야 할 힘 F[N]는?(단, d = 400[mm], a =1,500[mm], b =280[mm], c =100[mm], 마찰계수 μ =0.2이다)

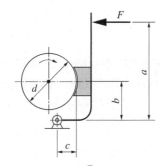

① 866.7   ② 1,000

③ 1,733.3   ④ 2,000

해설

마찰력 $F = \dfrac{f(b + \mu c)}{\mu a} = \dfrac{\mu Q(280 + (0.2 \times 100))}{0.2 \times 1,500}$

$\qquad = \dfrac{0.2 \times 5,000[\text{N}](280 + (0.2 \times 100))}{0.2 \times 1,500} = 1,000[\text{N}]$

여기서, 밀어붙이는 힘 Q를 구하기 위해 다음 식을 이용한다.

$T = P \times \dfrac{D}{2} = \mu Q \times \dfrac{D}{2}$

$200,000[\text{N·mm}] = 0.2 Q \times \dfrac{400[\text{mm}]}{2}$

$Q = \dfrac{200,000 \times 2}{400 \times 0.2} = 5,000[\text{N}]$

20 볼 베어링의 기본 동정격하중이 10[kN]이고 베어링에 걸리는 하중이 500[N]이다. 이 볼 베어링이 20,000시간의 수명을 갖기 위한 회전속도[rpm]에 가장 가까운 값은?(단, 하중계수 f_w =1.0으로 한다)

① 6,660

② 7,770

③ 13,320

④ 15,540

해설

$L_h = 500\left(\dfrac{C}{P}\right)^r \dfrac{33.3}{N}$

$20,000 = 500\left(\dfrac{10,000[\text{N}]}{500[\text{N}]}\right)^3 \dfrac{33.3}{N}$

$N = 500\left(\dfrac{10,000[\text{N}]}{500[\text{N}]}\right)^3 \dfrac{33.3}{20,000} = 6,660[\text{rpm}]$

베어링의 수명시간(L_h)

$L_h = 500\left(\dfrac{C}{P}\right)^r \dfrac{33.3}{N}$ 또는 $L_h = 500 f_n^3 \left(\dfrac{C}{P_{th} \times f_w}\right)^3$

여기서 C : 기본부하용량, P_{th} : 베어링 이론하중,

$\qquad f_w$: 하중계수, N : 회전수,

$\qquad f_n$: 속도계수, f_h : 수명계수

- 볼 베어링의 하중계수(r) = 3

- 롤러 베어링의 하중계수(r) = $\dfrac{10}{3}$

볼 베어링의 수명 : 반지름 방향 동등가하중의 3승에 반비례한다.

안심Touch

2018년 국가직 기계설계

01 반지름이 R[m]인 드럼이 N[rpm]으로 회전하면서 무게 F_W[N]인 추를 H[m] 들어 올리고자 할 때, 필요한 동력[W]은?

① $\dfrac{\pi R F_W N}{30}$ ② $\dfrac{\pi R F_W N}{60H}$

③ $\dfrac{\pi R F_W N}{120H}$ ④ $\dfrac{\pi R F_W N}{735}$

[해설]
동력, $P = T \times \omega$

$\quad = F_W R \times \dfrac{2\pi N}{60}$

$\quad = \dfrac{F_W R 2 \pi N}{60}$

$\quad = \dfrac{\pi R F_W N}{30}$

따라서, 정답은 ①번이다.

02 플라이휠(Flywheel)에 대한 설명으로 옳지 않은 것은?

① 내연기관, 왕복펌프, 공기압축기 등에서 흔히 사용된다.
② 구동토크가 많이 발생하면 운동에너지를 흡수하여 각속도 증가량이 둔화된다.
③ 동일 4행정기관에서는 직렬 기통수가 많아질수록 에너지 변동계수도 커지므로 이를 고려하여 설계하여야 한다.
④ 축적된 운동에너지를 전단기 및 프레스 등의 작업에너지로 사용할 수 있으며, 그 출력은 극관성모멘트의 크기에 따라 결정된다.

[해설]
4행정 기관에서 직렬로 연결된 실린더의 수가 많아지면 에너지가 일정하게 공급될 확률이 더 크기 때문에 변동계수도 더 작아진다. 따라서 이를 고려해서 플라이휠을 설계해야 한다.

03 그림과 같은 리벳이음에서 6,000[N]의 하중(F)이 작용할 때, 가장 왼쪽의 리벳에 작용하는 전단력의 크기[N]와 방향은?

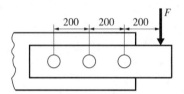

① 8,000, ↑   ② 8,000, ↓
③ 4,000, ↑   ④ 4,000, ↓

04 인장항복응력이 400[MPa]인 재료가 $\sigma_x = 120$[MPa], $\sigma_y = -80$[MPa]인 평면응력 상태에 있을 때, 최대 전단응력설에 따른 안전계수는?

① 6   ② 4
③ 3   ④ 2

[해설]
$\tau_{\max} = \dfrac{\sigma_x - \sigma_y}{2} = \dfrac{120 - (-80)}{2} = 100$[MPa]

$\tau_{\max} = \dfrac{1}{2} \sigma_Y$(인장항복응력)

$\quad = \dfrac{400[\text{MPa}]}{2} = 200$[MPa]

$\therefore$ 안전율, $S = \dfrac{\text{극한강도}(\sigma_u)}{\text{허용응력}(\sigma_a)} = \dfrac{200[\text{MPa}]}{100[\text{MPa}]} = 2$

최대 전단응력설
최대 전단응력이 그 재료의 항복전단응력에 도달하면 재료의 파손이 일어난다는 이론으로, 연성재료의 미끄럼 파손과 일치한다.

$\tau_{\max} = \dfrac{\sigma_x - \sigma_y}{2} = \dfrac{1}{2} \sigma_Y = \dfrac{1}{2} \sqrt{\sigma_x^2 + 4\tau^2}$

05 비틀림모멘트 T 가 작용하면 비틀림각이 4° 발생하는 지름 d 인 축에서 축지름만 변경하여 비틀림각을 1°로 줄이고자 할 때, 축지름[mm]은?(단, 축은 실축이고, 탄성 거동한다고 가정한다)

① $\sqrt{2}\,d$

② $\sqrt[3]{2}\,d$

③ $\sqrt[3]{4}\,d$

④ $\sqrt[4]{2}\,d$

해설

$$\theta = \frac{T \times L}{G \times I_P} = \frac{T \times L}{G \times \dfrac{\pi d^4}{32}} = \frac{32\,T \times L}{G \times \pi d^4}$$

이 식에서 θ 와 d 만을 고려하면

$$4° : \frac{1}{d^4} = 1° : \frac{1}{(a)^4}$$

$$\frac{1}{d^4} = \frac{4}{(a)^4}$$

$4d^4 = a^4$, 여기서 d 에 임의 수인 1을 대입하면

$4 = a^4$, $a = \sqrt{2}$

∴ 축지름 1°일 때 축지름은 $\sqrt{2}\,d$ 가 된다.

비틀림각(θ) 구하는 식

$$\theta = \frac{T \times L}{G \times I_P} = \frac{T \times L}{G \times \dfrac{\pi d^4}{32}} = \frac{32\,T \times L}{G \times \pi d^4}$$

여기서, I_P(극단면 2차 모멘트) $= \dfrac{\pi d^4}{32}$

06 그림과 같이 필렛 용접된 두 금속판의 좌우로 10[kN]의 하중이 가해질 때, 필요한 용접부 최소 길이 m, n에 가장 근사한 치수[mm]는?(단, 용접부의 허용전단응력은 10[N/mm²]이다)

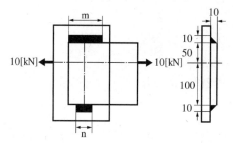

	m	n
①	188	94
②	137	69
③	110	55
④	95	48

해설

$$\sigma_a = \frac{F}{A}$$

$$10[\text{N/mm}^2] = \frac{10,000[\text{N}]}{10\cos 45° \times l}, \quad \cos 45° : \frac{\sqrt{2}}{2}\ \text{대입}$$

$$l = \frac{10,000[\text{N}]}{\left(10[\text{mm}] \times \dfrac{\sqrt{2}}{2}\right) \times 10[\text{N/mm}^2]} \fallingdotseq 141.42[\text{mm}]$$

따라서, 용접길이를 모두 합한 길이가 약 141[mm]에 근접한 ④번이 정답이다.

07 아이볼트에 축방향으로 3[kN]의 인장하중이 작용할 때, 사용 가능한 볼트의 최소 바깥지름[mm]은?(단, 허용인장응력은 40[N/mm²], 골지름(d_1)과 바깥지름(d)의 비율 $\dfrac{d_1}{d} = 0.5$, $\pi = 3$으로 한다)

① 10 ② 12
③ 16 ④ 20

해설

$\sigma_a = \dfrac{W}{A} = \dfrac{W}{\dfrac{\pi d_1^2(\text{나사의 골지름})}{4}} = \dfrac{4W}{\pi d_1^2}$ 이 식을 응용하면

$d_1^2 = \dfrac{4W}{\pi \sigma_a} = \dfrac{4 \times 3,000[\text{N}]}{3 \times 40[\text{N/mm}^2]}$

$d_1^2 = 100$

$d_1 = 10[\text{mm}]$ 여기서, $\dfrac{d_1}{d} = 0.5$, $\dfrac{10[\text{mm}]}{d} = 0.5$

$d = \dfrac{10[\text{mm}]}{0.5} = 20[\text{mm}]$

08 사각나사의 안지름이 8[mm], 바깥지름이 12[mm], 피치는 π[mm]일 때, 1,000[N]의 축방향 하중을 견딜 수 있는 너트의 최소 높이[mm]는?(단, 재료의 허용접촉면압력은 10[N/mm²]이다)

① 1 ② 5
③ 10 ④ 12

해설

• 너트의 나사산수

$Z = \dfrac{Q}{A \times q} = \dfrac{Q}{\dfrac{\pi(d_2^2 - d_1^2)}{4} \times q} = \dfrac{1,000}{\dfrac{\pi(12^2 - 8^2)}{4} \times 10} = \dfrac{5}{\pi}$

• 너트의 최소 높이, $H = pZ = \pi \times \dfrac{5}{\pi} = 5$

• 너트의 나사산수 구하는 식, $Z = \dfrac{Q}{A \times q} = \dfrac{Q}{\dfrac{\pi(d_2^2 - d_1^2)}{4} \times q}$

09 스프링지수가 10이고 소선의 지름이 2[mm]인 압축 코일스프링에서 하중이 70[kgf]에서 50[kgf]로 감소할 때 처짐의 변화가 50[mm]가 되는 스프링의 유효감김수는?(단, 전단탄성계수는 8×10^3[kgf/mm²]이다)

① 5 ② 6
③ 7 ④ 8

해설

$\delta_{\max} = \dfrac{8nPD^3}{Gd^4}$

$n = \dfrac{Gd^4\delta_{\max}}{8PD^3} = \dfrac{(8 \times 10^3) \times 2^4 \times 50}{8 \times 20 \times 20^3} = 5$

코일스프링의 최대 처짐량(δ)

$\delta = \dfrac{8nPD^3}{Gd^4}$

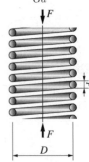

여기서, δ = 코일스프링의 처짐량[mm]
n = 유효감김수(유효권수)
P = 하중이나 작용 힘[N]
D = 코일스프링의 평균지름[mm]
d = 소선의 직경(소재지름)[mm]
G = 가로(전단)탄성계수[N/mm²]

10 벨트 전동에서 벨트의 장력으로 인해 베어링에 전달되는 하중(F_d)과 이완측 장력(T_s) 사이의 관계(F_d/T_s)로 옳은 것은?(단, 마찰계수는 μ이고, 벨트의 접촉각은 θ이며, 원심력의 영향은 무시한다)

① $(e^{2\mu\theta} - 2e^{\mu\theta}\cos\theta + 1)^{1/2}$

② $e^{2\mu\theta} - 2e^{\mu\theta}\cos\theta + 1$

③ $(e^{2\mu\theta} + 2e^{\mu\theta}\cos\theta + 1)^{1/2}$

④ $e^{2\mu\theta} + 2e^{\mu\theta}\cos\theta + 1$

해설

베어링 하중(F_d)은 T_t와 T_s 간 작용하는 합성력으로 구할 수 있다.

$$F_d = \sqrt{T_t^2 + T_s^2 + 2T_t T_s \cos(180° - \theta)}$$

$$= \sqrt{T_t^2 + T_s^2 + 2T_t T_s - \cos\theta}$$

$$= \sqrt{T_t^2 + T_s^2 - 2T_t T_s \cos\theta},$$

여기서, $e^{\mu\theta} = \dfrac{T_t}{T_s}$, $T_t = e^{\mu\theta}T_s$ 대입

$$= \sqrt{(e^{\mu\theta}T_s)^2 + T_s^2 - 2(e^{\mu\theta}T_s)T_s\cos\theta}$$

$$= T_s\sqrt{e^{2\mu\theta} + 1 - 2e^{\mu\theta}\cos\theta}$$

여기서, 요구한 것이 $\dfrac{F_d}{T_s}$ 이므로,

$$\frac{F_d}{T_s} = \frac{T_s\sqrt{e^{2\mu\theta} + 1 - 2e^{\mu\theta}\cos\theta}}{T_s} = \sqrt{e^{2\mu\theta} + 1 - 2e^{\mu\theta}\cos\theta}$$

$$= (e^{2\mu\theta} + 1 - 2e^{\mu\theta}\cos\theta)^{\frac{1}{2}}$$

11 그림과 같이 지름이 d인 축에 평행키가 있을 때, 중심으로부터 L만큼 떨어져 있는 레버에 작용할 수 있는 최대 힘 F는?(단, 키의 너비, 깊이, 길이는 각각 b, h, l이고 단면에 작용하는 허용전단응력은 τ_0이다)

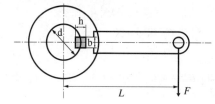

① $\dfrac{hl\tau_0 d}{2L}$

② $\dfrac{bl\tau_0 d}{2L}$

③ $\dfrac{\sqrt{2}\,hl\tau_0 d}{L}$

④ $\dfrac{l\tau_0}{2bdL}$

해설

토크 $T = W \times \dfrac{d}{2} = FL$

$F = \dfrac{Wd}{2L}$ 에 $W = \dfrac{2T}{d}$ 를 대입하면

$$F = \frac{\dfrac{2T}{d}d}{2L} = \frac{2T}{2L}$$ 에 전단응력 $\tau_0 = \dfrac{2T}{bld}$, $2T = bl\tau_0 d$을 대입하면

$$F = \frac{bl\tau_0 d}{2L}$$

따라서, 정답은 ②번이다.

12 헬리컬기어(Helical Gear)의 특징으로 옳지 않은 것은?

① 이가 잇면을 따라 연속적으로 접촉하므로 이의 물림길이가 길다.

② 두 기어의 비틀림각의 방향이 반대이고 각의 크기가 서로 다를 경우, 축은 평행하지 않고 교차한다.

③ 최소 잇수가 평기어보다 적기 때문에 잇수가 적은 기어에서 사용된다.

④ 임의로 비틀림각을 선정할 수 있으나 두 기어의 중심 거리를 조정할 수 없다.

해설

헬리컬 기어는 일반적으로 30°의 비틀림각을 사용하는데, 임의로 변경도 가능하다. 또한, 두 기어 간 중심거리도 모듈이나 지름 등을 변화시킴으로써 조정할 수 있다.

13 구멍의 공차역은 $30^{+0.025}_{+0.00}$이고, 축의 공차역은 $30^{+0.011}_{-0.005}$일 때, 이 축과 구멍의 결합에 대한 설명으로 옳은 것은?

① 최대 죔새는 0.011이다.

② 최대 틈새는 0.014이다.

③ 최소 틈새는 0.014이다.

④ 억지 끼워맞춤이다.

해설

최대 죔새 = 축의 최대 허용치수 − 구멍의 최소 허용치수

최대 죔새 = 30.011 − 30 = 0.011

② 최대 틈새 = 30.025 − 29.995 = 0.03

③ 최소 틈새 = 30 − 30.011 = 0.011(−)

④ 구멍의 최솟값보다 축의 최솟값이 더 작으므로 헐거움 끼워맞춤도 적용된다.

틈새와 죔새값 계산

최소 틈새	구멍의 최소 허용치수 − 축의 최대 허용치수
최대 틈새	구멍의 최대 허용치수 − 축의 최소 허용치수
최소 죔새	축의 최소 허용치수 − 구멍의 최대 허용치수
최대 죔새	축의 최대 허용치수 − 구멍의 최소 허용치수

14 지름이 D[mm], 허용선접촉압력이 p_0[kgf/mm], 마찰계수가 μ인 마찰차를 사용하여 N[rpm]의 회전속도로 동력 H[PS]를 전달하기 위해 필요한 마찰차의 최소 너비 b[mm]는?(단, 맞물린 두 마찰차 사이에 상대운동은 없다)

① $\dfrac{(4.5 \times 10^3)\mu H}{p_0 \pi DN}$

② $\dfrac{(4.5 \times 10^6)\mu H}{p_0 \pi DN}$

③ $\dfrac{(4.5 \times 10^3) H}{p_0 \mu \pi DN}$

④ $\dfrac{(4.5 \times 10^6) H}{p_0 \mu \pi DN}$

해설

$H = \dfrac{Tw}{75}[\text{PS}]$, $1[\text{PS}] = 75[\text{kgf} \cdot \text{m/s}]$

여기서, 1[PS]의 단위는 [m]이므로 문제에서 b는 [mm]로 표시해야 하므로 단위를 맞추려면 10^{-3}을 지름 D에 곱해주어야 한다.

$$H = \dfrac{\left(F \times \dfrac{D \times 10^{-3}}{2}\right) \times \dfrac{2\pi N}{60}}{75}$$

$$= \dfrac{\mu p_0 b \times \dfrac{D \times 10^{-3}}{2} \times \dfrac{2\pi N}{60}}{75}$$

$$= \dfrac{\dfrac{\mu p_0 bD\pi N}{60 \times 1,000}}{75} = \dfrac{\mu p_0 bD\pi N}{75 \times 60 \times 1,000}$$

따라서 $b = \dfrac{75 \times 60 \times 1,000 H}{\mu p_0 \pi DN} = \dfrac{4,500,000H}{\mu p_0 \pi DN} = \dfrac{4.5 \times 10^6 H}{\mu p_0 \pi DN}$

15 태양기어 1개, 유성기어 3개인 유성기어장치에서 내접기어를 고정할 때, 태양기어에 대한 캐리어의 각속도비는?(단, 기어는 표준기어를 사용하고, 태양기어 잇수는 20개, 유성기어의 잇수는 40개이다)

① $\dfrac{1}{4}$

② $\dfrac{1}{5}$

③ $\dfrac{1}{6}$

④ $\dfrac{1}{8}$

내접기어(링기어)를 고정시키고 태양기어(선기어)를 출력으로 하면 회전 방향으로 감속한다.

$$i = \frac{\omega_c}{\omega_s} = \frac{Z_s}{Z_c} = \frac{Z_s}{Z_s + Z_r} = \frac{20}{20+100} = \frac{20}{120} = \frac{1}{6}$$

- $Z_{p,\ 유성기어} = \dfrac{Z_{r,\ 링기어} - Z_{s,\ 선기어}}{2}$

  $40 = \dfrac{Z_r - 20}{2}$, $Z_{r,\ 링기어} = 100$

- $Z_{c,\ 캐리어} = Z_s + Z_r$

- 속도비 $i = \dfrac{n_2}{n_1} = \dfrac{D_1}{D_2} = \dfrac{Z_1}{Z_2}$

16 그림과 같이 차동피니언 잇수 24개, 측면기어 잇수 36개인 차동기어장치에서 왼쪽 측면기어의 회전속도가 40[rpm]이고, 오른쪽 측면기어의 회전속도가 50[rpm]일 때, 차동피니언의 회전속도[rpm]는?

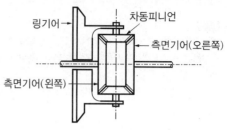

① 7.5 ② 10

③ 15 ④ 20

속도, $v = r \times \omega$을 이용하면

$r_{피니언}\omega_{피니언} = r_{측면기어}\omega_{측면기어}$

$\omega_{측면기어} =$ 두 측면기어 간 속도차를 양쪽 기어수 2로 나누면

$\omega_{측면기어} = \dfrac{50-40}{2} = 5$

$\omega_{피니언} = \dfrac{r_{측면기어}}{r_{피니언}} \times \omega_{측면기어}$ (속도비, i를 통해 r를 Z로 대입한다)

$= \dfrac{Z_{측면기어}}{Z_{피니언}} \times 5[\mathrm{rpm}]$

$= \dfrac{36}{24} \times 5 = 7.5[\mathrm{rpm}]$

17 공작물의 표면거칠기가 다음과 같은 삼각파형으로 측정되었을 때, 해당 공작물의 중심선 평균거칠기(R_a)[μm]는?(단, $d = 8[\mu\mathrm{m}]$이며 $l = 80[\mu\mathrm{m}]$이다)

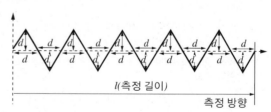

① 2 ② 4

③ 6 ④ 8

중심선 평균거칠기, $R_a = \dfrac{전체\ 넓이}{기준길이} = \dfrac{\frac{8^2}{2} \times 10}{80} = 4$

18 내식성, 내압성, 경제성이 우수하여 가스압송관, 광산용 양수관 등에 가장 많이 사용하는 관은?

① 강 관
② 주철관
③ 비철금속관
④ 비금속관

해설
주철은 기본적으로 압축강도에 강한 성질을 가지므로 가스압송관이나 광산용 양수관용 재료로 사용되는데 내식성과 내압성이 우수하고 경제성도 우수한 편이다.

19 바깥지름이 D, 두께가 t이며 양단이 고정되어 있는 강관이 초기온도 T_0에서 T로 가열되었을 때, 강관에 발생하는 축방향 압축력은?(단, 선열팽창계수는 α, 탄성계수는 E이다)

① $\alpha \pi E(T-T_0)(Dt-2t^2)/2$

② $\alpha \pi E(T-T_0)tD^2/4$

③ $\alpha \pi E(T-T_0)tD$

④ $\alpha \pi E(T-T_0)(tD-t^2)$

해설
열응력, $\sigma = E\alpha\Delta t$
압축력, $P = \sigma A = (E\alpha\Delta t)A$
$\qquad\qquad = (E\alpha\Delta t) \times (\pi Dt - \pi t^2)$
$\qquad\qquad = E\alpha(T-T_0)\pi(tD-t^2)$
따라서, 정답은 ④번이다.
단면적 구하기
$A = \dfrac{\pi d^2}{4} - \dfrac{\pi(d-2t)^2}{4}$

$\quad = \dfrac{\pi d^2 - \pi(d^2-4dt+4t^2)}{4}$

$\quad = \dfrac{\pi d^2 - \pi d^2 + 4\pi dt - 4\pi t^2}{4}$

$\quad = \dfrac{4\pi dt - 4\pi t^2}{4}$

$\quad = \pi dt - \pi t^2$

20 나선면의 마찰각이 7°, 리드각이 3°인 사각나사를 조일 때의 효율은?(단, 사각나사의 자리면 마찰을 무시하고, $\tan(3°) \fallingdotseq 0.05$, $\tan(4°) \fallingdotseq 0.07$, $\tan(7°) \fallingdotseq 0.12$, $\tan(10°) \fallingdotseq 0.18$로 근사하여 계산한다)

① $\dfrac{2}{3}$
② $\dfrac{7}{12}$
③ $\dfrac{7}{18}$
④ $\dfrac{5}{18}$

해설
$\eta = \dfrac{\tan\lambda}{\tan(\lambda+\rho)} = \dfrac{\tan 3°}{\tan(3°+7°)} = \dfrac{0.05}{0.18} = \dfrac{5}{18}$
사각나사의 효율을 구하는 식
$\eta = \dfrac{\text{마찰력이 없는 경우의 회전력}}{\text{마찰력이 있는 경우의 회전력}} = \dfrac{pQ}{2\pi T} = \dfrac{\tan\lambda}{\tan(\lambda+\rho)}$

2019년 국가직 기계설계

01 세 줄 나사로 된 만년필 뚜껑을 480° 회전시켰더니 3[mm] 움직였다면, 이때 만년필 뚜껑에 사용된 나사의 피치[mm]는?

① 0.25
② 0.5
③ 0.75
④ 1.0

해설
나사의 회전수를 구하면,

$\dfrac{480°}{360°} = \dfrac{4}{3}rev,$

$\dfrac{3[\text{mm}]}{\frac{4}{3}rev}$ 라면, $3[\text{mm}] : \dfrac{4}{3}rev = x[\text{mm}] : 1rev$

$\dfrac{4}{3}x = 3$

$x = \dfrac{9}{4}$

따라서 이 나사의 리드, $L = \dfrac{9}{4}[\text{mm}]$ 이다.

나사의 리드, $L = n \times p (n : 나사의 줄 수)$

$\dfrac{9}{4}[\text{mm}] = 3 \times p$

$\therefore \ p = \dfrac{3}{4} = 0.75[\text{mm}]$

02 디스크 중심으로부터 마찰패드 중심까지의 거리가 100[mm]이고, 마찰계수가 0.5인 양면 디스크 브레이크에서 제동토크 50[N·m]가 발생할 때, 패드 하나가 디스크를 수직으로 미는 힘[N]은?

① 250
② 500
③ 1,000
④ 2,000

해설
블록브레이크의 제동토크

$T = f \times \dfrac{D}{2}$

$\quad = \mu Q \times \dfrac{D}{2}$

$\quad = \mu Q r [\text{N·m}]$

여기서 브레이크를 작동시키는 블록이 양면이므로 2를 곱해주면
$T = 2\mu Q r [\text{N·m}]$ 이 된다.
Q : 브레이크 드럼에 밀어붙이는 힘[N]이 되므로
한 개의 디스크를 미는 힘,

$Q = \dfrac{T}{2\mu r} = \dfrac{50[\text{N·m}]}{2 \times 0.5 \times 0.1[\text{m}]} = 500[\text{N}]$

03 금속분말을 가압·소결하여 성형한 뒤 윤활유를 입자 사이의 공간에 스며들게 한 것으로, 급유가 곤란한 곳 또는 급유를 못하는 곳에 사용하는 베어링은?

① 오일리스 베어링(Oilless Bearing)
② 니들 베어링(Needle Bearing)
③ 앵귤러 볼 베어링(Angular Ball Bearing)
④ 롤러 베어링(Roller Bearing)

해설
오일리스 베어링은 금속 분말을 가압, 소결하여 성형한 뒤 윤활유를 입자 사이의 공간에 스며들게 한 베어링으로 급유가 곤란한 곳이나 급유를 하지 않는 곳에 사용된다.
② 니들 베어링 : 길이에 비해 지름이 매우 작은 롤러를 사용한 것으로, 내륜과 외륜의 두께가 얇아 바깥지름이 작으며, 단위 면적에 대한 강성이 커서 좁은 장소에서 비교적 큰 하중을 받는 기계장치에 사용한다. 리테이너 없이 니들 롤러만으로 전동하므로 단위 면적당 부하량이 크다는 특징이 있다.
③ 앵귤러 볼 베어링 : 수직하중과 한 방향의 축하중을 지지할 수 있는 베어링이다.

 ,

④ 롤러 베어링 : 구름체가 롤러 형태인 베어링이다.

04 정하중 상태에서 비틀림 모멘트만을 받아 동력을 전달하는 지름 d, 허용전단응력 τ, 전단탄성계수 G인 중실 축이 전달할 수 있는 최대 토크는?

① $\dfrac{16}{\pi d^3 \tau}$ 　　　　② $\dfrac{\pi d^3 \tau}{16}$

③ $\dfrac{32}{\pi d^3 \tau}$ 　　　　④ $\dfrac{\pi d^3 \tau}{32}$

해설
비틀림 모멘트를 받는 토크, T
$$T = \tau \times Z_P$$
$$= \tau \times \frac{\pi d^3}{16}$$
$$= \frac{\pi d^3 \tau}{16}$$

05 그림과 같이 피치 2[mm], 유효지름 10[mm], 나사면 마찰계수 0.3인 삼각나사를 죄기 위한 토크가 100[N·mm]일 때, 나사의 축방향으로 미는 힘 Q[N]에 가장 가까운 값은?(단, $\pi = 3.0$으로 하고, 계산에 필요한 삼각함수는 주어진 값을 적용한다)

$$\sin 30° = 0.5, \ \cos 30° = 0.9, \ \tan 30° = 0.6$$
$$\sin 60° = 0.9, \ \cos 60° = 0.5, \ \tan 60° = 1.7$$

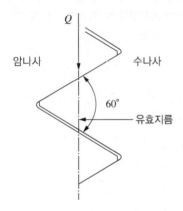

① 21 　　　　② 27
③ 49 　　　　④ 66

해설
삼각나사의 경우 상당마찰계수를 토크 구하는 식에 대입해야 한다.
• 상당마찰계수, $\mu' = \dfrac{\mu}{\cos \dfrac{\theta}{2}} = \dfrac{0.3}{\cos 30°} = \dfrac{0.3}{0.9} = \dfrac{1}{3}$

• $T = Q \dfrac{\mu' \pi d_e + p}{\pi d_e - \mu' p} \times \dfrac{d_e}{2}$

$$100[\text{N} \cdot \text{mm}] = Q \frac{\left(\frac{1}{3} \times 3 \times 10[\text{mm}]\right) + 2[\text{mm}]}{(3 \times 10[\text{mm}]) - \left(\frac{1}{3} \times 2[\text{mm}]\right)} \times \frac{10[\text{mm}]}{2}$$

$$100[\text{N} \cdot \text{mm}] \fallingdotseq Q \frac{12[\text{mm}]}{29.3[\text{mm}]} \times 5[\text{mm}]$$

$$100[\text{N} \cdot \text{mm}] \fallingdotseq Q 2.05$$

∴ $Q \fallingdotseq 48.8 \fallingdotseq 49$

삼각나사를 죄는 토크(T) 구하는 식
$$T = Q \tan(\lambda + \rho') \times \frac{d_e}{2}$$
$$T = Q \frac{\mu' \pi d_e + p}{\pi d_e - \mu' p} \times \frac{d_e}{2}$$

삼각나사의 상당마찰계수(μ') 구하는 식
$$\mu' = \frac{\mu}{\cos \dfrac{\theta}{2}}$$ 여기서, θ=나사산 각

06 그림과 같은 압력용기에서 내부압력에 의해 용기 뚜껑에 작용하는 전체 하중이 10[kN]이고, 용기 뚜껑을 볼트 4개로 체결할 때, 나사산의 면압력만을 고려한 너트의 높이 H[mm]는?(단, 나사의 허용 접촉 면압력 10[MPa], 피치 2[mm]이고, 볼트의 바깥지름과 골지름은 각각 11[mm], 9[mm]이다. 또한, 너트의 각 나사산에 작용하는 축방향 하중은 균등하다)

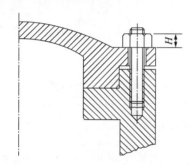

① $\dfrac{20}{\pi}$　　② $\dfrac{30}{\pi}$

③ $\dfrac{40}{\pi}$　　④ $\dfrac{50}{\pi}$

해설

너트의 나사산 수, $Z = \dfrac{Q}{A \times q} = \dfrac{Q}{\dfrac{\pi(d_2^2 - d_1^2)}{4} \times q}$

$= \dfrac{10,000[\mathrm{N}] \times \dfrac{1}{4}}{\dfrac{\pi(11^2[\mathrm{mm}^2] - 9^2[\mathrm{mm}^2])}{4} \times 10[\mathrm{N/mm}^2]}$

$= \dfrac{2,500}{100\pi}$

$= \dfrac{25}{\pi}$

너트의 최소 높이, $H = pZ$

$\qquad = 2[\mathrm{mm}] \times \dfrac{25}{\pi} = \dfrac{50}{\pi}[\mathrm{mm}]$

너트의 최소 높이 구하는 식

$H = pZ$

너트의 나사산 수 구하는 식

$Z = \dfrac{Q}{A \times q} = \dfrac{Q}{\dfrac{\pi(d_2^2 - d_1^2)}{4} \times q}$

07 그림은 나사와 도르래를 이용하여 무게 119.4[N]의 물체 M을 들어 올리는 장치이다. 적용된 나사가 바깥지름 22[mm], 유효지름 20[mm], 피치 3[mm]인 사각나사일 때, 물체를 들어올리기 위해 필요한 최소 힘 P[N]는?(단, 핸들의 지름은 180[mm], 사각나사의 마찰계수는 0.10이며, $\pi = 3.0$으로 한다. 또한, 물체 M 외 다른 부품의 무게는 모두 무시한다)

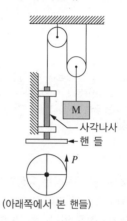

(아래쪽에서 본 핸들)

① 0.5　　② 0.7

③ 1.0　　④ 2.0

해설

물체 M의 무게는 2단 도르래이므로

실제 작용 하중은 119.4[N]에서 $\dfrac{1}{2}$로 줄어든 59.7[N]이다.

"핸들을 돌리는 힘" = "나사를 죄는 힘"과 같아야 한다.

즉, $T = F \times r_{(핸들)} = P \times r_{(나사)}$이 성립되어야 하므로 아래와 같은 식이 도출된다.

$F \times r_{(핸들)} = \left[Q \times \dfrac{\mu\pi d_e + p}{\pi d_e - \mu p} \right] \times r_{(나사)}$

$F \times 90[\mathrm{mm}] = \left[59.7[\mathrm{N}] \times \dfrac{(0.1 \times 3 \times 20) + 3}{(3 \times 20) - (0.1 \times 3)} \right] \times 10[\mathrm{mm}]$

$F \times 90[\mathrm{mm}] = \left[59.7[\mathrm{N}] \times \dfrac{9}{59.7} \right] \times 10[\mathrm{mm}]$

$\therefore F = 1[\mathrm{N}]$

나사를 죄는 힘, P 구하는 식

$P = Q \dfrac{\mu + \tan\lambda}{1 - \mu\tan\lambda}$

여기에 $\tan\lambda = \dfrac{p}{\pi d_e}$를 적용하면,

$= Q \dfrac{\mu + \dfrac{p}{\pi d_e}}{1 - \mu\dfrac{p}{\pi d_e}}$　분모와 분자에 πd_e를 곱하면

$= Q \dfrac{\mu\pi d_e + p}{\pi d_e - \mu p}$

08 그림은 스프링의 변형을 이용하는 악력기이다. 스프링에 작용하는 주된 변형에너지는?

① 굽 힘　　　　② 압 축
③ 비틀림　　　　④ 인 장

해설

악력기는 손으로 움켜쥠으로써 스프링 탄성을 이용한 운동기구로 코일스프링이 주로 사용된다. 손으로 움켜질 때 코일스프링을 구성하고 있는 소선들에는 굽힘 응력이 발생하므로 이 운동기구의 주된 변형에너지는 굽힘이다.

09 표준 스퍼기어를 사용하는 유성기어 장치에서 태양기어 잇수는 20이고, 유성기어 잇수는 25이다. 링기어를 고정하고 태양기어를 입력, 캐리어를 출력으로 사용하고자 할 때, 입력 토크가 90[N·m]이면 출력 토크[N·m]는?(단, 기어의 전동효율은 100[%]이다)

① 20　　　　② 45
③ 405　　　　④ 450

해설

링기어 잇수($Z_{링기어}$)를 구하기 위해 아래 식을 이용한다.

$$Z_{P(유성기어)} = \frac{Z_{r(링기어)} - Z_{S(태양기어)}}{2}$$

$$25 = \frac{Z_{r(링기어)} - 20}{2}$$

$$50 = Z_{r(링기어)} - 20$$

$$Z_{r(링기어)} = 70$$

속도비 공식을 이용하여 출력 토크를 구한다.

속도비, $i = \dfrac{출력}{입력} = \dfrac{Z_{캐리어}}{Z_{태양기어}}$

$$= \frac{Z_{태양기어} + Z_{링기어}}{Z_{태양기어}} = \frac{(20+70)}{20} = 4.5$$

$i = \dfrac{T_{출력}}{T_{입력}}$, $4.5 = \dfrac{T_{출력}}{90[\text{N} \cdot \text{m}]}$

$$T_{출력} = 4.5 \times 90 = 405[\text{N} \cdot \text{m}]$$

유성기어 장치 관련 식
- $Z_{C(캐리어)} = Z_{S(태양기어)} + Z_{r(링기어)}$
- $Z_{P(유성기어)} = \dfrac{Z_{r(링기어)} - Z_{S(태양기어)}}{2}$

10 그림에서 ㉠~㉣로 표시된 도면기호에 대한 설명으로 옳지 않은 것은?

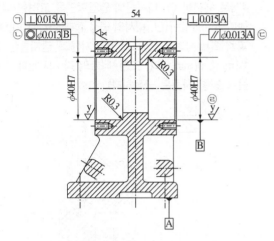

① ㉠ - 직각도 공차이며, 지시선의 화살표로 나타내는 면은 데이텀 A에 수직하고 0.015[mm]만큼 떨어진 두 개의 가상 평행 평면 사이에 있어야 한다.
② ㉡ - 동축도 공차이며, 지시선의 화살표로 나타낸 구멍의 중심축은 데이텀 B의 중심축을 기준으로 하는 지름 0.013[mm]인 원통 안에 있어야 한다.
③ ㉢ - 평행도 공차이며, 지시선의 화살표로 나타내는 지름 40[mm] 구멍의 중심축은 데이텀 A와 B에 평행한 지름 0.013[mm]의 원통 내에 있어야 한다.
④ ㉣ - 표면 거칠기 기호이며, 선반이나 밀링 등에 의한 가공흔적이 남아 있지 않은 상급 다듬질 면이어야 한다.

해설

㉢에서 기하공차는 기준점인 데이텀이 A와 B에 평행한 것이 아니라 A에만 평행하라고 표시되어 있다.

//　ϕ0.013　A

기준 데이텀은 A 하나이다.

11 관로에서 입구 단면적이 80[cm²]이고, 출구 단면적은 20[cm²]일 때, 입구에서 4[m/s]의 속도로 비압축성 유체가 흘러 들어가고 있다면, 출구에서 유체 속도[m/s]는?

① 4
② 8
③ 12
④ 16

해설

연속방정식을 이용하여 출구의 속도를 구한다.

$$A_1 v_1 = A_2 v_2$$

$$80 \times 10^{-4}[\text{m}^2] \times 4[\text{m/s}] = 20 \times 10^{-4}[\text{m}^2] \times v_2$$

$$320[\text{m}^3/\text{s}] = 20[\text{m}^2] \times v_2$$

$$\therefore v_2 = 16[\text{m/s}]$$

13 회전축의 위험속도에 대한 설명으로 옳지 않은 것은?

① 굽힘과 비틀림 변형에너지가 축의 변형과 복원을 반복해서 일으키는 것과 관계가 있다.
② 진동현상이 발생되면 축이 파괴되기도 한다.
③ 축의 상용회전수는 위험속도로부터 ±20[%] 내에 들어야 한다.
④ 세로진동은 비교적 위험성이 적으므로, 주로 휨진동과 비틀림진동을 고려해서 설계한다.

해설

축의 위험속도(n_c, Critical Speed)는 축의 고유 진동수와 축의 회전속도(n)가 일치했을 때 진폭이 점차 커져서 축이 위험상태에 놓이게 되어 결국 파괴에 이르게 되는 축의 회전수이다. 위험속도를 방지하려면 축의 일상적인 사용 회전속도(상용회전수)는 위험속도로부터 25[%]이상 떨어진 상태에서 사용하도록 설계 시 고려해야 한다.

12 원판 모양의 디스크를 회전시켜 관을 개폐하는 방식의 밸브로서 디스크의 열림 각도를 변화시켜 유량을 조절하며, 지름이 큰 관로에 사용되는 것은?

① 버터플라이 밸브(Butterfly Valve)
② 체크 밸브(Check Valve)
③ 리듀싱 밸브(Reducing Valve)
④ 코크 밸브(Cock Valve)

해설

버터플라이 밸브 : 밸브의 몸통 안에서 밸브대를 축으로 하여 원판 모양의 밸브 디스크가 회전하면서 관을 개폐하여 관로의 열림 각도가 변화하여 유량이 조절된다.
② 체크 밸브 : 유체를 한 방향으로만 흘러가게 함으로써 역류 방지를 목적으로 사용하는 밸브이다.
③ 리듀싱 밸브 : 유체의 압력을 감소시키기 위한 밸브로 급속귀환장치가 부착된 공작기계에서 고압펌프와 귀환 시 사용할 저압의 대용량 펌프를 병행해서 사용할 경우 동력 절감을 위해 사용하는 밸브다.
④ 코크 밸브 : 유로에서 유체의 흐름을 급속히 개폐시키는 밸브로 주로 90°의 회전으로 작동한다.

14 두 개의 표준 스퍼기어를 사용하여 주축의 회전수가 3,000[rpm]일 때, 종동축의 회전수를 2,000[rpm]으로 감속하고자 한다. 양축의 중심거리는 300[mm]이고, 기어 모듈을 3으로 하였을 때, 사용할 기어의 잇수는?

① 20, 30
② 40, 60
③ 60, 90
④ 80, 120

해설

두 개의 기어간 중심거리, $C = \dfrac{mZ_1 + mZ_2}{2} = \dfrac{m(Z_1 + Z_2)}{2}$

$$300[\text{mm}] = \frac{3(Z_1 + Z_2)}{2}$$

$$Z_1 + Z_2 = 200[\text{mm}]$$

∴ 두 기어간 합이 200[mm]인 ④번이 정답이다.

두 개의 기어간 중심거리(C)

$$C = \frac{D_1 + D_2}{2} = \frac{mZ_1 + mZ_2}{2}$$

15 축의 원통 외면 또는 구멍의 원통 내면에 조립되는 부품을 축방향으로 고정하거나 이탈을 방지하는 기계요소로 고정링, 혹은 멈춤링으로 불리는 것은?

① 키 ② 스냅링
③ 록너트 ④ 코 터

해설
스냅링은 축의 원통 외면이나 구멍의 원통 내면에 조립되는 부품을 축방향으로 고정하거나 이탈을 방지하는 기계요소로 고정링이나 멈춤링으로도 불린다.

[스냅링, Snap Ring]

16 두께가 얇은 내경 d, 두께 t를 갖는 원통형 압력용기에 내압 p가 작용하고 있다. 길이 방향 응력이 벽 두께에 걸쳐 균일하게 분포할 때, 응력의 크기를 계산하는 식은?

① $\dfrac{pd}{2t}$ ② $\dfrac{p(d+t)}{2t}$
③ $\dfrac{pd}{4t}$ ④ $\dfrac{p(d+t)}{4t}$

해설
내압용기의 하중 방향에 따른 응력

원주 방향 응력	축(길이) 방향 응력
$\sigma = \dfrac{PD}{2t}$	$\sigma = \dfrac{PD}{4t}$

여기서, D : 압력용기의 내경, t : 압력용기의 두께
P : 압력용기에 작용하는 내압

17 두 개의 스프로켓이 수평으로 설치된 체인 전동장치에 대한 설명으로 옳지 않은 것은?

① 이완측 체인에서 처짐이 부족한 경우 빠른 마모가 진행된다.
② 긴장측은 위쪽에 위치하고, 이완측은 아래쪽에 위치한다.
③ 체인의 피치가 작으면 낮은 부하와 고속에 적합하다.
④ 양방향회전의 경우에는 긴장측과 이완측의 체인 안쪽에 아이들러를 각각 설치한다.

해설
체인 전동장치에서 아이들러는 두 축간 길이가 긴 경우 중간에 설치하는 기구로 양방향회전을 위해 설치하지는 않는다.

18 균일분포하중을 받는 축에서 양단의 경계조건이 단순지지일 경우 최대 처짐각이 1도였다면, 경계조건이 고정/자유지지로 바뀔 경우 최대 처짐각은?

① 1도 ② 2도
③ 3도 ④ 4도

해설
• 균일분포하중을 받는 단순지지보의 최대 처짐각 : $\theta_{\max} = \dfrac{wl^3}{24EI}$
• 균일분포하중을 받는 외팔보(고정이면서 자유단)의 최대 처짐각
$\theta_{\max} = \dfrac{wl^3}{6EI}$

※ 따라서, $\dfrac{wl^3}{24EI} : 1° = \dfrac{wl^3}{6EI} : x$

$\dfrac{wl^3}{6EI}° = \dfrac{wl^3}{24EI}x$ 양변에 $\dfrac{6EI}{wl^3}$을 곱하면

$1° = \dfrac{1}{4}x$

$x = 4°$

• 보의 최대 처짐량(δ) 및 최대 처짐각(θ), x값

보에 작용하는 힘의 종류	외팔보 집중 하중	외팔보 분포 하중	단순보 집중 하중	단순보 분포 하중	고정보 집중 하중	고정보 분포 하중
$M_{\max} = x$	Pl	$\dfrac{wl^2}{2}$	$\dfrac{Pl}{4}$	$\dfrac{wl^2}{8}$	$\dfrac{Pl}{8}$	$\dfrac{wl^2}{12}$
$\delta_{\max} = \dfrac{(P \text{ or } w)l^3}{xEI}$	3	$\dfrac{8}{l}$	48	$\dfrac{384}{5l}$	192	$\dfrac{384}{l}$
$\theta_{\max} = \dfrac{(P \text{ or } w)l^2}{xEI}$	2	$\dfrac{6}{l}$	16	$\dfrac{24}{l}$	64	$\dfrac{125}{l}$

15 ② 16 ③ 17 ④ 18 ④ 정답

19 다음은 유체 토크 컨버터(Fluid Torque Converter)의 작동원리에 대한 설명이다. ⊙~ⓒ의 들어갈 말을 옳게 짝 지은 것은?

> 유체 토크 컨버터에서는 크랭크 축에 직결된 (⊙)의 회전에 의해 동력을 전달받은 작동 유체가 (ⓛ)을/를 회전시킨 다음 (ⓒ)를 통과한다.

① ⊙ 스테이터, ⓛ 펌프 임펠러, ⓒ 터빈 러너
② ⊙ 펌프 임펠러, ⓛ 터빈 러너, ⓒ 스테이터
③ ⊙ 펌프 임펠러, ⓛ 스테이터, ⓒ 터빈 러너
④ ⊙ 유체 클러치, ⓛ 커플링, ⓒ 펌프 임펠러

[해설]
유체 토크 컨버터는 펌프 역할을 하는 임펠러와 터빈 그리고 스테이터(안내깃)로 구성된 토크변환용 유체기기로 주로 자동차용 자동변속기에 장착된다. 입력축보다 출력축의 토크가 증대되며 출력축이 정지한 상태에서도 입력축은 회전할 수 있다.
• 토크 컨버터의 작동원리
  엔진과 같은 회전수로 회전하는 임펠러(펌프)를 빠져나온 유체가 터빈의 깃을 쳐서 터빈을 회전시키는데 터빈을 돌리고 나온 작동유체는 안내깃인 스테이터로 유입된 후 다시 펌프로 흘러들어간다.

20 금속재료의 기계적 성질 중 단위가 같은 것만을 모두 고른 것은?

> ㄱ. 탄성계수(Elastic Modulus)
> ㄴ. 항복강도(Yield Strength)
> ㄷ. 인장강도(Tensile Strength)
> ㄹ. 피로한도(Fatigue Limit)

① ㄴ, ㄷ
② ㄴ, ㄷ, ㄹ
③ ㄱ, ㄴ, ㄷ
④ ㄱ, ㄴ, ㄷ, ㄹ

[해설]
인장시험을 통해 알 수 있는 보기의 모든 단위는 단위 면적당 작용하는 힘, 즉 $[N/mm^2]$과 같이 표기한다.

CHAPTER 14 2020년 국가직 기계설계

01 두 축 사이에 동력을 전달할 때, 마찰차를 사용하는 경우로 옳지 않은 것은?

① 무단 변속이 필요한 경우
② 작은 동력을 전달하는 경우
③ 정확한 속도비가 요구되는 경우
④ 두 축 사이의 동력을 자주 단속할 필요가 있는 경우

해설
마찰차는 마찰력의 크기가 허용한도를 벗어나면 미끄러짐이 발생하므로 정확한 속도비가 필요한 곳에는 사용하면 안 된다.

02 다음에서 설명하는 밸브의 종류는?

> • 유체를 한쪽 방향으로만 흐르게 하고 역류를 방지한다.
> • 외력을 사용하지 않고 자중이나 밸브에 작용하는 압력차에 의해 작동한다.
> • 모양에 따라 리프트형(Lift Type)과 스윙형(Swing Type)이 있다.

① 스톱 밸브(Stop Valve)
② 게이트 밸브(Gate Valve)
③ 콕(Cock)
④ 체크 밸브(Check Valve)

해설
체크밸브 : 유체를 한 방향으로만 흘러가게 함으로써 역류 방지를 목적으로 사용하는 밸브이다.

03 저탄소강 시편의 공칭응력-공칭변형률 선도에서 정의되는 응력을 크기 순서대로 바르게 나열한 것은?

① 인장강도 > 비례한도 > 항복강도 > 탄성한도
② 인장강도 > 항복강도 > 탄성한도 > 비례한도
③ 항복강도 > 인장강도 > 비례한도 > 탄성한도
④ 항복강도 > 인장강도 > 탄성한도 > 비례한도

해설
저탄소강 시편의 "공칭응력-공칭변형률 선도"에서 도출되는 응력을 크기 순서대로 나열한 것은 "인장강도 > 항복강도 > 탄성한도 > 비례한도" 순이다.

04 맞물려 있는 두 스퍼기어의 중심거리가 96[mm]이며, 구동기어와 종동기어의 잇수가 각각 24개, 40개이다. 구동기어의 이끝원 지름[mm]은?(단, 치형은 표준이(Full Depth Form)이다)

① 72
② 78
③ 120
④ 126

해설
• 우선 모듈(m)을 구하기 위한 다음 식을 이용한다.

기어간 중심거리, $C = \dfrac{D_1 + D_2}{2}$

$96 = \dfrac{m(Z_1 + Z_2)}{2}$

$96 = \dfrac{m(24 + 40)}{2}$

$m = \dfrac{192}{64} = 3$

• 구동기어의 이끝원 지름($D_{out,\ 구동}$)을 구하는 식은 다음과 같다.

$D_{out,\ 구동} = P.C.D + 2m$
$= (m \times Z_1) + 2m$
$= (3 \times 24) + (2 \times 3)$
$= 78[mm]$

1 ③ 2 ④ 3 ② 4 ② **정답**

05 체적불변조건을 이용하여, 진응력(σ_T)을 공칭응력(σ_N)과 공칭변형률(ε_N)로 바르게 표현한 것은?

① $\sigma_T = \sigma_N \cdot (1 + \varepsilon_N)$

② $\sigma_T = \sigma_N \cdot \ln(1 + \varepsilon_N)$

③ $\sigma_T = \sigma_N \cdot \left(1 + \dfrac{1}{\varepsilon_N}\right)$

④ $\sigma_T = \sigma_N \cdot \ln\left(1 + \dfrac{1}{\varepsilon_N}\right)$

해설

진응력, $\sigma_T = \sigma_N(1 + \varepsilon_N)$ 이 바른 표현이다.

또한, 다음과 같이 표현할 수 있다.

- $\varepsilon_T = \ln(1 + \varepsilon_N)$

- $\varepsilon_N = e^{\varepsilon_T} - 1$

06 비틀림 상태에 있는 중실축이 각속도 ω[rad/s]로 회전하며 동력 H[W]를 전달하기 위한 최소 지름 d[mm]는?(단, 허용전단응력은 τ_a[Pa]이다)

① $1,000\sqrt[3]{\dfrac{16H}{\pi \tau_a \omega}}$

② $1,000\sqrt[3]{\dfrac{32H}{\pi \tau_a \omega}}$

③ $1,000\sqrt[3]{\dfrac{\pi H}{16 \tau_a \omega}}$

④ $1,000\sqrt[3]{\dfrac{\pi H}{32 \tau_a \omega}}$

해설

$H = T \times \omega$

$H = \tau_a \times Z_P \times \omega$

$H = \tau_a \times \dfrac{\pi d^3}{16} \times \omega$

$d^3 = \dfrac{16H}{\pi \tau_a \omega}$

$d = \sqrt[3]{\dfrac{16H}{\pi \tau_a \omega}}$ [m]

$d = 1,000\sqrt[3]{\dfrac{16H}{\pi \tau_a \omega}}$ [mm]

07 다음 중 나사의 풀림을 방지하기 위한 방법으로 옳은 것만을 모두 고르면?

> ㉠ 로크 너트(Lock Nut) 적용
> ㉡ 절입 너트(Split Nut) 적용
> ㉢ 코킹(Caulking) 적용
> ㉣ 톱니붙이 와셔(Toothed Washer) 적용
> ㉤ 멈춤 나사 적용
> ㉥ 플러링(Fullering) 적용

① ㉠, ㉡, ㉣, ㉤

② ㉠, ㉢, ㉤, ㉥

③ ㉡, ㉢, ㉣, ㉤

④ ㉡, ㉣, ㉤, ㉥

해설

코킹과 플러링은 리벳 작업 후 결합 부위의 틈에서 수밀 및 기밀을 유지하기 위한 마무리 작업이다. 따라서 나사의 풀림 방지와는 관련이 없다.

08 웜(Worm)과 웜휠(Worm Wheel)에서 웜의 리드각이 γ, 웜의 피치원 지름이 D_1, 웜휠의 피치원 지름이 D_2이다. 웜의 회전속도를 n_1, 웜휠의 회전속도를 n_2로 할 때, $\dfrac{n_2}{n_1}$는?

① $\dfrac{D_1 \tan\gamma}{\pi D_2}$

② $\dfrac{\pi D_1}{D_2 \tan\gamma}$

③ $\dfrac{D_1}{D_2 \tan\gamma}$

④ $\dfrac{D_1 \tan\gamma}{D_2}$

해설

웜과 웜휠 기어의 속도비 공식을 이용한다.

$$i = \frac{n_g}{n_w} = \frac{n_2}{n_1} = \frac{Z_w}{Z_g} = \frac{\dfrac{l}{p_s}}{\dfrac{\pi D_g}{p_s}} = \frac{l}{\pi D_g} = \frac{\pi D_w \tan\gamma}{\pi D_g} = \frac{D_w \tan\gamma}{D_g}$$

여기서, $D_g = D_2$, $D_w = D_1$ 이므로,

$\therefore \dfrac{n_2}{n_1} = \dfrac{D_1 \tan\gamma}{D_2}$ 이다.

정답 5 ① 6 ① 7 ① 8 ④

09 얇은 원통형 용기에 내부압력 P와 축방향 압축하중 F가 동시에 가해지고 있다. 용기에 걸리는 전단응력 최댓값($\tau_{\max}$)이 허용전단응력(τ_a)을 넘지 않는 조건에서 용기둘레 최소 두께 t를 구하는 식은?(단, r = 용기의 내측 반경이다)

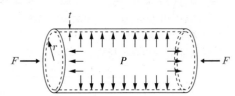

① $\dfrac{1}{2\tau_a}\left(F \cdot r + \dfrac{P}{\pi r}\right)$ ② $\dfrac{1}{2\tau_a}\left(P \cdot r + \dfrac{F}{\pi r}\right)$

③ $\dfrac{1}{4\tau_a}\left(F \cdot r + \dfrac{P}{\pi r}\right)$ ④ $\dfrac{1}{4\tau_a}\left(P \cdot r + \dfrac{F}{\pi r}\right)$

해설

- 원주 방향의 응력 : $\sigma_x = \dfrac{PD}{2t} = \dfrac{P2r}{2t} = \dfrac{Pr}{t}$

- 축 방향의 응력 : $\sigma_y = \dfrac{PD}{4t} = \dfrac{P2r}{4t} = \dfrac{Pr}{2t}$

  여기서, 벽체부분의 응력을 뺀다.

  $= \dfrac{Pr}{2t} - \dfrac{F}{A} = \dfrac{Pr}{2t} - \dfrac{F}{2\pi rt}$

- 전단응력 최댓값이 τ_a를 넘지 않을 조건은 아래와 같다.

  $\tau_a = \dfrac{\sigma_x - \sigma_y}{2} = \dfrac{\dfrac{Pr}{t} - \left(\dfrac{Pr}{2t} - \dfrac{F}{2\pi rt}\right)}{2} = \dfrac{\dfrac{Pr}{t} - \dfrac{Pr}{2t} + \dfrac{F}{2\pi rt}}{2}$

  $= \dfrac{\left(\dfrac{2Pr}{2t} - \dfrac{Pr}{2t}\right) + \dfrac{F}{2\pi rt}}{2} = \dfrac{\dfrac{Pr}{2t} + \dfrac{F}{2\pi rt}}{2} = \dfrac{Pr}{4t} + \dfrac{F}{4\pi rt}$

t로 정리하면,

$\tau_a = \dfrac{1}{4t}\left(Pr + \dfrac{F}{\pi r}\right)$

$t = \dfrac{1}{4\tau_a}\left(Pr + \dfrac{F}{\pi r}\right)$

∴ 정답은 ④번이다.

내압용기의 하중 방향에 따른 응력

원주 방향 응력	축(길이) 방향 응력
$\sigma = \dfrac{PD}{2t}$	$\sigma = \dfrac{PD}{4t}$

여기서, D : 압력용기의 내경

     t : 압력용기의 두께

     P : 압력용기에 작용하는 내압

10 지름이 D, 두께가 b, 밀도가 ρ인 원판형 관성차가 각속도 ω로 회전하고 있을 때, 이 관성차의 운동에너지는? (단, 축의 운동에너지는 무시한다)

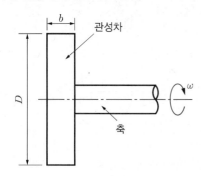

① $\dfrac{1}{8}\rho b\pi D^2\omega^2$

② $\dfrac{1}{16}\rho b\pi D^4\omega^2$

③ $\dfrac{1}{32}\rho b\pi D^2\omega^2$

④ $\dfrac{1}{64}\rho b\pi D^4\omega^2$

해설

관성차의 운동에너지 $E = \dfrac{1}{2}J\omega^2$ 이다.

여기서, 극관성모멘트 J를 먼저 구해야 한다.

- $J = \displaystyle\int r^2 dm = \int_0^{\frac{D}{2}} r^2 d(\rho b2\pi r)$

  $= \rho b2\pi \left[\dfrac{r^4}{4}\right]_0^{\frac{D}{2}} = \dfrac{\rho b\pi D^4}{32}$

∴ $E = \dfrac{1}{2}Jw^2 = \dfrac{1}{2}\left(\dfrac{\rho b\pi D^4}{32}\right)w^2 = \dfrac{\rho b\pi D^4 w^2}{64}$

11 두 축이 서로 평행하고 축 중심이 어긋나 있을 때 사용하기에 가장 적합한 커플링은?

① 플랜지(Flange) 커플링
② 올덤(Oldham) 커플링
③ 유니버설 조인트(Universal Joint)
④ 슬리브(Sleeve) 커플링

해설
올덤 커플링(올드햄 커플링)
두 축이 평행하거나 약간 떨어져 있는 경우에
사용되고, 양축 끝에 끼어 있는 플랜지 사이에
90°의 키 모양의 돌출부를 양면에 가진 중간 원판이 있고, 돌출부가
플랜지 홈에 끼워 맞추어 작용하도록 3개가 하나로 구성되어 있다.
유니버설 커플링
훅 조인트(Hook's Joint)라고도 하며 두 축이 같은 평면 내에 있으면서
그 중심선이 서로 30° 이내의 각도를 이루고 교차하는 경우에 사용된
다. 공작 기계, 자동차의 동력전달기구, 압연 롤러의 전동축 등에 널리
쓰인다.

12 좌우대칭으로 연결된 스프링에 하중 100[N]이 가해지고 있다. 상부 스프링 두 개의 스프링 상수(k_a)는 각각 2[N/mm]이고, 하부 스프링의 스프링 상수(k_b)는 4[N/mm]이다. 전체 늘어난 길이[mm]는?(단, 모든 부재의 자중은 무시한다)

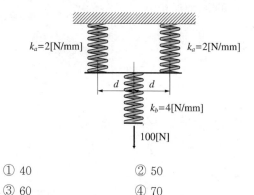

① 40
② 50
③ 60
④ 70

해설
• 병렬 연결된 스프링 상수
$$k_{병렬} = k_a + k_a = 2 + 2 = 4[\text{N/mm}]$$
• 직렬 연결된 스프링 상수
$$\frac{1}{k_{직렬}} = \frac{1}{k_{병렬}} + \frac{1}{k_b}$$

$$\frac{1}{k_{직렬}} = \frac{1}{4} + \frac{1}{4}$$

$$\therefore \ k_{직렬} = 2[\text{N/mm}]$$

• $\delta = \dfrac{P}{k_{직렬}} = \dfrac{100}{2} = 50[\text{mm}]$

• 스프링 상수(k)값 구하기

병렬 연결 시	$k = k_1 + k_2$	
직렬 연결 시	$k = \dfrac{1}{\dfrac{1}{k_1} + \dfrac{1}{k_2}}$	

13 양쪽에 동일한 형태로 필릿용접(Fillet Welding)한 부재에 28[kN]의 하중(P)이 작용할 때, 용접부에 걸리는 전단응력[N/mm²]은?(단, l = 100[mm], f = 10[mm], sin45° = 0.7이다)

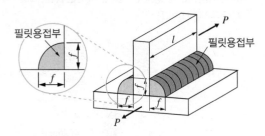

① 10
② 20
③ 30
④ 40

$$\tau = \frac{F}{A} = \frac{28,000[\text{N}]}{2 \times (10[\text{mm}] \times 0.7 \times 100[\text{mm}])} = 20[\text{N/mm}^2]$$

14 동적 부하용량이 3,000[kgf]인 레이디얼 볼베어링이 하중 100[kgf]를 받고 있다. 회전수가 1,000[rpm]일 때, 베어링의 기본 정격 수명시간[hour]은?(단, 하중계수(f_w) = 1이다)

① 9×10^4
② 30×10^4
③ 45×10^4
④ 90×10^4

$L_h = 500\left(\frac{C}{P}\right)^r \frac{33.3}{N}$ 에서 P에 하중계수 f_w를 곱해준다.

$$L_h = 500\left(\frac{C}{P \times f_w}\right)^r \frac{33.3}{N} = 500 \times \left(\frac{3,000[\text{kgf}]}{100[\text{kgf}] \times 1}\right)^3 \times \frac{33.3}{1,000}$$

$$= 449,550 \fallingdotseq 45 \times 10^4$$

볼 베어링의 하중계수(r) = 3

롤러 베어링의 하중계수(r) = $\frac{10}{3}$

15 엇걸기 벨트로 연결된 원동축 풀리와 종동축 풀리를 각각 1,500[rpm], 300[rpm]으로 회전시키려고 한다. 이때 요구되는 평벨트의 길이에 가장 가까운 값[mm]은?(단, 원동축과 종동축 사이의 중심거리는 1[m], 원동축 풀리의 직경은 200[mm], 벨트의 두께는 무시하며, π = 3이다)

① 3,960
② 4,160
③ 4,460
④ 4,660

먼저 원동축 풀리의 직경(D_1)을 이용하여 종동축 풀리의 직경(D_2)을 구한다.

$$\frac{n_2}{n_1} = \frac{D_1}{D_2}$$

$$D_2 = \frac{n_1}{n_2} \times D_1 = \frac{1,500[\text{rpm}]}{300[\text{rpm}]} \times 200[\text{mm}] = 1,000[\text{mm}]$$

벨트 길이 구하는 식에 대입한다.

엇걸기 벨트 길이(L)

$$L = 2C + \frac{\pi(D_1 + D_2)}{2} + \frac{(D_2 + D_1)^2}{4C}$$

$$= (2 \times 1,000[\text{mm}]) + \frac{3(200[\text{mm}] + 1,000[\text{mm}])}{2}$$

$$+ \frac{(1,000[\text{mm}] + 200[\text{mm}])^2}{4 \times 1,000[\text{mm}]}$$

$$= 2,000[\text{mm}] + 1,800[\text{mm}] + 360[\text{mm}] = 4,160[\text{mm}]$$

16 내경 80[mm] 관의 한쪽 끝에 볼트 4개로 덮개를 고정하여 관 내부 압력을 100[kgf/cm²]으로 유지하려고 할 때, 볼트의 최소 골지름[cm]은?(단, 볼트의 허용인장응력은 σ_a[kgf/cm²]이다)

① $\dfrac{20}{\sqrt{\sigma_a}}$ ② $\dfrac{30}{\sqrt{\sigma_a}}$

③ $\dfrac{40}{\sqrt{\sigma_a}}$ ④ $\dfrac{50}{\sqrt{\sigma_a}}$

해설

• 볼트 1개에 작용하는 힘 Q를 먼저 구한다.

$$\sigma_a = \frac{F}{A}$$

$$100[\mathrm{kgf/cm^2}] = \frac{F}{\dfrac{\pi \times (8[\mathrm{cm}])^2}{4}}$$

$$F = 100[\mathrm{kgf/cm^2}] \times \frac{\pi \times 64[\mathrm{cm^2}]}{4} = 1{,}600\pi[\mathrm{kgf}]$$

여기서, 볼트 4개로 덮개를 고정한다고 했으므로, 볼트 1개에 작용하는 힘 Q는 $\dfrac{1{,}600\pi[\mathrm{kgf}]}{4} = 400\pi[\mathrm{kgf}]$ 이다.

• 나사의 골지름 구하는 공식에 대입한다.

$$d = \sqrt{\frac{4Q}{\pi\sigma_a}} = \sqrt{\frac{4 \times 400\pi}{\pi\sigma_a}} = \sqrt{\frac{1{,}600}{\sigma_a}} = \frac{40}{\sqrt{\sigma_a}}$$

17 다음에 주어진 치수 허용표기에 대한 설명으로 옳지 않은 것은?

- ϕ12H6
- 위 표기에 대한 기본 공차 수치는 11[μm]임

① 직경이 12[mm]인 구멍에 대한 공차표현이다.
② IT공차는 6급이다.
③ 헐거운 끼워맞춤으로 결합되는 상대 부품의 공차역은 g5이다.
④ ϕ12H6을 일반공차 표기로 나타내면 ϕ12$^{0}_{-0.011}$ 이다.

해설

구멍에 대한 공차 표시는 아래치수가 0으로 되어야 한다. 따라서 ϕ12 뒤 0과 -0.011의 상하 위치를 바꾸어야 한다.
① ϕ12H6 : 직경이 12[mm]인 구멍에 대한 끼워맞춤 공차표현이다.
② H6 : 대문자 H는 구멍기준 헐거운 끼워맞춤 기호이며, 6은 IT등급 6급을 나타낸다.
③ 결합 상대 부품의 공차역은 구멍기준 H6의 6급에서 한 단계 아래인 g5가 적합하다.

18 양쪽 덮개판 한줄 맞대기 리벳이음에서 리벳지름은 10[mm], 강판두께는 10[mm], 리벳피치는 50[mm]이다. 리벳 전단강도가 강판 인장강도의 50[%]일 때, 가장 가까운 리벳효율[%]은?(단, W = 인장하중, π = 4이다)

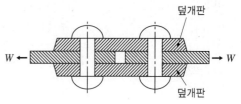

① 18
② 24
③ 30
④ 36

해설

리벳 전단응력 $\tau = \dfrac{W}{A \times f_s(\text{전단면계수}) \times n(\text{리벳수})}$ 이다.

여기서, 한쪽 덮개판의 전단면계수 $f_s = 1$
양쪽 덮개판의 전단면계수 $f_s = 1.8$

따라서, 양쪽 덮개판 리벳효율,

$$\eta = \frac{\tau \times A \times 1.8 \times n}{\sigma \times p \times t}$$

$$= \frac{\tau \times \dfrac{\pi \times (10[\mathrm{mm}])^2}{4} \times 1.8 \times 1}{\sigma \times 50[\mathrm{mm}] \times 10[\mathrm{mm}]} = \frac{180\tau}{500\sigma}$$

위 식에서 전단강도 τ가 σ의 $\dfrac{1}{2}$ 이므로, $2\tau = \sigma$가 성립한다.

따라서, $\eta = \dfrac{180\tau}{500\sigma} = \dfrac{180\tau}{500 \times 2\tau} = \dfrac{180}{1{,}000} = 0.18$이므로

정답은 18[%]이다.

19 외접하는 두 원통 마찰차의 중심거리가 400[mm]이고, 회전수는 각각 150[rpm], 50[rpm]이다. 이때, 밀어붙이는 힘 5[kN], 전달동력이 3[PS](마력)이면, 두 원통 마찰차 표면의 마찰계수에 가장 가까운 값은?(단, π = 3이다)

① 0.11

② 0.14

③ 0.22

④ 0.30

해설

$$\frac{D_1 + D_2}{2} = 400[\text{mm}], \ D_1 + D_2 = 800[\text{mm}]$$

$$D_1 = 800[\text{mm}] - D_2$$

$$\frac{D_1}{D_2} = \frac{n_2}{n_1}$$

$$D_2 = \frac{n_1}{n_2} \times D_1 = \frac{150[\text{rpm}]}{50[\text{rpm}]}(800[\text{mm}] - D_2)$$

$$= 2,400[\text{mm}] - 3D_2$$

$$4D_2 = 2,400[\text{mm}]$$

$$D_2 = 600[\text{mm}]$$

따라서, $D_1 = 200[\text{mm}], \ D_2 = 600[\text{mm}]$

원주속도, $v = \dfrac{\pi D_1 N_1}{60 \times 1,000}$

$$= \frac{3 \times 200[\text{mm}] \times 150[\text{rpm}]}{60,000} = 1.5[\text{m/s}]$$

전달동력이 3[PS]이고, 1[PS] = 75[kgf・m/s]이므로,

$H[\text{PS}] = \dfrac{Fv}{75} = \dfrac{\mu Pv}{75}$ 에서

$$3 = \frac{\mu \times 500 \times 1.5}{75}$$

$$\therefore \ \mu = \frac{3 \times 75}{500 \times 1.5} = \frac{150}{500} = 0.3$$

※ 10[N] ≒ 1[kgf]

• 마찰차의 최대 전달력(F)

$F = \mu P$이다.

여기서, μ : 마찰계수,

P : 밀어붙이는 힘(접촉력)

20 유성기어열에서 기어 A, B, C의 피치원 지름은 각각 200[mm], 100[mm], 400[mm]이다. 암 D를 일정한 각속도(ω_D = 10[rad/s])로 반시계방향으로 돌릴 때, 태양기어 A의 각속도와 회전방향은?(단, A = 태양기어, B = 유성기어, C = 고정된 링기어, D = 암)

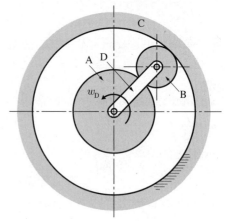

	각속도	회전방향
①	30[rad/s]	반시계방향
②	30[rad/s]	시계방향
③	45[rad/s]	반시계방향
④	45[rad/s]	시계방향

해설

먼저, A기어와 B기어의 속도비를 고려한다.

속도비, $i = \dfrac{w_A - w_D}{w_B - w_D} = -\dfrac{D_B}{D_A}$

$$i = \frac{w_C - w_D}{w_B - w_D} = \frac{D_B}{D_C}$$

$i = \dfrac{w_C - w_D}{w_A - w_D} = -\dfrac{D_A}{D_C}$ 여기서, 기어 C는 고정이므로

$$\frac{0 - 10[\text{rad/s}]}{w_A - 10[\text{rad/s}]} = -\frac{200[\text{mm}]}{400[\text{mm}]}$$

$$\frac{-10[\text{rad/s}]}{-\dfrac{1}{2}} = w_A - 10[\text{rad/s}]$$

$$w_A = 30[\text{rad/s}]$$

또한, D를 반시계방향으로 돌리면, C가 고정되어 있으므로 B는 시계방향으로 회전하게 된다. 따라서 이와 맞물리는 기어인 A는 반시계방향 회전한다.

따라서 정답은 ①번이다.

2021년 국가직 기계설계

01 축방향 하중과 반경방향 하중을 동시에 지지하는 베어링으로 가장 적합한 것은?

① 테이퍼 롤러 베어링
② 자동조심 볼 베어링
③ 깊은홈 볼 베어링
④ 니들 베어링

해설
① 테이퍼 롤러 베어링 : 축방향과 축에 직각방향으로 작용하는 하중을 동시에 지지할 수 있다.

축직각방향 하중

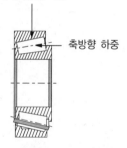
축방향 하중

[테이퍼 롤러 베어링]
② 자동조심 볼 베어링 : 내륜궤도는 두 개로 분리되어 있고, 외륜궤도는 구면으로 공용궤도이다. 설치오차를 피할 수 없는 경우나 축이 휘기 쉬운 경우 등 허용경사각이 비교적 클 때 사용한다.
③ 깊은홈 볼 베어링 : 내륜과 외륜의 볼이 구르는 통로에 홈이 마련되어 있는 일반적인 형태의 베어링이다.
④ 니들 베어링 : 길이에 비해 지름이 매우 작은 롤러를 사용한 것으로, 내륜과 외륜의 두께가 얇아 바깥지름이 작으며, 단위면적에 대한 강성이 커서 좁은 장소에서 비교적 큰 하중을 받는 기계장치에 사용한다.

자동조심 볼 베어링	깊은홈 볼 베어링	니들 베어링

02 기어에 발생하는 언더컷 방지법에 대한 설명으로 옳은 것만을 모두 고르면?

> ㄱ. 치형수정을 한다.
> ㄴ. 압력각을 증가시킨다.
> ㄷ. 피니언의 잇수를 최소 잇수 이상으로 한다.
> ㄹ. 이 높이를 높인다.

① ㄱ, ㄴ
② ㄷ, ㄹ
③ ㄱ, ㄴ, ㄷ
④ ㄱ, ㄴ, ㄷ, ㄹ

해설
기어의 언더컷을 방지하기 위해서는 가능한 한 이 높이를 낮추어야 한다.
언더컷 방지대책
• 압력각을 크게 한다.
• 전위기어로 제작한다.
• 이 높이를 줄여서 낮은 이로 제작한다.
• 피니언기어의 잇수를 최소 잇수 이상으로 한다.

03 모재의 두께가 다른 맞대기 용접에서 t_1 = 5[mm], t_2 = 10[mm], 용접길이 100[mm], 허용인장응력 5[MPa]일 때, 최대 허용하중 P[N]는?

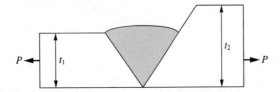

① 1,250
② 2,500
③ 5,000
④ 10,000

해설

최대 허용하중 P는 허용인장응력 공식을 활용하여 구할 수 있다. 이때 고려해야 할 사항은 서로 다른 두께의 재료들을 용접하는 설계를 할 때, 안전을 위해서 반드시 두께가 작은 쪽을 기준으로 설계해야 더 안전한 구조물을 얻을 수 있다.

허용인장응력 $\sigma_a = \dfrac{P}{A} = \dfrac{P}{t_1 \times l}$

$5[\text{N/mm}^2] = \dfrac{P}{5[\text{mm}] \times 100[\text{mm}]}$

∴ 최대 허용하중 $P = 5[\text{N/mm}^2] \times 5[\text{mm}] \times 100[\text{mm}]$
$= 2,500[\text{N}]$

※ $1[\text{MPa}] = 1[\text{N/mm}^2]$

04 코일스프링이 압축력에 의해 변형하여 저장한 탄성에너지가 600[N·mm]일 때, 코일스프링에 작용한 압축력 [N]은?(단, 스프링상수는 3[N/mm]이다)

① 40
② 50
③ 60
④ 70

해설

스프링에 저장된 탄성변형에너지(U)

$$U = \frac{1}{2}P\delta = \frac{1}{2}k\delta^2 [\text{N·mm}]$$

여기서, P : 스프링에 작용하는 힘(하중)[N]
　　　　δ : 코일스프링의 처짐량[mm]
　　　　k : 스프링상수

위의 공식에서 δ를 소거하기 위해 $\delta = \dfrac{2U}{P}$ 를 $U = \dfrac{1}{2}k\delta^2$ 에 대입한다.

$$U = \frac{1}{2}k\left(\frac{2U}{P}\right)^2 = \frac{1}{2}k \times \frac{4U^2}{P^2}$$

$$P^2 = \frac{1}{2}k \times \frac{4U^2}{U} = 2kU$$

$$\therefore P = \sqrt{2kU}$$
$$= \sqrt{2 \times 3[\text{N/mm}] \times 600[\text{N·mm}]}$$
$$= \sqrt{3,600[\text{N}^2]}$$
$$= 60[\text{N}]$$

05 그림과 같이 중앙에 지름 $d = 40$[mm]의 구멍이 뚫린 폭 $D = 100$[mm], 두께 10[mm]인 평판에 인장하중 $P = 12$[kN]이 작용할 때, 평판에 발생하는 최대 응력[N/mm^2]에 가장 가까운 값은?(단, 응력집중계수는 a_k이다)

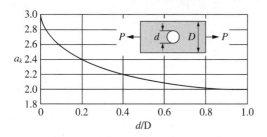

① 20

② 44

③ 200

④ 440

그림에서 $\dfrac{d}{D}$ 값으로 응력집중계수 a_k를 구할 수 있다.

$\dfrac{d}{D} = \dfrac{40[\text{mm}]}{100[\text{mm}]} = 0.4$이므로, 응력집중계수 $a_k = 2.2$이다.

$\therefore$ 최대 응력 $\sigma_{\max} = k(\text{응력집중계수}) \times \sigma_n (\text{공칭응력})$

$= 2.2 \times \dfrac{12,000[\text{N}]}{(100[\text{mm}] - 40[\text{mm}]) \times 10[\text{mm}]}$

$= 2.2 \times 20[\text{N/mm}^2]$

$= 44[\text{N/mm}^2]$

06 두 줄 사각나사의 자립조건(Self-locking)으로 옳은 것은?(단, d_2 : 나사의 유효지름, μ : 나사면의 마찰계수, p : 나사의 피치이다)

① $2\pi d_2 - \mu p \leq 0$

② $2\pi d_2 - \mu p \geq 0$

③ $\pi d_2 \mu - 2p \leq 0$

④ $\pi d_2 \mu - 2p \geq 0$

사각나사의 자립조건 : 나사의 마찰각(ρ) $\geq$ 나사의 리드각(λ)

• 마찰계수(μ)와 마찰각(ρ) 관계식을 활용하여 마찰각(ρ)을 구한다.

$\mu = \tan\rho,\ \rho = \tan^{-1}\mu$

• 두 줄 나사의 리드각(λ)을 구한다.

$\tan\lambda = \dfrac{2p}{\pi d_2},\ \lambda = \tan^{-1}\dfrac{2p}{\pi d_2}$

위의 식들을 사각나사의 자립조건에 대입하면 다음과 같다.

$\tan^{-1}\mu \geq \tan^{-1}\dfrac{2p}{\pi d_2}$

$\mu\pi d_2 \geq 2p$

$\mu\pi d_2 - 2p \geq 0$

07 다음 IT 기본 공차표를 이용하여, $\phi 62$H9의 일반공차 표기법으로 옳은 것은?

(단위 : [μm])

치수 구분[mm] 공차등급	IT6	IT7	IT8	IT9
30 초과 50 이하	16	25	39	62
50 초과 80 이하	19	30	46	74

① $\phi 62^{+0.062}_{-0.074}$

② $\phi 62^{0}_{-0.074}$

③ $\phi 62^{+0.074}_{-0.074}$

④ $\phi 62^{+0.074}_{0}$

$\phi 62$H9의 의미는 다음과 같다.

• $\phi 62$: 62[mm]

• H : 구멍기준식 끼워맞춤

• 9 : IT공차 9급, 즉 IT9급 적용

IT 기본 공차는 IT01, IT0, IT1~IT18까지 총 20등급이 있으며, 여기서 9가 IT등급으로 IT9를 나타낸다.

끼워맞춤공차 기호 H는 위치수 허용차를 의미하므로 $\phi 62^{+0.074}_{0}$으로 표시한다.

08 기어의 종류별 특징에 대한 설명으로 옳지 않은 것은?

① 웜과 웜휠은 큰 감속비를 얻을 수 있고, 항상 역회전이 가능하다.

② 래크와 피니언을 이용해 회전운동을 직선운동으로 변환할 수 있다.

③ 마이터기어는 베벨기어의 일종으로 잇수가 같은 한 쌍의 원추형 기어이다.

④ 헬리컬기어는 스퍼기어에 비해 운전이 정숙한 반면, 추력이 발생한다.

해설

① 웜과 웜휠(웜기어와 웜휠기어)은 큰 감속비를 얻을 수 있으나, 항상 역회전이 가능한 것은 아니다. 웜기어를 원동축으로 하면 역회전은 가능하지만, 웜휠기어를 원동축으로 하면 역회전이 불가능하다.

웜기어

웜휠기어

09 1,000[rpm]으로 회전하면서 100π[kW]의 동력을 전달시키는 회전축이 4[kN · m]의 굽힘모멘트를 받고 있을 때, 상당비틀림모멘트 T_e에 대한 상당굽힘모멘트 M_e의 비$\left(\dfrac{M_e}{T_e}\right)$는?

① 0.6

② 0.7

③ 0.8

④ 0.9

해설

상당굽힘모멘트(M_e) 및 상당비틀림모멘트(T_e)

상당굽힘모멘트(M_e)	상당비틀림모멘트(T_e)
$M_e = \dfrac{1}{2}(M + \sqrt{M^2 + T^2}\,)$	$T_e = \sqrt{M^2 + T^2}$

- 동력을 구하는 공식으로 비틀림 모멘트인 토크 T를 구한다.

$$H_{[kW]} = T \times \omega$$

$$T = \frac{H_{[kW]}}{\omega} = \frac{100\pi \times 10^3 [\text{W}]}{\dfrac{2\pi \times 1,000}{60[\text{s}]}} = \frac{6,000,000[\text{N} \cdot \text{m}]}{2,000}$$

$$= 3,000[\text{N} \cdot \text{m}]$$

- 굽힘 모멘트 $M = 4,000[\text{N} \cdot \text{m}]$

$$\therefore \frac{M_e}{T_e} = \frac{\dfrac{1}{2}(M + \sqrt{M^2 + T^2}\,)}{\sqrt{M^2 + T^2}}$$

$$= \frac{\dfrac{4,000 + \sqrt{4,000^2 + 3,000^2}}{2}}{\sqrt{4,000^2 + 3,000^2}}$$

$$= \frac{\dfrac{4,000 + 5,000}{2}}{5,000} = 0.9$$

10 평벨트를 엇걸기에서 바로걸기로 변경할 때, 작은 풀리의 접촉각 차이를 나타낸 것은?(단, D_1 : 작은 풀리의 지름, D_2 : 큰 풀리의 지름, C : 축간거리이다)

① $\sin^{-1}\left(\dfrac{D_2+D_1}{2C}\right) - \sin^{-1}\left(\dfrac{D_2-D_1}{2C}\right)$

② $\sin^{-1}\left(\dfrac{D_2+D_1}{2C}\right) + \sin^{-1}\left(\dfrac{D_2-D_1}{2C}\right)$

③ $2\sin^{-1}\left(\dfrac{D_2+D_1}{2C}\right) - 2\sin^{-1}\left(\dfrac{D_2-D_1}{2C}\right)$

④ $2\sin^{-1}\left(\dfrac{D_2+D_1}{2C}\right) + 2\sin^{-1}\left(\dfrac{D_2-D_1}{2C}\right)$

해설

벨트의 접촉각(θ)

- 바로걸기
  - 큰 풀리 : $\theta_2 = 180 + 2\sin^{-1}\left(\dfrac{D_2-D_1}{2C}\right)[°]$
  - 작은 풀리 : $\theta_1 = 180 - 2\sin^{-1}\left(\dfrac{D_2-D_1}{2C}\right)[°]$

- 엇걸기 : 큰 풀리와 작은 풀리 모두 같은 공식을 적용한다.

  $\theta = 180 + 2\sin^{-1}\left(\dfrac{D_2+D_1}{2C}\right)[°]$

∴ 엇걸기에서 바로걸기로 변경할 때, 작은 풀리의 접촉각 차이

$= \left[180 + 2\sin^{-1}\left(\dfrac{D_2+D_1}{2C}\right)\right] - \left[180 - 2\sin^{-1}\left(\dfrac{D_2-D_1}{2C}\right)\right]$

$= 2\sin^{-1}\left(\dfrac{D_2+D_1}{2C}\right) + 2\sin^{-1}\left(\dfrac{D_2-D_1}{2C}\right)$

11 치공구에서 위치결정구의 요구사항으로 옳지 않은 것은?

① 교환이 가능할 것
② 청소가 용이할 것
③ 가시성이 우수할 것
④ 경도가 높지 않을 것

해설

치공구를 공작물의 위치결정에 사용할 때 사용하는 치공구는 절대 움직여서는 안 되므로, 공작물 고정을 위해 큰 힘이 작용하더라도 버티는 힘이 강해야 한다. 따라서 경도와 강도가 모두 높아야 한다.

12 베어링 A, B에 적합한 호칭번호를 순서대로 나열한 것은?

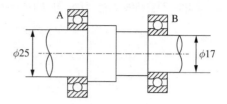

① 6205, 6203
② 6203, 6215
③ 6205, 6207
④ 6225, 6217

해설

베어링 호칭번호가 4자리인 경우 안지름은 뒤 두자리 숫자로 확인할 수 있으며, 베어링 호칭번호가 3자리인 경우 맨 뒤 한자리 숫자로 안지름을 확인할 수 있다.

- $\phi 25$: 호칭번호에서 5를 곱한 것이다. 따라서 호칭번호는 뒤 두자리가 05이어야 한다.
- $\phi 17$: 호칭번호에서 03은 안지름이 17[mm]임을 의미한다.

베어링 호칭번호

형식 번호	1 : 복렬 자동조심형 2, 3 : 상동(큰 너비) 6 : 단열 깊은홈형 7 : 단열 앵귤러콘택트형 N : 원통 롤러형	접촉각 기호	C
		실드기호	Z : 한쪽실드 ZZ : 안팎실드
치수 기호	0, 1 : 특별경하중 2 : 경하중형 3 : 중간형	내부틈새 기호	C2
안지름 번호	1~9 : 1~9[mm] 00 : 10[mm] 01 : 12[mm] 02 : 15[mm] 03 : 17[mm] 04 : 20[mm] 04부터 5를 곱한다.	등급기호	무기호 : 보통급 H : 상급 P : 정밀등급 SP : 초정밀급

13 단식 블록 브레이크에서 블록에 작용하는 힘 $P = 20[N]$, 마찰계수 $\mu = 0.2$일 때, 드럼을 정지시키기 위해 레버에 작용해야 하는 최소 힘 $F[N]$는?

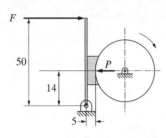

① 6   ② 7
③ 8   ④ 9

해설
단식 블록 브레이크 레버 작동 힘 F는 다음과 같은 공식으로 구한다.
$$F \times a - (P \times b) - f \times c = 0$$
$$F \times a - (P \times b) - \mu Pc = 0$$
$$50F - (20[N] \times 14) - (0.2 \times 20[N] \times 5) = 0$$
$$50F = 300[N]$$
$$\therefore F = 6[N]$$

15 인장하중 54[kN]을 받는 양쪽 덮개판 1줄 맞대기 리벳 이음에서 리벳의 지름 10[mm], 리벳의 허용전단응력 100[MPa]일 때, 전단에 의해 파괴되지 않을 리벳의 최소 개수는?

① 2
② 3
③ 4
④ 5

해설
리벳의 최소 개수를 구하기 위해 전단응력 구하는 식을 이용한다.
두 판재가 양쪽 덮개판 1줄 맞대기 이음일 경우 리벳에 작용하는 전단응력(τ)
$$\tau = \frac{W}{1.8AZ}$$
$$\therefore Z = \frac{W}{1.8A\tau}$$
$$= \frac{54,000[N]}{1.8 \times \frac{\pi \times 100[mm^2]}{4} \times 100[N/mm^2]}$$
$$= 4개$$

14 강판의 인장강도 40[MPa], 두께 5[mm], 안지름 50[mm]인 원통형 압력용기에 작용할 수 있는 최대 내부압력 [MPa]은?(단, 얇은 벽으로 가정하고, 안전율 4, 부식여유 1[mm], 이음효율 1이다)

① 1.0   ② 1.3
③ 1.6   ④ 2.0

해설
리벳이음용 내압용기의 두께(t)
- $t = \dfrac{PD}{2\sigma_a \eta} + C$
- 안전율 고려 시, $t = \dfrac{PDS}{2\sigma_a \eta} + C$ (부식여유)
- $\therefore$ 최대 허용내압 $P = \dfrac{2\sigma_a \eta(t - C)}{DS}$
$$= \frac{2 \times 40[N/mm^2] \times 1 \times (5-1)[mm]}{50[mm] \times 4}$$
$$= 1.6[N/mm^2] = 1.6[MPa]$$

16 그림과 같이 회전속도가 일정한 스프로킷에 물려 있는 체인의 최대 속도($V_{\max}$)와 최소 속도($V_{\min}$)의 비$\left(\dfrac{V_{\min}}{V_{\max}}\right)$는?(단, $\theta = 60[°]$, $R = 100[\text{mm}]$이다)

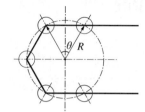

① $\dfrac{\sqrt{3}}{4}$

② $\dfrac{\sqrt{3}}{2}$

③ $\dfrac{1}{4}$

④ $\dfrac{1}{2}$

해설

먼저, 체인에서 $v_{\max}$, $v_{\min}$ 의 개념을 알아야 한다.

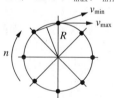

여기서, $v_{\max}$: 체인과 스프로킷이 연결되는 점

$\qquad v_{\min}$: 체인과 스프로킷이 연결되는 점들을 이은 선의 중간점

다음으로는 체인의 최대 속도와 회전반지름의 관계식을 알아본다.

$v_{\max} = R_{\max} \times \omega$

여기서, 각속도 $\omega = \dfrac{2\pi N}{60}$ 이며

피치원 지름을 D_P 라 하면, $R_{\max} = \dfrac{D_P}{2}$ 이다.

$v_{\min} = R_{\min} \times \omega$, $R_{\min} = R_{\max} \times \cos\dfrac{\theta}{2}$

$\therefore \dfrac{v_{\min}}{v_{\max}} = \dfrac{R_{\max} \times \cos\dfrac{\theta}{2} \times \omega}{R_{\max} \times \omega} = \cos\dfrac{60[°]}{2} = \cos 30[°] = \dfrac{\sqrt{3}}{2}$

17 두께 t, 구 안쪽 반지름이 r인 얇은 벽의 구형 압력용기 안쪽 표면에서 압력 p에 의해 발생하는 면외(Out-of-plane) 최대 전단응력은?

① $\dfrac{pr}{2t} + \dfrac{p}{4}$

② $\dfrac{pr}{4t} + \dfrac{p}{2}$

③ $\dfrac{pr}{4t} + \dfrac{p}{4}$

④ $\dfrac{pr}{t} + \dfrac{p}{2}$

해설

• 축방향의 응력 $\sigma_x = \dfrac{PD}{4t} = \dfrac{P2r}{4t} = \dfrac{Pr}{2t}$

• 반경방향의 응력 $\sigma_y = -p$ (표면압력의 반작용)

전단응력 최댓값이 τ_a 를 넘지 않을 조건은 다음과 같다.

$\tau_a = \dfrac{\sigma_x - \sigma_y}{2} = \dfrac{\dfrac{Pr}{2t} - (-p)}{2} = \dfrac{\dfrac{Pr}{2t} + p}{2} = \dfrac{Pr}{4t} + \dfrac{p}{2}$

18 그림과 같은 기어잇수를 가진 복합 기어열에서 입력축 기어1의 회전속도가 600[rpm]일 때, 출력축 기어4의 회전속도[rpm]는?

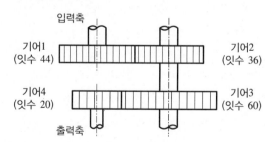

① 2,100

② 2,200

③ 2,300

④ 2,400

해설

복식(복합) 기어열 공식을 적용하며, n_4 로 정리한다.

$i = \dfrac{n_1}{n_2} \times \dfrac{n_3}{n_4} = \dfrac{n_1}{n_4} = \dfrac{z_2}{z_1} \times \dfrac{z_4}{z_3} = \dfrac{36}{44} \times \dfrac{20}{60} = \dfrac{3}{11}$

$\therefore n_4 = 600[\text{rpm}] \times \dfrac{11}{3} = 2,200[\text{rpm}]$

19 마찰각 ρ, 리드각 α, 마찰계수 $\mu = \tan\rho$인 사각나사에서 $\alpha = \rho$일 때, 나사효율은?(단, 자리면의 마찰은 무시한다)

① $\dfrac{1}{2}(1-\tan^2\rho)$

② $\dfrac{1}{2}(1+\tan^2\rho)$

③ $\dfrac{1}{2}(1-\tan^2 2\rho)$

④ $\dfrac{1}{2}(1+\tan^2 2\rho)$

해설

나사의 효율(η)

• 사각나사의 효율

$$\eta = \frac{\text{마찰이 없는 경우의 회전력}}{\text{마찰이 있는 경우의 회전력}} = \frac{pQ}{2\pi T} = \frac{\tan\lambda}{\tan(\lambda+\rho)}$$

• 삼각나사의 효율

$$\eta = \frac{\text{마찰이 없는 경우의 회전력}}{\text{마찰이 있는 경우의 회전력}} = \frac{pQ}{2\pi T} = \frac{\tan\lambda}{\tan(\lambda+\rho')}$$

사각나사의 효율 $\eta = \dfrac{\tan\lambda}{\tan(\lambda+\rho)}$ 이나

문제에서 리드각 λ를 α로 표시하였고
리드각(α)과 마찰각(ρ)이 같다고 했으므로,

$$\therefore \ \eta = \frac{\tan\rho}{\tan(\rho+\rho)} = \frac{\tan\rho}{\dfrac{2\tan\rho}{1-\tan^2\rho}} = \frac{\tan\rho-\tan^3\rho}{2\tan\rho}$$

$$= \frac{1}{2}(1-\tan^2\rho)$$

20 그림과 같이 단면이 균일한 원형축에 집중하중 W[N]가 축의 중앙에 작용하고, 지지점의 허용 경사각 β_a[rad]일 때, 최소 축 지름 d[mm]는?(단, 축은 단순 지지되고 자중은 무시하며, 축의 길이는 L[mm], 탄성계수는 E[N/mm^2]이다)

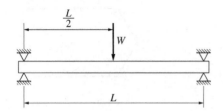

① $\sqrt[4]{\dfrac{2WL^3}{\pi E\beta_a}}$

② $\sqrt[4]{\dfrac{4WL^2}{\pi E\beta_a}}$

③ $\sqrt[3]{\dfrac{4WL^3}{\pi E\beta_a}}$

④ $\sqrt[3]{\dfrac{2WL^2}{\pi E\beta_a}}$

해설

양단지지보에 집중하중이 작용할 때 비틀림각 구하는 공식을 활용한다.

$$\theta_{\max} = \beta_a = \frac{WL^2}{16EI} = \frac{WL^2}{16E\times\dfrac{\pi d^4}{64}} = \frac{WL^2}{\dfrac{E\pi d^4}{4}} = \frac{4WL^2}{E\pi d^4}$$

$$d^4 = \frac{4WL^2}{E\pi\beta_a}$$

$$\therefore \ d = \sqrt[4]{\frac{4WL^2}{E\pi\beta_a}}$$

제 **2** 장

9급 국가직 · 지방직을 위한 합격 완벽 대비서

지방직 기출문제

9급 국가직 · 지방직을 위한

합격 완벽 대비서

TECH BIBLE

기술직 **기계설계**

TECH BIBLE

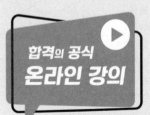

합격의 공식
온라인 강의

잠깐!

혼자 공부하기 힘드시다면 방법이 있습니다.
시대에듀의 동영상강의를 이용하시면 됩니다.
www.sdedu.co.kr ➡ 회원가입(로그인) ➡ 강의 살펴보기

2009년 지방직 기계설계

01 다음 중 기계재료 특성에 관련된 설명으로 옳지 않은 것은?

① 양진 형태로 반복되는 응력의 진폭이 극한강도 이하인 경우 이 응력이 무한히 반복되어도 파괴에 이르지 않는다.

② 취성재료는 비교적 작은 변형률 상태에서 파괴되는 경향이 있으며 고강도 및 저인성의 특성을 가진다.

③ 최대 전단응력설, 전단변형에너지설 등은 복합적응력 상태에서 재료의 손상을 예측하게 해 주는 식들이다.

④ 단면이 급격히 변화하는 노치(Notch) 부위에서 힘의 흐름이 급격히 변화하고 국부적인 큰 응력이 발생하는 현상을 응력집중이라고 한다.

해설

양진 형태로 응력이 반복되면 재료에 피로가 발생하기 때문에 극한강도에 도달하는 것과는 상관없이 재료가 파괴되기 때문에 ①번은 틀린 표현이다.

반복하중의 종류

• 양진하중(교번하중) : 크기뿐만 아니라 인장과 압축으로 방향이 교대로 작용하는 하중

• 편진하중 : 한쪽방향으로 작용하는 하중

02 한줄 겹치기 리벳이음에서 판의 압축에 의해 판이 압축파괴 되는 경우 리벳이음강도 P는?(단, 리벳의 지름은 d, 리벳의 피치는 p, 강판의 두께는 t, 강판의 압축응력은 σ_c이다)

① $P = 2dt\sigma_c$

② $P = dt\sigma_c$

③ $P = (p-d)t\sigma_c$

④ $P = 2(p-d)t\sigma_c$

해설

리벳이음에서 압축응력(σ_c) 구하는 식을 응용해서 리벳이음의 강도(P)를 구하면

$$\sigma_c = \frac{P}{dt}, \ P = \sigma_c dt$$

리벳이음의 응력 구하는 식

인장응력(σ)	압축응력(σ_c)
$\sigma = \dfrac{P}{(p-d)t}$	$\sigma_c = \dfrac{P}{dt}$

여기서 t : 두께, p : 피치, d : 리벳의 직경

03 다음과 같이 4줄 리벳이음이 하중(P)을 받을 때 리벳에 작용하는 하중에 대한 설명으로 옳은 것은?

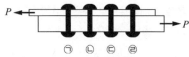

① 각각의 리벳에 $\dfrac{P}{4}$ 의 하중이 작용한다.

② 리벳 ⓒ에 가장 큰 하중이 작용한다.

③ 리벳 ⓔ에 가장 큰 하중이 작용한다.

④ 리벳 ⓐ에 가장 큰 하중이 작용한다.

해설

리벳으로 이음된 판에 외력이 작용할 때, 가장 큰 힘이 받는 부분은 얇은 판에 직접적인 힘이 작용하면서 끝단부가 되므로 ⓐ부분에 가장 큰 힘이 작용한다.

04 기계장치를 볼트로 고정시킬 경우 풀림방지의 방법으로 적절하지 않은 것은?

① 스프링와셔를 이용한다.
② 나사의 피치를 크게 한다.
③ Lock Nut를 이용한다.
④ 톱니붙이와셔를 이용한다.

해설
볼트로 고정시킬 때 결합되는 부위에 만들어지는 나사의 피치는 가능한 작게 한다.

너트 풀림방지
• 스프링와셔를 이용한다.
• 나사의 피치를 작게 한다.
• 로크너트(Lock Nut)를 이용한다.
• 톱니붙이와셔를 이용한다.

05 두 물체의 체결용으로 사용되고 있는 볼트가 받고 있는 하중으로 옳은 것은?

① 인장하중, 굽힘하중
② 인장하중, 비틀림하중
③ 비틀림하중, 압축하중
④ 압축하중, 굽힘하중

해설
공구로 볼트머리를 조일 때 비틀림하중이 가장 크게 작용하며, 체결 후 연결된 두 물체가 움직이면서 볼트머리와 나사를 밀어내면서 인장하중도 작용한다.

인장하중
비틀림하중
(체결 시)

06 치수공차가 50 h6과 50 h5로 주어졌을 때 이에 대한 설명으로 옳은 것은?

① 구멍기준치수 50[mm]에서 h6공차가 h5공차보다 더 크다.
② 구멍기준치수 50[mm]에서 h5공차가 h6공차보다 더 크다.
③ 축기준치수 50[mm]에서 h5공차가 h6공차보다 더 크다.
④ 축기준치수 50[mm]에서 h6공차가 h5공차보다 더 크다.

해설
• 숫자 50은 기준치수인 50[mm]를 나타내며, 소문자는 축기준으로 끼워맞춤 한다는 것을 의미한다.
• h : 헐거움끼워맞춤을 나타내는 기호이다.
• 공차값 : h 다음에 나오는 수치가 클수록 더 크게 되므로 h6>h5이다.
따라서 정답은 ④번이다.

07 다음 중 공칭응력–공칭변형률 곡선으로부터 알 수 있는 사항들로 옳지 않은 것은?

① 이 재료가 파단에 이르기까지 소요되는 변형에너지를 알 수 있다.
② 비례한도 구간에서의 기울기로부터 탄성계수와 푸아송비(Poisson's Ratio)를 알 수 있다.
③ 네킹(Necking)이 일어나기 시작하는 변형률, 즉, 불안정 시작점을 알 수 있다.
④ 이 재료의 극한인장강도(UTS)를 알 수 있다.

해설
비례한도(Proportional Limit)는 응력과 변형률 사이에 비례관계가 성립하는 구간 중 응력이 최대인 점으로 푸아송의 비와는 관련이 없다.

공칭응력–공칭변형률 곡선으로 알 수 있는 사항
• 이 재료의 극한인장강도(UTS)를 알 수 있다.
• 재료가 파단에 이르기까지 소요되는 변형에너지
• 네킹(파단)이 일어나기 시작하는 변형률(불안정의 시작점)

08 안전계수(Factor of Safety)에 대한 설명으로 옳지 않은 것은?

① 재료의 기준강도와 허용응력의 비를 나타낸다.
② 가해지는 하중과 응력의 종류 및 성질을 고려한다.
③ 정확한 응력계산이 요구된다.
④ 수명은 고려하지 않는다.

해설
안전계수는 반드시 수명을 고려하기 때문에 극한강도와 허용응력의 관계를 고려하여 계산한다.

안전율 $S = \dfrac{극한강도(\sigma_u)}{허용응력(\sigma_a)}$

09 지름이 100[cm]인 원통관 내부에 $p = 10$[kgf/cm^2]의 압력이 작용할 때, 강판의 최소 두께[cm]는?(단, 강판의 허용인장응력 = 5,000[kgf/cm^2], 안전율 = 5, 이음효율 = 100[%], 부식여유 = 2[mm]이다)

① 0.5　　　　　② 0.6
③ 0.7　　　　　④ 0.8

해설
$t = \dfrac{PD}{2\sigma_a \eta} + C$ 에서 안전율(S)을 고려하면 분자에 곱한다.

따라서 적용공식은 $t = \dfrac{PDS}{2\sigma_a \eta} + C$ 이다.

$t = \dfrac{10[\text{kgf/cm}^2] \times 100[\text{cm}] \times 5}{2 \times 5,000[\text{kgf/cm}^2] \times 1} + 0.2[\text{cm}] = 0.7[\text{cm}]$

리벳이음용 내압용기의 두께(t) 구하는 식

$t = \dfrac{PD}{2\sigma_a \eta} + C$

10 벨트전동에서 풀리의 접촉면 중앙을 곡면으로 하는 이유로 옳은 것은?

① 제작 시 변형을 방지하기 위하여
② 응력의 분포를 고르게 하기 위하여
③ 벨트가 잘 벗겨지지 않게 하기 위하여
④ 벨트의 접촉면을 늘리기 위하여

해설
크라운풀리
벨트전동에서 벨트와 풀리의 접촉면인 림의 중앙을 곡면으로 하면 벨트의 벗겨짐을 방지하므로 일종의 안전장치의 역할을 한다.

11 동력이 H_{kW}로 주어지고 N[rpm]으로 회전하는 축의 전달토크식으로 옳은 것은?

① $T = 974,000 \times \dfrac{H_{\text{kW}}}{N} [\text{kgf} \cdot \text{mm}]$

② $T = 97,400 \times \dfrac{H_{\text{kW}}}{N} [\text{kgf} \cdot \text{mm}]$

③ $T = 7,162,000 \times \dfrac{H_{\text{kW}}}{N} [\text{kgf} \cdot \text{mm}]$

④ $T = 716,000 \times \dfrac{H_{\text{kW}}}{N} [\text{kgf} \cdot \text{mm}]$

해설
- $T = 974,000 \times \dfrac{H_{\text{kW}}}{N} [\text{kgf} \cdot \text{mm}]$

- $T = 716,000 \times \dfrac{H_{\text{PS}}}{N} [\text{kgf} \cdot \text{mm}]$

정답 8 ④　9 ③　10 ③　11 ①

12 절단기의 전동모터를 설계할 때 모터의 동력용량을 최소화하기 위해 요구되는 기계 요소는?

① 플라이휠　　　　② 체 인
③ 기 어　　　　　　④ 클러치

해설
전동모터의 동력용량을 최소화하려면, 회전체에 플라이휠을 추가로 장착하여 관성에 의한 회전이 이루어지도록 하면 된다.

플라이휠(Fly Wheel)

14 평벨트와 비교할 때 V벨트의 특징으로 옳지 않은 것은?

① 고속운전이 가능하다.
② 운전이 정숙하다.
③ 속도비가 작다.
④ 전동효율이 크다.

해설
V벨트는 평벨트보다 속도비를 크게 할 수 있다.

평벨트		벨트의 단면이 직사각형으로 벨트의 안쪽면과 바깥쪽면이 균일하므로 잘 굽혀져서 작은 풀리나 고속전동에도 사용한다. 평벨트로는 바로걸기와 엇걸기가 모두 가능하다.
V-벨트		벨트의 단면이 V형상인 벨트로 벨트 풀리에 거는 방식은 바로걸기만 가능하다. 운전이 정숙하며 쐐기작용에 의해 평벨트보다 마찰력이 더 커서 전달효율도 더 좋으며 속도비도 더 크게 할 수 있다.

15 리벳이음과 비교할 때 용접이음의 장점으로 옳은 것은?

① 진동을 쉽게 감쇠시킨다.
② 용접부의 비파괴검사가 용이하다.
③ 이음효율이 높다.
④ 변형하기 쉽고 잔류응력을 남기지 않는다.

해설
용접이음은 리벳이음보다 이음효율이 높다.
용접의 장점 및 단점

용접의 장점	용접의 단점
• 이음효율이 높다. • 재료가 절약된다. • 제작비가 적게 든다. • 이음 구조가 간단하다. • 유지와 보수가 용이하다. • 재료의 두께제한이 없다. • 이종재료도 접합이 가능하다. • 제품의 성능과 수명이 향상된다. • 유밀성, 기밀성, 수밀성이 우수하다. • 작업공정이 줄고, 자동화가 용이하다.	• 취성이 생기기 쉽다. • 균열이 발생하기 쉽다. • 용접부의 결함 판단이 어렵다. • 용융부위 금속의 재질이 변한다. • 저온에서 쉽게 약해질 우려가 있다. • 용접모재의 재질에 따라 영향을 크게 받는다. • 용접기술자(용접사)의 기량에 따라 품질이 다르다. • 용접 후 변형 및 수축에 따라 잔류응력이 발생한다.

13 회전축의 진동을 고려한 설계의 특징으로 옳지 않은 것은?

① 축의 강성을 증가시키기 위해서는 처짐진동과 비틀림진동을 주로 고려하여야 한다.
② 축의 변형에 의한 진동의 고유진동수와 축의 회전속도가 일치하지 않도록 하여야 한다.
③ 회전축의 회전속도는 위험속도에서 25[%] 이상 벗어나야 한다.
④ 신축에 의한 세로진동(Longitudinal Vibration)을 주로 고려하여 설계한다.

해설
회전축의 진동을 고려하여 설계할 때는 회전할 때 발생되는 비틀림에 의한 진동을 주로 고려해야 하며, 굽힘에 의한 진동이나 세로진동 역시 설계 시 고려할 사항이다.

16 베어링에 관한 설명으로 옳지 않은 것은?

① 구름베어링의 기본부하용량은 33.3[rpm]으로서 500시간의 수명을 유지할 수 있는 하중을 말한다.

② 구름베어링의 정격수명은 동일조건에서 베어링 그룹의 90[%]가 피로박리현상을 일으키지 않고 회전하는 총회전수를 말한다.

③ 미끄럼베어링은 소음 및 진동발생의 면에서 구름베어링보다 우수하다.

④ 구름베어링은 하중, 속도 등에 의한 영향이 적고 미끄럼베어링보다 충격면에서 우수하다.

해설

미끄럼베어링이 구름베어링보다 충격에 강하므로 비교적 큰 하중에 사용한다.

미끄럼베어링과 구름베어링의 특징

미끄럼베어링	구름베어링 (볼 또는 롤러베어링)
	 외륜 볼 or 롤러 리테이너 내륜
• 가격이 싸다. • 마찰저항이 크다. • 동력손실이 크다. • 윤활성이 좋지 않다. • 진동과 소음이 작다. • 비교적 큰 하중에 적용한다. • 구조가 간단하며 수리가 쉽다. • 충격값이 구름베어링보다 크다. • 비교적 낮은 회전속도에 사용한다. • 구름베어링보다 정밀도가 더 커야 한다. • 시동 시 뿐만 아니라 구동 중에도 구름베어링에 비해 마찰저항이 크다.	• 가격이 비싸다. • 마찰저항이 작다. • 동력손실이 적다. • 윤활성이 좋은 편이다. • 소음이 있고 충격에 약하다. • 비교적 작은 하중에 적용한다. • 수명이 비교적 짧고 조립이 어렵다. • 고속회전에 적합하며 과열이 적다. • 너비를 작게 해서 소형화가 가능하다. • 특수강을 사용하며 정밀가공이 필요하다. • 표준화된 규격품이 많아서 교환하기 쉽다.

17 묻힘키에서 전달토크를 T, 키의 높이를 h, 키의 폭을 b, 키의 길이를 l, 축의 직경을 d라고 할 때, 키에 발생하는 전단응력 τ는?

① $\tau = \dfrac{4T}{(l-b)d}$

② $\tau = \dfrac{2T}{(l-b)d}$

③ $\tau = \dfrac{2T}{bld}$

④ $\tau = \dfrac{4T}{bld}$

해설

묻힘키의 길이를 구할 때 전단응력을 고려하면 다음과 같은 식을 적용해야 한다.

$$\tau = \frac{W}{bl} = \frac{2T}{bdl}$$

묻힘키의 길이(l)구하기

• 전단응력 고려 시 $\tau = \dfrac{W}{bl} = \dfrac{2T}{bdl}$, $l = \dfrac{2T}{bd\tau}$

• 압축응력 고려 시 $\sigma_c = \dfrac{2W}{hl} = \dfrac{4T}{hdl}$, $l = \dfrac{4T}{hd\sigma_c}$

18 축에 비틀림모멘트 3[kN·m]과 굽힘모멘트 4[kN·m]가 동시에 작용할 때 상당(Equivalent)비틀림모멘트와 상당굽힘모멘트의 합[kN·m]은?

① 8

② 9.5

③ 12

④ 13.5

해설

$$M_e + T_e = \frac{1}{2}\left(M + \sqrt{M^2 + T^2}\right) + \left(\sqrt{M^2 + T^2}\right)$$
$$= \frac{1}{2}\left(4 + \sqrt{4^2 + 3^2}\right) + \left(\sqrt{4^2 + 3^2}\right)$$
$$= \frac{9}{2} + 5 = 9.5$$

상당굽힘모멘트(M_e) 및 상당비틀림모멘트(T_e) 구하는 식

상당굽힘모멘트(M_e)	상당비틀림모멘트(T_e)
$M_e = \dfrac{1}{2}\left(M + \sqrt{M^2 + T^2}\right)$	$T_e = \sqrt{M^2 + T^2}$

여기서 M : 굽힘모멘트, T : 비틀림모멘트

정답 16 ④ 17 ③ 18 ②

안심Touch

19 축방향과 축에 직각인 하중을 동시에 지지하는 베어링은?

① 레이디얼베어링　　② 테이퍼베어링

③ 피봇베어링　　　　④ 트러스트베어링

해설
테이퍼베어링은 축방향과 축에 직각인 하중을 동시에 지지할 수 있다.

20 베어링메탈의 구비조건으로 옳지 않은 것은?

① 마찰 및 마멸이 작아야 한다.

② 축재질보다 면압강도가 작고 연성이 낮아야 한다.

③ 열전도율이 높아야 한다.

④ 하중에 견딜 수 있도록 충분한 강도와 강성을 가져야 한다.

해설
베어링메탈은 축재질보다 면압강도가 커야 한다.
베어링재료의 구비조건(미끄럼 및 구름베어링)
• 내식성이 클 것
• 피로한도가 높을 것
• 미찰계수가 작을 것
• 마찰과 마멸이 적을 것
• 유막의 형성이 용이할 것
• 방열을 위하여 열전도율이 클 것
• 축재질보다 면압강도가 클 것
• 하중 및 피로에 대한 충분한 강도를 가질 것

01 SI 기본단위에 의한 표시 중 일률(동력)에 해당되는 것은?

① $[m \cdot kg \cdot s^{-2}]$ ② $[m^{-1} \cdot kg \cdot s^{-2}]$

③ $[m^2 \cdot kg \cdot s^{-2}]$ ④ $[m^2 \cdot kg \cdot s^{-3}]$

해설

동력(H)의 단위는 [W](와트)이다.

$[W] = [J/s] = [N \cdot m/s] = [kg \cdot m^2/s^3] = [kg \cdot m^2 \cdot s^{-3}]$

여기서 $1[N] = 1[kg \cdot m/s^2]$

02 원통코일스프링에서 스프링지수에 대한 설명으로 옳은 것은?

① 소선지름에 대한 스프링 안지름의 비
② 소선지름에 대한 스프링 평균지름의 비
③ 소선반경에 대한 스프링 최대반경의 비
④ 소선반경에 대한 스프링 바깥반경의 비

해설

스프링지수(C) $= \dfrac{D(코일의\ 평균지름)}{d(소선의\ 지름)}$

03 리드각 $\alpha = 10°$, 마찰각 $\rho = 35°(\mu = \tan\rho)$, 유효직경 20[mm]인 1줄 사각나사로 100[kgf]의 하중을 들어올리려고 한다. 나사를 죄는데 필요한 토크[kgf · m]는? (단, sin10° = 0.174, cos10° = 0.985, tan10° = 0.176, tan35° = 0.700이다)

① 1 ② 0.7

③ 0.985 ④ 0.174

해설

$$T = Q\tan(\lambda + \rho) \times \frac{d_e}{2}$$

$$= 100[\text{kgf}] \times \tan45° \times \frac{0.02[\text{m}]}{2}$$

$$= 100[\text{kgf}] \times 1 \times 0.01[\text{m}]$$

$$= 1[\text{kgf} \cdot \text{m}]$$

나사를 죄는 토크(T) 구하는 식

$$T = Q\tan(\lambda + \rho) \times \frac{d_e}{2}$$

04 다음 그림 사선 부분과 같이 두께가 t인 강판을 겹치기 이음으로 필릿용접하였다. P의 힘으로 잡아당겨 용접부에 전단응력 τ가 발생하였을 때, 용접길이 l은?

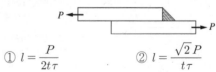

① $l = \dfrac{P}{2t\tau}$ ② $l = \dfrac{\sqrt{2}\,P}{t\tau}$

③ $l = \dfrac{\sqrt{2}\,P}{2t\tau}$ ④ $l = \dfrac{2P}{t\tau}$

해설

$$\tau = \frac{P}{A} = \frac{P}{t\cos45° \times l}$$

$\cos45° = \dfrac{1}{\sqrt{2}}$ 이므로

$$l = \frac{P}{t\frac{1}{\sqrt{2}}\tau} = \frac{\sqrt{2}\,P}{t\tau}$$

05 다음 나사 중 체결용으로 적절하지 않은 것은?

① 관용나사 ② 유니파이나사
③ 애크미나사 ④ 미터나사

해설
애크미나사는 사다리꼴나사를 달리 부르는 말로 기계를 이송시키는 동력전달용으로 사용된다.

나사의 종류 및 특징

명 칭		그 림	용 도	특 징
삼각나사	미터나사		기계조립 (체결용)	• 미터계 나사 • 나사산의 각도 60° • 나사의 지름과 피치를 [mm]로 표시한다.
	유니파이나사		정밀기계 조립 (체결용)	• 인치계 나사 • 나사산의 각도 60° • 미, 영, 캐나다 협정으로 만들어져 ABC나사라고도 한다.
삼각나사	관용나사		유체기기 결합 (체결용)	• 인치계 나사 • 나사산의 각도 55° • 관용평행나사 : 유체기기 등의 결합에 사용한다. • 관용테이퍼나사 : 기밀 유지가 필요한 곳에 사용한다.
사각나사			동력전달용 (운동용)	• 프레스 등의 동력전달용으로 사용한다. • 축방향의 큰 하중을 받는 곳에 사용한다.
사다리꼴나사			공작기계의 이송용 (운동용)	• 애크미나사라고도 불린다. • 인치계 사다리꼴나사 (TW) : 나사산 각도 29° • 미터계 사다리꼴나사 (Tr) : 나사산 각도 30°
톱니나사			힘의 전달 (운동용)	• 힘을 한쪽 방향으로만 받는 곳에 사용한다. • 바이스, 압착기 등의 이송용 나사로 사용한다.
둥근나사			전구나 소켓 (운동용)	• 나사산이 둥근모양이다. • 너클나사라고도 불린다. • 먼지나 모래가 많은 곳에서 사용한다. • 나사산과 골이 같은 반지름의 원호로 이은 모양이다.
볼나사			정밀공작 기계의 이송장치 (운동용)	• 나사축과 너트 사이에 강재 볼을 넣어 힘을 전달한다. • 백래시를 작게 할 수 있고 높은 정밀도를 오래 유지할 수 있으며 효율이 가장 좋다.

06 다음 중에서 리벳지름과 피치가 동일한 경우 전단면수가 가장 많은 것은?

① 2줄 겹치기 이음
② 양쪽 덮개판 2줄 맞대기 이음
③ 한쪽 덮개판 3줄 맞대기 이음
④ 3줄 겹치기 이음

해설
리벳의 경우 덮개판의 수가 1개 더 많을 경우 전단면도 거의 2배가 많아지므로 ②번이 절단면수가 가장 많게 된다.

리벳이음의 종류 및 형상

1줄 겹치기 이음	2줄 겹치기 이음(평행)
2줄 겹치기 지그재그 이음	한쪽 덮개판 1줄 이음
양쪽 덮개판 1줄 이음	양쪽 덮개판 2줄 지그재그 이음

07 모듈 = 6, 중심거리 = 315[mm], 속도비 = 1 : 2.5인 한 쌍의 평기어가 있다. 작은 기어의 잇수에 가장 가까운 값은?

① 21 ② 24
③ 27 ④ 30

해설
- $z_1 : z_2 = 1 : 2.5$, $z_2 = 2.5z_1$
- $C = \dfrac{D_1 + D_2}{2} = \dfrac{m(z_1 + z_2)}{2}$

$315 = \dfrac{6(z_1 + 2.5z_1)}{2}$

$630 = 6z_1 + 15z_1$

$630 = 21z_1$

$z_1 = 30$

- $315 = \dfrac{(6 \times 30) + 6z_2}{2}$

$630 = 180 + 6z_2$

$450 = 6z_2$

$z_2 = 75$

따라서 작은 기어의 잇수는 30이므로 정답은 ④번이다.
속도비

$i = \dfrac{n_2}{n_1} = \dfrac{D_1}{D_2} = \dfrac{z_1}{z_2}$

08 한 쌍을 이루는 두 개의 헬리컬기어에서 치직각 모듈 = 4, 잇수는 각각 20개와 100개, 비틀림각 = 18°이다. 이 두 기어의 중심거리에 가장 가까운 값[mm]은?(단, cos18° = 0.95, sin18° = 0.31, tan18° = 0.33, cos36° = 0.81, sin36° = 0.59, tan36° = 0.73이다)

① 226 ② 252
③ 273 ④ 296

해설

$C = \dfrac{D_1 + D_2}{2} = \dfrac{\left(z_1 \dfrac{m_1}{\cos 18°}\right) + \left(z_2 \dfrac{m_2}{\cos 18°}\right)}{2}$

$= \dfrac{\left(20 \dfrac{4}{\cos 18°}\right) + \left(100 \dfrac{4}{\cos 18°}\right)}{2} = \dfrac{\left(\dfrac{80}{0.95}\right) + \left(\dfrac{400}{0.95}\right)}{2}$

$= \dfrac{480}{0.95 \times 2} = \dfrac{480}{1.9} = 252.6[mm]$

헬리컬기어의 피치원지름 구하는 식

$D_s = Z_s m_s = Z_s \dfrac{m_n}{\cos \beta}$

09 원추각이 α, 평균직경이 D_m, 마찰계수 μ인 원추클러치가 있다. 전달토크를 T라 할 때, 축방향으로 밀어야 할 힘(P)은?

① $P = \dfrac{2T}{\mu D_m}(\sin\alpha + \mu\cos\alpha)$

② $P = \dfrac{T}{\mu D_m}(\sin\alpha + \mu\cos\alpha)$

③ $P = \dfrac{2T}{\mu D_m}(\cos\alpha + \mu\sin\alpha)$

④ $P = \dfrac{T}{\mu D_m}(\cos\alpha + \mu\sin\alpha)$

해설
클러치 전달토크(T) $= \mu Q \dfrac{D_m}{2}$ 에

$Q = \dfrac{P}{\sin\alpha + \mu\cos\alpha}$ 를 대입하면

$T = \mu \times \dfrac{P}{\sin\alpha + \mu\cos\alpha} \times \dfrac{D_m}{2}$

$P = \dfrac{2T}{\mu D_m}(\sin\alpha + \mu\cos\alpha)$

원추클러치(Cone Clutch)

10 롤러베어링의 기본 동적부하용량이 의미하는 것은?

① 최대부하를 받고 있는 전동체와 궤도륜의 접촉부에서 전동체의 영구변형량과 궤도륜의 영구변형량의 합이 전동체 지름의 0.0001배가 되는 베어링하중의 크기
② 내륜을 고정하고 외륜을 회전시키는 조건에서 100만 회전의 정격수명이 얻을 수 있는 베어링하중의 크기
③ 최대부하를 받고 있는 전동체와 궤도륜의 접촉부에서 전동체의 영구변형량과 궤도륜의 영구변형량의 합이 전동체 지름의 0.001배가 되는 베어링하중의 크기
④ 외륜을 고정하고 내륜을 회전시키는 조건에서 100만 회전의 정격수명이 얻을 수 있는 베어링하중의 크기

해설
롤러베어링의 기본 동적부하용량(C)
외륜을 고정하고 내륜을 회전시킬 때 100만 회전의 정격수명이 얻을 수 있는 베어링하중의 크기

11 다판식 원판클러치에서 축방향으로 10[kgf]의 힘을 가해 2[kgf · m]의 토크를 전달하고자 한다. 이때 마찰면의 개수는?(단, 접촉면의 안지름이 100[mm], 바깥지름이 300[mm]이고, 마찰계수 $\mu = 0.2$이다)

① 5
② 10
③ 15
④ 20

해설

다판식 원판클러치의 전달토크(T) 구하는 식

$T = \mu Q \dfrac{D_m}{2} Z$ 에서

$Z = \dfrac{2T}{\mu Q D_m}$

$= \dfrac{2 \times 2[\text{kgf} \cdot \text{m}]}{0.2 \times 10[\text{kgf}] \times \dfrac{0.1[\text{m}] + 0.3[\text{m}]}{2}} = \dfrac{4}{2 \times 0.2} = 10$

12 길이 l, 높이 h, 폭 b인 평행키에서 축의 원주방향으로 작용하는 힘에 의해 전단응력과 압축응력이 키에 발생된다. 이때 허용전단응력 τ와 허용압축응력 σ가 $\sigma = 2\tau$일 때, h와 b의 관계는?

① $h = 0.5b$
② $h = b$
③ $h = 1.5b$
④ $h = 2b$

해설

$\sigma_c = \dfrac{4T}{hld}$, $\tau = \dfrac{2T}{bdl}$ 이므로

$\sigma_c = 2\tau$

$\dfrac{4T}{hld} = 2 \times \dfrac{2T}{bdl}$

$\dfrac{4}{h} = \dfrac{4}{b}$

따라서 $h = b$이다.

키에 작용하는 응력 구하는 식

• 전단응력 $\tau = \dfrac{W}{bl} = \dfrac{2T}{bdl}$

• 압축응력 $\sigma_c = \dfrac{2W}{hl} = \dfrac{4T}{hdl}$

13 축각이 90°이고 각속도비가 1인 외접하는 원추마찰차에서 축방향 스러스트(Thrust) 하중이 P일 때, 베어링에 작용하는 레이디얼 하중은?

① P
② $\dfrac{P}{\sqrt{2}}$
③ $2P$
④ $\sqrt{2} P$

해설

Radial 하중 $= Q \cos \alpha$

여기서 Thrust 하중 $P = Q \sin \alpha$

$Q = \dfrac{P}{\sin \alpha}$ 를 대입하면

Radial 하중 $= \dfrac{P \cos \alpha}{\sin \alpha} = P \dfrac{\cos 45°}{\sin 45°} = P \dfrac{\dfrac{1}{\sqrt{2}}}{\dfrac{1}{\sqrt{2}}} = P$

14 다음 중에서 단위중량당 에너지 흡수율이 크고, 경량이며, 구조가 간단한 기계요소는?

① 토션바(Torsion Bar)
② 판스프링(Leaf Spring)
③ 코일스프링(Coil Spring)
④ 고무스프링(Rubber Spring)

해설

토션바(Torsion Bar)

단위중량당 에너지 흡수율이 크고 경량이며 구조가 간단한 기계요소로 긴 봉의 한쪽 끝을 고정하고 다른쪽 끝을 비트는데, 그 때의 비틀림변위를 이용하는 스프링의 일종이다.

15 두 기어의 기초원의 지름이 D_1, D_2이고 잇수가 각각 z_1, z_2, 압력각이 α, 원주피치가 p, 모듈이 M일 때 중심거리를 구하려 한다. 다음 중 옳은 것을 모두 고른 것은?

> $\bigcirc$ $\dfrac{D_1 + D_2}{2 \times \cos\alpha}$
>
> $\bigcirc$ $\dfrac{z_1 + z_2}{2 \times \cos\alpha} M$
>
> $\bigcirc$ $\left(\dfrac{D_1}{M\sin\alpha} + \dfrac{D_2}{M\sin\alpha} \right) \div 2 \times \dfrac{p}{\pi}$
>
> $\bigcirc$ $\left(\dfrac{D_1}{M\cos\alpha} + \dfrac{D_2}{M\cos\alpha} \right) \div 2 \times \dfrac{p}{\pi}$

① ㉠, ㉡   ② ㉠, ㉡, ㉢

③ ㉠, ㉣   ④ ㉠, ㉡, ㉣

해설

㉠ 중심거리$(C) = \dfrac{D_1 + D_2}{2}$, 이 식에서 D는 피치원을 의미한다.

이 식에 기초원지름(D_g) 구하는 식을 대입하면

$$C = \frac{\dfrac{D_{g1}}{\cos\alpha} + \dfrac{D_{g2}}{\cos\alpha}}{2} = \frac{\dfrac{D_{g1} + D_{g2}}{\cos\alpha}}{2} = \frac{D_{g1} + D_{g2}}{2\cos\alpha}$$

※ 기초원지름 $D_g = D\cos\alpha$

㉣ $\dfrac{D_{g1} + D_{g2}}{2\cos\alpha} = \dfrac{D_{g1} + D_{g2}}{\cos\alpha} \div 2$, ㉣에 M이 보이므로

$\dfrac{D_{g1} + D_{g2}}{m\cos\alpha} \div 2 \times m$(원주피치 $p = \pi m$, $m = \dfrac{p}{\pi}$)

$= \dfrac{D_{g1} + D_{g2}}{m\cos\alpha} \div 2 \times \dfrac{p}{\pi}$

16 베어링에는 제조나 사용에 있어서의 혼란을 방지하고 구별을 쉽게 하기 위하여 호칭번호를 붙여 사용한다. 다음의 세 번째 항(08)이 가리키는 것은?

> 베어링 호칭번호 : <u>6</u> <u>2</u> <u>08</u> <u>C2</u> <u>P6</u>

① 베어링의 형식번호

② 베어링의 안지름번호

③ 계열번호

④ 정밀도 등급기호

해설

08 : 베어링의 안지름번호로 40[mm]를 나타낸다.

안지름번호가 00 = 10[mm], 01 = 12[mm], 02 = 15[mm], 03 = 17[mm], 04부터는 5를 곱하면 된다.

구름베어링의 호칭번호(KS B 2012)

6	2	08	C2	P6
형식번호	치수계열번호	안지름번호	틈새기호	등급기호

17 내압이 작용하고 있는 두께가 얇고 밀폐된 고압가스용기가 파단되었을 때, 파단위치 및 방향으로 옳은 것은? (단, 용기의 두께는 일정하고 재료는 균질이고 등방성이며, 돔(DOME) 부분은 구형이다)

①   ②

③   ④

해설

내압용기의 경우 원주방향의 응력이 축방향의 응력보다 2배 더 크기 때문에 고압가스용기가 파단된다면 ①번과 같이 축방향인 길이방향으로 파단된다.

• 원주방향 응력 : $\sigma_1 = \dfrac{PD}{2t}$

• 축방향 응력 : $\sigma_2 = \dfrac{PD}{4t}$

18 그림과 같이 스프링상수 k_1은 2[kgf/cm], k_2는 4[kgf/cm]이다. W의 무게가 10[kgf]인 물체 양쪽에 스프링이 연결되어 있다. 평형상태에서 스프링을 3[cm] 아래로 눌러 탄성변형시킬 때 발생하는 탄성에너지[kgf · cm]는?

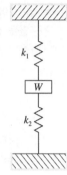

① 6　　　　　② 18

③ 27　　　　　④ 54

해설

탄성에너지$(U) = \dfrac{1}{2} W\delta$

스프링상수$(k) = \dfrac{W}{\delta}$ 에서 $W = k\delta$를 대입하면 다음과 같이 2개의 식이 도출된다.

㉠ $U = \dfrac{1}{2} W\delta = \dfrac{1}{2} \times 10[\text{kgf}] \times 3[\text{cm}] = 15[\text{kgf} \cdot \text{cm}]$

㉡ $U = \dfrac{1}{2} k\delta^2 = \dfrac{1}{2} \times 6[\text{kgf/cm}] \times 3[\text{cm}^2] = 27[\text{kgf} \cdot \text{cm}]$

두 값이 서로 같아야 하나, 다르므로 문제 오류가 인정되어 전항 정답처리 되었다.

스프링상수(k)값 구하기

병렬 연결 시	$k = k_1 + k_2$	
직렬 연결 시	$k = \dfrac{1}{\dfrac{1}{k_1} + \dfrac{1}{k_2}}$	

19 압축코일스프링이 축방향 하중을 받을 때 소선에 가장 큰 영향을 주는 응력은?

① 압축응력　　　② 인장응력

③ 전단응력　　　④ 굽힘응력

해설

압축코일스프링이 축방향의 하중을 받으면 스프링이 압축되면서 전단응력과 비틀림응력이 동시에 발생한다.

압축코일스프링의 축방향 하중

20 기어에서 백래시(Backlash)는?

① 기어가 맞물려 있을 때 이끝원으로부터 물림기어의 이뿌리까지의 거리

② 기어의 축단면에 따른 길이

③ 이끝 높이와 이뿌리 높이의 합

④ 서로 물린 한 쌍의 기어에서 잇면 사이의 간격

해설

백래시(Backlash)

서로 물린 한 쌍의 기어에서 잇면 사이의 간격으로 백래시가 크면 정밀도가 좋지 않다.

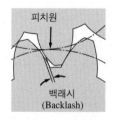

CHAPTER 03

2011년 지방직 기계설계

01 100[N]의 하중을 50[cm] 들어 올리는 데, 8초동안 15[W]의 동력이 작용했다면, 이 전동잭의 효율[%]은?

① 41.7
② 33.3
③ 44.5
④ 39.7

해설

$H = \dfrac{Fv}{\eta}$, 동력 구하는 식을 응용하면

$$\eta = \frac{Fv}{H} = \frac{100[\text{N}] \times \dfrac{s}{t}}{15[\text{J/s}]}$$

$$= \frac{100[\text{N}] \times \dfrac{0.5[\text{m}]}{8[\text{s}]}}{15[\text{N} \cdot \text{m/s}]}$$

$$= \frac{100 \times 0.5}{8 \times 15}$$

$$= 0.4166$$

$$\fallingdotseq 41.7[\%]$$

02 두께가 t_0, 사용압력이 p_0, 내경이 r_0인 원통형 압력용기 (A)가 있다. 이 압력용기와 동일재료로 강판의 두께를 2배, 원통의 반경을 2배로 하여 동일한 형태의 압력용기 (B)를 제작하고, 사용압력을 2배로 할 때 압력용기(B)의 최대 전단응력 크기는 압력용기(A)의 몇 배인가?

(단, $\dfrac{t_0}{r_0} \ll 1$이라고 가정한다)

① 8배
② 4배
③ 2배
④ 1배

해설

전단응력 $\tau = \dfrac{F}{A} = \dfrac{PA}{\pi dt} = \dfrac{P \times \dfrac{\pi d^2}{4}}{\pi dt} = \dfrac{P\pi d^2}{4\pi dt} = \dfrac{Pd}{4t}$ 식에

기본식을 A로 두고, 두께와 반경을 2배로 적용한 식을 B로 두면

$$\text{A}: \frac{Pd}{4t}, \quad \text{B}: \frac{P(2d)}{4(2t)} = \frac{2Pd}{8t}$$

위 식을 정리하면 B = 2A이므로 B는 A의 2배가 된다.

절단방향에 따른 단면적 계산

축방향 절단 시 단면적(A)	원주방향 절단 시 단면적(A)
$A = \pi dt$	$A = 2tL$ 길이 L 두께 t

03 마찰차에 대한 설명으로 옳지 않은 것은?

① 마찰차는 원통마찰차, 홈마찰차, 원추마찰차, 무단변속마찰차로 분류할 수 있다.

② 마찰차는 전달해야 될 힘이 그다지 크지 않으며, 속비가 중요하지 않을 경우 사용한다.

③ 마찰계수를 크게 하기 위해 종동차(피동차)에 원동차(구동차)보다 연질의 재료를 사용한다.

④ 보통 원동차 표면에 목재, 고무, 가죽, 특수 섬유질 등을 라이닝하여 사용한다.

해설
마찰차로 동력전달 시에는 동력이 처음 발생된 원동차에 종동차보다 연질의 재료를 적용하여 마찰계수를 크게 하여 동력효율을 향상시킨다.

04 직경 $D_1 = 200[mm]$, $D_2 = 400[mm]$이고, 잇수 $z_1 = 50$, $z_2 = 100$인 한 쌍의 평기어가 있다. 속도계수는 0.4, 접촉면응력계수 $k = 0.075[kgf/mm^2]$, 이의 폭 $b = 80$[mm]라 하면, 기어에 걸리는 회전력[kgf]은?

① 320

② 640

③ 800

④ 1,600

해설
모듈$(m) = \dfrac{D}{z} = \dfrac{200[mm]}{50} = 4[mm]$을 회전력 구하는 식에 대입한다.

기어에 걸리는 회전력(P) 구하는 식

$$P = f_v kmb\left(\frac{2z_1 z_2}{z_1 + z_2}\right)$$
$$= 0.4 \times 0.075[kgf/mm^2] \times 4[mm] \times 80[mm] \times \left(\frac{2 \times 50 \times 100}{50 + 100}\right)$$
$$= 640[kgf]$$

05 회전수 1,000[rpm]으로 10[kW]의 동력을 전달하는 단판클러치의 내경이 100[mm], 외경이 200[mm], 마찰계수가 0.2일 때, 클러치를 축방향으로 미는 힘[kgf]은?

① 162.3

② 324.7

③ 477.5

④ 649.3

해설
$$D_m = \frac{100 + 200}{2} = 150[mm]$$

$$T_{kW} = 974,000 \frac{H_{kW}}{N} = 974,000 \frac{10}{1,000} = 9,740[kgf \cdot mm]$$

클러치 전달토크$(T) = \mu Q \dfrac{D_m}{2}$ 을 응용하면,

$$Q = \frac{2T}{\mu D_m} = \frac{2 \times 9,740[kgf \cdot mm]}{0.2 \times 150[mm]} = 649.3[kgf]$$

06 고속회전 시 미끄러짐을 방지하기 위하여 스러스트 볼베어링에 예압(Preload)을 가하게 된다. 운전속도(N)가 제한속도(N_{max})의 20[%]인 경우 기본정격하중(C_0)의 몇 배로 예압해야 하는가?

① $\dfrac{1}{100}$ 배

② $\dfrac{1}{500}$ 배

③ $\dfrac{1}{1,000}$ 배

④ $\dfrac{1}{2,500}$ 배

해설
일반적으로 베어링은 운전상태에서 약간의 내부틈새를 주어 사용하는데 용도에 따라서 미리 하중을 가하는 예압을 설정하여 미끄러짐을 방지한다. 그러나 예압을 최대로 설정하면 수명저하, 이상발열, 회전토크 증대 등의 원인이 되므로 목적을 잘 고려하여 예압을 설정해야 된다. 운전속도는 보통 제한속도의 20[%] 이하로 사용하며, 기본 정격하중의 $\dfrac{1}{1,000}$ 배로 예압한다.

예압의 목적
• 진동 및 소음을 억제하기 위해
• 하중을 받을 때에도 내부틈새를 방지하기 위해
• 축의 고유진동수를 높여 고속회전에도 적용하기 위해
• 축의 흔들림이 억제하여 회전정밀도와 위치결정의 정밀도 향상을 위해

07 벨트의 평행걸기(Open Belting) 시 축간 중심거리는 1,000[mm], 원동차의 지름은 400[mm], 종동차의 지름은 300[mm]이다. 벨트의 길이에 가장 가까운 값[mm]은?

① 3,060
② 3,100
③ 3,140
④ 3,180

해설
평행걸기는 바로걸기를 의미하므로

$L = 2C + \dfrac{\pi(D_1 + D_2)}{2} + \dfrac{(D_2 - D_1)^2}{4C}$ 식에 대입한다.

$L = (2 \times 1,000) + \left(\dfrac{\pi(400 + 300)}{2}\right) + \left(\dfrac{(300 - 400)^2}{4 \times 1,000}\right)$

$= 2,000 + 350\pi + 2.5 = 3,102.05[\text{mm}]$

벨트길이 구하는 식

• 바로걸기 : $L = 2C + \dfrac{\pi(D_1 + D_2)}{2} + \dfrac{(D_2 - D_1)^2}{4C}$

• 엇걸기 : $L = 2C + \dfrac{\pi(D_1 + D_2)}{2} + \dfrac{(D_2 + D_1)^2}{4C}$

08 자중을 무시할 수 있는 길이 L인 원형 단면 실축(탄성계수 E)이 단순지지되어 있다. 이 축의 중앙에 하중 P인 회전체가 설치되어 있을 때, 위험속도 N[rpm]가 되는 축의 지름은?(단, g는 중력가속도이다)

① $\sqrt[4]{\dfrac{4PL^3\pi N^2}{3E30^2 g}}$

② $\sqrt[4]{\dfrac{3PL^3\pi N^2}{4E30^2 g}}$

③ $\sqrt[4]{\dfrac{4PL^3 30^2 N^2}{3E\pi^3 g}}$

④ $\sqrt[4]{\dfrac{3PL^3\pi g}{4E30^2 N^2}}$

해설
위험속도 구하는 식과 단순보의 처짐량 구하는 식을 통해 구할 수 있다.

• $N_c = \dfrac{30}{\pi}\sqrt{\dfrac{g}{\delta}}$, $\sqrt{\dfrac{g}{\delta}} = \dfrac{\pi N_c}{30}$, $\dfrac{g}{\delta} = \dfrac{\pi^2 N_c^2}{30^2}$, $\delta = \dfrac{30^2 g}{\pi^2 N_c^2}$

• $\delta = \dfrac{PL^3}{48EI} = \dfrac{PL^3}{48E\dfrac{\pi d^4}{64}} = \dfrac{64PL^3}{48E\pi d^4} = \dfrac{4PL^3}{3E\pi d^4}$

정리하면 $\dfrac{30^2 g}{\pi^2 N_c^2} = \dfrac{4PL^3}{3E\pi d^4}$

$d^4 = \dfrac{4PL^3}{3E\pi} \times \dfrac{\pi^2 N_c^2}{30^2 g}$

$d = \sqrt[4]{\dfrac{4PL^3\pi N_c^2}{3E30^2 g}}$

축 중앙에 1개의 회전질량을 가진 축의 위험속도 계산식

$N_c = \dfrac{30}{\pi}w_c = \dfrac{30}{\pi}\sqrt{\dfrac{g}{\delta}} = 300\sqrt{\dfrac{1}{\delta}}$

단순지지보에서 집중하중 작용 시 처짐각(θ) 및 처짐량(δ) 구하는 식

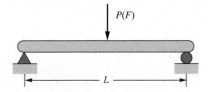

처짐각(θ)	처짐량(δ)
$\theta_{\max} = \dfrac{PL^2}{16EI}$	$\delta_{\max} = \dfrac{PL^3}{48EI}$

※ 단면 2차 모멘트(관성모멘트) $I = \dfrac{\pi d^4}{64}$

09 굽힘모멘트와 토크를 동시에 받는 축의 인장응력은 90[MPa], 전단응력은 60[MPa]이다. 허용인장응력을 110[MPa], 허용전단응력을 80[MPa]이라 할 때, 다음 설명 중 옳지 않은 것은?

① 최대 주응력설에 의하면, 이 축은 안전하지 않다.

② 최대 전단응력설에 의하면, 이 축은 안전하지 않다.

③ 전단변형에너지설(Von Mises Yield Criteria)에 의하면, 이 축은 안전하지 않다.

④ 단순인장응력상태에서는 최대 주응력설에 의한 파손조건과 전단변형에너지설에 의한 파손조건이 같아진다.

해설

최대 전단응력은 전단응력이 항복전단응력에 도달하면 파손된다는 이론으로, 허용전단응력(80[MPa])보다 전단응력의 수치(60[MPa])가 낮으므로 최대 전단응력설로 보면 이 축은 안전하다.

주요 응력설

• 최대 주응력설

최대 인장응력이나 최대 압축응력의 크기가 항복강도보다 클 경우, 재료의 파손이 일어난다는 이론으로 취성재료의 분리파손과 가장 일치한다.

• 최대 전단응력설

최대 전단응력이 그 재료의 항복전단응력에 도달하면 재료의 파손이 일어난다는 이론이다. 연성재료의 미끄럼파손과 일치한다.

$$\tau_{\max} = \frac{1}{2}\sigma_Y = \frac{1}{2}\sqrt{\sigma_x^2 + 4\tau^2}$$

• 전단변형에너지설

변형에너지는 전단변형에너지와 체적변형에너지로 구분되는데, 전단변형에너지가 인장 시 항복점에서의 변형에너지에 도달하였을 때의 파손된다는 이론이다. 연성재료의 파손예측에 사용한다.

$$\tau_{\max} = \frac{1}{\sqrt{3}}\sigma_Y = 0.577\sigma_Y$$

10 다음 그림에서 벨트 풀리 1(I_1)에 700[PS]이 전달되고, 이 동력은 풀리 2(I_2)에 300[PS], 풀리 3(I_3)에 400[PS]으로 나누어 전달된다. 풀리 2의 좌측과 우측의 축에 걸리는 전단응력이 같아지도록 설계한다면, $\dfrac{d_1}{d_2}$은?(단, 자중 및 굽힘하중에 의한 전단응력은 무시한다)

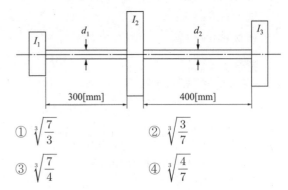

① $\sqrt[3]{\dfrac{7}{3}}$ 　　② $\sqrt[3]{\dfrac{3}{7}}$

③ $\sqrt[3]{\dfrac{7}{4}}$ 　　④ $\sqrt[3]{\dfrac{4}{7}}$

해설

토크(T) = $\tau \times Z_P$을 응용하여 2개의 전단응력을 같게 하면

$$\tau_1 = \tau_2, \quad \frac{716,200\dfrac{700}{N}}{\dfrac{\pi d_1^3}{16}} = \frac{716,200\dfrac{400}{N}}{\dfrac{\pi d_2^3}{16}}$$

여기서 공통부분을 약분하면

$$\frac{700}{d_1^3} = \frac{400}{d_2^3}, \quad \frac{700}{400} = \frac{d_1^3}{d_2^3}$$

$$\therefore \sqrt[3]{\frac{7}{4}} = \frac{d_1}{d_2}$$

11 유니파이 보통나사 3/4-10 UNC의 피치[mm]는?

① 0.75 　　② 10

③ 19.05 　　④ 2.54

해설

1[inch]당 나사산 수 : 10

$$p = \frac{1}{\text{나사산 수}}[\text{inch}] = \frac{1}{10} \times 25.4[\text{mm}] = 2.54[\text{mm}]$$

12 이의 수 16개인 피니언이 이의 수 40개인 기어를 구동시키는 평기어쌍이 있다. 모듈은 12[mm], 이끝높이와 이뿌리높이는 각각 12[mm], 15[mm]이고, 압력각이 20°일 때, 원주피치[mm] 및 중심거리[mm]는?

	원주피치[mm]	중심거리[mm]
①	37.7	336
②	37.7	672
③	75.4	336
④	75.4	672

해설

- 원주피치 $= \dfrac{\pi D}{Z} = \pi m$, $\pi \times 12 = 37.7$

- 중심거리 $C = \dfrac{D_1 + D_2}{2} = \dfrac{m(z_1 + z_2)}{2}$
  $$= \dfrac{12(16+40)}{2} = 336[mm]$$

13 안지름이 312[mm]인 이음매 없는 강관에 유량이 약 0.23[m³/s], 수압이 2[MPa]인 유체가 흐를 때, 이에 적합한 강관의 바깥지름[mm]은?(단, 허용인장응력은 78[MPa], 부식여유는 1[mm], 평균유속은 3[m/s]로 한다)

① 322 ② 350
③ 344 ④ 336

해설

$t = \dfrac{PD}{2\sigma_a \eta} + C$, 효율은 따로 언급이 없으면 100[%]인 1을 대입한다.

$= \dfrac{2[MPa] \times 312[mm]}{2 \times 78[MPa] \times 1} + 1[mm] = 5[mm]$

강관의 바깥직경 = 안지름 + 강관의 두께
$= 312 + (5[mm] \times 2) = 322[mm]$

리벳이음용 내압용기의 두께(t) 구하는 식

$t = \dfrac{PD}{2\sigma_a \eta} + C$(부식여유)

14 합금강에서 합금원소의 영향으로 옳지 않은 것은?

① 몰리브덴(Mo)은 고온에서 강도나 경도의 저하가 적으며, 담금질성을 증가시킨다.
② 텅스텐(W)은 탈산 및 탈질 작용이 강하며, 결정립을 미세화한다.
③ 크롬(Cr)은 내마모성과 내식성을 증가시키며, 4[%] 이상 함유될 경우 단조성이 떨어진다.
④ 니켈(Ni)은 저온에서 내충격성을 향상시킨다.

해설

알루미늄(Al)은 탈산(산소제거)과 탈질(질소제거), 결정립을 미세화시키는 역할을 한다. 텅스텐(W)은 재료의 강도와 경도를 향상시킬 때 합금시키는 원소이다.

15 대표적인 관이음 방법인 플랜지를 설계할 때, 플랜지면에 수직으로 작용하는 전하중이 P이면 플랜지의 두께는 t_0이다. 동일조건에서 압력이 두 배가 된다면, 플랜지의 최소 두께는 t_0의 몇 배로 설계해야 하는가?

① 1.5 ② 2
③ $\sqrt{2}$ ④ 4

해설

$t_0 = \sqrt{\dfrac{6Pl}{\pi d\sigma}}$ 여기서 압력을 고려하여 2배로 설정하면

$\sqrt{P_2} = \sqrt{2}P$, 따라서 $\sqrt{2}$ 배로 설계하여야 한다.

플랜지이음의 최소 두께(t_0) 구하는 식

$t_0 = \sqrt{\dfrac{6Pl}{\pi d\sigma}}$

16 그림과 같은 내부확장식 드럼 브레이크로 363[N · m]의 토크를 제동하려고 한다. 브레이크 슈에 작용하는 힘 F[kN]는 최소 얼마이어야 하는가?(단, 그림에서 a = 110[mm], b = 55[mm], c = 50[mm], D = 140[mm]이고, 마찰계수는 0.3이다)

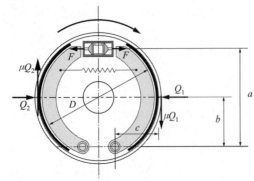

① 1

② 2

③ 3

④ 4

해설

토크 $T = F \times l$

$T = f$(마찰력)$\times \dfrac{D}{2}$, 슈의 마찰부가 2개이므로

$T = (\mu Q_1 + \mu Q_2) \times \dfrac{D}{2}$

$T = \mu\left(\dfrac{Fa}{b-\mu c} + \dfrac{Fa}{b+\mu c}\right) \times \dfrac{D}{2}$

$T = F\mu\left(\dfrac{a}{b-\mu c} + \dfrac{a}{b+\mu c}\right) \times \dfrac{D}{2}$

$F = \dfrac{2T}{\left(\dfrac{a}{b-\mu c} + \dfrac{a}{b+\mu c}\right)\mu D}$

$= \dfrac{2 \times 363 \times 10^3}{\left(\dfrac{110}{55-(0.3 \times 50)} + \dfrac{110}{55+(0.3 \times 50)}\right) \times 0.3 \times 140}$

$= \dfrac{726,000}{(2.75 + 1.57) \times 0.3 \times 140} = \dfrac{726,000}{181.5}$

$= 4,000[\text{N} \cdot \text{mm}] = 4[\text{kN} \cdot \text{m}]$

17 피로파손 및 내구선도에 대한 설명으로 옳지 않은 것은?

① S-N곡선(피로한도 곡선)이 가로축과 평행하게 되는 시작점에서의 양진응력의 크기, 즉 응력진폭을 피로한도라고 한다.

② 모든 금속재료는 $N = 10^6 \sim 10^7$ 정도에서 명백한 피로한도를 보이며, 이 피로한도보다 낮은 응력진폭에서는 피로파괴되지 않는 것으로 간주하여 설계한다.

③ 변동응력이 작용하는 경우에는, 가로축을 평균응력(σ_m), 세로축을 응력진폭으로 하는 내구선도를 작성하고 작용응력이 안전영역 이내에 있도록 설계하여야 한다.

④ 소더버그(Soderbergh)선도는 내구선도의 세로축 절편을 피로한도, 가로축 절편을 항복강도로 하는 두 점을 직선으로 연결한 내구선도를 말한다.

해설

강과 같은 금속재료는 굽힘에 의한 피로한도가 명백히 나타나는 반면에, 비금속재료는 $10^6 \sim 10^7$회의 굽힘에서도 피로한도가 명백히 나타나지 않으므로 ②번은 잘못된 표현이다.

18 판두께 14[mm], 리벳의 지름 22[mm], 피치 54[mm]로 리벳 중심에서 판 끝까지 1열 리벳 겹치기 이음을 하여 한 피치당 인장하중 1,350[kgf]이 작용할 때, 판에 생기는 인장응력[kgf/mm²]은?

① 2.0

② 2.5

③ 3.0

④ 3.5

해설

리벳이음에서 인장응력(σ) 구하는 식을 응용하면

$\sigma = \dfrac{P}{(p-d)t} = \dfrac{1,350}{(54-22) \times 14} = 3[\text{kgf/mm}^2]$

리벳이음의 응력 구하는 식

인장응력(σ)	압축응력(σ_c)
$\sigma = \dfrac{P}{(p-d)t}$	$\sigma_c = \dfrac{P}{dt}$

여기서 t : 두께, p : 피치, d : 리벳의 직경

19 토크 T를 받고 있는 직경 D인 원형축의 한쪽 끝이 벽에 목두께 a로 필릿용접되어 있을 때, 목두께에 작용하는 최대전단응력을 구하는 식은?

① $\dfrac{16\,T(D+a)}{\pi((D+a)^4 - D^4)}$

② $\dfrac{16\,T(D+2a)}{\pi((D+2a)^4 - D^4)}$

③ $\dfrac{32\,T(D+a)}{\pi((D+a)^4 - D^4)}$

④ $\dfrac{32\,T(D+2a)}{\pi((D+2a)^4 - D^4)}$

해설

$T = \tau \times Z_P$

$T = \tau \times \dfrac{I_P}{e_{\max}\,(y_{\max})} = \tau \times \dfrac{\dfrac{\pi((D+2a)^4 - D^4)}{32}}{\dfrac{D+2a}{2}}$

$\tau = T\dfrac{32(D+2a)}{2 \times \pi((D+2a)^4 - D^4)} = \dfrac{16\,T(D+2a)}{\pi((D+2a)^4 - D^4)}$

20 그림과 같이 스프링상수 1.5×10^9[N/m]인 볼트로 스프링상수 1×10^9[N/m]인 결합체를 초기 체결력 10[kN]으로 체결한 후, 외부로부터 10[kN]의 인장하중이 작용하였을 때, 결합체에 작용하는 하중[kN]은?(단, + 하중은 인장하중, − 하중은 압축하중이다)

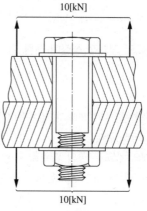

10[kN]

10[kN]

① +4   ② −4

③ +6   ④ −6

해설

결합체에 작용하는 하중＝초기 체결력−(외력×스프링상수비)

$= 10[\text{kN}] - 10[\text{kN}]\left(\dfrac{1 \times 10^9}{1.5 \times 10^9 + 1 \times 10^9}\right)$

$= 10[\text{kN}] - 4[\text{kN}] = 6[\text{kN}]$

결합체는 현재 압축되고 있으므로 −6[kN] 이 된다.

01 공업재료의 기계적 성질에 대한 설명으로 옳은 것은?

① 진응력(True Stress)은 공칭응력(Nominal Stress) 보다 작다.

② 영구변형률이 0.2[%]가 되는 응력을 탄성한도(Elastic Limit)라 한다.

③ 소재의 강도는 힘의 단위로 표현된다.

④ 동일소재의 경우 피로한도는 항복강도보다 작다.

[해설]

동일소재의 경우 피로한도는 항복강도보다 작다.

• 피로한도 : 재료에 하중을 반복적으로 가했을 때 파괴되지 않는 응력 변동의 최대 범위로 S–N곡선으로 확인할 수 있다. 재질이나 반복하중의 종류, 표면상태나 형상에 큰 영향을 받는다.

• 항복강도(극한강도) : 재료가 파단되기 전에 외력에 버틸 수 있는 최대의 응력이다.

02 다음과 같이 4개의 기어로 구성되어 있는 복합기어열의 기어 1에 대한 기어 4의 각속도비는?(단, N_i는 회전각속도, Z_i는 기어잇수이다)

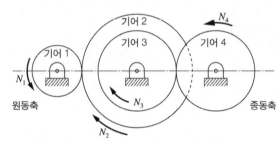

① $\dfrac{Z_1 Z_3}{Z_4 Z_2}$

② $\dfrac{Z_2 Z_3}{Z_4 Z_1}$

③ $\dfrac{Z_4 Z_1}{Z_2 Z_3}$

④ $\dfrac{Z_4 Z_2}{Z_1 Z_3}$

[해설]

각속도(ω)의 비를 구하면

$$i = \frac{\omega_{출력}}{\omega_{입력}} = \frac{z_{입력, 기어1}}{z_{출력, 기어2}} \times \frac{z_{입력, 기어3}}{z_{출력, 기어4}} = \frac{z_1 \times z_3}{z_2 \times z_4}$$

속도비(i) 구하는 식

$$i = \frac{n_2}{n_1} = \frac{\omega_2}{\omega_1} = \frac{D_1}{D_2} = \frac{z_1}{z_2}$$

03 인벌루트 치형에 대한 설명으로 옳지 않은 것은?

① 치형제작 가공이 용이하고 호환성이 좋다.
② 기어 중심 간 거리에 약간의 치수 오차가 있어도 사용 가능하다.
③ 이의 크기가 같으면 항상 호환 가능하다.
④ 정밀한 구동을 요구하지 않는 일반기계에 주로 쓰인다.

해설

인벌루트 곡선은 호환성이 우수하기는 하나, 항상 이의 크기가 같다고 해서 모든 기어와 호환되는 것은 아니다.

인벌루트 곡선

원기둥을 세운 후 여기에 감은 실을 풀 때, 실 중 임의의 한 점이 그리는 곡선 중 일부를 치형으로 사용한 곡선이다. 이뿌리가 튼튼하며 압력각이 일정할 때 중심거리가 다소 어긋나도 속도비가 크게 변하지 않고 맞물림이 원활하다는 장점이 있으나 마모가 잘 된다는 단점이 있다.

※ 물림률(Contact Ratio) : 동시에 물릴 수 있는 이의 수로 물림길이를 법선피치로 나눈 값이다. 기어의 물림률이 클수록 소음은 작아진다.

04 표준 스퍼기어에 의한 동력전달에 있어서 중심거리가 120[mm], 모듈이 2이고, 회전각속도가 3배로 증속될 때 종동기어의 바깥지름[mm]은?

① 60 　　　　② 62
③ 64 　　　　④ 182

해설

$i = \dfrac{D_1}{D_2} = 3, \ D_1 = 3D_2$

$C = \dfrac{D_1 + D_2}{2}, \ 120 = \dfrac{D_1 + D_2}{2}$

$D_1 + D_2 = 240$

$3D_2 + D_2 = 240$

$4D_2 = 240$

$D_2 = 60[\text{mm}]$

∴ 바깥지름 구하는 공식 = $D + 2m = 60 + (2 \times 2) = 64[\text{mm}]$

05 용접이음에 대한 설명으로 옳지 않은 것은?

① 용접부의 이음효율은 이음의 형상계수 및 용접계수에 따라 결정된다.
② 용접계수는 용접품질에 따라 변화하는데 아래보기용접에 대한 위보기용접의 효율이 가장 크다.
③ 플러그(Plug)용접은 모재의 한쪽에 구멍을 뚫고 용접하여 다른쪽 모재와 접합시키는 방식이다.
④ 필릿(Fillet)용접에서 용접다리의 길이가 다를 경우, 짧은 쪽을 한 변으로 하는 이등변삼각형을 기준으로 목두께를 정한다.

해설

위보기용접은 용접사가 위를 보면서 작업하기 때문에 아래보기용접보다 용접효율이 좋지 않다.

06 다음과 같은 클러치형 원판 브레이크에서 접촉면의 평균지름(D_m)이 80[mm], 접촉면에 수직으로 작용하는 힘(Q)이 600[kgf], 회전각속도가 716.2[rpm]일 때, 제동할 수 있는 최대 동력[PS]은?(단, 접촉면의 마찰계수는 0.3이다)

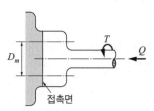

① 7.2 　　　　② 14.4
③ 7,200 　　　　④ 14,400

해설

클러치 전달토크(T) $= F \times \dfrac{D_m}{2} = \mu Q \dfrac{D_m}{2}$

$= 0.3 \times 600[\text{kgf}] \times \dfrac{80[\text{mm}]}{2}$

$= 7,200[\text{kgf} \cdot \text{mm}]$

토크 구하는 식에 대입하면

$T = 716,200 \times \dfrac{H_{\text{PS}}}{N}$

$7,200[\text{kgf} \cdot \text{mm}] = 716,200 \times \dfrac{H_{\text{PS}}}{716.2}$

$H_{\text{PS}} = \dfrac{7,200}{1,000} = 7.2[\text{PS}]$

07 기계요소의 설계에 있어서 공차와 거칠기를 정하기 위한 고려사항을 설명한 것으로 옳은 것은?

① 기계요소의 공차는 기준치수의 크기와 제품의 사용목적에 맞도록 하되 가급적 공차를 작게 주어 정밀하게 가공되어야 한다.

② 기계요소를 설계할 때, 표면거칠기는 가공방법을 감안하여야 하고, 설계요구조건이 허용하는 한도에서 가급적 크게 주어 가공비용을 낮추어야 한다.

③ 구멍기준 끼워맞춤 방식은 구멍의 기준치수가 최소치수로 정해지므로 가공상의 관점에서 축기준 방식보다 비경제적이다.

④ 도면에 치수를 기입하는 방법으로는 공차역을 기호로 표시하는 방법과 위/아래 치수허용차를 직접 기입하는 방법이 있으며, 대량생산에서 한계게이지를 사용하여 측정하는 경우에는 치수표시방식이 편리하다.

해설
기계요소를 설계할 때는 가급적 허용한도를 가능한 크게 설정하여 가공정밀도를 낮춤으로써 가공비용을 낮추어야 한다. 가공정밀도가 높을수록 정밀도 높은 공구의 사용이 필요하므로 가공비용은 그만큼 더 소요된다.

08 기어의 물림률(Contact Ratio)에 대한 설명으로 옳지 않은 것은?

① 모듈이 작은 기어를 사용하면 물림률이 높아진다.
② 압력각이 큰 기어를 사용하면 물림률이 나빠진다.
③ 잇수를 많게 하면 물림률이 높아진다.
④ 헬리컬기어의 나선각을 작게 하면 전체 물림률이 높아진다.

해설
헬리컬기어의 나선각을 크게 해야 물림률이 높아진다.
물림률(Contact Ratio)
동시에 물릴 수 있는 이의 수로 물림길이를 법선피치로 나눈 값이다. 기어의 물림률이 클수록 소음은 작아진다.
물림률을 높이는 방법
• 잇수를 많게 한다.
• 모듈이 작은 기어를 사용한다.
• 압력각이 작은 기어를 사용한다.
• 헬리컬기어의 나선각을 크게 한다.

09 다음과 같이 구성된 지름이 다른 두 개의 압축코일스프링에서 안쪽스프링의 스프링계수(k_1)는 100[N/mm]이고, 바깥쪽스프링의 스프링계수(k_2)는 50[N/mm]이며, 하중이 없는 상태에서 안쪽스프링은 바깥쪽스프링보다 $\triangle$ = 50[mm]만큼 더 길다. 스프링 상부에 20[kN]의 하중을 가했을 때 바깥쪽스프링의 처짐[mm]은?(단, 스프링의 자중은 무시한다)

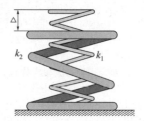

① 100
② 150
③ 200
④ 400

해설
먼저 안쪽스프링의 작용하중(P)를 구하면
$$P = k\delta = 100[\text{N/mm}] \times 50[\text{mm}] = 5,000[\text{N}] = 5[\text{kN}]$$
바깥쪽스프링에 20[kN]이 작용할 때 안쪽스프링이 5[kN]를 받쳐주므로 바깥쪽스프링에는 15[kN]이 작용하게 된다.
$$\delta = \frac{P}{k} = \frac{15,000[\text{N}]}{k_1 + k_2} = \frac{15,000[\text{N}]}{100[\text{N/mm}] + 50[\text{N/mm}]} = 100[\text{mm}]$$
원통코일스프링의 스프링상수(k)
$$k = \frac{P}{\delta} = \frac{P}{\dfrac{8nPD^3}{Gd^4}} = \frac{Gd^4 \cdot P}{8nPD^3} = \frac{Gd^4}{8nD^3}$$

10 사각나사로 구성된 잭(Jack)으로 5[ton]의 무게를 들어 올리려고 한다. 사각나사의 유효직경 $d_2 = 50.1$[mm], 피치 $p = 3.14$[mm]일 때, 잭 핸들의 최소 유효길이 l[mm]로 가장 가까운 값은?(단, 핸들을 돌리는 힘은 30[kgf], 사각나사의 마찰계수는 0.1이다)

① 210   ② 310

③ 510   ④ 710

해설

$T = Fl$

$F \times l = Q \dfrac{\mu \pi d_e + p}{\pi d_e - \mu p} \times \dfrac{d_e}{2}$

$30 \times l = 5,000 \dfrac{(0.1\pi \times 50.1) + 3.14}{50.1\pi - (0.1 \times 50.1)} \times \dfrac{50.1}{2}$

$30 \times l = 5,000 \left(\dfrac{18.8794}{152.384} \right) \times \dfrac{50.1}{2}$

$l = 517$[mm]

따라서 정답은 ③번이 가깝다.

11 외팔보형 단판스프링의 높이와 폭을 두 배로 변경하였을 때 스프링상수는 변경 전 값의 몇 배가 되는가?

① 2배   ② 4배

③ 8배   ④ 16배

해설

다음 식에서 스프링상수(k)를 고려해서 정리하면

$\delta_{\max} = \dfrac{4Pl^3}{bh^3 E}$

$k = \dfrac{P}{\delta_{\max}} = \dfrac{bh^3 E}{4l^3}$ 이 식에서 $h \rightarrow 2h$로, $b \rightarrow 2b$로 대입해서 풀면

$bh^3 : 2b(2h)^3$

$bh^3 : 2b8h^3$

$bh^3 : 16bh^3$

따라서 변경 전의 값보다 16배가 크게 된다.

외팔보형 단판스프링에서 자유단의 최대 처짐($\delta_{\max}$) 구하는 식

$\delta_{\max} = \dfrac{4Pl^3}{bh^3 E}$

12 기계제도에서 기준치수(Basic Size)는?

① 실제치수

② 최대 허용치수 – 최소 허용치수

③ 최대 허용치수 – 위치수 허용차

④ 최소 허용치수 – 위치수 허용차

해설

기준치수

위치수 및 아래치수 허용차를 적용할 때 기준이 되는 치수

최대 허용한계치수 – 위치수 허용차

공차용어

용 어	의 미
실치수	실제로 측정한 치수로 [mm] 단위를 사용한다.
치수공차(공차)	최대 허용한계치수 – 최소 허용한계치수
위치수 허용차	최대 허용한계치수 – 기준치수
아래치수 허용차	최소 허용한계치수 – 기준치수
기준치수	• 위치수 및 아래치수 허용차를 적용할 때 기준이 되는 치수 • 최대 허용한계치수 – 위치수 허용차
허용한계치수	허용할 수 있는 최대 및 최소의 허용치수로 최대 허용한계치수와 최소 허용한계치수로 나눈다.
틈 새	구멍의 치수가 축의 치수보다 클 때, 구멍과 축간 치수 차
죔 새	구멍의 치수가 축의 치수보다 작을 때 조립 전 구멍과 축과의 치수 차

정답 10 ③   11 ④   12 ③

13 다음 설명에 해당하는 베어링은?

> • 내륜궤도는 두 개로 분리되어 있고, 외륜궤도는 구면으로 공용궤도이다.
> • 설치오차를 피할 수 없는 경우, 또는 축이 휘기 쉬운 경우 등 허용경사각이 비교적 클 때에 사용한다.

① 단열깊은 홈 볼베어링
② 앵귤러 볼베어링
③ 매그니토베어링
④ 자동조심 볼베어링

해설

자동조심 볼베어링
내륜궤도는 두 개로 분리되어 있고, 외륜궤도는 구면으로 공용궤도이다. 설치오차를 피할 수 없는 경우나 축이 휘기 쉬운 경우 등 허용경사각이 비교적 클 때 사용한다. 또한 큰 반지름 하중과 양방향의 트러스트 하중도 지지할 수 있는 베어링으로 충격에 강해서 산업용 기계에 널리 사용된다. 축심의 어긋남을 자동으로 조정할 수 있다는 장점도 있다.

14 소형 디젤기관에서 원형단면 흡입관로의 평균공기유속을 25[m/s], 초당 공기유입량을 50[m³]으로 하는 관의 안지름[m]은?

① $\sqrt{\dfrac{2}{\pi}}$ ② $2\sqrt{\dfrac{2}{\pi}}$

③ $4\sqrt{\dfrac{2}{\pi}}$ ④ $5\sqrt{\dfrac{2}{\pi}}$

해설

$Q = A \times v$

$Q = \dfrac{\pi d^2}{4} \times v$

$50[\mathrm{m^3/s}] = \dfrac{\pi d^2}{4} \times 25[\mathrm{m/s}]$

$d^2 = \dfrac{4 \times 50[\mathrm{m^3/s}]}{\pi \times 25[\mathrm{m/s}]}$

$d = 2\sqrt{\dfrac{2}{\pi}} \, [\mathrm{m}]$

15 W의 하중을 받는 b(폭)$\times h$(높이)$\times l$(길이)인 평행키 (구 묻힘키)의 폭이 높이의 $\dfrac{1}{2}$일 때, 키의 전단응력(τ)과 압축응력(σ)의 비 $\left(\dfrac{\tau}{\sigma}\right)$는?

① 0.25   ② 0.5
③ 1   ④ 2

해설

키의 폭 $b = \dfrac{h}{2}$로 $\dfrac{\tau}{\sigma}$ 식에 대입하면

$\dfrac{\tau}{\sigma} = \dfrac{\dfrac{2T}{bld}}{\dfrac{4T}{hld}} = \dfrac{2Thld}{4Tbld} = \dfrac{h}{2b}$, 여기에 $b = \dfrac{h}{2}$를 대입하면

$= \dfrac{h}{2 \times \dfrac{h}{2}} = \dfrac{2h}{2h} = 1$

16 벨트전동에서 벨트에 장력을 가하는 방법으로 옳지 않은 것은?

① 벨트자중에 의한 방법
② 탄성변형에 의한 방법
③ 스냅풀리를 사용하는 방법
④ 원심력에 의한 방법

해설

벨트전동에서 원심력만으로는 벨트에 장력을 가할 수 없다.
벨트전동에서 벨트에 장력을 가하는 방법
• 탄성변형에 의한 방법
• 벨트자중에 의한 방법
• 텐셔너를 사용하는 방법
• 스냅풀리를 사용하는 방법

13 ④ 14 ② 15 ③ 16 ④ **정답**

17 140[kN]의 인장력을 받는 양쪽 덮개판 맞대기 이음에서 리벳의 허용전단응력이 70[N/mm²], 리벳의 지름이 20[mm]일 때 요구되는 리벳의 최소 개수는?

① 4 　　　　　 ② 5
③ 6 　　　　　 ④ 7

해설

$$\tau = \frac{W}{1.8AZ} = \frac{W}{1.8\left(\frac{\pi d^2}{4}\right) \times Z}$$

$$70[N/mm^2] = \frac{140 \times 10^3[N]}{1.8\left(\frac{\pi \times 20^2}{4}\right) \times Z}$$

$$Z = \frac{140 \times 10^3[N]}{1.8\left(\frac{\pi \times (20)^2 [mm^2]}{4}\right) \times 70[N/mm^2]}$$

$$= \frac{140,000[N]}{39,584[N]} = 3.53$$

따라서 리벳의 개수는 4개이다.

- 두 판재가 양쪽 덮개판 1줄 맞대기 이음일 경우 리벳에 작용하는 전단응력

$$\tau = \frac{W}{1.8A} = \frac{W}{1.8\left(\frac{\pi d^2}{4}\right)}$$

- 두 판재가 양쪽 덮개판 1줄 맞대기 이음에서 다수의 리벳일 경우 리벳에 작용하는 전단응력

$$\tau = \frac{W}{1.8AZ} = \frac{W}{1.8\left(\frac{\pi d^2}{4}\right) \times Z}$$

18 기어가 맞물려 회전할 때, 한 쪽 기어의 이끝이 상대쪽 기어의 이뿌리에 부딪쳐서 회전이 곤란하게 되는 간섭(Interference)과 언더컷(Undercut)현상의 원인과 대책에 대한 설명으로 옳지 않은 것은?

① 이의 간섭은 피니언의 잇수가 극히 적거나, 기어와 피니언의 잇수비가 매우 클 때 생긴다.
② 압력각이 너무 클 때 생기므로 압력각을 줄여 물림률을 높이면 간섭을 완화시킬 수 있다.
③ 기어의 이끝면을 깎아내거나, 피니언의 이뿌리면을 반경 방향으로 파냄으로써 기어회전을 유지할 수 있다.
④ 기어의 이높이를 줄이면, 언더컷은 방지되나 물림길이가 짧아져서 동력전달이 원활하지 않을 수 있다.

해설
이의 간섭현상을 없애기 위해서는 압력각을 크게 해야 한다. 또한 물림률(Contact Ratio)이란 동시에 물릴 수 있는 이의 수로 물림길이를 법선피치로 나눈 값이다. 이 물림률이 클수록 소음은 작아진다.
이의 간섭에 대한 원인과 대책

원 인	대 책
• 압력각이 작을 때 • 피니언의 잇수가 극히 적을 때 • 기어와 피니언의 잇수비가 매우 클 때	• 압력각을 크게 한다. • 피니언의 잇수를 최소 치수 이상으로 한다. • 기어의 잇수를 한계치수 이하로 한다. • 치형을 수정한다. • 기어의 이 높이를 줄인다.

19 바깥지름 210[mm], 두께 5[mm]인 얇은 관의 소재허용 응력이 100[MPa]일 때, 이 관에 가할 수 있는 최대 내압 [MPa]은?

① 5　　　　　　② 10

③ 20　　　　　　④ 50

해설

압력용기의 최대 내압을 구하는 식은

$\sigma = \dfrac{PD}{2t}$ 여기서 D는 내경이므로

바깥지름 210[mm]$-$(5[mm]$\times$2)$=$200[mm]를 대입한다.

$100[\text{MPa}] = \dfrac{P \times 0.2[\text{m}]}{2 \times 0.005[\text{m}]}$

$P = \dfrac{100[\text{MPa}] \times 0.01[\text{m}]}{0.2[\text{m}]} = 5[\text{MPa}]$

20 굽힘모멘트 $M = 400[\text{kN} \cdot \text{m}]$, 비틀림모멘트 $T = 300$ [kN · m]를 동시에 받고 있는 축에서 최대 주응력설에 의한 상당굽힘모멘트 $M_e[\text{kN} \cdot \text{m}]$는?

① 450　　　　　② 550

③ 650　　　　　④ 700

해설

상당굽힘모멘트$(M_e) = \dfrac{1}{2}(M + \sqrt{M^2 + T^2})$

$= \dfrac{1}{2}(400 + \sqrt{400^2 + 300^2})$

$= \dfrac{1}{2}(400 + 500) = 450\text{kN} \cdot \text{m}$

상당굽힘모멘트(M_e) 및 상당비틀림모멘트(T_e) 구하는 식

상당굽힘모멘트(M_e)	상당비틀림모멘트(T_e)
$M_e = \dfrac{1}{2}(M + \sqrt{M^2 + T^2})$	$T_e = \sqrt{M^2 + T^2}$

01 후크의 법칙에 대한 설명으로 옳은 것은?

① 탄성계수의 값은 모든 재료에서 동일하다.
② 비례한도 이내에서 응력과 변형률은 비례한다.
③ 비례한도 이내에서 변형량과 단면적은 비례한다.
④ 비례한도 이내에서 변형량과 탄성계수는 비례한다.

해설
후크의 법칙 : 비례한도 내에서 응력과 변형률은 비례한다.
$\sigma = E \times \varepsilon$

02 회전하는 축에 2개의 회전체를 설치하였다. 축의 자중만에 의한 위험속도는 N_0[rpm], 각 회전체를 단독으로 축에 설치했을 경우 축의 자중을 무시한 위험속도는 각각 N_1[rpm], N_2[rpm]이다. 이때, 축의 위험속도 N_c[rpm]를 구하기 위한 던커레이(Dunkerley) 공식은?

① $N_c = N_0 + N_1 + N_2$

② $N_c^2 = N_0^2 + N_1^2 + N_2^2$

③ $\dfrac{1}{N_c} = \dfrac{1}{N_0} + \dfrac{1}{N_1} + \dfrac{1}{N_2}$

④ $\dfrac{1}{N_c^2} = \dfrac{1}{N_0^2} + \dfrac{1}{N_1^2} + \dfrac{1}{N_2^2}$

해설
여기서는 자중만에 의한 속도를 N_0로 정의했으므로 다음 식에 적용하면 다음과 같다.
$$\frac{1}{N_c^2} = \frac{1}{N_0^2} + \frac{1}{N_1^2} + \frac{1}{N_2^2} + \cdots$$
던커레이(Dunkerley)의 여러 회전체를 가진 축의 위험속도(N_C) 구하는 식
$$\frac{1}{N_c^2} = \frac{1}{N_{c1}^2} + \frac{1}{N_{c2}^2} + \frac{1}{N_{c3}^2} + \cdots$$

03 유체를 한 방향으로만 흐르도록 하고 역류를 방지할 목적으로 사용하는 밸브는?

① 체크밸브   ② 슬루스밸브
③ 스톱밸브   ④ 안전밸브

해설
체크밸브
유체가 한쪽 방향으로만 흐르고 반대쪽으로는 흐르지 못하도록 할 때 사용하는 밸브로 기호로는 다음과 같이 2가지로 표시한다.

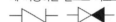

04 다음 설명에 해당하는 커플링은?

> 훅조인트(Hook's Joint)라고도 하며, 두 축이 같은 평면 내에 있으면서 그 중심선이 서로 30° 이내의 각도를 이루고 교차하는 경우에 사용된다. 공작기계, 자동차의 동력전달기구, 압연롤러의 전동축 등에 널리 쓰인다.

① 올덤커플링   ② 슬리브커플링
③ 플랜지커플링   ④ 유니버설커플링

해설
유니버설커플링
훅조인트(Hook's Joint)라고도 하며 두 축이 같은 평면 내에 있으면서 그 중심선이 서로 30° 이내의 각도를 이루고 교차하는 경우에 사용된다. 공작기계, 자동차의 동력전달기구, 압연롤러의 전동축 등에 널리 쓰인다.

05 두께 2[mm]인 강판 2장을 지름 20[mm]인 리벳을 이용하여 2줄 겹치기 이음을 하고자 한다. 1 피치 내의 하중은 20[kN]이고 판효율이 60[%]라면 피치는 몇 [mm]인가?

① 40
② 50
③ 60
④ 70

해설

$$\eta = 1 - \frac{d}{p}$$

$$0.6 = 1 - \frac{20}{p}, \quad \frac{20}{p} = 0.4$$

$$p = 50[\text{mm}]$$

리벳이음에서 강판의 효율(η) 구하는 식

$$\eta = \frac{\text{구멍이 있을 때의 인장력}}{\text{구멍이 없을 때의 인장력}} = 1 - \frac{d}{p}$$

여기서 d＝리벳지름, p＝리벳의 피치

06 그림과 같이 하중 P가 용접선에 평행하게 작용할 때, 용접부에 발생하는 최대 전단응력은?

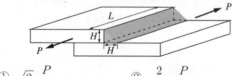

① $\sqrt{2} \dfrac{P}{HL}$
② $\dfrac{2}{\sqrt{3}} \dfrac{P}{HL}$
③ $\dfrac{P}{HL}$
④ $2\dfrac{P}{HL}$

해설

$$\tau_{\max} = \frac{P}{A} = \frac{P}{al} = \frac{P}{H\cos 45° L} = \frac{P}{H\frac{1}{\sqrt{2}}L} = \frac{\sqrt{2}\,P}{HL}$$

07 벨트전동에서 인장측 장력이 이완측 장력의 3배이고 벨트의 유효장력이 100[kgf]일 때, 인장측 장력[kgf]은? (단, 원심력의 영향은 무시함)

① 50
② 67
③ 150
④ 200

해설

유효장력(P_e)＝$T_t - T_s$

$$100 = 3T_s - T_s$$

$$2T_s = 100$$

$T_s = 50$, 따라서 인장측 장력(T_t)은 150이 된다.

08 그림과 같은 단식 블록 브레이크에서 드럼의 지름이 360[mm]이고 브레이크 레버의 조작력 F가 200[N]일 때, 드럼이 우회전할 경우 제동토크[N · mm]는?(단, $l_1 =$ 500[mm], $l_2 =$ 190[mm], $l_3 =$ 50[mm], 마찰계수 = 0.2)

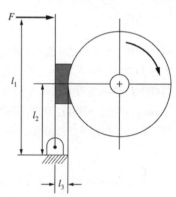

① 9,000
② 10,000
③ 18,000
④ 20,000

해설

단식 블록 브레이크의 평형식에 대입하면

$$FL_1 - PL_2 - \mu PL_3 = 0$$

$$FL_1 = P(L_2 + \mu L_3)$$

$$P = \frac{FL_1}{L_2 + \mu L_3} = \frac{200[\text{N}] \times 500[\text{mm}]}{190[\text{mm}] + (0.2 \times 50[\text{mm}])} = 500[\text{N}]$$

이 값을 T(토크) 구하는 식에 대입하면

$$T = \mu P \frac{D}{2}$$

$$= 0.2 \times 500[\text{N}] \times \frac{360[\text{mm}]}{2} = 18,000[\text{N} \cdot \text{mm}]$$

09 내경과 외경의 비가 2인 중공축에 작용할 수 있는 허용 비틀림모멘트는 T이다. 만약 내경을 고정한 상태에서 내경과 외경의 비를 4로 설계할 경우, 허용 비틀림모멘트는?(단, 축재료의 허용응력은 동일함)

① $4.5\,T$ ② $6.5\,T$
③ $8.5\,T$ ④ $10.5\,T$

해설

• 내외경비가 4일 때 토크

$$T = \tau \times Z_P = \tau \times \frac{\pi(d_2^4 - d_1^4)}{16 d_2} \text{ (중공축, } d_2 : \text{외경, } d_1 : \text{내경)}$$

내외경비가 4이므로

$$T = \tau \times \frac{\pi((4d_1)^4 - d_1^4)}{16 \times 4d_1}$$

$$= \tau \times \frac{\pi(256 d_1^4 - d_1^4)}{64 d_1}$$

$$= \tau \times \frac{\pi \times 255 d_1^3}{64}$$

• 내외경비가 2일 때 토크

$$T = \tau \times Z_P = \tau \times \frac{\pi(d_2^4 - d_1^4)}{16 d_2} \text{ (중공축, } d_2 : \text{외경, } d_1 : \text{내경)}$$

내외경비가 2이므로

$$T = \tau \times \frac{\pi((2d_1)^4 - d_1^4)}{16 \times 2d_1}$$

$$= \tau \times \frac{\pi(16 d_1^4 - d_1^4)}{32 d_1}$$

$$= \tau \times \frac{\pi \times 15 d_1^3}{32}$$

$$\tau \pi d_1^3 = \frac{32\,T}{15}$$

두 식을 정리하면

토크 $T = \tau \times \dfrac{\pi \times 255 d_1^3}{64}$

$$= \tau \pi d_1^3 \times \frac{255}{64}$$

$$= \frac{32\,T}{15} \times \frac{255}{64}$$

$$= 8.5\,T$$

10 일정한 축방향 하중이 작용하는 원통형 코일스프링에서 소선의 지름과 스프링 전체의 평균지름을 모두 2배로 증가시킬 경우 스프링의 처짐량은 몇 배인가?

① 0.5 ② 1
③ 2 ④ 4

해설

$\delta = \dfrac{8nPD^3}{Gd^4}$에서 소선의 직경($d$)와 평균직경($D$)만을 고려하면

기존 δ : 2배 $\delta = \dfrac{D^3}{d^4} : \dfrac{(2D)^3}{(2d)^4}$

$$\frac{D^3}{d^4} : \frac{8D^3}{16 d^4}$$

$\dfrac{D^3}{d^4} : \dfrac{1}{2} \times \dfrac{D^3}{d^4}$, 따라서 0.5배

코일스프링의 처짐량(δ) 구하는 식

$$\delta = \frac{8nPD^3}{Gd^4}$$

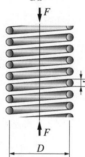

여기서 δ = 코일스프링의 처짐량[mm]
n = 유효 감김수(유효권수)
P = 하중이나 작용 힘[N]
D = 코일스프링의 평균지름[mm]
d = 소선의 직경(소재지름)[mm]
G = 가로(전단)탄성계수[N/mm²]

11 볼트에 축방향의 정하중 W[kgf]가 작용할 때, 허용인 장응력 σ_a[kgf/mm²]를 만족시키기 위한 볼트의 최소 바깥지름 d[mm]는?(단, 골지름 $d_1 = 0.8d$)

① $\sqrt{\dfrac{W}{2\sigma_a}}$ ② $\sqrt{\dfrac{2W}{\sigma_a}}$

③ $\sqrt{\dfrac{3W}{\sigma_a}}$ ④ $2\sqrt{\dfrac{W}{\sigma_a}}$

해설
볼트에 작용하는 하중은 W 혹은 Q로 나타내므로 바깥지름을 구하는 공식은 $d = \sqrt{\dfrac{2W}{\sigma_a}} = \sqrt{\dfrac{2Q}{\sigma_a}}$ 이다.

축하중을 받을 때 볼트의 지름(d)을 구하는 식

골지름(안지름)	바깥지름(호칭지름)
$d_1 = \sqrt{\dfrac{4Q}{\pi\sigma_a}}$	$d = \sqrt{\dfrac{2Q}{\sigma_a}}$

12 미터나사 M30×3에 대한 설명으로 옳은 것은?

① 미터보통나사 유효지름 30[mm], 산수 3
② 미터가는나사 바깥지름 30[mm], 산수 3
③ 미터보통나사 유효지름 30[mm], 피치 3[mm]
④ 미터가는나사 바깥지름 30[mm], 피치 3[mm]

해설
나사의 호칭지름은 수나사의 바깥지름으로 한다. 또한 미터가는나사와 미터보통나사 모두 M30과 같이 호칭기호를 사용하는데, 미터가는나사일 경우 호칭기호 뒤에 나사의 피치가 'M30×3'과 같은 형태로 사용한다.

13 삼각나사에 작용하는 축방향 하중을 Q, 마찰계수를 μ, 나사산의 각을 2β라고 할 때, 나사면에 발생하는 마찰력은?

① μQ ② $\mu Q\cos\beta$

③ $\dfrac{\mu Q}{\cos\beta}$ ④ $\dfrac{\mu Q}{\sin\beta}$

해설
삼각나사의 접촉면에 발생하는 마찰력(f)

$$f = \mu \times Q' = \mu \times \frac{Q}{\cos\dfrac{\alpha}{2}} = \mu \times \frac{Q}{\cos\dfrac{2\beta}{2}} = \frac{\mu Q}{\cos\beta}$$

14 서로 맞물려 회전하는 보통이의 표준 평기어가 다음 규격과 같을 때, 작은 기어와 큰 기어의 이끝원지름[mm]은 각각 얼마인가?

- 작은 기어의 잇수 30
- 큰 기어의 잇수 120
- 두 기어 축 사이의 중심거리 300[mm]

① 120, 480 ② 128, 480
③ 120, 488 ④ 128, 488

해설
두 축 사이의 중심거리(C) = 300이므로
$$C = \frac{D_1 + D_2}{2} = \frac{m(Z_1 + Z_2)}{2}$$
$$300 = \frac{m(30 + 120)}{2}$$
$$600 = 150m$$
$$m = 4$$
서로 맞물려 돌아가므로 모듈의 크기는 4로 서로 같다.
- 작은 기어의 이끝원지름 : $PCD + 2m = (4 \times 30) + (2 \times 4) = 128$
- 큰 기어의 이끝원지름 : $PCD + 2m = (4 \times 120) + (2 \times 4) = 488$

15 평균반지름 r, 두께 t인 원통의 압력용기에 내압이 작용할 때, 축방향 응력은 원주방향 응력의 몇 배인가?

(단, $\dfrac{t}{r}$ 는 0.1 이내로 두께가 얇음)

① 0.5 ② 1.0
③ 1.5 ④ 2.0

해설

축방향의 응력이 원주방향의 응력보다 $\dfrac{1}{2}$ 이 작으므로 0.5배이다.
내압용기의 하중방향에 따른 응력

원주방향 응력	축방향 응력
$\sigma = \dfrac{PD}{2t}$	$\sigma = \dfrac{PD}{4t}$

16 체인에서 원동축 스프로킷휠의 피치가 24[mm], 잇수가 25개, 분당 회전수가 200[rpm], 체인의 전체링크수가 100개일 때, 체인의 평균속도[m/s]는?

① 2 ② 2.4
③ 20 ④ 24

해설

체인의 속도구하는 식에 대입하면

$$v = \frac{pzN}{1,000 \times 60[\text{s}]} = \frac{24[\text{mm}] \times 25 \times 200[\text{rpm}]}{60,000[\text{s}]} = 2[\text{m/s}]$$

17 지름 100[mm]인 축에 평행키를 설치하였다. 분당회전수 487[rpm]으로 2[kW]의 동력을 전달할 때, 키에 발생하는 전단응력[kgf/mm²]은?(단, 키의 폭, 높이, 길이는 각각 10[mm], 8[mm], 80[mm])

① 0.1
② 0.125
③ 0.25
④ 1

해설

$$\tau = \frac{2T}{bld} = \frac{2 \times \left(974,000 \times \dfrac{2}{487}\right)}{10 \times 80 \times 100} = 0.1\,[\text{kgf/mm}^2]$$

묻힘키의 길이(l)구하기

- 전단응력 고려 시 $\tau = \dfrac{W}{bl} = \dfrac{2T}{bld}$, $l = \dfrac{2T}{bd\tau}$

- 압축응력 고려 시 $\sigma_c = \dfrac{2W}{hl} = \dfrac{4T}{hld}$, $l = \dfrac{4T}{hd\sigma_c}$

안심Touch

18 다음 그림과 같은 원통마찰차에서, 원동차(A)의 직경 $D_A = 120$[mm], 중간차(B)의 직경 $D_B = 50$[mm], 종동차(C)의 직경 $D_C = 240$[mm]이고, 원동차(A)의 분당회전수가 700[rpm]이면, 종동차(C)의 분당회전수 [rpm]는?(단, 마찰차 사이에서 미끄럼이 전혀 없으며 회전속도비 손실은 무시한다)

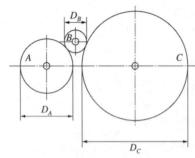

① 270
② 350
③ 700
④ 1,400

해설

속도비에서 $\dfrac{N_B}{N_A} = \dfrac{D_A}{D_B}$

$N_B = N_A \times \dfrac{D_A}{D_B}$

$\quad = 700[\mathrm{rpm}] \times \dfrac{0.12[\mathrm{m}]}{0.05[\mathrm{m}]} = 1,680[\mathrm{rpm}]$

종동차와의 속도비를 고려하면

$\dfrac{N_C}{N_B} = \dfrac{D_B}{D_C}$

$N_C = N_B \times \dfrac{D_B}{D_C}$

$N_C = 1,680[\mathrm{rpm}] \times \dfrac{0.05[\mathrm{m}]}{0.24[\mathrm{m}]} = 350[\mathrm{rpm}]$

속도비 $i = \dfrac{n_2}{n_1} = \dfrac{D_1}{D_2} = \dfrac{z_1}{z_2}$

19 회전속도 450[rpm]에서 1,000시간의 정격수명시간을 갖는 단열 레이디얼 볼베어링을 선정하고자 한다. 베어링하중 200[kgf], 하중계수 $f_w = 1$일 때, 기본동정격하중 C[kgf]는?

① 400
② 600
③ 800
④ 1,000

해설

$L_h = 500 \left(\dfrac{C}{P} \right)^r \dfrac{33.3}{N}$

$1,000 = 500 \times \left(\dfrac{C}{200} \right)^3 \times \dfrac{33.3}{450}$

$\dfrac{C^3}{200^3} = \dfrac{1,000 \times 450}{33.3 \times 500}$

$C^3 = 216,216,216.216$

$C = 600.2$

베어링의 수명시간(L_h) 구하는 식

$L_h = 500 \left(\dfrac{C}{P} \right)^r \dfrac{33.3}{N}$ 또는 $L_h = 500 f_n^3 \left(\dfrac{C}{P_{th} \times f_w} \right)^3$

여기서 C : 기본부하용량

$\quad P_{th}$: 베어링 이론하중

$\quad f_w$: 하중계수, N : 회전수

$\quad f_n$: 속도계수, f_h : 수명계수

• 볼베어링의 하중계수(r) = 3

• 롤러베어링의 하중계수(r) = $\dfrac{10}{3}$

※ 볼베어링의 수명 : 반지름방향 동등가하중의 3승에 반비례한다.

20 헬리컬기어의 잇수가 Z일 때, 상당평기어의 잇수는? (단, β는 헬리컬기어의 나선각임)

① $\dfrac{Z}{\cos \beta}$
② $\dfrac{Z}{\cos^2 \beta}$
③ $\dfrac{Z}{\cos^3 \beta}$
④ $\dfrac{Z}{\cos^4 \beta}$

해설

헬리컬기어의 상당평기어 잇수(Z_e) 구하는 식

$Z_e = \dfrac{Z}{\cos^3 \beta}$

2014년 지방직 기계설계

01
한국공업규격(KS)에서 기계부문과 수송기계부문의 분류기호는?

① KS A, KS E
② KS B, KS R
③ KS C, KS W
④ KS D, KS X

해설
한국산업규격(KS)의 부문별 분류기호

분류기호	분 야	분류기호	분 야	분류기호	분 야
KS A	기 본	KS E	광 산	KS R	수송기계
KS B	기 계	KS F	건 설	KS V	조 선
KS C	전 기	KS I	환 경	KS W	항공우주
KS D	금 속	KS Q	품질경영	KS X	정 보

02
SI 기본단위가 아닌 것은?

① [rad]
② [s]
③ [m]
④ [kg]

해설
[rad]는 각도의 단위로 SI 기본단위에 속하지 않는다.
국제단위계(SI)의 종류

길이	질량	시간	온도	전류	물질량	광도
[m]	[kg]	[sec]	[K]	[A]	[mol]	[cd]

03
그림과 같은 단식 블록 브레이크에서 드럼의 회전방향에 관계없이 레버 끝에 가하는 조작력이 $F=\dfrac{Qb}{a}$ 가 되려면 c의 값은?

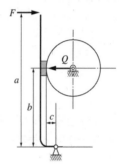

① −1
② 1
③ $\dfrac{1}{2}$
④ 0

해설
브레이크의 평형방정식을 고려하면
$Fa = Qb - \mu Qc$
$F = \dfrac{Q(b - \mu c)}{a}$ 이 값이 $\dfrac{Qb}{a}$ 가 되려면 $c = 0$이어야 한다.

04 피로파손이론에서 조더버그선(Soderbergh Line) 기준에 의한 응력관계식은?(단, σ_a는 교번응력, σ_m은 평균응력, S_e는 피로강도, S_u는 극한강도, S_f는 파괴강도, S_y는 항복강도이다)

① $\dfrac{\sigma_a}{S_u} + \dfrac{\sigma_m}{S_y} = 1$ 　② $\dfrac{\sigma_a}{S_e} + \dfrac{\sigma_m}{S_y} = 1$

③ $\dfrac{\sigma_a}{S_e} + \dfrac{\sigma_m}{S_u} = 1$ 　④ $\dfrac{\sigma_a}{S_u} + \dfrac{\sigma_m}{S_e} = 1$

해설
조더버그선의 응력관계식
$$\frac{\sigma_a(\text{교번응력})}{S_e(\text{피로강도})} + \frac{\sigma_m(\text{평균응력})}{S_y(\text{항복강도})} = 1$$

05 볼베어링의 수명시간을 125배로 증가시키려면 베어링 하중은 몇 배가 되어야 하는가?

① $\dfrac{1}{3}$ 　② $\dfrac{1}{4}$

③ $\dfrac{1}{5}$ 　④ $\dfrac{1}{6}$

해설
베어링의 수명시간(L_h) 구하는 식에서 베어링하중(P)만을 고려하여 비례식으로 풀면

$$1 : \left(\frac{1}{P}\right)^3 = 125 : \left(\frac{1}{xP}\right)^3$$

$$125\left(\frac{1}{P}\right)^3 = \left(\frac{1}{xP}\right)^3$$

$$\frac{5}{P} = \frac{1}{xP}$$

$$5 = \frac{1}{x}, \ x = \frac{1}{5}$$

베어링의 수명시간(L_h) 구하는 식

$$L_h = 500\left(\frac{C}{P}\right)^r \frac{33.3}{N} \ \text{또는} \ L_h = 500 f_n^3 \left(\frac{C}{P_{th} \times f_w}\right)^3$$

여기서 C : 기본부하용량　　P_{th} : 베어링 이론하중
　　　 f_w : 하중계수　　　 N : 회전수
　　　 f_n : 속도계수　　　 f_h : 수명계수

• 볼베어링의 하중계수(r) = 3

• 롤러베어링의 하중계수(r) = $\dfrac{10}{3}$

※ 볼베어링의 수명 : 반지름방향 등가하중의 3승에 반비례한다.

06 단판클러치에서 축방향으로 미는 힘 500[N]을 가해 토크 6,000[N · mm]를 전달하고자 한다. 마찰면의 바깥지름이 150[mm]일 때 안지름의 최소 크기[mm]는? (단, 마찰계수는 0.2이고, 마모량은 일정하다)

① 90　　　　　　② 100

③ 120　　　　　④ 130

해설
$$T = F \times \frac{D_m}{2} = \mu P \times \frac{D_m}{2}$$

이 식에서 D_m 구하는 식을 도출하면

$$D_m = \frac{2T}{\mu P} = \frac{2 \times 6,000}{0.2 \times 500} = 120[\text{mm}]$$

$$D_m = \frac{D_1 + D_2}{2}$$

$$120 = \frac{D_1 + 150}{2}$$

$$240 = D_1 + 150$$

$$D_1 = 90[\text{mm}]$$

07 300[N]의 베어링하중을 받고 600[rpm]으로 회전하는 축에 끝저널(End Journal)베어링이 설치되어 있다. 이 베어링의 허용압력 속도계수가 $\dfrac{\pi}{10}$[N/mm² · m/s]일 때, 끝저널베어링의 길이[mm]는?

① 10　　　　　　② 20

③ 30　　　　　　④ 40

해설
저널의 길이(l) 구하는 식
$$l = \frac{\pi PN}{60 \times 1,000 \times pv} = \frac{\pi \times 300 \times 600}{60,000 \times \frac{\pi}{10}} = \frac{180,000\pi}{6,000\pi} = 30[\text{mm}]$$

08 그림과 같은 300[N]의 편심하중을 받는 리벳이음에서 리벳에 생기는 최대 전단력의 크기[N]는?

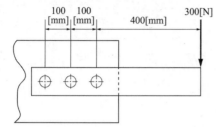

① 650

② 750

③ 850

④ 950

해설

최대 전단력 = 각 리벳에 작용하는 전단하중 + 모멘트에 의한 전단력

하중 300[N]이 리벳 3개에 작용하고 있으므로

각각의 리벳에 작용하는 전단하중$(Q) = \dfrac{W}{n} = \dfrac{300[N]}{3} = 100[N]$

모멘트에 의한 전단하중은 2번째 리벳을 중심으로 모멘트를 구해준다.

$$F = \dfrac{\text{하중} \times \text{중심리벳에서 힘 작용점까지 거리}}{\text{리벳 수} \times \text{중심리벳에서 끝리벳의 최대 거리}^2}$$
$$\times \text{중심리벳에서 끝리벳의 최대 거리}$$
$$= \dfrac{300 \times 500}{2 \times 100^2} \times 100 = \dfrac{150,000}{20,000} \times 100 = 750[N]$$

따라서 최대 전단력 = 100[N] + 750[N] = 850[N]

09 나사의 피치가 p, 유효지름이 d_2, 바깥지름이 d인 1줄 사각나사를 조일 때의 효율은?(단, 마찰각은 ρ이고, 자리면마찰은 무시한다)

① $\dfrac{\dfrac{p}{\pi d_2}}{\tan\left(\rho + \tan^{-1}\dfrac{p}{\pi d_2}\right)}$

② $\dfrac{\dfrac{p}{\pi d_2}}{\tan\left(\rho - \tan^{-1}\dfrac{p}{\pi d_2}\right)}$

③ $\dfrac{\dfrac{p}{\pi d}}{\tan\left(\rho + \tan^{-1}\dfrac{p}{\pi d}\right)}$

④ $\dfrac{\dfrac{p}{\pi d}}{\tan\left(\rho - \tan^{-1}\dfrac{p}{\pi d}\right)}$

해설

$\eta = \dfrac{\tan\lambda}{\tan(\lambda + \rho)}$ 에서 $\tan\lambda = \dfrac{p}{\pi d_2}$

$\lambda = \tan^{-1}\left(\dfrac{p}{\pi d_2}\right)$를 대입하면

$$\eta = \dfrac{\dfrac{p}{\pi d_2}}{\tan\left(\rho + \tan^{-1}\dfrac{p}{\pi d_2}\right)}$$

나사의 효율(η)

• 사각나사의 효율

$\eta = \dfrac{\text{마찰이 없는 경우의 회전력}}{\text{마찰이 있는 경우의 회전력}} = \dfrac{pQ}{2\pi T} = \dfrac{\tan\lambda}{\tan(\lambda + \rho)}$

• 삼각나사의 효율

$\eta = \dfrac{\text{마찰이 없는 경우의 회전력}}{\text{마찰이 있는 경우의 회전력}} = \dfrac{pQ}{2\pi T} = \dfrac{\tan\lambda}{\tan(\lambda + \rho')}$

10 지름 D인 원통을 판재 위에 놓고 접합 부위의 둘레를 용접크기 f로 필릿용접한 후, 굽힘모멘트 M을 작용시켰을 때 용접부위에 발생하는 최대 굽힘응력의 크기는?

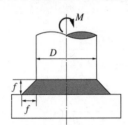

① $\dfrac{32M(D+\sqrt{2}f)}{\pi((D+\sqrt{2}f)^4 - D^4)}$

② $\dfrac{64M(D+\sqrt{2}f)}{\pi((D+\sqrt{2}f)^4 - D^4)}$

③ $\dfrac{64M(D+2f)}{\pi((D+2f)^4 - D^4)}$

④ $\dfrac{32M(D+2f)}{\pi((D+2f)^4 - D^4)}$

해설

용접부의 목두께 구하는 식

$a = f\cos45° = f\sin45°$

$a = \dfrac{f}{\sqrt{2}}$ 이므로,

$d_2 = d_1 + 2 \times \dfrac{f}{\sqrt{2}}$

따라서 $d_2 = d_1 + \sqrt{2}f$

굽힘응력$(\sigma_b) = \dfrac{M}{Z}$

$Z = \dfrac{I}{y_{max}} = \dfrac{\dfrac{\pi(d_2^4 - d_1^4)}{64}}{\dfrac{d_2}{2}} = \dfrac{2\pi(d_2^4 - d_1^4)}{64d_2} = \dfrac{\pi(d_2^4 - d_1^4)}{32d_2}$

$\sigma_b = \dfrac{M}{\dfrac{\pi(d_2^4 - d_1^4)}{32d_2}} = \dfrac{32Md_2}{\pi(d_2^4 - d_1^4)} = \dfrac{32M(d_1 + \sqrt{2}f)}{\pi((d_1 + \sqrt{2}f)^4 - d_1^4)}$

11 원통코일스프링 전체의 평균지름이 D, 소선의 지름이 d일 때, 스프링지수를 나타내는 식은?

① $\dfrac{d}{D}$ ② $\dfrac{D}{d}$

③ $\dfrac{d}{D+d}$ ④ $\dfrac{D}{D+d}$

해설

스프링지수$(C) = \dfrac{D}{d}$

D : 평균지름, d : 소선의 지름

12 전위기어의 사용목적으로 옳은 것은?

① 물림률을 감소시키고자 할 때 사용한다.
② 기어의 최소 잇수를 증가시키고자 할 때 사용한다.
③ 두 기어 사이의 중심거리를 일정하게 유지하고자 할 때 사용한다.
④ 언더컷을 방지하고자 할 때 사용한다.

해설

전위기어는 언더컷을 방지할 목적으로 사용한다.
• 전위기어(Profile Shifted Gear)
  래크공구의 기준피치선(이 두께와 홈의 길이가 같은 곳)이 기어의 기준피치원에 접하지 않는 기어이다. 전위량은 래크공구의 기준 피치선과 기어의 기준피치원과의 거리를 말한다.
• 전위기어(Profile Shifted Gear)의 사용목적
  – 언더컷 방지
  – 물림률 증가
  – 이의 강도 증가
  – 최소 잇수 작게
  – 두 기어간 중심거리의 자유로운 변화
※ 물림률(Contact Ratio) : 동시에 물릴 수 있는 이의 수로 물림길이를 법선피치로 나눈값이다.

10 ① 11 ② 12 ④ 정답

13 벨트전동장치에서 유효장력을 T_e, 긴장측의 장력을 T_t, 이완측의 장력을 T_s, 풀리와 벨트 사이의 접촉각을 θ, 마찰계수를 μ라 할 때, 옳은 식은?(단, 원심력의 영향은 무시한다)

① $T_s = (e^{\mu\theta} - 1)T_e$

② $T_s = \dfrac{e^{\mu\theta}}{e^{\mu\theta} - 1}T_e$

③ $T_t = \dfrac{1}{e^{\mu\theta} - 1}T_e$

④ $T_t = \dfrac{e^{\mu\theta}}{e^{\mu\theta} - 1}T_e$

해설

긴장측 장력 $T_t = \dfrac{P_e\, e^{\mu\theta}}{e^{\mu\theta} - 1}$ 여기서 $P_e = T_e$

이완측 장력 $T_s = \dfrac{P_e}{e^{\mu\theta} - 1}$

벨트 관련 식

• 장력비 $e^{\mu\theta} = \dfrac{T_t}{T_s}$

• 유효장력 $P_e(T_e) = T_t - T_s$

14 기어 A의 잇수가 150, 기어 B의 잇수가 50인 서로 맞물려 회전하는 한 쌍의 기어가 있다. 두 기어 사이의 중심거리가 1,000[mm]일 때, 기어 A의 피치원지름 [mm]은?

① 1,000　　　　② 1,500

③ 2,000　　　　④ 2,500

해설

$C = \dfrac{mZ_1 + mZ_2}{2}$

$1,000 = \dfrac{m(Z_1 + Z_2)}{2}$

$2,000 = m(150 + 50)$

$10 = m$

따라서 $D_1 = mZ = 10 \times 150 = 1,500[mm]$

두 개의 기어간 중심거리(C)

$C = \dfrac{D_1 + D_2}{2} = \dfrac{mZ_1 + mZ_2}{2}$

15 비틀림모멘트만 받고 있는 중실축의 강도설계에서 전달 토크를 8배로 증가시키려면, 축지름은 몇 배로 증가되어야 하는가?(단, 다른 조건은 모두 동일하다)

① 2배　　　　② 4배

③ 8배　　　　④ 16배

해설

토크 $T = \tau \times Z_P = \tau \times \dfrac{\pi d^3}{16}$

$d^3 = \dfrac{16T}{\pi\tau}$

$d = \sqrt[3]{\dfrac{16T}{\pi\tau}}$ 여기서 d와 T만을 고려하면

$d = \sqrt[3]{T}$ 토크 T를 8배 증가시키므로

$d = \sqrt[3]{8T} = 2\sqrt[3]{T}$, 따라서 2배가 정답이다.

16 그림 (A), (B)와 같이 동일한 스프링상수 k를 갖는 스프링의 연결에 동일하중 W가 작용하고 있다. (A)의 처짐량을 δ_1, (B)의 처짐량을 δ_2라 할 때 $\delta_1 : \delta_2$는?(단, 스프링의 자중은 무시한다)

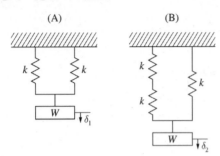

(A) (B)

① 1 : 2 ② 2 : 3
③ 3 : 4 ④ 4 : 5

해설

(A)의 처짐량 $\delta_A = \dfrac{P}{2k}$, $k_A = k_1 + k_2 = 2k$

(B)의 처짐량 $\delta_B = \dfrac{P}{\frac{3}{2}k} = \dfrac{2P}{3k}$,

$$k_B = k_1 + k_2 = \dfrac{1}{\frac{1}{k}+\frac{1}{k}} + k = \dfrac{k}{2} + k = \dfrac{3}{2}k$$

따라서 $\dfrac{P}{2k} : \dfrac{2P}{3k} = 3kP : 4kP = 3 : 4$

스프링상수(k)값 구하기

병렬 연결 시	$k = k_1 + k_2$	
직렬 연결 시	$k = \dfrac{1}{\frac{1}{k_1}+\frac{1}{k_2}}$	

17 1줄 사각나사에서 마찰각을 ρ, 리드각을 λ, 마찰계수를 μ라 할 때, 나사의 자립상태를 유지하기 위한 조건은? (단, 나사가 저절로 풀리다가 어느 지점에서 정지하는 경우도 자립상태로 본다)

① $\rho \geq \lambda$ ② $\rho \leq \lambda$
③ $\rho \geq \mu$ ④ $\rho \leq \mu$

해설

사각나사의 자립조건(Self Locking Condition)
나사를 죄는 힘을 제거해도 체결된 나사가 스스로 풀리지 않을 조건이다. 나사가 자립할 조건은 나사를 푸는 힘(P')을 기준으로 구할 수 있다.
나사를 푸는 힘 $P' = Q\tan(\rho - \lambda)$에서
- P'가 0보다 크면, $\rho - \lambda > 0$이므로 나사를 풀 때 힘이 든다.
 따라서 나사는 풀리지 않는다.
- P'가 0이면, $\rho - \lambda = 0$이므로 나사가 풀리다가 정지한다.
 따라서 나사는 풀리지 않는다.
- P'가 0보다 작으면, $\rho - \lambda < 0$이므로 나사를 풀 때 힘이 안 든다.
 따라서 나사는 풀린다.
종합하면 다음과 같은 나사의 자립조건 공식이 도출된다.
나사의 마찰각(ρ)≥나사의 리드각(λ)

18 잇수 Z, 압력각 α인 표준평기어에서 원주피치 p와 기초원지름 D_g의 관계식은?

① $p = \dfrac{\pi D_g \cos\alpha}{Z}$ ② $p = \dfrac{\pi D_g}{Z\cos\alpha}$

③ $p = \dfrac{\pi D_g}{Z}$ ④ $p = \dfrac{\pi Z}{D_g}$

해설

$p = \dfrac{\pi D}{z}$ 식에서 기초원지름(D_g)을 대입하면

$$p = \dfrac{\pi \dfrac{D_g}{\cos\alpha}}{z}$$

$$p = \dfrac{\pi D_g}{z\cos\alpha}$$

계산에 필요한 식
- 기초원지름 $D_g = D\cos\alpha$

$$D = \dfrac{D_g}{\cos\alpha}$$

- $p = \dfrac{\pi D}{z} = \pi m$

19 벨트전동에서 원동풀리의 지름이 D_1, 종동풀리의 지름이 D_2이고, 풀리의 중심 간 거리가 C이다. 벨트를 평행 걸기할 때, 원동풀리에서 벨트와 풀리 사이의 접촉각(°)은?(단, $D_1 < D_2$)

① $\theta = 180 - \sin^{-1}\left(\dfrac{D_2 - D_1}{2C}\right)$

② $\theta = 180 + \sin^{-1}\left(\dfrac{D_2 - D_1}{2C}\right)$

③ $\theta = 180 + 2\sin^{-1}\left(\dfrac{D_2 - D_1}{2C}\right)$

④ $\theta = 180 - 2\sin^{-1}\left(\dfrac{D_2 - D_1}{2C}\right)$

해설

벨트의 접촉각(θ)

바로걸기	엇걸기
$\theta_1 = 180 - 2\sin^{-1}\left(\dfrac{D_2 - D_1}{2C}\right)$ $\theta_2 = 180 + 2\sin^{-1}\left(\dfrac{D_2 - D_1}{2C}\right)$	$\theta = 180 + 2\sin^{-1}\left(\dfrac{D_2 + D_1}{2C}\right)$

20 무게 $W = 1,000$[N]의 물체가 볼트에 매달려 있고, 볼트의 허용인장응력이 10[MPa]일 때, 필요한 볼트의 최소골지름 d_1[mm]은?

① $\sqrt{\dfrac{200}{\pi}}$ 　　② $\sqrt{\dfrac{400}{\pi}}$

③ $\sqrt{\dfrac{600}{\pi}}$ 　　④ $\sqrt{\dfrac{800}{\pi}}$

해설

$d_1 = \sqrt{\dfrac{4Q}{\pi\sigma_a}} = \sqrt{\dfrac{4 \times 1,000}{\pi \times 10 \times 10^6 \times 10^{-6}}} = \sqrt{\dfrac{4,000}{10\pi}} = \sqrt{\dfrac{400}{\pi}}$

축하중을 받을 때 볼트의 지름(d)을 구하는 식

골지름(안지름)	바깥지름(호칭지름)
$d_1 = \sqrt{\dfrac{4Q}{\pi\sigma_a}}$	$d = \sqrt{\dfrac{2Q}{\sigma_a}}$

2015년 지방직 기계설계

01 기계부품 설계 시에 재료파괴의 기준강도로 사용되는 것이 아닌 것은?

① 항복강도　　　　② 종탄성계수

③ 피로한도　　　　④ 크리프한도

해설
종탄성계수는 재료파괴의 기준강도로 사용하지 않고, 재료의 항복강도나 피로한도, 크리프한도 등을 기준으로 한다.

03 두께가 10[mm]인 판 두 장을 2줄 겹치기 리벳이음을 하고자 한다. 리벳지름이 20[mm]이고 피치(리벳의 중심간 거리)가 80[mm]일 때, 리벳이음의 효율 중 리벳효율[%]은?(단, 리벳의 허용전단응력은 판의 허용인장응력의 80[%]이고, π는 3으로 한다)

① 30

② 40

③ 50

④ 60

해설
리벳의 효율

$$\eta = \frac{\pi d^2 m}{4pt\sigma_t} = \frac{3 \times 20^2 \times 0.8 \times 2}{4 \times 80 \times 10 \times 1} = 0.6 \times 100[\%] = 60[\%]$$

02 일반적으로 사용되는 공차역기호 h를 기준으로, 기호 h에서 기호 a에 가까워질 때의 치수변화에 대한 설명으로 옳은 것은?

① 축의 최대 허용치수가 기준치수(호칭치수)보다 작아진다.

② 축의 최대 허용치수가 기준치수(호칭치수)보다 커진다.

③ 구멍의 최대 허용치수가 기준치수(호칭치수)보다 작아진다.

④ 구멍의 최대 허용치수가 기준치수(호칭치수)보다 커진다.

해설
공차역 h를 기준으로 a에 가까울수록 헐거움끼워맞춤이 되고, z로 갈수록 억지끼워맞춤이 된다. 따라서 축과 구멍의 끼워맞춤상태가 더 헐겁게 되기 때문에 축의 최대 허용치수가 기준치수보다 작아지게 되는 것이다.

1 ② 　2 ① 　3 ④ 　정답

04 그림과 같이 정지해 있는 균일한 원형단면의 중실축인 철도차량용 차축에서, 차륜으로부터 l[mm]만큼 떨어진 지점에 작용하는 굽힘하중 W[kgf]를 이용하여 구한 차축의 최소 지름[mm]은?(단, 차축의 허용굽힘응력은 σ_a[kgf/mm^2]이고, 차축의 강성과 자중은 고려하지 않는다)

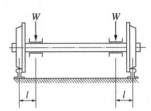

① $\sqrt[3]{\dfrac{Wl}{\pi\sigma_a}}$

② $\sqrt[3]{\dfrac{16\,Wl}{\pi\sigma_a}}$

③ $\sqrt[3]{\dfrac{32\,Wl}{\pi\sigma_a}}$

④ $\sqrt[3]{\dfrac{64\,Wl}{\pi\sigma_a}}$

해설

그림과 같은 차축의 지름을 구하는 식

$d = \sqrt[3]{\dfrac{32M}{\pi\sigma_a}}$

여기서 모멘트 M은 하중(W)×작용점까지의 직선길이(l)이므로

$d = \sqrt[3]{\dfrac{32M}{\pi\sigma_a}} = \sqrt[3]{\dfrac{32\,Wl}{\pi\sigma_a}}$

[추가 참고공식]

이 차축의 최대 모멘트($M_{\max}$) 구하는 식

$M_{\max} = \dfrac{l-l_1}{2} \times \dfrac{F}{2}$

05 축방향으로 인장하중 Q[kgf]만 작용하는 아이볼트(Eye Bolt)에서, 기준강도 σ_s [kgf/mm^2]와 안전율 S를 적용하여 구한 아이볼트의 최소골지름[mm]은?

① $\sqrt{\dfrac{4QS}{\pi\sigma_s}}$ 　　② $\sqrt{\dfrac{2QS}{\pi\sigma_s}}$

③ $\sqrt{\dfrac{4Q}{\pi\sigma_s S}}$ 　　④ $\sqrt{\dfrac{2Q}{\pi\sigma_s S}}$

해설

볼트의 골지름 구하는 식 $d_1 = \sqrt{\dfrac{4Q}{\pi\sigma_a}}$ 에서 안전율(S)을 고려하려면 S를 분자에 곱해 주면 된다.

따라서 공식은 $d_1 = \sqrt{\dfrac{4QS}{\pi\sigma_a}}$ 가 된다.

축하중을 받을 때 볼트의 지름(d)을 구하는 식

골지름(안지름)	바깥지름(호칭지름)
$d_1 = \sqrt{\dfrac{4Q}{\pi\sigma_a}}$	$d = \sqrt{\dfrac{2Q}{\sigma_a}}$

06 지름이 d인 중실축과 바깥지름이 d_o, 안지름이 d_i인 중공축이 있다. 동일한 굽힘모멘트를 두 축에 각각 가했을 때, 동일한 굽힘응력이 발생되기 위한 $\dfrac{d}{d_o}$ 의 값을 A라 하고, 동일한 비틀림모멘트를 두 축에 각각 가했을 때, 동일한 비틀림응력이 발생되기 위한 $\dfrac{d}{d_o}$ 의 값을 B라 할 때, A와 B의 곱으로 옳은 것은?(단, $\dfrac{d_i}{d_o}=x$ 이고, 두 축의 재료와 길이는 같다)

① $\sqrt[4]{\dfrac{1}{(1-x^4)^2}}$ 　　② $\sqrt[3]{\dfrac{1}{(1-x^4)^2}}$

③ $\sqrt[4]{(1-x^4)^2}$ 　　④ $\sqrt[3]{(1-x^4)^2}$

해설

축의 바깥지름 구하는 식

구 분	중실축	중공축
굽힘모멘트	$d_0 = \sqrt[3]{\dfrac{32M}{\pi\sigma_a}}$	$d_0 = \sqrt[3]{\dfrac{32M}{\pi\sigma_a(1-x^4)}}$
비틀림모멘트	$d_0 = \sqrt[3]{\dfrac{16T}{\pi\tau_a}}$	$d_0 = \sqrt[3]{\dfrac{16T}{\pi\tau_a(1-x^4)}}$

07 축과 보스의 결합을 위해 사용된 보통형 평행키(묻힘키)에서, 회전토크에 의해 키가 전단되는 경우, 키의 길이 l이 축지름 d의 2배라면 키의 폭 b와 축지름 d의 관계로 옳은 것은?(단, 축과 키의 재료는 같고, 축과 키에 전달되는 회전토크도 같다)

① $b = \dfrac{\pi}{16}d$ ② $b = \dfrac{\pi}{12}d$

③ $b = \dfrac{\pi}{4}d$ ④ $b = \pi d$

해설

묻힘키가 파손되지 않는 길이(l) 구하는 식에 대입하면

$l = \dfrac{\pi d^2}{8b}$, 여기서, $l = 2d$이므로

$2d = \dfrac{\pi d^2}{8b}$

$b = \dfrac{\pi d^2}{16d} = \dfrac{\pi d}{16}$

08 회전하는 축(Shaft)을 설계할 때, 고려하는 요소 중 위험속도(Critical Speed)에 대한 설명으로 가장 적절한 것은?

① 회전 가능한 축의 최고회전속도
② 축이음부분에 파괴가 시작되는 회전속도
③ 축을 지지하는 베어링의 마모가 시작되는 회전속도
④ 축의 고유진동수와 일치하여 공진현상이 발생하는 회전속도

해설

축의 위험속도는 축의 고유진동수와 일치하여 공진현상이 발생하는 회전속도이다.

축의 위험속도(n_c, Critical Speed)

• 위험속도의 정의 : 축의 고유진동수와 축의 회전속도(n)가 일치했을 때 진폭이 점차 커져서 축이 위험상태에 놓이게 되어 결국 파괴에 이르게 되는 축의 회전수이다.
• 위험속도의 발생원인 : 보통 축의 중심이 그 단면의 중심선상에 오도록 정확히 가공한다는 것은 매우 어려우므로 보통 약간의 편심을 갖게 된다. 또한 축의 자중이나 하중에 의해서도 편심이 생기는데, 편심이 된 상태에서 축이 고속회전을 하면 원심력에 의해 축에 진동이 생긴다. 이때 이 축이 가진 고유진동수와 축의 속도가 같아졌을 때 축의 원심력이 축의 저항력을 이겨 결국 축이 파괴에 이르게 되는데, 이때의 속도가 위험속도가 되는 것이다. 따라서 물체의 고유진동은 고속회전하는 기계에는 매우 중요한 문제이다.
• 위험속도를 방지를 위한 방법 : 축의 일상적인 사용회전속도(상용회전수)는 위험속도로부터 25[%] 이상 떨어진 상태에서 사용하도록 설계 시 고려해야 한다.

09 회전하고 있는 평행걸기(바로걸기) 평벨트 전동장치의 장력비는 k이다. 긴장측 장력을 T_t, 이완측 장력을 T_s, 유효장력을 T_e라 할 때, $\dfrac{T_t + T_s}{T_e}$ 를 나타낸 것으로 옳은 것은?(단, 벨트속도로 인한 원심력은 무시한다)

① $\dfrac{k-1}{k+1}$ ② $\dfrac{k+1}{k-1}$

③ $\dfrac{1+k}{1-k}$ ④ $\dfrac{1-k}{1+k}$

해설

이 문제를 쉽게 풀어나가기 위해서는 보기들을 역산하여 $\dfrac{T_t + T_s}{T_e}$

이 식이 나오는지 찾아보면 된다.
②번 보기에 다음 관련식들을 대입하여 역산해 보면

$\dfrac{k+1}{k-1} = \dfrac{\dfrac{T_t}{T_s}+1}{\dfrac{T_t}{T_s}-1} = \dfrac{\dfrac{T_t+T_s}{T_s}}{\dfrac{T_t-T_s}{T_s}} = \dfrac{T_s(T_t+T_s)}{T_s(T_t-T_s)} = \dfrac{T_t+T_s}{T_e}$

따라서 정답은 ②번이 된다.
• 유효장력 $P_e = T_t - T_s$
• 장력비 $e^{\mu\theta} = \dfrac{T_t}{T_s}$, 여기서는 장력비를 k로 정의한다.

10 한국산업표준(KS 규격)에서 기하공차의 종류 중 모양 공차(형상공차)가 아닌 것은?

① 진직도 ② 진원도
③ 직각도 ④ 평면도

해설
직각도는 자세공차에 속한다.
기하공차 종류 및 기호

형 체	공차의 종류		기 호
단독형체	모양공차	진직도	——
		평면도	▱
		진원도	◯
		원통도	⌀
		선의 윤곽도	⌒
		면의 윤곽도	⌓
관련형체	자세공차	평행도	//
		직각도	⊥
		경사도	∠
	위치공차	위치도	⊕
		동축도(동심도)	◎
		대칭도	═
	흔들림공차	원주 흔들림	↗
		온 흔들림	↗↗

11 균일 단면봉에 축방향 인장하중이 작용하여 횡방향 수축(작용하중방향에 수직인 수축)이 일어날 때, 푸아송 비(Poisson's Ratio) ν의 크기는?

① $\dfrac{축방향\ 변형길이}{횡방향\ 변형길이}$ ② $\dfrac{축방향\ 변형률}{횡방향\ 변형률}$

③ $\dfrac{횡방향\ 변형길이}{축방향\ 변형길이}$ ④ $\dfrac{횡방향\ 변형률}{축방향\ 변형률}$

해설

푸아송의 비 $\nu = \dfrac{가로(횡)\ 변형률}{세로(종)\ 변형률}$

푸아송의 비(ν)
탄성재료의 양 끝에 힘을 가하여 신장시키거나 수축시켰을 때, 축에 수직인 방향으로 일그러진 크기를 축방향의 일그러진 크기로 나눈 값이다.

12 호칭번호가 6308C2P6인 구름베어링에 대한 설명으로 옳지 않은 것은?

① 깊은홈볼베어링이다.
② 정밀도는 2급으로 정밀급이다.
③ 전동체 배열이 1열인 단열베어링이다.
④ 베어링안지름은 40[mm]이다.

해설
정밀도는 6급의 정밀등급이다.
베어링 호칭번호

형식 번호	1 : 복렬자동조심형 2, 3 : 상동(큰너비) 6 : 단열깊은홈형 7 : 단열앵귤러콘택트형 N : 원통롤러형	접촉각 기호	C
		실드기호	Z : 한쪽실드 ZZ : 안팎실드
치수 기호	0, 1 : 특별경하중 2 : 경하중형 3 : 중간형	내부틈새 기호	C2
안지름 번호	1~9 : 1~9[mm] 00 : 10[mm] 01 : 12[mm] 02 : 15[mm] 03 : 17[mm] 04 : 20[mm] 04부터 5를 곱한다.	등급기호	무기호 : 보통급 H : 상급 P : 정밀등급 SP : 초정밀급

13 밸브대를 축으로 원판형의 밸브디스크가 회전함으로써 관로의 열림각도가 변화하여 유량을 조절할 수 있는 밸브는?

① 체크밸브(Check Valve)

② 안전밸브(Safety Valve)

③ 버터플라이밸브(Butterfly Valve)

④ 글로브밸브(Glove Valve)

해설

버터플라이밸브는 밸브대를 축으로 원판형의 밸브디스크가 회전함으로써 관로의 열림각도를 변화하여 유량을 조절하는 밸브다.

밸브기호

밸브종류	기 호
버터플라이밸브	
체크밸브	
안전밸브(스프링식)	
안전밸브(추식)	
글로브밸브	

14 내압을 받는 얇은 두께의 원통형 관(Pipe)에서, 관내의 내압(P)이 두 배가 되어 $2P$로 변경되었다. 변경 후에 관의 길이방향(축방향)응력(σ_1)에 대한 원주방향응력(σ_2)의 비$\left(\dfrac{\sigma_2}{\sigma_1}\right)$는?

① 4

② 2

③ 0.5

④ 0.25

해설

$$\frac{\text{원주방향 응력}}{\text{축방향 응력}} = \frac{\dfrac{2PD}{2t}}{\dfrac{2PD}{4t}} = \frac{8PDt}{4PDt} = 2$$

내압용기의 하중방향에 따른 응력

원주방향 응력	축방향 응력
$\sigma = \dfrac{PD}{2t}$	$\sigma = \dfrac{PD}{4t}$

15 평행걸기(바로걸기) 평벨트 전동장치에서 원동풀리지름이 195[mm], 종동풀리지름이 95[mm]이고, 벨트 두께는 5[mm]이다. 원동풀리가 1,000[rpm]으로 회전할 때, 벨트두께를 고려하여 구한 종동풀리의 회전수[rpm]는?(단, 풀리와 벨트 사이의 미끄럼은 고려하지 않는다)

① 1,000

② 1,027

③ 2,000

④ 2,053

해설

$i = \dfrac{D_1}{D_2} = \dfrac{n_2}{n_1}$, 첨자 1을 원동, 2를 종동이라고 두면

$$\frac{195+5}{95+5} = \frac{n_2}{1,000[\text{rpm}]}$$

$$n_2 = \frac{200}{100} \times 1,000 = 2,000[\text{rpm}]$$

속도비 $i = \dfrac{n_2}{n_1} = \dfrac{D_1}{D_2} = \dfrac{z_1}{z_2}$

16 판재 전단용 전단기(Shearing Machine)에 강철제 원판형 관성차(플라이휠, Fly Wheel)가 설치되어 있다. 관성차의 극관성모멘트가 $J[\text{kgf} \cdot \text{m} \cdot \text{s}^2]$이고, 최고회전수가 $N[\text{rpm}]$일 때, 이 관성차의 최대 운동에너지 [kgf · m]는?(단, π는 3으로 한다)

① $0.001JN^2$

② $0.005JN^2$

③ $0.05JN^2$

④ $0.01JN^2$

해설

질량관성모멘트

$$\frac{1}{2}mv^2 = \frac{1}{2}Iw^2$$
$$= \frac{1}{2}J\left(\frac{2\pi N}{60}\right)^2 = \frac{1}{2} \times J \times \frac{N^2}{100}$$
$$= 0.5 \times J \times N^2 \times 10^{-2} = 0.005JN^2$$

17 그림과 같이 두께가 t_1[mm]과 t_2[mm]로 서로 다른 두 판의 맞대기용접이음에서, 용접길이 l[mm]의 수직방향으로 판의 중앙에 인장하중 P[kgf]가 작용할 때, 용접부에 생기는 인장응력[kgf/mm²]은?(단, $t_1 < t_2$이다)

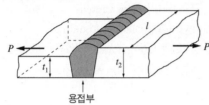

① $\dfrac{2P}{(t_1+t_2)l}$

② $\dfrac{P}{t_2 l}$

③ $\dfrac{2P}{(t_2-t_1)l}$

④ $\dfrac{P}{t_1 l}$

해설

용접이음부의 두께가 다른 모재의 응력은 작은 두께의 계산으로 해야 더 안전한 설계가 가능하다.

$$\sigma = \frac{P}{A} = \frac{P}{t_1 \times l}$$

18 150[rpm]으로 회전하고 있는 볼베어링의 수명이 3,000시간일 때, 이 베어링에 작용하는 최대 하중[kgf]은? (단, 기본 동정격하중은 1,350[kgf]이다)

① 450

② 550

③ 650

④ 750

해설

$$L_h = 500\left(\frac{C}{P}\right)^r \frac{33.3}{N}$$

$$3,000 = 500 \times \left(\frac{1,350[\text{kgf}]}{P}\right)^3 \times \frac{33.3}{150}$$

$$\left(\frac{1,350[\text{kgf}]}{P}\right)^3 = \frac{3,000 \times 150}{33.3 \times 500}$$

$$\frac{1,350^3}{P^3} = 27.02$$

$$P^3 = \frac{1,350^3}{27.02} = 91,057,549.9$$

$$P = \sqrt[3]{91057549.9} = 449.8 \fallingdotseq 450[\text{kgf}]$$

베어링의 수명시간(L_h) 구하는 식

$$L_h = 500\left(\frac{C}{P}\right)^r \frac{33.3}{N} \ \text{또는} \ L_h = 500 f_n^3 \left(\frac{C}{P_{th} \times f_w}\right)^3$$

여기서 C : 기본부하용량

P_{th} : 베어링 이론하중

f_w : 하중계수

N : 회전수

f_n : 속도계수

f_h : 수명계수

• 볼베어링의 하중계수(r) = 3

• 롤러베어링의 하중계수(r) = $\dfrac{10}{3}$

※ 볼베어링의 수명 : 반지름방향 동등가하중의 3승에 반비례한다.

19 인벌루트 치형을 갖는 다음의 평기어 중 모듈이 가장 큰 것은?

① 잇수 60, 피치원지름 240[mm]
② 잇수 80, 이끝원지름 246[mm]
③ 지름피치 12.7[1/inch]
④ 원주피치 4.712[mm]

해설

모듈이 크면 기어의 크기도 크기 때문에 기어의 지름이 큰 것이 모듈이 크다고 볼 수 있다.

① $Z = 60$이므로, $m = \dfrac{240}{60} = 4$

이끝원지름 $= PCD + 2m = 240 + 8 = 248[\text{mm}]$

② 이끝원지름 $= 246[\text{mm}]$

③ 지름피치$(P_d) = 25.4[\text{mm}]\dfrac{Z}{D}$

$12.7 \times D = 25.4 \times Z$

$D = \dfrac{25.4Z}{12.7} = 2Z[\text{mm}]$

Z를 100개라고 가정해도 ①번 보다 작다.

④ 원주피치 $= \dfrac{\pi D}{Z} = \pi m$

$4.712 = \pi m$

$m = \dfrac{4.712}{\pi} = 1.46$

따라서 ①번 기어의 모듈이 가장 크다.

20 축이음의 종류 중 일직선상에 놓여 있지 않은 두 개의 축을 연결하는 데 쓰이고, 축의 1회전 동안 회전각속도의 변동없이 동력을 전달하며, 전륜구동자동차의 동력전달장치로 사용하기에 가장 적절한 것은?

① 클로클러치(Claw Clutch)
② 올덤커플링(Oldham Coupling)
③ 등속조인트(Constant-velocity Joint)
④ 주름형커플링(Bellows Coupling)

해설

③ 등속조인트 : 축이음 중 일직선상에 놓여 있지 않은 두 개의 축을 연결하는 데 쓰이고, 축의 1회전동안 회전각속도의 변동없이 동력을 전달하며, 전륜구동자동차의 동력전달장치로 사용한다.

① 클로클러치 : 서로 맞물리며 돌아가는 조(Jaw)의 한쪽을 원동축으로 다른 방향은 종동축으로 하여 동력을 전달할 수 있도록 한 클러치이다.

② 올덤커플링 : 올덤커플링(Oldham's Coupling)은 두 축이 평행하면서도 중심선의 위치가 다소 어긋나서 편심이 된 경우 각속도의 변동없이 토크를 전달하는데 적합한 축이음용 기계요소이다. 윤활이 어렵고 원심력에 의해 진동이 발생하므로 고속회전에는 적합하지 않다. 머프커플링, 마찰원통커플링, 셀러커플링은 모두 두 축의 중심이 일치하는 경우에 사용한다.

④ 주름형커플링(Bellows Coupling) : 미소 각을 연결하고자 할 때 사용하는 주름형태의 플링이다.

01 M18×2인 미터가는나사의 치수에 대한 설명으로 옳은 것은?

① 수나사 바깥지름 18[mm], 산수 2
② 수나사 유효지름 18[mm], 피치 2[mm]
③ 수나사 바깥지름 18[mm], 피치 2[mm]
④ 수나사 골지름 18[mm], 2줄 나사

해설

'M18×2'에서
• M18 : 미터나사(M)이고 호칭지름은 수나사의 바깥지름으로 나타낸다.
• 2 : 나사의 피치(p)가 2[mm]이다.
나사 표기 방법
• M18 : 미터보통나사
• M18×2 : 미터가는나사, 나사의 피치(p)가 2[mm]

02 잇수가 30개, 모듈이 4인 보통이 표준기어에서 바깥지름[mm]과 이끝높이[mm]는?

	바깥지름	이끝높이
①	128	4
②	120	4
③	128	8
④	120	8

해설

$PCD(D) = m \times z = 4 \times 30 = 120[mm]$
• 기어의 바깥지름 :
  $PCD(D) + 2m = 120[mm] + (2 \times 4) = 128[mm]$
• 기어의 이끝높이 : m(모듈), 따라서 이끝높이는 4[mm]이다.
기어의 바깥지름 구하는 공식
$PCD(D) + 2m$

03 유체의 흐름을 단절시키거나 유량, 압력 등을 조정하기 위하여 사용되는 배관 부품인 밸브에 대한 설명으로 옳지 않은 것은?

① 스톱밸브 – 리프트밸브의 일종으로 밸브디스크가 밸브대에 의하여 밸브시트에 직각방향으로 작동함
② 게이트밸브 – 용기 내의 유체압력이 일정압을 초과하였을 때 자동적으로 밸브가 열려서 유체의 방출 및 압력상승을 억제함
③ 체크밸브 – 역방향으로의 유체 흐름을 방지하는 기능을 가지고 있어 관 내부를 흐르는 유체를 한 방향으로만 흘러가게 함
④ 버터플라이밸브 – 밸브의 몸통 안에서 밸브대를 축으로 하여 원판모양의 밸브디스크가 회전하면서 관을 개폐함

해설

• 게이트밸브 : 몸통과 덮개가 십자의 형태를 이루고 있으며 디스크가 직선 유로에 대해 직각으로 이동하며 유체의 흐름을 제어하는데 밸브가 완전히 열렸을 때 거의 배관 크기와 같은 유체통로를 유지할 수 있으나 부분적으로 개폐될 때 유체의 흐름에 와류가 생겨 내부에 먼지가 쌓이기 쉽다.
• 릴리프밸브 : 유압회로에서 회로 내 압력이 설정치 이상이 되면 그 압력에 의해 밸브가 열려 압력을 일정하게 유지시키는 역할을 하는 밸브로서 안전밸브의 역할을 한다.

① 스톱밸브 : 관로의 내부나 용기에 설치하여 유동하는 유체의 유량이나 압력 등을 제어를 하는 기계장치로 밸브디스크가 밸브대에 의하여 밸브시트에 직각방향으로 작동하는 구조이다. 제작비가 저렴해서 유체흐름의 차단장치로 널리 사용된다.
③ 체크밸브 : 유체가 한쪽 방향으로만 흐르고 반대쪽으로는 흐르지 못하도록 할 때 사용하는 밸브이다.
④ 버터플라이밸브 : 밸브의 몸통 안에서 밸브대를 축으로 하여 원판 모양의 밸브디스크가 회전하면서 관을 개폐하여 관로의 열림각도를 변화시켜 유량을 조절한다.

04 시계의 태엽기구, 기중기 등에 사용되며 축의역전방지기구로 널리 사용되는 브레이크는?

① 폴 브레이크
② 내확 브레이크
③ 밴드 브레이크
④ 원추 브레이크

해설

폴 브레이크(Pawl Break)

폴과 래칫휠로 구성된 브레이크로 한방향으로만 회전이 가능하고 역회전은 불가능한 브레이크 장치로 회전축의 역전방지기구로 사용된다. 시계의 태엽이나 기중기, 안전장비 등에 사용된다.

Pawl

② 내확 브레이크(내부확장형 브레이크) : 브레이크 슈가 드럼의 안쪽에서 바깥쪽으로 확장하여 브레이크 드럼에 접촉되면서 제동시키는 장치이다.
③ 밴드 브레이크 : 브레이크 드럼의 바깥 둘레에 강철밴드를 감고 밴드의 끝이 연결된 레버를 잡아당겨 밴드와 브레이크 드럼 사이에 마찰력을 발생시켜서 제동력을 얻는 장치이다.
④ 원추 브레이크 : 브레이크의 마찰면이 원추모양인 브레이크로 기존 브레이크에 비해 마찰면적이 넓어진 것이 특징이다.

05 축과 구멍의 공차역(Tolerance Zone)에 대한 설명으로 옳지 않은 것은?

① a~h 공차역에서 축의 아래치수허용차는 위치수허용차에 정밀도치수공차(IT)를 뺀 값이다.
② A~H 공차역에서 구멍의 위치수허용차는 아래치수허용차에 정밀도치수공차(IT)를 더한 값이다.
③ k~zc 공차역에서 축의 위치수허용차는 기초치수허용차가 되며 그 값은 음수(−)이다.
④ M~ZC 공차역에서 구멍의 위치수허용차는 기초치수허용차가 되며 그 값은 음수(−)이다.

해설

k~zc 공차역에서 축의 아래치수허용차(ei)가 기초치수허용차가 되며 그 값은 양수(+)이다. 축에서 a~h의 공차역일 때 위치수허용차(es)가 기초치수허용차가 되며 그 값은 음수(−)이다.

① a~h 공차역에서 축의 아래치수허용차(ei) = 위치수허용차(es) − IT
② A~H 공차역에서 구멍의 위치수허용차(ES) = 아래치수 허용차(EI) + IT
④ M~ZC 공차역에서 구멍의 위치수허용차(ES)가 기초치수허용차가 되며 그 값은 음수(−)이다.

구멍과 축의 공차역

구멍(대문자)		축(소문자)	
공차역	크 기	공차역	크 기
A	구멍크기 커짐 (허용차 +)	a	축의 크기 작아짐 (허용차 −)
B		b	
C		c	
CD		cd	
D		d	
EF		ef	
F		f	
FG		fg	
G		g	
H	기준치수	h	기준치수
J		j	
JS		js	
K		k	
M		m	
N		n	
P		p	
R		r	
S		s	
T		t	
U		u	
V	구멍크기 작아짐 (허용차 −)	v	축의 크기 커짐 (허용차 +)
X		x	
Y		y	
Z		z	
ZA		za	
ZB		zb	
ZC		zc	

4 ① 5 ③ 정답

06

지름 50[mm] 원형단면봉이 80[N/mm²]의 인장응력과 30[N/mm²]의 전단응력을 동시에 받고 있을 때 최대 주응력[N/mm²]은?

① 80   ② 90

③ 110   ④ 140

해설

최대 주응력 $\sigma_{max} = \frac{1}{2}(\sigma_x + \sigma_y) + \frac{1}{2}\sqrt{(\sigma_x + \sigma_y)^2 + 4\tau_{xy}^2}$

$= \frac{1}{2}(80) + \frac{1}{2}\sqrt{80^2 + 4(30^2)}$

$= 40 + 50 = 90[N/mm^2]$

최대 주응력설

최대 인장응력이나 최대 압축응력의 크기가 항복강도보다 클 경우, 재료의 파손이 일어난다는 이론으로 취성재료의 분리파손과 가장 일치한다.

$\sigma_{max} = \frac{1}{2}(\sigma_x + \sigma_y) + \frac{1}{2}\sqrt{(\sigma_x + \sigma_y)^2 + 4\tau_{xy}^2}$

07

스프링에 작용하는 하중의 진동수가 고유진동수에 가까워 스프링이 공진하는 현상은?

① 서징현상   ② 피닝현상

③ 겹침현상   ④ 피로현상

해설

스프링의 서징현상 : 밸브스프링의 고유진동수와 캠에 의한 강제진동수가 서로 공진하여 캠에 의한 강제진동수와 상관없이 심하게 진동하는 현상으로 서징현상이 발생하면 밸브의 개폐가 불량해지고 스프링에 큰 압축력과 변형이 발생하면서 피로파괴를 일으킬 수 있다.

밸브스프링의 서징현상 방지법

• 원추형의 스프링 사용

• 부동피치의 스프링 사용

• 고유진동수가 다른 2중 스프링 사용

08

그림과 같은 기어 트레인에서 가장 왼쪽 기어 A가 840[rpm]의 속도로 반시계방향으로 회전할 때, 가장 오른쪽 기어 F의 회전수[rpm]와 회전방향은?(단, Z는 각 기어의 잇수를 나타낸다)

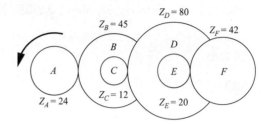

① 16, 시계방향

② 16, 반시계방향

③ 32, 시계방향

④ 32, 반시계방향

해설

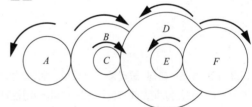

F기어는 시계방향으로 회전한다.

• $\frac{N_B}{N_A} = \frac{Z_A}{Z_B}$, $\frac{N_B}{840[rpm]} = \frac{24}{45}$,

$N_B = \frac{24}{45} \times 840[rpm] = 448[rpm]$

• $\frac{N_D}{N_C} = \frac{Z_C}{Z_D}$, $\frac{N_D}{448[rpm]} = \frac{12}{80}$,

$N_D = \frac{12}{80} \times 448[rpm] = 67[rpm]$

• $\frac{N_F}{N_E} = \frac{Z_E}{Z_F}$, $\frac{N_F}{67[rpm]} = \frac{20}{42}$,

$N_F = \frac{20}{42} \times 67[rpm] = 32[rpm]$

09 원추각(꼭지각의 1/2) α, 접촉면의 평균지름이 230[mm], 접촉너비가 50[mm], 접촉면의 허용압력이 0.02[kgf/mm^2]인 원추클러치에 160[kgf]의 축방향 힘을 가할 때 전달할 수 있는 최대 토크[kgf·mm]는?(단, 접촉면의 마찰계수는 0.3, $\cos\alpha \fallingdotseq 0.95$, $\sin\alpha \fallingdotseq 0.315$로 한다)

① 5,520 ② 7,200
③ 9,200 ④ 9,800

해설

원추클러치 전달토크 $T = \mu Q \dfrac{D_m}{2}$ 식에

$Q = \dfrac{P}{\sin\alpha + \mu\cos\alpha}$ 대입하면

$T = \mu \times \dfrac{P}{\sin\alpha + \mu\cos\alpha} \times \dfrac{D_m}{2}$, P : 축방향으로 미는 힘

$T = 0.3 \times \dfrac{160[\text{kgf}]}{0.315 + 0.3(0.95)} \times \dfrac{230[\text{mm}]}{2} = 9,200[\text{kgf·mm}]$

10 지름 100[mm] 축에 풀리를 장착하기 위한 묻힘키(Sunk Key)를 설계할 때 키의 최소 높이[mm]는?(단, 축에서 키 홈의 높이는 키높이의 1/2, 축의 허용전단응력은 30[N/mm^2], 키의 허용압축응력은 80[N/mm^2], 키의 길이는 축지름의 1.5배, 키의 폭은 축지름의 0.25배이다)

① $\dfrac{25}{4}\pi$ ② $\dfrac{25}{16}\pi$
③ $\dfrac{5}{4}\pi$ ④ $\dfrac{5}{16}\pi$

해설

$\sigma_c = \dfrac{4T}{hdl}$

$h = \dfrac{4T}{\sigma_c dl} = \dfrac{4 \times (\tau \times Z_P)}{80 \times 100 \times 150} = \dfrac{4 \times \left(30 \times \dfrac{\pi d^3}{16}\right)}{80 \times 100 \times 150}$

$= \dfrac{4 \times \left(30 \times \dfrac{\pi \times 100^3}{16}\right)}{80 \times 100 \times 150} = \dfrac{7,500,000\pi}{1,200,000} = \dfrac{25\pi}{4}$

묻힘키의 길이(l)구하기

• 전단응력 고려 시 $\tau = \dfrac{W}{bl} = \dfrac{2T}{bdl}$, $l = \dfrac{2T}{bd\tau}$

• 압축응력 고려 시 $\sigma_c = \dfrac{2W}{hl} = \dfrac{4T}{hdl}$, $l = \dfrac{4T}{hd\sigma_c}$

11 볼베어링의 구성요소가 아닌 것은?

① 내 륜
② 외 륜
③ 플랜지
④ 리테이너

해설

플랜지는 베어링용 구성요소가 아니다.

구름베어링의 구성요소
• 내 륜
• 외 륜
• 리테이너
• 볼 or 롤러

외륜
볼 or 롤러
리테이너
내륜

12 그림과 같은 응력－변형률 선도에서 a, b, c에 대한 설명으로 모두 옳은 것은?

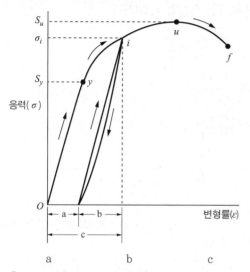

	a	b	c
①	탄성변형률	소성변형률	전체변형률
②	소성변형률	항복변형률	영구변형률
③	소성변형률	탄성변형률	전체변형률
④	탄성변형률	소성변형률	영구변형률

해설

a : 항복점(y)을 벗어나서 i지점까지 응력이 작용된 a구간은 소성변형 구간이다.

b : b의 그래프에서 하중을 제거하면 다시 원점으로 되돌아오기 때문에 이 구간은 탄성변형률영역으로 볼 수 있다.

c : O점에서 i점까지 하중을 가했다가 제거해도 재료 전체가 변형이 되기 때문에 이 구간은 전체변형률구간이다.

응력－변형률 곡선($\sigma - \varepsilon$ 선도)

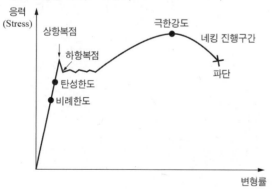

- 비례한도(Propotional Limit) : 응력과 변형률 사이에 정비례관계가 성립하는 구간 중 응력이 최대인 점으로 훅의 법칙이 적용된다.
- 탄성한도(Elastic Limit) : 하중을 제거하면 원래의 치수로 돌아가는 구간을 말한다.

- 항복점(Yield Point) : 인장시험에서 하중이 증가하여 어느 한도에 도달하면, 하중을 제거해도 원위치로 돌아가지 않고 변형이 남게 되는 그 순간의 하중이다.
- 극한강도(Ultimate Strength) : 재료가 파단되기 전에 외력에 버틸 수 있는 최대의 응력이다.
- 네킹구간(Necking) : 극한강도를 지나면서 재료의 단면이 줄어들면서 길게 늘어나는 구간이다.
- 파단점 : 재료가 파괴되는 점이다.

13 두줄나사를 두 바퀴 회전시켰을 때, 축방향으로 12[mm] 이동하였다. 이 나사의 피치[mm]와 리드[mm]는?

	피 치	리 드
①	3	3
②	3	6
③	6	3
④	6	6

해설

2줄 나사이므로 $n = 2$, 2회전 시 12[mm] 이동했으므로 1회전 시는 6[mm] 이동한다.

따라서 $L = 6[\text{mm}]$이다.

$L = np$

$6[\text{mm}] = 2 \times p$

$p = 3[\text{mm}]$

- 리드(L) : 나사를 1회전시켰을 때 축방향으로 이동한 거리,

$L = n \times p$

예 1줄 나사와 3줄 나사의 리드(L)

1줄 나사	3줄 나사
$L = np = 1 \times 1 = 1[\text{mm}]$	$L = np = 3 \times 1 = 3[\text{mm}]$

※ 특별한 언급이 없는 한 피치(p)는 1이다.

- 피치(p) : 나사산과 바로 인접한 나사산 사이의 거리 또는 골과 바로 인접한 골 사이의 거리

14 여러 개의 회전체가 포함된 축의 위험속도를 계산하는 던커레이(Dunkerley)식은?(단, 모든 회전체를 포함한 축의 위험속도는 N_{crit}[rpm], 회전체를 부착하지 않고 단지 축의 자중만 고려한 위험속도는 N_0[rpm], 축의 자중을 무시하고 각 회전체를 축에 설치하였을 때의 위험속도들은 N_1[rpm], N_2[rpm], …이다)

① $\dfrac{1}{N_{crit}} = \sqrt{\dfrac{1}{N_0} + \dfrac{1}{N_1} + \dfrac{1}{N_2} + \cdots}$

② $\dfrac{1}{\sqrt{N_{crit}}} = \dfrac{1}{\sqrt{N_0}} + \dfrac{1}{\sqrt{N_1}} + \dfrac{1}{\sqrt{N_2}} + \cdots$

③ $\dfrac{1}{N_{crit}} = \dfrac{1}{N_0} + \dfrac{1}{N_1} + \dfrac{1}{N_2} + \cdots$

④ $\dfrac{1}{N_{crit}^2} = \dfrac{1}{N_0^2} + \dfrac{1}{N_1^2} + \dfrac{1}{N_2^2} + \cdots$

해설

던커레이(Dunkerley)의 여러 회전체를 가진 축의 위험속도(N_C)

$$\frac{1}{N_c^2} = \frac{1}{N_{c1}^2} + \frac{1}{N_{c2}^2} + \frac{1}{N_{c3}^2} + \cdots$$

위험속도의 정의

축의 고유진동수와 축의 회전속도(n)가 일치했을 때 진폭이 점차 커져서 축이 위험상태에 놓이게 되어 결국 파괴에 이르게 되는 축의 회전속도이다.

위험속도의 발생원인

보통 축의 중심이 그 단면의 중심선상에 오도록 정확히 가공한다는 것은 매우 어렵기 때문에 보통 약간의 편심을 갖게 된다. 또한 축의 자중이나 하중에 의해서도 편심이 생기는데, 편심이 된 상태에서 축이 고속회전을 하면 원심력에 의해 축에 진동이 생기는데 이때 이 축이 가진 고유진동수와 축의 속도가 같아 졌을 때 축의 원심력이 축의 저항력을 이겨 결국 축이 파괴에 이르게 되는데, 이때의 속도가 위험속도가 되는 것이다. 따라서 물체의 고유진동수는 고속회전하는 기계에 매우 중요한 문제이다.

15 벨트에 작용하는 하중의 상관관계 식으로 옳은 것은? (단, 마찰계수 μ, 접촉각 β, 긴장측 장력 F_t, 이완측 장력 F_s, 원심력 F_c이다)

① $\dfrac{F_t + F_c}{F_s + F_c} = e^{\mu\beta}$

② $\dfrac{F_t - F_c}{F_s - F_c} = e^{\mu\beta}$

③ $\dfrac{F_t + F_c}{F_s + F_c} = e^{-\mu\beta}$

④ $\dfrac{F_t - F_c}{F_s - F_c} = e^{-\mu\beta}$

해설

여기서 $T_t = F_t$, $T_s = F_s$, $mv^2 = F_c$라고 정했으므로 다음 식으로 바꿀 수 있다.

$$e^{\mu\theta} = \frac{F_t - F_c}{F_s - F_c}$$

아이텔바인식

$$e^{\mu\theta} = \frac{T_t(긴장측 \ 장력) - mv^2(장력비)}{T_s(이완측 \ 장력) - mv^2(장력비)}$$

여기서 $e = 2.718$, 문제에서 장력비를 고려하지 않으면 무시한다.

16 그림은 두 개의 원을 이용하여 만든 판캠으로, B축의 행정거리가 15[mm]일 때 큰 원과 작은 원간의 중심거리 X[mm]는?

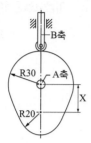

① 30

② 25

③ 20

④ 15

해설

이 문제는 공식에 대입하기보다, 캠기구의 구동원리만 이해하면 풀 수 있는 문제이다. 상단에 위치한 구동축의 상하 이동거리가 15[mm]이므로 이는 아래 원의 반지름 R20보다 작다. 그러므로 위쪽으로 5[mm] 이동해야 하므로 X = 30[mm] − 5[mm] = 25[mm]가 된다.

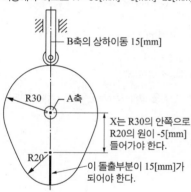

17 그림과 같은 스프링장치에 2,400[N]의 하중을 아랫방향으로 가할 때 스프링의 처짐량[mm]은?(단, k_1, k_2, k_3 = 200[N/mm], k_4, k_5, k_6 = 300[N/mm]이다)

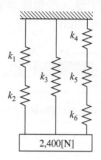

① 2

② 3

③ 6

④ 12

해설

• 스프링의 직렬연결부 계산

$$k_1 + k_2 = \cfrac{1}{\cfrac{1}{k_1} + \cfrac{1}{k_2}} = \cfrac{1}{\cfrac{1}{200} + \cfrac{1}{200}} = 100$$

$$k_4 + k_5 + k_6 = \cfrac{1}{\cfrac{1}{k_1} + \cfrac{1}{k_2} + \cfrac{1}{k_3}} = \cfrac{1}{\cfrac{1}{300} + \cfrac{1}{300} + \cfrac{1}{300}} = 100$$

• 스프링의 병렬연결부 계산

$$k_{12} + k_3 + k_{456} = 100 + 200 + 100 = 400$$

• 처짐량(δ)

$$k_{tot} = \frac{P}{\delta}, \quad 400[\text{N/mm}] = \frac{2,400[\text{N}]}{\delta}$$

$$\delta = \frac{2,400[\text{N}]}{400[\text{N/mm}]} = 6[\text{mm}]$$

여러 개의 스프링 조합 시 스프링상수(k) 계산

병렬 연결 시	$k = k_1 + k_2$	
직렬 연결 시	$k = \cfrac{1}{\cfrac{1}{k_1} + \cfrac{1}{k_2}}$	

18 그림과 같이 볼트와 너트를 이용하여 세 개의 중공 실린더를 조임량 0.1[mm] 이상으로 체결하고자 한다. 각 부품의 평균치수와 공차가 다음과 같을 때, d의 치수로 적합한 것은?(단, a는 볼트 생크부의 길이, b, c, d는 중공실린더의 길이)

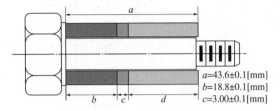

a=43.6±0.1[mm]
b=18.8±0.1[mm]
c=3.00±0.1[mm]

① 22.0±0.1[mm]　　② 22.1±0.1[mm]
③ 22.2±0.1[mm]　　④ 22.3±0.1[mm]

해설
d부 최소 길이 = a부 최대 길이 − b부 최소 길이 − c부 최소 길이
　　　　　　 + 조임량 0.1
　　　 = 43.7[mm] − 18.7[mm] − 2.9[mm] + 0.1[mm]
　　　 = 22.2[mm]
∴ d부 최소 길이 = 22.2[mm]이므로 22.3 ± 0.1[mm]가 정답이다.

19 동력을 전달하는 단판의 원판클러치가 있다. 클러치디스크의 접촉면의 외경이 $2d$[mm], 내경이 d[mm], 전달토크가 T[N·m]일 때 디스크 접촉면의 평균압력[MPa]은?(단, 접촉면은 균일마모조건이며 μ는 마찰계수이다)

① $\dfrac{2T}{\mu\pi d^3}$　　② $\dfrac{8T}{9\mu\pi d^3}$

③ $\dfrac{12T}{4\mu\pi d^3}$　　④ $\dfrac{16T}{9\mu\pi d^3}$

해설

전달토크 $T = F \times \dfrac{D_m}{2} = \mu Q \times \dfrac{\frac{2d+d}{2}}{2} = \mu p \dfrac{\pi(d_2^2 - d_1^2)}{4} \times \dfrac{3d}{4}$

$\qquad\qquad = \mu p \dfrac{\pi((2d)^2 - d^2)}{4} \times \dfrac{3d}{4} = \mu p \pi \dfrac{3d^2}{4} \times \dfrac{3d}{4}$

$\qquad\qquad = \mu p \pi \times \dfrac{9d^3}{16}$

접촉면압 $p = \dfrac{16T}{9\mu\pi d^3}$

원판클러치의 축방향으로 미는 힘(Q)

$\qquad Q = p\dfrac{\pi(d_2^2 - d_1^2)}{4}$

20 이음매 없는 강관에서 내부압력은 0.3[MPa], 유량이 0.3[m³/sec], 평균유속이 10[m/sec]일 때 강관의 최소 바깥지름[mm]은?(단, 강관의 허용응력은 6[MPa], 부식여유는 2[mm], 이음효율은 100[%], π =3으로 한다)

① 207　　　　② 214
③ 217　　　　④ 234

해설
강관의 두께

$t = \dfrac{PD}{2\sigma_a\eta} + C$

$\quad = \dfrac{0.3[\text{MPa}] \times D}{2 \times 6[\text{MPa}] \times 1} + 0.002[\text{m}]$, D에 0.2 대입

$\quad = \dfrac{0.3[\text{MPa}] \times 0.2}{2 \times 6[\text{MPa}] \times 1} + 0.002[\text{m}] = 0.007[\text{m}] = 7[\text{mm}]$

∴ 강관의 최소 바깥지름 = 강관의 지름(D) + $2t$
　　　　　　　　　　 = 200[mm] + (2 × 7[mm])
　　　　　　　　　　 = 214[mm]

※ 위 식에서 지름 D를 구하기 위해 유량(Q)식을 사용한다.
강관의 지름(D) 구하는 식
$Q = A \times v$(유속)

$0.3[\text{m}^3/\text{s}] = \dfrac{\pi D^2}{4} \times 10[\text{m/s}]$

$D^2 = \dfrac{0.3 \times 4}{3 \times 10} = 0.04[\text{m}^2]$

$D = 0.2[\text{m}] = 200[\text{mm}]$

리벳이음용 내압용기의 두께(t)

$t = \dfrac{PD}{2\sigma_a\eta} + C$, 안전율 고려 시 $t = \dfrac{PDS}{2\sigma_a\eta} + C$(부식여유)

01 사다리꼴나사에 대한 설명으로 옳은 것은?

① 사각나사에 비해 제작이 쉽고 나사산의 강도가 크다.
② 큰 하중이 한쪽 방향으로만 작용되는 경우에 적합하다.
③ 먼지와 모래 및 녹 가루 등이 나사산으로 들어갈 염려가 있는 곳에 사용된다.
④ 나사 홈에 강구를 넣을 수 있도록 가공하여 볼의 구름 접촉을 통해 나사 운동을 시킨다.

해설

사각나사는 나사산의 단면이 정방향에 가깝게 절삭되어야 하므로 사다리꼴나사보다는 가공하기가 더 어렵다. 또한 사다리꼴나사의 뿌리 부분 단면적이 사각나사보다 더 넓기 때문에 강도도 사다리꼴나사가 더 크다.
② 큰 하중이 한쪽 방향으로만 작용하는 경우에는 주로 톱니나사가 사용된다.
③ 먼지나 모래 등의 이물질이 나사산 안에 들어갈 우려가 있을 때는 둥근나사를 사용한다.
④ 나사 홈에 강구를 넣어 구름 접촉을 통해 나사의 역할을 하는 것은 볼나사이다.

02 벨트 전동장치와 비교한 체인 전동장치에 대한 설명으로 옳지 않은 것은?

① 초기 장력이 필요하지 않다.
② 체인속도의 변동이 없다.
③ 전동효율이 높다.
④ 열, 기름, 습기에 잘 견딘다.

해설

체인 전동장치는 속도를 변화시킬 수 있으므로 ②번은 틀린 표현이다.

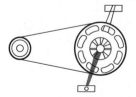

03 Q의 하중을 올리기 위한 한줄 사각나사의 효율을 나타내는 식으로 옳지 않은 것은?(단, p는 피치, d_2는 유효지름, P는 접선방향의 회전력, T는 회전토크, ρ는 마찰각, λ는 리드각, 자리면 마찰은 무시한다)

① $\dfrac{pQ}{\pi d_2 P}$

② $\dfrac{pQ}{2\pi T}$

③ $\dfrac{pP}{4\pi T}$

④ $\dfrac{p}{\pi d_2 \tan(\rho+\lambda)}$

해설

나사의 효율(η)
• 사각나사의 효율

$$\eta = \frac{\text{마찰이 없는 경우의 회전력}}{\text{마찰이 있는 경우의 회전력}} = \frac{pQ}{2\pi T} = \frac{\tan\lambda}{\tan(\lambda+\rho)}$$

• 삼각나사의 효율

$$\eta = \frac{\text{마찰이 없는 경우의 회전력}}{\text{마찰이 있는 경우의 회전력}} = \frac{pQ}{2\pi T} = \frac{\tan\lambda}{\tan(\lambda+\rho')}$$

04 그림과 같이 캘리퍼형 원판제동장치는 회전하는 원판의 바깥에 있는 두 개의 블록에 각각 Q의 힘을 대칭으로 작용시켜 원판에 마찰력을 발생시킨다. 블록과 원판 사이의 마찰계수를 μ, 원판의 중심에서 각 블록의 중심까지 거리가 R일 때, 이 제동장치의 최대 제동토크는?

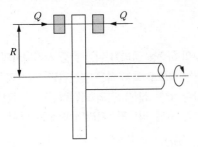

① $0.5\mu QR$
② μQR
③ $2\mu QR$
④ $4\mu QR$

해설
블록 브레이크의 제동토크(T)는 다음과 같이 구할 수 있다.
$$T = f \times \frac{D}{2} = \mu Q \times \frac{D}{2} = \mu Qr \, [\text{N} \cdot \text{mm}]$$
여기서 브레이크를 작동시키는 블록이 2개이므로 2를 곱해주면 $T = 2\mu Qr \, [\text{N} \cdot \text{mm}]$이 된다.
※ $Q(=P)$: 브레이크 드럼에 밀어붙이는 힘[N]

05 그림과 같은 기하공차 기호의 종류를 옳게 짝지은 것은?

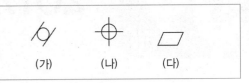

| | (가) | (나) | (다) |

	(가)	(나)	(다)
①	원통도	위치도	평면도
②	진원도	동심도	평면도
③	원통도	위치도	평행도
④	진원도	동심도	평행도

해설
기하공차 종류 및 기호

형 체	공차의 종류		기 호
단독형체	모양공차	진직도	—
		평면도	▱
		진원도	○
		원통도	⌀
단독형체 또는 관련형체		선의 윤곽도	⌒
		면의 윤곽도	⌓
관련형체	자세공차	평행도	∥
		직각도	⊥
		경사도	∠
	위치공차	위치도	⊕
		동축도(동심도)	◎
		대칭도	═
	흔들림공차	원주 흔들림	↗
		온 흔들림	↗↗

06 내압을 받는 얇은 원통형 압력용기가 있다. 이 압력용기의 내부 게이지 압력이 1[MPa]이고, 용기 두께가 1[mm], 내부지름이 2[m], 용기 길이가 3[m]일 때, 이 압력용기에 걸리는 최대 응력[GPa]은?

① 0.5　　　　　　② 1
③ 2　　　　　　　④ 5

해설

압력용기에 걸리는 압력을 구하는 식은 $\sigma = \dfrac{PD}{2t}$

여기서 D는 내경이므로

$\sigma = \dfrac{1[\text{MPa}] \times 2[\text{m}]}{2 \times 0.001[\text{m}]} = 1,000[\text{MPa}] = 1[\text{GPa}]$

07 물체를 들어올리기 위하여 각 단면적이 20[mm²]인 로프 5개를 사용한 크레인에서, 로프의 극한강도는 600 [MPa]이고 안전율이 12일 때, 크레인의 최대 허용인장하중[N]은?(단, 5개의 로프에는 동일한 힘이 작용한다)

① 500　　　　　　② 1,000
③ 1,200　　　　　④ 5,000

해설

안전율 $S = \dfrac{\sigma_u \ \text{or} \ \sigma_Y(\text{극한강도})}{\sigma_a(\text{허용응력})}$

$12 = \dfrac{600[\text{MPa}]}{\sigma_a}$

$\sigma_a = \dfrac{600[\text{MPa}]}{12} = 50[\text{MPa}]$

허용응력 $\sigma_a = \dfrac{F}{A}$ 에서

$F = \sigma_a \times A$
$\ \ = (50 \times 10^6 [\text{N/m}^2]) \times 5 \times 20 \times 10^{-6}[\text{m}^2] = 5,000[\text{N}]$

08 기어에 대한 각속도비로 옳지 않은 것은?

① 베벨기어의 각속도비는 피동 회전각속도 N_2의 구동 회전각속도 N_1에 대한 비이다.
② 베벨기어의 각속도비는 구동 피치원추각 δ_1의 사인값의 피동 피치원추각 δ_2의 사인값에 대한 비이다.
③ 웜기어의 각속도비는 웜의 피치원 지름 D_w의 웜휠의 피치원 지름 D_g에 대한 비이다.
④ 웜기어의 각속도비는 웜의 리드 l의 웜휠의 피치원 원주 πD_g에 대한 비이다.

해설

웜과 웜휠기어(일명 웜기어)는 웜이 1회전 하면서 그 나선의 리드만큼 웜휠을 움직이다. 이때의 각속도비는 다음과 같이 구할 수 있으므로 웜기어의 각속도비는 웜의 피치원 지름을 일반적으로 고려할 필요는 없다.

각속도비 $i = \dfrac{N_g(\text{웜휠의 회전각속도})}{N_w(\text{웜의 회전각속도})} = \dfrac{Z_w(\text{웜의 줄수})}{Z_g(\text{웜휠의 잇수})}$

$\qquad = \dfrac{L}{\pi D_g(\text{웜휠의 피치원 원주})}$

웜과 웜휠기어 : 회전운동의 운동축을 90°로 회전시켜 회전운동을 시킨다.

웜기어
웜휠기어

09 100[N·m]의 토크를 전달하는 축의 최소 지름[mm]은? (단, 축의 전단강도는 400[MPa], 안전계수는 2이다)

① $\dfrac{2}{\sqrt[3]{2\pi}}$　　　　　② $\dfrac{2}{\sqrt[3]{\pi}}$
③ $\dfrac{20}{\sqrt[3]{2\pi}}$　　　　　④ $\dfrac{20}{\sqrt[3]{\pi}}$

해설

축의 최소 지름

$d = \sqrt[3]{\dfrac{16T}{\pi \tau_a}}$

$\ = \sqrt[3]{\dfrac{16 \times 100,000[\text{N} \cdot \text{mm}]}{\pi \times 200[\text{N/mm}^2]}} = \sqrt[3]{\dfrac{8 \times 1,000[\text{mm}^3]}{\pi}} = \dfrac{20}{\sqrt[3]{\pi}}$

※ 여기서 축의 허용전단응력 τ_a는 $s = \dfrac{400[\text{MPa}]}{\tau_a}$ 에서

$\tau_a = \dfrac{400[\text{MPa}]}{2} = 200[\text{MPa}]$를 대입한다.

10 그림과 같이 필릿용접된 정사각 단면의 보에 굽힘모멘트 M이 작용할 때, 용접 목단면에 대한 최대 굽힘응력은?

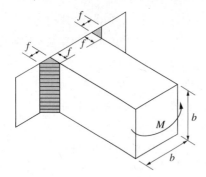

① $\dfrac{6M}{fb^2}$

② $\dfrac{6M}{\sqrt{2}\,fb^2}$

③ $\dfrac{f+b}{(f+b)^3-b^3}\dfrac{6M}{b}$

④ $\dfrac{\sqrt{2}\,f+b}{(\sqrt{2}\,f+b)^3-b^3}\dfrac{6M}{b}$

해설

양쪽 이음한 목단면에 대한 굽힘응력을 구하는 식

$$\sigma_b=\frac{M_b\times y_{\max}}{I_{yy}}$$

이 식을 이용하면 ④번이 도출된다.

11 인벌류트(Involute) 치형을 갖는 평기어에 대한 설명으로 옳지 않은 것은?

① 작용선은 두 개의 기초원의 공통접선과 일치한다.

② 법선피치의 길이는 기초원피치의 길이보다 항상 크다.

③ 한 쌍의 기어는 압력각이 같아야 작동한다.

④ 기초원의 지름은 피치원의 지름보다 항상 작다.

해설

인벌류트 치형을 갖는 평기어에서 법선피치(Normal Pitch)는 공통법선상에서 기어 이와 이 사이의 거리로 크기는 기초원의 피치와 같다.

기초원 지름 $D_g=D\cos\alpha$(여기서 D는 피치원이다)

인벌류트 곡선의 특징

• 마모가 잘 된다.

• 맞물림이 원활하다.

• 이뿌리가 튼튼하다.

• 변형시킨 전위기어를 사용할 수 있다.

• 압력각이 일정할 때 맞물리는 두 기어의 중심거리가 다소 어긋나도 속도비에 영향이 적다.

• 작용선은 두 기어가 맞물려 돌아갈 때 치면의 접촉점에서 세운 공통법선으로 두 기초원의 공통접선과 일치한다.

• 평기어에서 법선피치(Normal Pitch)는 공통법선상에서 기어 이와 이 사이의 거리로 크기는 기초원의 피치와 같다.

12 구름 베어링의 기본 동정격하중(동적 부하용량)에 대한 설명으로 옳은 것은?

① 한 개의 롤러 베어링에 부가할 수 있는 최대 하중이다.

② 동하중을 받는 내륜이 1,000만 회전을 견딜 수 있는 하중이다.

③ 전동체 지름의 1/10,000에 해당하는 영구변형량을 발생시키는 하중이다.

④ $33\dfrac{1}{3}$[rpm]의 내륜속도에서 500시간의 수명을 얻을 수 있는 일정하중이다.

해설

롤러 베어링의 기본 동적부하용량(C)는 외륜을 고정하고 내륜을 회전시킬 때 100만 회전의 정격수명이 얻을 수 있는 베어링 하중의 크기로써 $33\dfrac{1}{3}$[rpm]의 내륜속도에서 500시간의 수명을 얻을 수 있는 일정하중이다. 다음 베어링 수명시간을 구하는 식을 통해서도 해당 수치가 적용된 것을 확인할 수 있다.

베어링의 수명시간(L_h)

$$L_h=500\left(\frac{C}{P}\right)^r\frac{33.3}{N}\ \text{또는}\ L_h=500f_n^3\left(\frac{C}{P_{th}\times f_w}\right)^3$$

여기서 C : 기본부하용량, P_{th} : 베어링 이론하중,
f_w : 하중계수, N : 회전수,
f_n : 속도계수, f_h : 수명계수

• 볼 베어링의 하중계수(r) = 3

• 롤러 베어링의 하중계수(r) = $\dfrac{10}{3}$

볼 베어링의 수명 : 반지름 방향 동등가하중의 3승에 반비례한다.

13 회전축의 위험속도에 대한 설명으로 옳은 것은?

① 축이 회전 가능한 최대의 회전속도이다.

② 축의 이음 부분이 마찰에 의하여 마모되기 시작할 때의 회전속도이다.

③ 축의 고유진동수와 일치하는 축의 회전속도이다.

④ 전동축에서 안전율 10일 때의 회전속도이다.

해설

축의 위험속도(n_c, Critical Speed)

축의 고유진동수와 축의 회전속도(n)가 일치했을 때 진폭이 점차 커져서 축이 위험상태에 놓이게 되어 결국 파괴에 이르게 되는 축의 회전수이다. 위험속도를 방지하기 위해서는 축의 일상적인 사용 회전속도(상용회전수)는 위험속도로부터 25[%] 이상 떨어진 상태에서 사용하도록 설계 시 고려해야 한다.

14 허용 압력속도계수(발열계수)는 2[N/mm² · m/s], 지름은 70[mm], 길이는 125[mm]의 중간저널 베어링을 250[rpm]으로 회전하는 축에 사용하였을 때, 최대 허용하중[N]은?(단, $\pi = 3$으로 한다)

① 15,000　　　　② 18,000

③ 20,000　　　　④ 25,000

해설

$pv = \dfrac{P}{dl} \times \dfrac{\pi dN}{1,000 \times 60}$ 에서

최대 허용하중 $P = \dfrac{pv \times (d \times l) \times 60,000}{\pi dN}$

$P = \dfrac{2[\text{N/mm}^2 \cdot \text{m/s}] \times (70[\text{mm}] \times 125[\text{mm}]) \times 60,000}{3 \times 70[\text{mm}] \times 250[\text{rpm}]}$

$= 20,000[\text{N}]$

발열계수(pv)

$pv = \dfrac{P}{dl} \times \left(\dfrac{\frac{d}{2}}{1,000} \times \dfrac{2\pi N}{60} \right) = \dfrac{P}{dl} \times \dfrac{\pi dN}{1,000 \times 60}$

15 전달 토크가 $T[\text{N} \cdot \text{m}]$, 치직각 모듈이 $m_n[\text{mm}]$, 잇수가 Z_s, 치직각 압력각이 α_n, 비틀림각이 β인 헬리컬 기어에서, 그림과 같이 피치원에 작용하는 하중 $F_n[\text{N}]$은?

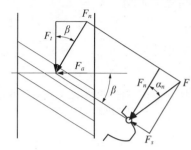

① $F_n = T \cos \alpha_n / (m_n Z_s)$

② $F_n = 2,000 \, T / (m_n Z_s \cos \beta)$

③ $F_n = 2,000 \, T / (m_n Z_s)$

④ $F_n = 2 \, T / (m_n Z_s \cos^2 \beta)$

해설

전달토크 $T[\text{N} \cdot \text{m}] = F_n \times \dfrac{D_s[\text{mm}]}{2}$ 에서

$F_n = \dfrac{2T \times 10^3[\text{mm}]}{D_s[\text{mm}]}$

여기서 $D_s = \dfrac{m_n Z_s}{\cos \beta}$ 이므로

$F_n = \dfrac{2T \times 10^3}{\dfrac{m_n Z_s}{\cos \beta}} = \dfrac{2,000 \, T \cos \beta}{m_n Z_s}$

헬리컬 기어의 피치원 지름

$D_s = Z_s m_s = \dfrac{Z_s m_n}{\cos \beta}$

여기서 m_s : 축직각 모듈

m_n : 치직각 모듈

β : 나선각

Z_s : 잇수

16 스프링 전체의 평균지름이 32[mm]인 코일스프링이 하중 100[N]을 받아 처짐이 2[mm] 생겼을 때, 스프링지수는?(단, 전단 탄성계수 $G = 80$[GPa], 스프링의 유효 감김수는 25이다)

① 4   ② 8

③ 16   ④ 32

해설

스프링지수(C)를 구하기 위해서는 다음 식을 이용해야 한다.

스프링지수 $C = \dfrac{D(코일의\ 평균지름)}{d(소선의\ 지름)}$

그러나 문제에서 소선의 지름(d)이 없으므로

$k = \dfrac{Gd^4}{8nD^3}$ 을 d로 정리하면서

스프링상수 $k = \dfrac{P}{\delta} = \dfrac{100[\text{N}]}{2[\text{mm}]} = 50[\text{N/mm}]$ 를 대입하면

$d^4 = \dfrac{k8nD^3}{G} = \dfrac{50[\text{N/mm}] \times 8 \times 25 \times (32[\text{mm}])^3}{80 \times 10^3[\text{N/mm}^2]}$

$\quad = 4,096[\text{mm}^4]$

$d = 8[\text{mm}]$

이 식에서 나온 소선의 지름 d를 다음 식에 대입한다.

스프링지수 $C = \dfrac{D}{d} = \dfrac{32[\text{mm}]}{8[\text{mm}]} = 4$

Tip. 원통 코일스프링의 스프링상수(k)

$k = \dfrac{P}{\delta} = \dfrac{P}{\dfrac{8nPD^3}{Gd^4}} = \dfrac{Gd^4 \cdot P}{8nPD^3} = \dfrac{Gd^4}{8nD^3}[\text{N/mm}]$

※ 하중 $P = k\delta[\text{N}]$

---

17 양단이 고정된 20[℃]의 강관에 T로 온도를 상승시켜 60[MPa]의 열응력이 발생하였을 때, 온도 T[℃]는? (단, 강관의 탄성계수 $E = 200$[GPa], 선(열)팽창계수는 1.2×10^{-5}[/℃]이다)

① 25   ② 30

③ 45   ④ 60

해설

열응력 $\sigma = E\alpha\Delta t$

$60[\text{MPa}] = (200 \times 10^9) \times (1.2 \times 10^{-5}) \times (T - 20)$

$T - 20 = \dfrac{60 \times 10^6}{(200 \times 10^9) \times (1.2 \times 10^{-5})}$

$T = 25 + 20 = 45[\text{℃}]$

18 2N M12-6H 나사에 대한 설명으로 옳지 않은 것은?

① 미터보통나사이다.

② 두줄나사이다.

③ 오른나사이다.

④ 수나사이다.

해설

6H는 암나사의 등급을 나타내므로 ④번은 틀린 표현이다.

19 고속도로를 108[km/h]의 속도로 주행하던 승용차가 장애물을 보고 브레이크를 밟아서 5초 후에 완전히 정지하였다. 제동에 의해 발산되어야 할 동력[kW]은?(단, 승용차의 질량은 1,000[kg]이다)

① 45   ② 90

③ 180   ④ 450

해설

속도가 108[km/h]이므로 $\dfrac{108,000[\text{m}]}{3,600[\text{s}]}$,

1[s]당 이동거리는 $\dfrac{30[\text{m}]}{1[\text{s}]}$ 가 된다.

동력, 발산동력 $= \dfrac{mv^2}{2}$ (운동에너지) $\div 5[\text{s}]$

$\quad = \dfrac{1,000 \times 30^2}{2} \times \dfrac{1}{5} = 90[\text{kW}]$

16 ①   17 ③   18 ④   19 ②   정답

20 그림의 동력전달장치 조립도에 없는 기계요소는?

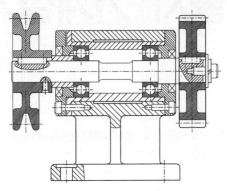

① 반경방향 하중을 지지하면서 원활한 축 회전을 돕는 기계요소
② 나사를 박음으로써 나사 끝에 발생하는 마찰저항으로 두 물체 사이에 상대운동이 생기지 않도록 하는 기계요소
③ 축과 보스를 결합하여 회전운동을 전달하는 기계요소
④ 분할된 두 개의 반원통으로 두 축을 덮어서 두 축을 연결하는 기계요소

해설

④ 축이음 요소인 커플링에 대한 설명으로 이 도면에는 적용되어 있지 않다.
① 베어링에 대한 설명으로 양쪽에 2개가 적용되어 있다.
② 멈춤나사에 대한 설명으로 기어와 V벨트 풀리를 고정시키는데 적용되어 있다.
③ 키에 대한 설명으로 도면에서 축 양쪽 끝단에 묻힘키가 적용되어 있다.

2017년 서울시 기계설계

01 다음 중 결합용 나사인 것은?

① 사각나사　　② 사다리꼴나사

③ 관용나사　　④ 톱니나사

해설

관용나사가 주로 결합용으로 사용된다.
① 사각나사 : 동력전달용
② 사다리꼴나사 : 공작기계 이송용
④ 톱니나사 : 동력전달용

02 평기어의 설계에 있어 이의 간섭(Interference of Tooth) 이 발생하지 않도록 방지하기 위한 방법으로 옳지 않은 것은?

① 기어와 피니언의 잇수비를 크게 한다.

② 기어의 이끝높이를 줄인다.

③ 치형을 수정한다.

④ 압력각을 크게 한다.

해설

이의 간섭은 기어와 피니언의 잇수비가 클 때 발생하기 때문에 너무 크게 하면 안 된다.

이의 간섭에 대한 원인과 대책

원 인	대 책
• 압력각이 작을 때 • 피니언의 잇수가 극히 적을 때 • 기어와 피니언의 잇수비가 매우 클 때	• 압력각을 크게 한다. • 피니언의 잇수를 최소 치수 이상으로 한다. • 기어의 잇수를 한계 잇수 이하로 한다. • 치형을 수정한다. • 기어의 이 높이를 줄인다.

이의 간섭

한 쌍의 기어가 맞물려 회전할 때, 한 쪽 기어의 이 끝이 상대 기어의 이뿌리에 부딪쳐서 회전할 수 없게 되는 간섭 현상이다.

03 다음의 내구선도 중 조더버그선(Soderberg Line)을 나타내는 것은?(단, σ_m은 평균응력, σ_a는 교번응력(응력진폭), σ_Y는 항복강도, σ_u는 극한강도, σ_e는 피로한도이다)

① $\dfrac{\sigma_a}{\sigma_e} + \dfrac{\sigma_m}{\sigma_u} = 1$

② $\dfrac{\sigma_a}{\sigma_e} + \dfrac{\sigma_m}{\sigma_Y} = 1$

③ $\dfrac{\sigma_a}{\sigma_e} + \left(\dfrac{\sigma_m}{\sigma_u}\right)^2 = 1$

④ $\left(\dfrac{\sigma_a}{\sigma_e}\right)^2 + \left(\dfrac{\sigma_m}{\sigma_Y}\right)^2 = 1$

해설

피로파손 관련 공식인 조더버그선의 응력 관계식

$$\frac{\sigma_a(\text{교번응력})}{\sigma_e \text{ or } S_e(\text{피로강도})} + \frac{\sigma_m(\text{평균응력})}{\sigma_y \text{ or } S_y(\text{항복강도})} = 1$$

1 ③　2 ①　3 ②　**정답**

04 칼라 베어링(Collar Bearing)에서 N은 회전각속도[rpm], P는 베어링에 가해지는 축방향 힘[kgf], Z는 칼라의 수, d_1은 칼라의 안지름[mm], d_2는 칼라의 바깥지름[mm]일 때, 칼라 베어링의 발열계수(pv)[kgf/mm^2·m/s]는?

① $pv = \dfrac{PN}{30,000Z(d_2-d_1)}$

② $pv = \dfrac{PN}{60,000Z(d_2-d_1)}$

③ $pv = \dfrac{PN}{3,000Z(d_2-d_1)}$

④ $pv = \dfrac{PN}{6,000Z(d_2-d_1)}$

해설

칼라 저널 베어링의 발열계수

$$pv = \dfrac{P}{\dfrac{\pi(d_2^2-d_1^2)}{4}\times Z}\times\dfrac{\dfrac{d_2+d_1}{4}}{1,000}\times\dfrac{2\pi N}{60}$$

$$pv = \dfrac{4P\times(d_2+d_1)\times 2\pi N}{\pi(d_2^2-d_1^2)Z\times 4,000\times 60} = \dfrac{PN}{30,000Z(d_2-d_1)}$$

여기서 P : 축방향 하중, Z : 칼라수,

p : 베어링 압력, v : 평균반지름의 원주속도

05 볼 베어링의 정격수명을 2배로 늘리려면 동등가하중을 몇 배로 해야 하는가?

① 1/4 ② 1/2

③ $1/\sqrt{2}$ ④ $1/\sqrt[3]{2}$

해설

베어링 하중(P)은 "동등가하중"이므로 베어링 수명 L을 2배로 하기 위해 베어링 수명공식을 이용해서 다음과 같이 구할 수 있다.

$$2L = \left(\dfrac{1}{P}\right)^3$$

$$\sqrt[3]{2L} = \dfrac{1}{P}$$

$$P = \dfrac{1}{\sqrt[3]{2L}}$$

따라서 정답은 ④번이다.

06 축방향 하중 Q를 받는 사각나사를 죄기 위해 접선 방향으로 가해야 하는 회전력 P는?(단, 리드각(나선각)은 α, 마찰각은 ρ이다)

① $Q\tan(\rho+\alpha)$

② $Q\tan(\rho-\alpha)$

③ $Q\cos(\rho+\alpha)$

④ $Q\cos(\rho-\alpha)$

해설

사각나사를 죄는 힘 $P = Q\dfrac{\mu+\tan\alpha}{1-\mu\tan\alpha}$

여기에 $\mu=\tan\rho$ 대입, 나선각(리드각)을 α로 하면

$P = Q\dfrac{\tan\rho+\tan\alpha}{1-\tan\rho\cdot\tan\alpha}$,

수학공식 $\tan(\alpha+\beta) = \dfrac{\tan\alpha+\tan\beta}{1-\tan\alpha\cdot\tan\beta}$ 을 적용하면

$P = Q\tan(\alpha+\rho)$

07 장력비가 k인 평행걸기 벨트전동장치가 있다. 긴장측 장력을 T_t, 이완측 장력을 T_s, 유효장력을 T_e라 할 때 $(T_t+T_s)/T_e$의 값은?(단, 벨트의 회전으로 인한 원심력 효과는 무시한다)

① $\dfrac{k-1}{k+1}$ ② $\dfrac{k+1}{k-1}$

③ $\dfrac{1+k}{1-k}$ ④ $\dfrac{1-k}{1+k}$

해설

$$\dfrac{k+1}{k-1} = \dfrac{\dfrac{T_t}{T_s}+1}{\dfrac{T_t}{T_s}-1} = \dfrac{\dfrac{T_t+T_s}{T_s}}{\dfrac{T_t-T_s}{T_s}} = \dfrac{T_s(T_t+T_s)}{T_s(T_t-T_s)} = \dfrac{T_t+T_s}{T_e}$$

• 유효장력 $P_e = T_t - T_s$

• 장력비 $e^{\mu\theta} = \dfrac{T_t}{T_s}$ (여기서는 장력비를 k로 정의)

08 브레이크 용량(Brake Capacity)에 대한 바른 정의는?

① 마찰계수×속도×압력　② 제동토크×속도

③ 제동토크×속도감소율　④ 마찰력×속도감소율

해설

브레이크 용량(Q, Capacity)는 다음 공식으로 구할 수 있다. 브레이크의 성능은 마찰계수와 단위면적당 작용압력, 그리고 브레이크 드럼의 원주속도가 클수록 더 향상된다.

$$Q = \mu p v = \frac{H(P, \text{제동동력})}{A(\text{마찰면적})}$$

여기서 μ : 마찰계수

　　　p or q : 단위면적당 작용하는 압력,

　　　v : 브레이크 드럼의 원주속도

09 지름이 d인 중실축과 바깥지름이 d_o, 안지름이 d_i인 중공축에 대하여, 두 축에 같은 크기의 굽힘모멘트를 가했을 때 같은 크기의 굽힘응력이 발생되기 위한 d/d_o의 값을 A라 하자. 또한, 유사하게 두 축에 같은 크기의 비틀림모멘트를 가했을 때 같은 크기의 비틀림응력이 발생되기 위한 d/d_o의 값을 B라 하자. A와 B의 곱은? (단, 두 축은 동일한 재료이고, $x = d_i/d_o$라 한다)

① $\sqrt[4]{\dfrac{1}{(1-x^4)^2}}$　　　② $\sqrt[3]{\dfrac{1}{(1-x^4)^2}}$

③ $\sqrt[4]{(1-x^4)^2}$　　　④ $\sqrt[3]{(1-x^4)^2}$

해설

중실축과 중공축의 굽힘모멘트가 서로 같다고 가정하면

$$\sigma = \frac{\pi d^3}{32} = \frac{\pi d_o^{\,3}(1-x^4)}{32}$$

$\dfrac{d^3}{d_o^{\,3}} = (1-x^4)$에서 $A = \sqrt[3]{(1-x^4)}$

중실축과 중공축의 비틀림모멘트가 서로 같다면 극단면계수(Z)가 같다.

$$T = \tau \times Z_P, \quad \frac{\pi d^3}{16} = \frac{\pi d_o^{\,3}(1-x^4)}{16}$$

$\dfrac{d^3}{d_o^{\,3}} = 1-x^4$

$\dfrac{d}{d_o} = \sqrt[3]{1-x^4}$에서 $B = \sqrt[3]{1-x^4}$

따라서, $A \times B = \sqrt[3]{1-x^4} \times \sqrt[3]{1-x^4} = \sqrt[3]{(1-x^4)^2}$

10 성크키(묻힘키)에서 T를 전달토크, b를 키의 폭, l을 키의 길이, d를 회전축의 지름이라 할 때, 만약 키의 전단응력과 축의 비틀림응력이 같고 동시에 $l = 2d$라면 다음 중 옳은 것은?

① $b = \dfrac{\pi}{8}d$　　　② $b = \dfrac{\pi}{12}d$

③ $b = \dfrac{\pi}{16}d$　　　④ $b = \dfrac{\pi}{32}d$

해설

묻힘키가 파손되지 않는 길이(l)을 구하는 식에 대입하면

$l = \dfrac{\pi d^2}{8b}$, 여기서 $l = 2d$이므로

$2d = \dfrac{\pi d^2}{8b}$

$b = \dfrac{\pi d^2}{16d} = \dfrac{\pi d}{16}$

11 내압을 받는 보일러의 길이 방향(축 방향) 응력과 원주 방향 응력은 서로 어떤 관계에 있는가?

① 길이 방향의 응력은 원주 방향 응력의 2배이다.

② 원주 방향의 응력은 길이 방향 응력의 1/2배이다.

③ 원주 방향의 응력은 길이 방향 응력의 2배이다.

④ 원주 방향의 응력은 길이 방향 응력의 4배이다.

해설

내압 용기의 경우 원주 방향의 응력이 축 방향(길이 방향)의 응력보다 2배 더 크기 때문에 고압가스 용기가 파단된다면 축 방향인 길이 방향으로 파단된다.

• 원주 방향 응력 $\sigma_1 = \dfrac{PD}{2t}$

• 축 방향 응력 $\sigma_2 = \dfrac{PD}{4t}$

12

그림과 같은 무단변속 마찰차에서 원동차 A와 종동차 B의 회전수가 각각 1,200[rpm], 800[rpm]이 되기 위한 원동차 A의 위치 x는?(단, 원동차와 종동차의 접촉부에서 미끄러짐이 없다고 가정하며, $D_A = 400$[mm]이다)

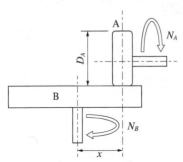

① 280[mm]   ② 300[mm]

③ 320[mm]   ④ 350[mm]

해설

$\dfrac{N_2}{N_1} = \dfrac{D_1}{D_2}$ 식을 응용하면 $\dfrac{800[\mathrm{rpm}]}{1,200[\mathrm{rpm}]} = \dfrac{400[\mathrm{mm}]}{D_2}$

$D_2 = 400[\mathrm{mm}] \times \dfrac{1,200[\mathrm{rpm}]}{800[\mathrm{rpm}]} = 600[\mathrm{mm}]$

따라서, B의 지름이 600[mm]이므로 그 절반인 300[mm]에 위치해야 한다.

※ 속도비 $i = \dfrac{N_2}{N_1} = \dfrac{D_1}{D_2} = \dfrac{z_1}{z_2}$

13

원통형 코일스프링의 스프링상수(k)는 스프링 재료 또는 치수와 밀접한 관계를 가진다. 이 관계를 설명한 것 중 옳지 않은 것은?

① 재료의 전단탄성계수에 비례한다.
② 소선(스프링 소재)지름의 4제곱에 비례한다.
③ 스프링 평균지름의 제곱에 반비례한다.
④ 코일의 유효 감김수에 반비례한다.

해설

원통 코일스프링의 스프링상수(k)는 스프링의 평균지름(D)의 세제곱에 반비례한다.

원통 코일스프링의 스프링상수(k)

$k = \dfrac{P}{\delta} = \dfrac{P}{\dfrac{8nPD^3}{Gd^4}} = \dfrac{Gd^4 \cdot P}{8nPD^3} = \dfrac{Gd^4}{8nD^3}$

14

웜휠(Worm Wheel)의 축직각 모듈이 4[mm]이고, 웜에 대한 웜휠의 회전 각속도비가 $\dfrac{1}{20}$ 인 웜 기어장치가 있다. 웜이 2줄 기어일 때, 웜휠의 피치원 지름은?

① 5[mm]
② 10[mm]
③ 80[mm]
④ 160[mm]

해설

웜휠의 피치원 지름을 구하려면 다음 식을 이용한다.

$D_g = m_s$(웜휠의 축직각 모듈) $\times Z_g$(웜휠의 잇수)

각속도비 $i = \dfrac{Z_w(\text{웜의 줄수})}{Z_g} = \dfrac{l}{\pi D_g}$

$i = \dfrac{Z_w(\text{웜의 줄수})}{Z_g}$ 에서 $\dfrac{1}{20} = \dfrac{2}{Z_g}$, $Z_g = 40$

따라서 $D_g = m_s$(웜휠의 축직각 모듈) $\times Z_g$(웜휠의 잇수)

$= 4 \times 40 = 160[\mathrm{mm}]$

※ 참고공식

• 웜휠의 잇수

$Z_g = \dfrac{\pi D_g(\text{웜휠의 피치원 지름})}{p_s(\text{웜휠의 축직각 피치})} = \dfrac{D_g}{m_s(\text{웜휠의 축직각 모듈})}$

• 웜휠의 축직각 모듈

$m_s = \dfrac{D_g(\text{웜휠의 피치원 지름})}{Z_g(\text{웜휠의 잇수})} = \dfrac{p_s(\text{웜휠의 축직각 피치})}{\pi}$

15 원추 클러치에서 전달토크가 T, 평균지름이 D_m, 원추면의 경사각(꼭지각의 1/2)이 α, 접촉면의 마찰계수가 μ일 때 축방향으로 밀어 붙이는 힘 P를 구하면?

① $\dfrac{\mu D_m}{2T}(\sin\alpha + \mu\cos\alpha)$

② $\dfrac{\mu D_m}{2T}(\cos\alpha + \mu\sin\alpha)$

③ $\dfrac{2T}{\mu D_m}(\cos\alpha + \mu\sin\alpha)$

④ $\dfrac{2T}{\mu D_m}(\sin\alpha + \mu\cos\alpha)$

해설

원추 클러치 전달토크 $T = \mu Q \dfrac{D_m}{2}$ 에

$Q = \dfrac{P}{\sin\alpha + \mu\cos\alpha}$ 을 대입하면

$T = \mu \times \dfrac{P}{\sin\alpha + \mu\cos\alpha} \times \dfrac{D_m}{2}$

$P = \dfrac{2T}{\mu D_m}(\sin\alpha + \mu\cos\alpha)$

원추 클러치(Cone Clutch)

16 표준 V벨트의 호칭번호 'B40'의 의미는?

① 단면이 B형이고 유효둘레가 40[cm]이다.
② 단면이 B형이고 유효둘레가 40인치이다.
③ 단면이 B형이고 홈각도가 40°이다.
④ 재료가 B호이고 유효둘레가 40인치이다.

해설

V벨트의 호칭순서는 "B40"인 경우

B	40
벨트의 단면 형상	유효길이(inch)

[V벨트 풀리] [V-벨트]

17 그림과 같이 두께가 20[mm], 폭이 100[mm]인 평판에 반원형 노치(Notch)가 파여 있다. 평판의 양단에는 9[kN]의 인장하중이 작용하고 있다. 반원형 노치부분의 응력집중계수가 $K=3.1$일 때, 평판에 발생하는 최대 응력은?

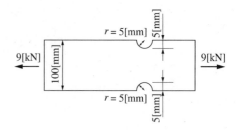

① $6.2[\text{N/mm}^2]$ ② $9.3[\text{N/mm}^2]$
③ $12.4[\text{N/mm}^2]$ ④ $15.5[\text{N/mm}^2]$

해설

$\sigma_{\max} = \dfrac{F}{A(\text{두께} \times (\text{전체단면}-\text{노치길이}))} \times \text{응력집중계수}(K)$

$= \dfrac{9,000[\text{N}]}{90[\text{mm}] \times 20[\text{mm}]} \times 3.1 = 15.5[\text{N/mm}^2]$

18 바깥지름이 120[mm], 안지름이 80[mm]인 피벗 저널 베어링(Pivot Journal Bearing)이 500[rpm]으로 회전하는 축을 지지한다. 베어링에 작용하는 압력이 1.5[MPa]로 균일하고, 마찰계수가 0.02라고 할 때, 마찰손실동력은?

① $50\pi^2[\text{W}]$ ② $100\pi^2[\text{W}]$
③ $200\pi^2[\text{W}]$ ④ $500\pi^2[\text{W}]$

해설

마찰동력손실

$H' = \mu \times P \times v[\text{W}]$

$= 0.02 \times \left(1.5 \times \dfrac{\pi(d_2^2 - d_1^2)}{4}\right) \times \dfrac{\pi \times \dfrac{d_2 + d_1}{2} \times 500}{1,000 \times 60}$

$= 0.02 \times \left(1.5 \times \dfrac{\pi(120^2 - 80^2)}{4}\right) \times \dfrac{\pi \times \dfrac{120 + 80}{2} \times 500}{60} \times 10^{-3}$

$= 0.02 \times (3,000\pi) \times 0.833\pi = 50\pi^2[\text{W}]$

15 ④ 16 ② 17 ④ 18 ① 정답

19 지름이 d인 원형단면봉이 굽힘모멘트 M과 비틀림모멘트 T를 동시에 받고 있다. 전단변형에너지설을 적용하여 재료의 파손여부를 판단할 때 사용하는 유효응력(von Mises응력) σ_{VM}은?

① $\sigma_{VM} = \dfrac{32}{\pi d^3} \sqrt{M^2 + \dfrac{3}{2}T^2}$

② $\sigma_{VM} = \dfrac{32}{\pi d^3} \sqrt{M^2 + \dfrac{3}{4}T^2}$

③ $\sigma_{VM} = \dfrac{16}{\pi d^3} \sqrt{M^2 + \dfrac{3}{2}T^2}$

④ $\sigma_{VM} = \dfrac{16}{\pi d^3} \sqrt{M^2 + \dfrac{3}{4}T^2}$

해설

전단변형에너지설에 의한 유효응력(σ_{VM})은 다음 식으로 구할 수 있다.

$\sigma_{VM} = \sqrt{\sigma^2 + 3\tau^2}$, 원형 단면봉이므로

$= \sqrt{\left(\dfrac{32M}{\pi d^3}\right)^2 + 3\left(\dfrac{16T}{\pi d^3}\right)^2}$

$= \sqrt{\left(\dfrac{32M}{\pi d^3}\right)^2 + 3\left(\dfrac{32T}{2\pi d^3}\right)^2}$

$= \dfrac{32}{\pi d^3} \sqrt{M^2 + \dfrac{3}{4}T^2}$

전단변형에너지설에 의한 유효응력(σ_{VM})

비틀림만 작용	비틀림과 굽힘 동시 작용
$\sigma_{VM} = \sqrt{3\tau^2}$	$\sigma_{VM} = \sqrt{\sigma^2 + 3\tau^2}$

20 그림과 같은 조화 밴드 브레이크에서 반시계 방향으로 회전하는 드럼을 제동하기 위한 마찰력이 P일 때 레버에 가해야 할 힘 F는 P의 몇 배인가?

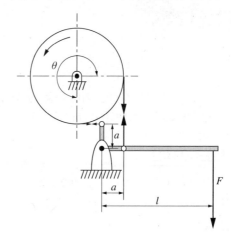

① $\dfrac{a}{l} \dfrac{e^{\mu\theta} - 1}{e^{\mu\theta} + 1}$

② $\dfrac{a}{l} \dfrac{e^{\mu\theta}}{e^{\mu\theta} + 1}$

③ $\dfrac{a}{l} \dfrac{e^{\mu\theta} + 1}{e^{\mu\theta} - 1}$

④ $\dfrac{a}{l} \dfrac{e^{\mu\theta} - 1}{e^{\mu\theta}}$

해설

• 밴드 브레이크의 제동력 f(이 문제에서는 P이다)

$$f(P) = T_t - T_s = \dfrac{2T}{D}$$

• 밴드 브레이크의 평형식 $Fl = T_t a + T_s a$

이 두 개의 식을 응용하여 풀면

$$\dfrac{F}{P} = \dfrac{\dfrac{T_t a + T_s a}{l}}{T_t - T_s} = \dfrac{\dfrac{a(T_t + T_s)}{l}}{T_t - T_s} = \dfrac{\dfrac{a}{l}(T_t + T_s)}{T_t - T_s}$$

장력비 $e^{\mu\theta} = \dfrac{T_t}{T_s}$ 이므로

$$\therefore \dfrac{F}{P} = \dfrac{\dfrac{a}{l}\left(\dfrac{T_t}{T_s} + 1\right)}{\dfrac{T_t}{T_s} - 1} = \dfrac{a}{l} \dfrac{(e^{\mu\theta} + 1)}{e^{\mu\theta} - 1}$$

CHAPTER 11

2017년 지방직 고졸경채 기계설계

01 기계재료 표기법에 의하면 기호 다음 세 자리 숫자는 그 재료의 최저 인장강도[N/mm²]를 나타낸다. KS기호가 SS400이고, 안전율(Safety Factor)이 2인 재료의 허용인장응력은?

① 200[MPa]　　　　② 400[MPa]
③ 200[GPa]　　　　④ 400[GPa]

해설

안전율 $S = \dfrac{\sigma_u \ or \ \sigma_Y (극한강도)}{\sigma_a (허용응력)}$ 에서

$2 = \dfrac{400[\mathrm{N/m}^2]}{\sigma_a}$

$\therefore \ \sigma_a = \dfrac{400[\mathrm{N/mm}^2] \times 10^6}{2} = 200 \times 10^6 [\mathrm{N/mm}^2] = 200[\mathrm{MPa}]$

02 1줄 미터 나사를 240° 회전시켰을 때, 축 방향으로 1[mm] 이동하였다. 이 나사의 피치[mm]는?

① 1　　　　② 1.5
③ 3　　　　④ 3.75

해설

리드(L) : 나사가 축 방향으로 이동한 거리로 $L = np$ 이다.
$L = n$(나사의 줄 수)$\times p$(피치)

여기서, 240°인 $\dfrac{2}{3}$ 회전 시 1[mm]를 이동했으므로

360°인 1회전 시 리드 L은 1.5[mm]가 된다.

$\therefore \ p = \dfrac{L}{n} = \dfrac{1.5[\mathrm{mm}]}{1} = 1.5[\mathrm{mm}]$

03 두께가 같은 두 강판을 1줄 겹치기 리벳 이음할 경우, 판의 효율은 리벳 구멍이 없는 판의 인장강도에 대한 리벳 구멍이 있는 판의 인장강도 비이다. 리벳 구멍 사이의 절단만을 고려할 때, 판의 효율이 증가하는 경우는?(단, 판 두께는 10[mm], 리벳 지름은 16[mm], 리벳 피치는 45[mm], 강판의 허용인장응력은 40[N/mm²]이다)

① 두께가 12[mm]인 강판으로 교체한다.
② 지름이 19[mm]인 리벳으로 교체한다.
③ 리벳의 피치를 48[mm]로 조정한다.
④ 강판을 허용인장응력이 45[N/mm²]인 재료로 교체한다.

해설
리벳 강판의 효율(η_t)

$$\eta = \dfrac{1피치 \ 내 \ 구멍이 \ 있을 \ 때의 \ 인장력}{1피치 \ 내 \ 구멍이 \ 없을 \ 때의 \ 인장력}$$
$$= \dfrac{\sigma_t (p-d)t}{\sigma_t pt} \ \cdots \ ①식$$
$$= 1 - \dfrac{d}{p} \ \cdots \ ②식$$

여기서 d = 리벳 지름, p = 리벳의 피치

이 식을 고려하면 리벳의 피치를 크게 하면 할수록 효율이 증가하는 것을 알 수 있다.

04 보통나사에 비해 마찰계수가 작고, 효율 90[%] 이상이 가능하며, 백래시(Back Lash)가 적어 수치제어 공작기계의 이송용 나사 등으로 널리 사용하는 것은?

① 볼나사
② 둥근나사
③ 사다리꼴나사
④ 톱니나사

해설

볼나사(Ball Screw)는 나사 축과 너트 사이에서 볼(Ball)이 구름 운동을 하면서 물체를 이송시키는 고효율의 나사로 백래시가 거의 없고 전달효율이 90[%] 이상으로 높아서 최근에 CNC 공작기계의 이송용 나사로 사용된다.

볼나사(Ball Screw)의 특징

• 윤활유는 소량만으로 충분하다.
• 미끄럼나사보다 전달효율이 높다.
• 시동토크나 작동토크의 변동이 적다.
• 마찰계수가 작아서 정확한 미세이송이 가능하다.
• 미끄럼나사에 비해 내충격성과 감쇠성이 떨어진다.
• 예압에 의하여 축 방향의 백래시(Backlash, 뒤틈, 치면높이)를 작게 할 수 있다.

05 다음 하중-변위선도는 어떤 재료로 만들어진 시험편을 사용하여 인장시험한 결과이다. 이를 이용하여 계산한 재료의 세로탄성계수는?(단, 시험편의 초기 표점길이는 50[mm], 초기 단면적은 100[mm²]이다)

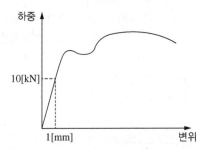

① 5[MPa]
② 5×10^2[MPa]
③ 5[GPa]
④ 5×10^2[GPa]

해설

$\delta = \dfrac{PL}{AE}$ 에서

세로탄성계수 $E = \dfrac{PL}{A\delta} = \dfrac{10 \times 10^3 [\text{N/m}^2] \times 0.05[\text{m}]}{100[\text{m}^2] \times 10^{-6} \times 0.001[\text{m}]}$

$\qquad = 5 \times 10^9 [\text{N/m}^2] = 5[\text{GPa}]$

변형량(δ) 구하기

$$\delta = \frac{PL}{AE}$$

여기서 P : 작용한 하중[N]
$\qquad L$: 재료의 길이[mm]
$\qquad A$: 단면적[mm²]
$\qquad E$: 세로탄성계수[N/mm²]

06 유체의 흐름을 조절하는 밸브와 콕에 대한 설명으로 옳지 않은 것은?

① 원판형 밸브판을 회전시켜 관로의 개폐를 가감하는 밸브는 나비형 밸브이다.

② 증기, 가스 등의 유체가 규정한도에 도달하면 자동적으로 밸브가 열리면서 유체를 밖으로 배출하는 밸브는 안전 밸브이다.

③ 밸브 시트가 유체 흐름에 직각으로 미끄러져 유로를 개폐하며, 고압·고속으로 유량이 많고 자주 개폐하지 않는 곳에 사용하는 밸브는 슬루스 밸브이다.

④ 원통 또는 원뿔형 플러그를 90° 회전시켜 유체의 흐름을 조절하는 밸브는 정지 밸브이다.

해설

콕으로도 불리는 플러그 밸브는 원통이나 원뿔에 구멍을 뚫고 축의 주위를 90° 회전함에 따라 유체의 흐름을 개폐하는 밸브이다.

[플러그 밸브]

07 회전운동을 직선운동으로 변환하는 기구나 장치로 사용하지 않는 것은?

① 원판 캠
② 원뿔 마찰차
③ 슬라이더 크랭크 기구
④ 랙과 피니언

해설

원뿔 마찰차는 교차하는 두 축 사이에 동력을 전달하는 마찰차로 회전운동을 회전운동으로 동력을 전달한다.

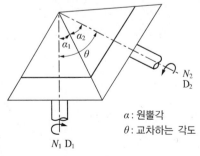

α : 원뿔각
θ : 교차하는 각도

08 클러치(Clutch)에 대한 설명으로 옳지 않은 것은?

① 맞물림 클러치는 동력전달 시 손실이 있고, 종동축에 순간적인 큰 회전력을 전달할 수 없다.

② 마찰 클러치의 종류에는 단판 클러치, 다판 클러치, 원추 클러치 등이 있다.

③ 마찰 클러치는 원동축과 종동축에 붙어 있는 접촉면을 강하게 접촉시켜서 생긴 마찰력에 의해 동력을 전달한다.

④ 맞물림 클러치는 서로 맞물리는 턱(Jaw)을 가진 플랜지를 원동축과 종동축에 설치하고, 종동축을 원동축 방향으로 이동시켜 동력을 전달한다.

해설

맞물림 클러치(Claw Clutch)는 축의 양 끝이 맞물릴 수 있도록 각각 1쌍의 돌기부를 만들어 맞물리는 축이음 요소로 동력전달 중 끊었다가 다시 연결할 수 있다. 물리는 형태인 클로는 사각형과 사다리꼴, 톱니, 삼각형, 나선형 등이 있다. 동력전달 시 손실이 거의 없고 종동축에 순간적인 큰 힘 전달이 가능하다.

09 동력전달장치에 사용되는 중실축이 비틀림모멘트만 받고 있다. 축의 허용 비틀림응력 50[MPa], 축의 지름 20[mm], 축의 회전속도 300[rpm]이라 할 때 축의 전달동력[kW]은?

① $\dfrac{\pi}{2}$ 　　② $\dfrac{\pi^2}{2}$

③ $\dfrac{\pi}{4}$ 　　④ $\dfrac{\pi^2}{4}$

해설

• 토크 $T = \tau \times Z_P$

$$T = \tau \times \frac{\pi d^3}{16}$$

$$T = (50 \times 10^6 [\text{N/m}^2]) \times \frac{\pi \times (0.02[\text{m}])^3}{16} = 25\pi$$

• 동력 $P = T \times \omega = 25\pi \times \dfrac{2\pi \times 300}{60[\text{s}]}$

$$P = \frac{15,000\pi^2}{60} = \frac{1,000\pi^2}{4} = \frac{\pi^2}{4} [\text{kW}]$$

10 지름 d인 축에 폭 b인 묻힘키를 설치했을 때, 전단력에 의해 키가 파손되지 않는 키의 길이(l)를 구하는 식은? (단, 축과 묻힘키의 재료는 동일하다)

① $l = \dfrac{\pi d^2}{b}$ ② $l = \dfrac{\pi d^2}{4b}$

③ $l = \dfrac{\pi d^2}{8b}$ ④ $l = \dfrac{\pi d^2}{16b}$

해설
묻힘키가 파손되지 않는 길이(l) 구하는 문제는 자주 출제되므로 다음 식을 암기해야 한다.

$l = \dfrac{\pi d^2}{8b}$

11 같은 평면 내에 있는 두 축이 서로 교차하여 이루는 각도가 일정 범위에서 수시로 변화하는 경우에 사용하는 커플링은?

① 올덤 커플링
② 슬리브 커플링
③ 플랜지 커플링
④ 유니버설 커플링

해설
유니버설 조인트(=유니버설 커플링, Universal Joint)
두 축이 같은 평면 내에 있으면서 그 중심선이 서로 30° 이내의 각도를 이루고 교차하는 경우에 사용되며 훅 조인트(Hook's Joint)라고도 불린다. 공작기계나 자동차의 동력전달기구, 압연롤러의 전동축 등에 널리 쓰인다.

유니버설 조인트의 속도비 $i \left(= \dfrac{w_b}{w_a} \right) = \cos\alpha \Leftrightarrow \dfrac{1}{\cos\alpha}$ 을 90° 회전시마다 반복해서 변화한다.

12 직접 전동장치와 간접 전동장치에 대한 설명으로 옳은 것만을 모두 고른 것은?

> ㄱ. 기어와 마찰차는 직접 전동장치이다.
> ㄴ. 벨트와 체인은 간접 전동장치이다.
> ㄷ. 로프 전동장치는 두 축 사이 거리가 매우 짧고 평벨트보다 작은 동력을 전달할 때 적합하다.
> ㄹ. 기어는 회전운동에서 정확한 속도비를 전달하지 못한다.

① ㄱ, ㄴ   ② ㄱ, ㄷ
③ ㄴ, ㄷ   ④ ㄴ, ㄹ

해설
ㄷ. 로프 전동장치 : 로프를 홈이 있는 풀리(Pully)에 감아서 원동축의 회전력을 종동축으로 전달하는 장치로 두 축 사이의 거리가 길 때 사용하며 벨트 전동에 비해 미끄럼이 적어 큰 동력의 전달이 가능하다.
ㄹ. 기어는 동력 전달 시 비교적 정확한 속도비를 전달한다.

13 벨트 전동장치에 대한 설명으로 옳지 않은 것은?

① V벨트는 평벨트에 비해 접촉면적이 넓어 큰 동력을 전달할 수 있다.
② 평벨트를 풀리에 거는 방법에는 바로걸기와 엇걸기가 있다.
③ 타이밍 벨트는 기어나 체인에 비해 소음이 적다.
④ 타이밍 벨트는 벨트의 미끄럼이 발생하여 저속의 속도 범위에서만 사용할 수 있다.

해설
타이밍 벨트 : 미끄럼을 방지하기 위하여 벨트 안쪽의 접촉면에 치형(이)을 붙여 맞물림에 의해 동력을 전달하는 벨트로 정확한 속도비가 필요한 경우에 사용하며 고속에서도 사용이 가능하다.

14 외접한 한 쌍의 원통 마찰차가 있다. 지름 300[mm]인 원동차가 600[rpm]으로 회전하면서 종동차에 회전을 전달할 때, 종동 마찰차에 전달되는 전달동력[kW]은? (단, 마찰차의 폭은 100[mm], 마찰계수는 0.4, 단위길 이당 허용되는 수직힘은 30[N/mm]이다)

① 9π

② $9,000\pi$

③ 3.6π

④ $3,600\pi$

해설

$$H = \frac{F \times v}{102} [\text{kW}] = \frac{\mu Q \times \dfrac{\pi dn}{1,000}}{102}$$

$$= \frac{(0.4 \times 30[\text{N/mm}] \times 9.81) \times \dfrac{\pi \times 300[\text{mm}] \times 600[\text{rev}]}{1,000 \times 60[\text{s}]}}{102}$$

$$= 3.46\pi [\text{kW}]$$

따라서 정답은 ③번이 가깝다.

※ 참 고
- 1[PS] : 75[kgf · m/s]
- 1[kW] : 102[kgf · m/s]

15 롤러체인을 사용하여 동력을 전달하고자 한다. 체인의 유효장력 F[N], 체인의 피치 p[mm], 구동 스프로킷 회전속도 n_1[rpm], 종동 스프로킷 회전속도 n_2[rpm], 종동 스프로킷 잇수 Z[개]일 때, 구동 스프로킷 잇수 [개]와 체인의 전달동력[kW]을 구하는 식은?(단, 체인 의 속도는 평균속도를 이용한다)

	구동 스프로킷 잇수	체인의 전달동력
①	$\dfrac{n_1}{n_2}Z$	$\dfrac{pn_1Z}{60 \times 1,000} \times F$
②	$\dfrac{n_2}{n_1}Z$	$\dfrac{pn_2Z}{60 \times 1,000} \times F$
③	$\dfrac{n_1}{n_2}Z$	$\dfrac{pn_1Z}{60 \times 1,000} \times \dfrac{F}{1,000}$
④	$\dfrac{n_2}{n_1}Z$	$\dfrac{pn_2Z}{60 \times 1,000} \times \dfrac{F}{1,000}$

해설

- $i = \dfrac{n_2}{n_1} = \dfrac{z_1}{z_2}$, 여기서 $z_2 =$ 종동 스프로킷 잇수 Z

  구동 스프로킷 잇수 $z_1 = \dfrac{n_2}{n_1}Z$

- 전달을 받는 종동축의 스프로킷 잇수와 회전수를 적용한다.

  따라서, 전달동력 $H = F \times v = F \times \dfrac{pn_2Z}{60 \times 1,000}[\text{W}]$

  그러므로 정답은 ④번이다.

  속도비(i) 일반식

  $$i = \frac{n_2}{n_1} = \frac{w_2}{w_1} = \frac{D_1}{D_2} = \frac{z_1}{z_2}$$

16 복합 기어열(Gear Trains)에서 잇수가 각각 $Z_1 = 10$개, $Z_2 = 50$개, $Z_3 = 30$개, $Z_4 = 40$개일 때, 속도비$\left(\dfrac{n_1}{n_4}\right)$는?(단, n_1, n_2, n_3, n_4는 각 기어의 회전속도이다)

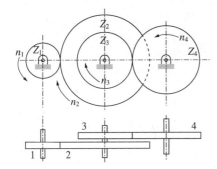

① $\dfrac{5}{4}$

② $\dfrac{3}{20}$

③ $\dfrac{20}{3}$

④ $\dfrac{4}{5}$

해설

복식(복합) 기어열

$$i = \frac{n_1}{n_2} \times \frac{n_3}{n_4} = \frac{n_1}{n_4} = \frac{z_2}{z_1} \times \frac{z_4}{z_3}$$

$$= \frac{50 \times 40}{10 \times 30} = \frac{2{,}000}{300} = \frac{20}{3}$$

17 두 축이 서로 평행한 경우에 사용하는 기어가 아닌 것은?

① 스퍼기어

② 헬리컬기어

③ 내접기어

④ 베벨기어

해설

두 축이 서로 교차할 때 베벨기어를 사용한다. 스퍼기어와 내접기어, 헬리컬기어는 모두 두 축이 평행할 때 사용하는 기계요소이다.

기어의 종류

	스퍼기어	내접기어
두 축이 평행한 기어	헬리컬기어	랙과 피니언기어
	베벨기어	스파이럴 베벨기어	마이터기어
두 축이 교차하는 기어			
	하이포이드기어	웜과 웜휠기어
두 축이 나란하지도 교차하지도 않는 기어	나사기어	페이스기어

18 구름 베어링에 대한 설명으로 옳지 않은 것은?

① 국제적으로 표준화, 규격화가 이루어져 있어 호환성이 좋다.

② 소음 및 진동이 쉽게 발생되지 않으며, 부분 수리가 가능하다.

③ 초기 동작 시 마찰이 적다.

④ 미끄럼 베어링에 비해 윤활유가 적게 든다.

해설
구름 베어링은 내륜와 외륜 사이에 위치한 볼이나 롤러가 회전하기 때문에 소음과 진동은 쉽게 발생된다.

19 수명이 7×10^6회전인 볼 베어링을 같은 조건의 베어링 하중과 기본 동정격하중을 갖는 롤러 베어링으로 교체하였을 때, 수명은?

① 볼 베어링과 같다.

② 볼 베어링보다 길어진다.

③ 10^6회전이 된다.

④ 볼 베어링보다 짧아진다.

해설
베어링 수명시간 구하는 식을 통해서 살펴보면

$L_h = 500 \left(\dfrac{C}{P} \right)^r \dfrac{33.3}{N}$ 에서 베어링의 하중계수인 "r"이

롤러 베어링이 $\dfrac{10}{3}$ 으로 볼 베어링의 3보다 더 크기 때문에 롤러 베어링의 수명시간이 볼 베어링보다 더 길어진다고 볼 수 있다.

베어링의 수명시간(L_h)

> $L_h = 500 \left(\dfrac{C}{P} \right)^r \dfrac{33.3}{N}$ 또는 $L_h = 500 f_n^3 \left(\dfrac{C}{P_{th} \times f_w} \right)^3$
>
> 여기서 C : 기본부하용량, P_{th} : 베어링 이론하중,
>
> $\quad\quad\quad f_w$: 하중계수, N : 회전수,
>
> $\quad\quad\quad f_n$: 속도계수, f_h : 수명계수
>
> • 볼 베어링의 하중계수(r) $= 3$
>
> • 롤러 베어링의 하중계수(r) $= \dfrac{10}{3}$

볼 베어링의 수명 : 반지름 방향 동등가하중의 3승에 반비례한다.

20 두께가 얇은 판재로 만든 구(球)형 용기(안지름 D_1, 바깥지름 D_2)에 내압 p가 작용할 때, 이 용기에 생기는 응력은?(단, 내압은 5기압 이하이다)

① $\dfrac{D_1^2 p}{D_2^2 - D_1^2}$

② $\dfrac{2D_1^2 p}{D_2^2 - D_1^2}$

③ $\dfrac{(D_2^2 - D_1^2)p}{2D_1^2}$

④ $\dfrac{(D_2^2 - D_1^2)p}{D_1^2}$

해설
내압용기의 힘의 평형조건을 위해서는 용기 내부에서 작용하는 힘과 강판에 생기는 힘이 서로 같아야 한다.

$$F = p \times A_1 = \sigma_t \times A_t = p \times \frac{\pi D_1^2}{4} = \sigma_t \times \frac{\pi (D_2^2 - D_1^2)}{4}$$

따라서 이 용기에 생기는 응력으로 정리하면

$$p \times \frac{\pi D_1^2}{4} = \sigma_t \times \frac{\pi (D_2^2 - D_1^2)}{4}$$

$$\sigma_t = \frac{D_1^2 p}{D_2^2 - D_1^2}$$

2018년 지방직 기계설계

01 1줄 겹치기 리벳이음을 한 두께 10[mm]인 판재가 있다. 리벳구멍지름 20[mm], 리벳이음 피치 50[mm]일 때, 인장력을 받고 있는 판재의 효율[%]은?

① 20   ② 40

③ 60   ④ 80

해설

$$\eta = 1 - \frac{d}{p} = 1 - \frac{20}{50} = 0.6 \times 100[\%] = 60[\%]$$

리벳이음에서 강판의 효율(η) 구하는 식

$$\eta = \frac{\text{구멍이 있을 때의 인장력}}{\text{구멍이 없을 때의 인장력}} = 1 - \frac{d}{p}$$

여기서, d＝리벳지름, p＝리벳의 피치

02 롤러체인을 이용하여 동력을 전달하고자 한다. 구동 스프로킷 휠의 잇수 20개, 롤러체인의 피치 12.5[mm], 롤러체인 평균속도가 3[m/s]일 때 구동 스프로킷 휠의 회전속도[rpm]는?

① 720

② 840

③ 960

④ 1,200

해설

체인의 속도를 구하는 식

$v = \dfrac{pZN}{1,000 \times 60}$ 를 응용하면

$$N = \frac{60,000 \times v}{pZ} = \frac{60,000 \times 3}{12.5 \times 20} = 720[\text{rpm}]$$

03 그림과 같이 아이볼트(Eye Bolt)에 축방향 하중(P) 2[kN]이 작용할 때, 하중을 지지하기 위한 아이볼트의 최소 골지름(d)[mm]은?(단, 아이볼트의 허용인장응력은 80[N/mm²]이며, 아이볼트는 골지름 단면에서 파괴된다고 가정한다)

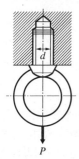

① $\sqrt{\dfrac{5}{\pi}}$

② $\sqrt{\dfrac{20}{\pi}}$

③ $\sqrt{\dfrac{50}{\pi}}$

④ $\sqrt{\dfrac{100}{\pi}}$

해설

$$\sigma_a = \frac{P}{A} = \frac{P}{\dfrac{\pi d^2 (\text{수나사의 골지름})}{4}} = \frac{4P}{\pi d^2}$$

$$d^2 = \frac{4P}{\pi \sigma_a} = \frac{4 \times 2,000}{\pi \times 80} = \frac{8,000}{80\pi}$$

$$d = \sqrt{\frac{100}{\pi}}$$

04 치수와 공차에 대한 설명으로 옳지 않은 것은?

① 허용한계치수는 기준치수로부터 벗어남이 허용되는 대소의 극한치수로, 최대 허용치수와 최소 허용치수를 의미한다.

② 기준치수는 호칭치수라고도 하며, 허용한계치수의 기준이 되는 치수이다.

③ 위치수 허용차는 최소 허용치수에서 기준치수를 뺀 값이다.

④ 치수공차는 최대 허용치수와 최소 허용치수의 차이이다.

해설

위 치수 허용차 : 최대 허용 한계 치수 - 기준 치수이다.

05 기본 동적 부하용량 64[kN]인 볼베어링에 동등가하중 8[kN]이 작용하고 있다. 이 볼베어링을 롤러베어링으로 교체할 때, 롤러베어링의 정격수명(회전)은?(단, 교체한 롤러베어링에는 볼베어링과 같은 동등가하중이 작용하며, 롤러베어링의 기본 동적 부하용량은 볼베어링과 같다)

① $2^3 \times 10^6$

② $2^{10} \times 10^6$

③ $2^{\frac{3}{10}} \times 10^6$

④ $2^{\frac{10}{3}} \times 10^6$

해설

$$L_n = \left(\frac{C}{P}\right)^r \times 10^6 \,[\text{rev}] = \left(\frac{64[\text{kN}]}{8[\text{kN}]}\right)^{\frac{10}{3}} \times 10^6$$

$$= (2^3)^{\frac{10}{3}} \times 10^6 \,[\text{rev}]$$

$$= 2^{10} \times 10^6 \,[\text{rev}]$$

베어링의 기본 정격수명(L_n, Rating Life)

같은 베어링 여러 개를 동일 조건에서 각각 운전시켰을 때 이들 중 90%가 전동체인 구름이나 롤러의 손상 없이 회전할 수 있는 신뢰도로 100만 회전(10^6)하는 것을 기준으로 정한 것이다.

베어링의 기본 정격수명(L_n)

• $L_n = \left(\dfrac{C}{P}\right)^r [10^6]$ 회전

• 볼 베어링의 하중계수(r) = 3

• 롤러 베어링의 하중계수(r) = $\dfrac{10}{3}$

06 $S - N$ 곡선(Stress versus Number of cycles curve)과 내구한도에 대한 설명으로 옳지 않은 것은?

① 실제 부품 설계를 할 때는 하중의 종류, 표면효과, 사용온도 등을 고려한 수정 내구한도를 사용한다.

② 내구한도는 어느 한계값 이하의 응력에서 무수히 많은 반복을 하여도 피로파괴가 일어나지 않는 재료의 한계 응력값을 의미한다.

③ 철강과 같이 체심입방구조(BCC)를 갖는 금속은 일반적으로 명확한 내구한도를 갖는다.

④ $S - N$ 곡선에서는 양진 반복응력의 진폭을 가로축에 표시한다.

해설

$S - N$ 곡선은 Stress(응력)을 세로축에, N(반복 횟수)을 가로축에 표시한 그래프로 "양진 반복응력의 진폭"을 표시하지는 않는다.

07 나사에 대한 설명으로 옳지 않은 것은?

① 미터나사는 나사산각이 60°인 미터계 삼각나사이며, 미터가는나사는 자립성이 우수하여 풀림 방지용으로 사용한다.

② 일반적으로 삼각나사는 체결용 기계요소이고, 사각나사는 회전운동을 직선운동으로 바꾸는 운동용 기계요소이다.

③ 3/8 - 16 UNC는 유니파이 보통나사로 수나사의 호칭지름이 3/8인치이고 1인치당 나사산수가 16개임을 의미한다.

④ 사각나사는 다른 나사에 비해 나사효율이 낮으나 가공이 쉽다.

해설

사각나사는 사각형으로 따낸 형상이므로 다른 나사들에 비해 가공하기 쉬우며 나사의 효율도 높은 편이다.

08 그림과 같이 유니버설 조인트 2개 사이에 중간축을 삽입하여 회전을 전달하고 있다. 한쪽의 교차각 α_1과 다른 쪽의 교차각 α_2가 같을 때, 각속도비$\left(\left|\dfrac{\omega_1}{\omega_2}\right|\right)$에 대한 설명으로 옳은 것은?(단, α_1과 α_2는 30° 이하이고, 그림의 모든 축은 동일 평면상에 있다)

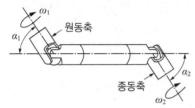

① $\left|\dfrac{\omega_1}{\omega_2}\right| < 1$

② $\left|\dfrac{\omega_1}{\omega_2}\right| = 1$

③ $\left|\dfrac{\omega_1}{\omega_2}\right| > 1$

④ 원동축의 회전각 증가에 따라 $\left|\dfrac{\omega_1}{\omega_2}\right|$은 증가했다가 감소한다.

해설
유니버설 조인트는 원동축과 종동축의 회전수를 일정하게 유지시키는 축 이음요소이므로 각속도비$\left(\dfrac{원동축}{종동축} = \dfrac{\omega_1}{\omega_2}\right) = 1$이 된다.

유니버설 조인트(Universal Joint) = 유니버설 커플링
두 축이 같은 평면 내에 있으면서 그 중심선이 서로 30° 이내의 각도를 이루고 교차하는 경우에 사용되며 훅 조인트(Hook's Joint)라고도 불린다. 공작기계나 자동차의 동력전달기구, 압연 롤러의 전동축 등에 널리 쓰인다.

유니버설 조인트의 속도비 $i = \dfrac{\omega_b}{\omega_a}$ 는 $= \cos\alpha \Leftrightarrow \dfrac{1}{\cos\alpha}$ 을 90° 회전 시마다 반복해서 변화한다.

09 소선지름 8[mm]인 코일스프링이 축방향 하중 100[N]을 받아 20[mm]의 처짐이 발생하였다. 코일스프링의 스프링지수가 4, 전단탄성계수가 8[GPa]일 때, 이 스프링의 유효감김수는?(단, 처짐은 코일의 비틀림모멘트에 의해서만 발생하는 것으로 가정한다)

① 20   ② 25
③ 30   ④ 35

해설
$$\delta_{max} = \frac{8nPD^3}{Gd^4}$$

$$n = \frac{Gd^4\delta_{max}}{8PD^3} = \frac{(8\times10^9)\times(0.008)^4\times0.02}{8\times100[N]\times(0.032)^3} = \frac{0.65536}{0.0262144} = 25$$

코일 스프링의 최대 처짐량(δ)
$$\delta = \frac{8nPD^3}{Gd^4}$$

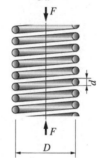

여기서, δ=코일스프링의 처짐량[mm]
n=유효감김수(유효권수)
P=하중이나 작용 힘[N]
D=코일스프링의 평균지름[mm]
d=소선의 직경(소재지름)[mm]
G=가로(전단)탄성계수[N/mm²]

10 피치면이 원추(Cone) 형태이면서, 같은 평면상의 평행하지 않은 두 축을 연결하기 위해 사용하는 기어는?

① 베벨기어   ② 헬리컬기어
③ 스퍼기어   ④ 나사기어

해설
베벨기어는 피치면이 원추형이면서 두 축이 평행하지 않는 부분의 동력 전달에 사용한다.

베벨기어	헬리컬기어	스퍼기어	나사기어

11 미끄럼베어링에 요구되는 재료 특성으로 옳지 않은 것은?

① 내식성이 커야 한다.
② 열전도율이 높아야 한다.
③ 마찰계수가 작아야 한다.
④ 마모가 적고 피로강도가 낮아야 한다.

해설
미끄럼베어링의 재료는 마모가 적고 피로강도가 커야 한다.

12 마찰이 없는 양단지지형 겹판스프링에 하중이 작용하여 최대 처짐 $\delta_{\max}$ 가 발생하였다. 이 겹판스프링에서 판의 두께만 2배로 증가시킬 때 최대 처짐은?

① $\frac{1}{2}\delta_{\max}$　　　　② $\frac{1}{4}\delta_{\max}$

③ $\frac{1}{8}\delta_{\max}$　　　　④ $\frac{1}{16}\delta_{\max}$

해설
양단지지형 겹판 스프링의 최대 처짐을 구하는 식에서 h만을 고려하면

$\delta_{\max} = \dfrac{3Pl^3}{8nbh^3E}$ 여기서, h만을 고려한다.

$\delta_{\max} = \dfrac{1}{h^3}$ 여기에 $h = 2h$ 대입

$\delta_{\max} = \dfrac{1}{(2h)^3} = \dfrac{1}{8h^3}$ 따라서, 정답은 ③번이다.

양단지지형 겹판 스프링의 최대 처짐($\delta_{\max}$)을 구하는 식

$\delta_{\max} = \dfrac{3Pl^3}{8nbh^3E}$

13 평벨트 전동장치에서 벨트속도 v[m/s], 긴장측 장력 T_t[N], 마찰계수 μ, 벨트접촉각 θ[rad]가 주어졌을 때, 최대 전달동력[kW]은?(단, 벨트의 원심력은 무시한다)

① $\dfrac{T_t v}{1,000}\left(\dfrac{e^{\mu\theta}}{1-e^{\mu\theta}}\right)$

② $\dfrac{T_t v}{1,000}\left(\dfrac{1-e^{\mu\theta}}{e^{\mu\theta}}\right)$

③ $\dfrac{T_t v}{1,000}\left(\dfrac{e^{\mu\theta}-1}{e^{\mu\theta}}\right)$

④ $\dfrac{T_t v}{1,000}\left(\dfrac{e^{\mu\theta}}{e^{\mu\theta}-1}\right)$

해설
$H = P_e \times v$ [W]

$= (T_t - T_s) \times v$ [W] $= \dfrac{(T_t - T_s) \times v}{1,000}$ [kW]

$= \dfrac{\left(T_t - \dfrac{P_e}{e^{\mu\theta}-1}\right) \times v}{1,000} = \dfrac{\left(T_t v - \dfrac{T_t}{e^{\mu\theta}-1}v\right)}{1,000}$

$= \dfrac{\left(T_t v - \dfrac{\dfrac{T_t e^{\mu\theta} - T_t}{e^{\mu\theta}}}{e^{\mu\theta}-1}v\right)}{1,000}$

$= \dfrac{\left(T_t v - \dfrac{T_t(e^{\mu\theta}-1)v}{(e^{\mu\theta})^2 - e^{\mu\theta}}\right)}{1,000} = \dfrac{\left(T_t v - \dfrac{T_t(e^{\mu\theta}-1)v}{e^{\mu\theta}(e^{\mu\theta}-1)}\right)}{1,000}$

$= \dfrac{\left(T_t v - \dfrac{T_t v}{e^{\mu\theta}}\right)}{1,000}$

$= \dfrac{T_t v}{1,000}\left(1 - \dfrac{1}{e^{\mu\theta}}\right)$

$= \dfrac{T_t v}{1,000}\left(\dfrac{e^{\mu\theta}-1}{e^{\mu\theta}}\right)$

벨트 관련 식

• 장력비, $e^{\mu\theta} = \dfrac{T_t}{T_s}$

• 유효장력, $P_e(T_e) = T_t - T_s$

• 긴장측 장력, $T_t = \dfrac{P_e e^{\mu\theta}}{e^{\mu\theta}-1}$ 여기서, $P_e = T_e$

• 이완측 장력, $T_s = \dfrac{P_e}{e^{\mu\theta}-1}$

14 브레이크에 대한 설명으로 옳지 않은 것은?

① 밴드 브레이크는 레버 조작력이 동일해도 드럼 회전방향에 따라 제동력이 달라진다.

② 복식 블록 브레이크를 축에 대칭으로 설치하면 축에는 굽힘모멘트가 작용하지 않는다.

③ 블록 브레이크의 냉각이 원활하지 못한 경우에는 브레이크 용량(Brake Capacity)을 작게 해야 한다.

④ 내부확장식 브레이크에서 브레이크 블록을 확장하는 힘이 동일하면 두 접촉면에 작용하는 수직력의 크기가 동일하다.

해설
내부확장식 브레이크는 브레이크 슈(=브레이크 블록)가 라이닝에 접촉하면서 바퀴를 제동시키는 장치다. 드럼 브레이크에서 회전방향으로 작동하는 "슈"에는 제동 시 발생하는 마찰력 때문에 드럼과 함께 회전하려는 "자기배력작용"이 발생되어 더 큰 힘으로 슈가 드럼을 밀어붙인다. 따라서 슈를 확장시키는 힘이 동일하더라도 수직력의 크기는 동일하지 않다.

15 그림과 같이 축지름 20[mm], 회전속도 100[rpm]인 전동축이 동력 5[kW]를 전달하고 있다. 이 전동축에 폭(b)과 높이(h)는 서로 같고 길이(l) 50[mm], 허용전단응력 100[MPa], 허용압축응력 200[MPa]인 보통형 평행키가 사용될 때 보통형 평행키의 최소 폭(b)[mm]은? (단, 평행키의 허용전단응력과 허용압축응력을 모두 고려하고, π는 3으로 계산하라)

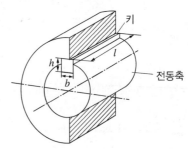

① 5
② 10
③ 20
④ 30

해설

$$P = Tw$$

$$5,000[\text{N} \cdot \text{m/s}] = T \times \frac{2\pi N}{60}$$

$$5,000[\text{N} \cdot \text{m/s}] = T \times \frac{2 \times 3 \times 100}{60}$$

$$T = 5,000[\text{N} \cdot \text{m/s}] \times \frac{1}{10[\text{s}]} = 500[\text{N} \cdot \text{m}]$$

$$\tau = \frac{W}{bl} = \frac{2T}{bld}$$

$$100 \times 10^6[\text{Pa}] = \frac{2 \times 500,000[\text{N} \cdot \text{mm}]}{b \times 50[\text{mm}] \times 20[\text{mm}]}$$

$$b = \frac{2 \times 500,000[\text{N} \cdot \text{mm}]}{100[\text{N/mm}^2] \times 50[\text{mm}] \times 20[\text{mm}]} = 10[\text{mm}]$$

$$\sigma_c = \frac{2W}{hl} = \frac{4T}{hld}$$

$$200 \times 10^6[\text{Pa}] = \frac{4 \times 500,000[\text{N} \cdot \text{mm}]}{h \times 50 \times 20}$$

$$h = \frac{4 \times 500,000[\text{N} \cdot \text{mm}]}{200[\text{N/mm}^2] \times 50[\text{mm}] \times 20[\text{mm}]} = 10[\text{mm}]$$

묻힘키의 길이(l)구하기

• 전단응력 고려 시

$$\tau = \frac{W}{bl} = \frac{2T}{bld}, \quad l = \frac{2T}{bd\tau}$$

• 압축응력 고려 시

$$\sigma_c = \frac{2W}{hl} = \frac{4T}{hld}, \quad l = \frac{4T}{hd\sigma_c}$$

16 두께 6[mm], 바깥지름 400[mm]인 두께가 얇은 원통형 압력용기의 최대 허용내압[MPa]은?(단, 압력용기 재료의 허용인장응력 100[MPa], 이음효율 80[%], 부식여유 1[mm]이다)

① 1

② 2

③ $\dfrac{100}{97}$

④ $\dfrac{200}{97}$

해설

최대 허용내압

$P = \dfrac{2\sigma_a \eta(t - C)}{D}$

$= \dfrac{2 \times 100[\text{N/mm}^2] \times 0.8 \times (6-1)[\text{mm}]}{(400-12)[\text{mm}]}$

$= \dfrac{800}{388}$, 양변을 4로 나누면

$= \dfrac{200}{97}$

리벳이음용 내압용기의 두께(t)

$t = \dfrac{PD}{2\sigma_a \eta} + C$, 안전율 고려 시 $t = \dfrac{PDS}{2\sigma_a \eta} + C$(부식 여유)

17 밸브에 대한 설명으로 옳지 않은 것은?

① 스톱밸브(Stop Valve)는 밸브의 개폐가 빠르고 값이 싸다.

② 글로브밸브(Glove Valve)는 유체의 흐름이 S자 모양이 되므로 유체흐름 저항이 크다.

③ 게이트밸브(Gate Valve)는 밸브 디스크가 유체의 관로를 수평으로 막아서 개폐한다.

④ 콕(Cock)은 구조가 간단하나 기밀성이 나쁘다.

해설

게이트밸브 : 몸통과 덮개가 십자의 형태를 이루고 있으며 디스크가 직선 유로에 대해 직각으로 이동하며 유체의 흐름을 제어하는데, 밸브가 완전히 열렸을 때 거의 배관 크기와 같은 유체 통로를 유지할 수 있으나 부분적으로 개폐될 때 유체의 흐름에 와류가 생겨 내부에 먼지가 쌓이기 쉽다.

따라서 ③번 수평으로 관로를 막는 것은 틀린 표현이다.

18 다음 설명에 해당하는 지그는?

- 고정 장치가 없어 별도의 핀으로 위치를 잡아 준다.
- 일감의 특정한 부분의 모양에 맞추어 작업할 수 있도록 만들어진다.
- 부시를 사용하지 않을 때에는 지그판 전체를 열처리하여 경화시킨 후 사용한다.
- 정밀도 향상보다는 빠른 작업속도와 노동력 절감을 위하여 사용되므로 비교적 제작비용이 적게 든다.

① 형판 지그(Template Jig)

② 평판 지그(Plate Jig)

③ 박스 지그(Box Jig)

④ 앵글판 지그(Angle Plate Jig)

해설

형판 지그는 별도의 고정 장치가 없어도 위치 결정핀으로 작업 위치를 잡을 수 있다. 과거 CAD 도입 전 손으로 제도할 시기에, 각종 형상을 그리거나 지울 때 도면 위에 대고 그리는 "템플릿 자"를 생각하면 정밀도는 낮을 수 있으나 빠른 작업속도를 생각할 수 있다. 따라서 설명은 Template Jig를 나타낸 것이다.

② 평판지그 : 위치 결정구와 클램프로 공작물을 고정시킨다.

③ 박스지그 : 상자의 형태로 회전시킬 수 있어서 공작물을 고정시킨 후 회전시키면서 여러 면을 가공할 수 있어서 작업속도가 빠르다. 주로 볼트를 사용해 공작물을 고정시킨다.

④ 앵글판 지그 : 평판 지그에 각도를 변형시켜 만든 지그로 평판 지그와 같이 위치 결정구와 클램프로 공작물을 고정시킨다.

19 그림과 같이 태양기어(S), 캐리어(C), 내접기어(R), 유성피니언(P)으로 구성된 유성기어장치가 있다. 태양기어는 고정기어이며, 내접기어가 150[rpm]의 속도로 회전할 때, 캐리어의 회전속도[rpm]는?(단, 태양기어 잇수 30개, 유성피니언 잇수 15개, 내접기어 잇수 60개)

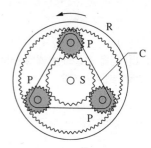

① 50
② 100
③ 150
④ 225

해설

태양기어(선기어)를 고정시키고 내접기어(링기어)를 회전시켜 캐리어를 출력으로 만드는 시스템이다.

$$\frac{N_{캐리어}}{N_{내접기어}} = \frac{Z_{내접기어}}{Z_{캐리어}} = \frac{Z_{내접기어}}{Z_{태양기어} + Z_{내접기어}}$$

$$\frac{N_{캐리어}}{150} = \frac{60}{(30+60)}$$

$$N_{캐리어} = \frac{60}{90} \times 150 = 100[\mathrm{rpm}]$$

속도비

$$i = \frac{n_2}{n_1} = \frac{D_1}{D_2} = \frac{Z_1}{Z_2}$$

20 동력전달 요소들에 대한 설명으로 옳지 않은 것은?

① 웜과 웜기어는 작은 공간에서 큰 감속비를 얻을 수 있다.
② 마찰차는 미끄럼이 발생하기 때문에 정확한 속도비를 전달할 수 없다.
③ 동력을 전달하는 두 축 사이의 거리가 먼 경우에는 벨트나 체인을 사용한다.
④ V벨트는 평벨트에 비해 접촉 면적이 좁아 큰 장력으로 작은 동력을 전달한다.

해설

V벨트가 평벨트보다 오히려 접촉 면적이 더 넓기 때문에 전달 동력도 더 크다.

V-Belt	Flat Belt

CHAPTER 13

2018년 서울시 기계설계

01 지름 d, 길이 l, 단면 2차 모멘트 I인 연강축의 양쪽 끝이 단순지지되어 있고, 축의 중앙에 집중하중 P가 작용하고 있을 때 자중을 고려한 축의 위험속도를 구하고자 할 때 가장 옳지 않은 것은?(단, 연강의 세로탄성계수는 E, 단위길이에 대한 무게는 ω, 중력가속도는 g이다)

① 축의 자중에 의한 최대 처짐량 $\delta_0 = \dfrac{5\omega l^4}{384 EI}$ [mm]

② 집중하중에 의한 축의 중앙점에서의 처짐량 $\delta = \dfrac{Pl^3}{48 EI}$ [mm]

③ 자중에 의한 위험속도 $N_0 = \dfrac{1}{\pi}\sqrt{\dfrac{g}{\delta_0}}$ [rpm]

④ 축의 위험속도 $N_c = \sqrt{\dfrac{(N_0 \cdot N)^2}{N_0^2 + N^2}}$ [rpm](N은 집중하중에 의한 축의 위험속도)

해설
축 중앙에 1개의 회전질량을 가진 축의 위험속도
$N_c = \dfrac{30}{\pi}\omega_c = \dfrac{30}{\pi}\sqrt{\dfrac{g}{\delta}}$

축의 위험속도(n_c, Critical Speed)
축의 고유 진동수와 축의 회전속도(n)가 일치했을 때 진폭이 점차 커져서 축이 위험 상태에 놓이게 되어 결국 파괴에 이르게 되는 축의 회전수이다.
위험속도를 방지하기 위해서는 축의 일상적인 사용 회전속도(상용 회전수)는 위험속도로부터 25% 이상 떨어진 상태에서 사용하도록 설계 시 고려해야 한다.

02 3[m/s]로 8[PS]를 전달하는 벨트 전동장치에서 필요한 벨트의 유효장력[kgf]은?

① 150
② 200
③ 250
④ 300

해설
벨트의 전달동력
$H = \dfrac{P_e \times v}{75}$ [PS]

$8[\mathrm{PS}] = \dfrac{P_e[\mathrm{kgf \cdot m/s}] \times 3[\mathrm{m/s}]}{75}$

$P_e = \dfrac{8 \times 75}{3} = 200[\mathrm{kgf}]$

벨트의 전달동력(H)을 구하는 식

• $H = \dfrac{P_e \times v}{75}$ [PS]

• $H = \dfrac{P_e \times v}{102}$ [kW]

03 다판 클러치에서 접촉면 안지름이 100[mm], 바깥지름이 300[mm], 접촉면압이 0.01[kgf/mm²]인 경우 60,000 [kgf·mm]의 토크를 전달하기 위한 접촉면수는?(단, 마찰계수는 0.2이고 π=3으로 한다)

① 2 　　　　　　　　② 3
③ 4 　　　　　　　　④ 5

해설

$Z=\dfrac{2T}{\mu\pi D_m^2 bq}$ 　여기서, D_m : 평균지름, b : 마찰면의 폭

$=\dfrac{2\times 60,000[\text{kgf}\cdot\text{mm}]}{0.2\times 3\times\left(\dfrac{100+300}{2}\right)^2[\text{mm}^2]\times\left(\dfrac{300-100}{2}\right)[\text{mm}]\times 0.01[\text{kgf/mm}^2]}$

$=\dfrac{120,000}{24,000}$

$=5$개

다판식 원판 클러치의 접촉면수(Z)를 구하는 식

$Z=\dfrac{2T}{\mu\pi D_m^2 bq}$

04 400[rpm]으로 회전하는 축으로부터 3,000[N]의 하중을 받는 끝저널 베어링에서 압력속도계수가 $pv=0.2$ [N/mm²·m/s]일 때 저널의 길이[mm]는?

① 100π 　　　　　　② 120π
③ 150π 　　　　　　④ 190π

해설

저널의 길이(l)를 구하는 식에 대입하면

$l=\dfrac{\pi PN}{60\times 1,000\times pv}=\dfrac{\pi\times 3,000\times 400}{60,000\times 0.2}=\dfrac{1,200,000\pi}{12,000}=100\pi$

05 〈보기〉와 같이 용접 사이즈(치수)가 f[mm], 용접부의 길이가 l[mm], 인장하중이 F[N]인 전면 필릿 용접에서 발생하는 전단응력을 τ_1[N/mm²]이라 할 때, 동일한 조건에서 용접 사이즈 f와 길이 l을 각각 두 배로 할 때 발생하는 전단응력 τ_2[N/mm²]와의 비$\left(\dfrac{\tau_2}{\tau_1}\right)$는?

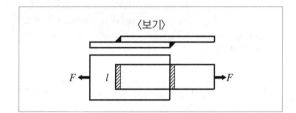

〈보기〉

① $\dfrac{1}{4}$ 　　　　　　② $\dfrac{1}{2}$
③ 1 　　　　　　　　④ 2

해설

$\tau_1=\dfrac{P}{A}=\dfrac{P}{2fl}$ 　여기서, f와 l을 2배로 하면

$\tau_2=\dfrac{P}{2(2f)(2l)}$

$\therefore\ \dfrac{\tau_2}{\tau_1}=\dfrac{\dfrac{P}{2(2f)(2l)}}{\dfrac{P}{2fl}}=\dfrac{2flP}{8flP}=\dfrac{1}{4}$

필릿 용접의 종류

하중 방향에 따른 필릿 용접	전면 필릿이음	
	측면 필릿이음	
	경사 필릿이음	
형상에 따른 필릿 용접	연속 필릿	
	단속 병렬 필릿	
	단속 지그재그 필릿	

06 동일 평면 내에서 원동차와 종동차가 교차하여 동력을 전달하는 외접 원추마찰차에서 회전속도비가 $i = \dfrac{\omega_2}{\omega_1}$ 으로 정의될 때, 두 축이 이루는 축각이 $\delta_s = \delta_1 + \delta_2$인 경우 옳은 것을 〈보기〉에서 모두 고른 것은?

구 분	평균지름 [mm]	각속도 [rad/s]	원추각 [deg., 꼭지각의 $\frac{1}{2}$]
원동차	D_1	ω_1	δ_1
종동차	D_2	ω_2	δ_2

〈보기〉

ㄱ. 원동차의 원추각 $\tan\delta_1 = \dfrac{\sin\delta_s}{\cos\delta_s + \dfrac{1}{i}}$ 이다.

ㄴ. 회전속도비 $i = \dfrac{D_1}{D_2} = \dfrac{\sin\delta_1}{\sin\delta_2}$ 이다.

ㄷ. $\delta_s = \delta_1 + \delta_2 = 90°$일 경우 회전속도비

$i = \tan\delta_1 = \dfrac{1}{\tan\delta_2}$ 이다.

① ㄱ, ㄴ   ② ㄱ, ㄷ
③ ㄴ, ㄷ   ④ ㄱ, ㄴ, ㄷ

해설
〈보기〉의 전 항이 옳다.
• 원동차의 원추각 $\tan\delta_1 = \dfrac{\sin\delta_s}{\cos\delta_s + \dfrac{N_1}{N_2}} = \dfrac{\sin\delta_s}{\cos\delta_s + \dfrac{1}{i}}$

• 원추마찰차에서 속도비(i)는 다음과 같다.
$i = \dfrac{\omega_2}{\omega_1} = \dfrac{D_1}{D_2} = \dfrac{\sin\delta_1}{\sin\delta_2}$

• 축각이 90°인 경우는 다음과 같다.
$i = \dfrac{\omega_2}{\omega_1} = \dfrac{n_2}{n_1} = \tan\delta_1 = \dfrac{1}{\tan\delta_2}$

07 서로 맞물리는 기어의 두 축이 만나지도 평행하지도 않는 기어의 종류에 해당하는 것은?

① 스퍼기어   ② 베벨기어
③ 헬리컬기어   ④ 웜기어

해설
두 축이 서로 교차하지도 평행하지도 않는 기어는 웜기어이다.

기어의 종류

두 축이 평행한 기어	스퍼기어		내접기어
	헬리컬기어		랙과 피니언기어
			피니언 기어 랙 기어
두 축이 교차하는 기어	베벨기어	스파이럴 베벨기어	마이터기어
두 축이 나란하지도 교차하지도 않는 기어	하이포이드기어		웜과 웜휠기어
			웜기어 웜휠기어
	나사기어		페이스기어

08 유량 3[m³/s], 유속 4[m/s]인 액체 수송관의 안지름 [m]은?(단, $\pi = 3$으로 계산한다)

① 0.5 　　　　　　② 0.75

③ 1.0 　　　　　　④ 1.25

해설

$$d = \sqrt{\frac{4Q}{\pi v_m}} = \sqrt{\frac{4 \times 3[m^3/s]}{3 \times 4[m/s]}} = 1[m]$$

파이프의 안지름(d)을 구하는 식

$$Q = Av_m = \frac{\pi d^2}{4} \times v_m \qquad \text{여기서, } v_m : \text{평균 유속}$$

$$\therefore d = \sqrt{\frac{4Q}{\pi v_m}}$$

09 판재의 인장강도가 200[MPa]이고 두께가 11[mm]인 강판과 전단강도가 150[MPa]인 리벳을 이용하여 안지름이 2[m]인 보일러 용기를 양쪽 덮개판 2줄 맞대기 리벳이음으로 제작하려고 한다. 보일러의 허용 내부압력은?(단, 안전계수 S는 5이고 부식상수 C는 1[mm]이며, 강판효율은 0.732, 리벳효율은 0.6이다)

① 0.24[kPa] 　　　② 0.24[MPa]

③ 0.29[kPa] 　　　④ 0.29[MPa]

해설

$$S = \frac{\sigma_u \times \eta}{\sigma_a}, \ 5 = \frac{200[MPa] \times 0.6}{\sigma_a}$$

$$\sigma_a = \frac{200[MPa] \times 0.6}{5} = 24[MPa]$$

$$\sigma_a = \frac{PD}{2t}, \text{ 여기서, } P : \text{허용 내부압력이다.}$$

$$24[MPa] = \frac{P \times 2,000[mm]}{2 \times (11[mm] - 1[mm])}$$

$$P = \frac{20[mm] \times 24[MPa]}{2,000[mm]} = 0.24[MPa]$$

10 스프로킷 휠의 피치가 30[mm], 잇수가 48개, 200[rpm]으로 회전하는 원동축 체인의 평균속도[m/s]는?

① 2.4 　　　　　　② 4.8

③ 6.2 　　　　　　④ 8.6

해설

체인의 속도를 구하는 식에 대입하면

$$v = \frac{pZN}{1,000 \times 60[s]} = \frac{30[mm] \times 48 \times 200[rpm]}{60,000[s]} = 4.8[m/s]$$

11 회전력과 접선속도로부터 동력을 구할 때 사용하는 수식들로 가장 옳지 않은 것은?

① $H[kW] = \dfrac{P[kgf] \times v[m/s]}{102}$

② $H[kW] = \dfrac{P[N] \times v[m/s]}{1,000}$

③ $H[PS] = \dfrac{P[kgf] \times v[m/s]}{750}$

④ $H[PS] = \dfrac{P[N] \times v[m/s]}{735.5}$

해설

1마력, $1[PS] = 75[kgf \cdot m/s]$

$$H = \frac{P[kgf] \times v[m/s]}{75} [PS]$$

12 300[rpm]으로 3[PS]의 동력을 전달하는 회전축을 원추 브레이크로 제동하고자 한다. 마찰면의 평균지름은 D_m[mm]이고, 원추 반각은 α이며 접촉면의 마찰계수는 μ일 때, 축방향으로 가해야 할 하중 Q[kgf]를 계산하는 가장 옳은 수식은?

① $Q = \dfrac{7,162}{\left(\dfrac{\mu}{\sin\alpha} \times \dfrac{D_m}{2}\right)}$

② $Q = \dfrac{7,162}{\left(\dfrac{\mu}{\cos\alpha} \times \dfrac{D_m}{2}\right)}$

③ $Q = \dfrac{9,740}{\left(\dfrac{\mu}{\sin\alpha} \times \dfrac{D_m}{2}\right)}$

④ $Q = \dfrac{9,740}{\left(\dfrac{\mu}{\cos\alpha} \times \dfrac{D_m}{2}\right)}$

해설
브레이크 제동토크

$$T = F \times \frac{D_m}{2}$$

$$T = \mu Q \times \frac{D_m}{2}$$

$$P = \frac{716,200 \times \dfrac{3[\text{PS}]}{300[\text{rpm}]}}{\dfrac{\mu}{\sin\alpha} \times \dfrac{D_m}{2}} = \frac{7,162}{\dfrac{\mu}{\sin\alpha} \times \dfrac{D_m}{2}}$$

관련식 : $F = \mu Q = \dfrac{\mu}{\sin\alpha} P$

13 헬리컬기어의 치수가 다음 표와 같을 때 축직각 모듈(m_s)과 치직각 모듈(m_n)은?

구 분	치 수
피치원 지름(D_s)	280mm
잇수(Z_s)	70개
비틀림각(β)	30°

① $m_s = \dfrac{2}{\sqrt{3}},\ m_n = 2$

② $m_s = 2\sqrt{3},\ m_n = 4$

③ $m_s = 4,\ m_n = 2\sqrt{3}$

④ $m_s = 2,\ m_n = \dfrac{2}{\sqrt{3}}$

해설
헬리컬기어의 축직각 모듈

$$m_s = \frac{D_s}{Z_s} = \frac{280}{70} = 4$$

헬리컬기어의 치직각 모듈

$$m_n = \cos\beta \times m_s = \cos 30° \times 4 = \frac{\sqrt{3}}{2} \times 4 = 2\sqrt{3}$$

14 저널 직경이 100[mm], 회전수 600[rpm], 작용하중 2,500[kgf]인 베어링의 마찰계수가 $\mu = 0.01$일 때, 베어링의 마찰 손실마력[PS]은?(단, π는 3으로 한다)

① 1   ② 5
③ 10   ④ 100

해설
마찰 손실동력

$$H_f = \frac{\mu P v}{75} = \frac{0.01 \times 2,500 \times \dfrac{\pi d N}{1,000 \times 60}}{75}$$

$$= \frac{0.01 \times 2,500 \times \dfrac{3 \times 100 \times 600}{1,000 \times 60}}{75} = 1[\text{PS}]$$

1마력, $1[\text{PS}] = 75[\text{kgf} \cdot \text{m/s}]$

15 기준치수에 대한 구멍의 공차가 $\phi 62_{0}^{+0.08}$, 축의 공차가 $\phi 62_{-0.08}^{+0.03}$일 때 최대 죔새는?(단, 모든 단위는 [mm]이다)

① 0.03　　　　② 0.08

③ 0.16　　　　④ 0.92

해설
최대 죔새 = 축의 최대 허용치수 − 구멍의 최소 허용치수
　　　　　= 62.03[mm] − 62[mm]
　　　　　= 0.03[mm]

틈새와 죔새값 계산

최소 틈새	구멍의 최소 허용치수 − 축의 최대 허용치수
최대 틈새	구멍의 최대 허용치수 − 축의 최소 허용치수
최소 죔새	축의 최소 허용치수 − 구멍의 최대 허용치수
최대 죔새	축의 최대 허용치수 − 구멍의 최소 허용치수

16 사각나사 효율(η)에 대한 설명으로 가장 옳은 것은?(단, ρ는 마찰각, λ는 리드각이다)

① $\eta = \dfrac{\text{마찰이 있는 경우의 회전력}}{\text{마찰이 없는 경우의 회전력}}$

② $\eta = \dfrac{\tan(\rho + \lambda)}{\tan \lambda}$

③ $\eta_{\max} = \tan^2\left(45° - \dfrac{\rho}{2}\right)$ ($\eta_{\max}$: 최대 효율)

④ 자립 상태를 유지하는 사각나사의 효율은 50[%] 이상이다.

해설
① $\eta = \dfrac{\text{마찰이 없는 경우의 회전력}}{\text{마찰이 있는 경우의 회전력}}$

② $\eta = \dfrac{\tan \lambda}{\tan(\lambda + \rho)}$

④ 자립 상태를 유지하는 사각나사의 효율은 50[%] 미만이다.

17 두 축의 중심거리가 1,000[mm]이고, 지름이 각각 200[mm], 400[mm]인 두 풀리 간에 바로걸기 평벨트를 감을 경우, 벨트의 길이[mm]로 가장 옳은 것은?(단, π = 3으로 계산한다)

① 2,900　　　　② 2,910

③ 2,920　　　　④ 2,930

해설

$$L = 2C + \frac{\pi(D_1 + D_2)}{2} + \frac{(D_2 - D_1)^2}{4C}$$

$$= (2 \times 1,000) + \frac{3(200 + 400)}{2} + \frac{(400 - 200)^2}{4 \times 1,000}$$

$$= 2,000 + \frac{1,800}{2} + \frac{40,000}{4,000}$$

$$= 2,910 [mm]$$

벨트 전체길이(L)

- 바로걸기 : $L = 2C + \dfrac{\pi(D_1 + D_2)}{2} + \dfrac{(D_2 - D_1)^2}{4C}$

- 엇걸기 : $L = 2C + \dfrac{\pi(D_1 + D_2)}{2} + \dfrac{(D_2 + D_1)^2}{4C}$

18 미끄럼베어링과 구름베어링의 특징을 비교한 것으로 가장 옳지 않은 것은?

	특징항목	미끄럼베어링	구름베어링
①	충격흡수	유막에 의한 감쇠력이 우수하다.	감쇠력이 작아 충격 흡수력이 작다.
②	운전속도	공진속도 이내에서만 운전하여야 한다.	공진속도를 지나 운전할 수 있다.
③	기동토크	유막형성이 늦는 경우 기동토크가 크다.	기동토크가 작다.
④	강 성	작다.	크다.

해설
미끄럼베어링과 구름베어링에 관련된 문제는 매년 심도 있게 출제되고 있다. 일반적으로 미끄럼베어링-저속회전, 구름베어링-고속회전에 적용한다. 그러나 2015년 국가직 9급 기출문제에서 보듯이 미끄럼-저속회전, 구름-고속회전을 오답으로 처리했다. 그 이유는 구름베어링이 고속회전은 가능하나 이는 공진속도의 영역 내에서만 가능할 뿐, 공진속도를 지나서도 운전이 가능한 미끄럼베어링이 고속회전에 더 적합하다는 것이 출제진의 의도로 보인다. 따라서 이 문제도 이러한 부분의 연속선상으로 본다면 베어링 문제는 꼼꼼히 읽어 본 후 상황에 맞게 정답을 유추해야 한다.

정답 15 ① 16 ③ 17 ② 18 ②

19 스프링의 종류 중, 봉재를 비틀어 스프링으로 사용하는 것으로, 큰 에너지를 축적할 수 있고 경량이며 간단한 형상을 갖는 것은?

① 코일 스프링
② 판 스프링
③ 공기 스프링
④ 토션 바

해설
토션 바(Torsion Bar)는 긴 봉의 한쪽 끝을 고정하고 다른 쪽 끝을 비트는데, 그때의 비틀림 변위를 이용하는 스프링으로 큰 에너지의 축적이 가능하다.

20 타이밍벨트 전동장치의 일반적인 특성으로 가장 옳지 않은 것은?

① 광범위한 전동속도를 갖는다.
② 엇걸기로만 가능하고 충격을 잘 흡수하지 못한다.
③ 미끄럼이 일어나지 않고 정확한 회전비와 높은 전동 효율을 얻을 수 있다.
④ 벨트의 큰 장력이 필요 없으므로 베어링에 걸리는 부하가 작고 축의 지름도 최소로 할 수 있다.

해설
타이밍벨트는 일반 평벨트와는 달리 벨트 안쪽에 돌기부가 만들어져 있어서 엇걸기가 불가능하다.
타이밍벨트
미끄럼을 방지하기 위하여 벨트의 안쪽의 접촉면에 치형(이)을 붙여 맞물림에 의해 동력을 전달하는 벨트로 정확한 속도비가 필요한 경우에 사용한다.
평벨트와 타이밍벨트 전동장치의 동력전달방식

평벨트 전동	바로걸기 (Open)	이완측(T_s) 긴장측(T_t) 원동풀리 / 종동풀리
	엇걸기 (Cross)	원동풀리 / 종동풀리
타이밍 벨트	바로걸기 (Open)	

2018년 지방직 고졸경채 기계설계

01 볼베어링을 롤러베어링과 비교한 것으로 옳은 것은?

① 볼베어링은 롤러베어링보다 고속회전에 적합하다.
② 볼베어링은 롤러베어링보다 대하중에 사용된다.
③ 볼베어링은 롤러베어링보다 마찰이 크다.
④ 볼베어링은 롤러베어링보다 내충격력이 크다.

해설
마찰 면적이 점접촉인 볼베어링이 롤러베어링보다 고속회전에 더 적합하다.
② 볼베어링은 롤러베어링보다 더 작은 하중에 사용된다.
③ 볼베어링은 롤러베어링보다 마찰이 더 작다.
④ 볼베어링은 롤러베어링보다 내충격력이 더 작다.

02 기준치수에 대한 구멍의 공차는 $\phi 25^{+0}_{-0.010}$[mm]이고, 축의 공차가 $\phi 25^{+0.009}_{-0.004}$[mm]일 때, 틈새[mm] 및 죔새[mm]에 대한 값으로 옳은 것은?

① 최대 죔새 : 0.019, 최대 틈새 : 0.004
② 최대 죔새 : 0.014, 최소 죔새 : 0.009
③ 최대 틈새 : 0.014, 최소 죔새 : 0.009
④ 최대 죔새 : 0.019, 최소 죔새 : 0.004

해설
• 최대 죔새 = 축의 최대 허용치수 – 구멍의 최소 허용치수
        = 25.009 – 24.99
        = 0.019
• 최대 틈새 = 구멍의 최대 허용치수 – 축의 최소 허용치수
        = 25 – 24.996
        = 0.004
• 틈새와 죔새값 계산

최소 틈새	구멍의 최소 허용치수 – 축의 최대 허용치수
최대 틈새	구멍의 최대 허용치수 – 축의 최소 허용치수
최소 죔새	축의 최소 허용치수 – 구멍의 최대 허용치수
최대 죔새	축의 최대 허용치수 – 구멍의 최소 허용치수

03 전위기어의 사용 목적으로 옳지 않은 것은?

① 이의 강도를 높일 수 있다.
② 언더컷(Undercut)을 방지할 수 있다.
③ 호환성을 좋게 할 수 있다.
④ 기어 사이의 중심거리를 자유로이 조절할 수 있다.

해설
전위기어는 랙공구의 기준 피치선(이 두께와 홈의 길이가 같은 곳)이 기어의 기준 피치원에 접하지 않는 기어로 호환성은 다소 떨어진다.
전위기어(Profile Shifted Gear)의 사용목적
• 언더컷 방지
• 물림률 증가
• 이의 강도 증가
• 최소 잇수 작게
• 두 기어 간 중심거리의 자유로운 변화
※ 물림률(Contact Ratio) : 동시에 물릴 수 있는 이의 수로 물림길이를 법선피치로 나눈 값이다.

04 동력 전달이 가능한 축 체결요소로 옳지 않은 것은?

① 스냅링   ② 핀
③ 스플라인   ④ 키

해설
스냅링은 축이나 본체(하우징)에 베어링이나 기어와 같은 기계장치가 이탈하지 않도록 막아주는 기계요소로 동력을 전달하지는 않는다.

05 기어에 대한 설명으로 옳지 않은 것은?

① 모듈은 기어 피치원의 지름을 잇수로 나눈 값이다.
② 인벌류트 치형의 기어가 호환이 되려면 압력각과 모듈이 같아야 한다.
③ 평기어에서 압력각이 작을 때 이의 간섭이 발생한다.
④ 평기어의 면압강도를 계산할 때 사용하는 접촉면 응력계수는 속도에 의해서 결정된다.

해설
기어의 면압강도를 구할 때 속도계수는 별도로 반영되므로 접촉면 응력계수와 속도계수와는 관련이 없다.
기어에 걸리는 회전력(P, 면압강도)을 구하는 식

$$P = f_v kmb \left(\frac{2z_1 z_2}{z_1 + z_2} \right)$$

여기서, f_v : 속도계수, k : 접촉면 응력계수[N/mm^2]
b : 이의 폭

06 평벨트 전동장치와 비교한 V벨트 전동장치의 특징으로 옳지 않은 것은?

① 미끄럼이 작기 때문에 보다 정확한 회전비로 큰 동력을 전달할 수 있다.
② 바로걸기로만 사용한다.
③ 초기 장력이 커서 베어링 하중이 더 증대된다.
④ 쐐기효과로 전동능력이 더 크다.

해설
V벨트의 초기장력은 평벨트 전동장치와 비슷해서 베어링 하중이 더 증대되지 않는다.
V벨트의 특징
• 운전이 정숙하다.
• 고속운전이 가능하다.
• 미끄럼이 작고 속도비가 크다.
• 베어링에 작용하는 하중이 비교적 작다.
• 벨트의 벗겨짐 없이 동력전달이 가능하다.
• 바로걸기 방식으로만 동력전달이 가능하다.
• 초기 장력은 평벨트 전동장치와 비슷하다.
• 이음매가 없으므로 전체가 균일한 강도를 갖는다.
• 비교적 작은 장력으로 큰 동력의 전달이 가능하다.
평벨트와 V-벨트 전동장치의 형상

07 그림과 같은 내부 확장식 브레이크에서 브레이크 슈를 미는 힘은 좌우가 F로 같다. 드럼이 우회전하는 경우 제동토크는?(단, 마찰계수는 μ이다)

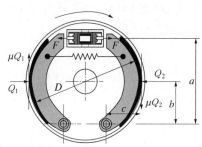

① $\dfrac{DF}{4}\left(\dfrac{\mu a}{b+\mu c}-\dfrac{\mu a}{b-\mu c}\right)$

② $\dfrac{DF}{4}\left(\dfrac{\mu a}{b+\mu c}+\dfrac{\mu a}{b-\mu c}\right)$

③ $\dfrac{DF}{2}\left(\dfrac{\mu a}{b+\mu c}-\dfrac{\mu a}{b-\mu c}\right)$

④ $\dfrac{DF}{2}\left(\dfrac{\mu a}{b+\mu c}+\dfrac{\mu a}{b-\mu c}\right)$

해설

내확 브레이크가 우회전 시 제동토크

$$T=(Q_1+Q_2)\frac{D}{2}=\mu(P_1+P_2)\frac{D}{2}$$
$$=\frac{\mu D}{2}\left(\frac{F_1 a}{b-\mu c}+\frac{F_2 a}{b+\mu c}\right)$$
$$=\frac{DF}{2}\left(\frac{\mu a}{b-\mu c}+\frac{\mu a}{b+\mu c}\right)$$
$$=\frac{DF}{2}\left(\frac{\mu a}{b+\mu c}+\frac{\mu a}{b-\mu c}\right)$$

제동토크(T)

• 우회전 시

$$T=(Q_1+Q_2)\frac{D}{2}=\mu(P_1+P_2)\frac{D}{2}=\frac{\mu D}{2}\left(\frac{F_1 a}{b-\mu c}+\frac{F_2 a}{b+\mu c}\right)$$

• 좌회전 시

$$T=(Q_1+Q_2)\frac{D}{2}=\mu(P_1+P_2)\frac{D}{2}=\frac{\mu D}{2}\left(\frac{F_1 a}{b+\mu c}+\frac{F_2 a}{b-\mu c}\right)$$

08 피니언과 기어의 각속도비가 0.5이고, 잇수의 합이 72개인 표준기어에서 모듈이 5[mm]일 때, 기어 사이의 중심거리[mm]는?

① 120　　　② 140

③ 160　　　④ 180

해설

두 개의 기어간 중심거리(C)

$$C=\frac{D_1+D_2}{2}=\frac{mZ_1+mZ_2}{2}=\frac{m(Z_1+Z_2)}{2}=\frac{5\times(72)}{2}=180$$

09 지름이 10[mm]인 원형 단면 봉이 인장하중 0.2[kN]과 비틀림모멘트 500[N·mm]를 동시에 받는 경우, 최대 전단응력[N/mm²]은?

① $\dfrac{2\sqrt{5}}{\pi}$　　　② $\dfrac{4\sqrt{5}}{\pi}$

③ $\dfrac{8\sqrt{5}}{\pi}$　　　④ $\dfrac{16\sqrt{5}}{\pi}$

해설

• 전단응력, $\tau=\dfrac{T}{Z_P}=\dfrac{500[\text{N}\cdot\text{mm}]}{\dfrac{\pi d^3}{16}}=\dfrac{500[\text{N}\cdot\text{mm}]\times16}{\pi\times10^3}=\dfrac{8}{\pi}$

• 인장응력, $\sigma=\dfrac{F}{A}=\dfrac{W}{\dfrac{\pi d_1^2}{4}}=\dfrac{4W}{\pi d_1^2}=\dfrac{4\times200[\text{N}]}{\pi\times10^2}=\dfrac{8}{\pi}$

• 최대 전단응력설에 따른 최대 전단응력

$$\tau_{\max}=\frac{1}{2}\sqrt{\sigma_x^2+4\tau^2}=\frac{1}{2}\sqrt{\left(\frac{8}{\pi}\right)^2+4\left(\frac{8}{\pi}\right)^2}$$
$$=\sqrt{\left(\frac{1}{4}\times\frac{64}{\pi^2}\right)+\frac{64}{\pi^2}}=\sqrt{\frac{80}{\pi^2}}=\frac{4\sqrt{5}}{\pi}$$

• 최대 전단응력설

최대 전단응력이 그 재료의 항복전단응력에 도달하면 재료의 파손이 일어난다는 이론으로, 연성재료의 미끄럼 파손과 일치한다.

$$\tau_{\max}=\frac{1}{2}\sqrt{\sigma_x^2+4\tau^2}$$

10 그림과 같이 선형 스프링 장치에 물체 *A*를 연결하여 처짐량이 42[mm]일 때, 물체 *A*의 무게[N]는?(단, 스프링 상수는 k_1 = 4[N/mm], k_2 = 5[N/mm]이고, 스프링의 자중은 무시한다)

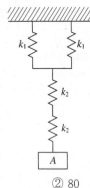

① 78 　　　　　　　② 80

③ 82 　　　　　　　④ 84

해설

병렬연결부 평균 스프링 상수 계산

$k_{1, tot} = k_1 + k_1 = 4 + 4 = 8$

직렬연결부의 스프링 상수 계산

$$k_{tot} = \cfrac{1}{\cfrac{1}{k_{1, tot}} + \cfrac{1}{k_2} + \cfrac{1}{k_2}} = \cfrac{1}{\cfrac{1}{8} + \cfrac{1}{5} + \cfrac{1}{5}} = \cfrac{1}{\cfrac{5+8+8}{40}} = \cfrac{40}{21}$$

처짐량(δ)

$$k_{tot} = \frac{P(하중)}{\delta(처짐량)}$$

$$P = k_{tot} \times 42[\text{mm}]$$

$$= \frac{40}{21}[\text{N/mm}] \times 42[\text{mm}]$$

$$= 80[\text{N}]$$

병렬 및 직렬로 연결된 스프링 상수(k) 구하기

병렬 연결 시	$k = k_1 + k_2$	
직렬 연결 시	$k = \cfrac{1}{\cfrac{1}{k_1} + \cfrac{1}{k_2}}$	

11 마찰 전동장치에서 지름이 500[mm]인 원동차가 700[rpm]으로 회전하면서 지름이 200[mm]인 종동차에 회전력을 전달할 때, 종동차의 최대 회전 토크[N·cm]는?(단, 마찰계수는 0.2, 두 마찰차 사이에 누르는 힘은 50[N]이다)

① 10 　　　　　　　② 20

③ 100 　　　　　　　④ 200

해설

전달토크

$$T = F \times \frac{D}{2} = \mu P \times \frac{20[\text{cm}]}{2} = 0.2 \times 50[\text{N}] \times 10[\text{cm}]$$

$$= 100[\text{N} \cdot \text{cm}]$$

마찰차의 최대 전달력(F)

$F = \mu P$이다.

여기서 μ : 마찰계수, P : 밀어붙이는 힘(접촉력)

12 안지름이 800[mm], 원통의 길이가 1,500[mm], 두께가 8[mm]인 얇은 원통형 압력 용기에 사용 압력이 4[N/mm²]인 LNG가스가 들어 있다. 압력 용기에 생기는 최대 응력[N/mm²]은?

① 50 　　　　　　　② 100

③ 150 　　　　　　　④ 200

해설

내압 용기의 경우 원주방향의 응력이 축방향의 응력보다 2배 더 크다.

$$\sigma_{\max} = \frac{PD}{2t} = \frac{4[\text{N/mm}^2] \times 800[\text{mm}]}{2 \times 8[\text{mm}]} = 200[\text{N/mm}^2]$$

• 원주방향 응력 $\sigma_1 = \dfrac{PD}{2t}$

• 축방향 응력 $\sigma_2 = \dfrac{PD}{4t}$

13 길이 2[m]인 강봉을 20[℃]에서 양단 고정하고 온도를 균일하게 220[℃]로 올렸다. 강봉의 세로탄성계수가 200[GPa], 선팽창계수가 1×10^{-6}/[℃]일 때, 강봉에 발생하는 열응력[MPa]은?

① 1　　　　　　　② 40

③ 44　　　　　　　④ 80

해설

열응력

$\sigma = E\alpha\triangle t$

　$= (200 \times 10^9 [\text{Pa}]) \times (1.0 \times 10^{-6}) \times (220 - 20)$

　$= 40,000,000 [\text{Pa}]$

　$= 40 [\text{MPa}]$

14 10[m/s]의 속도로 10[kW]의 동력을 전달하는 평벨트 전동장치가 있다. 긴장측 장력이 이완측 장력의 2배일 때, 긴장측 장력[N]과 유효 장력[N]을 옳게 짝지은 것은?(단, 벨트에 작용하는 원심력은 무시한다)

	긴장측 장력	유효 장력
①	750	500
②	1,000	500
③	1,500	1,000
④	2,000	1,000

해설

동 력

$H = P_e \times v[\text{W}]$

$10[\text{kW}] = P_e \times 10[\text{m/s}]$

$P_e = \dfrac{10,000[\text{J/s}]}{10[\text{m/s}]} = 1,000[\text{N}]$

긴장측 장력(T_t)은 이완측 장력(T_s)의 2배이므로 다음의 식으로 나타낼 수 있다.

유효장력

$P_e = T_t - T_s$

$1,000[\text{N}] = T_t - \dfrac{1}{2}T_t$, 양변에 2를 곱하면

$2,000[\text{N}] = 2T_t - T_t$

$T_t = 2,000[\text{N}]$

15 그림과 같은 양측면 필릿 용접 이음에서 허용전단응력을 0.4[N/mm²]라 할 때, 최소 허용 용접길이 l[mm]은?(단, 전단에 의한 영향만을 고려하고 인장력 P= 560[N], f =5[mm], h =10[mm], cos45° =0.7로 계산한다)

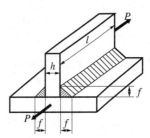

① 100

② 200

③ 300

④ 400

해설

$\sigma_a = \dfrac{F}{A}$

$0.4[\text{N/mm}^2] = \dfrac{560[\text{N}]}{2(5\cos 45° \times l)}$, $\cos 45° : \dfrac{\sqrt{2}}{2}$ 대입

$l = \dfrac{560[\text{N}]}{\left(10[\text{mm}] \times \dfrac{\sqrt{2}}{2}\right) \times 0.4[\text{N/mm}^2]} \fallingdotseq 198[\text{mm}]$

따라서 용접길이, $l = 200[\text{mm}]$인 ②번이 적합하다.

16 원동차의 지름이 300[mm], 종동차의 지름이 500[mm]인 원통 마찰차에서 원동차가 15분 동안 600회전을 할 때, 종동차는 20분 동안 몇 회전을 하는가?(단, 접촉면의 미끄럼은 없다)

① 240　　　　　　　② 320

③ 480　　　　　　　④ 800

해설

원동차의 지름을 D_1, 종동차의 지름을 D_2라고 하면
속도비(i) 일반식을 응용하면 종동차의 회전수 n_2를 구할 수 있다.

$$i = \frac{n_2}{n_1} = \frac{D_1}{D_2}$$

$$n_2 = \frac{300}{500} \times (600[\text{rev}]/15[\text{min}]) = 24[\text{rpm}]$$

1분당 24[rpm]이므로, 20분 × 24[rpm] = 480[rpm]

17 그림과 같이 리벳 5개로 이루어진 1줄 겹치기 리벳이음에서 리벳의 허용전단응력이 4[N/mm²]이고 $P = 540$[N]의 인장력이 강판에 작용할 때, 리벳의 최소 허용지름[mm]은?(단, $\pi = 3$으로 계산한다)

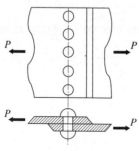

① 4　　　　　　　② 6

③ 8　　　　　　　④ 10

해설

리벳에 작용하중, $W = \tau \times \dfrac{\pi d^2}{4} \times n$을 응용하면,

여기서, d : 1피치 내 리벳지름

$$4[\text{N/mm}^2] = \frac{540[\text{N}]}{\dfrac{\pi d^2}{4} \times 5}$$

$$d^2 = \frac{540[\text{N}]}{\dfrac{3 \times 4[\text{N/mm}^2]}{4} \times 5} = 36[\text{mm}^2]$$

$$d = 6[\text{mm}]$$

18 브리넬 경도 시험기에서 시험하중 600[N]으로 지름이 5[mm]인 강구를 압입했을 때, 브리넬 경도값은 10[N/mm²]이다. 이때 압입자국의 깊이[mm]는?

① $\dfrac{3}{\pi}$

② $\dfrac{6}{\pi}$

③ $\dfrac{9}{\pi}$

④ $\dfrac{12}{\pi}$

해설

브리넬 경도

$$H_B = \frac{P}{A} = \frac{P}{\pi D h}$$

압입자국의 깊이

$$h = \frac{P}{\pi \times D \times H_B} = \frac{600[\text{N}]}{\pi \times 5[\text{mm}] \times 10[\text{N/mm}^2]} = \frac{12}{\pi}[\text{mm}]$$

19 그림과 같이 1번 축은 지름이 d인 중실축이고, 2번 축은 안지름이 $d_i = \dfrac{d}{2}$인 중공축이다. 1번 축, 2번 축이 허용 전단응력 범위 내에서 전달할 수 있는 최대 토크를 각각 T_1, T_2라고 하면, $\dfrac{T_2}{T_1}$는?(단, 1번 축과 2번 축의 재료와 단면적은 동일하다)

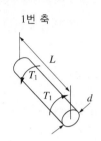
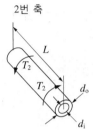

① $\dfrac{2}{\sqrt{5}}$

② $\dfrac{\sqrt{5}}{2}$

③ $\dfrac{3}{\sqrt{5}}$

④ $\dfrac{\sqrt{5}}{3}$

[해설]

1번 축과 2번 축의 단면적이 동일하므로 다음 식이 성립한다.

$$\frac{\pi d^2}{4} = \frac{\pi(d_0^2 - d_i^2)}{4}$$

$$d^2 = d_0^2 - d_i^2$$

$$d^2 = d_0^2 - \left(\frac{d}{2}\right)^2$$

$$d^2 = d_0^2 - \frac{d^2}{4}$$

$$d_0 = \sqrt{\frac{5d^2}{4}} = \frac{\sqrt{5}}{2}d$$

※ 축이 허용전단응력 범위 내에 있어야 하므로

$$\tau = \frac{T_1}{\dfrac{\pi d^3}{16}} = \frac{T_2}{\dfrac{\pi\left(\dfrac{d_0^4 - d_i^4}{d_0}\right)}{16}}$$

$$\frac{16T_1}{\pi d^3} = \frac{16 T_2 \times d_0}{\pi(d_0^4 - d_i^4)}$$

$$\frac{T_1}{d^3} = \frac{T_2 \times \dfrac{\sqrt{5}}{2}d}{\left(\dfrac{\sqrt{5}}{2}d\right)^4 - \left(\dfrac{d}{2}\right)^4}$$

$$\frac{T_1}{d^3} = \frac{T_2 \times \dfrac{\sqrt{5}}{2}d}{\dfrac{25d^4}{16} - \dfrac{d^4}{16}}, \quad \frac{T_1}{d^3} = \frac{16 T_2 \times \dfrac{\sqrt{5}}{2}}{24d^3}$$

$$T_1 = \frac{\sqrt{5}}{3}T_2$$

따라서, $\dfrac{T_2}{T_1} = \dfrac{3}{\sqrt{5}}$

20 키의 종류에 대한 설명으로 옳지 않은 것은?

① 평행키 : 보통형, 조임형, 활동형으로 구분되고 키홈으로 인해 축의 강도가 저하될 수 있다.

② 안장키 : 축의 강도저하가 없고 축의 임의의 위치에 장착이 가능하다.

③ 경사키 : 편심현상이 발생하지 않아 고속회전 및 고정밀 회전체에 많이 사용된다.

④ 평키 : 납작키라고도 하며 기울기가 없다.

[해설]

경사키(Taper Key)는 묻힘키의 일종으로 키가 $\dfrac{1}{100}$의 기울기를 갖고 있는데 축의 한쪽 편에만 결합되므로 회전 시 편심이 발생한다.

2019년 지방직 기계설계

01 기계부품 가공 등의 작업에 쓰이는 보조 도구에 대한 설명으로 옳지 않은 것은?

① 드릴링 작업에 쓰이는 안내 부시는 공작물을 고정하는 보조 도구이다.
② 클램프는 공작물을 고정하는 데 쓰이는 보조 도구이다.
③ 지그는 작업종류에 따라 공작물에 맞춘 보조 도구이다.
④ 바이스는 조(Jaw)가 공작물을 고정할 수 있는 보조 도구이다.

해설
드릴링 작업에 쓰이는 안내 부시는 드릴이 정확한 위치에 작업할 수 있도록 공구의 이송을 가이드하는 역할을 할 뿐 공작물을 고정하지는 않는다.

02 치공구를 사용하여 얻을 수 있는 이득으로 옳은 것만을 모두 고르면?

> ㄱ. 제품 검사에 소요되는 시간을 줄일 수 있다.
> ㄴ. 숙련되지 않은 작업자도 비교적 쉽게 작업할 수 있다.
> ㄷ. 가공에 따른 불량을 줄이고 생산 능률을 향상시킬 수 있다.

① ㄱ, ㄴ   ② ㄱ, ㄷ
③ ㄴ, ㄷ   ④ ㄱ, ㄴ, ㄷ

해설
치공구(治工具 ; 다스릴 치, 장인 공, 갖출 구)는 지그(Zig)와 고정구(Fixture)를 함께 부르는 용어로 제품을 가공하여 검사하고, 조립할 때 사용하는 보조 장치로 위의 모든 보기에 대한 이점을 갖는다.
치공구의 사용 목적
• 생산 능률을 향상시킬 수 있다.
• 가공 시 불량률을 줄일 수 있다.
• 비 숙련자도 쉽게 작업할 수 있도록 한다.
• 제품 검사에 소요되는 시간을 줄일 수 있다.

03 한줄 겹치기 리벳 이음의 파손 유형에 대한 대책으로 옳지 않은 것은?

① 리벳이 전단에 의해 파손되는 경우, 리벳 지름을 더 크게 한다.
② 리벳 구멍 사이에서 판재가 절단되는 경우, 리벳 피치를 줄인다.
③ 판재 끝이 리벳에 의해 갈라지는 경우, 리벳 구멍과 판재 끝 사이의 여유를 더 크게 한다.
④ 리벳 구멍 부분에서 판재가 압축 파손되는 경우, 판재를 더 두껍게 한다.

해설
리벳 구멍 사이에서 판재가 절단되는 경우, 리벳 피치를 늘려서 외력에 대응할 면적을 늘려야 한다.

04 회전속도 N[rpm]으로 동력 H[W]를 전달할 수 있는 축의 최소 지름[m]은?(단, 축 재료의 허용 전단응력은 τ[N/m^2]이며, 축은 비틀림 모멘트만 받는다)

① $\sqrt[3]{\dfrac{8H}{15\tau N}}$ ② $\sqrt[3]{\dfrac{16H}{15\tau N}}$

③ $\sqrt[3]{\dfrac{480H}{\pi^2\tau N}}$ ④ $\sqrt[3]{\dfrac{960H}{\pi^2\tau N}}$

[해설]

$T = \tau \times Z_P, \ \tau = \dfrac{T}{Z_P}$

$\tau = \dfrac{T}{\dfrac{\pi d^3}{16}} = \dfrac{16T}{\pi d^3}$

$d^3 = \dfrac{16T}{\pi\tau}, \ d = \sqrt[3]{\dfrac{16T}{\pi\tau}}$, T에 다음 유도된 식을 대입한다.

동력, $H = T \times w, \ T = \dfrac{H}{w} = \dfrac{H}{\dfrac{2\pi N}{60}} = \dfrac{60H}{2\pi N} = \dfrac{30H}{\pi N}$

$\therefore \ d = \sqrt[3]{\dfrac{16 \times \dfrac{30H}{\pi N}}{\pi\tau}} = \sqrt[3]{\dfrac{480H}{\pi^2\tau N}}$

05 동일한 재료로 제작된 중공축 A와 중공축 B에 토크가 각각 작용하고 있다. 축 A의 안지름은 2[mm], 바깥지름은 4[mm]이고, 축 B의 안지름은 4[mm], 바깥지름은 8[mm]이다. 허용응력 범위 내에서, 축 A가 전달할 수 있는 최대 토크(T_A)에 대한 축 B가 전달할 수 있는 최대 토크(T_B)의 비 $\left(\dfrac{T_B}{T_A}\right)$는?(단, 두 축은 비틀림모멘트만 받는다)

① 2 ② 4
③ 8 ④ 16

[해설]

$\dfrac{T_B}{T_A} = \dfrac{\tau \cdot Z_{P,B}}{\tau \cdot Z_{P,A}}$

$= \dfrac{\dfrac{\pi\left(\dfrac{d_2^4 - d_1^4}{d_2}\right)_B}{16}}{\dfrac{\pi\left(\dfrac{d_2^4 - d_1^4}{d_2}\right)_A}{16}} = \dfrac{\left(\dfrac{d_2^4 - d_1^4}{d_2}\right)_B}{\left(\dfrac{d_2^4 - d_1^4}{d_2}\right)_A} = \dfrac{\dfrac{8^4 - 4^4}{8}}{\dfrac{4^4 - 2^4}{4}} = 8$

06 직육면체 구조물이 수평 천장에 필렛(Fillet) 용접(음영 부분)되어 있을 때, 목두께를 기준으로 용접부가 견딜 수 있는 구조물의 최대 중량[kN]은?(단, 용접부 단면은 직각 이등변삼각형이고 목두께는 3[mm], 용접 재료의 허용 인장응력은 30[MPa]이다)

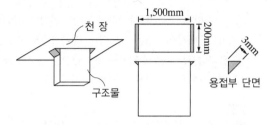

① 18
② 20
③ 25
④ 36

[해설]

응력을 구하는 식에서 하중으로 작용하는 F를 최대 중량으로 도출할 수 있다.

$\sigma_a = \dfrac{F(\text{최대 중량})}{A(\text{작용 단면적})}$

$30 \times 10^6 [\text{Pa}] = \dfrac{F}{(3[\text{mm}] \times 200[\text{mm}]) \times 2(\text{양쪽})}$

$30 \times 10^6 [\text{N/m}^2] = \dfrac{F}{1,200[\text{mm}^2]}$

$F = (30 \times 10^6 [\text{N/m}^2]) \times (1,200 \times 10^{-6} [\text{m}^2])$

$\quad = 36,000[\text{N}]$

$\quad = 36[\text{kN}]$

07 나사에 대한 설명으로 옳은 것은?

① 미터 가는나사는 지름에 대한 피치의 크기가 미터 보통나사보다 커서 기밀성이 우수하다.

② 둥근나사는 수나사와 암나사 사이에 강구를 배치하여 운동 시 마찰을 최소화한다.

③ 유니파이나사는 나사산각이 55°인 인치계 삼각나사이고, 나사의 크기는 1인치당 나사산수로 한다.

④ 톱니나사는 하중의 작용방향이 일정한 경우에 사용하고 하중을 받는 반대쪽은 삼각나사 형태로 만든다.

해설

톱니나사는 하중의 작용방향이 일정한 경우에 사용하고 하중을 받는 반대쪽은 삼각나사 형태로 만든다.

[톱니나사]

① 미터 가는나사는 지름에 대한 피치의 크기가 미터 보통나사보다 작다.

② 수나사와 암나사 사이에 강구를 배치하여 운동 시 마찰을 최소화한 것은 볼나사이다.

③ 유니파이나사(UNC)의 나사산 각도는 60°이다.

유니파이나사의 호칭표시

예 $\frac{3}{4}-10\ UNC$

· $\frac{3}{4}$: 바깥지름, $\frac{3}{4}$[inch]×25.4[mm] = 19.05[mm]

08 두께가 얇은 원통형 압력용기 내부에 일정한 압력이 작용할 때, 압력용기 원통 벽면에 발생하는 응력 중 원주 방향 응력(σ_1)에 대한 길이 방향 응력(σ_2)의 비$\left(\dfrac{\sigma_2}{\sigma_1}\right)$는?

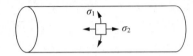

① 0.5

② 1

③ 2

④ 4

해설

$$\frac{\text{길이 방향 응력}(\sigma_2)}{\text{원주 방향 응력}(\sigma_1)} = \frac{\dfrac{PD}{4t}}{\dfrac{PD}{2t}} = \frac{2tPD}{4tPD} = 0.5$$

내압용기의 하중 방향에 따른 응력

원주 방향 응력	축(길이) 방향 응력
$\sigma = \dfrac{PD}{2t}$	$\sigma = \dfrac{PD}{4t}$

09 일정한 단면을 갖는 길이 250[mm]인 원형 단면봉에 길이방향 하중을 작용하여 길이가 1[mm] 늘어났을 때, 반경방향 변형률(Strain)의 절대값은?(단, 봉은 재질이 균질하고 등방성이며, 세로탄성계수(Young's Modulus)는 100[GPa]이고, 전단탄성계수(Shear Modulus of Elasticity)는 40[GPa]이다)

① 0.001 ② 0.004
③ 0.015 ④ 0.25

해설

포와송 수, m을 먼저 구한다.

$mE = 2G(m+1)$

$m \times 100 = 2 \times 40(m+1)$

$100m = 80m + 80$

$20m = 80$

$m = 4$

세로변형률, $\varepsilon = \dfrac{\text{변형된 길이}}{\text{처음길이}} = \dfrac{1}{250} = 0.004$

포와송 비, $\nu = \dfrac{1}{m} = \dfrac{\varepsilon'(\text{가로변형률})}{\varepsilon(\text{세로변형률})} = \dfrac{1}{4} = 0.25$

$\dfrac{\varepsilon'(\text{가로변형률})}{0.004} = 0.25$

$\therefore \varepsilon'(\text{가로변형률}) = 0.004 \times 0.25 = 0.001$

전단탄성계수(G), 종탄성계수(E), 포와송 수(m) 사이의 관계

$mE = 2G(m+1)$

10 재료의 피로에 대한 설명으로 옳지 않은 것은?

① 정하중이 작용할 때의 항복응력보다 낮은 응력에서도 반복횟수가 많으면 파괴되는 현상을 피로파괴라 한다.
② 가해지는 반복하중의 크기가 작을수록 파괴가 일어날 때까지의 반복횟수가 줄어든다.
③ 피로강도는 재료의 성질, 표면조건, 부식 등에 영향을 받는다.
④ 엔진, 터빈, 축, 프로펠러 등의 기계부품 설계에 반복하중의 영향을 고려한다.

해설

가해지는 반복하중의 크기가 클수록 파괴가 일어날 때까지의 반복횟수는 줄어든다.

11 롤러체인 전동장치에서 체인의 피치가 10[mm], 스프로킷의 잇수가 20개, 스프로킷 휠의 회전속도가 700[rpm]일 때, 체인의 평균 속도에 가장 가까운 값[m/s]은?

① 0.5 ② 1.2
③ 2.3 ④ 3.7

해설

체인의 속도, $v = \dfrac{pzN}{1{,}000 \times 60[\text{s}]}$ [m/s]

$= \dfrac{10[\text{mm}] \times 20 \times 700[\text{rev/min}]}{1{,}000 \times 60[\text{s}]} \fallingdotseq 2.333$ [m/s]

체인의 속도 구하는 식

$v = \dfrac{pzN}{1{,}000 \times 60[\text{s}]}$ [m/s]

여기서, p : 체인의 피치[mm]
  z : 스프로킷 잇수
  N : 스프로킷 휠의 회전속도[rpm]

12 두께 5[mm], 폭 50[mm]인 평판 부재의 중앙에 한 변의 길이가 10[mm]인 정사각형 관통구멍이 있다. 탄성한계 내에서 평판 양단에 5[kN]의 인장하중(P)이 작용할 때, 구멍 부분에서 응력의 최댓값[N/mm²]은?(단, 구멍의 응력집중계수는 2.0이다)

① 20 ② 25
③ 40 ④ 50

해설

응력, $\sigma = \dfrac{F}{A} = \dfrac{5{,}000[\text{N}]}{(50[\text{mm}] - 10[\text{mm}]) \times 5[\text{mm}]} = 25[\text{N/mm}^2]$

이 식에서 도출된 응력 값을 응력집중계수 공식에 대입하여 최대 응력 값을 구한다.

응력집중계수(k) $= \dfrac{\sigma_{\max}(\text{최대 응력})}{\sigma_n(\text{공칭응력})}$

$2 = \dfrac{\sigma_{\max}}{25[\text{N/mm}^2]}$

$\sigma_{\max} = 50[\text{N/mm}^2]$

13 용기 내에서 유체의 압력이 일정 압을 초과하였을 때, 자동적으로 열리면서 유체를 외부로 방출하여 압력 상승을 억제하는 밸브는?

① 게이트밸브 ② 안전밸브
③ 체크밸브 ④ 스톱밸브

해설

안전밸브 : 유압회로에서 회로 내 압력이 설정치 이상이 되면 그 압력에 의해 밸브가 열려 압력을 일정하게 유지시키는 역할을 하는 밸브로써 주로 릴리프밸브가 그 대표적인 밸브.

① 게이트밸브(슬루스밸브) : 몸통과 덮개가 십자의 형태를 이루고 있으며 디스크가 직선 유로에 대해 직각으로 이동하며 유체의 흐름을 제어하는데 밸브가 완전히 열렸을 때 거의 배관 크기와 같은 유체 통로를 유지할 수 있으나 부분적으로 개폐될 때 유체의 흐름에 와류가 생겨 내부에 먼지가 쌓이기 쉽다.

③ 체크밸브 : 유체가 한쪽 방향으로만 흐르고 반대쪽으로는 흐르지 못하도록 할 때 사용하는 밸브

④ 스톱밸브 : 관로의 내부나 용기에 설치하여 유동하는 유체의 유량이나 압력 등을 제어를 하는 기계장치로 밸브 디스크가 밸브대에 의하여 밸브시트에 직각방향으로 작동하는 구조이다. 제작비가 저렴해서 유체 흐름의 차단장치로 널리 사용된다.

14 평벨트 전동에서 벨트의 긴장측과 이완측의 장력이 각각 2.4[kN], 2.0[kN]이고 원동측 벨트풀리의 지름과 회전속도가 각각 200[mm], 300[rpm]일 때, 벨트가 전달하는 동력[kW]은?(단, 벨트에 걸리는 응력은 허용범위 이내이고 벨트의 원심력과 두께는 무시하며 벨트와 벨트풀리 사이의 미끄럼은 없다)

① 0.4π ② 0.6π
③ 0.8π ④ 1.2π

해설

동력, $H = T_e \times w = ((T_t - T_s) \times r) \times \dfrac{2\pi n}{60}$

$\quad = ((2,400[\text{N}] - 2,000[\text{N}]) \times 0.1[\text{m}]) \times \left(\dfrac{2\pi \times 300[\text{rpm}]}{60[\text{s}]}\right)$

$\quad = 40 \times 10\pi[\text{N} \cdot \text{m/s}]$

$\quad = 400\pi[\text{J/s}]$

$\quad = 0.4\pi[\text{kJ/s}]$

$\quad = 0.4\pi[\text{kW}]$

벨트 관련 식

유효장력, $P_e(T_e) = T_t - T_s$

15 그림과 같이 드럼축에 토크 M이 작용하여 드럼이 시계 방향으로 돌고 있다. 밴드와 드럼 사이의 마찰계수가 μ이고 접촉각이 θ일 때, 드럼을 정지시키기 위해 밴드와 연결된 브레이크 레버에 작용시켜야 할 최소 힘 F는?(단, $b = 2a$이다)

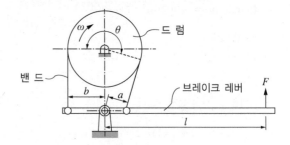

① $\dfrac{M(e^{\mu\theta}-1)}{2l(2e^{\mu\theta}-1)}$

② $\dfrac{M(2e^{\mu\theta}-1)}{2l(e^{\mu\theta}-1)}$

③ $\dfrac{M(e^{\mu\theta}-1)}{l(2e^{\mu\theta}-1)}$

④ $\dfrac{M(2e^{\mu\theta}-1)}{l(e^{\mu\theta}-1)}$

해설

그림은 차동식 밴드 브레이크이다.

그림에서 b = 반지름

$Fl = T_t b - T_s a$

$Fl = T_t 2a - T_s a$

$F = \dfrac{a(2T_t - T_s)}{l}$

여기서 긴장측 장력 $T_t = P_e \times \dfrac{e^{\mu\theta}}{e^{\mu\theta}-1}$,

이완측 장력 $T_s = P_e \times \dfrac{1}{e^{\mu\theta}-1}$ 을 대입하면

$F = \dfrac{a(2T_t - T_s)}{l} = \dfrac{a\left(P_e \times \dfrac{2e^{\mu\theta}}{e^{\mu\theta}-1} - P_e \times \dfrac{1}{e^{\mu\theta}-1}\right)}{l}$

$\quad = \dfrac{aP_e\left(\dfrac{2e^{\mu\theta}-1}{e^{\mu\theta}-1}\right)}{l} = \dfrac{aP_e(2e^{\mu\theta}-1)}{l(e^{\mu\theta}-1)}$

모멘트, $M = P_e \times \dfrac{D}{2} = P_e \times b$, $P_e = \dfrac{M}{b} = \dfrac{M}{2a}$

$\therefore F = \dfrac{aP_e\left(\dfrac{2e^{\mu\theta}-1}{e^{\mu\theta}-1}\right)}{l} = \dfrac{a\dfrac{M}{2a}(2e^{\mu\theta}-1)}{l(e^{\mu\theta}-1)} = \dfrac{M(2e^{\mu\theta}-1)}{2l(e^{\mu\theta}-1)}$

16 칼라(Collar)의 바깥지름이 300[mm], 안지름이 200[mm]인 칼라 베어링(Collar Bearing)에 축 방향 하중 3.6×10^5[N]이 작용하고 있다. 칼라가 2개일 때, 베어링에 작용하는 평균 압력[N/mm^2]은?(단, $\pi = 3$이며, 베어링에 작용하는 압력은 허용압력 범위 이내이다)

① 3.2 ② 4.8
③ 6.2 ④ 9.6

해설

$$p = \frac{P}{A \times z} = \frac{P}{\frac{\pi(d_2^2 - d_1^2)}{4} \times z}$$

$$= \frac{3.6 \times 10^5 [\text{N}]}{\frac{3(300^2 [\text{mm}^2] - 200^2 [\text{mm}^2])}{4} \times 2}$$

$$= \frac{360,000 [\text{N}]}{75,000 [\text{mm}^2]} = 4.8 [\text{N/mm}^2]$$

칼라 저널 베어링의 베어링 압력(p)

$$p = \frac{P}{A \times z} = \frac{P}{\frac{\pi(d_2^2 - d_1^2)}{4} \times z}$$

여기서, d_2 : 칼라의 바깥지름
　　　　d_1 : 칼라의 안지름
　　　　z : 칼라 수

17 맞물려 회전하는 기어에서 축의 자세에 따른 기어의 설명으로 옳지 않은 것은?

① 베벨기어는 두 축이 교차할 때 사용한다.
② 스퍼기어는 두 축이 평행할 때 사용한다.
③ 하이포이드기어는 두 축이 만나지 않을 때 사용한다.
④ 헬리컬기어는 두 축이 평행하지도 만나지도 않을 때 사용한다.

해설
헬리컬기어는 두 축이 평행할 때 동력을 전달하기 위해 사용한다.
두 축이 평행할 때 사용하는 기어
• 스퍼기어
• 내접기어
• 헬리컬기어
• 랙과 피니언기어
두 축이 교차할 때 사용하는 기어
• 베벨기어
• 스파이럴 베벨기어
• 마이터기어
두 축이 나란하지도 교차하지도 않을 때 사용하는 기어
• 하이포이드기어
• 웜과 웜휠기어
• 나사기어
• 페이스기어

18 베벨기어와 스퍼기어를 이용하여 모터의 동력을 축 A 와 축 B에 전달하고 있다. 모터의 회전속도가 100 [rpm]일 때, 축 A와 축 B의 회전속도 차이[rpm]는? (단, a, b는 베벨기어이고 c, d, e, f는 스퍼기어이며, $Z_a {\sim} Z_f$는 각 기어의 잇수이다)

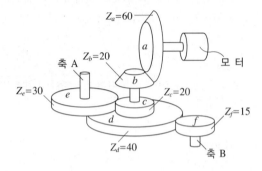

① 460   ② 500

③ 560   ④ 600

해설
먼저 속도비 공식을 사용하여 축 A와 축 B 사이의 중간축의 회전수를 구한다.

$$i = \frac{n_b}{n_a} = \frac{Z_a}{Z_b}, \quad \frac{n_b}{100[\mathrm{rpm}]} = \frac{60}{20}$$

$$n_b = 300[\mathrm{rpm}]$$

축 A와 축 B 사이의 중간축의 회전수는 300[rpm]이다.
두 번째로 속도비 공식으로 축 A, B의 회전수를 차례로 구한다.

$$i = \frac{n_{축A}}{n_c} = \frac{Z_c}{Z_{e,축A}}, \quad \frac{n_{축A}}{300[\mathrm{rpm}]} = \frac{20}{30}$$

$$n_{축A} = 200[\mathrm{rpm}]$$

$$i = \frac{n_{축B}}{n_d} = \frac{Z_d}{Z_{f,축B}}, \quad \frac{n_{축B}}{300[\mathrm{rpm}]} = \frac{40}{15}$$

$$n_{축B} = 800[\mathrm{rpm}]$$

따라서, 축 A : 200[rpm], 축 B : 800[rpm]이므로 두 축의 회전속도 차는 600[rpm]이다.

19 잇수 42개, 이끝원지름(바깥지름) 132[mm]인 표준 보통이 스퍼기어의 모듈은?

① 2   ② 3

③ 4   ④ 5

해설
스퍼기어의 모듈을 구할 때 적용되는 지름은 피치원 지름이다.

$$m = \frac{PCD}{Z}$$

$$m = \frac{이끝원 - 2m}{42}$$

$$42m = 이끝원 - 2m$$

$$44m = 132$$

$$\therefore \ m = 3$$

20 평벨트를 벨트풀리에 거는 방법에 대한 설명으로 옳은 것만을 모두 고르면?(단, 원동축은 시계방향으로 회전한다)

ㄱ. (가)는 위쪽 벨트가 이완측이 된다.
ㄴ. (나)는 원동축과 종동축의 회전 방향이 같다.
ㄷ. (가)는 (나)보다 미끄럼이 작다.
ㄹ. (나)는 (가)보다 큰 동력을 전달할 수 있다.

① ㄱ, ㄴ   ② ㄱ, ㄹ

③ ㄴ, ㄷ   ④ ㄷ, ㄹ

해설
ㄱ. (가)는 평행걸기 방식으로 원동축이 시계방향으로 회전하면서 벨트의 아래 부분을 끌어 당기기 때문에 벨트의 위쪽 부분은 이완측이 된다.
ㄹ. (나)는 엇걸기 방식으로 (가)의 평행걸기 방식보다 벨트의 접촉 면적이 더 크기 때문에 (나)가 (가)방식보다 더 큰 동력을 전달할 수 있다.
ㄴ. (나)는 원동축과 종동축의 회전 방향이 반대이다.
ㄷ. (가)는 (나)보다 접촉면이 더 작아서 미끄럼이 더 크다.

2019년 서울시 제1회 기계설계

01 〈보기〉에서 $a-a'$으로 자른 단면의 면적이 A인 원통형 시편에 인장하중 F가 작용할 때, 단면과 θ의 각을 이루는 경사진 단면에 발생하는 최대 전단응력 $\tau_{\max}$와 그때의 각도 θ를 옳게 짝지은 것은?

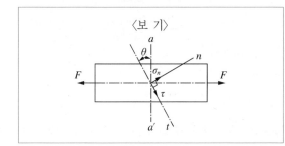

〈보 기〉

① $\tau_{\max} = \dfrac{\sqrt{3}\,F}{2A}$ 및 $\theta = 30°$

② $\tau_{\max} = \dfrac{F}{2A}$ 및 $\theta = 30°$

③ $\tau_{\max} = \dfrac{\sqrt{2}\,F}{2A}$ 및 $\theta = 45°$

④ $\tau_{\max} = \dfrac{F}{2A}$ 및 $\theta = 45°$

해설

시편에서 최대 전단응력은 수직 단면을 기준으로 45°일 때 발생한다.
최대 전단응력설에 따른 공식을 이용하면

$\tau_{\max} = \dfrac{1}{2}\sqrt{\sigma_x^2 + 4\tau^2}$, 전단응력은 없으므로 소거된다.

$= \dfrac{1}{2}\sqrt{\sigma_x^2} = \dfrac{\sigma_x}{2}$, 여기서 $\sigma_x = \dfrac{F}{A}$ 이므로 이를 대입하면

$\therefore \ \tau_{\max} = \dfrac{F}{2A}$

02 압착기(Presser), 바이스(Vise) 등과 같이 하중의 작용 방향이 항상 같은 경우에 사용되는 나사의 종류는?

① 톱니 나사(Buttless Screw Thread)
② 사각 나사(Square Thread)
③ 사다리꼴 나사(Trapezoidal Screw Thread)
④ 둥근 나사(Round Thread)

해설

톱니 나사는 한쪽 방향으로 힘을 전달하는 경우 주로 사용한다.
바이스, 프레스(압착기)는 한쪽 방향으로 하중인 힘이 작용하는 기계 장치로 톱니 나사가 적당한다.
② 사각 나사 : 프레스와 같이 축 방향으로 큰 하중을 받는 곳에 주로 사용한다.
③ 사다리꼴 나사 : 공작기계의 이송용 나사로 주로 사용한다.
④ 둥근 나사 : 전구나 소켓의 체결용으로 주로 먼지나 모래가 많은 곳에서 사용한다.

톱니 나사   사각 나사

사다리꼴 나사   둥근 나사

03 토크가 60,000[kgf · mm]인 지름 60[mm]의 축에 장착한 성크키(Sunk Key)의 폭이 10[mm], 길이가 50[mm]일 때, 키에 발생하는 전단응력[kgf/mm²]은?

① 3　　　　　　　② 4

③ 5　　　　　　　④ 6

해설
토크 공식을 이용해 작용힘, F를 구한다.

$T = F \times r$

$F = \dfrac{60,000[\mathrm{kgf \cdot mm}]}{30[\mathrm{mm}]} = 2,000[\mathrm{kgf}]$

전단응력,

$\tau = \dfrac{F}{A} = \dfrac{2,000[\mathrm{kgf}]}{b(\text{폭}) \times l(\text{길이})}$

$\quad = \dfrac{2,000[\mathrm{kgf}]}{10[\mathrm{mm}] \times 50[\mathrm{mm}]} = 4[\mathrm{kgf/mm^2}]$

04 400[rpm]으로 2.0[kW]를 전달하고 있는 축에 발생하는 비틀림모멘트[kgf · mm]는?

① 48,700　　　　　② 4,870

③ 487　　　　　　④ 48.7

해설
비틀림모멘트,

$T = 974,000 \times \dfrac{H_{\mathrm{kW}}}{N} [\mathrm{kgf \cdot mm}]$

$\quad = 974,000 \times \dfrac{2}{400} [\mathrm{kgf \cdot mm}]$

$\quad = 4,870[\mathrm{kgf \cdot mm}]$

05 내압을 받는 내경 1,200[mm]의 보일러 용기를 두께 12[mm] 강판을 사용하여 리벳이음으로 설계하고자 한다. 강판의 허용인장응력이 10[kgf/mm²], 리벳이음의 효율이 0.5일 때 보일러 용기의 최대 설계내압[N/m²]은?(단, 판의 부식 등 주어지지 않은 조건은 고려하지 않으며, 중력가속도는 9.8[m/s²]이다)

① 19.6×10^5　　　　② 19.6×10^6

③ 9.8×10^5　　　　④ 9.8×10^6

해설
압력용기의 최대 허용내압,

$P = \dfrac{2\sigma_a \eta (t - C)}{D}$, 부식여유 C는 고려하지 않음

$\quad = \dfrac{2 \times (10[\mathrm{kgf/m^2}] \times 10^6 \times 9.8[\mathrm{m/s^2}]) \times 0.5 \times 0.012[\mathrm{m}]}{1.2[\mathrm{m}]}$

$\quad = 980,000 = 9.8 \times 10^5 [\mathrm{N/m^2}]$

06 〈보기〉와 같이 원추마찰차 A, B가 두 축의 사이각 $\theta = 120°$로 외접하여 회전하고 있다. 회전비 $i\left(= \dfrac{\omega_B}{\omega_A}\right)$가 2일 때 〈보기〉에서 α와 β의 값으로 옳은 것은?

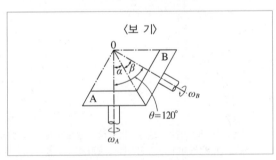

〈보 기〉

① $\alpha = 60°$, $\beta = 60°$　　② $\alpha = 30°$, $\beta = 90°$

③ $\alpha = 45°$, $\beta = 75°$　　④ $\alpha = 90°$, $\beta = 30°$

해설
여러 공식이 있으나, 다음과 같이 간단하게 문제를 해결할 수 있다.

$i = \dfrac{w_B}{w_A} = \dfrac{\sin\alpha}{\sin\beta} = 2$이므로

$\sin\alpha = 2\sin\beta$이다.

즉, $\sin\alpha = 2\sin\beta$의 α와 β에 ①~④번 보기를 대입하면, ④번이 정답임을 쉽게 유추할 수 있다.

원추마찰차의 속도비(i)

$i = \dfrac{w_2}{w_1} = \dfrac{n_2}{n_1} = \dfrac{\sin\alpha_1}{\sin\alpha_2}$

07 기어의 치형곡선 중 사이클로이드 치형과 인벌류트 치형을 비교한 설명으로 가장 옳은 것은?

① 사이클로이드 치형은 2개의 치형곡선으로 구성된다.
② 사이클로이드 치형은 추력이 크다.
③ 인벌류트 치형은 굽힘강도가 약하다.
④ 인벌류트 치형은 중심거리의 정확성을 요구한다.

해설

치형은 양쪽 끝에 곡선이 2개 존재한다. 이 곡선들 2개가 치형곡선을 구성한다고 볼 수 있다. 물론 다른 전문적인 용어로 설명할 수 있겠으나, 만일 보기 ①이 옳은 답이 아니었을 경우 저자의 해설과 같은 논리로 이의 제기를 했을 경우 출제자가 대응하기 어렵다고 판단된다.
② 사이클로이드 치형은 인벌류트보다 이뿌리가 약해서 맞물리는 힘도 더 약해 추력도 더 작다.
③ 인벌류트 치형은 이뿌리가 튼튼해서 굽힘 강도도 크다.
④ 압력각이 일정할 때 맞물리는 두 기어의 중심거리가 다소 어긋나도 속도비에 영향이 적다.

08 밴드 브레이크에서 긴장측 장력이 480[kgf]이고, 밴드 두께가 2[mm], 밴드 폭이 12[mm], 길이가 100[mm]일 때 생기는 인장응력[kgf/mm²]은?

① 2.4   ② 2
③ 24   ④ 20

해설

인장응력,

$$\sigma = \frac{F}{A} = \frac{480[\text{kgf}]}{12[\text{mm}] \times 2[\text{mm}]} = 20[\text{kgf/mm}^2]$$

09 판의 폭이 60[mm]이고, 두께가 10[mm], 스팬이 600[mm]인 양단 지지형 겹판스프링이 있다. 중앙집중하중 1,200[kgf]를 지지하려면 몇 장의 판이 필요한가?(단, 재료의 허용응력은 30[kgf/mm²]이며 판 사이의 마찰 및 죔폭은 고려하지 않는다)

① 3장
② 4장
③ 5장
④ 6장

해설

겹판스프링의 응력(σ) 구하는 식을 이용한다.

$$\sigma = \frac{3}{2} \times \frac{Pl}{nbh^2}$$

$$30[\text{kgf/mm}^2] = \frac{3}{2} \times \frac{1,200[\text{kgf}] \times 600[\text{mm}]}{n \times 60[\text{mm}] \times (10[\text{mm}])^2}$$

$$n = \frac{3}{2} \times \frac{1,200[\text{kgf}] \times 600[\text{mm}]}{30[\text{kgf/mm}^2] \times 60[\text{mm}] \times (10[\text{mm}])^2} = 6$$

겹판스프링의 응력(σ) 구하는 식

$$\sigma = \frac{3}{2}\frac{Pl}{nbh^2}$$

여기서, P : 작용하중[kgf]
l : 스팬 길이[mm]
n : 판의 수
b : 판의 폭[mm]
h : 판의 두께[mm]

10 1,600[kgf]의 베어링 하중을 지지하고 회전속도 300 [rpm]으로 회전하는 끝저널 베어링의 최소 지름[mm]과 폭[mm]은?(단, 허용 베어링 압력은 0.5[kgf/mm²], 폭지름비 $l/d=2$로 한다)

베어링의 지름	폭
① 35	70
② 40	80
③ 45	90
④ 50	100

해설

베어링 압력 $P=\dfrac{W}{d\times l}$, 폭경비 $\dfrac{l}{d}=2$, $l=2d$

$0.5[\mathrm{kgf/mm^2}]=\dfrac{1,600[\mathrm{kgf}]}{d\times 2d}$

$2d^2=\dfrac{1,600[\mathrm{kgf}]}{0.5[\mathrm{kgf/mm^2}]}$

$d^2=\dfrac{1,600[\mathrm{kgf}]}{2\times 0.5[\mathrm{kgf/mm^2}]}=1,600[\mathrm{mm^2}]$

∴ 베어링 지름 $d=40[\mathrm{mm}]$

폭경비(폭지름비)$=\dfrac{l}{d}=2$, $\dfrac{l}{40[\mathrm{mm}]}=2$

∴ 베어링 폭 $l=80[\mathrm{mm}]$

11 〈보기〉와 같이 등분포하중을 받는 단순보가 있다. 이 보가 원형 단면일 때의 최대 처짐량을 δ_A, 정사각형 단면일 때의 최대 처짐량을 δ_B라 할 때 $\dfrac{\delta_A}{\delta_B}$의 값은?(단, 보의 재질 및 단면의 넓이는 두 경우 모두 동일하다)

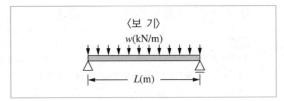

〈보 기〉
w(kN/m)

L(m)

① $\dfrac{\pi^2}{4}$　　　　② $\dfrac{\pi}{4}$

③ $\dfrac{\pi^2}{3}$　　　　④ $\dfrac{\pi}{3}$

해설

등분포하중을 받는 단순 지지보의 최대 처짐량 구하는 공식은 $\delta_{\max}=\dfrac{5wl^4}{384EI}$ 이다.

원형과 정사각형 단면적이 서로 같으므로, 위 공식에서 단면 2차 모멘트만 고려해 주면 된다.

원형의 중실축일 때 : $I=\dfrac{\pi d^4}{64}$

사각형일 때 : $I_x=\dfrac{bh^3}{12}$, 정사각형이므로, $I_x=\dfrac{b^4}{12}$

위 식들을 이용하면,

$\dfrac{\delta_{중실축}}{\delta_{정사각형}}=\dfrac{\dfrac{5wl^4}{384EI_{중실축}}}{\dfrac{5wl^4}{384EI_{정사각형}}}=\dfrac{I_{정사각형}}{I_{중실축}}=\dfrac{\dfrac{b^4}{12}}{\dfrac{\pi d^4}{64}}$

여기서, 원형과 정사각형의 단면적이 같음을 다시 고려하면,

$\dfrac{\pi d^2}{4}=b^2$ 이다.

이를 위 식의 분자에 대입해주면

$\dfrac{\dfrac{b^4}{12}}{\dfrac{\pi d^4}{64}}=\dfrac{\dfrac{1}{12}\times\left(\dfrac{\pi d^2}{4}\right)^2}{\dfrac{\pi d^4}{64}}=\dfrac{\dfrac{1}{12}\times\dfrac{\pi^2 d^4}{16}}{\dfrac{\pi d^4}{64}}$

$=\dfrac{\dfrac{\pi^2 d^4}{192}}{\dfrac{\pi d^4}{64}}=\dfrac{64\pi^2 d^4}{192\pi d^4}=\dfrac{\pi}{3}$

12 〈보기〉와 같은 단식 블록 브레이크(a=900[mm], b =80[mm], c=50[mm], μ=0.2)가 있다. 레버 끝에 힘 F=15[kgf]를 가할 때의 제동토크[kgf·mm]는?(단, 드럼의 지름은 400[mm]이다)

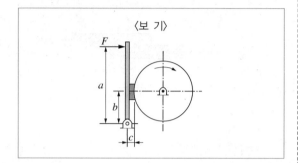

〈보 기〉

① 4,000
② 5,000
③ 6,000
④ 7,000

해설

먼저 이 블록브레이크를 우측에서 밀어붙이는 힘인 Q를 구하면

$Fa = Qb + fc = Qb + \mu Qc = Q(b + \mu c)$

$Q = \dfrac{Fa}{b + \mu c} = \dfrac{15[\text{kgf}] \times 900[\text{mm}]}{80[\text{mm}] + (0.2 \times 50[\text{mm}])} = 150[\text{kgf}]$

브레이크 제동토크,

$T = F \times \dfrac{D_m}{2} = \mu Q \times \dfrac{D_m}{2}$

$= (0.2 \times 150[\text{kgf}]) \times \dfrac{400[\text{mm}]}{2} = 6,000\,[\text{kgf} \cdot \text{mm}]$

13 비틀림모멘트(T)와 굽힘모멘트(M)를 동시에 작용받는 중실축에서 상당굽힘모멘트(M_e)를 고려한 축의 지름(d)을 구하고자 한다. 이때 M_e와 d를 구하는 식으로 가장 옳은 것은?

	M_e	d
①	$\dfrac{1}{2}(T + \sqrt{M^2 + T^2})$	$\sqrt[3]{\dfrac{32M_e}{\pi\sigma_a}}$
②	$\dfrac{1}{2}(T + \sqrt{M^2 + T^2})$	$\sqrt[3]{\dfrac{16M_e}{\pi\sigma_a}}$
③	$\dfrac{1}{2}(M + \sqrt{M^2 + T^2})$	$\sqrt[3]{\dfrac{32M_e}{\pi\sigma_a}}$
④	$\dfrac{1}{2}(M + \sqrt{M^2 + T^2})$	$\sqrt[3]{\dfrac{16M_e}{\pi\sigma_a}}$

해설

상당굽힘모멘트, $M_e = \dfrac{1}{2}(M + \sqrt{M^2 + T^2})$

축의 최소지름, $d = \sqrt[3]{\dfrac{32M_e}{\pi\sigma_a}}$

상당굽힘모멘트(M_e) 및 상당비틀림모멘트(T_e) 구하는 식

상당굽힘모멘트(M_e)	상당비틀림모멘트(T_e)
$M_e = \dfrac{1}{2}(M + \sqrt{M^2 + T^2})$	$T_e = \sqrt{M^2 + T^2}$

14 피아노선으로 만든 코일 스프링에 하중 5[kgf]가 작용할 때 처짐이 10[mm]가 되는 스프링의 유효권수는?(단, 소선의 지름은 6[mm], 코일 평균지름은 60[mm], 가로탄성계수는 $8.0 \times 10^3 [kgf/mm^2]$이다)

① 10회

② 11회

③ 12회

④ 13회

해설

스프링의 최대 처짐식을 이용하여 유효권수, n을 도출한다.

$$\delta_{max} = \frac{8nPD^3}{Gd^4}$$

유효권수, $n = \frac{Gd^4 \delta_{max}}{8PD^3}$

$$= \frac{(8 \times 10^3 [kgf/mm^2]) \times (6[mm])^4 \times 10[mm]}{8 \times 5[kgf] \times (60[mm])^3} = 12$$

코일 스프링의 최대 처짐량(δ)

$$\delta_{max} = \frac{8nPD^3}{Gd^4}$$

여기서 δ = 코일 스프링의 처짐량[mm]

n = 유효 감김수(유효권수)

P = 하중이나 작용 힘[N]

D = 코일 스프링의 평균지름[mm]

d = 소선의 직경(소재지름)[mm]

G = 가로(전단)탄성계수[N/mm²]

15 〈보기〉에서 인장력 15[kN]이 작용할 때 지름 10[mm]인 리벳 단면에서 발생하는 전단응력[MPa]은?(단, $\pi = 3$으로 계산한다)

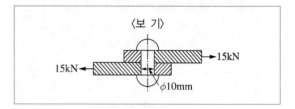

〈보 기〉

① 200

② 250

③ 300

④ 350

해설

리벳의 전단응력,

$$\tau = \frac{F}{A} = \frac{15,000[N]}{\frac{\pi d^2}{4}}$$

$$= \frac{15,000[N]}{\frac{3 \times 100[mm^2]}{4}}$$

$$= \frac{15,000[N]}{75[mm^2]}$$

$$= 200[MPa]$$

16 원주속도 2[m/s]로 5[kW]의 동력을 전달하기 위해 필요한 마찰차(Friction Wheel)를 누르는 힘의 최솟값[kN]은?(단, 마찰계수는 0.25이다)

① 1

② 4

③ 10

④ 40

해설

마찰차의 전달 동력,

$H = F \times v$

$5[kW] = \mu P \times 2[m/s]$

$5,000[N \cdot m/s] = P \times (0.25 \times 2[m/s])$

$\therefore P = 10,000[N] = 10[kN]$

17 200[mm]의 중심거리를 가지고 외접하여 회전하는 표준기어 한 쌍의 잇수가 각각 60, 20일 경우 이 표준기어의 모듈은?

① 3

② 4

③ 5

④ 6

해설

$C = \dfrac{mZ_1 + mZ_2}{2}$

$200 = \dfrac{m(Z_1 + Z_2)}{2}$

$400 = m(60 + 20)$

$\therefore \ m = \dfrac{400}{80} = 5$

두 개의 기어간 중심거리(C)

$$C = \dfrac{D_1 + D_2}{2} = \dfrac{mZ_1 + mZ_2}{2}$$

18 벨트장치에서 원동풀리의 지름 300[mm], 종동풀리의 지름 500[mm], 축간거리 1.5[m]인 벨트를 엇걸기할 때와 평행걸기할 때의 길이 차이를 계산한 값[mm]은?

① 50

② 100

③ 150

④ 200

해설

편의상 π=3으로 계산 한 벨트의 엇걸기와 평행걸기의 길이 차 (4,307[mm]−4,207[mm])는 100[mm]이다.

• 바로걸기

$L = 2C + \dfrac{\pi(D_1 + D_2)}{2} + \dfrac{(D_2 - D_1)^2}{4C}$

$= (2 \times 1,500) + \dfrac{3(300 + 500)}{2} + \dfrac{(500 - 300)^2}{4 \times 1,500}$

$= 3,000 + \dfrac{2,400}{2} + \dfrac{40,000}{6,000}$

$≒ 4,207 [\text{mm}]$

• 엇걸기

$L = 2C + \dfrac{\pi(D_1 + D_2)}{2} + \dfrac{(D_2 + D_1)^2}{4C}$

$= (2 \times 1,500) + \dfrac{3(300 + 500)}{2} + \dfrac{(500 + 300)^2}{4 \times 1,500}$

$= 3,000 + \dfrac{2,400}{2} + \dfrac{640,000}{6,000}$

$≒ 4,307 [\text{mm}]$

벨트 전체길이(L)

• 바로걸기 : $L = 2C + \dfrac{\pi(D_1 + D_2)}{2} + \dfrac{(D_2 - D_1)^2}{4C}$

• 엇걸기 : $L = 2C + \dfrac{\pi(D_1 + D_2)}{2} + \dfrac{(D_2 + D_1)^2}{4C}$

19 스프로켓 휠의 잇수 Z_1, Z_2, 축간거리 C, 체인의 피치 p일 때 롤러 체인의 길이를 구하는 식으로 가장 옳은 것은?

① $\left[\dfrac{Z_1+Z_2}{2}+\dfrac{2C}{p}+\dfrac{0.0257p}{C}(Z_1-Z_2)^2\right]p$

② $\left[\dfrac{Z_1+Z_2}{2}+\dfrac{p}{2C}+\dfrac{0.0257p}{C}(Z_1-Z_2)^2\right]p$

③ $\left[\dfrac{Z_1+Z_2}{2}+\dfrac{2C}{p}+\dfrac{0.0257p}{C}(Z_1-Z_2)^2\right]$

④ $\left[\dfrac{Z_1+Z_2}{2}+\dfrac{p}{2C}+\dfrac{0.0257p}{C}(Z_1-Z_2)^2\right]$

해설

롤러 체인의 길이,

$$L=\left[\frac{Z_1+Z_2}{2}+\frac{2C}{p}+\frac{0.0257p}{C}(Z_1-Z_2)^2\right]p$$

20 연성재질의 부재에 주응력 σ_1=40[MPa], σ_2=0[MPa], σ_3=−40[MPa]이 작용하고 있다. 재료의 항복강도는 σ_Y=120$\sqrt{3}$[MPa]로 압축항복강도와 인장항복강도의 크기는 같다. Von Mises 이론에 따라 계산한 안전계수 S(Safety Factor)는?

① 3
② 2
③ $\sqrt{3}$
④ $\sqrt{2}$

해설

Von Mises(폰 미제스)의 최대 비틀림에너지 이론에 따른 안전계수 값

$$S=\frac{\text{항복응력}}{\text{Von Mises 응력}}$$

$$=\frac{120\sqrt{3}\,[\text{MPa}]}{\sqrt{\frac{1}{2}((\sigma_1-\sigma_2)^2+(\sigma_2-\sigma_3)^2+(\sigma_3-\sigma_1)^2)}\,[\text{MPa}]}$$

$$=\frac{120\sqrt{3}\,[\text{MPa}]}{\sqrt{\frac{1}{2}((40-0)^2+(0-(-40))^2+(-40-40)^2)}\,[\text{MPa}]}$$

$$=\frac{120\sqrt{3}\,[\text{MPa}]}{\sqrt{\frac{1}{2}(1,600+1,600+6,400)}\,[\text{MPa}]}$$

$$=\frac{120\sqrt{3}\,[\text{MPa}]}{\sqrt{4,800}\,[\text{MPa}]}=\frac{120\sqrt{3}\,[\text{MPa}]}{40\sqrt{3}\,[\text{MPa}]}=3$$

∴ 안전율, $S=3$이다.

Von Mises(폰 미제스)의 최대 비틀림에너지 이론

물체 내부의 등가응력이라고도 불리는 이론으로 물체에 작용하는 최대의 응력이 물체의 항복응력에 도달했을 때 파괴하기 시작할 것이라는 예측 이론이다. 실제 최대 전단응력보다 파괴를 시작하는 응력이 더 높다는 것이 특징이다.

2019년 서울시 제2회 기계설계

01 축방향 하중은 Q, 리드각은 α, 마찰각은 ρ라고 하고 자리면의 마찰은 무시한다. 사각 나사를 풀 때 필요한 회전력(P')을 표현한 식으로 가장 옳은 것은?

① $Q\tan(\rho-\alpha)$

② $Q\sin(\rho-\alpha)$

③ $Q\tan(\alpha-\rho)$

④ $Q\sin(\alpha-\rho)$

[해설]

나사를 조이는 힘 : $P = Q\tan(\alpha+\rho)$, 일반적으로 리드각은 λ로 나타낸다.

나사를 푸는 힘 : $P = Q\tan(\rho-\alpha)$

나사를 푸는 힘은 "조일 때"보다 마찰력이 반대로 작용한다.

나사를 풀 때 3개의 힘을 고려해야 한다.

㉠ 나사를 푸는 힘, P'에 대한 수평/수직방향의 분력

㉡ P'의 반대방향에서 작용하는 마찰력, $f = \mu N$

㉢ 중력에 의한 힘, Q에 대한 수평/수직방향의 분력

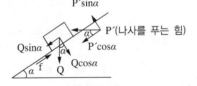

[자유물체도]

자유물체도에서 위(+)방향의 작용 힘과 아래(−)방향의 작용 힘의 합은 0이 되어야 한다.

[풀이과정]

수직방향분력 = 마찰력

$P'\sin\alpha + Q\cos\alpha = f$

$P'\sin\alpha + Q\cos\alpha = \mu N$

$P'\sin\alpha + Q\cos\alpha = \mu(Q\cos\alpha - P'\sin\alpha)$

02 사각 나사의 리드각을 β, 마찰각을 ρ라고 할 때, 사각 나사가 자립되는 한계 조건에서 나사의 효율은?

① $\dfrac{\tan2\beta}{\tan\beta}$

② $\dfrac{\tan\rho}{\tan\beta+\tan\rho}$

③ $\dfrac{1}{2}+\dfrac{1}{2}\tan^2\beta$

④ $\dfrac{1}{2}-\dfrac{1}{2}\tan^2\beta$

[해설]

일반적인 나사의 효율을 구하는 식은 $\eta = \dfrac{\tan\beta}{\tan(\beta+\rho)}$

위 식에 사각나사의 자립조건에 해당하는 조건을 대입한다.

[조건]

> 사각나사의 자립조건
> 나사를 죄는 힘을 제거해도 나사가 스스로 풀리지 않는다.
> 나사의 마찰각(ρ) $\geq$ 나사의 리드각(β)

따라서, $\eta = \dfrac{\tan\beta}{\tan(\beta+\rho)}$ 에 $\rho \rightarrow \beta$로 대입하면

$\eta = \dfrac{\tan\beta}{\tan(\beta+\beta)}$

$= \dfrac{\tan\beta}{\tan2\beta} = \dfrac{\tan\beta}{\dfrac{2\tan\beta}{1-\tan^2\beta}} = \dfrac{\tan\beta(1-\tan^2\beta)}{2\tan\beta}$

$= \dfrac{(1-\tan^2\beta)}{2}$ 이므로,

$\therefore \eta = \dfrac{1}{2} - \dfrac{1}{2}\tan^2\beta$

03 키가 전달시킬 수 있는 회전토크가 T이고, 키의 폭이 b, 키의 높이가 h, 키의 길이가 l인 경우, 키에 발생하는 압축응력은?(단, 키홈의 깊이는 키의 높이 h의 절반이다)

① $\dfrac{4T}{hld}$ ② $\dfrac{2T}{hld}$

③ $\dfrac{4Th}{ld}$ ④ $\dfrac{2Th}{ld}$

해설
키의 압축응력, $\sigma_c = \dfrac{F}{A} = \dfrac{2W}{hl}$

여기서, $T = W \times \dfrac{d}{2}$ 식을 응용, $W = \dfrac{2T}{d}$ 를 곱하면

$\sigma_c = \dfrac{4T}{hld}$

04 180[kN]의 인장력이 작용하고 있는 양쪽 덮개판 맞대기이음에서 리벳의 단면적이 100[mm²]이고 리벳의 허용전단응력이 250[N/mm²]라면 리벳은 최소 몇 개가 필요한가?(단, 1열 리벳이음으로 가정한다)

① 4개   ② 6개

③ 8개   ④ 10개

해설
리벳의 최소 개수를 구하기 위해 전단응력 구하는 식을 응용한다.

$\tau = \dfrac{W}{1.8A \times z}$

$W = \tau \times (1.8 \times 100[\text{mm}^2]) \times z$

$180,000[\text{N}] = 250[\text{N/mm}^2] \times (1.8 \times 100[\text{mm}^2]) \times z$

$z = \dfrac{180,000[\text{N}]}{250[\text{N/mm}^2] \times (1.8 \times 100[\text{mm}^2])} = 4$

두 판재가 양쪽 덮개판 1줄 맞대기 이음일 경우 리벳에 작용하는 전단응력(τ)

$\tau = \dfrac{W}{1.8A \times z}$

05 양단에 단순 지지된 중실축 중앙에 한 개의 회전체가 설치되어 있다. 축의 길이와 직경이 각각 2배가 되면 위험속도는 몇 배가 되는가?(단, 축의 자중은 무시한다)

① $\dfrac{1}{\sqrt{2}}$ 배   ② $\dfrac{1}{2}$ 배

③ $\sqrt{2}$ 배   ④ 2배

해설
축의 위험속도

$N_c = \dfrac{30}{\pi}\sqrt{\dfrac{g}{\delta}}$ 에서

$\delta = \dfrac{PL^3}{48EI} = \dfrac{PL^3}{48E\dfrac{\pi d^4}{64}} = \dfrac{64PL^3}{48E\pi d^4} = \dfrac{4PL^3}{3E\pi d^4}$

여기서 길이(L)와 직경(d)만 고려한다.

$N_{c1} : N_{c2} = \dfrac{30}{\pi}\sqrt{\dfrac{g}{\delta_1}} : \dfrac{30}{\pi}\sqrt{\dfrac{g}{\delta_2}}$

$N_{c1} : N_{c2} = \sqrt{\dfrac{d^4}{L^3}} : \sqrt{\dfrac{(2d)^4}{(2L)^3}}$

$N_{c1} : N_{c2} = \sqrt{\dfrac{d^4}{L^3}} : \sqrt{\dfrac{16d^4}{8L^3}}$

$N_{c1} : N_{c2} = \sqrt{\dfrac{d^4}{L^3}} : \sqrt{\dfrac{2d^4}{L^3}}$

$N_{c1} : N_{c2} = \sqrt{\dfrac{d^4}{L^3}} : \sqrt{2}\sqrt{\dfrac{d^4}{L^3}}$

$N_{c1} : N_{c2} = 1 : \sqrt{2}$

$\therefore N_{c2} = \sqrt{2}N_{c1}$

축 중앙에 1개의 회전질량을 가진 축의 위험속도 계산식

$$N_c = \dfrac{30}{\pi}w_c = \dfrac{30}{\pi}\sqrt{\dfrac{g}{\delta}} = 300\sqrt{\dfrac{1}{\delta}}$$

단순지지보에서 집중하중 작용 시 처짐각(θ) 및 처짐량(δ) 구하는 식

처짐각(θ)	처짐량(δ)	
$\theta_{\max} = \dfrac{PL^2}{16EI}$	$\delta_{\max} = \dfrac{PL^3}{48EI}$	

단면 2차 모멘트(관성모멘트), $I = \dfrac{\pi d^4}{64}$

06 구동축의 전단응력에 대한 설명 중 가장 옳은 것은?(단, 구동축은 중실축이다)

① 전단응력은 비틀림모멘트에 비례하고 축경의 3승에 반비례한다.

② 전단응력은 비틀림모멘트에 반비례하고 축경의 3승에 반비례한다.

③ 전단응력은 비틀림모멘트에 비례하고 축경의 3승에 비례한다.

④ 전단응력은 비틀림모멘트에 반비례하고 축경의 3승에 비례한다.

해설

중실축의 전단응력 구하는 식을 살펴보면

$$\tau = \frac{T}{Z_P} = \frac{T}{\frac{\pi d^3}{16}} = \frac{16T}{\pi d^3}$$

전단응력(τ)은 비틀림모멘트(T)에 비례하고, 축경(d, 축의 직경)의 3승에 반비례함을 알 수 있다.

07 중실축에 굽힘모멘트 $M=100[\text{N}\cdot\text{m}]$와 비틀림모멘트 $T=100\sqrt{3}[\text{N}\cdot\text{m}]$를 동시에 작용할 때 최대 전단응력은 최대 주응력의 몇 배인가?

① $\frac{2}{5}$ 배

② $\frac{2}{3}$ 배

③ $\frac{1}{\sqrt{3}}$ 배

④ $\frac{1}{\sqrt{5}}$ 배

해설

상당비틀림모멘트,

$$T_e = \sqrt{M^2 + T^2} = \sqrt{(100^2 + (100\sqrt{3})^2} = 200[\text{N}\cdot\text{m}]$$

상당굽힘모멘트,

$$M_e = \frac{1}{2}(M + \sqrt{M^2 + T^2}) = \frac{1}{2}(M + T_e) = \frac{1}{2}(100 + 200)$$
$$= 150[\text{N}\cdot\text{m}]$$

$$\frac{최대\ 전단응력}{최대\ 주응력} = \frac{\tau}{\sigma}$$

$$= \frac{\frac{16T}{\pi d^3}}{\frac{32M}{\pi d^3}} = \frac{16T}{32M}$$

$$= \frac{1 \times 200}{2 \times 150} = \frac{2}{3}$$

∴ $\frac{2}{3}$ 배가 된다.

상당굽힘모멘트(M_e) 및 상당비틀림모멘트(T_e) 구하는 식

상당굽힘모멘트(M_e)	상당비틀림모멘트(T_e)
$M_e = \frac{1}{2}(M + \sqrt{M^2 + T^2})$	$T_e = \sqrt{M^2 + T^2}$

08 접촉면의 안지름이 60[mm], 바깥지름이 80[mm]이고 접촉면의 마찰계수가 0.3인 단판 클러치가 200[kgf · mm]의 토크를 전달시키는데 필요한 접촉면압의 값 [kgf/mm^2]은?

① $\dfrac{1}{294\pi}$ [kgf/mm^2]

② $\dfrac{1}{588\pi}$ [kgf/mm^2]

③ $\dfrac{2}{147\pi}$ [kgf/mm^2]

④ $\dfrac{4}{147\pi}$ [kgf/mm^2]

해설
단판 클러치의 전달토크 구하는 식을 통해 접촉면압(p)을 도출한다.
전달토크,

$$T = F \times \frac{D_m}{2}$$

$$200 = \mu P \times \frac{D_m}{2}$$

$$200 = \mu(p \times A) \times \frac{D_m}{2}$$

$$200 = 0.3 \times \left(p \times \frac{\pi(D_2^2 - D_1^2)}{4}\right) \times \frac{\dfrac{80+60}{2}}{2}$$

$$200 = 0.3 \times (p \times 700\pi) \times \frac{140}{4}$$

$$\therefore \ 접촉면압(p) = \frac{200}{7,350\pi} = \frac{4}{147\pi}$$

여기서, D_m : 평균지름

09 키가 있는 플랜지 고정 커플링에 허용전단강도가 200 [MPa]이고, 전단면적이 400[mm^2]인 볼트 6개가 체결되어 있고, 볼트의 기초원 지름은 200[mm]이다. 볼트의 전단응력은 균일하고, 플랜지와 키의 마찰은 무시하며, 토크 용량은 볼트의 허용전단강도에 의해 결정된다고 가정할 때, 허용전달토크의 값[kN · m]은?

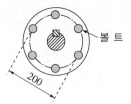

① 24[kN · m]　　　② 48[kN · m]

③ 72[kN · m]　　　④ 96[kN · m]

해설
허용전달토크,

$$T = F \times \frac{D_m}{2} = \tau_a A \times z \times \frac{D_m}{2}$$

$$= 200[\text{MPa} = \text{N/mm}^2] \times 400[\text{mm}^2] \times 6 \times \frac{200[\text{mm}]}{2}$$

$$= 48,000,000[\text{N} \cdot \text{mm}]$$

$$= 48[\text{kN} \cdot \text{m}]$$

10 마찰면의 바깥지름이 110[mm], 안지름이 90[mm], 폭이 20[mm]인 원추 클러치가 접촉면압이 0.1[N/mm^2] 이하로 사용될 때 최대 전달토크의 값[N · mm]은?(단, 마찰계수는 0.2, π=3으로 계산한다)

① 1,000[N · mm]　　② 2,000[N · mm]

③ 4,000[N · mm]　　④ 6,000[N · mm]

해설
최대 전달토크 구하는 식을 이용한다.

$$T = F \times \frac{D_m}{2} = \mu Q \times \frac{D_m}{2}$$

$$= \mu \times (\pi D_m b q) \times \frac{D_m}{2}$$

$$= 0.2 \times \left(3 \times \frac{110[\text{mm}] + 90[\text{mm}]}{2} \times 20[\text{mm}] \times 0.1[\text{N/mm}^2]\right)$$

$$\times \frac{\dfrac{110[\text{mm}] + 90[\text{mm}]}{2}}{2}$$

$$= 0.2 \times 300[\text{mm}] \times 2[\text{N/mm}] \times 50[\text{mm}] = 6,000[\text{N} \cdot \text{mm}]$$

11 베어링 번호가 6310인 단열 깊은 홈 볼 베어링을 그리스 윤활로 900시간의 수명을 주려고 할 때 베어링 하중의 값[kN]은?(단, 그리스 윤활의 dN값은 200,000이고 6310 베어링의 동적부하용량은 48[kN]으로 계산한다)

① 4[kN]

② 6[kN]

③ 8[kN]

④ 10[kN]

해설

베어링 호칭번호가 6310이므로 안지름은 50[mm]임을 알 수 있다.

베어링의 한계속도지수$= dN$이므로

$200,000 = 50[mm] \times N$

$\therefore N = \dfrac{200,000}{50} = 4,000[rpm]$

$L_h = 500 \left(\dfrac{C}{P}\right)^r \dfrac{33.3}{N}$

$900 = 500 \left(\dfrac{C}{P}\right)^3 \times \dfrac{33.3}{4,000}$

$900 = \dfrac{C^3}{P^3} \times \dfrac{33.3}{8}$

계산기를 사용할 수 없으므로 대략적으로 계산한다.

$P^3 = \dfrac{C^3}{900} \times \dfrac{33.3}{8} = \dfrac{48^3}{900} \times \dfrac{33.3}{8}$

$P^3 = \dfrac{48^3}{2^3} \times \dfrac{33.3}{900}$ (여기서 $\dfrac{33.3}{900} \fallingdotseq \dfrac{1}{27}$ 이다)

$P^3 = \dfrac{48^3}{2^3 \times 3^3}$ 이므로,

$\therefore P = \dfrac{48}{2 \times 3} = 8[kN]$

베어링의 수명시간(L_h) 구하는 식

$L_h = 500 \left(\dfrac{C}{P}\right)^r \dfrac{33.3}{N}$ or $L_h = 500 f_n^r \left(\dfrac{C}{P_{th} \times f_w}\right)^r$

여기서 C : 기본부하용량

P_{th} : 베어링 이론하중

f_w : 하중계수

N : 회전수

f_n : 속도계수

볼 베어링의 하중계수(r) = 3

롤러 베어링의 하중계수(r) = $\dfrac{10}{3}$

볼 베어링의 수명 : 반지름방향 동등가하중의 3승에 반비례한다.

12 지름이 250[mm]인 축이 9,000[kgf]의 스러스트 하중을 받고, 칼라 베어링의 칼라의 외경이 350[mm]이고 최대 허용압력이 0.04[kgf/mm²]라 하면 최소 몇 개의 칼라가 필요한가?(단, π=3으로 한다)

① 3개

② 5개

③ 7개

④ 10개

해설

베어링 압력(p)구하는 식을 응용한다.

$p = \dfrac{P}{A \times z}$

$z = \dfrac{9,000}{\dfrac{3(350^2 - 250^2)}{4} \times 0.04}$

$= \dfrac{9,000}{1,800} = 5$

칼라 저널 베어링의 베어링 압력(p)

$p = \dfrac{P}{A \times z} = \dfrac{P}{\dfrac{\pi(d_2^2 - d_1^2)}{4} \times z}$

여기서, d_2 : 칼라의 바깥지름

d_1 : 칼라의 안지름

z : 칼라 수

13 원판에 의한 무단 변속장치에서 그림과 같이 종동차(2)가 원동차(1)의 중심에서 x 거리만큼 떨어져 구름접촉을 할 때 속도비와 회전토크비로 가장 옳은 것은?(단, N_1과 N_2는 각각 원동축(Ⅰ축)과 종동축(Ⅱ축)의 회전속도이고, T_1과 T_2는 각각 원동차와 종동차의 회전토크이다)

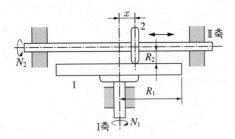

① $\dfrac{N_2}{N_1} = \dfrac{R_2}{x}$, $\dfrac{T_2}{T_1} = \dfrac{x}{R_2}$

② $\dfrac{N_2}{N_1} = \dfrac{R_1}{x}$, $\dfrac{T_2}{T_1} = \dfrac{x}{R_1}$

③ $\dfrac{N_2}{N_1} = \dfrac{x}{R_2}$, $\dfrac{T_2}{T_1} = \dfrac{R_2}{x}$

④ $\dfrac{N_2}{N_1} = \dfrac{x}{R_1}$, $\dfrac{T_2}{T_1} = \dfrac{R_1}{x}$

해설
원동과 종동의 속도비와 회전토크비는 그림에서 쉽게 도출할 수 있다.

$$i = \frac{N_2}{N_1} = \frac{x}{R_2}$$

$$i = \frac{T_2}{T_1} = \frac{R_2}{x}$$

14 기어에 대한 설명으로 가장 옳지 않은 것은?

① 언더컷을 방지하려면 압력각을 크게 한다.

② 하이포이드 기어는 두 축이 교차할 때 사용하는 기어의 종류이다.

③ 인벌류트 치형은 사이클로이드 치형에 비해 강도가 우수하다.

④ 전위기어는 표준기어에 비해 설계가 복잡하다.

해설
하이포이드 기어는 두 축이 나란하지도 교차하지도 않을 때 사용하는 기어이다.

[하이포이드 기어]

15 스퍼 기어의 중심거리가 100[mm]이고, 모듈이 5일 때, 회전각속도비가 1/4배로 감속한다면 각 기어의 피치원 지름과 각 기어의 잇수를 순서대로 바르게 나열한 것은?

① 40[mm], 160[mm], 8개, 32개

② 10[mm], 80[mm], 8개, 32개

③ 10[mm], 160[mm], 4개, 16개

④ 40[mm], 160[mm], 4개, 32개

해설

㉠ 중심거리$(C) = \dfrac{D_1 + D_2}{2} = \dfrac{mz_1 + mz_2}{2}$

$\quad 100 = \dfrac{5(z_1 + z_2)}{2}$

$\quad z_1 + z_2 = 40$

㉡ 속도비$(i) = \dfrac{w_2}{w_1} = \dfrac{z_1}{z_2}$

$\quad \dfrac{1}{4} = \dfrac{z_1}{z_2}$, $z_2 = 4z_1$

㉠, ㉡식을 통합해서 풀면 두 기어의 잇수를 구할 수 있다.

$z_1 + z_2 = 40$

$z_1 + 4z_1 = 40$

따라서 $z_1 = 8$, $z_2 = 32$이다.

모듈은 5이므로, 피치원 지름, $D = mz$식에 대입하면

$D_1 = mz_1 = 5 \times 8 = 40[mm]$

$D_2 = mz_2 = 5 \times 32 = 160[mm]$

∴ 정답은 ①번이다.

16 클러치형 원판 브레이크가 〈보기〉와 같은 조건에서 사용되고 있을 때 제동할 수 있는 동력에 가장 가까운 값 [PS]은?

〈보 기〉
접촉면의 평균지름이 100[mm], 밀어서 접촉시키는 힘이 500[kgf], 회전각속도가 200[rpm], 마찰계수는 0.2

① 0.14[PS] ② 1.40[PS]
③ 14.00[PS] ④ 140.00[PS]

해설
동력, $P = T \times w$

$$= F \times \frac{D}{2} \times \frac{2\pi N}{60}$$

$$= \mu P \times \frac{D}{2} \times \frac{2\pi N}{60}$$

$$= (0.2 \times 500[\text{kgf}]) \times \frac{0.1[\text{m}]}{2} \times \frac{2\pi \times 200[\text{rev}]}{60[\text{s}]}$$

$$≒ 104.7[\text{kgf} \cdot \text{m/s}]$$

여기서, 1[PS] = 75[kgf · m/s]이므로

$$\therefore \frac{104.7[\text{kgf} \cdot \text{m/s}]}{75[\text{kgf} \cdot \text{m/s}]/[\text{PS}]} ≒ 1.4[\text{PS}]$$

17 체인 전동의 특징에 대한 설명으로 가장 옳지 않은 것은?

① 인장강도가 높아 큰 동력을 전달하는 데 사용됨
② 초기장력이 필요하지 않아 이로 인한 베어링 반력이 발생되지 않음
③ 유지 및 수리가 간단하고 수명이 긴
④ 미끄러짐이 발생하여 이에 대한 충분한 고려를 하여야 함

해설
체인 전동 장치는 풀리의 이와 체인의 홈부분이 결합되어 회전하므로 미끄럼이 발생하지 않고 동력을 전달한다.

18 브레이크 드럼축에 300,000[N · mm]의 토크가 작용하는 밴드 브레이크가 있다. 드럼축의 우회전을 멈추기 위해 브레이크 레버에 주는 힘 F의 값[N]은?(단, D=200[mm], l=500[mm], a=50[mm], $e^{\mu\theta}$=4로 한다)

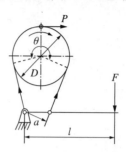

① 40[N] ② 60[N]
③ 80[N] ④ 100[N]

해설
그림은 단동식 밴드 브레이크이다.

$$F \times l = T_t \times a, \quad F = \frac{T_t \times a}{l}$$

$$= \frac{a}{l} \times P \frac{e^{\mu\theta}}{e^{\mu\theta}-1}, \quad P = \frac{2T}{D} \text{ 대입}$$

$$= \frac{50}{500} \times \frac{2 \times 300,000}{200} \times \frac{1}{4-1} = 100[\text{N}]$$

19 소선의 지름이 10[mm], 코일의 평균 지름이 50[mm], 스프링 상수가 4[kgf/mm]인 원통 코일 스프링의 유효 감김수는 몇 회인가?(단, 횡탄성계수 G = 4×10^3[kgf/mm²]이다)

① 6회 ② 8회
③ 10회 ④ 12회

해설
원통 코일 스프링의 스프링 상수 구하는 식을 응용한다.

$$k = \frac{P}{\delta} = \frac{Gd^4}{8nD^3}$$

유효감김수, $n = \dfrac{Gd^4}{8kD^3} = \dfrac{4 \times 10^3 \times 10^4}{8 \times 4 \times 50^3} = 10$

$\therefore$ 유효감김수는 10회이다.

20 두 개의 스프링이 직렬로 연결되어 P[N]의 하중이 작용
될 때, 늘어난 길이를 계산한 식으로 가장 옳은 것은?

① $\dfrac{P(k_1 + k_2)}{k_1 k_2}$

② $\dfrac{P k_1 k_2}{(k_1 + k_2)}$

③ $\dfrac{P k_1}{k_2}$

④ $\dfrac{P k_2}{k_1}$

해설

스프링 하중,

$P = k_{tot} \times \delta$

$\delta = \dfrac{P}{k_{tot}} = \dfrac{P}{\dfrac{1}{\dfrac{1}{k_1} + \dfrac{1}{k_2}}} = \dfrac{P}{\dfrac{k_1 + k_2}{k_1 k_2}} = \dfrac{P}{\dfrac{k_1 k_2}{k_1 + k_2}}$

$= \dfrac{P(k_1 + k_2)}{k_1 k_2}$

스프링 상수(k)값 구하기

병렬 연결 시	$k = k_1 + k_2$	
직렬 연결 시	$k = \dfrac{1}{\dfrac{1}{k_1} + \dfrac{1}{k_2}}$	

01 3D 모델링 방법 중 솔리드 모델(Solid Model)을 설명한
내용으로 옳지 않은 것은?

① 논리연산을 활용하여 복잡한 형상을 표현할 수 있다.
② 중량, 관성 모멘트 등 물성 값을 계산할 수 있다.
③ 설계 단계에서 부품 사이의 간섭 검사에 활용될 수 있다.
④ 와이어 프레임 모델과 비교하여 형상 구현에 필요한
데이터량이 적다.

해설

3D 모델링 방법에는 솔리드 모델링, 서피스 모델링, 와이어 프레임
모델링 이 3가지가 있다.
와이어 프레임 모델링은 선(Wire)으로만 형상을 표현하므로 입체로
표시하는 솔리드 모델링에 비해 필요한 데이터량이 더 적다.
3차원 CAD의 모델링의 종류

종 류	형 상	특 징
와이어 프레임 모델링 (Wire Frame Modeling)	선에 의한 그림	• 작업이 쉽다. • 처리 속도가 빠르다. • 데이터 구성이 간단하다. • 은선의 제거가 불가능하다. • 단면도 작성이 불가능하다. • 3차원 물체의 가장자리 능선을 표시한다. • 질량 등 물리적 성질의 계산이 불가능하다. • 내부 정보가 없어 해석용 모델로 사용할 수 없다.
서피스 모델링 (Surface Modeling)	면에 의한 그림	• 은선의 제거가 가능하다. • 단면도 작성이 가능하다. • NC 가공 정보를 얻을 수 있다. • 복잡한 형상의 표현이 가능하다. • 물리적 성질을 계산하기가 곤란하다.
솔리드 모델링 (Solid Modeling)	3차원 물체의 그림	• 은선의 제거가 가능하다. • 단면도 작성이 가능하다. • 곡면기반 모델이라고도 한다. • 부품 간 간섭 체크가 용이하다. • 복잡한 형상의 표현이 가능하다. • 데이터의 처리가 많아 용량이 커진다. • 이동이나 회전을 통해 형상 파악이 가능하다.
		• 여러 개의 곡면으로 물체의 바깥 모양을 표현한다. • 와이어 프레임 모델에 면의 정보를 부가한 형상이다. • 질량, 중량, 관성모멘트 등 물성 값의 계산이 가능하다. • 형상만이 아닌 물체의 다양한 성질을 좀 더 정확하게 표현하기 위해 고안된 방법이다

02 축간 거리가 아주 긴 벨트 전동 장치가 고속 회전할 때,
벨트가 파닥 소리를 내며 전동되는 현상은?

① 벨트 미끄러짐
② 크리핑(Creeping) 현상
③ 벨트 이탈 현상
④ 플래핑(Flapping) 현상

해설

플래핑 현상은 벨트풀리의 중심 축간 거리가 길고 벨트가 고속으로
회전할 때, 벨트에서 파닥이는 소리와 함께 파도치는 것처럼 보이는
이상 현상이다.
벨트 전동 장치의 이상 현상

이상 현상	내 용
플래핑 (Flapping)	벨트풀리의 중심 축간 거리가 길고 벨트가 고속으로 회전할 때, 벨트에서 파닥이는 소리와 함께 파도치는 것처럼 보이는 이상 현상
크리핑 (Creeping)	크리프란 천천히 움직인다는 용어로 벨트가 벨트풀리 사이를 회전할 때 이완측에 근접한 부분에서 인장력이 감소하면 변형량도 줄게되면서 벨트가 천천히 움직이는 이상 현상
벨트 미끄러짐	긴장측과 이완측 간 장력비가 약 20배 이상으로 매우 크거나, 초기 장력이 너무 작은 경우, 벨트가 벨트풀리 위를 미끄러지면서 긁히는 소리가 나면서 열이 발생되는 이상 현상
벨트 이탈	벨트가 너무 헐거워져서 장력을 잃고 벨트풀리 밖으로 이탈하는 이상 현상

03 축이음에서 두 축이 일직선상에 있고, 축과 커플링은 볼트나 키를 사용하여 결합하며, 축 방향의 이동이 없는 경우에 사용하는 것은?

① 고정 커플링
② 플렉시블 커플링
③ 올덤 커플링
④ 유니버설 조인트

[해설]
고정 커플링은 두 축의 중심이 일직선상에 있으면서 축 방향으로의 이동이 없는 경우의 축이음에 사용한다.

04 4절 링크장치(Four Bar Linkage)에서 완전한 회전운동을 하는 링크는?

① 레버(Lever)
② 로커(Rocker)
③ 크랭크(Crank)
④ 커넥팅 로드(Connecting Rod)

[해설]
그림과 같은 4절 링크장치에서도 완전한 회전운동을 하는 링크는 크랭크이다.

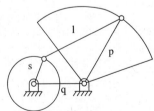

[크랭크-로커기구]

※ 참고
크랭크-로커기구 : 크랭크의 회전운동으로 로커는 그 길이에 따라 회전운동을 하거나 자동차와이퍼와 같이 반복운동을 한다.

05 그림과 같이 재료, 형상, 크기가 동일한 두 보에 같은 크기의 하중이 가해질 때, 각각의 최대 처짐 위치에서 외팔보는 단순보 보다 몇 배 더 처지는가?(단, 보의 자중은 무시한다)

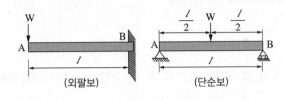

① 3
② 6
③ 16
④ 48

[해설]
문제에서 하중을 W로 표시했지만, P로 정리하면

• 외팔보가 집중하중을 받을 때 처짐량 : $\dfrac{PL^3}{3EI}$

• 단순보가 집중하중을 받을 때 처짐량 : $\dfrac{PL^3}{48EI}$

이를 정리하면, $\dfrac{외팔보}{단순보}=\dfrac{\dfrac{PL^3}{3EI}}{\dfrac{PL^3}{48EI}}=\dfrac{48}{3}=16$

∴ 외팔보의 처짐량은 단순보보다 16배 더 처진다.

06 그림과 같이 폭(b) × 높이(h) × 길이(l) = 12[mm] × 8[mm] × 100[mm]인 묻힘키가 지름 40[mm]의 축에 설치되어 4.2×10^5[N · mm]의 토크를 전달할 때, 키에 작용하는 전단응력[N/mm^2]은?

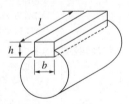

① 12.5
② 17.5
③ 35.5
④ 52.5

[해설]
묻힘키의 전단응력,
$$\tau = \frac{W}{bl} = \frac{2T}{bld} = \frac{2 \times 4.2 \times 10^5\,[\text{N} \cdot \text{mm}]}{12\,[\text{mm}] \times 100\,[\text{mm}] \times 40\,[\text{mm}]}$$
$$= \frac{840,000\,[\text{N} \cdot \text{mm}]}{48,000\,[\text{mm}^3]} = 17.5\,[\text{N/mm}^2]$$

07 임의의 원 위에 또 다른 하나의 원이 구를 때, 구름 원 위의 한 점이 그리는 치형곡선을 갖는 기어에 대한 설명으로 옳은 것은?

① 랙 공구의 치형이 직선이기 때문에 공구의 제작비가 싸다.

② 물림률이 비교적 크고, 미끄럼률 및 마멸이 균일하다.

③ 맞물리는 두 기어의 중심거리가 다소 달라도 속도비에 영향이 없다.

④ 변형을 시켜 전위 기어로 사용할 수 있다.

사이클로이드 치형곡선에 대한 설명으로 이 곡선은 물림률이 인벌류트 곡선에 비해 물림률이 비교적 크고 미끄럼이나 마멸이 비교적 균일한 편이다.

사이클로이드 곡선

평면 위의 일직선상에서 원을 회전시킨다고 가정했을 때, 원의 둘레 중 임의의 한 점이 회전하면서 그리는 곡선을 치형으로 사용한 곡선이다.

사이클로이드 치형곡선의 특징

- 물림률이 비교적 크다.
- 전위절삭이 불가능하다.
- 인벌류트 치형곡선보다 응력 집중은 적다.
- 인벌류트 치형곡선보다 제작하기 더 힘들다.
- 원주피치와 구름원의 크기가 같을 때 호환성이 크다.
- 미끄럼률과 마멸이 이뿌리면과 이끝면에서 일정한 편이다.
- 중심거리가 조금 어긋나면 이론적으로 서로 물리지 않는다.

08 구름 베어링의 호칭이 「6210 C2 P6」일 때, 이에 대한 설명으로 옳지 않은 것은?

① 「62」는 계열기호로 스러스트 볼 베어링이다.

② 「10」은 안지름 번호로 안지름이 50[mm]이다.

③ 「C2」는 틈새기호로 보통급보다 작은 것이다.

④ 「P6」은 정밀도 등급 기호로 6급이다.

베어링 호칭에서 앞 두 자리 '62'는 '경하중용 단열 홈 볼베어링'을 나타낸다.

6	2	08	C2	P6
단열 홈 볼베어링	경하중용	안지름 번호 40[mm]	틈새기호 보통급보다 작은 것	정밀도 등급 6급

베어링의 호칭번호 순서

형식 번호	치수기호	안지름 번호	접촉각 기호	실드기호	내부틈새기호	등급 기호
• 1 : 복렬 자동 조심형 • 2, 3 : 상동(큰 너비) • 6 : 단열 홈형 • 7 : 단열 앵귤러콘텍트형 • N : 원통 로울러형	• 0, 1 : 특별 경하중 • 2 : 경하중형 • 3 : 중간형	• 1~9 : 1~9[mm] • 00 : 10[mm] • 01 : 12[mm] • 02 : 15[mm] • 03 : 17[mm] • 04 : 20[mm] • 04부터 5를 곱한다.	C	• Z : 한쪽 실드 • ZZ : 안 팎실드	C2 (보통 급보다 작음)	• 무기호 : 보통급 • H : 상급 • P : 정밀 등급 • SP : 초 정밀급

09 그림과 같은 1줄 겹치기 리벳 이음에서 강판의 두께가 6[mm]이고, 리벳 구멍 사이에 작용하는 강판의 인장하중이 480[N], 리벳 하나에 작용하는 전단하중 Q가 441[N]일 때, 리벳의 최소 피치[mm]는?(단, 강판의 허용인장응력은 4[N/mm^2], 리벳의 허용전단응력은 3[N/mm^2]이고, $\pi = 3$이다)

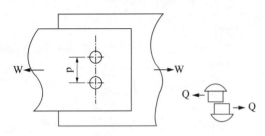

① 34　　　　　② 36
③ 38　　　　　④ 40

해설

리벳에 작용하는 하중, $F = \tau \times \dfrac{\pi d^2}{4} \times n$ 을 이용해서 지름(d)를 구한다.

$$480[\text{N}] = 3[\text{N/mm}^2] \times \frac{3 \times d^2}{4} \times 2$$

$$d^2 = \frac{480[\text{N}] \times 4}{3[\text{N/mm}^2] \times 3 \times 2} = 106.7[\text{mm}^2]$$

$d = 10.33[\text{mm}]$

리벳이음의 인장응력 구하는 식으로 피치(p)를 구한다.

$$\sigma = \frac{P}{(p-d)t}$$

$$4[\text{N/mm}^2] = \frac{480[\text{N}]}{(p-d) \times 6[\text{mm}]}$$

$$(p-d) \times 6[\text{mm}] = \frac{480[\text{N}]}{4[\text{N/mm}^2]}$$

$(p-d) = 20[\text{mm}]$
$p = 20[\text{mm}] + 10.33[\text{mm}]$
　$= 30.33[\text{mm}]$

∴ 최소 피치(p)는 ①번 34[mm]가 적합하다.

리벳이음의 응력 구하는 식

인장응력(σ)	압축응력(σ_c)
$\sigma = \dfrac{P}{(p-d)t}$	$\sigma_c = \dfrac{P}{dt}$

여기서, t : 두께, p : 피치, d : 리벳의 직경

10 그림과 같이 무게 40[kgf]의 물체를 스프링 상수 k = 2[kgf/cm]인 스프링으로 연결하여 평면 위에서 일정 속도로 끌고 갈 때, 스프링에 축적되는 에너지[kgf·cm]는?(단, 평면과 물체 사이의 마찰계수는 0.2이다)

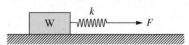

① 4　　　　　② 8
③ 16　　　　　④ 32

해설

물체에 작용하는 하중,
$P = \mu N = 0.2 \times 40[\text{kgf}] = 8[\text{kgf}]$

스프링 상수, $k = \dfrac{P}{\delta}$ 에서 변형량,

$$\delta = \frac{8[\text{kgf}]}{2[\text{kgf/cm}]} = 4[\text{cm}]$$

위 두 식을 고려해서 스프링의 축적 에너지를 구하면,
스프링의 축적 에너지,

$$U = \frac{1}{2}P\delta$$

$$= \frac{1}{2} \times 8[\text{kgf}] \times 4[\text{cm}]$$

$$= 16[\text{kgf} \cdot \text{cm}]$$

11 지름이 d인, 속이 찬 원형단면을 갖는 부재에서 그 중심을 지나는 단면 2차 모멘트 I와 단면계수 Z를 옳게 짝지은 것은?

	I	Z
①	$\dfrac{\pi}{8}d^4$	$\dfrac{\pi}{4}d^3$
②	$\dfrac{\pi}{16}d^4$	$\dfrac{\pi}{12}d^3$
③	$\dfrac{\pi}{32}d^4$	$\dfrac{\pi}{16}d^3$
④	$\dfrac{\pi}{64}d^4$	$\dfrac{\pi}{32}d^3$

해설

원형인 중실축의 단면 2차 모멘트, $I_x = I_y = \dfrac{\pi d^4}{64}$

원형인 중실축의 단면계수, $Z = \dfrac{I}{e} = \dfrac{\dfrac{\pi d^4}{64}}{\dfrac{d}{2}} = \dfrac{\pi d^3}{32}$

12 기어(Gear)의 종류와 용도에 대한 설명으로 옳은 것은?

① 큰 감속비가 필요한 곳에는 웜과 웜 휠이 사용된다.
② 헬리컬기어는 스퍼기어에 비하여 진동과 소음이 많다.
③ 피니언과 랙에서 피니언이 직선운동하면 랙은 회전운동을 한다.
④ 하이포이드기어는 두 축이 교차하는 경우에 사용된다.

해설
웜과 웜 휠은 큰 감속이 필요한 동력전달장치에 사용한다.
② 헬리컬기어는 스퍼기어에 비하여 진동과 소음이 적다.
③ 피니언과 랙에서 피니언이 회전운동하면 랙은 직선운동을 한다.
④ 하이포이드기어는 두 축이 나란하지도, 교차하지도 않는 경우에 사용된다.

13 베어링(Bearing)에 대한 설명으로 옳은 것은?

① 볼(Ball)베어링의 수명은 베어링에 걸리는 실제하중의 3승에 반비례한다.
② 롤러(Roller)베어링은 볼베어링에 비해 내충격성이 작다.
③ 미끄럼베어링의 재료는 피로강도와 마찰계수가 커야 한다.
④ 구름베어링에서 하중을 축 방향으로 받도록 설계한 경우 레이디얼(Radial)베어링이라 한다.

해설
볼(Ball)베어링의 수명은 베어링에 걸리는 실제하중의 3승에 반비례한다.
② 롤러(Roller)베어링은 볼베어링에 비해 접촉 면적이 더 크므로 내충격성도 더 크다.
③ 미끄럼베어링의 재료는 특히 발열에 대한 우려로 마찰계수가 작아야 한다.
④ 구름베어링에서 하중을 축 방향으로 받도록 설계한 경우 스러스트(Thrust)베어링이라 한다.

[Trust Ball Bearing]

14 그림과 같이 설치된 볼트로 5,000[N]의 하중 Q를 지지하기 위한 볼트의 최소 바깥지름 d[m]는?(단, 볼트의 허용인장응력은 200[MPa], 허용전단응력은 80[MPa], 골지름은 $0.8d$이고, 볼트의 자중은 무시한다)

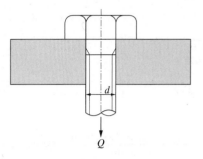

① $d = \dfrac{1}{60\sqrt{\pi}}$

② $d = \dfrac{1}{80\sqrt{\pi}}$

③ $d = \dfrac{1}{100\sqrt{\pi}}$

④ $d = \dfrac{1}{120\sqrt{\pi}}$

해설
축하중,

$$Q = \frac{\pi(0.8d)^2}{4} \times \sigma_t$$

$$(0.8d)^2 = \frac{4Q}{\pi \times \sigma_t}$$

$$0.64d^2 = \frac{4 \times 5,000[\text{N}]}{\pi \times 200 \times 10^6 [\text{N/m}^2]}$$

$$d^2 = \frac{4 \times 5,000[\text{N}]}{\pi \times 200 \times 10^6 [\text{N/m}^2] \times 0.64}$$

$$d = \sqrt{\frac{20,000}{\pi \times 128,000,000}}[\text{m}^2] = \sqrt{\frac{1}{\pi \times 6,400}}[\text{m}^2]$$

$$= \frac{1}{80\sqrt{\pi}}[\text{m}]$$

∴ 최소 바깥지름은 ②번이다.

15 15[m/s]로 달리고 있는 자동차의 바퀴가 60[rad/s]의 각속도로 회전할 때 미끄럼률[%]은?(단, 바퀴의 반지름은 200[mm]이다)

① 15 　　　　　　　　② 20

③ 25 　　　　　　　　④ 30

해설

슬립률

$$= \frac{15[\text{m/s}]-v}{15[\text{m/s}]} \times 100[\%]$$

$$= \frac{15[\text{m/s}]-rw}{15[\text{m/s}]} \times 100[\%]$$

$$= \frac{15[\text{m/s}]-(0.2[\text{m}]\times 60[\text{rad/s}])}{15[\text{m/s}]} \times 100[\%]$$

$$= \frac{15[\text{m/s}]-12[\text{m/s}]}{15[\text{m/s}]} \times 100[\%]$$

$$= \frac{3}{15} \times 100[\%] = 20[\%]$$

자동차의 슬립률(미끄럼률, Slip Ratio)

$$= \frac{\text{자동차 속도}-\text{바퀴의 원주속도}}{\text{자동차 속도}} \times 100[\%]$$

16 안지름이 200[mm]인 관에 흐르는 유체의 평균 속도가 10[m/s]일 때, 관 내에 흐르는 유량[m³/s]은?

① 0.1π 　　　　　　　② π

③ 5π 　　　　　　　　④ 10π

해설

유량, $Q = A \times v$

$$= \frac{\pi d^2}{4} \times 10[\text{m/s}]$$

$$= \frac{\pi (0.2[\text{m}])^2}{4} \times 10[\text{m/s}]$$

$$= 0.1\pi \ [\text{m}^3/\text{s}]$$

17 여러 가지 나사에 대한 설명으로 옳지 않은 것은?

① 관용나사는 파이프와 같이 두께가 얇은 곳에 적용하는 나사로 기밀을 필요로 할 때 사용한다.

② 톱니나사는 하중 방향이 항상 같은 경우에 사용되며, 하중을 받는 쪽은 삼각나사 형태이고, 반대쪽은 사각나사 형태이다.

③ 둥근나사는 전구 등과 같이 먼지, 모래, 녹가루 등이 들어갈 염려가 있을 경우 사용한다.

④ 사다리꼴나사는 강도가 높고 큰 힘을 견딜 수 있도록 개발된 나사로서 사각나사의 가공 문제를 개선한 나사이다.

해설

톱니나사는 하중 방향이 한 방향으로 같을 경우 주로 사용하며, 하중을 받는 쪽은 사각나사 부분이다.

18 길이가 100[mm]인 축의 중앙에 10[N]의 집중하중이 중심축에 수직으로 작용하고, 동시에 150[N·mm]의 비틀림 모멘트가 작용할 때, 축 중앙에서의 상당 굽힘 모멘트[N·mm]는?(단, 축의 양쪽 끝은 단순 지지되어 있다)

① $25\sqrt{34}$ 　　　　　　② $25\sqrt{409}$

③ $125+25\sqrt{34}$ 　　　④ $500+50\sqrt{409}$

해설

중심축에 작용하는 굽힘 모멘트, M

$$M = \frac{PL}{4} = \frac{10[\text{N}] \times 100[\text{mm}]}{4} = 250[\text{N} \cdot \text{mm}]$$

위 값을 아래 상당 굽힘 모멘트 공식에 대입한다.

상당 굽힘 모멘트(M_e)

$$M_e = \frac{1}{2}(M + \sqrt{M^2 + T^2})$$

$$= \frac{1}{2}(250 + \sqrt{250^2 + 150^2})$$

$$= \frac{1}{2}(250 + \sqrt{85,000})$$

$$= \frac{1}{2}(250 + 50\sqrt{34})$$

$$= 125 + 25\sqrt{34}$$

19 아파트에 상수도 배관을 하려고 한다. 인입 급수관의 안 지름이 70[mm]인 상수도용 고급 주철관을 사용할 때 사용가능한 급수관의 최소 두께[mm]는?(단, 최대 사용압력은 5[N/mm²], 주철관의 기준강도는 35[N/mm²], 안전율은 2, 부식 허용값은 1[mm], 이음효율은 1로 한다)

① 5

② 6

③ 10

④ 11

해설

관의 두께, $t = \dfrac{PD}{2\sigma_a\eta} + C$(여기서, $C=$ 부식여유)

$\quad = \dfrac{5[\text{N/mm}^2] \times 70[\text{mm}]}{2 \times 17.5[\text{N/mm}^2] \times 1} + 1[\text{mm}]$

$\quad = \dfrac{350[\text{mm}]}{35} + 1[\text{mm}]$

$\quad = 11[\text{mm}]$

※ $S = \dfrac{극한강도}{허용응력(\sigma_a)}$ 이므로,

허용응력$(\sigma_a) = \dfrac{극한강도}{S} = \dfrac{35[\text{N/mm}^2]}{2} = 17.5[\text{N/mm}^2]$

20 기본 동정격하중이 3,000[kgf]인 레이디얼 볼베어링을 360[rpm]으로 10,000시간의 수명을 주려고 할 때, 베어링이 받을 수 있는 최대 하중[kgf]은?(단, 베어링 수명에 영향을 줄 수 있는 그 밖의 인자는 모두 무시한다)

① 100

② $200\sqrt{6}$

③ 300

④ 500

해설

· 베어링 수명시간,

$L_h = 500\left(\dfrac{C}{P}\right)^r \dfrac{33.3}{N}$

$10,000 = 500 \times \left(\dfrac{3,000[\text{kgf}]}{P}\right)^3 \times \dfrac{33.3}{360[\text{rpm}]}$

$\left(\dfrac{3,000[\text{kgf}]}{P}\right)^3 = \dfrac{10,000}{500} \times \dfrac{360[\text{rpm}]}{33.3}$

$\left(\dfrac{3,000[\text{kgf}]}{P}\right)^3 = 20 \times \dfrac{120[\text{rpm}]}{11.1}$

$P^3 = 3,000^3 \times \dfrac{11.1}{2,400} = 124,875,000$

$P = \sqrt[3]{124,875,000} ≒ 499.83$

∴ 정답은 ④번이 적합하다.

베어링의 수명시간(L_h) 구하는 식

$L_h = 500\left(\dfrac{C}{P}\right)^r \dfrac{33.3}{N}$ 또는 $L_h = 500f_n^r\left(\dfrac{C}{P_{th} \times f_w}\right)^r$

여기서, C : 기본 부하용량 또는 기본 동정격하중,

$\quad\quad\quad P_{th}$: 베어링 이론하중 또는 최대 하중,

$\quad\quad\quad f_w$: 하중계수,

$\quad\quad\quad N$: 회전수,

$\quad\quad\quad f_n$: 속도계수

· 볼베어링의 하중계수$(r) = 3$

· 롤러베어링의 하중계수$(r) = \dfrac{10}{3}$

2020년 지방직 기계설계

01 그림과 같은 연강의 응력–변형률 선도에서 훅(Hooke)의 법칙이 성립되는 구간은?

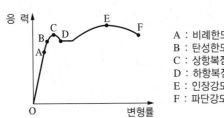

A : 비례한도
B : 탄성한도
C : 상항복점
D : 하항복점
E : 인장강도
F : 파단강도

① OA
② AB
③ CD
④ EF

해설
응력–변형률 선도에서, 후크(훅)의 법칙이 성립되는 구간은 비례한도 구간인 $\overline{OA}$ 이다.

02 마찰계수가 0.5인 단판 브레이크에서 축방향으로의 힘이 400[N]일 때, 제동토크[N · m]는?(단, 원판의 평균 지름은 500[mm]이다)

① 30
② 40
③ 50
④ 60

해설
블록브레이크의 제동토크
$$T = f \times \frac{D}{2} = \mu Q \times \frac{D}{2}$$
$$= 0.5 \times 400[N] \times \frac{0.5[m]}{2}$$
$$= 50[N \cdot m]$$

03 나사에 대한 설명으로 옳지 않은 것은?

① 미터나사는 결합용 나사로서 기호 M으로 나타낸다.
② 둥근나사는 나사골에 강구를 넣어 볼의 구름 접촉에 의해 나사 운동을 한다.
③ 유니파이나사의 피치는 1인치 안에 들어 있는 나사산의 수로 나타낸다.
④ 사다리꼴나사는 운동용 나사로서 공작기계의 이송 나사로 사용된다.

해설
나사골에 강구를 넣어 볼의 구름 접촉에 의한 나사 운동을 하는 것은 볼나사이다.

04 리벳 이음에서 리벳 지름이 d, 피치가 $2p$인 판의 효율은?

① $\dfrac{p-d}{p}$
② $\dfrac{2p-d}{p}$
③ $\dfrac{2p-d}{2p}$
④ $\dfrac{d-2p}{2p}$

해설
리벳 판(강판)의 효율
$\eta = 1 - \dfrac{d}{p}$ 에서 p가 $2p$이므로
$\eta = 1 - \dfrac{d}{2p} = \dfrac{2p-d}{2p}$
리벳 이음에서 강판의 효율(η) 구하는 식
$\eta = \dfrac{\text{구멍이 있을 때의 인장력}}{\text{구멍이 없을 때의 인장력}} = 1 - \dfrac{d}{p}$
여기서, d＝리벳 지름, p＝리벳의 피치

05 900[rpm]으로 회전하고 있는 단열 레이디얼 볼 베어링에 200[kgf]의 반경방향 하중이 작용하고 있다. 이 베어링의 기본 동적부하용량이 900[kgf]이고 하중계수가 1.5일 때, 베어링의 수명[시간]은?

① 500 ② 1,000
③ 1,500 ④ 2,000

해설

$L_h = 500\left(\dfrac{C}{P}\right)^r \dfrac{33.3}{N}$ 에서 P에 하중계수 f_w를 곱해준다.

$L_h = 500\left(\dfrac{C}{P \times f_w}\right)^r \dfrac{33.3}{N}$

$= 500 \times \left(\dfrac{900[\text{kgf}]}{200[\text{kgf}] \times 1.5}\right)^3 \times \dfrac{33.3}{900} = 499.5$

볼 베어링의 하중계수$(r) = 3$

롤러 베어링의 하중계수$(r) = \dfrac{10}{3}$

06 중실축의 지름이 d이고, 중공축의 바깥지름이 d, 안지름이 $\dfrac{2}{3}d$이다. 두 축이 같은 재료일 때, 전달할 수 있는 토크비$\left(\dfrac{T_{중공축}}{T_{중실축}}\right)$는?

① $\dfrac{15}{16}$ ② $\dfrac{16}{81}$
③ $\dfrac{65}{81}$ ④ $\dfrac{16}{15}$

해설

토크비, $\dfrac{T_{중공축}}{T_{중실축}} = \dfrac{\tau \times Z_P}{\tau \times Z_P} = \dfrac{\tau \times \dfrac{\pi\left(\dfrac{d_2^4 - d_1^4}{d_2}\right)}{16}}{\tau \times \dfrac{\pi d^3}{16}} = \dfrac{d_2^4 - d_1^4}{d_2 \times d^3}$

여기서, d : 중실축의 지름, d_1 : 중공축의 안지름,
$\quad\quad d_2$: 중공축의 바깥지름

지문에서 $d_1 = \dfrac{2}{3}d$, $d_2 = d$이므로,

$\dfrac{T_{중공축}}{T_{중실축}} = \dfrac{d^4 - \left(\dfrac{2}{3}d\right)^4}{d \times d^3} = \dfrac{d^4 - \dfrac{2^4}{3^4}d^4}{d^4} = \dfrac{\dfrac{3^4 - 2^4}{3^4} \times d^4}{d^4}$

$= \dfrac{3^4 - 2^4}{3^4} = \dfrac{65}{81}$

07 그림과 같은 브레이크 드럼의 반지름(r) 50[mm], 접촉중심각(θ) 60°, 폭(b) 20[mm]인 블록 브레이크에 1,000[N]의 하중(Q)이 작용할 때, 브레이크 패드가 받는 압력[N/mm²]은?

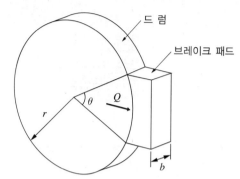

① 0.8
② 1.0
③ 1.2
④ 1.4

해설
블록 브레이크의 제동압력

$q = \dfrac{F}{A} = \dfrac{Q}{b \times 2\pi r \times \dfrac{60}{360}}$ 여기서, π를 3으로 계산하면,

$q = \dfrac{1,000[\text{N}]}{20[\text{mm}] \times 2 \times 3 \times 50[\text{mm}] \div 6} = 1[\text{N}/\text{mm}^2]$

08 그림과 같이 코일스프링의 평균 지름 D[mm], 소선의 지름 d[mm]인 스프링의 중심축 방향으로 압축하중 F [N]가 작용할 때, 스프링의 최대 전단응력[N/mm²]으로 가장 옳은 것은?

① $\dfrac{4F}{\pi d^2}$

② $\dfrac{8FD}{\pi d^3}$

③ $\dfrac{16FD}{\pi d^3}$

④ $\dfrac{4F}{\pi d^2} + \dfrac{8FD}{\pi d^3}$

해설

코일스프링의 전단하중은 스프링 소선에 대한 전단응력(τ_1)과 스프링 전체에 대한 전단응력(τ_2)을 구해야 한다.

• 스프링 소선에 대한 전단응력(τ_1)

$$\tau_1 = \frac{F}{A} = \frac{F}{\dfrac{\pi d^2}{4}} = \frac{4F}{\pi d^2}$$

• 스프링 전체에 대한 전단응력(τ_2)

$$\tau_2 = \frac{T}{Z_P} = \frac{F \times \dfrac{D}{2}}{\dfrac{\pi d^3}{16}} = \frac{16FD}{2\pi d^3} = \frac{8FD}{\pi d^3}$$

$$\therefore \tau_1 + \tau_2 = \frac{4F}{\pi d^2} + \frac{8FD}{\pi d^3}$$

09 얇은 벽의 원통형 압력 용기 설계식으로 옳지 않은 것은?(단, 압력 p[N/cm²], 원통의 안지름 D[mm], 원통 길이 l[mm], 철판두께 t[mm], 부식에 대한 상수 C [mm], 허용인장응력 σ_a[MPa], 이음효율 η이다)

① 원주방향 하중[N] = $\dfrac{pDl}{100}$

② 길이방향 하중[N] = $\dfrac{\pi pDt}{400}$

③ 길이방향의 인장응력[MPa] = $\dfrac{Dp}{400\,t}$

④ 용기 두께[mm] = $\dfrac{Dp}{200\,\sigma_a\,\eta} + C$

해설

길이방향 하중은

$\sigma_a = \dfrac{F}{\pi Dt}$ 와 $\sigma = \dfrac{pD}{4t}$ 를 같다고 놓고 계산한다.

$$\frac{F}{\pi Dt} = \frac{pD}{4t}$$

$$F = \frac{p[\text{N/mm}^2] \times 10^{-2} \times D}{4t} \times \pi Dt = \frac{\pi pD^2}{400}$$

따라서 ②는 잘못된 식이다.

① $\sigma_a = \dfrac{F}{2tl}$ 와 $\sigma = \dfrac{pD}{2t}$ 를 같다고 놓고 계산한다.

$$\frac{F}{2tl} = \frac{pD}{2t}$$

$$F = \frac{p[\text{N/mm}^2] \times 10^{-2}[\text{mm}] \times D}{2t} \times 2tl = \frac{pDl}{100}$$

③ 길이방향의 인장응력

$$\sigma = \frac{pD}{4t} = \frac{p[\text{N/mm}^2] \times 10^{-2} \times D}{4t} = \frac{pD}{400t}$$

④ 용기 두께는 원주방향의 응력을 적용한다.

$$\sigma_a = \frac{pD}{2t} = \frac{p[\text{N/mm}^2] \times 10^{-2} \times D}{2t}$$

$$\sigma_a = \frac{pD}{200t}, \ t = \frac{pD}{200\sigma_a}$$ 에서

효율과 부식에 대한 상수를 고려하면,

$$t = \frac{pD}{200\sigma_a\eta} + C$$

10 지름이 10[mm]인 중실축이 50[Hz]의 주파수로 1[kW]의 동력을 전달할 때, 발생되는 최대 유효응력(Von Mises 응력)[MPa]은?

① $\dfrac{160}{\pi^2}$ ② $\dfrac{160\sqrt{3}}{\pi^2}$

③ $\dfrac{320}{\pi^2}$ ④ $\dfrac{320\sqrt{3}}{\pi^2}$

해설

최대 유효응력(Von mises응력)을 구하는 공식은 다음과 같다.

$\sigma_{VM} = \sqrt{3}\,\tau$

우선, τ를 구한다.

$\tau = \dfrac{T}{Z_P} = \dfrac{\dfrac{P}{\omega}}{\dfrac{\pi d^3}{16}}$

$= \dfrac{\dfrac{10^3[\text{N} \cdot \text{m/s}]}{100\pi[\text{rad/s}]}}{\dfrac{\pi(10[\text{mm}])^3}{16}} = \dfrac{\dfrac{10 \times 10^3[\text{N} \cdot \text{mm/s}]}{\pi[\text{rad/s}]}}{\dfrac{\pi(10[\text{mm}])^3}{16}} = \dfrac{160}{\pi^2}$

여기서, ω = 각속도[rad/s]

1[Hz] = 2π[rad/s]이므로, 50[Hz] = 100π[rad/s]

• $\sigma_{VM} = \sqrt{3}\,\tau = \sqrt{3}\left(\dfrac{160}{\pi^2}\right) = \dfrac{160\sqrt{3}}{\pi^2}$

11 헬리컬기어에 대한 설명으로 옳지 않은 것은?

① 축직각 모듈은 치직각 모듈보다 크다.

② 이에 작용하는 힘이 점진적이고 탄성변형이 적어 진동과 소음이 작다.

③ 축방향의 추력을 상쇄하기 위해 이중 헬리컬기어를 사용한다.

④ 비틀림 방향이 같은 기어를 한 쌍으로 사용한다.

해설

헬리컬기어는 비틀림 방향이 서로 다른 기어를 한 쌍으로 사용한다.

12 9.6[kN]의 축방향하중이 작용하는 볼트에서 허용 가능한 볼트의 가장 작은 바깥지름은?(단, 볼트의 허용응력은 100[MPa], 볼트의 골지름은 바깥지름의 0.8배이다)

① M8   ② M12

③ M16   ④ M20

해설

$\sigma = \dfrac{F}{A} = \dfrac{9,600[\text{N}]}{\dfrac{\pi d^2}{4}}$

$100[\text{N/mm}^2] = \dfrac{4 \times 9,600[\text{N}]}{\pi \times d^2}$

여기서, $d = [\text{mm}]$ 단위로 응력을 적용하면

$d^2 = \dfrac{38,400}{3.14 \times 100} \fallingdotseq 122$ (π를 3.14로 계산)

$d = \sqrt{122} \fallingdotseq 11$

여기서 11은 골지름이다. 골지름은 바깥지름의 0.8배이므로,

바깥지름 = 골지름(11)÷0.8 = 13.75

∴ ③번 M16이 적합하다.

13 기어의 모듈 5, 작은 기어의 잇수 20인 표준 보통이 평기어에서 작은 기어의 회전속도는 300[rpm], 큰 기어의 회전속도는 100[rpm]일 때, 작은 기어와 큰 기어의 이끝원 지름[mm]은?

① 105, 305   ② 105, 310

③ 110, 305   ④ 110, 310

해설

기어가 맞물려 돌아가려면 모듈값은 서로 같아야 하므로, 기어 모듈 m = 5는 큰 기어와 작은 기어 모두 같다.

이끝원 지름 공식, $D_{out} = D + 2m$

• 작은 기어 이끝원 지름

$D_{out,\ \text{작은기어}} = (mz) + 2m$
$= (5 \times 20) + (2 \times 5) = 110[\text{mm}]$

• 큰 기어 이끝원 지름

$i = \dfrac{n_{\text{작은기어}}}{n_{\text{큰기어}}} = \dfrac{z_{\text{큰기어}}}{z_{\text{작은기어}}}$

$z_{\text{큰기어}} = \dfrac{n_{\text{작은기어}}}{n_{\text{큰기어}}} \times z_{\text{작은기어}}$

$= \dfrac{300[\text{rpm}]}{100[\text{rpm}]} \times 20 = 60$

$D_{out,\ \text{큰기어}} = (mz) + 2m$
$= (5 \times 60) + (2 \times 5) = 310[\text{mm}]$

14 기계설계에서 안전율(Safety Factor)에 대한 설명으로 옳지 않은 것은?

① 안전율은 재료의 기준강도를 허용응력으로 나눈 값으로 나타낼 수 있다.
② 안전율을 지나치게 크게 하면 경제성이 떨어질 수 있다.
③ 동일 조건에서 노치(Notch)가 없을 때보다 노치가 있을 때에 안전율을 작게 한다.
④ 제품의 가공정밀도에 따라 안전율을 다르게 정할 수 있다.

해설
안전율은 동일 조건에서 노치부가 있을 때 안전율을 더 크게 해야 안전한 구조물을 제작할 수 있다.

15 그림과 같이 용접부의 치수 t_1 10[mm], t_2 12[mm], 폭(b) 60[mm]인 맞대기 용접이음에서 굽힘모멘트(M) 20,000[N·mm]가 작용할 때, 목두께에서의 굽힘응력 [N/mm²]은?

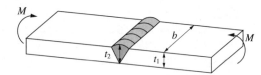

① $\dfrac{125}{9}$ 　　　② 20

③ $\dfrac{250}{9}$ 　　　④ 30

해설
굽힘모멘트
$M = \sigma \times Z$
$20,000 = \sigma \times \dfrac{bh^2}{6}$
$\sigma = \dfrac{20,000 \times 6}{bh^2} = \dfrac{120,000}{60 \times (10)^2} = \dfrac{120,000}{6,000} = 20$

16 원통코일 스프링에 3[kN]의 힘이 작용하였을 때, 변형이 50[mm]가 되도록 설계하려면 유효감김수는?(단, 소선의 지름은 15[mm], 스프링지수는 10, 스프링 재료의 전단탄성계수(Shear Modulus of Elasticity)는 80[GPa]이다)

① 2.5
② 4
③ 5.5
④ 6

해설
스프링의 최대 처짐식을 이용하여 유효권수 n을 도출한다.

$\delta_{max} = \dfrac{8nPD^3}{Gd^4}$

유효권수, $n = \dfrac{Gd^4 \delta_{max}}{8PD^3}$

$= \dfrac{(80 \times 10^3 [\text{N/mm}^2]) \times (15[\text{mm}])^4 \times 50[\text{mm}]}{8 \times 3,000[\text{N}] \times (150[\text{mm}])^3}$

$= 2.5$

※ 스프링지수(C) $= \dfrac{D(\text{코일의 평균지름})}{d(\text{소선의 지름})}$ 이므로,

$D = 10 \times 15 = 150[\text{mm}]$

코일 스프링의 최대 처짐량(δ)

$\delta = \dfrac{8nPD^3}{Gd^4}$

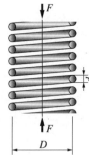

여기서, δ = 코일스프링의 처짐량[mm]
n = 유효감김수(유효권수)
P = 하중이나 작용 힘[N]
D = 코일스프링의 평균지름[mm]
d = 소선의 직경(소재지름)[mm]
G = 가로(전단)탄성계수[N/mm²]

17 폭 70[mm], 두께 5[mm]인 가죽 평벨트의 속도가 8[m/s]일 때, 전달할 수 있는 최대 동력[kW]은?(단, 벨트의 허용 인장응력은 2.5[MPa], 장력비는 2, 이음효율은 0.8, 원심력은 무시한다)

① 2 　　　　　② 2.4
③ 2.8 　　　　　④ 3.5

해설
· 긴장측 장력(T_t)을 먼저 구한다.
벨트에 작용하는 응력 식을 이용한다.

$$\sigma = \frac{T_t}{b \times t \times \eta}$$

$$T_t = \sigma \times b \times t \times \eta$$
$$= 2.5[\text{N/mm}^2] \times 70[\text{mm}] \times 5[\text{mm}] \times 0.8 = 700[\text{N}]$$

· 이완측 장력(T_s)을 구한다.

장력비 $e^{\mu\theta} = \dfrac{T_t}{T_s}$

$$2 = \frac{700[\text{N}]}{T_s}$$

$$T_s = 350[\text{N}]$$

· 동력[kW]을 구한다.
$$H = P_e \times v[\text{W}]$$
$$= (T_t - T_s) \times 8[\text{m/s}]$$
$$= (700[\text{N}] - 350[\text{N}]) \times 8[\text{m/s}]$$
$$= 2,800[\text{N} \cdot \text{m/s}] = 2,800[\text{W}]$$
$$= 2.8[\text{kW}]$$

18 내경 600[mm], 두께 10[mm]인 원통형 압력 용기의 내압이 1.6[N/mm²]일 때, 얇은 벽 이론에 의한 원주-길이 방향면 내 최대 전단응력[N/mm²]은?

① 6 　　　　　② 12
③ 24 　　　　　④ 48

해설
압력용기 원주방향의 전단응력,
$$\tau_{\max} = \frac{PD}{8t}$$
$$= \frac{1.6[\text{N/mm}^2] \times 600[\text{mm}]}{8 \times 10[\text{mm}]} = 12[\text{N/mm}^2]$$

19 원동풀리의 지름이 750[mm], 회전속도가 600[rpm], 벨트 두께가 6[mm]이고, 종동풀리의 지름은 450[mm]이다. 벨트의 두께를 고려하여 종동풀리의 회전속도에 가장 가까운 값[rpm]은?(단, 미끄럼에 의해 종동풀리의 속도가 2[%] 만큼 감소한다)

① 974.8 　　　　　② 980
③ 994.7 　　　　　④ 1,000

해설
벨트의 두께를 고려하면
$D_1 = 750 + 6 = 756[\text{mm}]$
$D_2 = 450 + 6 = 456[\text{mm}]$
속도비 공식에 대입한다.

$$i = \frac{n_2}{n_1} = \frac{D_1}{D_2}$$

$$\frac{n_2}{600} = \frac{756}{456}$$

$$n_2 = \frac{756}{456} \times 600 \fallingdotseq 994.7[\text{rpm}]$$

종동풀리의 속도가 2[%] 감소하므로
$994.7[\text{rpm}] \times 0.98 \fallingdotseq 974.8[\text{rpm}]$

20 그림과 같이 지름이 d인 축에 토크가 작용하고, $\dfrac{d}{4}$의 너비를 가지는 키가 $\dfrac{d}{8}$의 깊이로 삽입되어 있다. 키는 축의 최대 허용토크에서 압축력으로 전달되어 항복점에서 파손될 때, 필요한 평행키의 최소 길이는?(단, 항복강도는 σ_Y, 키의 허용전단강도는 $\dfrac{\sigma_Y}{\sqrt{3}}$이다)

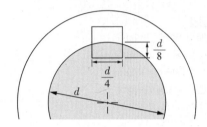

① $\dfrac{\pi d}{\sqrt{3}}$ ② $\dfrac{\pi d}{2\sqrt{3}}$

③ $\dfrac{\pi d}{3\sqrt{3}}$ ④ $\dfrac{\pi d}{4\sqrt{3}}$

해설

• 압축응력 작용 시 키의 길이 구하는 공식에 대입하면

$$l = \frac{4T}{hd\sigma_c} = \frac{4T}{\dfrac{d}{4} \times d \times \sigma_Y} = \frac{4 \times \tau_a \times Z_P}{\dfrac{d \times d \times \sigma_Y}{4}} = \frac{4 \times \dfrac{\sigma_Y}{\sqrt{3}} \times \dfrac{\pi d^3}{16}}{\dfrac{d^2 \times \sigma_Y}{4}}$$

$$= \frac{\dfrac{\sigma_Y \times \pi d^3}{4\sqrt{3}}}{\dfrac{\sigma_Y \times d^2}{4}} = \frac{4 \times \sigma_Y \times \pi d^3}{4\sqrt{3} \times \sigma_Y \times d^2} = \frac{\pi d}{\sqrt{3}}$$

따라서 정답은 ①번이다.

묻힘키의 길이(l) 구하기

• 전단응력 고려 시

$$\tau = \frac{W}{bl} = \frac{2T}{bdl}, \ l = \frac{2T}{bd\tau}$$

• 압축응력 고려 시

$$\sigma_c = \frac{2W}{hl} = \frac{4T}{hdl}, \ l = \frac{4T}{hd\sigma_c}$$

2021년 지방직 기계설계

01 축이음에 대한 설명으로 옳지 않은 것은?

① 분할원통커플링은 고정커플링의 일종이다.
② 클러치는 운전 중에 단속이 가능한 축이음이다.
③ 플랜지커플링은 약간의 축심 어긋남과 축의 팽창 및 수축을 흡수할 수 있다.
④ 유니버설 조인트는 일반적으로 두 축이 30[°] 이하로 교차할 때 사용하는 축이음이다.

해설
플랜지커플링은 접착면의 둘레를 볼트와 너트로 완전 밀착시키는 이음을 하기 때문에 유격이 발생하기 힘들다. 따라서 축심이 어긋나거나 축의 팽창 및 수축할 때의 변형을 흡수하는 것은 불가능하다.

02 보기의 키 중 전달 가능한 토크가 가장 큰 키와 가장 작은 키를 올바르게 짝지은 것은?(단, 키의 종류 및 키홈의 모양 외 나머지 조건은 동일하다)

| ㄱ. 묻힘키 | ㄴ. 접선키 |
| ㄷ. 평 키 | ㄹ. 안장키 |

① ㄱ, ㄴ
② ㄱ, ㄷ
③ ㄴ, ㄷ
④ ㄴ, ㄹ

해설
• 전달강도가 가장 큰 것 : 접선키
• 전달강도가 가장 작은 것 : 안장키
키의 전달강도가 큰 순서
세레이션 > 스플라인 > 접선키 > 성크키(묻힘키) > 경사키 > 반달키 > 평키(납작키) > 안장키(새들키)

03 리벳에 대한 설명으로 옳지 않은 것은?

① 리벳의 호칭지름은 리벳 자루의 끝부분에서 측정한다.
② 리벳구멍이 없는 판에 대한 리벳구멍이 있는 판의 인장강도 비를 판의 효율이라고 한다.
③ 리벳의 머리모양에 따라 둥근머리, 접시머리, 납작머리, 냄비머리, 둥근접시머리 리벳 등으로 구분한다.
④ 보일러와 같이 기밀이 필요할 때는 리벳머리 둘레와 강판의 가장자리를 정과 같은 공구로 코킹작업을 한다.

해설
KS규격[KS B 1102 : 2017]에 따르면
리벳의 호칭지름은 축지름 d로 나타내며, d는 턱 밑(목 밑)에서 $\frac{1}{4}$ 지점에서 측정한다.

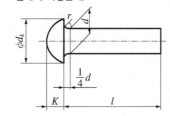

04 용접이음에 대한 설명으로 옳지 않은 것은?

① 용접의 종류에는 압접, 용접 등이 있다.
② 열응력에 의한 잔류변형이 생기지 않는다.
③ 정밀한 작업 시 작업자의 숙련도가 요구된다.
④ 리벳이음에 비하여 기밀성과 수밀성이 양호하다.

해설
용접은 반드시 열이 발생하기 때문에 열응력에 의한 잔류변형도 반드시 발생한다. 따라서 ②번은 잘못된 표현이다.

05 안쪽 반지름이 2[m]이며 두께가 얇은 원통형 압력용기에서 원통 벽면의 원주방향 허용응력이 80[MPa]이다. 다음 중 1,000[kPa]의 내압이 작용할 때, 원주방향 허용응력을 넘지 않는 조건에서 최소 벽 두께[mm]에 가장 가까운 값은?

① 15

② 30

③ 45

④ 60

해설

내압용기의 하중방향에 따른 응력

원주방향 응력	축(길이)방향 응력
$\sigma = \dfrac{PD}{2t}$	$\sigma = \dfrac{PD}{4t}$

여기서, D : 압력용기의 안지름

t : 압력용기의 두께

• 안쪽 반지름 = 2[m]
• 압력용기의 원주방향 허용응력 = 80[MPa]
• 압력용기의 최대 내부압력 = 1,000[kPa] = 1[MPa]

위 조건들을 고려하여 원주방향의 허용응력 공식을 통해 압력용기의 최소 벽 두께를 구한다.

$$\sigma_a = \frac{PD}{2t}$$

$$80[\text{N/mm}^2] = \frac{1[\text{N/mm}^2] \times 4,000[\text{mm}]}{2 \times t}$$

$$t = \frac{1[\text{N/mm}^2] \times 4,000[\text{mm}]}{2 \times 80[\text{N/mm}^2]} = 25[\text{mm}]$$

따라서 정답은 ②번 30에 가장 가깝다.

06 길이 50[mm], 지름 20[mm], 푸아송비(ν) 0.3인 봉에 1,200[kN]의 인장하중이 작용하여 봉의 횡방향 압축변형률(ε_d)이 0.006이 되었을 때, 이 봉의 세로탄성계수 E[GPa]는?(단, $\pi = 3$이고 봉의 변형은 비례한도 내에 있다)

① 100

② 150

③ 200

④ 250

해설

세로탄성계수를 구하기 위해 다음 공식들을 활용한다.

• 변형량 1식 : $\delta = d \times \varepsilon_d$

• 변형량 2식 : $\delta = \dfrac{\nu \sigma d}{E}$

$$d \times \varepsilon_d = \frac{\nu \times \dfrac{P}{A} \times d}{E}$$

$$\therefore E = \frac{\nu \times \dfrac{P}{A}}{\varepsilon_d} = \frac{0.3 \times \dfrac{1,200 \times 10^3 [\text{N}]}{\dfrac{3 \times (0.02[\text{m}])^2}{4}}}{0.006}$$

$$= \frac{1.2 \times 10^9 [\text{N/m}^2]}{0.006} = 200[\text{GPa}]$$

※ $1[\text{GPa}] = 10^9 [\text{N/m}^2]$

07 벨트의 장력비 1.6, 벨트의 이완측 장력 500[N], 벨트의 허용응력 1[MPa], 벨트의 폭 10[cm], 벨트의 이음효율 80[%]일 때, 필요한 벨트의 최소 두께[mm]는?(단, 벨트의 원심력 및 굽힘응력은 무시한다)

① 5　　　　　　② 10
③ 15　　　　　　④ 20

해설

벨트의 두께(t)

$$t = \frac{T_t}{\sigma b \eta} \, [\text{mm}]$$

여기서, σ : 벨트의 인장응력$[\text{N/mm}^2]$
　　　　T_t : 긴장측 장력[N]
　　　　b : 벨트의 너비$[\text{mm}^2]$
　　　　η : 이음효율
벨트의 긴장측 장력을 구한 후 벨트의 두께를 구하는 공식에 대입한다.

벨트의 장력비 $e^{\mu\theta} = \dfrac{T_t}{T_s}$

$$1.6 = \frac{T_t}{500[\text{N}]}$$

$$T_t = 800[\text{N}]$$

∴ 벨트의 두께

$$t = \frac{800[\text{N}]}{1[\text{N/mm}^2] \times 100[\text{mm}] \times 0.8} = 10[\text{mm}]$$

08 원동차와 종동차의 지름이 각각 200[mm], 600[mm]이며 서로 외접하는 원통마찰차가 있다. 원동차가 1,200[rpm]으로 회전하면서 종동차를 10[kN]으로 밀어붙여 접촉한다면 최대 전달동력[kW]은?(단, 마찰계수는 $\mu = 0.2$이다)

① 2π　　　　　② 4π
③ 8π　　　　　④ 12π

해설

전달동력 $H_{[\text{kW}]}$를 구하는 공식을 적용한다.

$$H_{[\text{kW}]} = F \times v = F \times \frac{\pi dn}{60[\text{s}] \times 1,000} = \mu P \times \frac{\pi dn}{60[\text{s}] \times 1,000}$$

$$= 0.2 \times 10,000[\text{N}] \times \frac{\pi \times 200[\text{mm}] \times 1,200[\text{rpm}]}{60,000[\text{s}]}$$

$$= 8,000\pi \, [\text{N} \cdot \text{m/s}] = 8\pi \, [\text{kW}]$$

09 접촉면 평균지름(D_m)이 200[mm], 면압이 0.2$[\text{N/mm}^2]$인 단판 마찰클러치가 $80\pi[\text{N} \cdot \text{m}]$의 토크를 전달하기 위해 필요한 접촉면의 최소 폭(b)[mm]은?(단, 접촉면의 마찰계수는 $\mu = 0.2$이고, 축방향 힘은 균일 압력조건, 토크는 균일 마모조건으로 한다)

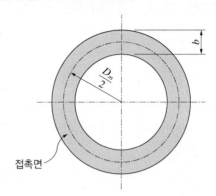

접촉면

① 5
② 10
③ 50
④ 100

해설

단판 원판클러치의 접촉면압 공식을 이용하여 접촉면 최소 폭(b) 구하는 식을 유도한다.

$$q = \frac{P}{\pi D_m b} = \frac{2T}{\mu \pi D_m{}^2 b}$$

$$\therefore \ b = \frac{2T}{\mu \pi D_m{}^2 q} = \frac{2 \times (80\pi \times 10^3)[\text{N} \cdot \text{mm}]}{0.2 \times \pi \times (200[\text{mm}])^2 \times 0.2[\text{N/mm}^2]}$$

$$= 100\text{mm}$$

10 강도를 고려하여 지름 d인 끝저널(엔드저널)을 설계하기 위해 베어링 폭이 l인 미끄럼베어링 내의 평균압력 p_m을 길이 l인 저널 중앙지점에 작용하는 집중하중 P로 대체하고 저널을 외팔보로 취급하여 설계한다면 $\dfrac{l}{d}$은?(단, 저널의 허용굽힘응력은 σ_a이다)

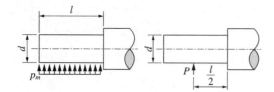

① $\sqrt{\dfrac{32p_m}{\pi\sigma_a}}$

② $\sqrt{\dfrac{\pi\sigma_a}{32p_m}}$

③ $\sqrt{\dfrac{16p_m}{\pi\sigma_a}}$

④ $\sqrt{\dfrac{\pi\sigma_a}{16p_m}}$

해설
저널베어링(미끄럼베어링)에 작용하는 압력(p)

$$p = \frac{W}{d \times l}$$

여기서, W : 베어링 하중($= P$)

　　　　p : 베어링 압력($= p_m$)

　　　　$d \times l$: 축의 투영면적

모멘트　$M = P \times \dfrac{l}{2} = \sigma_a \times Z$

$$\frac{P \times l}{2} = \sigma_a \times \frac{\pi d^3}{32}$$

위 식에 베어링 하중 $P = p_m dl$을 대입한다.

$$\frac{p_m dl \times l}{2} = \sigma_a \times \frac{\pi d^3}{32}$$

$$\frac{p_m dl^2}{2} = \sigma_a \times \frac{\pi d^3}{32}$$

$$\frac{dl^2}{d^3} = \frac{2\pi\sigma_a}{32p_m}$$

$$\frac{l^2}{d^2} = \frac{\pi\sigma_a}{16p_m}$$

$$\therefore \frac{l}{d} = \sqrt{\frac{\pi\sigma_a}{16p_m}}$$

11 외접하는 표준 스퍼기어 두 개의 잇수가 각각 40, 60개이고 원주피치가 3π[mm]일 때, 두 축 사이의 중심거리[mm]는?

① 100　　　　　　② 150

③ 200　　　　　　④ 250

해설
두 개의 기어 간 중심거리(C)

$$C = \frac{D_1 + D_2}{2} = \frac{mZ_1 + mZ_2}{2}$$

원주피치(p) $= \dfrac{\pi D}{Z} = \pi m$ 식에서 m(모듈)을 도출하여 위 식에 대입한다.

$p = \pi m$

$3\pi[\text{mm}] = \pi m$

$m = 3[\text{mm}]$

∴ 두 개의 기어 간 중심거리

$$C = \frac{3[\text{mm}](40 + 60)}{2} = 150[\text{mm}]$$

12 클러치의 종류에 관한 설명으로 옳지 않은 것은?

① 맞물림클러치 : 양쪽의 턱이 서로 맞물려서 미끄럼 없이 동력이 전달된다.

② 원심클러치 : 원동축의 원심력으로 전자코일에서 기전력을 발생시켜 동력을 전달한다.

③ 유체클러치 : 일정한 용기 속에 유체를 넣어서 구동축을 회전시키면 유체를 통해 종동축에 동력이 전달된다.

④ 마찰클러치 : 원동축과 종동축에 붙어 있는 접촉면을 서로 접촉시킬 때 발생하는 마찰력에 의해 동력을 전달한다.

해설
② 원심클러치는 전자코일을 이용하여 동력을 단속하지 않는다.
전자클러치 : 코일에 전기를 인가하면 기전력이 발생하여 연결된 기계장치로 동력을 연결하고 차단시키는 축이음 요소이다.
※ 클러치 : 운전 중에도 축이음을 차단[단속(斷續) : 끊을 단, 이을 속]시킬 수 있는 동력전달장치이다.

13 전위기어의 사용 목적으로 옳지 않은 것은?

① 언더컷을 방지하려고 할 때 사용한다.
② 최소 잇수를 줄이려고 할 때 사용한다.
③ 물림률을 감소시키려고 할 때 사용한다.
④ 이의 강도를 증가시키려고 할 때 사용한다.

해설
전위기어는 기어의 물림률을 높이기 위해 사용한다.
전위기어(Profile Shifted Gear) : 래크공구의 기준 피치선(이 두께와 홈의 길이가 같은 곳)이 기어의 기준 피치원에 접하지 않는 기어이다.
※ 전위량 : 래크공구의 기준 피치선과 기어의 기준 피치원과의 거리이다.
전위기어의 사용목적
• 언더컷 방지
• 물림률 증가
• 이의 강도 증가
• 최소 잇수 작게
• 두 기어 간 중심거리의 자유로운 변화
※ 물림률(Contact Ratio) : 동시에 물릴 수 있는 이의 수로, 물림길이를 법선피치로 나눈 값이다.

14 원통 또는 원뿔의 플러그를 90[°] 회전시켜 유체의 흐름을 개폐시킬 수 있는 밸브는?

① 콕
② 스톱밸브
③ 슬루스밸브
④ 버터플라이밸브

해설
콕 밸브 : 원통이나 원뿔의 플러그를 90[°] 회전시켜서 유체의 흐름을 단속(개폐)시킬 때 사용하는 유압용 부속장치이다.

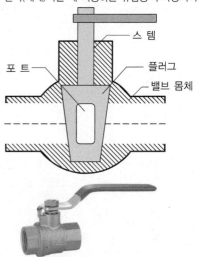

15 짝지어진 두 개의 물리량을 SI 기본단위([m], [kg], [s])로 환산할 경우, 동일한 단위로 연결되지 않은 것은?

① [PS] − [J]
② [mmHg] − [Pa]
③ [kg$_f$/m^2] − [N/m^2]
④ [kg$_f$ · m/s] − [W]

해설
• 1[PS](Pferdestärke) = 75[kg$_f$ · m/s] : 일률의 단위로, 1초 동안 질량 75[kg]의 물체를 1[m] 들어 올릴 때 사용하는 일률이다.
• 1[J](Joule) = 1[N · m] : 물체에 1[N]의 힘을 가하여 물체가 1[m] 이동했을 때 물체에 해준 일의 양이다.

16 다음 그림은 두 개의 기어로 이루어진 감속장치 개념도이다. 입력축은 10[rad/s]의 각속도로 10[kW]의 동력을 받아 모듈 5[mm], 압력각 30[°]인 두 개의 표준 스퍼기어(G_1, G_2)를 통하여 출력축으로 내보낸다. 입력축에서 G_1 기어와 B_1, B_2 베어링 사이의 수평거리가 각각 100[mm]일 때, B_1 베어링에 작용하는 하중[N]은?(단, 입력축 G_1 기어의 잇수는 40개이다)

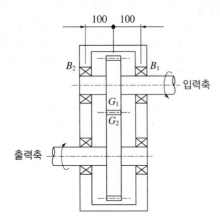

① 5,000

② $\dfrac{5,000}{\sqrt{3}}$

③ $\dfrac{10,000}{\sqrt{3}}$

④ $\dfrac{20,000}{\sqrt{3}}$

해설

동력 $H = T \times \omega$ 공식을 통해 토크 T를 구한다.

$T = \dfrac{H_{[kW]}}{\omega} = \dfrac{10,000[W]}{10[rad/s]} = \dfrac{10,000[N \cdot m/s]}{10[rad/s]} = 1,000[N \cdot m]$

여기서, 모듈(m) = 5[mm], 압력각 = 30[°]이므로

전달토크 T와 베어링에 작용하는 하중 P가 있는 공식에 대입한다.

$T = F \times \dfrac{D}{2}$

$1,000[N \cdot m] = F\cos 30[°] \times \dfrac{m \times Z_1}{2}$

$1,000,000[N \cdot mm] = F\cos 30[°] \times \dfrac{5[mm] \times 40}{2}$

$F\cos 30[°] = \dfrac{2,000,000}{200}[N]$

$F = 10,000 \times \dfrac{2}{\sqrt{3}} = \dfrac{20,000}{\sqrt{3}}[N]$

∴ 베어링 B_1과 B_2에 작용하는 하중은 각각 50[%]이므로 B_1에 작용하는 베어링 하중은 $\dfrac{20,000}{\sqrt{3}} \times \dfrac{1}{2} = \dfrac{10,000}{\sqrt{3}}[N]$이다.

17 동일 재료로 제작된 길이 l, 지름 d인 중실축과 길이 $2l$, 지름 $2d$인 중실축이 각각 T_1과 T_2의 비틀림모멘트를 받아 동일한 비틀림각이 발생하였다면 $\dfrac{T_1}{T_2}$은?

① $\dfrac{1}{2}$

② $\dfrac{1}{4}$

③ $\dfrac{1}{8}$

④ $\dfrac{1}{16}$

해설

비틀림각(θ)

$\theta = \dfrac{T \times L}{G \times I_P} = \dfrac{T \times L}{G \times \dfrac{\pi d^4}{32}} = \dfrac{32\,T \times L}{G \times \pi d^4}$

여기서, I_P : 극단면 2차 모멘트$\left(= \dfrac{\pi d^4}{32} \right)$

비틀림각(θ)을 구하는 공식을 이용하여 비틀림모멘트(T)를 구하는 식을 유도한다.

$T = \dfrac{\theta G \times \pi d^4}{32 L}$

여기서, 비틀림각 θ는 동일하기 때문에 길이와 지름만 고려한다.

∴ $\dfrac{T_1}{T_2} = \dfrac{\dfrac{d^4}{l}}{\dfrac{(2d)^4}{2l}} = \dfrac{2d^4 l}{16 d^4 l} = \dfrac{1}{8}$

18 나사산 높이가 2[mm]이고 바깥지름이 40[mm]이며, 2 회전할 때 축방향으로 8[mm] 이동하는 한 줄 사각나사가 있다. 나사를 조일 때 나사효율은?(단, 마찰각은 ρ이며, 자리면 마찰은 무시한다)

① $\dfrac{\dfrac{4}{38\pi}}{\tan\left(\rho+\tan^{-1}\dfrac{4}{38\pi}\right)}$

② $\dfrac{\dfrac{8}{38\pi}}{\tan\left(\rho+\tan^{-1}\dfrac{8}{38\pi}\right)}$

③ $\dfrac{\dfrac{4}{36\pi}}{\tan\left(\rho+\tan^{-1}\dfrac{4}{36\pi}\right)}$

④ $\dfrac{\dfrac{8}{36\pi}}{\tan\left(\rho+\tan^{-1}\dfrac{8}{36\pi}\right)}$

해설

사각나사의 효율 : $\eta=\dfrac{\tan\lambda}{\tan(\lambda+\rho)}$

리드각 공식 $\tan\lambda=\dfrac{L}{\pi d_e}$를 이용해 λ를 먼저 구한다.

여기서, d_e : 평균지름

(= 바깥지름 40[mm] − 나사산 높이 2[mm] = 38[mm])

$\tan\lambda=\dfrac{L}{\pi d_e}=\dfrac{4}{\pi\times38}$

$\lambda=\tan^{-1}\dfrac{4}{38\pi}$

위 식에서 도출된 리드각 λ를 사각나사의 효율 공식에 대입한다.

$\therefore\ \eta=\dfrac{\tan\left(\tan^{-1}\dfrac{4}{38\pi}\right)}{\tan\left(\rho+\tan^{-1}\dfrac{4}{38\pi}\right)}=\dfrac{\dfrac{4}{38\pi}}{\tan\left(\rho+\tan^{-1}\dfrac{4}{38\pi}\right)}$

※ 나사의 리드각은 $\tan\lambda=\tan\beta=\tan\alpha$ 등으로 다양하게 표현한다.

19 질량 40[kg]인 원판형 플라이휠이 장착된 절단기는 강판을 한 번 절단할 때 플라이휠의 회전속도가 2,000[rpm]에서 1,000[rpm]으로 줄어들어 30[kJ]의 운동에너지가 소모된다. 이 플라이휠의 반지름[m]은?(단, $\pi=3$이고, 플라이휠의 재료는 균일하다)

① $\dfrac{1}{\sqrt{5}}$　　　② $\dfrac{1}{\sqrt{10}}$

③ $\dfrac{1}{\sqrt{20}}$　　　④ $\dfrac{1}{\sqrt{40}}$

해설

에너지변화량 공식을 이용한다.

$\Delta E=E_1-E_2=\dfrac{1}{2}I(\omega_1^2-\omega_2^2)=I\omega_m^2\delta$

• 질량관성모멘트 $I=\dfrac{1}{2}mr^2=\dfrac{1}{2}\times40\times r^2$

• $\omega_m=\dfrac{\omega_1+\omega_2}{2}=\dfrac{\dfrac{2\pi n_1}{60}+\dfrac{2\pi n_2}{60}}{2}$

$=\dfrac{\dfrac{2\times3\times2,000}{60}+\dfrac{2\times3\times1,000}{60}}{2}$

$=\dfrac{200+100}{2}=150$

• $\delta=\dfrac{\omega_1-\omega_2}{\omega_m}=\dfrac{200-100}{150}=\dfrac{100}{150}=\dfrac{2}{3}$

$30,000=\dfrac{1}{2}\times40\times r^2\times150^2\times\dfrac{2}{3}$

$r^2=\dfrac{30,000\times2\times\dfrac{3}{2}}{40\times150^2}=\dfrac{90,000}{900,000}=\dfrac{1}{10}$

$\therefore\ r=\dfrac{1}{\sqrt{10}}$

※ 전동모터의 동력 용량을 최소화하려면, 회전체에 플라이휠을 추가로 장착하여 관성에 의한 회전이 이루어지도록 하면 된다.

플라이휠(Fly Wheel)

20 다음 그림과 같이 길이가 l이며 폭, 높이가 각각 b, h인 직사각형 단면으로 한쪽 끝이 고정된 단판스프링이 있다. 다른 한쪽 끝에 수직하중 P가 작용할 때, 단판스프링에 작용하는 최대 굽힘응력 σ_{max}와 끝단 처짐에 따른 등가 스프링상수 k는?(단, E는 단판스프링 재료의 세로탄성계수이다)

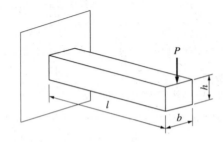

	σ_{max}	k
①	$\dfrac{3Pl}{bh^2}$	$\dfrac{Ebh^3}{2l^3}$
②	$\dfrac{3Pl}{bh^2}$	$\dfrac{Ebh^3}{4l^3}$
③	$\dfrac{6Pl}{bh^2}$	$\dfrac{Ebh^3}{2l^3}$
④	$\dfrac{6Pl}{bh^2}$	$\dfrac{Ebh^3}{4l^3}$

해설

• 최대 굽힘응력 σ_{max}

외팔보형 판스프링의 응력 공식을 이용한다.

$$\sigma_{max} = \frac{M_b \times y_{max}}{I}$$

자유단의 $M_b = Pl$이므로

$$\sigma_{max} = \frac{Pl \times \dfrac{h}{2}}{\dfrac{bh^3}{12}} = \frac{12Plh}{2bh^3} = \frac{6Pl}{bh^2}$$

• 스프링상수 k

스프링하중 $P = k \times \delta_{max}$

$$k = \frac{P}{\delta_{max}} = \frac{P}{\dfrac{4Pl^3}{bh^3 E}} = \frac{Pbh^3 E}{4Pl^3} = \frac{bh^3 E}{4l^3}$$

※ 외팔보형 단판스프링에서 자유단의 최대 처짐(δ_{max})

$$\delta_{max} = \frac{4Pl^3}{bh^3 E}$$

MEMO

참 / 고 / 문 / 헌

- 교육과학기술부, 기초제도, ㈜두산동아
- 교육과학기술부, 기계제도, ㈜두산동아
- 교육과학기술부, 기계설계, ㈜두산동아
- 교육과학기술부, 기계설계공작, ㈜두산동아
- 교육과학기술부, 원동기, ㈜두산동아
- 교육과학기술부, 기계일반, ㈜두산동아
- 교육과학기술부, 금속재료, ㈜두산동아
- 교육과학기술부, 기계공작법, ㈜두산동아
- 교육과학기술부, 공작기계Ⅰ, ㈜두산동아
- 교육과학기술부, 주조, ㈜두산동아
- 교육과학기술부, 산업설비(상), ㈜두산동아
- 이승평, 간추린 금속재료, 청호
- 홍순규, 용접기능사, 시대고시기획
- 홍순규, 전산응용기계제도기능사, 시대고시기획
- 홍순규, 컴퓨터응용가공산업기사, 시대고시기획
- 홍장표, 기계설계(이론과실제), 교보문고

좋은 책을 만드는 길
독자님과 함께하겠습니다.

도서나 동영상에 궁금한 점, 아쉬운 점, 만족스러운 점이
있으시다면 어떤 의견이라도 말씀해 주세요.
시대고시기획은 독자님의 의견을 모아 더 좋은 책으로 보답하겠습니다.

www.sidaegosi.com

기술직 기계설계 기출이 답이다

개정5판1쇄 발행	2022년 03월 10일 (인쇄 2022년 01월 12일)
초 판 발 행	2017년 01월 05일 (인쇄 2016년 07월 25일)
발 행 인	박영일
책 임 편 집	이해욱
편 저	홍순규
편 집 진 행	윤진영 · 이새록
표지디자인	권은경 · 길전홍선
편집디자인	심혜림 · 정경일
발 행 처	(주)시대고시기획
출 판 등 록	제10-1521호
주 소	서울시 마포구 큰우물로 75 [도화동 538 성지 B/D] 9F
전 화	1600-3600
팩 스	02-701-8823
홈 페 이 지	www.sidaegosi.com
I S B N	979-11-383-0720-8(13350)
정 가	22,000원

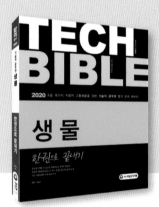

기술직 공무원 전기이론
별판 | 21,000원

기술직 공무원 전기기기
별판 | 21,000원

기술직 공무원 기계일반
별판 | 21,000원

기술직 공무원 환경공학개론
별판 | 21,000원

기술직 공무원 재배학개론+식용작물
별판 | 35,000원

기술직 공무원 기계설계
별판 | 22,000원

기술직 공무원 임업경영
별판 | 20,000원

기술직 공무원 조림
별판 | 20,000원

※도서의 이미지와 가격은 변경될 수 있습니다.